《**史记研究集成**》

  总主编 袁仲一 张新科 徐 晔 徐卫民

《**史记研究集成·十二本纪**》

  主 编 赵光勇 袁仲一 吕培成 徐卫民

《史记研究集成·十二本纪》编辑出版委员会

总顾问　张岂之

主　任　安平秋　徐　晔

副主任　张新科　马　来　徐卫民

编　委　（以姓氏笔画为序）

　　　　　王子今　尹盛平　田大宪　吕培成　吕新峰

　　　　　李　雪　李颖科　杨建辉　杨海峥　吴秉辉

　　　　　何惠昂　陈俊光　张　萍　张　雄　张文立

　　　　　赵生群　赵建黎　骆守中　高彦平　郭文镐

　　　　　徐兴海　商国君　梁亚莉　彭　卫　程世和

主　编　赵光勇　袁仲一　吕培成　徐卫民

"十三五"国家重点图书出版规划项目

史记研究集成·十二本纪

秦本纪

张新科　赵光勇　编

西北大学出版社

·西安·

图书在版编目（CIP）数据

秦本纪／张新科，赵光勇编．—西安：西北大学出版社，2019.3

（史记研究集成／赵光勇，袁仲一，吕培成，徐卫民主编．十二本纪）

ISBN 978-7-5604-4045-3

Ⅰ．①秦… Ⅱ．①张…②赵… Ⅲ．①中国历史—古代史—纪传体②《史记》—研究 Ⅳ．①K204.2

中国版本图书馆 CIP 数据核字（2017）第 132390 号

"十三五"国家重点图书出版规划项目

史记研究集成·十二本纪·秦本纪
SHIJIYANJIUJICHENG SHIERBENJI QINBENJI

张新科 赵光勇 编

出版发行	西北大学出版社			
地　址	西安市太白北路229号		邮　编	710069
网　址	http://nwupress.nwu.edu.cn		邮　箱	xdpress@nwu.edu.cn
电　话	029-88303593　88302590			
经　销	全国新华书店			
印　装	西安华新彩印有限责任公司			
开　本	787毫米×1092毫米　1/16			
印　张	26			
字　数	497千字			
版　次	2019年3月第1版　2019年3月第1次印刷			
书　号	ISBN 978-7-5604-4045-3			
定　价	150.00元			

如有印装质量问题，请与西北大学出版社有限责任公司联系调换。电话：029-88302966

版权所有　　侵权必究

总　序

　　司马迁是我国西汉时期左冯翊夏阳（今陕西韩城市）人，伟大的史学家、思想家、文学家，1956年被列为世界文化名人。他的巨著《史记》，是我国第一部纪传体通史，记载了从黄帝到汉武帝时期中华民族三千多年的历史，体现了中华民族的智慧和力量，展现了中华民族维护统一、积极进取、坚韧不拔、革故鼎新、忧国爱国等民族精神。司马迁以"究天人之际，通古今之变，成一家之言"为宗旨，突破传统，大胆创新，开辟了中国史学的新纪元，在中国文化史上树立了一座巍峨的丰碑，正如清人李景星《史记评议·序》所说："由《史记》以上，为经为传诸子百家，流传虽多，要皆于《史记》括之；由《史记》以下，无论官私记载，其体例之常变，文法之正奇，千变万化，难以悉述，要皆于《史记》启之。"在世界文化史上，《史记》作为巨幅画卷，也是当之无愧的。苏联学者图曼说："司马迁真正应当在大家公认的世界科学和文学泰斗中占有重要的地位。"《史记》和古希腊史学名著比较，其特点在于它的全面性，尤其是对于生产生活活动、学术思想和普通人在历史上的地位的重视。"希腊历史学家的著作，往往集中到一个战争，重视政治、军事。普鲁塔克的传记汇编所收的人物也限于政治家和军事家，即使是最著名的希腊思想家、科学家如亚里士多德，在他的著作中也没有一字提到，更没有一个关于从事生产活动者的传记了。"[①]《史记》在唐以前传至海外，18世纪开始传入欧美，一直以来都是世界汉学界研究和关注的对象。毋庸置疑，《史记》是世界文化宝库中一颗璀璨的明珠。

一

　　据《汉书》记载，西汉宣帝时司马迁的外孙杨恽将《史记》公之于众。但当时史学还没有应有的独立地位，加之在正统思想家眼里，《史记》是离经叛道之作，是"谤书"，因而并没有受到重视。直到东汉中期，《史记》才逐渐流传。魏晋以后，史学摆脱了经学附庸，在学术领域内形成一门独立的学科，《史记》的地位得到相应的提高，抄写、学习《史记》的风气逐渐形成。谯周《古史考》等书对《史记》史实的考证，

---

① 齐思和：《〈史记〉产生的历史条件和它在世界史学上的地位》，载《光明日报》1956年1月19日。

揭开了古史考辨的序章。裴骃的《史记集解》是这个时期最有代表性的《史记》注本。此一时期，扬雄、班氏父子、王充、张辅、葛洪、刘勰等人对《史记》发表过许多评论，他们肯定了司马迁的史才，肯定了《史记》"不虚美，不隐恶"的实录精神。由于史论的角度不同，班彪、班固在《汉书·司马迁传》中提出"史公三失"问题。随之，以王充和张辅为开端，开始了"班马异同"的学术讨论，也即开《史记》《汉书》比较研究之先河。

唐代由于史学地位的提高，尤其是"正史"地位之尊，使《史记》在史学史上备受尊崇，司马迁开创的纪传体成为修史之宗。唐代编纂的《晋书》《梁书》《陈书》等八部史书全部采用纪传体的写法。史学理论家刘知幾对纪传体的优点也予以肯定："《史记》者，纪以包举大端，传以委曲细事，表以谱列年爵，志以总括遗漏，逮于天文、地理、国典、朝章，显隐必该，洪纤靡失，此其所以为长也。"① 史学家杜佑发展了《史记·八书》的传统，著《通典》一书，成为政书体的典范。唐代注释《史记》，成就最大的是司马贞的《史记索隐》与张守节的《史记正义》。这两部书和南朝刘宋年间裴骃所作的《史记集解》，被后人合称为《史记》"三家注"。"三家注"涉及文字考证、注音释义、人物事件、天文历法、山川草木、鸟兽虫鱼、典章制度等，是《史记》研究总结性、系统性的成果，因而也被认为是《史记》研究史上的一座里程碑。司马贞、张守节、刘知幾、皇甫湜等人，对司马迁易编年为纪传的创新精神做出了许多肯定性的评论。如皇甫湜《皇甫持正集》认为，司马迁"革旧典，开新程，为纪为传为表为志，首尾具叙述，表里相发明，庶为得中，将以垂不朽"。特别是唐代韩愈、柳宗元掀起的古文运动，举起了向《史记》文章学习的旗帜，使《史记》所蕴藏的丰富的文学宝藏得到空前的认识和开发，奠定了《史记》的文学地位。

宋代的《史记》研究步入一个新阶段。由于统治者对修史的重视，加之印刷技术的发展，《史记》得以大量刊行，广为研读。宋人特别注重《史记》的作文之法。如文学家苏洵首先发明司马迁写人叙事的"互见法"，即"本传晦之，而他传发之"②，开拓了《史记》研究的领域。郑樵在《通志·总序》中称《史记》为"六经之后，惟有此作"，肯定司马迁前后相因、会通历史的作史之法，这也是第一次在理论上从"通"的角度评论《史记》。本时期的评论，还把"班马优劣论"发展到一个新的阶段，苏洵、郑樵、朱熹、叶适、黄履翁、洪迈等人都发表过评论，涉及思想、体例、文学等方面的比较，乃至出现了倪思、刘辰翁的《班马异同》及娄机的《班马字类》这样的专门著作，把《史记》比较研究向前推进了一步。

元代除了在刊刻、评论《史记》方面继承前代并有所发展外，主要贡献在于把

---

① ［唐］刘知幾撰，浦起龙释：《史通通释·二体》，上海古籍出版社1978年版，第28页。
② ［宋］苏洵著，曾枣庄等笺注：《嘉祐集笺注》，上海古籍出版社1993年版，第232页。

《史记》中的历史人物、历史事件搬上舞台。元代许多杂剧的剧目取材于《史记》，仅据傅惜华《元代杂剧全目》所载就有180多种，如《渑池会》《追韩信》《霸王别姬》等，这些剧目的流传，又扩大了《史记》的影响。

明代是《史记》评论的兴盛期。印刷技术进一步提高，给刻印《史记》提供了有利条件，尤其是套版印刷的兴起，给评点《史记》提供了方便。明代从文学角度评论《史记》取得的成就最大，对于《史记》的创作目的、审美价值、刻画人物形象的方法、多样化的艺术风格等都进行了有益的探索①。唐顺之、归有光、茅坤、王慎中、钟惺、陈仁锡、金圣叹等人都是评点《史记》的大家。同时，由于《史记》评点著作大量出现，辑评式研究应运而生。凌稚隆《史记评林》搜集整理万历四年（1576）之前历代百余家的评论，包括"三家注"及各家评点和注释，并载作者本人考辨，给研究者提供了便利，后来李光缙对该书进行了增补，使之更加完备。明代晚期，《史记评林》传入日本，深刻影响了日本对《史记》的研究。另外，朱之蕃《百大家评注史记》，葛鼎、金蟠《史记汇评》，陈子龙、徐孚远《史记测义》等也进行了辑评工作。明代由于小说的繁荣，人们对《史记》的认识也开辟了新的角度，探讨《史记》与小说的关系，这是前所未有的新成就。在《史记》历史事实的考辨方面，杨慎《史记题评》、柯维骐《史记考要》、郝敬《史记愚按》等，以及一些笔记著作，均颇有新意。

清代迎来了《史记》研究的高峰期。专门著作大量涌现，如吴见思《史记论文》、汪越《读史记十表》、杭世骏《史记考证》、牛运震《史记评注》、王元启《史记三书正讹》、王鸣盛《史记商榷》、邵泰衢《史记疑问》、赵翼《史记札记》、钱大昕《史记考异》、梁玉绳《史记志疑》、张文虎《校勘史记集解索隐正义札记》、郭嵩焘《史记札记》、李慈铭《史记札记》、吴汝纶《桐城吴先生点勘史记》、程馀庆《历代名家评注史记集说》等，都是颇有特色的著作。这些著作最大的成就在于考据方面。清人考据重事实、重证据，大至重要历史事件，小至一字一句、一地一名，对《史记》史事和文字的考证极为精审。钱大昕为梁玉绳《史记志疑》作序，称其"足为龙门之功臣，袭《集解》《索隐》《正义》而四之矣"。许多学者是考中有评，如赵翼说："司马迁参酌古今，发凡起例，创为全史，本纪以序帝王，世家以记侯国，十表以系时事，八书以详制度，列传以志人物"，"自此例一定，历来作史者，遂不能出其范围，信史家之极则也。"② 其他非专门研究《史记》的著作如顾炎武《日知录》、刘大櫆《论文偶记》、章学诚《文史通义》以及一些古文选本等，也对《史记》发表了许多值得重视的评论。

---

① 详参张新科、俞樟华：《史记研究史略》第四章"明人评点《史记》的杰出成就"，三秦出版社1990年版。
② ［清］赵翼著，王树民校证：《廿二史札记校证》卷一，中华书局1984年版，第3页。

近现代以来，中国内地及港澳台地区《史记》研究呈现出继承传统研究方法的同时，研究领域不断拓宽、研究问题不断深入的特点。从政治到经济、从思想到文化、从史学到地理、从文学到美学、从伦理到哲学、从天文到医学、从军事到人才，都进行了广泛深入的探索。诸如李笠的《史记订补》、王叔岷的《史记斠证》、钱穆的《史记地名考》、瞿方梅的《史记三家注补正》、陈直的《史记新证》、王恢的《史记本纪地理图考》等，从《史记》文本文字、地理名物及《史记》研究的再研究等方面进行考证或订补。另外，杨燕起等编纂的《历代名家评史记》，精选1949年前的《史记》评论资料；近年来，由张大可、丁德科主编的《史记论著集成》汇辑当代学者的专题研究成果；赵生群主持修订的中华书局《史记》点校本使《史记》校勘更上层楼。同时，各种不同类型的《史记》选注本、全注本、选译本、全译本相继问世。

《史记》在日本影响很大，近现代以来颇具影响的《史记》研究专家有泷川资言、水泽利忠、宫崎市定等。20世纪30年代出版了泷川资言的《史记会注考证》，之后水泽利忠对该书进行校补，使之成为《史记》研究总结集成式的成果，该书在辑佚、校勘、对《史记》史实的考证、对司马迁所采旧典的考证、对"三家注"的再考证、对词句的训释等方面，均取得了显著的成果。但缺点也是显而易见的，施之勉的《史记会注考证订补》、严一萍的《史记会注考证斠订》等均针对其缺憾专门做了订正。欧美学者对《史记》的研究，诸如法国的沙畹、康德谟，美国的华兹生、倪豪士，以及汉学家高本汉、崔瑞德、鲁惟一、陆威仪等，在关注《史记》传统研究方法的同时，以西方思维、理论及方法，将《史记》与西方传统的史学著作进行比较研究，亦颇具特色。

从以上简单勾勒《史记》研究的历史可以看出，近两千年《史记》研究呈现出"历代不辍、高潮迭起"的状态。不仅如此，海外汉学界特别是日本的《史记》研究亦有突出的表现。

二

《史记》研究积累了大量丰富的资料，这些资料是不同时期承前启后、不断深化的学术成果，这其中有就个别问题的深入探究，有零散的评论，亦有专题式的系统研究。除此之外，系统整理前代研究成果、提出新见的集成式整理方式，更有划时代的意义。在这个层面上，南朝刘宋至唐代形成的《史记》"三家注"和20世纪30年代日本学者泷川资言完成的《史记会注考证》，被视为《史记》研究系统、全面、最有代表性的著作，甚至被称为《史记》研究的两座里程碑。

今天，《史记会注考证》出版已经八十余年，《史记》研究又经过了一个不凡的历程，海内外《史记》研究新见迭出，特别是在研究方法上出现了新的变化，突出特征是由"史料学"向"史记学"发展,即从史料的整理和挖掘中分析司马迁的思想,通过具体史料探讨《史记》丰富的思想内涵及其价值。这也在客观上对《史记》研究成果再次进行集成式整理提出了新的学术要求,《史记研究集成》的编纂正是顺应这一学术发展的重要尝试。

《史记研究集成》系"十三五"国家重点图书出版规划项目,在陕西省人民政府参事室(陕西省文史研究馆)的关心、指导和支持下,由陕西省司马迁研究会和西北大学出版社具体组织实施。集成规模浩大,搜罗宏富;分类选目,采撷众家;纵横有序,类别集成。在总体架构上,分别形成"十二本纪""十表八书""三十世家""七十列传"各部分研究集成。集成以汇校、汇注、汇评为编纂体例,总体编纂表现出资料搜集的全面性、类别整理的学术性,以及体例设置的科学性和出版所具有的实用性特点,具体如下:

首先,资料翔实完备,涉及古今中外所有研究成果,是近两千年来《史记》研究的集大成之作。本集成所收资料,上自汉魏六朝下至21世纪初,不仅包括中国历代《史记》研究形成的资料,亦广泛涉及海外研究成果,特别注重对新材料、新观点的采撷吸收。近现代以来,《史记》研究呈现出以史学、文学为主干,包括政治、经济、文化、军事、哲学、地理、天文等多学科的特点,相关的研究成果自然也就成为本集成的组成部分。同时,遴选搜集所能见到的《史记》研究的相关资料,又针对性地搜集补充海外研究资料,充分显示了《史记研究集成》资料搜集的全面性。

其次,观点采撷众家,厘定甄选,兼及考古资料补正,充分体现了《史记研究集成》的学术性。《史记》研究者之众,多不胜数;成果之丰,可谓汗牛充栋。经过了汉魏六朝开启至唐代的注释繁盛期,两宋传播和品评期,明代评论兴盛期,清代考据高峰期,以及近现代的拓展深入期这些不同阶段,积累了大量学术资料,这些资料就观点看,前后相继,但会通整理难度之大超乎想象。编纂者一要质其要义,二要考其先后,三要会通甄选以厘定条目,除此之外,还要参酌考古新发现做深入补正或提出新见解,这也体现出集成的学术性特点。

再次,体例设置科学,出版具有实用性。《史记研究集成》以汇校、汇注、汇评分类,以观点先后列目,类编得当,条贯秩然。一方面网罗《史记》研究多学科、多层次、全方位之学术观点,另一方面完整呈现《史记》研究的学术脉络,每篇前有"题解",后有"研究综述",在收集历代研究成果的同时,对一些有争议的或者重大的学术问题加以编者按语。本集成系全面,方便使用,具有工具书的性质。

《史记研究集成》的编辑出版,无疑具有重要的学术价值。第一,它为《史记》研究者提供了非常丰富的有价值的资料,古今中外的重要成果尽收眼底,为理论研究铺路搭桥,为立体化的研究提供依据。第二,它既是历代资料的精选荟萃,又是近两千年《史记》研究史的全面呈现，具有学术史的认知价值。第三，它与前代的《史记》"三家注"、《史记会注考证》等里程碑式的著作相比，体现了编纂者的创新精神和力争超越前代的学术追求，有助于推动《史记》研究向纵深发展，有助于推动"史记学"的建立。第四，《史记》具有百科全书的特点，在中国和世界文化史上占有重要地位。集成的编辑出版，一方面可以为史学、文学、哲学等人文社会科学乃至有关的自然科学研究提供有益的资料，有助于促进这些学科的发展，繁荣当代学术；另一方面，有助于深入挖掘《史记》中蕴含的至今仍具有现代意义的价值理念、道德规范与治国智慧，以传承弘扬中华优秀传统文化，推动传统文化创造性转化与创新性发展。

三

《史记研究集成》的编纂是一项基础性文化工程，资料的搜集与会通整理不仅需要认真严谨的学术态度，也需要多学科的知识储备，更需要学术界的通力合作。书稿在编纂和审定过程中，得到了著名史学家、西北大学张岂之先生，中国《史记》研究会原会长、北京大学安平秋先生，中国秦汉史研究会原会长、中国人民大学王子今教授，中国社会科学院学部委员彭卫研究员，中国历史文献研究会会长、南京师范大学赵生群教授等学者的大力支持和帮助，在此谨表谢忱。

限于体例和篇幅，以及资料的限制，前贤时彦的成果难以全部吸收，颇有遗珠之憾，不足之处，敬请读者批评指正。

《史记研究集成》编辑出版委员会
（张新科执笔）
2019年3月18日

《史记研究集成·十二本纪》编辑出版说明

作为《史记研究集成》的一部分，《史记研究集成·十二本纪》（以下简称"集成"）编纂工作实际始于1994年。它是在赵光勇教授审择资料、构设体例的基础上，由陕西省司马迁研究会组织启动编纂的。对于这项重大文化工程的实施，时任陕西省省长白清才、陕西省政协副主席董继昌、陕西师范大学原党委书记李绵等人高度重视，并给予重要支持。在几近十年的编纂中，十余位专家勤勉有为，爬梳浩如烟海的资料，会通比较，厘定条目，汇校、汇注、汇评出近两千年《史记》研究发展的学术脉络，至2003年形成初稿。

2013年，书稿经过十年"周转沉淀"，在陕西省人民政府参事室（陕西省文史研究馆）的支持下，西北大学出版社接手编辑出版，并邀纳资深编审郭文镐等组建《史记研究集成》编辑部，组织项目的编辑加工。从2013年至今，在六年的精心组织与实施中，编辑部的同志进行了大量细致的资料核查工作，其中不乏深入的校雠勘误；在内容处理上，听取专家意见，同样进行了庞杂的"考量删繁以求简练"的编辑加工。在此基础上，各位编纂者又进行了系统的补遗与增订。《史记研究集成·十二本纪》至此完成编辑审定。这期间，2015年，《史记研究集成》被列入"十三五"国家重点图书出版规划；2016年、2018年，出版社和陕西省司马迁研究会先后组织了两轮专家审定，形成了系统的修改意见，从增删与补遗等方面有力地保证了"集成"的全面性与学术性，从而提高了"集成"出版的代表性与权威性。

《史记研究集成·十二本纪》项目实施前后25年，十余位专家，淡泊名利，潜心以为，他们以司马迁"忍辱负重，发愤而为，成一家之言"的精神为榜样，砥砺前行，在此我们感念良多。殚精竭虑、因病辞世的吕培成教授，年愈九旬、依旧念兹的赵光勇教授，耋老鲐背、勉力而为的袁仲一先生等，他们都是司马迁精神不衰的实践与体现。已故陕西省司马迁研究会原副会长张登第先生在"集成"编纂的组织过程中发挥了重要作用。书稿的编、审、校前后持续六年，这期间，出版社的编辑同志承担着大量繁重的工作，他们珍视与编纂者的合作，在工作上与编纂者并肩前行，在专业上不断历练提高，受益良多。可以说，"集成"的编辑出版，是编纂者与出版者密切合作的结果，也充分体现着双方致力于文化传承创新的责任与使命意识。

值此《史记研究集成·十二本纪》付梓之际，特别感谢北京大学安平秋教授、杨海峥教授，中国人民大学王子今教授，中国社会科学院彭卫研究员，南京师范大学赵生群教授等专家学者所提供的重要的学术支持。同时，感谢社会各界给予的关心和指导。

西北大学出版社

2019 年 3 月 19 日

凡　例

1. 本书《史记》正文以中华书局1959年版点校本为底本，参考《史记》新校本（修订本），汇集历代兼及国际汉学界《史记》研究资料，简体横排。凡古今字、通假字、俗字等，以及人名、地名中的异体字，均一仍其旧。各卷编排：卷前为题解，卷末为研究综述，正文分段，每段为单元，标示注码，段后依次排列汇校、汇注、汇评资料。

2. 本集成遴选的资料，录自古代文献和近现代学术专著，有参考价值的今人研究成果也予以酌录。汇校部分，以他校为主（点校本已作版本校）。汇注部分，不限于字词义诠释，句义、段义以及天文地理等考释也包括在内。所有部分，皆不惮其繁，一一罗列各家之言。

3. 本集成引录的资料中使用的书名简称依旧，个别生僻者，首次出现时，随文加"编者按"予以说明。如：《锥指》（编者按：《禹贡锥指》）；《经典》（编者按：《经典释文》）。

4. 本集成引录的资料中的原有夹注，改为括注，字体字号同正文。为方便读者解读研究资料中的个别问题，本书编者间或加有"编者按"，按语相应随文或置于该条资料文末。

5. 每条研究资料于文末括注出处，录自古代文献和近现当代学术专著者括注书名、卷名或章名，连续两条或三条出处相同者，后条简注"同上"；录自现当代期刊者括注篇目及期刊年次期次。书末附《引用文献及资料》，详注版本信息。

目 录

总　序 …………………………………………………… (1)
《史记研究集成·十二本纪》编辑出版说明 …………… (1)
凡　例 …………………………………………………… (1)
正文及校注评 …………………………………………… (1)
研究综述 ………………………………………………… (380)
引用文献及资料 ………………………………………… (392)

秦本纪第五

【题评】

司马贞：秦虽嬴政之祖，本西戎附庸之君，岂以诸侯之邦而与五帝三王同称本纪？斯必不可，可降为秦系家。（《史记索隐》卷三十）

刘知幾：然迁之以天子为本纪，诸侯为世家，斯诚谠矣。但区域既定，而疆理不分，遂令后之学者罕详其义。按姬自后稷至于西伯，嬴自伯翳至于庄襄，爵乃诸侯，而名隶本纪。若以西伯、庄襄以上，别作周、秦世家，持殷纣以对武王，拔秦始以承周赧，使帝王传授，昭然有别，岂不善乎？必以西伯以前，其事简约，别加一目，不足成篇。则伯翳之至庄襄，其书先成一卷，而不共世家等列，辄与本纪同编，此尤可怪也。（《史通》卷二《本纪》）

归有光：《秦本纪》与《始皇本纪》当合为一，如《周纪》始后稷也，以简帙多，始皇自为纪。（《归震川评点本史记》卷五）

王维桢：《史记》本纪十二，世家三十。本纪者，叙其功德，而表其政化者也。世家者，纪其事业，而尊其功勋者也。如《秦本纪》《项羽本纪》，当降作世家者，何哉？夫秦自穆公始霸西戎，及孝公蚕食六国，至庄襄灭周，不三载而嬴亡于吕，则秦之为秦，概可知也。《史记》以为战国之雄，天命有在，不知秦至庄襄，未得及身而帝，成一统者。及吕政也，此不得列于本纪者一也。且秦在列国一列侯耳，素无功德之积累，所用者如商鞅、张仪、范睢辈，不过以富国强兵，约纵连横之术已耳，安有功德之可歌，政化之可述乎？其可并列于五帝三代之本纪也欤？若以宗主天下而言，既始皇列于本纪，而秦之不必以本纪称也明甚，然则降作世家，谁曰不宜？……吾以为秦、项之际，无分彼此，故秦以强暴亡其国，项以强暴亡其身，其不得列于本纪则一也。则降作世家者，不过如萧、曹、韩、彭辈，纪其事业，尊其功勋已耳。故曰太上立德，其次立功，如秦、项者立功之次也。秦以侯国而成帝业，项以匹夫而号霸王，功则有余，而德则不足，安得以本纪称之哉！（引自《历代史事论海》卷八《史记秦本纪项羽本纪当降作世家论》）

凌稚隆：按《史通》云：嬴自伯翳至于庄王，爵乃诸侯，而名隶"本纪"，合以

庄王以上别作《秦世家》。(《史记评林·秦本纪》)

又：按《秦本纪》为《战国策》所掩。(同上)

仇俊卿：按秦本嬴姓，帝颛顼之苗裔，伯翳之后，在西戎，保西陲。其后造父为周穆王御，封赵城为赵氏。非子居犬丘，周孝王使主马汧、渭之间，马大蕃息，遂邑之秦，为附庸，尚微也。宣王元年，命秦仲为大夫，征西戎，于是有《无衣》之诗。幽王十一年，秦襄公力战，逐犬戎，黜伯服，方命为诸侯。犹未肆也。显王致伯于孝公，始僭称公。孝公太子立，为惠文君，后为西帝；时齐闵王亦僭称东帝，寻惧而皆去之。在庄襄之日，迁西周君于㥁狐聚，迁东周君于阳人聚，周祀未绝。是庄襄以前，周君犹存，秦虽日强，陵夷二周，然则侯职也，臣也。有君在则礼然。始皇并天下，追尊庄襄为太上皇。蔡邕曰："不言帝，非天子也。"庄襄以上，讵当入本纪，拟若商、周先世，与稷、契之积德者同称乎？秦史庄襄以前，必当为世家；庄襄嗣姓，始皇而下，姑可厕诸本纪。(《通史它石》卷上)

黄淳耀：子长为本纪者三，后世皆不与焉。秦也，始皇也，项籍也。以是继五帝三王之后，可乎？曰：不可。则曷为纪之？曰：此即正统之说也。欧阳子有言，居天下之正，合天下于一，斯正统矣。尧、舜、夏、商、周、秦、汉、唐是也。苏子有言，孔子删书而虞、夏、商、周皆曰《书》，汤、武王、伯禽、秦穆公皆曰《誓》，以为正统之说，其谁曰不可？子长之本纪，其即欧阳子、苏子之论所从出也。夫子长岂不知秦、项为天下之公恶也哉！以为政固尝继周而有天下矣，籍固尝专天下之约矣，吾从其继周而有天下，与夫专天下之约者而为之本纪，非进秦、项于三代也。虽然，秦自始皇以前，固西戎附庸之国尔。虽专天下之约，未尝一天下而称帝也。为有天下之始皇立纪则可，为西戎之国与未一天下之项籍立纪则不可，故秦与始皇宜为一。(《陶庵集》卷七《史记论略秦本纪》)

德　龄：臣德龄按：殷、周之兴，以先积德，始皇之帝，则以先世积强所致。太史公作《殷》《周本纪》，皆推原先世功德，以昭一代之统系，至秦则分而二之，曰《秦本纪》，曰《始皇本纪》，其褒贬之意显然。或曰：秦与始皇分纪，所以别嬴、吕也，其论虽纤，理亦不诬。(《钦定史记·秦本纪·考证》)

孙德谦：《史记》之有《秦本纪》，为人訾议者久矣。吾则知其意在叙述先世也。本纪之例，所以纪天子也。秦在始皇以前，未立天子之位，其不得入本纪，似矣。然诚如此，殷之为天子，汤也；周之为天子，武王也。今《殷本纪》则始契，《周本纪》则始稷，何哉？契之与稷，在唐虞时，只分封之国，非天子也；非天子而在本纪，盖以契、稷者汤、武之先世耳。且《殷本纪》之首曰殷契，《周本纪》之首曰周后稷名弃，并不先言汤、武，是直从契、稷顺序而降，又非与追溯先世者比。则殷之本纪，不列汤而列契；周之本纪，亦不列武而列稷，皆叙述先世。《秦本纪》自帝颛顼后，亦记其先世耳,况篇首明明称秦之先乎?其称秦之先者,因始皇已为天子,遂由后数先,明秦本是颛顼苗裔也。但分为二纪者,殷、周事简,非若秦之繁多,故别裁为纪,而其意则与殷、周同为叙述先世也。彼以法《春秋》十二公,故秦有此专纪。又或谓秦与始皇析之为二者,所以别嬴、吕,此岂足知子长之意哉?(《古书读法略例》卷一《知意例》)

牛运震:按《索隐》云"秦本西戎附庸之君,不宜与五帝三王同称本纪,可降为秦世家",刘知幾《史通》亦云"姬自后稷至于西伯,嬴自伯翳至于庄王爵,乃诸侯而名隶本纪,应自西伯、庄王以上别作周秦世家",二说似皆近理,然以《史记》之编次条理考之,则有不得不纪秦者。盖秦伯王之业,章于缪、孝,成于昭、襄,此始皇因之所以并吞混一而称帝号也。故太史公于《秦本纪》末详载秦取蜀及南阳郡,又北定太原、上党,又初置三川、太原等郡,而于《始皇本纪》开端复作提挈云。秦地已并巴、蜀、汉中,越宛有郢,置南郡矣;北收上郡以东,有河东、太原、上党郡;东至荥阳,灭二周,置三川郡;此正与《秦纪》末联合照应,针线相接,以为始皇并一天下之原本也。如欲降《秦本纪》为世家,则史家无世家在前、本纪在后之理,势必次《始皇本纪》于《周本纪》之后,而列《秦世家》于十二诸侯之中,将始皇开疆辟土席卷囊括之类,政不知从何处托基,其毋乃前后失序,而本末不属乎?如拘诸侯不得为本纪之例,则始皇称帝后已尊庄襄为太上皇,而惠文以来,帝者之形已成,若泛泛列之,诸侯世家中亦恐非其伦等也。至《史通》以姬、嬴并论,乃谓后稷以下、西伯以上亦应降为世家,尤事理之不可通者。周不可降,何独降秦耶?此其持论非不有见惜,徒为局外闲观而未察乎太史公编次之苦心也。读太史公《秦本纪》小序曰:"昭、襄业帝",则纪秦之旨太史公已自发之,后之读《史记》者特未之深思耳。(《史记评注·秦本纪》)

吴见思:秦与始皇纪应作一篇,止因事太多,篇牍太长,不能尽收,故分作两篇耳,诸先生以为不应为秦立本纪者,未免太泥。(《史记论文·秦本纪》)

王　筠:三代本纪皆叙远祖于前而以禹汤文武继之,惟《秦本纪》另作一篇者,则以前面不可太略,然较之始皇则略,合之则重累,不成体裁也。然分之而文仍是世家体,故篇末总序始皇以下三世作结,此亦不得已之极思也,然割此篇入世家则尤不妥矣,是纪传家苦处,若编年家无此窒碍。(《史记校》卷上《秦本纪》)

程馀庆:司马《索隐》云:秦本诸侯之国,而与五帝三王同称本纪,可降为世家。吴齐贤先生云:秦与《始皇纪》,原应作一篇,止因事太多,篇牍太长,不能尽收,故分作两篇。按:殷周之先皆诸侯,未尝别列为世家也。与《始皇纪》为一篇,自是正法。其分为两篇者,亦非为事太多篇牍太长也。揣史公之意,盖别其为吕秦非嬴秦耳。(《历代名家评注史记集说·秦本纪》)

郭嵩焘：按：《周本纪》纪事胜于《夏》《殷》二篇，《秦本纪》又胜于周，事近则记载为详，史公修饰润色易为力也。又按《殷本纪》始契，《周本纪》始稷，皆溯原有天下之始以著其本末；以秦事近，叙述为详，故析《始皇本纪》别为一篇，秦不得有《世家》明矣，此《索隐》误也。（《史记札记·秦本纪》）

刘咸炘：黄淳耀《史记论略》曰："子长为秦及始皇、项籍三本纪，以继五帝三王之后，此即正统之说也。欧阳子有言：'居天下之正，合天下于一，斯正统矣。'子长岂不知秦、项为天下之公恶也哉？以为政固尝继周而有天下矣，籍固尝专天下之约矣，吾从其继周而有天下，与夫专天下之约者，而为之本纪，非进秦、项于三代也。虽然，秦自始皇以前，固西戎之国耳。籍虽专天下之约，未尝一天下而称帝也。为有天下之始皇立纪则可，为西戎之国与未一天下之项籍立纪则不可。故秦与始皇宜合而为一，籍宜降而为传。"按：黄氏谓从其有天下与专天下之约，是也。谓即正统之说则非。古史之纪，仅取事势所归，以为一时之纲领，初无正统之辨。后世举"正统"二字，则于事势之外加一义理评衡，而又须兼顾事势，遂使中多矛盾纠纷。黄氏徒知从其专天下之约，而不知羽称伯王，伯固亦可立纪。……《秦纪》诚有未安，但非黄氏西戎之谓。（《史记知意》）

又：《索隐》及《史通·本纪篇》，谓庄襄已上当为世家。梁氏曰："三王事简，不别其代。秦则分列二纪与三王殊例，当并始皇作一篇，倘因事繁，则当依《索隐》《史通》之说，拔始皇以承周报。《水经注》引薛瓒称为《秦世家》，《史通》之所本矣。"此说是也。归有光谓本如《周纪》，以简帙多，始皇自为纪。说似是而非。苟止为简帙多，则分上、下可也，不宜别立。王拯又非归说，谓史公纪秦汉间事，非专为汉纪，此说尤谬。盖谓秦亦当详，而不知非王、伯不得为纪也。何焯《读书记》（编者按：《义门读书记》）曰："在襄之世，秦已尽取周也，固继周而王矣。然六国未亡，犹存封建之制，至始皇并吞，而尽有之，三代规模一变。此《秦本纪》所以离而为二。"此说亦曲。秦未并六国，则伯亦未成，何云继王乎？然此说实有见，庄襄虽未统一，而周固已灭，始皇统一又在后，编年不可有空。若如刘、梁之说，则周灭以后，始皇并六国以前，将何所寄？如刘、梁说，将截自庄襄之灭周为始邪？将截至始皇之灭齐为始邪？无论何从，皆无首，不便叙事。史公殆亦因此难，不得已而并庄襄以前，通叙之耳。章实斋《匡谬篇》谓十二本纪，隐法《春秋》十二公，故《秦纪》分割庄襄以前，别为一卷，而未终汉武之世，为作《今上本纪》，明欲分占篇幅，欲副十二之数，乃拘迹之谬，此说亦凿，非史公本意。（同上）

齐树楷：秦自为纪，不与始皇本纪合。以秦诸侯也，列国时代也，始皇统一时代之君也。其世不同自不能合为一。周则始终为诸侯之世，篇幅虽大，毋庸分矣。（《史记意·秦本纪第五》）

朱希祖：本纪者，述其宗祖本意，奉其正朔曰纪。周自后稷至于西伯，秦自伯翳至于庄襄，爵虽诸侯，而实为天子之宗祖，必欲置之世家，是欲臣其宗祖，昧其本源也。自赧王亡至秦始皇称帝，中间无统者三十四年，而灭周者秦，故列秦为本纪。自秦子婴亡至汉高祖称帝，中间无统者四年，而杀子婴封诸王者项羽，故列项羽为本纪。必欲称项羽为僭盗，则刘邦何尝非僭盗乎？必欲以称王为非天子，则夏商周何称帝乎？（《中国史学通论》）

梁　勇：犬戎发难，平王东迁，襄公护驾有功，秦始侧身诸侯之列。后嗣君王励精图治，选贤用能辟土开疆，使其基业彰于缪孝，成于惠昭。始皇因之，囊括宇内，成就亘古帝业。司马迁不将秦国列入十二诸侯中，而使其与《秦始皇本纪》针线相接，联属相应，编次于《周本纪》之后，表明作者视秦国为正统的历史观，完整地勾勒了春秋至秦末数百年间华夏大地上的政治军事形势和社会概貌。（《中国历史读本·史记·秦本纪·提要》）

韩兆琦：司马迁不受任何教条和模式的束缚，能从历史发展的自身规律出发记述历史，体现了一个杰出史家的卓识和勇气。他不拘泥于"天子称本纪"（《五帝本纪·正义》引裴松之《史目》语）的思维定势，毅然将秦列入"本纪"。他认为第一，秦"至献公之后常雄诸侯"，已经为秦始皇统一天下打下了坚实基础；第二，秦国在战国时期左右局势，纲纪天下，具有重要的历史地位，如果不为秦作"本纪"，战国时期的大局就不能提挈。既然写《秦本纪》，秦在战国以前的发展过程当然也要包括进去。参之《六国年表》，表名"六国"，实列八国，首栏序周，以尊共主，次即序秦，以明"常雄诸侯"之意，周与秦不在六国之内，其用意与《秦本纪》是一样的。（《史记题评·秦本纪》）

泷川资言：此纪以《秦记》为经，以《左传》《国语》《国策》为纬，比诸吴、齐、鲁、晋诸世家，其事大备者为此也。（《史记会注考证》卷五《秦本纪》）

藤田胜久：从《史记》卷四《周本纪》的范围看，战国末年周国被秦国灭亡后，直到《秦始皇本纪》秦王政元年为止，出现了历史的遗漏。为此需要补充这段历史的本纪，而从历史进程来看，这非秦莫属。另外，《周本纪》中几乎没有战国时代的资料，而多见于和"秦记"有关的《秦本纪》中，因此，从《史记》的结构来看，有战国时代纪年资料的秦史成为本纪绝不奇怪。（《〈史记〉战国史料研究》）

又：司马迁的论赞在评价秦史时，将穆公时期和献公时期、昭襄王时期作为转变期。其中穆公时期虽然是秦国的发展期，但他没能充分继承先祖的功绩，不过到了献公时期，司马迁将秦国视作能够承周的国家，而且为突出这一点，《秦本纪》中有一条纪年资料，记周祝福秦国之事，这一纪年资料也见于《六国年表》周表。因此，在这个意义上。秦国作为承周之国，具有值得为其制作本纪的地位。而且从史料的角度来

讲。秦国有王者的纪年资料,这也是秦史成为本纪的一个理由吧。(同上)

  秦之先,帝颛顼①之苗裔孙曰女修。女修织,玄鸟陨卵,女修吞之,生子大业②。大业取少典之子③,曰女华。女华生大费④,与禹平水土⑤。已成,帝锡玄圭⑥。禹受曰:"非予能成,亦大费为辅。"帝舜曰:"咨!尔费⑦,赞禹功,其赐尔皂游⑧。尔后嗣将大出⑨。"乃妻之姚姓之玉女⑩。大费拜受,佐舜调驯鸟兽,鸟兽多驯服⑪,是为柏翳⑫。舜赐姓嬴氏⑬。

① 【汇校】
  王叔岷:按《路史·发挥》三引颛顼作高阳,盖据《正义》改。(《史记斠证·秦本纪》)
 【汇注】
  张守节:黄帝之孙,号高阳氏。(《史记正义·秦本纪》)
  陈蒲清:颛顼:高阳氏。见《五帝本纪》。《左传》认为秦是少昊氏之后。(引自王利器主编《史记注译·秦本纪》)
 【汇评】
  牛运震:开端叙秦功德世系,古茂处直,与三代本纪同一格体。(《史记评注·秦本纪》)

② 【汇注】
  司马贞:女修,颛顼之裔女,吞鳦子而生大业。其父不著。而秦、赵以母族而祖颛顼,非生人之义也。按:《左传》郯国,少昊之后,而嬴姓盖其族也,则秦、赵宜祖少昊氏。(《史记索隐·秦本纪》)
  张守节:《列女传》云:"陶子生五岁而佐禹。"曹大家注云:"陶子者,皋陶之子伯益也。"按此即知大业是皋陶。(《史记正义·秦本纪》)
  陈蒲清:玄鸟:燕子。吞燕卵生子这一传说与商代一致,曲折地反映了氏族社会只知有母不知有父的现实。(引自王利器主编《史记注译·秦本纪》)
 【汇评】
  牛运震:秦之先大业,史推大业出自女修,而不著其父,此史家缺略处,或亦世远难稽耶?(《读史纠谬》卷一《史记·秦本纪》)

梁玉绳：吞卵之妄，同于简狄。（《史记志疑·秦本纪》）

崔　述：孔氏《尚书正义》称益为皋陶之子。张氏《史记正义》云："《列女传》云：'陶子生五岁而佐禹。'《注》云：'陶子者，皋陶之子伯益也。'按此，即知大业是皋陶。"近世有人据此立说，遂谓朱子《论语集注》，蔡氏《书传》之有缺略。且云，"舜五臣，禹让稷、契、皋陶而不及益者，实因益为皋陶子也"。余按：鲧用于尧世，禹用于舜世，前后不相及也；而益与皋陶同时登用，比肩授职，绝不类为父子者然。禹为鲧之子，《尚书》言之，《春秋传》言之，《大戴记》《史记》皆言之；益果皋陶之子，何以传记绝无言及者乎？刘向之书，诬者多矣，而《列女传》尤为纰缪；药酒之覆，馀光之分，皆以策士喻言记为实事，唐刘知幾讥之详矣；而五岁佐禹亦必无之事。藉令向果明言益为皋陶之子，犹不可信；况向但言"陶子"，何以见其当为皋陶之子？而禹之佐亦不一人，又何以见言佐禹者之必为益也？此特注家屈曲猜度之言，岂得遂以为实！朱子、蔡氏盖已深知其妄，故不之采；而今反用此为讥议，人之无识何至于此！（《崔东壁遗书·唐虞考信录》卷三《益非皋陶子》）

俞　樾：《秦本纪》曰帝颛顼之苗裔孙曰女修，女修生子大业，取少典之子曰女华。按：颛顼为黄帝之孙，女修既为颛顼苗裔，则去黄帝远矣。况大业又其子乎？而少典者，黄帝之父也，女华为少典之子，则与黄帝兄弟也，而谓大业得娶之乎？以《五帝纪》及《秦纪》参观，其谬殊甚。（《湖楼笔谈》卷三）

施之勉：五帝纪《索隐》：少典者，诸侯国号，非人名也。黄帝，少典氏后代之子孙，贾逵亦谓然。然则女华，亦少典氏后代之子孙也。何得谓女华与皇帝为兄弟，大业不得娶之乎？（《史记会注考证订补·秦本纪》）

丁　山：俞樾《湖楼笔谈》驳得很妙，曰："颛顼为黄帝之孙，女修既为颛顼苗裔，则去黄帝远矣，况大业又其子乎？而少典者，黄帝之父也。女华为少典之子，则与黄帝兄弟也；而谓大业得娶之乎？以《五帝本纪》及《秦纪》参观，其谬殊甚！"《秦纪》之与《五帝纪》叙事矛盾，现在姑不论其谁是谁非。尝阅严如熤《苗疆风俗考》，书中有谓湘西苗语，"呼黄牛曰大跃，呼水牛曰大业"。何以古今语言如是的妙合！假定我们承认湘西苗语所谓"大业"，即是古代秦语的遗存，那么，"颛顼之苗裔，孙曰女修"，可能即《天官书》所谓"织女，天女孙也"。……我相信女修大业母子两人故事，正是男耕女织社会生产的反映，不像是原始神话，必然是"秦文公初有史以纪事"后，秦国的史官将织女、牵牛的神话编入《秦纪》，太史公不加考虑抄入《本纪》，所以与儒家所传述的正统史料，世次颠倒，引起《湖楼笔谈》的纠弹。（《中国古代宗教与神话考·自古代祭典说起·秦祖大业即水牛》）

又：拿社会发展过程来考察，伯翳以后，非子以前的秦国世系与先公名号如大廉、若木、孟戏、中衍、蜚廉、造父、大骆、非子一类事迹考察，他们不是风神，便是马祖，完全反映那时秦人的生活尚在游牧时代；秦国的生产如何会在伯翳以前转而进步到"男耕女织"的阶段？由社会发展规律以论女修大业故事，当然是神话；由宗教发展过程看，应该先有地祇然后宗仰到天神，《秦本纪》一开头就从天神叙起，那必然是后世史家所追加的新帽子。（同上）

刘宝才：依照通例，传说中的各族始祖皆有显赫功绩，夏禹治平洪水，殷契辅佐夏禹平洪水，周弃教民稼穑。然而大业的功绩却渺茫难寻，其子大费才是辅佐虞舜驯养鸟兽、辅佐夏禹治平洪水的人物。另一个传说人物皋陶，在先秦文献中地位相当突出，《左传》《诗经》《论语》《管子》《离骚》《竹书纪年》都有关于他的记载。诸书记述，皋陶是舜、禹时代人，为人正直无私，明察人情，沉默寡言，善于断狱，被舜举为士（法官）。（《关于女修吞玄鸟卵生大业的讨论》，载《秦文化论丛》第二辑）

泷川资言：古重氏族，托名圣贤，以华其所自出者，不独嬴秦，其为颛顼之裔，既已不可知，伯益柏翳异同，不问而可也。（《史记会注考证》卷五《秦本纪》）

③【汇注】

凌稚隆：按：《考要》（编者按：《史记考要》）云：《大戴礼》少典生黄帝，黄帝生昌意，昌意生颛顼，之孙何，其子大业得上娶六世少典之子！或曰少典国号，或曰子者，本其所自出，犹《左氏》颛顼之子犁，辛、阳之才子元、恺也。（《史记评林·秦本纪》）

陈蒲清：少典：部族名。子：此指女儿。"取"同"娶"。（引自王利器主编《史记注译·秦本纪》）

【汇评】

王　筠：秦之先，帝颛顼之苗裔，孙曰女修。女修生大业，大业取少典之子，曰女华。按《五帝本纪》，黄帝者，少典之子，而颛顼者，黄帝之孙。大业既为颛顼之女孙之子，不应少典是时有女可嫁也。然按《五帝纪》曰："神农氏世衰"，又曰："炎帝欲侵陵诸侯"，盖唐虞以前未有国号，即以祖宗之号为国号，此少典亦谓其后世也。（《史记校》卷上《秦本纪》）

④【汇校】

张文虎：《秦风谱疏》"大"作"太"，下又重"太费"二字。（《校刊史记集解索隐正义札记·秦本纪》）

王叔岷：按：《秦诗谱疏》《说文系传》十三、《御览》八六、《路史》引"取"皆作"娶"。娶、取，正、假字。《五帝本纪·索隐》引此"取"亦作"娶"，"大费"作"柏翳"（黄善夫本、殿本并作栢翳，栢，或柏字），与此《索隐》作伯翳合。柏、伯古通，下文"昔伯翳为舜主畜"，南宋初重刊北宋《监本》，"伯"作"柏"（黄

善夫本、《殿本》并作栢），与此同例。《初学记》九引《帝王世纪》亦作"伯翳"。（《史记斠证·秦本纪》）

赵生群："大费"二字高山本重，《诗秦风谱》孔颖达疏引《秦本纪》同。（点校本二十四史修订本《史记》）

【汇注】

司马贞：扶味反，一音秘。寻费后以为氏，则扶味反为得。此则秦、赵之祖，嬴姓之先，一名伯翳，《尚书》谓之"伯益"，《系本》《汉书》谓之"伯益"是也。寻检《史记》上下诸文，伯翳与伯益是一人不疑。而《陈杞系家》即叙伯翳与伯益为二，未知太史公疑而未决邪？抑亦谬误尔？（《史记索隐·秦本纪》）

吴国泰：国泰按：一音者是也。扶味反者后世之俗读也。秘从必声，读如必。盖大费即是伯益也。伯者，长也。大亦有长义，故二字可以互用。如大禹亦称伯禹是。盖伯即大也。费本从弗声。弗、福等字古音皆读如畐。畐、益音近，可以相假，故知大费即伯益也。伯益又以声近借为"栢翳"，盖本一人一名，后文是为柏翳。似史公犹以大费为名，而柏翳为号也。（《史记解诂》，《文史》第四十二辑）

⑤【汇校】

王叔岷：按：《秦诗谱疏》《说文系传》引"与"上并有"大费"二字，是也。（《史记斠证·秦本纪》）

⑥【汇校】

王叔岷：按《御览》八六、六三三引"圭"并作"珪"。"珪"，古文"圭"。（《史记斠证·秦本纪》）

⑦【汇评】

梁玉绳：按：费是国名，《竹书》"费侯伯益"，是，《史》误以大费为名，故不曰咨益而曰咨费，舜果有斯语哉？秦、赵同祖，其所说神怪事，俱自傅会以衒世，史公信而纪之，失之芜矣。（《史记志疑·秦本纪》）

⑧【汇校】

王叔岷：按：《御览》六三三引"赐"作"锡"。《说文系传》引"尔"作"女"。（《史记斠证·秦本纪》）

【汇注】

司马贞：游音旒。谓赐以皂色旌旆之旒，色与玄玉色副，言其大功成也。然其事当有所出。（《史记索隐·秦本纪》）

陈蒲清：皂游：黑色的旌旗飘带。皂：皂。游：通"旒（liú）"，旗帜边缘上悬挂的装饰品。（引自王利器主编《史记注译·秦本纪》）

⑨【汇注】

司马贞：出犹生也。言尔后嗣繁昌，将大生出子孙也。故《左传》亦云"晋公子姬出也"。（《史记索隐·秦本纪》）

陈蒲清：后嗣：后代。大出：繁盛兴旺。（引自王利器主编《史记注译·秦本纪》）

【汇评】

牛运震："尔后嗣将大出"，按：此句古甚。（《史记评注·秦本纪》）

⑩【汇校】

裴　骃：徐广曰："皇甫谧云赐之玄玉，妻以姚姓之女也。"（《史记集解·秦本纪》）

张文虎：《秦风谱疏》引"乃"作"遂"。（《校刊史记集解索隐正义札记·秦本纪》）

李　笠："乃妻之姚姓之玉女"：按：皇甫氏诠释，与史文迂远不相属。依此说"玉"字应在妻上，别为一句，不当缀女字上也。其有舛误甚明。玩上文云"帝赐玄圭"，此注"赐之玄玉"四字。盖为"帝赐玄圭"作注，疑徐广本《史记音义》与单木《集解》出正文"帝赐玄圭"四字，注引"赐之玄玉"。又女上疑无"玉"字，又出"乃妻之姚姓之女"七字，注引"妻以姚姓之女也"，后误并于此，遂妄于女上增"玉"字耳。梁氏《志疑》顾以为"玉女者珍之"，误矣。（《广史记订补》卷二《秦本纪》）

王叔岷：玉字非衍文，《御览》三八一引《六韬》云："宛、怀条涂之山（未详），有玉女三人。""玉女"亦谓美女也。皇甫谧云云，"赐之玄玉"为一事，犹上文"锡玄圭"。"妻以姚姓之女"为一事，犹此文"妻之姚姓之玉女"。"赐之玄玉，"与此文玉字无涉，梁氏未达；李笠以为"上文'锡玄圭'《集解》误并于此"，亦臆说也。（《史记斠证·秦本纪》）

牛运震："乃妻之姚姓之玉女"。徐广曰："皇甫谧云：'赐之玄玉，妻以姚姓之女也。'"按：玉女，或是姚姓女名，或以其出自帝族，贵重之，而称玉女。徐广引皇甫谧分玉女为二而添出赐之玄玉一层，似非正解。（《史记评注·秦本纪》）

梁玉绳：玉女者，珍之也。《礼记》曰"请君之玉女"，《吕氏春秋·贵直篇》亦有"身好玉女"语，而徐广引皇甫谧云"赐之玄玉，妻以姚姓之女"，殆妄说也。（《史记志疑·秦本纪》）

程馀庆：姚，舜姓。玉女，言比德于玉也。按舜三妃癸比生二女，长曰宵明，次曰烛光。（《历代名家评注史记集说·秦本纪》）

【汇评】

刘　绩：余读《史记·秦本纪》，帝舜曰："咨尔费，赞禹功，其赐尔皁游，尔后嗣将大出。"乃妻之姚姓之玉女。徐广引皇甫谧云："赐之玄玉，妻以姚姓之女也。"余以为不然。按《礼》：诸侯取天子之女，辞曰："请君之玉女，与寡君共有敝邑。"事盖尊贵之耳。何广、谧皆不之考，而妄为是臆说耶。即为玄玉，当与赐皂游连书，何故于妻女之间赘一玉字？世称太史公善叙事，其深僻又如此哉！（《霁雪录》卷上）

⑪【汇评】

吴见思：为后好马畜伏案。（《史记论文·秦本纪》）

⑫【汇校】

金仁山：《尚书》之伯益，即《秦纪》之伯翳也。秦声以入为去，故谓益为翳也。《秦纪》谓柏翳佐禹治水，驯服鸟兽，岂非《书》所谓随山刊木，暨益庶鲜食，益作朕虞，若予上下鸟兽者乎？其事同，其声同，而太史公遂以《书》纪字异，乃析一人而二之，可谓误矣。唐虞功臣，独四岳不名，其余未有无名者，夫岂别有柏翳，其功如此，而《书》反不及乎？太史公于二帝本纪言益，见《秦本纪》为翳，则又从翳，岂疑而未决，故于陈、杞世家叙伯益与柏翳为二乎？抑出于谈、迁二手，故其前后谬误也？罗氏《路史》因之，遂以益、翳为二人，又以柏翳为皋陶之子，果若是，则楚人灭蓼之时，秦方盛于西，臧文仲安得云皋陶不祀乎？（引自《历代陵寝备考》卷九《秦》）

程馀庆：柏翳，《尚书》作伯益。而《陈杞世家》序柏翳与伯益为二人，误矣。（《历代名家评注史记集说·秦本纪》）

【汇注】

颜师古：柏益，一号伯翳。盖"翳""益"声近故也。（《汉书注·地理志下》）

凌稚隆：柏翳为舜主畜。（《史记评林·秦本纪》）

黄淳耀：世以秦为伯益之后，以伯益、柏翳为一人。盖据《秦本纪》，大费辅禹"平水土"、"佐舜调驯鸟兽，鸟兽多驯服，是为柏翳"之语，而以《尚书》《孟子》之文推之，舜时自益外，无平水土及调驯鸟兽者，遂以为即益也。按《杞东楼公世家》云，柏翳之后，至周平王封为秦，项羽灭之，垂、益、夔、龙其后不知所封，不见也。是则益、翳为两人，而秦非伯益之后，明矣。世儒读《史》沿误，此其一端。（《陶庵全集》卷七《秦本纪》）

陈允锡：大费即伯翳，伯翳即伯益，五臣之后，宜迭起为王。按：伯益，皋陶之子；大业即皋陶也。（《史纬》卷一《秦》）

萧　昙：《秦本纪》大费辅禹平水土，佐舜调驯鸟兽，是为柏翳。而以《尚书》《孟子》推之，舜时自益外，无平水土及调驯鸟兽者，遂以为即益也。余按：《杞东楼公世家》云，柏翳之后，至周平王封为秦，项羽灭之。垂、益、夔、龙其后不知，所封不见也。是则益、翳为两人，而秦非伯益之后明矣。（《昭代丛书》壬集卷三十九

《经史管窥》）

赵　翼：《史记》"伯益佐禹"。而《秦本纪》，秦之先大业，娶女华，生大费。大费佐禹平水土，辅舜驯鸟兽，舜妻以姚之玉女，是曰柏翳，而不言伯益，是以后人皆以柏翳、伯益为二人。然使佐大禹平水土者，另有柏翳一人，则《尚书》载之，当与稷、契、皋陶同列，乃《尚书》所载有伯益，无柏翳，而伯益作虞，其职在若上下草木鸟兽之伯益无疑。惟《史记》之伯益实封于费，可见柏翳即伯益也。又按《国语》，嬴，伯益之后也。韦昭注："即伯益也。"《汉书·地理志》又曰："秦之先为伯益，佐禹治水，为舜虞官。"则柏翳、伯益为一人，尤明白可证。盖翳与益声相近之讹也。（《陔余丛考》卷五《伯益、伯翳一人》）

又：《路史》以伯翳、伯益为二人，谓翳乃少昊后皋陶之子，益乃高阳之第三子隤敳。金仁山则云伯翳即伯益，秦声以入为去，故谓益为翳也。（同上）

梁玉绳：柏益……又作伯翳，字虞余，禹举益于阴方之中，舜封之费，故曰大费，亦曰费侯，亦曰百虫将军，赐姓嬴。父大业，母少典之子女华。益知禽兽之言，能与鸟语，年过二百，以夏启六年薨，子恩成。按：《左文十八》注、《水经·洛水》注，以益在八恺中，非也。伯翳即伯益，声转字异，自是一人，《诗·秦风》疏、《汉书·地理志》注、《后书·蔡邕传》注甚明，惟《史记·陈杞世家》误叙为二。汉刘秀《校山海经表》仍其说，罗泌遂分伯翳为少昊后，嬴姓，封费；伯益为高阳后，姬姓，封梁，不足信尔。（《汉书人表考》卷二《柏益》）

傅斯年：伯翳（按即伯益）为秦赵之祖，嬴姓之所宗。秦赵以西方之国，而用东方之姓氏，盖商代西向拓土，嬴姓东夷在商人旗帜下入于西戎。《秦本纪》说此事本甚明白。少暤在月令系统中为西方之帝者，当由于秦赵先祖移其传说于西土，久而成土著，后世作系统论者，遂忘其非本土所生。（《民族与古代中国史》）

田　静、史党社：秦祖柏翳，《秦本纪》作柏翳，《古文尚书》《列子·汤问》《汉书·百官表》宋娄机《班马字类》等作伯益，《易》井卦释文引《世本》《吕氏春秋·求人》《汉书·律历志》等又作化益，战国楚简益又写作嗌。在古籍中，柏翳的事迹之记载非常多，如《古文尚书》《墨子》《孟子》《列子》《世本》《吕氏秦秋》《史记》《大戴礼记》《汉书》《后汉书》《竹书纪年》《诗谱》《水经注》《路史》《列女传》等。这些古籍记载柏翳为舜臣。关于其职掌，《国语·郑语》说："伯翳，能议百物而佐舜者也。""百物"韦注云即"草木鸟兽"；《秦本纪》载柏翳"佐舜调驯鸟兽"；《汉书·百官表》云"益作朕虞，育草木鸟兽"；《后汉书·蔡邕传》言其"能与鸟语"；《诗·秦风谱》云"益知禽兽之言"。由这些记载来看，柏翳是为舜掌草木鸟兽之官，相当于《周礼》中的山虞泽虞之类。柏翳之柏为木名，翳为鸟名，正与其职掌相合。因此，在柏翳的不同写法中，柏翳乃其正读，余皆为其假借或讹变。正是由于秦祖与草木鸟兽的密切关系，世为鸟兽之官，因而其名多与草木鸟兽有关。如，鸟俗氏以鸟名之、若木以木名之、蜚以兽名之、大骆以马名之，这里柏翳又以木与鸟名之。柏翳之翳是五彩之鸟，一说凤属，一说玄鸟，若是后者，则其又反映了秦祖与玄鸟的密切关系。总之，无论如何，《海内经》等记载，给我们提供了秦祖与鸟兽关系密切的又一证据。（《山海经与秦人早期的历史探索》，载《秦陵秦俑研究动态》1998年第1期）

⑬【汇注】

班　固：秦之先曰柏益，出自帝颛顼。尧时助禹治水，为舜朕虞，养育草木鸟兽。赐姓嬴氏。（《汉书·地理志下》）

谯　周：穷桑氏嬴姓也。以金德王，故号金天氏。或曰宗师太皞之道，故曰少皞。（《古史考》，章宗源辑）

【汇评】

吴见思：大业至此一结。（《史记论文·秦本纪》）

　　大费生子二人：一曰大廉①，实鸟俗氏②；二曰若木，实费氏③。其玄孙曰费昌④，子孙或在中国，或在夷狄⑤。费昌当夏桀之时⑥，去夏归商，为汤御，以败桀于鸣条⑦。大廉玄孙曰孟戏、中衍⑧，鸟身人言⑨。帝太戊闻而卜之使御⑩，吉，遂致使御而妻之⑪。自太戊以下，中衍之后⑫，遂世有功⑬，以佐殷国，故嬴姓多显⑭，遂为诸侯⑮。

①【汇校】

张文虎：《秦风谱疏》引作"太廉"。（《校刊史记集解索隐正义札记·秦本纪》）

②【汇校】

张文虎："俗"，《秦风谱疏》引作"谷"。（《校刊史记集解索隐正义札记·秦本纪》）

李　笠：按：依小司马说，盖以"实"训"为"也。《周本纪》"檿弧箕服，实亡周国"，亦当与此同义。盖"实"通作"寔"，寔从是声。《尔雅·释诂》"寔，是也"。又作"实"。亦同《诗·頍弁》"实维伊何"，郑氏笺"实犹是也"。《楚辞·抽思》"实沛徂兮"，王逸注："实，是也。""实鸟俗氏"，犹云"是鸟俗氏也"。下云"实，费氏，说同"。小司马云"俗一作'洛'"，"洛"字当依《通志·氏族略》作"浴"。

何以证之？《秦诗谱疏》引《史记》作"鸟谷"，谷与"俗"古字通用，《老子》"谷神不死"。《释文》："'谷'，河上本作'浴'"，谷即俗之省文，俗、浴又同。从谷得声，故可互用也。若作"洛"，则声义胥戾矣。（《史记订补》卷二《秦本纪》）

【汇注】

司马贞：以仲衍鸟身人言，故为鸟俗氏。"俗"，一作"浴"。（《史记索隐·秦本纪》）

梁玉绳：《秦诗谱·疏》引此作"鸟谷"。《通志·氏族略》云鸟浴氏，又讹为路洛氏，未知谁是。（《史记志疑·秦本纪》）

③【汇注】

司马贞：若木以王父字为费氏也。（《史记索隐·秦本纪》）

【汇评】

吴见思：秦世系自大业至此，分作两枝。（《史记论文·秦本纪》）

程馀庆：以王父字为费氏。秦世系自大业至此，分作两枝。（《历代名家评注史记集说·秦本纪》）

④【汇注】

陈蒲清：其：指若木。（引自王利器主编《史记注译·秦本纪》）

吴见思：单顶费氏一枝。（《史记论文·秦本纪》）

⑤【汇评】

牛运震："子孙或在中国，或在夷狄"，按：此叙世族，约略之词，然正是《史记》笔法妙处。（《史记评注·秦本纪》）

⑥【汇注】

司马贞：殷纣时费仲，即昌之后也。（《史记索隐·秦本纪》）

⑦【汇评】

吴见思：费氏一枝至此止，下单顶大廉一枝。（《史记论文·秦本纪》）

⑧【汇注】

司马贞：旧解以孟戏、仲衍是一人，今以孟仲分字，当是二人也。（《史记索隐·秦本纪》）

梁玉绳：孟戏始见《史·秦纪》，又作亏。柏翳子大廉，其玄孙孟戏，作土于萧，是为萧孟亏。（《汉书人表考》卷四《孟献》）

梁玉绳：中衍始见《史·秦纪》《赵世家》，亦曰费侯仲衍，人面鸟噣，为殷太戊车正。按：《史》以孟戏、仲衍为弟兄，而伯益卒于夏启时，其五世孙已及殷戊，中间几阅六百年，何寿之寿也？《路史》谓孟亏当夏中世，至仲衍臣太戊，理或然欤？乃《后纪》七又谓舜封孟亏于萧，则其说仍无定据，故《表》但云益后而已。（《汉书人

表考》卷四《中衍》)

  夏　夑：按：《史记·秦本纪》作孟戏、中衍，皆益后也。《索隐》言旧解孟戏、中衍是一人，今以孟、仲分字，当是二人。今检《史记·赵世家》云：仲衍，嬴姓。是仲衍又一人，与孟献兄弟行也。献与戏以形似互异。(《校汉书八表》卷八《孟献·中衍》)

⑨【汇校】

  梁玉绳：按：《索隐》云"旧解以孟戏仲衍是一人，今以孟仲分字，当是二人名也"。《索隐》是，《人表》亦分作二人(《人表》戏作"献"，《路史》作"亏")，但"鸟身"上似脱"中衍"二字，不然，太戊妻之当何属？而下文所谓中潏者，又谁之元孙？(《路史·后纪》七辨孟亏当夏中世，非仲衍兄)然鸟身之说似诞(《赵世家》作"中衍人面鸟噣")。(《史记志疑·秦本纪》)

  李　笠：按：《志疑》据《人表》，从小司马说，以孟戏、中衍为二人，疑"鸟身"上脱"中衍"二字，是也。方氏《补正》以为一人名号并举，引郭解翁伯为证。且曰"果二人，则其下玄孙中潏，当为何人之裔？"不知"中潏"之上，已明云"自太戊以下，仲衍之后，遂世有功，以佐殷国"，则中潏不患无属。惟"太戊卜御而妻之"云云无指归耳。今补"中衍"二字，则"鸟身人言""为太戊御者"，皆中衍矣。《赵世家》云赵氏之先与秦共祖，至中衍为帝太戊御，又云"中衍人面鸟噣，降佐殷帝大戊"可知。秦、赵世系并承中衍，不承孟戏，故史公亦单叙中衍也。又"鸟身""鸟噣"，并谓形略似鸟，《正义》后说近是。《世家》云"降佐殷帝"，则韩厥附会"鸟噣"以神其说，欲感悟景公耳。读者幸勿以辞害意可也。(《史记订补》卷二《秦本纪》)

  王叔岷：按：《御览》三六五引此"言"亦作"面"。《新序·节士篇》亦作"中衍人面鸟噣"(今本中下衍"行"字。又见《说苑·复恩篇》，"噣"作"喙"，义同)。(《史记斠证·秦本纪》)

【汇注】

  张守节：身体是鸟而能人言。又云口及手足似鸟也。(《史记正义·秦本纪》)

  程馀庆：口及手足似鸟。如今《相书》所云鹤形凤目者也。(《历代名家评注史记集说·秦本纪》)

⑩【汇校】

  王叔岷：按：《说文系传》引"太"作"大"，《赵世家》《新序》《说苑》并同。作"大"是故书，下同。(《史记斠证·秦本纪》)

【汇注】

  陈蒲清：太戊：商朝第七代的君主。(引自王利器主编《史记注译·秦本纪》)

⑪【汇校】
　　王叔岷：按《秦诗谱·疏》引"致使御"作"使为御"。（《史记斠证·秦本纪》）
【汇评】
　　吴见思：前有女修、女华、姚姓玉女，故以"妻之"。接上；下有造父之御，故以使御启下。（《史记论文·秦本纪》）
⑫【汇评】
　　牛运震："自太戊以下，中衍之后"云云，至"遂为诸侯"，按：此用虚叙，《周本纪》中每同此法。（《史记评注·秦本纪》）
⑬【汇校】
　　张文虎：《御览》八十五引无"遂"字。（《校刊史记集解索隐正义札记·秦本纪》）
　　施之勉：按《秦诗书谱》《元龟》二百三十七引，并有"遂"字。（《史记会注考证补订·秦本纪》）
【汇注】
　　张守节：谓费昌及仲衍。（《史记正义·秦本纪》）
⑭【汇校】
　　张文虎：王本"多"作"为"。《王风谱疏》引作"名"。（《校刊史记集解索隐正义札记·秦本纪》）
【汇评】
　　杨　慎：此必秦人自附会其说以神其姓裔耳。与下蜚廉石棺同。（引自《史记评林·秦本纪》）
　　牛运震：秦诸君名，不可知者阙之，可考者应载其名，《本纪》往往有阙漏，亦一失也。（《读史纠谬》卷一《史记·秦本纪》）
⑮【汇评】
　　吴见思：一结秦初盛。（《史记论文·秦本纪》）
　　吴汝纶：秦先以御显，以主马分土，皆大费调训鸟兽之遗风，又见秦之兴无他功德也。（《桐城吴先生点勘史记读本》）

　　其玄孙曰中潏①，在西戎②，保西垂③。生蜚廉④。蜚廉生恶来⑤。恶来有力⑥，蜚廉善走，父子俱以材力事殷纣。周武王之伐纣，并杀恶来。是时蜚廉为纣石北方⑦，还，无所报，为坛霍太山而报⑧，得石棺⑨，铭曰⑩："帝令处父不与殷乱⑪，赐尔石棺以华氏⑫。"死，遂葬于霍太山⑬。蜚廉复有子曰季胜⑭。季胜生孟增。孟增幸于周成王，是为宅皋狼⑮。皋狼生衡父。衡父生造父。造父以善御幸于周缪王。得骥、温骊、骅骝、騄耳之驷⑯，西巡狩，乐而忘归⑰。徐偃王作乱⑱，造父为缪王御，长驱归周，一日千里以救乱⑲。缪王以赵城封造父⑳，造父族由此为赵氏㉑。自蜚廉生季胜已下五世至造父，别居赵，赵衰其后也㉒。恶来革者，蜚廉子也，蚤死㉓，有子曰女防㉔。女防生旁皋，旁皋生太几㉕，太几生大骆㉖，大骆生非子㉗。以造父之宠，皆蒙赵城，姓赵氏。

① 【汇校】
  裴　骃：徐广曰"（潏），一作'滑'"。（《史记集解·秦本纪》）
【汇注】
  张守节：中，音仲。潏，音决。宋衷注《世本》云：仲滑生飞廉。（《史记正义·秦本纪》）

② 【汇注】
  王　恢：西戎，华戎杂居，古今犹然。"狄之广莫，于晋为都"（《左》庄二十八年）。骊戎、姜戎、大荔、义渠、犬戎之属，皆环丰、镐而居，承平之世，相安无事，一有龃龉，不免战争。前人一若凡狄非我族类，并诸四夷，不与同中国，如言西垂，便以为陇西。如昭五年《公羊传》曰："秦者，夷也。"不知华夷非绝对的种族不同，而是文化之别。《本纪》云："秦之先，颛顼之苗裔。"《商君传》："始秦戎狄之教。"庶为得之。（《史记本纪地理图考·秦本纪·秦先居今山西》）

③ 【汇注】
  王国维：按"西垂"之义，本谓西界。……"西垂"殆泛指西土，非一地之名。然《封禅书》言"秦襄公既侯，居西垂"；《本纪》亦云"文公元年，居西垂宫"，则又似特有"西垂"一地。《水经·漾水注》以汉陇西郡之西县当之，其地距秦亭不远；使"西垂"而系地名，则郦说无以易矣。……《本纪》又云："庄公居其故西犬丘。"此"西犬丘"实对"东犬丘"之槐里言。《史记》之文，本自明白，但其余'犬丘'字上均略去"西"字。余疑犬丘、西垂本一地；自庄公居犬丘号西垂大夫，后人因名西犬丘为西垂耳。（《观堂集林》卷十二《秦都邑考》）

程馀庆： 今甘肃秦州西南百二十里有西县故城。（《历代名家评注史记集说·秦本纪》）

王　恢： 西垂：中潏在西戎，保西垂。其后庄公为西垂大夫，故居西犬丘。文公居西垂宫。西垂，随其国势、国都而言。商居太行山东朝歌，西垂，不过今山西。周都丰镐，其西则岐西、陇东。西垂宫，西垂大夫之所居，庄公居西犬丘，文公初居汧，后亦居汧渭之会，则宝鸡之秦邑与汧，皆得称西垂。（《史记本纪地理图考·秦本纪·秦先居今山西》）

张家英： "西垂"在《史记》之《秦本纪》中出现五次（174、177、178、179），《秦始皇本纪》出现四次（276、285），均未注明所在。惟有《封禅书》："秦襄公既侯，居西垂。"《正义》云："汉陇西郡西县也。今在秦州上邽县西南九十里也。"（1358）算是作了一个交代。

《秦本纪》中，"西犬丘"只出现过一次（178），"犬丘"则出现五次（177、178、179）。如"非子居犬丘"句，《集解》引徐广曰："今槐里也。"《正义》引《括地志》云："犬丘故城一名槐里，亦曰废丘，在雍州始平县东南十里。《地理志》云：扶风槐里县，周曰犬丘，懿王都之；秦更名废丘，高祖三年更名槐里也。"（177）实际上，《集解》与《正义》所云，均应对"东犬丘"而言；而"非子居犬丘"者为"西犬丘"，所以，说得不合实际了。王国维认为："西垂"即"西犬丘"，这是对的（《秦本纪》中"西犬丘"只用了一次，其余的"犬丘"实指"西犬丘"而言）。现代已故学者谭其骧先生主编的《中国历史地图集》第一册图22—23将"西犬丘"标于汉陇西郡之西县，在"西犬丘"之后加括号标上了"西垂"二字，把这个见解表达得已经十分明确了。（《〈史记〉十二本纪疑诂·秦本纪》）

伍士谦： 我以为秦族是东方民族，与殷民族关系亲密。其迁西垂，在周灭殷以后。《秦本纪》："自太戊以下，中衍之后遂世有功，以佐殷国，故嬴姓多显，遂为诸侯。"又云："其玄孙中潏，在西戎，保西垂。"根据这二条记载，嬴姓诸侯，究竟分布在哪些地域？据《秦本纪赞》："秦之先嬴姓，其后分封，以国为姓，有徐氏、郯氏、莒氏、终黎氏、运奄氏、菟裘氏、将梁氏、黄氏、江氏、修鱼氏、白冥氏、蜚廉氏、秦氏。然秦以其先造父封赵城为赵氏。"再据王符《潜夫论·志氏族》云："梁、葛、江、黄、徐、莒、蓼、六、英，皆皋陶之后也。钟离、运掩、菟裘、将梁、脩鱼、白冥、飞廉、密如、东灌、梁时、白巴、公巴、剡、复蒲，皆嬴姓也。"王符比《史记》多出了几姓，并把皋陶与嬴分开。究竟皋陶与嬴是否有关系呢？《史记正义》引《列女传》："陶生子五岁而佐禹"。曹大家注："陶子者，皋陶之子伯益也"。即秦之先公伯翳。《秦本纪》，伯翳即大费，为大业之子，故大业即皋陶。《史记·夏本纪》称："皋陶之后，封于英、六，为英、六诸国之祖，伯翳之后为嬴，为嬴姓诸国之祖。"《左传

·文公五年》:"楚人灭江,秦穆为之降服出次曰:'同盟灭,虽不能救,敢不矜乎?'"由这些材料可证皋陶与嬴实为一族。他们分布的地区,俱在东方。如:莒,今山东莒县;徐,今安徽泗县一带;黄,今湖北光化;江,今河南汝南;六,今安徽舒城;钟离,今江苏宿迁;英,今安徽六安;奄,今山东临沂。大概都分布在淮水以北、江苏北部、安徽北部、山东南部等地区。周初,管蔡及殷东、徐、奄、熊盈以畔。《鲁世家》云:"武庚率淮夷以叛。"看来所谓淮夷,应指嬴姓诸族。西周二百七十年间,与淮夷常常发生战争。铜器录卣、虢仲盨、兮甲盘、翏生盨、曾伯簠、禹鼎、敔簋,以及近来出土之驹父盨等器的铭文,俱有周王室征淮夷的记录,可与《周本纪》《鲁世家》《齐世家》等文献史料互相参证,说明周灭殷以后,嬴姓各族诸侯,长期与周为敌。铜器中有班簋,成王时器,铭文有云"三年静东国",这与孟子记载"周公相武王诛纣,伐奄,三年讨其君,驱飞廉于海隅而戮之,灭国者五十",可以互相证明。所灭之国,奄与飞廉,俱嬴姓。所谓五十国,应皆为殷商属国。

再从殷、嬴二代的先世传说及神话故事探讨。《秦本纪》谓:"秦之先帝颛顼之苗裔,孙曰女修,玄鸟陨卵,女修吞之,生子大业。"此与殷商先世传说之祖相同。《殷本纪》:"汤始居亳,从先王居。"孔安国曰:"契父帝喾都亳,汤自商丘迁焉,故曰从先王居。"《五帝本纪》:"帝喾高辛氏,高辛于颛顼为族子。"《商颂》曰:"天命玄鸟,降而生商。"郑笺云:"天使鳦下生商者,谓鳦遗卵,有娀氏之女简狄吞之而生契。"又《秦本纪》:"大费生大廉,实鸟俗氏。大廉玄孙曰孟戏、中衍,鸟身人言。"《山海经·大荒东经》:"有人曰王亥,两手操鸟,方食其头。"……又《海外东经》:"东方勾芒,鸟身人面。"《大荒东经》:"东海之渚中有神,人面鸟喙。"看来神话传说,可以代表一定的地域性。秦族之祖先,起于东方,与殷商民族祖先相同,同出于高辛氏,以后秦人西迁,而神话传说仍留传下来。鸟的神话,与殷民族同。由以上的材料,可以证明秦民族与殷商族关系密切。秦民族起源于东方,是华夏族属,决不是西方的戎族。(《读秦本纪札记》,《四川大学学报》1981 年第 2 期)

李 零:长期以来,史学界一直有秦人是"东来"还是"西来"的争论。人们争论的其实并不是秦人本身。秦人本身,居住活动范围很清楚,他们争论的是秦人的族属来源和文化来源。诚然,这个问题可以追溯到很远:司马迁说,秦与徐氏、郯氏、莒氏、终黎氏(亦作钟离氏)、运奄氏、菟裘氏、将梁氏、黄氏、江氏、修鱼氏、白冥氏等东方嬴姓部族有着姓氏同源关系(它们大多属于东夷和淮夷系统)。但秦人不属于东方各支,他们是来自早在殷代末年即已定居在西戎地区的中潏一支。因此至少从殷末起,秦的直系先祖先是受西戎文化后则受周文化影响,在这些影响下形成自己的文化面貌,这一点完全可以肯定。(《〈史记〉中所见秦早期都邑葬地》,《文史》第二十辑)

【汇评】

吴见思：此二句一篇之根。（《史记论文·秦本纪》）

④【汇校】

王叔岷："其玄孙曰中潏，在西戎，保西垂，生蜚廉"。按：《文选》刘孝标《辨命论·注》引"中潏"作"仲衍"。"潏""衍"古亦通用，《史记·司马相如列传》："前陆离而后潏湟。"《汉书》"潏湟"作"衍皇"，即其比。《孟子·滕文公篇》为孙奭《疏》引"蜚廉"作"飞廉"，下同。《文选》郭景纯《江赋注》、《荀子·成相篇》杨倞注、《御览》四十及五五一引下文亦并同。"蜚""飞"古、今字。（说已见《殷本纪》）《御览》三八六引《尸子》《荀子·臣道篇》《解蔽篇》《成相篇》《汉书·人表》《吕氏春秋·当染篇》高诱注，《文心雕龙·铭箴篇》《文选》郭景纯《江赋》及刘孝标《辨命论》亦皆作"飞廉"。（《史记斠证·秦本纪》）

【汇注】

杨　慎："飞廉"，纣之臣。《列子》有飞卫。飞与蜚同。（《希姓录》卷一《王微》）

又："飞廉氏"，秦之后，今省为廉。（《希姓录》卷二）

王　恢：蜚廉城：中潏生蜚廉，《元和志》（七）："蜚廉城在河津县南七里。"（《史记本纪地理图考·秦本纪·秦先居今山西》）

【汇评】

赵南星：人臣事君，如妇之从夫，妇不以夫之不肖而异其心，臣不以君之无道而渝其志，古今之正则也。尝读《孟子》，驱飞廉海隅而戮之，是飞廉固容于圣世者。读《史》，飞廉、恶来父子，俱以才力事纣。其时君臣相遇之殷，岂不谓一堂喜起。迨武王伐纣，乃杀恶来，时飞廉为纣求石棺北方，身不在殷，纣死之后，还无所报，廉乃为坛于霍太山，而报得石棺。居于与节概之臣，受命不辱者何异？夫武王当文王之死，载木主以示不背父，飞廉当纣之死，祭太山以示不背君。当时事有邪正，心无异同也。夫飞廉助纣为虐，真不可以对天之事，而实则有可以对天之心，上世恶人尚有一长之可取如此，以故飞廉之玄孙曰造父，得幸于周穆王而封于赵，廉子恶来五世曰非子，得幸于周孝王，而封于秦。厥后，秦竟代周，谓非能忠于纣，而能若是。汉高诛彭越，枭其首，下诏"有收视者，辄捕之"。梁大夫栾布使于齐，还奏事，越头下，祠而哭之，事与飞廉之报石椁相似，此岂闻风而起者耶？且铭曰："帝令处父不与殷乱，赐尔石棺以华氏死。"由此观之，飞廉不能保纣生前之乐，尚欲致纣死后之华。二世、隋炀，其淫暴不过如纣，而亡国之臣，未闻有如飞廉者。至五代褚渊、冯道之辈，则弃旧国以阶荣，卖故君而纳宠，忍窬瞷面，又安有如飞廉者乎？我故表而出之，以愧人臣之首鼠两端者。（《增定二十一史韵》末卷《读史小记·飞廉》）

梁玉绳：飞廉始见《孟子》及《荀子·儒效》《解蔽》《成相》，飞又作蜚，又作非，中衍曾孙戎胥轩生中潏，中潏生飞廉，别号处父，善走。戮于海隅。按：《墨子·耕柱》言夏后开使蜚廉铸九鼎，是先有一蜚廉矣。(《汉书人表考》卷九《飞廉》)

田　静、史党社：秦祖在殷末乙、辛时期，有蜚廉，"以材力事殷纣"。蜚廉，《荀子》作飞廉，《路史》蜚又作非，故蜚通飞，亦通非。以后又有秦祖非子。从几个人名来看，蜚廉，蜚其氏，廉其名，《史记·正义》又云其号处父，乃其字。非子，非其氏，子其爵，子即公子之义。如后世秦子戈、秦子矛之子皆指公子。又如春秋鲁公子季友，又称季子，乃其证。因而，蜚是秦人早期氏名，即族称，是没有疑问的。就是说，在秦人早期历史中，曾经有一个以蜚为氏的阶段。上古氏制，有一套严格的规定，都要经过命赐的手续，按照《左传》隐公八年的记载，命氏主要有三种情况，一是以字命氏，主要是祖父字，也有以父字命氏的；二是世官，则其族以官为氏；三是以国（邑）为氏，其实就是以地为氏。举几个例子，秦祖伯益字大费，其后一支称费氏，属于第一类以父字命氏者；另一秦祖非子被封于秦（今甘肃清水县），以秦为氏，称秦氏，属于第三种以地为氏者。秦人世为三代之鸟兽官，因而其一支便称鸟俗氏，这属于第二种以官为氏者。我们这样说是有证据的，鸟俗为氏名，其既非地名，又非祖或父之字，其必属于另一种情况即以官为氏者。正是由于其养鸟兽，为鸟兽官而熟知鸟兽习性，故可称"鸟俗"，鸟俗为氏名是由世官而来。再由此联想到秦早期的氏名蜚，司马迁在《秦本纪》及《赵世家》中都写作蜚，这应是蜚廉之蜚的本字，《荀子》《路史》之飞、非乃其假借字。蜚，先秦时其指一种食稻类庄稼的小飞虫，是一种害虫的称呼。《山海经》言其为怪兽，乃其另一义。秦人早期名号，多与草木鸟兽有关，盖与其祖先世为鸟兽官有关。因此，蜚氏的来源应即东方传说中这个有名的怪兽蜚，在上述命氏的三种情况中，其属因官得氏。至少从商末蜚廉或更早期，秦人称蜚氏，一直到非子，才改蜚（非）为秦，以地名秦为氏。《山海经》中有关蜚的记载，说明了秦人早期历史上称蜚氏的来历，同时也反证了秦人与鸟兽的密切关系。《东山经》大致指今山东半岛一带，地域必不出"东至成山角，北起莱州湾，南抵安徽滩河"这一范围。这正是蜚这一怪兽传说的起源地。秦人以东方怪兽名命氏，再一次说明，秦人来自东方。(《山海经与秦人早期历史探索》，《秦陵秦俑研究动态》1998年第1期)

⑤【汇注】

梁玉绳：恶来始见《晏子春秋·谏上》；《墨子·所染》《明鬼》，名革，飞廉之子，有力，能手裂兕虎，亦曰来革，武王杀之牧野。(《汉书人表考》卷九《恶来》)

⑥【汇校】

王叔岷："恶来有力"。按：《记纂渊海》四八引力下有"手裂虎兕"四字，盖据注文加。今本《晏子春秋》内篇《谏上》作"手裂兕虎"。《御览》三八六引《尸子》

云:"飞廉、恶来力角犀兕,勇搏熊虎。"(《史记斠证·秦本纪》)

【汇注】

尸　佼:飞廉、恶来,力角犀兕,勇搏熊犀也。(《尸子》卷下)

裴　骃:《晏子春秋》曰:"手裂虎兕。"(《史记集解·秦本纪》)

⑦【汇校】

梁玉绳:《集解》徐广曰"皇甫谧云作石椁于北方"。《索隐》曰:"'石'下无字,则不成文,意亦无所见,必是《史记》本脱。皇甫谧尚得其说。徐虽引之,而竟不云是脱何字,专质之甚。"余考《水经注》六述此事言"飞廉先为纣使北方",《御览》五百五十一卷引《史记》亦曰"时飞廉为纣使北方","使"字甚确,当因传写讹"使"为"石",非字有脱,皇甫说不足据,因下有"石棺"而妄言之,徐广引之以著异同,元非以补《史》缺,而亦不知其误也。至《御览》四十卷引《史》又言"蜚廉先为纣作石椁",必兼采徐注以臆增改耳。《古史》于"石"下加"棺"字,亦非。(《史记志疑》卷四《秦本纪》)

吴忠匡:按《太平御览》五五一《礼仪部》三〇引《史记》《水经·汾水》"南过永安县西,历唐城"条注引《史记》均作"飞廉为纣使北方"。据此可知石字乃"使"字之误。《集解》《索隐》均误。(《史记中华书局点校本订误》,《文史》第七辑)

辛德勇:今检核《水经注》和《太平御览》,知梁氏所说诚是。《水经注》虽然不是辑录《史记》原文,但两相比较,可知其相关记述,必是直接出自《史记·秦本纪》,故稍后洪颐煊、沈涛、张文虎乃至近人顾颉刚等人也表述了相同的看法(《史记新本校勘》第四篇《再印纸皮本补斠》)

【汇注】

裴　骃:徐广曰:"皇甫谧云作石椁于北方。"(《史记集解·秦本纪》)

郭嵩焘:按"为石北方",当是令蜚廉求石霍太山。纣都朝歌,霍山正在其北,是时纣方益广沙邱苑台,求石以为宫室也。会武王灭纣不得还,乃即霍山为坛而祭报纣,以得石棺,示将以死殉也,故径为铭词以见志,而终死于霍山。其言"还无所报"者,虚词也。前后叙次甚明,在善读者之自通之。皇甫谧直以为"作石椁于北方"者,误也。又按《始皇本纪》"隐宫、徒刑七十余万人,分作阿房宫;或作郦山。发北山石椁。"石椁,始皇盖亦为之。《志疑》云:"《水经注》述此事言'飞廉先为纣使北方',《御览》五百五十一引《史记》亦曰'时飞廉为纣使北方',传写误为石。《水经注》亦云:'乃坛于霍太山而致命焉,得石棺。'彼文'致命',即此云'报'也。皇甫谧以'而报得石棺'五字为句,误也。"(《史记札记·秦本纪》)

张文虎:《志疑》云:"《水经注》述此事,言飞廉先为纣使北方。《御览》五百五十一引《史记》,亦曰时飞廉为纣使北方。传写误为'石'。"《丛录》说同。按:据

《集解》，则皇甫谧所见本已误。(《校刊史记集解索隐正义札记·秦本纪》)

【汇评】
　　牛运震："蜚廉为纣石北方"，"石"字字法古。(《史记评注·秦本纪》)

⑧【汇校】
　　王叔岷："还无所报，为坛霍太山，而报得石棺"。按：《说文系传》引"还"作"归"。《御览》四十引"为坛"作"坛乃为于"四字。《正义》云云，似所据本"石棺"作"石椁"。上文徐广注引皇甫谧云："作石椁于北方。"《文心雕龙·铭箴篇》云："飞廉有石椁之锡。"（椁，或椁字）并本此文，则旧本盖作"石椁"矣。(《史记斠证·秦本纪》)

【汇注】
　　裴　骃：《地理志》：霍太山在河东彘县。(《史记集解·秦本纪》)
　　王　恢：霍太山：即霍县东之霍山，在纣都朝歌西北。《世纪》（编者按：《帝王世纪》）云："冢去彘县十五里。"《汾水注》："墓在霍太山上。"而《孟子》云："驱飞廉于海隅而戮之。"与此说异。(《史记本纪地理图考·秦本纪·秦先居山西》)
　　陈蒲清：为坛：筑祭坛。霍太山，即霍山，也称太岳山，在山西省霍县东南。报：报祭，向死者致命。(引自王利器主编《史记注译·秦本纪》)

⑨【汇注】
　　张守节：纣既崩，无所归报，故为坛就霍太山而祭纣，报云作得石椁。(《史记正义·秦本纪》)
　　张文虎：按：《水经·汾水注》云飞廉先为纣使北方，还无所报，乃坛于霍太山而致命焉，得石棺，铭曰云云，盖与《史》文大同。彼文"致命"，即此文"报"字，《史》当以"为坛霍太山而报"绝句。《正义》惑于皇甫谧说，以"而报得石棺"五字为句，注谓"报云作得石棺"，非《史》义。(《校刊史记集解索隐正义札记·秦本纪》)
　　吴国泰：国泰按：本文惟言石北方，何以知其即为作石椁于北方乎？此因下文有得石椁一语，附会之言也。盖石者，"庶"之借字。《说文》："庶，开张屋也。"引伸为开拓义，即拓之本字也（"拓，拾也"。义别）。石北方者，言蜚廉为纣开拓北方也。"还，无所报"句，《正义》云"纣既崩，无所归报，故为坛就霍太山而祭纣，报云作得石椁"。颇穿凿不可通，盖缘于不明于句读故也。当以"还无所报"为句，"为坛霍太山而报"为第二句，"得石棺"三字自为一句。盖蜚廉受纣命出使，比返而纣已死，故无处报命，乃于霍太山除地为坛，以为纣之朝廷而覆焉。当其为坛时，于土中得一石椁，铭曰云云盖谶语也。(《史记解诂》，《文史》第四十二辑)

【汇评】

　　杨　慎：蜚廉助纣为虐，《孟子》明言戮之海隅矣，焉得天降石棺之诞？（引自《史记评林·秦本纪》）

⑩【汇评】

　　牛运震：铭词质峭可诵。（《史记评注·秦本纪》）

⑪【汇注】

　　司马贞："处父"，蜚廉别号。（《史记索隐·秦本纪》）

⑫【汇校】

　　张文虎："尔"，《御览》作"汝"。（《校刊史记集解索隐正义札记·秦本纪》）

【汇注】

　　陈蒲清：华氏：使氏族增添光彩。《孟子》："驱蜚廉于海隅戮之。"与此处记载不同。（引自王利器主编《史记注译·秦本纪》）

【汇评】

　　方　苞：蜚廉所自为也。盖虽报得石椁，而纣已死，无所用，故蜚廉以为天实赐己，而窾言以欺世耳。（《史记注补正·秦本纪》）

　　程馀庆：铭词古质有态，"帝令"二字尤奇。按蜚廉助纣为虐，孟子明言戮之海隅矣，安得有天降石棺之事？此必秦人所附会耳。（《历代名家评注史记集说·秦本纪》）

⑬【汇校】

　　王叔岷："帝令处父，不与殷乱，赐尔石棺以华氏。死，遂葬于霍太山"。按：《御览》五五一引"帝"作"天"，与《索隐》合；又引"尔"作"汝"。《御览》四十引"尔"亦作"汝"。（《史记斠证·秦本纪》）

　　赵生群："遂"下高山本有"以"字，《水经注》卷六《汾水》同。（点校本二十四史修订本《史记·秦本纪》）

　　辛德勇：《水经·汾水注》记载蜚廉筑坛霍太山所得石棺的铭文为："帝令处父不与殷乱，赐汝石棺以葬。"顾颉刚以为据此可以推断，今本《史记·秦本纪》"赐尔石棺以华氏"之"华"，乃为"葬"之误文，"氏"则为衍文也。……关于这段文字，另外需要适当参考的是，《太平御览》卷五五一引录的《史记》，其石棺铭文乃书作："天令处父与发乱，赐汝石棺。"这里的"与"字显然不如今本《史记》的"不与"合乎逻辑，同时在"石棺"之下也有阙文，但"天令"与"帝令"孰优孰劣，孰正孰误，却还可以进一步斟酌。……更为重要的是，"发乱"与"殷乱"文意截然相反，即"发"字可以解释称周武王姬发，清人沈涛即持此说，且谓应以"发"字为是。……"发"字应属"殷"字的形讹，沈涛所说不宜信从。（《史记新本校勘》第四篇《再印纸皮本补斠》）

【汇注】

裴　骃：皇甫谧云："古虢县十五里有冢，常祠之。"（《史记集解·秦本纪》）

司马贞：言处父至忠，国灭君死而不忘臣节，故天赐石棺，以光华其族。事盖非实，谯周深所不信。（《史记索隐·秦本纪》）

程馀庆：在平阳府霍州东南三十里。（《历代名家评注史记集说·秦本纪》）

【汇评】

牛运震："还，无所报为坛霍太山"云云至"死，遂葬于霍太山"。按：此事最奇，太史公叙次尤古。（《史记评注·秦本纪》）

梁玉绳：按：《孟子》言"飞廉戮于海隅"，而此言天赐石棺以葬于霍太山，妄也。（《史记志疑·秦本纪》）

⑭【汇注】

张守节："胜"，言升。（《史记正义·秦本纪》）

王叔岷："蜚廉复有子曰季胜"。按：《赵世家》云："恶来弟曰季胜。"（《史记斠证·秦本纪》）

【汇评】

吴见思：又分出一枝。（《史记论文·秦本纪》）

⑮【汇校】

李　笠：按：《赵世家·索隐》云："按如此说，是名孟增，号宅皋狼。而徐广云'皋狼地名，在河西者'。按《地理志》，皋狼是西河郡之县名，盖孟增幸于周成王，成王居之于皋狼，故云皋狼。"是小司马亦以宅训居，与张守节说同。其云"名孟增号宅皋狼者"，宅盖衍字，不然，其说前后牴牾矣。若以为宅之皋狼，遂号"宅皋狼"，则无此称法。故黄帝居轩辕之邱，不闻号曰"居轩辕也"。鄙意"是为宅皋狼者"，是犹于是，为犹使也，谓幸于成王，于是使居皋狼。既居皋狼，遂号皋狼，故下句云"皋狼生衡父也。"方氏之说未确。（《广史记订补》卷二《秦本纪》）

【汇注】

司马贞：……孟增号宅皋狼。而徐广云"或曰皋狼地名，在西河"。按：《地理志》，皋狼是西河之县名，盖孟增幸于周成王，成王居之于皋狼，故云皋狼。（《史记索隐·赵世家》）

张守节：《地理志》云西河郡皋狼县也。按：孟增居皋狼而生衡父。（《史记正义·秦本纪》）

方　苞：《正义》"孟增居皋狼而生衡父"，非也。盖宅皋狼，孟增别号耳。下"皋狼生衡父，衡父生造父"，则人而非地明矣。河西有皋狼县，则以皋狼居之而得名耳。（《史记注补正·秦本纪》）

张　庚：《集览》云："皋狼，赵邑。本蔡地，故曰蔡皋狼。"按：鲍氏云："蔡当作葪。"《赵世家》："成侯三年，卫败我葪。"又武灵王曰："先王取葪郭狼。"郭狼即皋狼矣。葪故城在山西汾州府永宁州西。皋狼故城在永宁州西北。（《通鉴纲目释地纠谬》卷一《蔡宅狼》）

程馀庆：今汾州府永宁州西北有皋狼故城。成王居孟州于此，故曰宅皋狼。（《历代名家评注史记集说·秦本纪》）

王　恢：皋狼，《汉志》："西河郡皋狼县。"《清统志》（一四四）："故城在今离石县西北。"（《史记本纪地理图考·秦本纪·秦先居今山西》）

⑯【汇校】

王叔岷："造父以善御幸于周缪王"。按：《穆天子传》郭璞注、《后汉书·东夷传注》《列子·周穆王篇·释文》《御览》八九四、《记纂渊海》九八引"缪"皆作"穆"，古字通用。下文"既虏百里奚，以为秦缪公夫人媵于秦"。《李斯列传·索隐》引"缪"作"穆"，亦其比。（《史记斠证·秦本纪》）

又："得骥、温骊、骅骝、騄耳之驷，"按：《后汉书·注》《列子·释文》引"骥"上并有"赤"字，疑是。《穆天子传》一亦以"赤骥、盗骊"连文。郭璞注引此"温骊"作"盗骊"，《水经·河水注》同。"温"即"盗"之形误。又《穆天子传》一"骅骝、騄耳"作"华骝、绿耳"。注引此文同，并云："华骝，色如华而赤。"《汉书·地理志》亦作"华骝、绿耳"。师古注："绿耳，耳绿色。""骅"、"騄"并俗字，"骝"乃"骝"之省。《御览》八九四、《记纂渊海》引此"骝"亦并作"骝"，《后汉书·注》《列子·释文》引并同，"騄"亦作"绿"。《穆天子传》四、《荀子·性恶篇》《列子》、本书《赵世家》皆同。（同上）

泷川资言：南本重"穆王"二字，"温"当从一本作"盗"，《世家》及《穆天子传》《列子·周穆王》《后汉书·东夷传》李贤注可证。（《史记会注考证》卷五《秦本纪》）

【汇注】

古史官：（穆）天子之骏，赤骥、盗骊、白义、逾轮、山子、渠黄、华骝、绿耳。（《穆天子传》卷一）

列御寇：（穆王）肆意远游，命驾八骏之乘：右服骅骝而左绿耳，右骖赤骥而左白仪。主车则造父为御，泰丙为右。次车之乘，右服渠黄而左逾轮，左骖盗骊而右山子，柏夭主车，参百为御，奔戎为右。（《列子·周穆王篇》）

郦道元：湖水出桃林塞之夸父山，其中多野马，造父于此，得骅骝、绿耳、盗骊之乘，以献周穆王，使之驭以见西王母。（《水经注》卷四《河水》）

裴　骃：徐广曰："温，一作'盗'。"骊按：郭璞云"为马细颈。骊，黑色"。

（《史记集解·秦本纪》）

又：（骅骝），郭璞曰："色如华而赤。今名马骠赤者为枣骝。骝，马赤也。"（同上）

又：（騄耳），郭璞曰："《纪年》（编者按：《竹书纪年》）云'北唐之君来见以一骊马，是生绿耳'。八骏皆因其毛色以为名号。"骃按：《穆天子传》穆王有八骏之乘，此纪不具者也。（同上）

司马贞：（温骊），温音盗。徐广亦作"盗"。邹诞生本作"駣"，音陶。刘氏《音义》云："盗骊，轩骊也。骊，浅黄色。"八骏既因色为名，騧骊为得之也。（《史记索隐·秦本纪》）

又：（八骏），按：《穆王传》曰赤骥、盗骊、白义、渠黄、骅骝、騟轮、騄耳、山子。（同上）

张守节：騄音录。（《史记正义·秦本纪》）

杨　慎："泰豆氏"，造父之师。（《希姓录》卷四《二十六宥》）

梁玉绳：附按：穆王八骏，《史》不全具，盖皆因其毛物以命名。而《赵世家》云"造父取骥之乘匹，与桃林盗骊、骅骝、绿耳"，较此纪又异也。温字误，徐广云"一作'盗'"是，《世家》及《穆天子传》《列子·穆王篇》《博物志》并作"盗"，乃浅青色马。《索隐》直以温音盗，非。邹诞生本作"駣"，亦非。《荀子·性恶篇》作"纤离"。（《史记志疑·秦本纪》）

王　圻：《穆天子传》书八骏之名，一曰赤骥、二曰盗骊、三曰白义、四曰轮蹄、五曰山子、六曰渠黄、七曰骅骝、八曰绿耳。《王子年拾遗记》载穆王驭八龙之骏，一名绝地，二名翻羽，三名奔霄，四名越影，五名逾辉，六名超光，七名腾雾，八名挟翼。二说不同如此。（《稗史汇编》卷一百五十六《禽兽门·八骏》）

又：绝地（足不踏土）、翻羽（行越飞禽）、奔霄（夜行万里）、越影（逐日而行）、逾辉（毛色炳耀）、超光（一形十影）、腾雾（乘云而趋）、挟翼（身有肉翅）：并周穆王者。（《稗史汇编》卷一百五十六《禽兽门·马名》）

洪颐煊：（逾轮）《史记·秦本纪索隐》引《穆王传》作"騟騟"。《玉篇》云"騟，紫色马。"（《校正穆天子传》卷一《注》）

张文虎："騟耳"，今《穆天子传》作"踰轮绿耳"，《御览》八百九十六引同。（《校刊史记集解索隐正义札记·秦本纪》）

【编者按】：梁玉绳谓穆王八骏之名，《史》不全具。查西晋王子年《拾遗记》卷三《周穆王》则云："穆王即位三十二年，巡行天下，驭黄金碧玉之车，傍气乘风，起朝阳之岳，自明及晦，穷宇县之表。有书史十人，记其所行之地。又副以瑶华之轮十乘，随王之后，以载其书也。王驭八龙之骏：一名绝地，足不践土；二名翻羽，行越飞禽；三名奔霄，夜行万里；四名越影，逐日而行，五名逾辉，毛色炳耀；六名超光，一形十影；七名腾雾，乘云而奔；八名挟翼，身有肉翅。"此固方士及小说家言，难以凭信，所记八骏之名，除"逾辉"尚表毛色，其他七种，皆以性能而命名。

⑰【汇校】

王叔岷：按：《穆天子传·注》引作"御以西巡游，见西王母，乐而忘归"。《列子·释文》引作"御以游巡，往见西王母，乐而忘归"。《赵世家》作"西巡狩，见西王母，乐之忘归"。"之"与"而"同义。《御览》八九四引此"狩"作"守"，古字通用。（《史记斠证·秦本纪》）

【汇注】

王　嘉：穆王即位三十二年，巡行天下，驭黄金碧玉之车，傍气乘风，起朝阳之岳，自明及晦，穷宇县之表，有书史十人，记其所行之地，又副以瑶华之轮十乘，随王之后以载其书也。王驭八龙之骏，一名绝地，足不践土；二名翻羽，行越飞禽；三名奔霄，夜行万里；四名越影，逐日而行；五名逾辉，毛色炳耀；六名超光，一形十影；七名腾雾，乘云而奔；八名挟翼，身有肉翅。递而驾焉。按辔徐行，以匝天地之域。王神智远谋，使迹毂遍于四海，故绝异之物，不期而自服。（《拾遗记》卷三《周穆王》）

裴　骃：郭璞曰："《纪年》云穆王十七年，西征于昆仑丘，见西王母。"（《史记集解·秦本纪》）

张守节：《括地志》云："昆仑山在肃州酒泉县南八十里。《十六国春秋》云前凉张骏酒泉守马岌上言，酒泉南山即昆仑之丘也，周穆王见西王母，乐而忘归，即谓此山。有石室王母堂，珠玑镶饰，焕若神宫。"按：肃州在京西北二千九百六十里，即小昆仑也，非河源出处者。（《史记正义·秦本纪》）

赵与时：《穆天子传》书八骏之名，一曰赤骥，二曰盗骊，三曰白义，四曰逾轮，五曰山子，六曰渠黄，七曰华骝，八曰绿耳。《王子年拾遗记》载穆王驭八龙之骏：一名绝地，二名翻羽，三名奔霄，四名越影，五名逾辉，六名超光，七名腾雾，八名挟翼。二说不同。（《宾退录》卷一）

【汇注】

徐孚远：后人谓西王母是西夷之长，非必神仙，疑指此也。（《史记测议·秦本纪》）

俞　樾：西王母见于《山海经》，《汲冢周书》《史记》亦有造父御穆王西巡守，见西王母之事。按：《尔雅》："觚竹、北户、西王母、日下，谓之四荒。"然西王母之所在，迄无知之者。《汉书·西域传》："安息长老传闻条支有弱水、西王母，亦未尝见也。"故汉世相承，皆以西王母为女仙人。相如《大人赋》"吾乃今日见西王母，皓然白首，戴胜而穴处兮，亦幸有三足乌为之使"，扬雄《甘泉赋》"想西王母欣然而上寿兮，屏玉女而却宓妃"，此可见汉人皆以西王母为女仙也。故哀帝时，民间相传行西王母筹，而王莽作《大诰》曰：太皇太后"配元生成，兴我天下之符，遂获西王母之应"，则并托之为符命矣。至《大宛传》宛人斩其王母寡首，献马三十匹，《李广利传》宛贵人谋曰："王母寡匿善马，杀汉使，今杀王而出善马，汉兵宜解。"此自谓大宛之王名母寡者，《陈汤传》又作母鼓，与西王母初不相涉。世儒强作晓事，曰西王母方国名，汉时尝得西王母之头，岂不谬哉！（《湖楼笔谈》）

⑱【汇注】

范　晔：桀为暴虐，诸夷内侵，殷汤革命，伐而定之。至于仲丁，蓝夷作寇，自是或服或叛，三百余年。武乙衰敝，东夷浸盛。遂分迁淮、岱，渐居中土。及武王灭纣，肃慎来献石砮、楛矢，管、蔡叛周，乃召诱夷狄，周公征之，遂定东夷。康王之时，肃慎复至。后徐夷僭号，乃率九夷以伐宗周，西至河上。穆王畏其方炽，乃分东方诸侯，命徐偃王主之。偃王处潢池东，地方五百里，行仁义，陆地而朝者三十有六国。穆王后得骥、𫘪之乘，乃使造父御以告楚，令伐徐，一日而至。于是楚文王大举兵而灭之。偃王仁而无权，不忍斗其人，故致于败。乃北走彭城武原县东山下，百姓随之者以万数，因名其山为徐山。（《后汉书·东夷列传》）

裴　骃：《地理志》曰临淮有徐县，云故徐国。《尸子》曰"徐偃有筋而无骨"。骃谓号偃由此。（《史记集解·秦本纪》）

张守节：《括地志》云："大徐城在泗州徐城县北三十里，古徐国也。"《博物志》云："徐君宫人有娠而生卵，以为不祥，弃于水滨洲。孤独母有犬鹄苍，衔所弃卵以归，覆煖之，乃成小儿。生时正偃，故以为名。宫人闻之，更取养之。及长，袭为徐君。后鹄苍临死，生角而九尾，化为黄龙也。鹄苍或名后苍。"《括地志》又云："徐城在越州鄮县东南入海二百里。夏侯《志》（编者按：夏侯曾先《会稽地志》）云翁洲上有徐偃王城。传云昔周穆王巡狩，诸侯共尊偃王，穆王闻之，令造父御，乘騕褭之马，日行千里，自还讨之。或云命楚王帅师伐之，偃王乃于此处立城以终。"（《史记正义·秦本纪》）

龚颐正：退之《徐偃王庙碑铭》"秦桀以颠，徐由逊绵"，盖用扬雄《廷尉箴》"殷以刑颠，秦以酷败"之语，而意义尤远。（《芥隐笔记·退之徐偃王铭》）

王在晋："徐偃王墓"，府城西北复礼乡。周穆王时诸侯，名诞。（《历代山陵考》卷上《嘉兴府》）

孙之騄：《荀子》："徐偃王之状，目可瞻焉。"《尸子》曰："徐偃王有筋而无骨。"注云："其状偃仰而不俯，故谓之偃王。周穆王使楚诛之。"刘子《新论》："徐偃王软而国灭。"注云："周穆王西巡狩，闻徐子僭号，命楚伐徐。徐子爱民无权，不忍斗，北走彭城。将死曰'吾赖于文德而不明武备，故至此'。"《韩非子》："荆文王恐其害己也，举兵伐徐，遂灭之。"《国名纪》："穆王时灭偃以封姬姓，遂为姬姓之徐。"（徐偃王名诞，见《青藤路史》（编者按：徐渭《青藤山人路史》））（《考定竹书》卷九《徐戎侵洛》）

又：徐，隗姓。《费誓》："徐戎。"孔氏注："徐州之戎。"《后汉书·东夷传》："时淮夷僭号，率九夷以伐宗周，西至于河上。穆王畏其势方炽，乃分东方诸侯，命徐偃王主之。偃王处潢池东，地方五百里，行仁义，陆地而朝者三十有六国。"（同上）

朱 忻：徐偃王墓在城南六十里。周时徐偃王作乱，穆王命楚伐之。偃王战败，北走彭城武原山下，百姓随之者万数。偃王死，民因凿山为石龛祀之。（《徐州府志》卷十八《古迹考·徐偃王墓》）

崔 适：按：《后汉书·东夷传》谓周穆王命楚文王伐徐偃王，灭之。直以为楚文王与周穆王同时，虽欲为二史作调人，其如世次太远何？今按：《楚世家》无文王伐徐事，入春秋后，徐夷甚微，安得有称王而朝三十六国之事？《常武》之诗曰："徐方绎骚"，曰"濯征得国"，曰"徐方来庭"，可见徐夷之乱在春秋前，宣王时特其余焰，穆王时乃为极盛，此事亦载于《赵世家》，亦足为此纪之证。《正义》引异说以驳本师，蠹生于木而寇木矣。（《史记探源》卷三《十二本纪》）

王 恢：徐：伯益之后，与秦同祖（盈，嬴姓），穆王灭之，复封其裔为子国。《汉志》："临淮郡徐，故国，盈姓，至春秋时，徐子章禹为楚（南监本作'吴'）所灭。"按：昭三十年（前512）吴灭徐，徐子章禹奔楚。楚城夷（城父）使处之。此后不复见。《济水注》，故徐子国，"今徐州城外有徐君墓，延陵季子解剑于此"。《括地志》："大徐城在泗州徐城县北三十里，古之徐国也。"《清统志》（一四三）：故城在今泗县东南百八十里。清康熙十九年汜于水，今沦于洪泽湖。（《史记本纪地理图考·秦本纪·秦先居今山西》）

【汇评】

何孟春：史称偃王行仁义，诸侯归之。及败，则曰不忍斗其民，乃仁义而亡国者，其信然耶？闻之《尸子》曰：偃王好怪，得怪鱼、怪兽，多列于庭，则知偃王之亡国而丧身，必他有以致之，非仁义之罪也。始之归之，值天下适无君耳，非行仁义之所感也。（引自《史记评林·秦本纪》）

⑲【汇校】

张守节：《古史考》云："徐偃王与楚文王同时，去周穆王远矣。且王者行有周卫，岂得救乱而独长驱日行千里乎？"并言此事非实。按：《年表》穆王元年去楚文王元年三百一十八年矣。（《史记正义·秦本纪》）

凌稚隆：按：造父、赵衰、蜚廉，皆嬴秦之祖。一本"归周"下有"一日千里"

四字。（《史记评林·秦本纪》）

张文虎：“一日千里”：毛本有此四字。据《正义》引《古史考》，则《史》文当有。（《校刊史记集解索隐正义札记·秦本纪》）

吴汝纶：《通志》无"一日千里"四字。（《桐城吴先生点勘史记读本》）

郭嵩焘：造父为缪王御，长驱归周以救乱。按：《金陵本》"归周"下有"一日千里"四字。《札记》云："据《正义》引《古史考》，则《史》文当有'一日千里'四字。"（《史记札记·秦本纪》）

王叔岷："长驱归周，一日千里以救乱。"按：重刊北宋监本、黄善夫本并脱"一日千里"四字。《赵世家》亦称"缪王日驰千里"（今本里下衍马字）。（《史记斠证·秦本纪》）

【汇注】

陆唐老：（穆）王立之后，徐夷作乱，率九夷以伐宗周，西至河上，穆王畏其逼，分命东方诸侯徐子主之。徐子，嬴姓，地方五百里，行仁义，得朱弓矢，自以为得天瑞，乃称偃王，陆地而朝者三十六国，王正西巡狩，乐而忘返。闻徐子僭号，乃命造父为御而归，以救偃王之乱。（《陆状元通鉴》卷二十《外纪周纪上·穆王》）

孙之騄："（穆王十三年）冬十月，造父御王入于宗周"，镐京谓之宗周，是为西都。《史记》造父以善御幸于周缪王，得骥、温骊、骅骝、騄耳之驷，西巡狩，乐而忘归，徐偃王作乱，造父为缪王御，长驱归，一日千里。（《考定竹书》卷九《徐戎侵洛》）

梁玉绳：按：《三坟补逸》曰："《竹书》'穆王北征犬戎而徐夷侵洛，造父御王归定其乱，乃复西征见西王母'，与《史》不同，未详孰是。"《正义》曰："《古史考》云'偃王与楚文王同时，去周穆王远矣。且王者行有周卫，岂得救乱而独长驱日行千里乎？'并言此事非实。《年表》穆王元年去楚文王元年三百一十八年。"余谓此事详载《后汉书·东夷传》，真伪莫考，诚如谯周所疑。而以为徐偃与楚文同时，则仍韩子之误也。（《五蠹篇》云："徐偃王行仁义，荆文王恐其害己也，伐徐灭之。"）三百十八年之数亦未确，厉王以上，《年表》无年，不识守节从何按验。据《世表》穆王时之楚子是熊胜。（《史记志疑·秦本纪》）

程馀庆：徐，嬴姓，若木之后。今江南泗州北八十里，有古徐城，徐偃王所筑。《竹书》：穆王六年，春，徐子诞来朝，锡命为伯。十三年春，祭公帅师从王西征。秋七月，西戎来宾。徐戎侵洛。冬十月，造父御王入于宗周。十四年，王帅楚子伐徐戎，克之。《博物志》：徐君宫人生卵，弃之水滨，独孤母有犬，名鹄苍，得所弃卵，衔归。独孤母覆暖之，遂孵成儿。生时正偃，故以为名。徐君闻之，乃更录取。长而仁智，袭君徐国，仁义著名。得朱弓矢，以己得天瑞，遂自称徐偃王。江淮诸侯伏从者三十六国。周王闻，遣使乘驷，一日至楚，使伐之。偃王仁，不忍害其民，为楚所败，逃走彭城武原县东山下，百姓随之者以万数，后遂名其山为徐山。(《历代名家评注史记集说·秦本纪》)

【汇评】

崔　述：《史记·秦本纪》云："造父以善御幸于周缪王……一日千里以救乱。"《后汉书》云："偃王处潢地东，地方五百里，行仁义，陆地而朝者三十有六国。穆王后得骥騄之乘，乃使造父御以告楚，令伐徐；一日而至。于是楚文王大举兵而灭之。偃王仁而无权，不忍斗其人，故致于败。乃北走彭城武原县东山下，百姓随之者以万数，因名其山为徐山。"韩文公《衢州徐偃王庙碑》亦本此以为说。余按：前乎穆王者有鲁公之《费誓》，曰："徂兹淮夷、徐戎并兴。"后乎穆王者有宣王之《常武》，曰："震惊徐方，徐方来庭。"则是徐本戎也，与淮夷相倚为边患，叛服不常，其来久矣，非能行仁义以服诸侯，亦非因穆王远游而始为乱也。且楚文王立于周庄王之八年，上距共和之初已一百五十余年，自穆王至是不下三百年，而安能与之共伐徐乎！故张氏《史记正义》引《古史考》文云："徐偃王与楚文王同时，去周穆王远矣。且王者行有周卫，岂得救乱而独长驱日行千里乎！并言此事非实。"是前人固已非之矣。盖穆王本巡游无度者，故《传》称"周行天下，将皆必有车辙马迹焉"。后世称造父者，欲神其技，因取偃王之事附会之，以见其有救乱之功；称偃王者欲表其美，因又取偃王之事附会之，以见其有救乱之功；称穆王者欲表其美，因又取穆王之事附会之，以为能行仁义而诸侯归之耳。初未暇计其乖舛于事理，刺谬于经传也。韩子之文虽出于酬应不得已而作，然采邪说以惑后世，亦非大贤所宜为也。(《崔东壁遗书·丰镐考信录》卷六《辨造父御穆王灭徐偃王之说》)

吕思勉：东方之国，徐、奄为大。徐虽败于鲁，其后有驹王者，尝西讨济于河。驹王盖即偃王也？偃王行仁义，朝者三十六国，将乘周穆王之好游，复东方之王业焉。秦之先造父，实御穆王东归，致楚师以败徐。然秦实徐同姓。楚之先，亦与徐同类。故《大戴记》述季连，《博物志》述徐偃王，皆坼副而生，与玄鸟之生商相类，知其先皆东南之族也，而忘受辛、飞廉、禄父之大耻，助姬姓以亡其宗国，亦可仇忿矣。(《论学集林·陈志良〈奄城访古记跋〉》)

⑳**【汇注】**

裴　骃：徐广曰："赵城在河东永安县。"(《史记集解·秦本纪》)

张守节：《括地志》云："赵城，今晋州赵城县是。本彘县地，后改曰永安，即造父之邑也。"(《史记正义·秦本纪》)

孙之騄："王命造父封于赵"，晋州赵城县南三十里故赵城，造父封邑。《寰宇记》：今赵州其地也。(《考定竹书》卷九)

程馀庆：故赵城在平阳府赵城县南三十五里。（《历代名家评注史记集说·秦本纪》）

王　恢：《纪要》（编者按：《读史方舆纪要》）（四一）："故赵城在今县南三十五里"，"周穆王封造父之地"，"春秋时，赵简子居此"。《赵世家》曰："赵氏之先，与秦共祖。……蜚廉有子二人：恶来，事纣，为所杀，其后为秦。恶来弟曰季胜，其后为赵。"（《史记本纪地理图考·秦本纪·秦先居今山西》）

陈蒲清：赵城：地名。故址在今山西省洪洞县。（引自王利器主编《史记注译·秦本纪》）

张大可：赵城，在今山西赵城县西南。（《史记全本新注·秦本纪》）

【汇评】

熊尚文：造父得封赵城，不知其功德安在？（《兰曹读史日记》卷一《穆王》）

㉑【汇注】

司马迁：赵氏之先，与秦共祖。至中衍，为帝大戊御。其后世蜚廉有子二人，而命其一子曰恶来，事纣，为周所杀，其后为秦。恶来弟曰季胜，其后为赵。（《史记·赵世家》）

又：自造父已下六世至奄父，曰公仲，周宣王时伐戎，为御。及千亩战，奄父脱宣王。奄父生叔带。叔带之时，周幽王无道，去周如晋，事晋文侯，始建赵氏于晋国。（同上）

陆唐老："由此为赵氏"，即战国赵氏之祖也。（《陆状元通鉴》卷二十《外纪周纪上·穆王》）

梁玉绳：按：上文言造父封赵城，族由此为赵氏，是也；乃又谓非子蒙赵城，则非（《索隐》又谓始皇生于赵故姓赵，尤非，说本魏张晏）。盖秦、赵同祖，后人或可互称，故《陆贾传》曰"秦任刑法不变，卒灭赵氏"。《汉书·武五子传》曰："赵氏无炊火焉。"左思《魏都赋》曰"二嬴之所曾聆"。《三国志》陈思王《疏》曰"绝缨盗马之臣，赦楚、赵以济其难"。《楚世家》及《越绝书·外传记地》《淮南子·人间》《泰族》二训称始皇为赵政，《南越传》称苍梧王赵光为秦王，《文选》王融《策秀才文》云"访游禽于绝涧，作霸秦基"。若以造父之赵蒙非子之秦，未免碍理。（《史记志疑·秦本纪》）

李学孔：徐夷率九夷伐周，西至河上。王畏其逼，乃分东方诸侯，命徐子主之。徐子得朱弓赤矢，自以为天瑞，乃僭称偃王。陆地而朝者三十六国。时王得造父为御，西巡，乐而忘返，闻徐子僭号，乃长驱而归，命楚伐徐，偃王走死。王以赵城封造父。其族由此为赵氏。（《皇王史订》卷四《周纪·穆王》）

牛运震：以造父之宠，皆蒙赵城，姓赵氏，著此以见秦、赵一家，乃非无端牵合。

（《史记评注·秦本纪》）

张习孔：穆王以赵城（今山西洪洞北）封造父，其族由此为赵氏（《史记》未系年，从《今本纪年》）。（《中国历史大事编·远古至东汉·西周》）

【汇评】

牛运震："蜚廉复有子曰季胜"云云，至"造父族由此为赵氏"。按：此段插入赵事作陪，此文字有生发处。"造父族由此为赵氏"，此句小结。（《史记评注·秦本纪》）

㉒【汇注】

陈蒲清：赵衰：晋国著名大夫，赵国的奠基人。事迹见《赵世家》《晋世家》。（引自王利器主编《史记注译·秦本纪》）

【汇评】

吴见思：自季胜以下一枝至此收，另作一段。（《史记论文·秦本纪》）

牛运震：自"蜚廉生季胜"云云，至"赵衰其后也"。按此总括上文，笔力简劲，"赵衰其后也"，点逗极有精神。（《史记评注·秦本纪》）

㉓【汇校】

余有丁：按恶来革者，岂即恶来耶？但不宜复曰蜚廉子；既为武王诛死，又不宜曰"早死"。（引自《史记评林·秦本纪》）

张　照：余有丁曰："恶来革者，岂即恶来耶？但不宜复曰蜚廉子。既为武王诛死，又不宜曰'早死'。臣照按：史迁纪秦、赵之同出蜚廉，上文云"蜚廉复有子曰季胜"，季胜之后为赵，乃云"恶来革者，蜚廉子也"。言子则宜为嗣者也。大宗也。言"早死"，则宜若无子矣，而"有子曰女防"，其后为秦，且言为武王所诛，时年尚少也。余有丁之言过矣。（《钦定史记·秦本纪·考证》）

王叔岷："恶来革者，蜚廉子也。蚤死"。按：重刊北宋《监本》、黄善夫本、《殿本》"蚤"并作"早"，《御览》八六引同。作"蚤"是故书，《周本纪》已有说。（《史记斠证·秦本纪》）

【汇注】

方　苞：恶来其号，革其名；或恶来其名，而革其号也。古有以一字为号者，如张释之字季是也。（《史记注补正·秦本纪》）

郭嵩焘：按：上文"大费生子二人：一曰大廉，实鸟俗氏；二曰若木，实费氏。"先叙费氏一派。"造父以善御幸于周缪王"，至"赵衰其后也"，叙赵氏一派。此最后叙秦氏一派。而非子之封秦，又别是一派。史公叙秦家世凡分三派，而同出于大费。大费次子为费氏，其长子大廉实分二派，而同出于蜚廉：其一恶来，五传而至非子为秦氏；其一季胜，五传而至造父为赵氏。蜚廉、恶来同事纣，武王伐纣诛恶来，而蜚廉方为纣使求石北方，则恶来固早卒也。史公叙事参差，互文见义，而于此先叙费氏，

次叙赵氏，最后乃及秦氏。秦氏之先，固嫡长也，而从费氏倒叙而入，亦是借宾定主之义。(《史记札记·秦本纪》)

【汇评】

吴见思：间接。(《史记论文·秦本纪》)

㉔【汇校】

梁玉绳：《秦诗谱疏》引此作"女妨"，《人表》同，疑此讹写。(《史记志疑·秦本纪》)

张文虎："防"，《秦风谱疏》引作"妨"，与《汉书人表》合，下同。(《校刊史记集解索隐正义札记·秦本纪》)

王叔岷："有子曰女防，女防生旁皋"。梁玉绳云：《秦诗谱疏》引此作"女妨"，《人表》同，疑此讹写。按"防""妨"并谐方声，古盖通用。(《史记斠证·秦本纪》)

㉕【汇校】

张文虎："太几"，《秦风谱疏》《元龟》百八十二引作"大几"，与《人表》合，下同。(《校刊史记集解索隐正义札记·秦本纪》)

㉖【汇校】

张文虎："骆"，《秦风谱疏》引作"雒"，与《人表》合，下同。(《校刊史记集解索隐正义札记·秦本纪》)

王叔岷："旁皋生太几。太几生大骆"。按：《秦诗谱疏》引"太"并作"大"，《汉书人表》同。作"大"是故书。《文选》卢子谅《赠崔温诗注》引下文"骆"亦作"雒"。(《史记斠证·秦本纪》)

【汇注】

梁玉绳：《诗·疏》引此作"大雒"，《人表》同，盖古通用，雒亦马名也。(《史记志疑·秦本纪》)

程馀庆：(骆)，辂同。主车驾官。(《历代名家评注史记集说·秦本纪》)

㉗【汇校】

王叔岷：按："非"亦作"飞"，《文选》卢子谅《赠崔温诗》："恨以驽蹇姿，徒烦飞子御。"注引此文，并云："非与飞古字通。"(《史记斠证·秦本纪》)

梁玉绳："大骆生非子"，始见《秦纪》。非又作"扉"。居犬丘，周孝王邑之秦，使续嬴氏祀，号曰秦嬴。按：非子始封秦，则前之称秦，是追加之。(《汉书人表考》卷五《秦非子》)

非子居犬丘①，好马及畜②，善养息之。犬丘人言之周孝王，孝王召使主马于汧渭之间③。马大蕃息。孝王欲以为大骆適嗣④。申侯之女为大骆妻⑤，生子成为適。申侯乃言孝王曰："昔我先郦山之女⑥，为戎胥轩妻⑦，生中潏，以亲故归周，保西垂，西垂以其故和睦。今我复与大骆妻，生適子成⑧。申骆重婚，西戎皆服⑨，所以为王⑩。王其图之⑪。"于是孝王曰⑫："昔伯翳为舜主畜，畜多息，故有土，赐姓嬴。今其后世亦为朕息马，朕其分土为附庸⑬。"邑之秦⑭，使复续嬴氏祀⑮，号曰秦嬴⑯。亦不废申侯之女子为骆適者⑰，以和西戎⑱。

① 【汇注】
皇甫谧：秦非子始封于秦，故《秦本纪》称，周孝王曰："朕分之土，邑秦。"本陇西秦谷亭是也。玄孙庄公，徙废丘，周懿王之所都，今槐里是也。及襄公，始受酆之地，列为诸侯。文公徙汧，故《秦本纪》曰："公事猎至汧，乃卜居之。"今扶风郿县是也。宁公又都平阳，故《秦本纪》曰："宁公二年徙居平阳。"今扶风郿之平阳亭是也。故《秦本纪》曰："德公元年，初居雍。"今扶风雍是也。至献公即位，徙治栎阳，今冯翊万年是也。孝公自栎阳徙咸阳，《秦本纪》曰："作为咸阳，筑冀阙徙之。"及汉元年，更名新城，属扶风。后并于长安。故太史公传曰：长安，故咸阳也。元鼎三年，复别为渭城，今长安西北，渭水阳，有故城，故《西京赋》曰"秦里其朔，实为咸阳"，是也。（《帝王世纪辑存·秦第六》）

又：秦自非子受封，至昭王灭周之岁，在大梁前后七迁，皆在《禹贡》雍州之域，荆山、终南敦物之野，东井、舆鬼之分，鹑火之次也。（同上）

裴骃：（犬丘），徐广曰："今槐里也。"（《史记集解·秦本纪》）

张守节：《括地志》云："犬丘故城一名槐里，亦曰废丘，在雍州始平县东南十里。《地理志》：'云扶风槐里县，周曰犬丘，懿王都之，秦更名废丘，高祖三年更名槐里。'"（《史记正义·秦本纪》）

程馀庆：故城在西安府兴平县东南十一里。（《历代名家评注史记集说·秦本纪》）

王恢：犬丘：非子居犬丘，善养马。《汉志》："右扶风槐里，周曰犬丘，懿王都之，秦更名废丘。高祖三年更名。"《清统志》（二二八）："故城在今兴平县东南十里。"《渭水注》孙校云，渭水南去县二十九里。（《史记本纪地理图考·秦本纪·非子

始居关中》）

又：王观堂《秦都邑考》："懿王所居之犬丘为东犬丘，大骆非子所居之犬丘为西犬丘。"观堂误也。造父以善御幸于缪王，而非子禄造父之宠，以侍御之裔，得以附畿养马，设不近在槐里，犬丘人何能言之孝王？孝王乃使主马汧渭之间，因在犬丘之西，故曰西犬丘也（斯地沿用故名，别以方位，不胜举）。其后西戎反王室，随之灭犬丘大骆之族，复虏世父，犬丘废矣，故称废丘也。（同上）

王学理等：西犬丘城邑的具体地点，《水经注·漾水》条下有详细记载："西汉水又西南会杨廉（廉为广之误）川水，水出西谷，众川泻流，合成一川，东南流，迳西县故城北。秦庄公伐西戎破之，周宣王与其大骆、犬丘之地，为西垂大夫，亦西垂宫也。"《水经注》所说的杨廉川水，又名西谷水。据考证即今礼县盐关堡东北的红河。西犬丘城邑在盐关堡东南2.5公里的西犬丘城邑的良好条件，但1958年调查发现的周代遗址，多公布在今礼县县城周围的西汉水两岸，而距离县城东北十余公里的盐关川一带却发现较少。（《秦物质文化史》第三章《都邑》）

② 【汇注】

张守节：好，火到反。畜，许救反。（《史记正义·秦本纪》）

③ 【汇注】

张守节：汧音牵。言于二水之间，在陇州以东。（《史记正义·秦本纪》）

孙之騄："（孝王）八年初，牧马于汧、渭。"汧渭二水，在陇州以东，非子居犬丘，好马及畜，善养息之。周孝王召使主马于汧渭之间，马大蕃息。郑氏《谱》（编者按：郑玄《毛诗谱》）曰："秦者，陇西谷名，于《禹贡》近雍州鸟鼠之山。尧时有伯翳（伯益）者，实皋陶之子，佐禹治水。水土既平，舜命作虞官，掌上下草木鸟兽，赐姓曰嬴。历夏、商兴衰，亦世有人焉。周孝王使其末孙非子养马于汧、渭之间，孝王为伯翳能知禽兽之言，子孙不绝，故封非子为附庸，邑之于秦谷。"（《考定竹书》卷九）

陈蒲清：汧（qiān）：渭河支流，源于陕西陇县西，今名千河。（引自王利器主编《史记注译·秦本纪》）

【汇评】

牛运震：按："主马"二字，新而古。（《史记评注·秦本纪》）

④ 【汇校】

凌稚隆：按"骆"与"辂"同。主车驾之官。（《史记评林·秦本纪》）

陈蒲清：適（dí）嗣：继承人。適，通嫡。非子不是正妻所生，本不能作继承人。（引自王利器主编《史记注译·秦本纪》）

⑤【汇校】
　　王叔岷："申侯之女为大骆妻"。按：《秦诗谱疏》引"大骆妻"，作"大雒之妻"。（《史记斠证·秦本纪》）

⑥【汇注】
　　张守节：申侯之先，娶于郦山。（《史记正义·秦本纪》）
　　陈蒲清：昔我先郦山之女：意即我祖先居住郦山时生下的一个女儿。（引自王利器主编《史记注译·秦本纪》）

⑦【汇注】
　　张守节：胥轩，仲衍曾孙也。（《史记正义·秦本纪》）

⑧【汇校】
　　张文虎：中统（编者按：元中统本《史记》）无"適"字。（《校刊史记集解索隐正义札记·秦本纪》）

⑨【汇注】
　　马非百：西戎之本，出自三苗，姜姓之别也。其国近南岳。及舜流四凶，徙之三危，滨于赐支，至于河首，绵地千里。赐支者，《禹贡》所谓析支者也。南接蜀汉，徼外蛮夷，西北接鄯善、车师诸国。所居无常，依随水草。地少五谷，以产牧为业。其俗氏族无定，或以父名母姓为种号。十二世后，相与婚姻。父没则妻后母，兄亡则纳釐嫂，故国无鳏寡，种类繁炽。不立君臣，无相长一，强则分种为酋豪，弱则为人附落，更相抄暴，以力为雄。杀人偿死，无它禁令。其兵长在山谷，短于平地，不能持久，而果于触突，以战死为吉利，病终为不祥。堪耐寒苦，同之禽兽。虽妇人产子，亦不避风雪。性坚刚勇猛，得西方金行之气焉。王政修则宾服，德教失则寇乱，其天性然也。（《秦集史·西戎传》）

⑩【汇注】
　　张守节：重，直龙反。言申骆重婚，西戎皆从，所以得为王。王即孝王。（《史记正义·秦本纪》）
　　李　笠：按："为"宜读于讹反，与《吕后纪》"为吕氏右袒，为刘氏左袒"之"为"同。张氏增一"得"字，释之迂矣。（《史记订补》卷二《秦本纪》）

【汇评】
　　牛运震："所以为王"，"为"当作去声，言我所以复与大骆妻申骆重婚者，皆以为王也。《正义》注"所以得为王"，难通。（《史记评注·秦本纪》）

⑪【汇评】
　　程馀庆：言亦可听。（《历代名家评注史记集说·秦本纪》）

⑫【汇评】

牛运震："于是孝王曰"云云，至"号曰秦嬴"。按：此秦国封建之始，故以孝王言郑重出之，且复提伯翳主畜，赐姓遥与篇首"大费佐舜"一段作应。前后缨拂，极有章法。（《史记评注·秦本纪》）

又：纪申后、孝王语古质，简峭有致。（《史记评注·秦本纪》）

⑬【汇注】

李学孔：甲子十三年，封非子于秦，为附庸。（《皇王史订》卷四《周纪·孝王》）

陈蒲清：附庸：附属于大国的小国。（引自王利器主编《史记注译·秦本纪》）

【汇评】

崔　述：《史记》称孝王欲以非子为大骆嗣，以申侯言，乃分土为附庸。按：秦本周畿内国邑，故秦仲为宣王大夫，伐西戎，庄公为西垂大夫，居犬丘，非附庸也。《诗》曰："锡之山川、土田、附庸。"《孟子》曰："不能五十里，不达于天子，附于诸侯，曰附庸。"今秦不惟直达于天子，且为王官矣，安得复属诸侯而为之附庸乎！盖秦与郑、虢其初皆王朝之卿士大夫，食采于畿内；周室东迁，各君其国，乃列于诸侯会盟。子长以其初未成为诸侯，未暇详核，遂疑以为附庸，至襄公乃受王命而为诸侯，失之矣！且所载申侯语亦浅陋不足信；而是时申亦未封为诸侯。（《崔东壁遗书·丰镐考信录》卷六《史记以秦非子为附庸之非》）

⑭【汇注】

裴　骃：徐广曰："今天水陇西县秦亭也。"（《史记集解·秦本纪》）

张守节：《括地志》云："秦州清水县本名秦，嬴姓邑。《十三州志》云秦亭，秦谷是也。周太史儋云'始周与秦国合而别'，故天子邑之秦。"（《史记正义·秦本纪》）

熊尚文："元年壬子。自懿王以来，德政不修，诗人作诗讥刺，至是王室愈微。恶来之后有非子者，好马，善养息之，王命主于汧渭之间，马大蕃息，王封为附庸之君，邑于秦，使续伯益后。是时大雹，牛马死，江汉俱冻。"（《兰曹读史日记》卷一《孝王》）

郭之奇：（周）孝王之世，恶来之后，有非子者，王命主马汧渭之间，马大蕃息，封为附庸之君，邑于秦。是时大雹，牛马死，江汉俱冻。夫当嬴氏始封之日，而灾异之见，杀气若兹，未观牝马之贞，已召战龙之厄。履霜坚冰，有其象矣。天道之倚伏，君天下者，可不深察乎！（《稽古编》卷三十八《占验总传》）

钱　穆：非子邑秦，在汧、渭之会，汧水在今宝鸡县东入渭。《元和志》"秦城在陇州东南二十五里"，是也、旧说天水秦亭，误也。（《史记地名考》卷八《秦地名》）

顾颉刚：秦的始封，是周孝王封非子为附庸而邑之秦，地在今甘肃天水县的秦亭，秦本夷族，在周公东征后西迁，只因那边是戎族的大本营，不容许这新封的君主占有特殊的势力，所以秦仲一族既被灭于先，秦仲自身又被杀于后，直到他的儿子庄公世里，得到了宣王的援助才站得住。(《从古籍中探索我国的西部民族——羌族》，《社会科学战线》，1980年第1期)

王学理等：清乾隆《清水县志》卷二秦亭山条下说："东四十里，俗名亭乐山。"又清乾隆《甘肃通志》卷六亭乐山条下说："在县东三十里有秦亭遗迹，即非子始封处。"以上县志、省志所说的秦亭遗迹，当地群众也都这样传闻。但据考古工作者实地勘察，很难相信这些记载是靠得住的。调查说："从今清水县向东，溯牛头河（即古清水）而上约十余公里，再向北翻过几道山梁即可到达。这里确有名之为亭乐山的小山堡，山下有秦亭大队。但这一带地势狭窄，一条无名小溪仅宽一二米，溪流两岸无发育较好的台地，我们在这一带做过仔细调查，没有发现任何较早的陶片和文化堆积，由此看来，此处作为非子封邑当属误传。"……另据《水经注》等较早的记载看，非子封邑——秦，并不在县城以东，而应在县西。《水经注·渭水》："其水（指东亭水，即清水）……又迳清水城南，又西与秦水合，水出东北大陇山秦谷。……而历秦川，川有育故亭，秦仲所封也。秦之为号，始自是矣。"今清水县城一带（包括古清水城），古亦谓之秦川，这里地势开阔，有发育较好的台地，考古调查中曾发现过周代遗址。据记载，非子所居之宫叫秦川宫。《七国考》引《郡国志》："秦川宫者，昔非子封秦，于此筑宫室。"目前虽然还没有发现城邑遗存，但从自然地理环境的角度看，作为非子的封邑之地似有可能。(《秦物质文化史》第三章《城邑·秦》)

李　零：非子受封于秦，从此他的后代便以秦为氏，这正像周之称周是始于太公迁居周原一样。秦邑地望的确定对研究秦史来说，正像周史研究中的岐周一样重要。……徐广等人把秦邑定在天水东北的清水一带，清水一带当时有秦亭、秦谷大概不会有问题，但他们说秦亭、秦谷就是非子所邑之秦却明显是附会。因为此说与《秦本纪》的原文全然不符。……司马迁虽没有直接说非子所邑之秦究竟在哪里，但明确讲到文公四年，"至汧渭之会"，文公追述说："昔周邑我先秦嬴于此，后卒获为诸侯。"在该地卜居营邑。这个重筑的城邑显然与非子所邑之秦是同一地点，它应当就是非子当年为周孝王养马的"汧渭之间"。所以，秦邑应在"汧渭之会"而绝不在甘肃清水一带。……

今天的"汧渭之会"，即千河和渭水交会处，地点在宝鸡县千河公社西、宝鸡市卧龙寺东。渭水以北的塬区至此为千河截断，东面是凤翔塬，西面是贾村塬。千河就是穿过这两个塬由西北流注入渭。秦人是"养马世家"，他们逐水草而居，这一带当然很理想。非子当年在这里筑有秦邑，后来秦文公又重新回到这里筑城，都不是偶然的。文公筑的城，我们估计很可能就是陈仓（详见下文），非子所邑之秦既与文公所筑城邑为一地或者相近，则其地亦当在陈仓附近。(《〈史记〉中所见秦早期都邑葬地》，《文

史》第二十辑）

雒江生：通过分析"秦"字的形义及验证实物，说明"秦"的本义是"密植丛生的谷子"，它的形象，就是后代民间种植的"草谷"。……"秦"（草谷）这种密植丛生的谷子，在今天看来，它不过是一种普通的饲料作物，是微不足道的。但是在三千年以前，秦人的祖先非子种植它的时代，问题就不那么简单。在那个时代，"秦"（草谷）也曾经是一种了不起的谷类饲料作物，它的大量种植，可以说是秦人从漫长的游牧部族时代向文明发达的民族之林过渡的里程碑，不过它在嬴秦创业立国史上所起的作用，被后来秦人赫赫的国威声名掩盖了。……由上面所述嬴秦创业立国的史实看，我们现在可以这样说，秦人的祖先是靠种植"秦"（草谷）养马而受封立国的，为了标志立国根本，因而把国名就叫做"秦"，把被封之地叫"秦"邑。

我们所以这样认为秦人是用"禾"类字的"秦"称国名的，除了根据上面所述的史实，还根据前此一些国家用"禾"类字称国名的成例。也就是说，我们在分析认定这个问题时，没有把秦人用"禾"类字称国名看成是历史上出现的一个孤立现象或偶然现象。其实从当时的社会思想意识和其他一些国家立国称名的情形看，用"禾"类字称国名，在秦人立国以前已成风气，秦人只不过是受其遗风影响而已。而要具体说明这个问题，还得从古代中国的国情说起。大家知道，中国是一个农业发展很早的国家，尤其周人自始祖后稷以来，就是一个重农的民族。经过殷周之际的大变革时代，到了西周，中国就已进入了农业社会。由于尚农思想的兴起以至占统治地位，在周人建族立国时至西周初期，曾经出现过一种用"禾"类字称国名的社会风尚。而开其历史风气的，首先是周人，后来还有受周王朝分封的一些诸侯国和附庸国。（《秦国名考》，《文史》第三十八辑）

【汇评】

杨一奇：养马非可封之功，秦国非可轻之地，周之陵夷，秦之强大，已于此乎决矣。（《史谈补》卷一《东周》）

陈　简：当嬴秦之始封，大雹，牛马死，江汉俱冻，履霜之象业兆于此，天道之倚伏可畏也。（同上）

熊尚文：非子以善养马得封附庸君，为秦始祖，原非有功德于民，固宜其始不齿于中国，而后虽强大，易斩也。维时大雹，牛马死，江汉俱冻，岂偶然哉？（《兰曹读史日记》卷一《孝王》）

华庆远：胡双湖曰：孝王封非子时，大雹，牛马死，江汉俱冻，至襄已百四十年，至始皇则又五百余年，天变易测耶？（《论世八编》卷四《周》）

⑮【汇校】

王叔岷："朕其分土为附庸，邑之秦，使复续嬴氏祀"。按：《说文系传》引"分"

下有"之"字,"邑"上有"而"字,"祀"作"后"。(《史记斠证·秦本纪》)

⑯【汇注】

程馀庆:故秦城在秦州西。秦字始见于此。(《历代名家评注史记集说·秦本纪》)

王学理等:周灭殷,武王杀了助纣为虐的秦恶来。秦人同原来臣服于殷的各族一样,都成了周人的氏族奴隶。周公姬旦辅佐周成王,平定了武庚叛乱之后,曾迁徙和分散"殷顽民",其中有相当的一部分人是东来的嬴姓氏族。而这部分人同原居于殷商西部边陲的秦人,又统统地被赶到周人的"西垂"去,即今天以甘肃天水为中心的陇东高原沟谷一带。长期的游牧生活和政治处境,固然减缓了它内部的阶级分化,但却使秦人掌握了养马、驭马的技术。秦人"造父以善御幸于周穆王",成了一名高级奴隶。周孝王时,非子受召,在"汧渭之间"为周王室养马,"马大蕃息"。周王竟"分土为附庸。邑之秦,使复续嬴氏祀,号曰秦嬴"。从此,秦人由游牧转向定居,有了正式名称,也奠定了发展壮大的基业。(《秦物质文化史·绪论》)

【汇评】

马非百:关于嬴秦一族之来源,历来学者间有两种不同之意见,其一为西来说,王国维、蒙文通主之。……其二为东来说,卫聚贤、黄文弼等主之。……二说当以东来说为符合史实。秦为颛顼之后,与殷商同属于鸟系祖先传说系统。而其祖先柏翳,佐舜调驯鸟兽,及佐禹平治水土,与伯益同为一人。其子孙或在中原,或在夷狄,司马迁在《秦本纪》《赵世家》中固明言之。其在中原者有徐氏、郯氏、莒氏、终黎氏、运奄氏、菟裘氏、将梁氏、黄氏、江氏、修鱼氏、白冥氏、蜚廉氏、秦氏等,大多数皆在东方。又费昌助汤灭夏,孟戏、中衍与太戊缔结婚姻,中衍之后世为殷国诸侯。蜚廉父子均以材力事纣。皆其证也。而秦在西戎,保西垂,则所谓"或在夷狄"者也。中原人固有本为华族,而以或在夷狄之故,因而有变为夷狄之俗者,如赵佗本真定人,而一入南越,遂染其习。陆贾使越,佗弃冠带,椎髻箕倨以见之。且其上文帝书,至自称"蛮夷大长"。则秦有戎之称号,岂得遽目为戎?况公羊、谷梁皆为汉人,《管子》书亦多汉人手笔。汉人对于亡秦,例无褒词。则其骂秦为戎,亦不过如周人之骂商人为"蠢戎",为"戎殷",与南北朝人之互骂为"北虏""岛夷"而已!事实上蒙氏所举西戎各族,皆为吾国少数民族,其地点不出今陕西、甘肃、宁夏、青海等省范围,亦不得以之与域外民族同日而语也。(《秦集史·国君纪事一》)

林剑鸣:秦人的祖先与殷人的祖先,最早可能同属于一个氏族部落或部落联盟,既然殷人早起活动于我国东方已成不疑之论,那么秦人的祖先最早也应生活在我国东海之滨,大约在今山东境内,这也是可以肯定的。"(《秦史稿》)

黄留珠:(东来与西来说)就前者而言,它敏锐地捕捉到了秦文化与西戎文化融合的历史事实;就后者而论,它成功地揭开了中潏以前秦人活动于东方的秘密。二者对于深化秦文化的研究,均有重要意义。而这一点,恰恰也正是二说相统一相结合的基础之所在。……如果用一句话来概括这一思路,那就是"源于东而兴于西"。(《秦文化二源说》,《西北大学学报》,1995年第3期)

⑰【汇校】
　　王叔岷:"亦不废申侯之女子为骆適者",按:《秦诗谱疏》引骆作大雒。(《史记斠证·秦本纪》)
⑱【汇评】
　　吴见思:"女妨"至此又分出一枝。秦再盛。(《史记论文·秦本纪》)
　　牛运震:"亦不废申侯之女子为骆適者,以和西戎"。按:此小结有法。(《史记评注·秦本纪》)

　　秦嬴生秦侯①。秦侯立十年,卒。生公伯。公伯立三年,卒。生秦仲②。

①【汇校】
　　梁玉绳:"秦嬴",按:嬴即非子,此乃重出,误分为父子也。(《汉书人表考》卷五《秦嬴》)
②【汇校】
　　王叔岷:按:《艺文类聚》九十、《御览》九一四并引《史记》云:"秦仲知百鸟之音,舆之语皆应焉。"(《史记斠证·秦本纪》)
【汇注】
　　邓名世:公伯生秦仲,秦仲始大。有车马礼乐侍御之好,国人作《车邻》之诗美之。(《古今姓氏书辩证》卷十六《嬴》)
　　梁玉绳:秦仲始见《诗·车邻序》《郑语》。公伯生秦仲,始见《秦纪》,亦曰大夫仲。立二十三年,死于戎。(《汉书人表考》卷五《秦仲》)

　　秦仲立三年,周厉王无道,诸侯或叛之①。西戎反王室,灭犬丘大骆之族②。周宣王即位③,乃以秦仲为大夫④,诛西戎⑤。西戎杀秦仲⑥。秦仲立二十三年死于戎⑦。有子五人,其长者曰庄公⑧。周宣王乃召庄公昆弟五人,与兵七千人，使伐西戎，破之。于是复予秦仲后，及其先大骆地犬丘并有之⑨，为西垂大夫⑩。

① 【汇校】
张文虎：《元龟》引"或"作"咸"。(《校刊史记集解索隐正义札记·秦本纪》)

② 【汇评】
吴见思：完大骆一枝。(《史记论文·秦本纪》)

③ 【汇注】
裴　骃：徐广曰："秦仲之十八年也。"(《史记集解·秦本纪》)

④ 【汇注】
郦道元：其水西南合东亭川，自下亦通之谓之清水矣。又经清水城南，又西与秦水合，水出东北大陇山秦谷，二源双导，历三泉合成一水，而历秦川，川有故秦亭，秦仲所封，秦之为号，始自是矣。(《水经注》卷十七《渭水上》)

曲英杰：秦庄公为大夫，当居于西。襄公时秦列为诸侯，亦都于此。《水经注·漾水》载："西汉水又西南合杨廉川水。水出西谷，众川泻流，合成一川，东南流经西县故城北。秦庄公伐西戎，破之。周宣王与其先大骆犬丘之地，为西垂大夫。亦曰垂宫也。王莽之西治矣。"《史记正义》引《括地志》云："秦州上邽县西南九十里汉陇西西县是也。"其地在今甘肃天水西南。《尚书·尧典》载：帝尧"分命和仲，宅西"。郑玄曰："西者，陇西之西，今人谓之兑山。"徐广曰："以为西者，今天水之西县也。"……《索隐》云："西即陇西之西县，秦之旧都，故有祠焉。"又表明其在秦都迁徙以后犹称西。秦汉时期于此地设西县，是沿用旧称。有的学者以为此地当称西垂；更有以其与犬丘或西犬丘为一地者，似均不确。(《先秦都城复原研究·西》)

⑤ 【汇注】
孙之騄："（宣王）三年，王命大夫仲伐西戎"，《史记》周宣王即位，以秦仲为大夫，诛西戎。始有车马礼乐侍御之好，国人美之，秦之变风始作。(《考定竹书》卷九)

李学孔：（甲戌元年）命大夫秦仲征西戎。(《皇王史订》卷四《周纪·宣王》)

又：王室衰弱，西戎久叛，王命秦仲讨之，于是有《无衣》之诗。(同上)

⑥ 【汇注】
范　晔：宣王立四年，使秦仲伐戎，为戎所杀，乃召秦仲子庄公与兵七千人伐戎，破之，由是少却。(《后汉书·西羌传》)

孙之騄："西戎杀秦仲"，王立其子庄公，与兵七千人，伐西戎，破之。于是复与其先大骆、犬丘之地。(《考定竹书》卷九)

⑦【汇注】

裴　骃：《毛诗序》曰："秦仲始大，有车马礼乐侍御之好也。"（《史记集解·秦本纪》）

⑧【汇注】

梁玉绳：襄公始为诸侯，襄公之先不过大夫而已，称庄公者，《诗·秦风谱·疏》云"盖追谥之"，理或然也。或曰承非子之初封，僭称为公，犹非子之子称秦侯耳（《十二侯表·索隐》本作"庄公其"，以其为名，非也）。（《史记志疑·秦本纪》）

曲英杰：秦继秦仲者为秦庄公，名其（《史记·十二诸侯年表》）。（《先秦都城复原研究·西》）

又：西周晚期铜器不其簋铭载："惟九月初吉戊申，伯氏曰：'不其，驭（朔）方严允广伐西俞，王命我羞追于西，余来归献禽。余命汝御追于西，汝以我车宕伐严允于高陶（陶），汝多折首执讯。'……不其拜稽首，休，用作朕皇祖公伯、孟姬䵼簋。"其"不其"很可能即是秦庄公，"伯氏"为其长兄（由此可知秦庄公不为最年长者）。（同上）

⑨【汇校】

陈　直：《陶斋吉金续录》下，二十七页，有大騩权，刻秦始皇二十六年，及二世元年两诏书，大騩疑为地名，《秦本纪》之"大骆"，即为大騩误文。（《史记新证·秦本纪》）

【汇注】

泷川资言："复予"一下十六字一气读，言赐以秦仲旧封及大骆所有犬丘之地，使并有之也。（《史记会注考证》卷五《秦本纪》）

【汇评】

程馀庆：秦始合而大。（《历代名家评注史记集说·秦本纪》）

⑩【汇注】

张守节：《注水经》云："秦庄公伐西戎，破之，周宣王与大骆犬丘之地，为西垂大夫。"《括地志》云："秦州上邽县西南九十里，汉陇西西县也。"（《史记正义·秦本纪》）

曲英杰：西垂一词，当以《史记·秦始皇本纪》后附《秦纪》所载为最早见。其文为"襄公立，享国十二年。初为西畤。葬西垂。生文公。文公立，居西垂宫。五十年，死，葬西垂"。其"垂"义为边。西垂，用为特称，当指西邑之旁；用为泛称，则当指西土边陲之地。《秦纪》为较为原始的秦国史实记录，其所言西垂，当用为特称。而《秦本纪》所言中潏"在西戎，保西垂"；《封禅书》所言"秦襄公既侯，居西垂"。明显是用为泛称。其二者实不能相混。故司马迁于《秦本纪》中记文公葬地改为"西山"。至于"西垂宫",可解为西邑之垂宫(上引《水经注》即只称垂宫);"西垂大夫"为官称,并非一定要与地称完全相同。(《先秦都城复原研究·西》)

【汇评】
吴见思:一结。秦三盛。(《史记论文·秦本纪》)

庄公居其故西犬丘①,生子三人,其长男世父②。世父曰:"戎杀我大父仲,我非杀戎王则不敢入邑③。"遂将击戎,让其弟襄公。襄公为太子④。庄公立四十四年,卒,太子襄公代立⑤。襄公元年,以女弟缪嬴为丰王妻⑥。襄公二年⑦,戎围犬丘,世父击之,为戎人所虏。岁余,复归世父。七年春,周幽王用褒姒废太子,立褒姒子为適,数欺诸侯,诸侯叛之。西戎犬戎与申侯伐周,杀幽王郦山下⑧。而秦襄公将兵救周,战甚力,有功⑨。周避犬戎难,东徙雒邑⑩,襄公以兵送周平王⑪。平王封襄公为诸侯,赐之岐以西之地⑫。曰:"戎无道,侵夺我岐、丰之地,秦能攻逐戎,即有其地⑬。"与誓,封爵之⑭。襄公于是始国⑮,与诸侯通使聘享之礼⑯。乃用骝驹、黄牛、羝羊各三⑰,祠上帝西畤⑱。十二年,伐戎而至岐,卒⑲。生文公⑳。

①【汇注】
李　零:关于西犬丘,应当说明一下。第一,《史记集解》和《史记正义》把它定为周懿王所都犬丘是不对的。王国维据《水经·漾水注》指出,它的地望应在汉代的西县(今甘肃天水西南、礼县东北一带),当时属于西戎之地。第二,西犬丘又名西垂,西垂是具体地名而不是泛指西方边陲,王国维等人读西垂为西陲是不对的。因为春秋卫国也有一个叫垂而别名犬丘的地方(在今山东曹县北),《春秋》隐公八年:"春,宋公、卫侯遇于垂。"《左传》"垂"作"犬丘",杜预注:"犬丘,垂也,地有两名。"可见西垂是指西方的垂,正像西犬丘是指西方的犬丘一样,它是个具体地名。(《〈史记〉中所见秦早期都邑葬地》,《文史》第二十辑)

陈蒲清:西犬丘:即西垂,在今甘肃省天水县西南。(引自王利器主编《史记注译·秦本纪》)

曲英杰：关中之地称犬丘者只有一处。《汉书·地理志上》载右扶风属县"槐里，周曰犬丘，懿王都之。秦更名废丘。高祖三年更名"。《括地志》载："犬丘故城，一名槐里，亦曰废丘，在雍州始平县东南十里。"据此，犬丘在今陕西兴平县东南。非子曾居此犬丘，然在周孝王使其主马于汧渭之间时即已离开此地。周厉王时，西戎反王室，灭犬丘大骆之族，占据此地。周宣王即位，命秦仲诛西戎，此地又归于周。……《秦本纪》云"故犬丘"，于理为顺；而"故西犬丘"，殊不可解。联系其上下文，当在述秦庄公为西垂大夫后述其居地，而后再述其以前曾居犬丘生子及世父守犬丘、后为戎所围虏之事；故其原文当为秦庄公"为西垂大夫，庄公居西。其于故犬丘生子三人"。如此，则并无"西犬丘"之称，也就不存在所谓西犬丘与西垂、西犬丘与犬丘是否同指一地的问题。(《先秦都城复原研究·西》)

王学理等：现存秦器最早的是西周晚期的不其簋。铭文曰："不其，驭方玁狁广伐西俞。王命我羞追于西，余来归献禽。余命女御追于西，女以我车宕伐玁狁于高陶，女多折首执讯。……伯氏曰：'不其女小子，女肇誨于戎工。锡女弓一矢束，臣五家，田十田，用永乃事。'"李学勤先生说，不其簋的"不其"，就是秦庄公，《史记·十二诸侯年表》载秦庄公名其，不字常用为无义助词。西是地名，原先可能为西戎所居，庄公破西戎，周宣王"于是复予秦仲后及其兄大骆地犬丘并有之，为西垂大夫"。秦并天下曾于此置县，汉因之不改，西县治在今甘肃天水县西南。此器年代为秦庄公即位之前数年内（约公元前 822 年），记述庄公及其先伯氏奉周王之命讨伐玁狁的事，内容十分重要。该铭字体同西周晚期其他金文字体完全一致，还未形成秦人自己的文字风格。(《秦物质文化史》第八章《文化艺术·金文》)

② 【汇注】

吴汝纶：某按世父非名，殆文公时初有史纪事由文公称之为世父也。(《桐城吴先生点勘史记读本》)

③ 【汇注】

曲英杰：秦仲立十八年，周宣王即位，以秦仲为大夫，命诛西戎。秦仲立二十三年（公元前 822 年），西戎杀秦仲。至此，秦人居秦邑，凡四世，历周孝、夷、厉、宣四王，当在五十年以上。(《先秦都城复原研究·秦都秦》)

又：秦邑所在，《集解》引徐广曰："今天水陇西县秦亭也。"汉、晋均无陇西县。汉时有陇县，西汉时属天水郡，东汉时属汉阳郡。魏时有天水郡，是否统陇县不得知。晋时陇县废。《后汉书·郡国志五》载汉阳郡陇县"獂坻聚有秦亭"。刘昭注："秦之先封起于此。"徐广所云当是指此陇县而言。《水经注·渭水》载："（清水）又迳清水城南，又西与秦水合。水出东北大陇山秦谷，二源双导，历三泉合成一水，而历秦川。川有故秦亭，非子所封也。秦之为号，始自是矣。"《括地志》云："秦州清水县本名秦，嬴姓邑。《十三州志》云秦亭，秦谷是也。周太史儋云'始周与秦国合而别'，故天子邑之秦。"据此，秦邑在今甘肃清水县北。其名为秦，当源于秦水。（同上）

泷川资言：戎王之王，犹言长，非帝王之王。（《史记会注考证》卷五《秦本纪》）

【汇评】

王维桢：世父之志，壮哉！孝矣！（引自《史记评林·秦本纪》）

④【汇评】

程馀庆：世父之志，壮哉孝矣！让弟尤为难事。（《历代名家评注史记集说·秦本纪》）

⑤【汇注】

梁玉绳：襄公始见《诗·驷驖》诸序，庄公子始见《秦纪》，周平王封为诸侯，十二年卒。（《汉书人表考》卷五《秦襄公》）

陈蒲清：代：更替；以后续前。（引自王利器主编《史记注译·秦本纪》）

⑥【汇校】

凌稚隆：按：周无丰王，《闽本》作"幽王"。盖"幽""丰"字相近而又适其时，作"幽"似矣。然幽王妻申后，何以有"缪嬴"耶？（《史记评林·秦本纪》）

张文虎："元年以"，宋本无此三字。（《校刊史记集解索隐正义札记·秦本纪》）

吴汝纶：宋本无"元年以"三字，周广业云"丰王"疑是戎王之号，与亳王一例，非幽王也。（《桐城吴先生点勘史记读本》）

王叔岷："襄公元年，以女弟缪嬴为丰王妻"。按：重刊北宋监本、黄善夫本并有"元年以"三字。（《史记斠证·秦本纪》）

【汇注】

方苞：不曰"后"而"妻"，盖夫人嫔妇之类，时秦僻陋，故史以妻书耳。（《史记注补正·秦本纪》）

梁玉绳：《评林》曰"周无丰王，《闽本》作'幽王'，盖幽、丰字相近，而又适其时，作'幽'似矣。"然幽王妻申后，何以有缪嬴耶？方氏《补正》曰"不后而妻，盖夫人嫔妇之类。时秦僻陋，故《史》以妻书耳"。方氏虽据《曲礼》天子有妻有妾为解，然何以不直言纳女耶？海宁周孝廉广业曰："丰王疑是戎王之号，荐居岐、丰，因称丰王，与亳王一例，非幽王也。上下文周厉王、周宣王、周幽王、周平王皆连'周'字，知此必非幽王。秦襄以女弟妻戎王，即郑武公妻胡之计耳。"说甚惬。（《史记志疑·秦本纪》）

⑦【汇注】

张守节：《括地志》云："故汧城在陇州汧源县东南三里。《帝王世纪》云秦襄公二年徙都汧，即此城。"（《史记正义·秦本纪》）

王学理等：《帝王世纪》："秦襄公二年徙都汧。"即此城。但由于这次迁徙《史记》正文之中没有记录，因此，后世学者或有所言，或置而不论，常在疑是之间。近十年来，随着考古工作的展开及一些重要遗迹的发现，襄公迁居汧城之事大体可以信而有之。（《秦物质文化史》第三章《都邑·汧城》）

又：《史记·秦本纪》襄公二年下《正义》引《括地志》云："故汧城在陇州源县东南三里。《帝王世纪》云秦襄公二年徙都汧，即此城。"清康熙五十三年所修《陇州志》亦有"襄公，庄公子，二年徙都汧城，在陇州汧源县"的记载。今陇县县城所在地为故州县之治所，始于北周，早于《括地志》成书的唐代早期，因此《括地志》所说的陇州汧源县治，即今陇县县城的所在地。（同上）

又：汧城的具体位置究竟在什么地方？陇县边家庄春秋早期秦国墓地的发现为寻找这座湮没了二三十个世纪的古城提供了重要线索。……磨儿塬遗址位于边家庄墓地东南3里，与后者处于汧河西岸同一片台地上。遗址东滨汧河，南临川口河。两河交汇的塬地当即邑城址。汧城原有多大，尚不清楚，在东南部的台地断崖上可以见到部分夯土城墙。其中东墙的南段保存约200米，东南角亦保存了部分残墙，残高1～2米不等。（同上）

⑧【汇校】

王叔岷：《御览》二百引"郦"作"骊"，古字通用。《秦始皇本纪》："自极庙道通郦山。"《御览》八六、五三一引"郦"并作"骊"，与此同例。（《史记斠证·秦本纪》）

⑨【汇注】

程馀庆：此《小戎》之诗所由作也。（《历代名家评注史记集说·秦本纪》）

⑩【汇校】

张文虎："雒邑"。《秦风谱·疏》引作"洛邑"。（《校刊史记集解索隐正义札记·秦本纪》）

王叔岷：按《御览》八六引作"周平王避犬戎之难，东徙洛邑。"《秦诗谱疏》引"雒"亦作"洛"。作"雒"是故书。（《史记斠证·秦本纪》）

【汇注】

张守节：周平王徙居王城，即《雒诰》云"我卜涧水东，瀍水西"者也。（《史记正义·秦本纪》）

郭嵩焘：按幽王废申后及太子宜臼，《史》不详太子出居何地，疑周礼出妻归适母氏，然则申后与太子皆当适申。杜预注《左传》云"申，国，今南阳宛县"，其距东都为近。《周本纪》称申与缯、西戎、犬戎攻幽王，尽取周赂而去。是时残毁，西戎、犬戎逼处郊几，申侯奉平王即位东都，然则非平王之东迁也，去申近而因奉之以处东

都也。东坡《志林·平王论》言"周之失计,未有如东迁之谬者也",亦未达当时情事矣。(《史记札记·秦本纪》)

⑪【汇注】

王学理等:1978 年,宝鸡县太公庙出土的秦公镈钟包括甲、乙、丙、丁、戊五件编钟及三件镈,铭文130 字,内容十分重要。"秦公曰:'我先祖受天命商(赏)宅受或(国),剌二邵(绍)文公、静公、宪公不坠于上,邵合皇天,以虩事蠻(蛮)方。'公及(以上甲钟钲部)王姬曰:'余小子,余夙夕虔敬朕祀,以受多福,克明又心。盭(以上甲钟左鼓部)龢胤士,咸畜左右,趩趩(蔼蔼)允义,翼受(以上甲钟顶篆部)明德,以康奠协朕或(国),盗百蠻(蛮),具即其(以上甲钟左篆部)服,作毕驋钟,濙音瑞瑞雍雍,以匽(燕)皇公,以受大(以上乙钟钲篆部)福,屯鲁多釐,大寿万年。'秦公其吮黐才(在)立(位),雁(膺)(以上乙钟左鼓部)受大命,眉寿无疆,匍有四方,其康宝。"(以上乙钟左篆部)铭文中的"先祖",既"受天命",又"赏宅受国",即接受了周王给予的土地,则非秦襄公莫属。襄公因将兵救周及护送周平王东迁有功,被周平王封为诸侯,被赐以"岐西之地","于是始国,与诸侯通使聘享之礼。""先祖"之下紧接文公,亦与秦世系相合。铭只叙述到宪公,则作器的秦公是宪公之子。宪公三子即武公、德公、出子,均曾即位,一般认为作器者是有赫赫战功的秦武公,"王姬"即其母后,武公初立年幼,由母后临朝执政。(《秦物质文化史》第八章《文化艺术·金文》)

⑫【汇校】

张文虎:"岐",《秦风谱·疏》引作"岐山",下文又引无"山"字。(《校刊史记集解索隐正义札记·秦本纪》)

【汇注】

张　照:《毛诗·秦风疏》孔颖达云:"《本纪》曰:赐襄公岐以西之地。"襄公生文公,于是文公遂收周余民有之,地至岐,岐以东献之周。如《本纪》之言,则襄公所得,自岐以西;如以郑言,横有西都八百里之地,则是全得西畿。言与《本纪》异者,按终南之山,在岐之东南,大夫之戒襄公,已引终南为喻,则襄公亦得岐东,非唯自岐以西也。即如《本纪》之言,文公收周余民,又献岐东于周,则秦之东境,终不过岐。而春秋之时,秦境东至于河,襄公已后更无功德之君,复是何世得之也。明襄公救周,即得之矣。《本纪》之言,不可信也。(《钦定史记·秦本纪·考证》)

【汇评】

牛运震:"于是复予秦仲后,及其先大骆地犬丘并有之"。"平王封襄公为诸侯,赐之岐山以西之地"。"于是文公遂收周余民有之地至岐"。按:此屡纪秦开地拓土,正以著其强大之渐也。(《史记评注·秦本纪》)

章　潢：钟伯敬曰：平王封秦襄公，赐之岐西之地，虑戎之夺之也而掷之秦，真同小儿戏具。秦灭周，平实基之。呜呼，丰镐重地而为赏功之物乎！（《论世编》卷四《周》）

　　崔　述：人之情莫不知爱土地，人有土地犹思夺之，况己之所有乎！平王之所以畀秦者，盖其地已尽为戎有，自度其力不能恢复，又惧戎之东侵，而秦适有拥戴血战之功，是以因而与之，使之自为战守以卫王室。不然，关中天府之国，沃野千里，文武所以成王业也，一旦无故而捐之以与秦，平王虽下，不至若是愚也！自平王之立四十有九年为鲁隐公之元年，又七十余年而秦穆公始大，则当赐秦以后，秦虽日与戎战，犹未能有其地，况平王乎！（《崔东壁遗书·无闻集》卷二《周平王论》）

⑬【汇评】

　　陈允锡：宁知秦祸，不戒于戎哉？（《史纬》卷一《秦》）

⑭【汇注】

　　陈子龙：文公十六年，始以兵伐戎，而收地至岐，岐以东献之周，乃知周是时已失地，令秦自以兵力取之，即安得不以畀秦也。（《史记测议·秦本纪》）

⑮【汇注】

　　章　衡："秦"，其先伯翳，佐舜有功，赐姓曰嬴。后有非子，事周孝王，使之养马于汧渭间，封为附庸，邑于秦。非子曾孙秦仲，宣王命为大夫。至襄公，始列为诸侯。（《编年通载》卷一《周》）

　　曲英杰：《帝王世纪》云："秦襄公二年徙都汧。"而据《史记·封禅书》载："秦襄公既侯，居西垂。自以为主少皞之神，作西畤，祠白帝。"《秦纪》载："文公立，居西垂宫。"《秦本纪》载："文公元年，居西垂宫。"则皇甫谧之说有误。秦人徙都汧，当在秦文公四年（公元前762年）。至此，秦人居西邑，历庄公、襄公、文公三世，凡六十一年。文公徙都汧，死后"葬西垂"，当是从祖而葬。（《先秦都城复原研究》）

　　李　零：这时襄公的都邑在什么地方？《封禅书》说"秦襄公既侯，居西垂"，他仍然是住在西犬丘。其葬地，据《始皇本纪》，也在"西垂"。可见当时秦人活动的中心还是在犬丘一带。

　　襄公居葬均在西垂即西犬丘，这一点本来很清楚，但过去却流行一种"襄公徙都汧"的说法。这种说法……其实是靠不住的。（《〈史记〉中所见秦早期都邑葬地》，《文史》第二十辑）

　　【编者按】秦襄公被周天子封为诸侯，时为平王元年，前770年，这是秦国发展史上重要的转折点，为以后的发展奠定了基础。

⑯【汇校】

王叔岷："襄公于是始国，与诸侯通使聘享之礼"。按：《书钞》（编者按：《北堂书钞》）四七引"始"下无"国"字，（《御览》八六引同，"始"字属下读）"与"下有"中国"二字，疑是。（《史记斠证·秦本纪》）

【汇注】

由更新、史党社：所谓"聘享之礼"，考之《左传》，主要指聘、享、媵、盟、会、朝、逆（迎）、归（嫁）等。聘指诸侯国之间使者的往来。享即宴飨。媵指同姓国嫁女，要出女陪嫁。盟指盟誓，有一定仪式。会指诸侯国君之间的会见。逆归指娶嫁，反映了诸侯国之间的婚姻关系。（《从考古材料看周秦礼制之关系》，《秦文化论丛》第四辑）

【汇评】

牛运震："襄公于是始国，与诸侯通使聘享之礼"。按：此纪襄公开国列于诸侯之始，一篇关目，结构特老。（《史记评注·秦本纪》）

⑰【汇校】

梁玉绳：按：《年表》及《封禅书》，"各三"当作"各一"。（《史记志疑·秦本纪》）

【汇注】

班　固：幽王无道，为犬戎所败。平王东迁雒邑。秦襄公攻戎救周，列为诸侯而居西。自以为主少昊之神，作西畤，祠白帝。其牲用駵驹、黄牛、羝羊各一云。（《汉书·郊祀志上》）

裴　骃：徐广曰："赤马黑髦曰駵。"（《史记集解·秦本纪》）

泷川资言：按《六国年表》云：秦襄公始封为诸侯，作西畤，用事上帝，僭端见矣，与此纪合则不改作"白"。但五行五帝之说，始盛于战国，春秋之前，未之有也。秦之西畤、鄜畤、密畤，亦只为坛祭神，犹中土诸侯祭社稷耳，其曰祠上帝祠白帝黄帝者，盖后来附会之说，何必问其异同。（《史记会注考证》卷五《秦本纪》）

⑱【汇校】

梁玉绳：按：《年表》及《封禅书》……"上帝"当作"白帝"。（《史记志疑·秦本纪》）

【汇注】

裴　骃：徐广曰："《年表》云立西畤，祠白帝。"（《史记集解·秦本纪》）

程馀庆：羝，牡羊。畤，音市。封土而祀天也。今凤翔府南二十里有西畤。汉以后帝王举动。（《历代名家评注史记集说·秦本纪》）

陈蒲清：祠：祭祀。西畤：秦祭天地的地方，在西县（故址在今甘肃省天水西

南)。(引自王利器主编《史记注译·秦本纪》)

【汇评】

方　回：乃用骊驹黄牛羝羊各三，祠上帝西畤。西畤，本县名，为坛以祭天，僭也。诸侯祭境内山川，侯爵祭天，襄公之为十羊、九牲，非中国之礼也。(《续古今考》卷十八《附论秦本纪书初者十七》)

吴见思：一结。秦四盛。(《史记论文·秦本纪》)

⑲【汇注】

司马贞：襄公，秦仲孙，庄公子，救周，周始命为诸侯。初为西畤，祠白帝。立十三年，葬西土。(《史记索隐·始皇本纪》)

释文莹：长安一巨冢坏，得古铜鼎，状方而四足，古文十六字，人莫之晓。命句中正辨其篆，曰："此鸟迹文也。其词曰：'天王迁洛，岐、酆锡公。秦之幽宫，鼎藏其中。'"命杜镐考其事，曰："武王克殷，都于丰镐，以雍州为王畿。及平王东迁洛邑，以岐、丰之地赐秦襄公。篆曰'岐、酆锡公'，必秦襄之墓也。"后耕人果得折丰碑，刻云"秦襄公墓"。(《玉壶清话》卷一)

马非百：十二年，公伐戎，至岐而薨。葬西垂，享国十二年。(《秦集史·国君纪事二·襄公》)

⑳【汇注】

梁玉绳：秦文公，襄公子，始见《史·秦纪》《侯表》，立五十年，葬西山。(《汉书人表考》卷七《秦文公》)

文公元年，居西垂宫①。三年，文公以兵七百人东猎②。四年，至汧渭之会③。曰："昔周邑我先秦嬴于此④，后卒获为诸侯。"乃卜居之，占曰吉⑤，即营邑之⑥。十年，初为鄜畤⑦，用三牢⑧。十三年，初有史以纪事⑨，民多化者⑩。十六年，文公以兵伐戎，戎败走。于是文公遂收周余民有之，地至岐，岐以东献之周⑪。十九年，得陈宝⑫。二十年，法初有三族之罪⑬。二十七年，伐南山大梓，丰大特⑭。四十八年，文公太子卒，赐谥为竫公⑮。竫公之长子为太子，是文公孙也。五十年，文公卒，葬西山⑯。竫公子立，是为宁公⑰。

① 【汇注】

张守节：即上西县是也。（《史记正义·秦本纪》）

陈蒲清：西垂宫：宫殿名，在今甘肃天水县西南。（引自王利器主编《史记注译·秦本纪》）

② 【汇校】

王叔岷：按：《秦诗谱疏》引"东"作"冬"。（《史记斠证·秦本纪》）

【汇注】

陈　直：石鼓文第五鼓第四行，有"游汧殹洎洎"等字，当即记文公东猎汧渭事。石鼓文自郑樵疑为秦刻，近人更发挥其说，确不可易。但在秦某公时所刻，尚未有定论，比较以文公时为适合。（《史记新证·秦本纪》）

③ 【汇注】

张永禄："汧渭之会"：秦先世都邑之一。秦文公四年（公元前762年）营。秦文公曾于元年（公元前765年）由汧邑（今陕西陇县南）迁都回西垂（今甘肃天水西南），于三年（公元前763年）亲率军队七百人东伐戎狄。《史记·秦本纪》：秦文公"四年，至汧渭之会。曰：'昔周邑我先秦嬴于此，后卒获为诸侯。'乃卜居之，占曰吉，即营邑之"。汧渭之会在今陕西扶风和眉县一带。《括地志》："秦文公东猎汧渭之会，卜居之，乃营邑焉，即此城（眉县东北十五里故城）也。"秦文公在位50年，公元前716年卒，宁公立。宁公二年（公元前714年）徙都平阳。计秦在汧渭之会为邑约48年。（《汉代长安词典》—《地理环境·汧渭之会》）

王学理等：汧渭之会的地望，"注疏"均以为在今眉县西北的渭水北岸。但揆以今日之地点，汧河与渭河交会处，即今宝鸡县汧河乡西、宝鸡市卧龙寺东。渭水以北的塬区在此为汧河截断，东是凤翔塬，西是贾家塬，汧河即穿过两塬由西北流注入渭。《秦本纪》说文公至此之后即"卜居之""营邑之"，所造的都邑，当即史书所说的陈仓。（《秦物质文化史》第三章《都邑·汧渭之会》）

④ 【汇注】

程馀庆：盖非子息马时所食邑也。（《历代名家评注史记集说·秦本纪》）

王　恢：秦邑：《本纪》，孝王使非子"主马于汧渭之间，分土为附庸（前897），邑之秦，号曰秦嬴"。又曰："文公三年，东猎，四年，至汧渭之会，曰：昔周邑我秦邑于此，后卒为诸侯，乃卜居。"《竹书》，平王十年（前761），秦迁于汧渭，正文公之五年也。是秦邑之在汧渭之会，何等明确。《元和志》（二）："陈仓故城在今宝鸡县东二十里，秦文公筑"是也。（《史记本纪地理图考·秦本纪·非子始居关中》）

又：郑《诗谱》谓非子养马于汧渭之间，邑于陇西之秦谷。《世纪》《郡国志》《渭水注》以下，殆无不承其谬。王观堂之勇于疑古，犹乃旧说，惟钱穆先生《史地考》及《西周戎祸考》，说在汧渭之会，不远至陇西。按汧源未过陇头，则汧渭之"间"、之"会"，非宝鸡而何？不知前贤何以轻弃文公三年东猎之文，辄取陇西西县为说。江永《地理考实》："疑非子始食邑于汧渭，后封之清水。"盖慑于众说而调停之也。秦之逾陇，当自武公之县豯、冀（前688）。（同上）

又：若谓"文公既东猎，则秦邑在西可知"。是又未知襄公二年（前776）徙居汧，见于《竹书》；又《封禅书索隐》引皇甫谧云："文公徙都汧也。"曰："自何徙？"曰："自故西犬。庄公居故西犬丘也。"《正义》："《括地志》云：故汧城在陇州汧源县东南三里。《帝王世纪》云：秦襄公二年徙都汧（按此与《竹书》合），即此城。"《清统志》（二三六）所谓秦城也。张光远《先秦石鼓存诗考》，以贞观年间在今凤翔县南二十余里出土之石鼓，考定为秦襄公八年（前770）得歧西之地，建造"北国"后作。其《零雨》，赋猎罢归汧；《汧渔》，疑渔于弦蒲薮，或龙鱼川；统观石鼓之仆，皆以汧为归去。（同上）

⑤【汇注】

张守节：《括地志》云："郿县故城在岐州郿县东北十五里。毛苌云郿，地名也。秦文公车猎汧渭之会，卜居之，乃营邑焉，即此城也。"（《史记正义·秦本纪》）

⑥【汇注】

郦道元：（汧）水出汧县之蒲谷乡弦中谷，决为弦蒲薮。《尔雅》曰"水决之泽为汧"，汧之为名，实兼斯举。水有二源，一水出县西山，世谓之小陇山，岩嶂高险，不通轨辙，故张衡《四愁》诗曰："我所思兮在汉阳，欲往从之陇坂长。"其水东北流，历涧注以成渊，潭深不测，出五色鱼，俗以为灵，而莫敢采捕，因谓是水为龙鱼水，自下亦通谓之龙鱼川。川水东径汧县故城北，《史记》秦文公东猎汧田，因遂都其地是也。（《水经注》卷十七《渭水上》）

程馀庆：郿县故城在凤翔府眉县东北十五里，即秦文公所营也。（《历代名家评注史记集说·秦本纪》）

曲英杰：秦文公时，营汧邑而居。《世本》云："文公徙汧。"《史记·秦本纪》载：文公三年，"文公以兵七百人东猎。四年，至汧渭之会。曰：'昔周邑我先秦嬴于此，后卒获为诸侯。'乃卜居之，占曰吉，即营邑之"。据此，秦人以汧为都，当始于秦文公四年（公元前762年）。至秦宪公二年（公元前714年）徙都平阳，汧邑为秦都，凡四十九年。（《先秦都城复原研究·汧》）

又：文公所营汧邑，从其所云"昔周邑我先秦嬴于此"来看，当距非子所居秦邑（今甘肃清水县北）不远。《史记·封禅书》载："秦文公东猎汧渭之间，卜居之而吉。"与非子养马于"汧渭之间"亦同。《秦本纪》所载"至汧渭之会"，当是其此次东猎之最东点，而非卜居营邑之地。《汉书·地理志上》载右扶风属县"汧，吴山在西，古文以为汧山。雍州山。北有蒲谷乡弦中谷，雍州弦蒲薮。汧水出西北，入渭"。《水经注·渭水》载："汧水之源龙鱼川，川水东径汧县故城北。《史记》秦文公东猎汧田（当为'东猎汧渭之间'），因遂都其地是也。"其在今陕西陇县境，汉时为汧县。其名为汧，当源于汧水。（同上）

⑦【汇注】

　　司马迁：作鄜畤后九年，文公获若石云，于陈仓北阪城祠之，其神或岁不至，或岁数来。来也常以夜，光辉若流星，从东南来，集于祠城，则若雄鸡，其声殷云。野鸡夜雊，以一牢祠，命曰陈宝。（《史记·封禅书》）

　　【编者按】班固《汉书·郊祀志》文同。唯"命曰陈宝"下，尚存"作陈宝祠"四字。马非百于《秦集史·国君纪事三·文公》云：陈宝唐初改凤翔县，后改宝鸡县，亦取陈宝鸣鸡之义。然陈宝之真，失之久矣。《史记·索隐》引苏林云："质如石似肝。"《水经注》卷七十云："其色如肝。"意最近之。吾读《唐书》载："宪宗元和六年（公元811年）三月戊戌日晡天阴寒，有流星大如一斛器，坠于兖、郓间。声震数百里，野鸡皆雊。所坠之上，有赤气如立蛇，长丈余，至夕乃灭。"又载"十二年（公元817年）九月己亥夜，有流星起中天，首如瓮，尾如二百斛舡，长十余丈，声如群鸭飞，明若火炬，过月下西流，须臾有声，砉砉坠地。有大声如屋坏者三。在陈、蔡间"。又《史记·天官书》称："旬始状如雄鸡，枉矢类大流星，望之如有毛羽然。"是古人描写陨石震声之大，多有用"野鸡夜雊"者，与《封禅书》言"野鸡夜雊"，情形正同。又所谓"从东方来，若雄鸡，其声殷云"，则与《唐书》之"声如群鸭飞，砉砉坠地"，及《天官书》之"状如雄鸡"，亦无二致。盖"若石"者，陨星即石也。"其色似肝"者，陨石成分多含铁质也。"光辉若流星"者，即星初陨时，与空气相摩擦，而发光之景象也。此论至章鸿钊氏始发之。吾以其极合于科学之解释。诚哉斯言，以作详解。

　　班　固：文公梦黄蛇自天下属地，其口止于鄜衍，文公问史敦，敦曰："此上帝之征，君其祠之。"于是作鄜畤，用三牲，郊祭白帝焉。（《汉书·郊祀志上》）

　　裴　骃：徐广曰："鄜县属冯翊。"（《史记集解·秦本纪》）

　　司马贞：（鄜），音敷，亦县名。于鄜地作畤，故曰鄜畤。故《封禅书》曰"秦文公梦黄蛇自天下属地，其口止于鄜衍"，史敦以为神，故立畤也。（《史记索隐·秦本纪》）

　　张守节：《括地志》云："三畤原在岐州雍县南二十里。《封禅书》云秦文公作鄜畤，襄公作西畤，灵公作吴阳上畤，并此原上，因名也。"（《史记正义·秦本纪》）

　　王　恢：鄜畤：文公五年（前761），东徙秦邑，十年（前756），梦黄蛇自天下属地，其口止于鄜衍，作鄜畤。《索隐》说即后之冯翊县是也。亦即今之"黄陵"。（《史

记本纪地理图考·秦本纪·襄公始国》）

又：远在秦襄公初立西畤（前 770 年），祠白帝，文公梦黄蛇自天下属地，止于鄜衍，于是作鄜畤（前 756 年），祭白帝，德公都雍，祠之。其后灵公作吴阳上畤（前 422 年），祭黄帝。献公徙栎阳，作畦畤（前 368 年），复祠白帝，盖因鄜畤祠黄帝而为黄陵，故王莽改阳周为上畤也。（《史记本纪地理图考·五帝本纪·桥山黄陵》）

陈蒲清：鄜畤：设立在鄜（故址在今陕西省富县）的祭天地之处。（引自王利器主编《史记注译·秦本纪》）

张大可：《索隐》谓立畤于鄜县，《正义》谓立畤于雍县南二十里的三畤原上。三畤原在今陕西凤翔县，而鄜县在陕西洛川东南。其时文公势力未达陕北，应从《正义》，鄜畤在雍。（《史记全本新注·秦本纪》）

⑧【汇注】

陈蒲清：牢，祭祀用的牲畜。三牢，指牛、羊、猪。（引自王利器主编《史记注译·秦本纪》）

⑨【编者按】："初有史以纪事"，把史官的设置特写一笔。这是秦国史官记录的开始，亦可见文公在历史上的重要贡献。作为史官的司马迁，对历史记载特为重视，此亦可见一斑。

⑩【汇注】

程馀庆：举止不同。（《历代名家评注史记集说·秦本纪》）

⑪【汇注】

司马光：平王二十一（年），秦文公大败戎师，收周余民有之，北至岐。岐以东归之王。（《稽古录》卷十《周》下）

梁玉绳：郑《秦诗谱》云"横有周西都宗周畿内八百里之地"。孔《疏》曰："如郑言，是全得西畿，与《本纪》异。按终南山在岐之东南，大夫戒襄公已引终南为喻，则襄公亦得岐东，非唯自岐以西也。如《本纪》之言，秦之东境终不过岐。而春秋之时，秦境东至于河，襄公已后，更无功德之君，复是何世得之，明襄公救周即得之矣。《本纪》不可信。"余谓郑《谱》固误，孔《疏》尤误。终南隔渭相望，诗人起兴，不必定是得岐东。秦地至河在晋惠公献地后，乃穆公创霸时事，《左传》及《本纪》甚明，不得言襄公后无功德之君，秦地即至河也。至献岐东之说，或者秦献之而周不能有，遂仍入于秦乎？（《史记志疑·秦本纪》）

张习孔：前 750 年辛卯，周平王二十一年，鲁惠公十九年，秦文公十六年……秦文公伐戎，败之于岐，收周余民而有之，地至岐，岐以东献于周（从《史记·秦本纪》，今本《纪年》系于平王十八年）。（《中国历史大事编年·春秋》）

【汇评】

吴见思：一结。秦五盛。（《史记论文·秦本纪》）

⑫【汇注】

班　固：作鄜畤后九年，文公获若石云。于陈仓北阪城祠之。其神或岁不至，或岁数来。来也常以夜，光辉若流星，从东方来，集于祠城，若雄雉，其声殷殷云。野鸡夜鸣，以一牢祠之，名曰陈宝。（《汉书·郊祀志上》）

司马贞：按：《汉书·郊祀志》云："文公获若石云，于陈仓北阪城祠之，其神来，若雄雉，其声殷殷云，野鸡夜鸣，以一牢祠之，号曰陈宝。"（《史记正义·秦本纪》）

王国维：《史记·秦本纪》："文公十九年，获陈宝。"而《封禅书》言："文公获若石云。于陈仓北坂城祠之。其神或岁不至，或岁数来。来也常以夜，光辉若流星，从东南来，集于祠城，则若雄鸡，其声殷云。野鸡夜雊，以一牢祠，名曰陈宝。"是秦所得陈宝，其质在玉石间，盖汉益州金马碧鸡之比。秦人殆以为《周书·顾命》之陈宝，故以名之。（《观堂集林》一《陈宝说》）

王　圻：秦文公十九年，陈仓人掘地得物，若羊非羊，若猪非猪。怪，将献之，道逢二童子，谓之曰："子知彼乎？名曰猬，常在地中食死人脑，若欲杀之，以柏东南枝插其首，则死矣。"猬亦语曰："此二童子名为陈宝，得其雄者王，得其雌者霸。"于是陈仓人遂弃猬而逐二童子。童子化为雉，飞入平林。陈仓人以告文公，文公发徒大猎，得其雌者，化而为石，置之汧渭之间，立为祠，名曰陈宝。雄飞南阳，今南阳雉县其地也。秦欲表其符，故以名县。每陈仓祝时，有赤光长十余丈，从雉县来，入陈仓祠中，有声如雄雉，世谓之宝夫人祠。（《稗史汇编》卷一百五十九《禽兽门·二童化雉》）

王　恢：陈宝：《渭水注》："陈仓县有陈仓山，山上有陈宝鸡鸣祠。"《括地志》："宝鸡神在陈仓县东二十里故陈仓城中。"唐改陈仓为宝鸡。（《史记本纪地理图考·秦本纪·襄公始国》）

⑬【汇注】

裴　骃：张晏曰："父母、兄弟、妻子也。"如淳曰："父族、母族、妻族也。"（《史记集解·秦本纪》）

【汇评】

黄淳耀：三族之罪，始于秦文公，而商鞅因之，汉祖名为除秦苛政，然始定天下，即族信、越。文帝甫除收孥相坐律令，旋族新垣平，是后武帝数兴大狱，而秦法遂终汉世不变。吾故谓汉非杂霸也，杂秦耳。呜呼！秦之遗孽毒甚矣哉！秦自穆公三置晋君，以后尝与晋更相强弱，至六卿内相攻，晋始不能有加于秦。然晋尚为一也。至智伯死，分其国为韩、赵、魏，而晋析为三矣。夫以全晋之势，尚与秦更相强弱，析而

为三，则安望其能支秦哉？吾故曰：三晋为诸侯，秦取天下之大衅也。(《陶庵集》卷七《秦本纪》)

程馀庆：秦法自来惨刻如此。(《历代名家评注史记集说·秦本纪》)

【编者按】"法初有三族之罪"，特写一笔，亦见秦法严酷之源。司马迁对秦文公时期"初有史以纪事""法初有三族之罪"等重大事件特别提示，显示出史学家的敏锐眼光。

⑭【汇注】

裴　骃：徐广曰："今武都故道有怒特祠，图大牛，上生树本，有牛从木中出，后见于丰水之中。"(《史记集解·秦本纪》)

张守节：《括地志》云："大梓树在岐州陈仓县南十里仓山上。《录异传》云'秦文公时，雍南山有大梓树，文公伐之，辄有大风雨，树生合不断。时有一人病，夜往山中，闻有鬼语树神曰："秦若使人被发，以朱丝绕树伐汝，汝得不困耶？"树神无言。明日，病人语闻，公如其言伐树，断，中有一青牛出，走入丰水中。其后牛出丰水中，使骑击之，不胜。有骑堕地复上，发解，牛畏之，入不出，故置髦头。汉、魏、晋因之。武都郡立怒特祠，是大梓牛神也'。"按：今俗画青牛障是。(《史记正义·秦本纪》)

王　恢：南山：《渭水注》，山在宝鸡县南十里渭水北岸。孙星衍谓为大散关之陈仓山，盖据《明统志》说。(《史记本纪地理图考·秦本纪·襄公始国》)

泷川资言：大梓、丰、大特，盖戎名。(《史记会注考证》卷五《秦本纪》)

施之勉：按：《续书舆服志》曰：皇后簪珥步摇，以黄金为山题，贯白珠为桂枝相缪，一爵九华(《晋志》作"为支相缪，八爵九华")。熊、虎、赤熊、天鹿、辟邪、南山丰大特、六兽、诗所谓副笄六珈者。是丰大特，为六兽之一也。《玉篇》：特，牡牛也。则大特，为大牡牛。丰，则丰水也。大梓，牛神，《录异传》是也。《考证》以大梓、丰大特为戎名，其误甚矣。(《史记会注考证订补·秦本纪》)

⑮【汇校】

裴　骃：徐广曰："文公之四十四年，鲁隐之元年。"(《史记集解·秦本纪》)

顾炎武：古人主但有追尊其父兄，无尊其子弟者，唯秦文公太子卒，赐谥为竫公。(《日知录·追尊子弟》)

吴见思：未立而谥公，故曰赐也。(《史记论文·秦本纪》)

王叔岷：按：《秦始皇本纪·赞》后所附《秦纪》竫亦作静。《秦诗谱·疏》引竫作靖，下同。竫、静、靖古并通用。(《史记斠证·秦本纪》)

【汇评】

俞　樾：文公四十八年，太子卒，赐谥为竫公。又哀公卒，太子夷公早死，不得立，立夷公子，是为惠公。夫太子而爵之以公，非礼也。当时诸侯所未有也。至唐而高宗谥太子宏为孝敬皇帝，玄宗谥其兄宪为让皇帝，德宗谥其兄琮为奉天皇帝，代宗谥其弟絃为承天皇帝，皆非可为典要也。(《湖楼笔谈》卷三)

⑯【汇注】

司马迁：文公立，居西垂宫。五十年死，葬西垂。(《史记·秦始皇本纪·秦纪附》)

裴　骃：徐广曰："皇甫谧云葬于西山，在今陇西之西县。"(《史记集解·秦本纪》)

王在晋：秦文公墓：麦积山下秦岭。《史记》秦文公、宁公皆葬于西山，今陇西西县，盖此地也。(《历代山陵考》卷上《巩昌府》)

程馀庆：在西县。后宁公亦葬此，故号秦陵山。(《历代名家评注史记集说·秦本纪》)

钱　穆：汉西县，今甘肃天水县西南。西周秦地皆在今陕西境，文公卜居汧渭之会，岂有远葬陇西之理？《正义》之辨是也。今宝鸡县西北。(《史记地名考》卷八《秦地名》)

王　恢：《始皇纪》：襄公、文公葬西山，《括地志》："宁公墓在陈仓西北三十七里秦陵山。"《正义》曰："文公亦葬西山，盖秦陵山也。"西山，盖西垂之西山也。(《史记本纪地理图考·秦本纪·秦先居今山西》)

陈蒲清：西山：在今甘肃省天水县西南。(引自王利器主编《史记注译·秦本纪》)

⑰【汇校】

裴　骃：徐广曰："一作'曼'。"(《史记集解·秦本纪》)

梁玉绳：《始皇本纪》末《秦纪》作"宪公"，《人表》同，即《索隐》于《秦记》引《秦本纪》亦作"宪公"，则"宁"字以形近致讹，此与《年表》并当改为"宪公"。徐广谓"宁一作'曼'"，非。(《史记志疑·秦本纪》)

梁玉绳：宪公始见《史·始皇纪》，末《秦纪》。生十岁立，徙平阳。立十二年。葬西山（而《秦纪》言居西新邑，葬衙）。按：《史》文公生静公，不享国而死。静公太子宪公立，是文公孙也。此以为子，误。又《史·秦纪》《侯表》宪并作宁，二字形近。疑今本《纪》《表》讹，观《索隐》引《秦纪》称"宪公"可验。至《集解》一作"曼"，尤非。(《汉书人表考》卷六《秦宪公》)

张文虎："宁公"，《志疑》（编者按：梁玉绳《史记志疑》）云："《秦记》作'宪公'，《索隐》引《秦本纪》亦作'宪公'，则'宁'字以形近致讹。"按：《汉书·人表》亦作"宪公"，梁说似是。然《秦风谱·疏》《水经浼水注》《元龟》百八十二引《史》皆作"宁公"，则作"宁"之本已久。(《校刊史记集解索隐正义札记·秦本纪》)

马非百：宪公，《史记·秦本纪》及《十二诸侯年表》均作宁公，据1978年1月陕西宝鸡县太公庙村出土秦公钟、秦公镈铭文均记有文公、静公、宪公三代人之世系，与《秦始皇本纪》所附《秦记》相符。证明《本纪》及《年表》作宁公者实有讹误。靖与静通，见《后汉书·崔骃传》朱骏声说。《集解》云宁一作曼，尤非。（《秦集史·国君纪事四·宪公》）

赵生群：出土秦公钟、秦公镈皆作"宪公"，今据改。下"宁公二年""宁公生十岁立"及注文皆同改。（点校本二十四史修订本《史记·秦本纪》）

宁公二年，公徙居平阳①。遣兵伐荡社②。三年，与亳战③，亳王奔戎，遂灭荡社④。四年，鲁公子翚弑其君隐公⑤。十二年，伐荡氏，取之。宁公生十岁立，立十二年卒，葬西山⑥。生子三人，长男武公为太子。武公弟德公⑦，同母。鲁姬子生出子⑧。宁公卒，大庶长弗忌、威垒、三父废太子而立出子为君⑨。出子六年，三父等复共令人贼杀出子⑩。出子生五岁立，立六年卒⑪。三父等乃复立故太子武公⑫。

① 【汇校】

王叔岷：按：《水经·渭水注》《秦诗谱疏》引"徙"上并无"公"字，疑涉上文而衍。又《诗疏》引徐注作"今郿县平阳亭是也"。（《史记斠证·秦本纪》）

【汇注】

郦道元：汧水东南历慈山东南，径郁夷县，径平阳故城南，《史记》秦宁公二年徙平阳，徐广曰：故眉之平阳亭也。（《水经注》卷十七《渭水上》）

裴　骃：徐广曰："郿之平阳亭。"（《史记集解·秦本纪》）

张守节：《帝王世纪》云秦宁公都平阳。按：岐山县有阳平乡，乡内有平阳聚。《括地志》云："平阳故城在岐州岐山县西四十六里，秦宁公徙都之处。"（《史记正义·秦本纪》）

王　恢：平阳：宁公二年（前714），徙居平阳。宁公，《始皇纪》作宪公，居西新邑。是平阳即西新邑，以其新邑于秦邑之西，故有是称。《渭水注》："汧水是郁夷来，迳平阳故城南，《秦纪》宁公二年徙居平阳，徐广曰：眉之平阳亭也。汧水又东入渭。"故城在今凤翔西南、汧水北岸。《本纪》武公居平阳封宫。卒，葬雍平阳。其子

白，封于平阳。按汉置眉县，后魏复曰平阳。《括地志》说在岐山县，非也。(《史记本纪地理图考·秦本纪·奠基关陇》)

张永禄："平阳邑"，春秋时期秦国的都城。在今陕西省宝鸡县东阳平镇附近。从秦宪（宁）公二年（公元前714年）经出子和武公，到德公元年（公元前677年）共38年。"宁公二年（公元前714年），公徙居平阳"。"武公享国二十年，居平阳封宫"。阮氏《积古斋钟鼎款识》卷九有平阳封宫铜器。《集解》平阳："眉之平阳亭。"《正义》引《帝王世纪》："秦宁公都平阳。按：岐山县有平阳乡，乡内有平阳聚。"《括地志》："平阳故城在岐州岐山县西四十六里，秦宁公徙都之处。"据上述记载，秦平阳应在今宝鸡县东阳平镇附近。1978年在阳平镇西太公庙出土窖藏秦公钟等八件铜器，是历来发现春秋秦国铜器最重要的一批，这是一个春秋时期的遗址。1964年曾在阳平镇西北秦家沟发掘了分布密集的春秋秦国墓，出土许多春秋秦国陶器、铜器。根据太公庙与秦家沟遗址的地理位置和文化层与文献记载的秦都平阳是符合的。(《汉代长安词典·地理环境·平阳邑》)

王学理等：秦自襄公起，基本是沿着渭水向东发展的。如果说汧渭之会的陈仓是秦人东进过程中在渭水北岸建立的第一个据点，那么平阳就是第二个据点。(《秦物质文化史》第三章《都邑·平阳》)

又：《史记·秦本纪》载："宁（宪）公二年，公徙居平阳。"平阳是宪公新立的都邑，又叫西新邑。(《秦始皇本纪》)武公"居平阳封宫"，如此则宪公、武公均以平阳为都邑。……平阳封宫，战国秦汉间作为离宫长期存在过。《积古斋钟鼎彝器款识》卷九有"平阳封宫"铜器一件，刻"平阳封宫"四字。可能属于汉平阳宫的用器。又有衡器"平阳斤"(《考古图》)上刻始皇二十六年诏书及秦二世补刻诏辞，当为平阳宫或平阳城中之物。《汉书·郊祀志》：汉成帝时"雍大雨，坏平阳宫垣"。平阳宫北倚今凤翔塬，故宫墙被来自塬上的洪水冲毁。1978年1月下旬宝鸡县杨家沟乡太公庙出土了一窖青铜器，内有铜钟五件，镈三件。钟、镈均铸有长篇铭文。根据铭文开首"秦公曰：我先祖受天命，赏宅受或（国）。剌剌邵文公、静公、宪公不坠于上，邵合皇天，以虩事蛮方"，可推知铜器的主人乃东伐彭戏氏而至华山，诛三父夷三族、西伐邽、冀之戎、县杜、郑，灭小虢的秦武公。太公庙村西距古岐州岐山县城近五十里，西距今阳平镇五里余，钟、镈出土之处发现不少灰坑，显系长期居住之故，由于秦武公钟、镈等公室重器在这里出土，故宪公、武公所居之平阳可能就在这一带。至于《集解》与《太平寰宇记》所说的郿县故城，是由北魏改郿县为平阳县，后人未加详辨，以致误托成说。(同上)

又：（秦宪公徙居）平阳，故址在今宝鸡县太公庙。建都时间37年（公元前714—前677年）。(同上)

曲英杰：平阳所在，据《水经注·渭水》载："汧水东历慈山东南，迳郁夷县北、平阳故城南。《史记》秦宁公二年徙平阳。徐广曰：故郿之平阳亭也。城北有汉邠州刺史赵融碑，灵帝建宁元年立。汧水又东流，注于渭水。"……惟"郁"下当补一"夷"字，原文为"故郁夷之平阳亭"。据此，平阳当在今陕西宝鸡县（虢镇）西北，汧水北岸，隔汧水与汉郁夷县地相望。《括地志》云："平阳故城在岐州岐山县西四十六里，秦宁公徙都之处。"《史记正义》按："岐山县有阳平乡，乡内有平阳聚。"当即指其地。（《先秦都城复原研究·平阳》）

② 【汇注】

裴　骃：徐广曰："荡音汤。社，一作'杜'。"（《史记集解·秦本纪》）

司马贞：西戎之君号曰亳王，盖成汤之胤。其邑曰荡杜。徐广云一作'汤社'，言汤邑在杜县之界，故曰汤杜也。（《史记索隐·秦本纪》）

张守节：《括地志》云："雍州三原县有汤陵。又有汤台，在始平县西北八里。"按：其国盖在三原始平之界矣。（《史记正义·秦本纪》）

梁玉绳：余谓荡即"汤"，古字通用。西戎亳王号汤，"社"乃衍文，"杜"字亦非。《水经注》二十三卷引此纪作"汤"，无"社"字，可证。汤在杜县之界，后人以"杜"字注其下，混入本文，而又讹为"社"耳。《周本纪》论杜中，徐广云"一作'社'"。亦讹"杜"为"社"也。（《史记志疑·秦本纪》）

陈蒲清：荡社：地名。《史记索隐》："西戎之君，号曰亳王，盖成汤之胤，其邑曰荡社。"在今陕西西安市东南。一说在今陕西省兴平县附近。（引自王利器主编《史记注译·秦本纪》）

③ 【汇注】

皇甫谧：亳王号汤，西夷之国也。（《帝王世纪辑存·秦第六》）

裴　骃：皇甫谧云："亳王号汤，西夷之国也。"（《史记集解·秦本纪》）

王　恢：亳：皇甫谧曰："亳王号汤，西夷之国也。"《渭水注》从其说："《秦纪》宁公灭汤。周桓王时有亳王号汤，乃西戎之国，葬于徵（徵，故城在今澄城县西南二十五里）者也。"杜在长安东南。《括地志》："三原县有汤陵，始平县西北八里有汤台。"《纪要》（五三）："荡社在三原县西南。"毕沅《长安志校正》："其国盖在三原、始平界。"傅斯年："亳乃西戎君长，居杜县，当由犬戎之乱，入据畿甸。"（见陈槃《不见于春秋大事表之春秋方国稿》）（《史记本纪地理图考·秦本纪·奠基关陇》）

陈蒲清：亳：西戎中的一支；或说是汤的后裔；或谓地名，在今陕西西安市东南。（引自王利器主编《史记注译·秦本纪》）

④ 【汇注】

程馀庆：在西安府富平县西南。按西戎之君号亳王，盖成汤之裔。其邑曰荡社，

一作"汤杜",言汤邑在杜县之界也。(《历代名家评注史记集说·秦本纪》)

王　恢：荡社：宁公二年伐荡社,三年,与亳战,亳王奔戎,遂灭荡社。徐广曰："一作汤杜,言汤邑在杜县之界,故曰汤杜也。"《封禅书》徐又曰："京兆杜县有亳亭,则'社'字误。合作'于杜亳',且据文列于下皆是地邑,则杜是县。"(《史记本纪地理图考·秦本纪·奠基关陇》)

又：顾按其实,为云："……伐亳。三年,与亳战,亳王汤奔戎,遂荡其社。"(同上)

⑤【汇注】

张守节：（翬），音晖,即羽父也。(《史记正义·秦本纪》)

【汇评】

吴见思：弑君附见,同世家体。(《史记论文·秦本纪》)

刘咸炘：书鲁翬弑隐公,盖亦以《春秋》讳之。尚镕谓伤鲁不能讨贼,不如秦武公,凿矣。(《太史公书知意·秦本纪》)

⑥【汇校】

泷川资言：枫、三、南本,"西"上有"岐"字。(《史记会注考证》卷五《秦本纪》)

【汇注】

张守节：《括地志》云："秦宁公墓在岐州陈仓县西北三十七里秦陵山。《帝王世纪》云秦宁公葬西山大麓,故号秦陵山也。"文公亦葬西山,盖秦陵山也。(《史记正义·秦本纪》)

⑦【汇注】

梁玉绳：秦德公,武公弟,始见《秦纪》《侯表》《封禅书》。居雍城。生三十三岁而立,二年卒。葬阳。(《汉书人表考》卷六《秦德公》)

⑧【汇注】

张守节：德公母号鲁姬子。(《史记正义·秦本纪》)

郭嵩焘：武公弟德公,同母。鲁姬子生出子。按德公与武公同母,出子自出鲁姬子,文义甚明,《正义》误。(《史记札记·秦本纪》)

陈蒲清：同母：指德公与武公同母。鲁姬子：宁公之妾。鲁或作"曾"。(引自王利器主编《史记注译·秦本纪》)

【汇评】

吴见思：因下有三人事先于此总提法好。(《史记论文·秦本纪》)

⑨【汇校】

郭嵩焘：大庶长弗忌、威垒、三父,按：大庶长,秦爵名。疑威垒亦秦所置官,

《汉书·百官表》武帝平南越增七校,一曰中垒。威垒,或秦校尉之属。(《史记札记·秦本纪》)

【汇注】

陈　直:《考证》:冈白驹曰:大庶长、威垒官名,弗忌、三父人名。(《史记新证·秦本纪》)

又:直按:秦爵二十级,一级曰公士,至十九级为关内侯,二十级为通侯,一般人以为商鞅创法。证以本文,秦当春秋初年,即有此制度。威垒疑官名,冈白驹之说是也。威垒虽不见于其他文献,当与汉代中垒校尉相似,又《秦始皇本纪》后附记作"威累",与本文相异。(同上)

马非百:出子,一曰出公(《史记·十二诸侯年表》《汉书·古今人表》)。宪公之子也。宪公生子三人,长男武公为太子。武公弟德公同母。鲁姬子生出子。宪公死,大庶长弗忌、威垒、三父废太子而立出子为君,居西陵。(《秦集史·国君纪事五·出子》)

⑩【汇注】

马非百:六年,弗忌、威垒、三父复共令人贼杀出子于鄙衍。(《秦集史·国君纪事五·出子》)

⑪【汇注】

王学理等:另据《秦始皇本纪》载:"出子享国六年,居西陵。"《索隐》"一云居西陂",这个"西陵"在什么地方,今已无法稽考,但根据出子是"三父"废掉太子武公而改立的小孩子,并在位仅六年,如果说一个小孩子在六年之内能更立新都,则完全无此可能。因此,这个"西陵"很可能是平阳内的一个宫室名,如同平阳封宫一样。(《秦物质文化史》第三章《都邑·平阳》)

⑫【汇注】

梁玉绳:秦武公始见《史·秦纪》《侯表》。立二十年。葬雍平阳。初以人从死,六十六人。按《史》言武公是太子,为宪公长男。武公弟德公、出子,故云出公兄。(《汉书人表考》卷六《秦武公》)

武公元年,伐彭戏氏①,至于华山下②,居平阳封宫③。三年,诛三父等而夷三族④,以其杀出子也⑤。郑高渠眯杀其君昭公⑥。十年,伐邽、冀戎⑦,初县之⑧。十一年,初县杜、郑⑨。灭小虢⑩。

① 【汇校】

　　王叔岷：王国维云："䰼，古文鱼字。古鱼、吾同音，故往往假䰼、鹵为吾。衙从吾声，亦读如吾。《秦本纪》：'武公元年，伐彭戏氏。'《正义》曰：'戎号也。盖同州彭衙故城是也。'戏盖䰼之伪字矣。"（《鬼方昆夷玁狁考》，《观堂集林》十三）按："戏"盖"䰼"之形误，世人少见"䰼"，多见"戏"，故致误耳。（《史记斠证·秦本纪》）

　　【汇注】

　　张守节：戏音许宜反，戎号也。盖同州彭衙故城是也。（《史记正义·秦本纪》）

　　程馀庆：戏，戎号。今同州府白水县东北六十里彭衙故城是。（《历代名家评注史记集说·秦本纪》）

　　张永禄：衙县，一名彭衙。县名。在今陕西省白水县。春秋时为秦彭衙邑。《左传》文公二年："晋侯及秦师战于彭衙，秦师败绩。"即此。《史记》秦武公元年伐彭戏氏。《史记正义》："戏，戎号也，盖同州彭衙故城是也。"汉置衙县，属左冯翊。……今白水县城东北30公里彭衙村（南彭衙，北彭衙）即故衙县县城。（《汉代长安词典》一《地理环境·衙县》）

② 【汇注】

　　张守节：即华岳之下也。（《史记正义·秦本纪》）

③ 【汇校】

　　裴　骃：徐广曰："一云居平封宫。"（《史记集解·秦始皇本纪》）

　　【汇注】

　　程馀庆：在郿县故平阳城内。（《历代名家评注史记集说·秦本纪》）

④ 【汇校】

　　吴汝纶："父等"一作"庶长"。（《桐城吴先生点勘史记读本》）

　　【汇注】

　　司马光：周庄王二年，秦武公讨三父，夷三族。（《稽古录》卷十《周》下）

　　【汇评】

　　凌稚隆：按"夷三族"与上"初有三族之罪"相叫应。（《史记评林·秦本纪》）

⑤ 【汇评】

　　徐孚远：诛三父，不以废太子为罪，而以杀出子为罪，武公不私也，刑正其名矣。（《史记测议·秦本纪》）

　　牛运震："以其杀出子也"。点逗明白有法，且见武公用刑之正。（《史记评注·秦本纪》）

　　程馀庆：诛三父不以废太子为罪，而以杀出子为罪，武公不私也。刑正其名矣！

鲁竖牛为叔孙氏杀二子，立昭子。然讨竖牛者即昭子也。三父为秦杀出子，而立武公；然讨三父者即武公也。假手藏机天人之间妙有微意。使二人枉作贼臣，巧哉！（《历代名家评注史记集说·秦本纪》）

⑥【汇注】

司马贞：高渠眯《春秋》鲁桓公十七年《左传》作"高渠弥（原按：眯、弥同音通假）"也。（《史记索隐·秦本纪》）

【汇评】

吴见思：弑君附见。（《史记论文·秦本纪》）

⑦【汇注】

裴骃：《地理志》陇西有上邽县。应劭曰："即邽戎邑也。"冀县属天水郡。（《史记集解·秦本纪》）

程馀庆：上邽故城在秦州西六十里，故冀城在巩昌府伏羌县东。（《历代名家评注史记集说·秦本纪》）

王　恢：邽：武公续向东拓展，元年（前607）伐彭戏氏，至于华山下；为除后顾忧，十年（前688）逾陇县邽、冀，旋复县杜、郑；号小虢。《汉志》陇西郡上邽县，应劭曰："《史记》故邽戎邑也。"《渭水注》："渭水历县北邽山之阴。上邽，故邽戎国也，秦武公十年县之。"杨（守敬）："《秦州志》，上邽故城在州南五十里街子口，故址犹存，土人掘土，往往得古器。"（《史记本纪地理图考·秦本纪·奠基关陇》）

又：冀：《汉志》天水郡冀县。《渭水注》："渭水北迳冀县城北，秦武公十年伐冀戎，县之。"冀县故城在今甘谷县南。此为国史"初县"之始。（同上）

陈蒲清：邽：上邽（今甘肃省天水县西南），当时戎地。冀：在今甘肃省甘谷县东南，当时戎地。（引自王利器主编《史记注译·秦本纪》）

⑧【汇注】

瞿方梅：此时于鲁为庄公六年，去周东迁未远，当为后世置县之始。（《史记三家注补正·秦本纪》）

童书业：《秦本纪》载武公所立县，或即"县鄙"之意，以春秋时秦国尚甚落后，未必能有县制。《史记·秦本纪》及《商君传》载商鞅变法，始"并诸小乡聚，集为大县"，在此之前，似未有真正之县制也。（《春秋左传研究·春秋左传考证》第一卷）

张家英：县的设置，最早出现于春秋时期。当时的大国如晋、楚、秦等，为了加强中央集权，为了加强边境防守，常常把新兼并来的小国或地方设置为县。最初的县都设置在边境地区，其防卫守护作用是明显的。当然，由于这些县直接受制于君主，也便于君主的直接控制与统治。秦武公十年初县邽、冀，这是在其西部边境置县。后来，直到战国初期，置县的范围扩展到了东部边境。例如武公"十一年，初县杜、郑"

(182)；厉共公"二十一年，初县频阳"（199）；献公六年，"初县蒲、蓝田、善明氏"（715）。

春秋末期，晋国出现了郡。最初的郡，其地位较县为低。《左传·哀公二年》所载赵简子语："克敌者上大夫受县，下大夫受郡"，就反映了当时的现实。战国时期，郡的地位大为提高，郡统管县的制度就固定下来了。

秦国的县，每县设有县令，其下设有主管民政的县丞和主管军事的县尉，还设有县啬夫、县司马、县司空等官职。与县平行的"道"，则设于少数民族居住集中的地区（见《云梦秦简》《睡虎地秦墓竹简》）。（《〈史记〉十二本纪疑诘·秦本纪》）

⑨【汇注】

裴　骃：《地理志》京兆有郑县、杜县也。（《史记集解·秦本纪》）

张守节：《括地志》云："下杜故城在雍州长安县东南九里，古杜柏国。""郑，华州郑县也。《毛诗谱》云郑国者，周畿内之城。宣王封其弟于咸林之地，是为郑桓公。"按：秦得皆县之。（《史记正义·秦本纪》）

牛运震："十年，伐邽、冀戎，初县之。十一年，初县杜、郑"。按：此即秦设郡县之始。（《史记评注·秦本纪》）

程馀庆：下杜故城在西安府东南十五里，古杜伯国。同州府华州北故郑城，郑桓公所封国。今秦得皆县之。（《历代名家评注史记集说·秦本纪》）

王　恢：杜：《汉志》："京兆尹杜陵，故杜伯国。"《渭水注》："沈水西北迳下杜城，即杜伯国也。"又，"狗枷川北迳杜陵东。元帝初元元年，葬宣帝杜陵，北去长安五十里，陵之西北有杜县故城，秦武公十一年县之。汉宣帝元康元年以杜东原上为初陵，更名杜县为杜陵。"《括地志》："下杜故城在长安县东南九里，古杜伯国。"《清统志》（二二八）："下杜城在长安南杜、鄠二县之间。应劭以为杜陵之聚落者最合。"按：近年考古考定：杜陵故城在今西安市东南二十里少陵原上，即乐游原。其东，即杜曲；其南即秦二世所葬，史称杜南；陵西，即杜甫旧宅。（《史记本纪地理图考·秦本纪·奠墓关陇》）

又：郑：《汉志》："京兆尹郑，周宣王弟郑桓公邑。"《世本》云："郑桓公居棫林，徙拾。"宋衷注曰："棫林与拾皆旧地名，自封桓公乃改名郑耳。"《清统志》（二四四）"故城在华县北二里。《郡国县道记》云：古城连接今城，官路经其中。"按：华县东属晋阴晋地。拾即携，王子余臣之所居。晋灭携王，以其地为阴晋。秦惠王六年（前332）魏始纳于秦。秦遂改曰宁秦。（同上）

张永禄：杜城，又称下杜城、杜县，在今西安市西南十五里杜城村。《汉书·高帝纪》赞文颜师古注："西周成王灭唐，迁至为杜柏国。"周宣王杀杜伯，至秦武公十一年（公元前687年）置杜县。在杜城曾出土"秦杜虎符"。汉代杜县隶京兆尹，汉宣帝元康元年（公元前65年）在杜县东原（少陵原）上营建杜陵，置县为杜陵县，改故杜县为下杜城。《长安志》："杜县故城在长安县南十五里，其城周三里一百七十三步。"（《汉代长安词典》一《地理环境·杜城》）

又：郑县，即今陕西省华县。西周为周宣王母弟郑桓公封邑，秦武公十一年（公元前687年）置郑县，北魏于郑县置东雍州，西魏改设华山郡华州，隋大业二年（公元606年）撤销郡州，唐复设华州，也曾改设过镇国军，宋改镇潼军，金改金安军，元撤销郑县，地入华州。《元和郡县志》：郑县"本秦旧县，汉属京兆，后魏置东雍州，其县理移在州西七里。隋大业二年（公元606年）州废移入州城，隶属雍州。至三年，以州城屋宇壮丽，置太华宫，县即权移县东，四年宫废，又移入城"。古郑城在县理西北三里，兴元元年（公元784年）新筑罗城及古郑城，并在罗城内。（同上）

郭盼生：杜氏，相传本姓祈，是帝尧的后裔，至周为唐杜氏。成王灭唐，改封唐氏子孙于杜城，为杜伯国。今西安市雁塔区的杜城堡、杜城庵，即杜伯国京城之遗址。秦武公十一年（前687年），秦灭杜，设杜县，这就是秦国最早的县，也是我国历史上最早设置的两个县之一。1978年，杜城之西的沈家桥村出土"杜虎符"，就是秦惠文君时调动杜县地方军队使用的信物，上面有40个错金字："兵甲之符，右在君，左在杜。凡兴士被甲，用兵五十人以上，必会君符，乃敢行之。燔燧之事，虽毋会符，行殹！"这一珍贵文物，现存陕西省历史博物馆。（《城南韦杜，去天尺五》，《陕西史志》1995年第1期）

张习孔：前687年，甲午，周庄王十年，鲁庄公七年，秦武公十一年，四月，《春秋》："辛卯（五日），夜，恒星不见。夜中，星陨如雨。"此为世界有关天琴座流星雨之最早记载。（《中国历史大事编年·春秋》）

王学理等：《正义》引《括地志》："下杜故城在雍州长安县东南九里，古杜伯国。"秦在虎符出土地北沈家桥的东南尚有"杜城村"。在秦的诸公、诸王中，以至到秦始皇称帝，称"君"的只有秦惠文王。而且是在"公"之后、"王"之前唯一的一个过渡称号。可知秦杜虎符是秦惠文王初年颁发给杜地的兵符。（《秦物质文化史》第四章《军事·军权》）

⑩【汇注】

裴　骃：班固曰西虢在雍州。（《史记集解·秦本纪》）

张守节：虢音古伯反。《括地志》云："故虢城在岐州陈仓县东四十里。次西十余里又有城，亦名虢城。《舆地志》云此虢文王母弟虢叔所封，是曰西虢。"按：此虢灭时，陕州之虢犹谓之小虢。又云：小虢，羌之别种。（《史记正义·秦本纪》）

程馀庆：虢仲之后，留于岐，为小虢，故城在宝鸡县东五十里。（《历代名家评注史记集说·秦本纪》）

十三年，齐人管至父、连称等杀其君襄公①，而立公孙无知。晋灭霍、魏、耿②。齐雍廪杀无知、管至父等而立齐桓公③。齐、晋为强国④。

① 【汇校】
　　梁玉绳：《左传》事在秦武公之十二年。（《史记志疑·秦本纪》）
　【汇评】
　　吴见思：弑君附见。（《史记论文·秦本纪》）
② 【汇校】
　　张　照：《左传》，弑襄公，秦武十二年事；立齐桓公，秦武十三年事。与《年表》同，与此异。（《钦定史记·秦本纪·考证》）
　　又：《晋世家》献公之十六年，灭霍、魏、耿，据《年表》，是年为秦成之三年，此作武公十三年，相隔二十四年。（同上）
　　梁玉绳：晋灭三国在秦成公三年，此书于武公十三年，相隔二十四载，宋叶大庆《考古质疑》纠之矣。（《史记志疑·秦本纪》）
　　张文虎："晋灭霍、魏、耿"，按：《十二诸侯年表》及《晋世家》，事在晋献公十六年，当秦成公三年，疑此文错简，非记载之误。《索隐》系"曲沃"条上，则已同今本。（《校刊史记集解索隐正义札记·秦本纪》）
　　郭嵩焘：按：《晋世家》晋灭霍、魏、耿在献公十六年，当秦成公三年，《年表》所载同；此独误书于武公十三年。（《史记札记·秦本纪》）
　　俞　樾："晋灭霍、灭耿、灭魏"，在献公十六年，为鲁闵公元年，《晋世家》及《十二诸侯年表》并与《左氏》合，而《秦本纪》乃系之武公十三年。按：武公十三年为鲁庄公九年，是时曲沃未并晋，晋侯湣二十二年，曲沃武公三十一年，尚非献公也。（《湖楼笔谈》卷三）
　【汇注】
　　司马贞：《春秋》鲁闵公元年《左传》云"晋灭耿，灭魏，灭霍"，此不言魏，史阙文耳。又《传》曰："赐毕万魏，赐赵夙耿。"杜预注曰："平阳皮氏县东南有耿乡，永安县东北有霍太山。三国皆姬姓。"（《史记索隐·秦本纪》）
　　张守节：《括地志》云："霍，晋州霍邑县，又春秋时霍伯国。"韦昭云"霍，姬姓也。"《括地志》云："故耿城，今名耿仓城，在绛州龙门县东南十二里，故耿国也。《都城记》云，耿，嬴姓国也。"（《史记正义·秦本纪》）
　　程馀庆：故霍城在平阳府霍州西十六里，故耿城在绛州河津县南十二里。（《历代名家评注史记集成·秦本纪》）

③【汇校】

王念孙："雍廪"本作"雍林人"，此后人依《左传》改之也。《齐世家》曰："齐君无知游于雍林，雍林人尝有怨无知，及其往游，雍林人袭杀无知。"是史公误以雍林为邑名。……此文亦当云"齐雍林人杀无知"，故《正义》曰"雍林邑人"，此正释"雍林人"三字也。后人改"雍林"为"雍廪"，又删去"人"字，非史公之意矣。又按《正义》内有"雍，于宫反；廪，力甚反"八字，亦后人所加。"雍"字不须作音……且《正义》既作"雍林"，则又不当有"廪，力甚反"之音。故知此八字皆后人所加也。(《读书杂志·史记第一》)

张文虎："雍廪"，《齐世家》作"雍林人"。《杂志》云本作"雍林人"，此后依《左传》改。(《校刊史记集解索隐正义札记·秦本纪》)

张家英：王念孙氏以为"'雍廪'本作'雍林人'"，其论据有三。而细察之，皆不甚确实。(《〈史记〉十二本纪疑诂·读〈读书杂志·史记杂志〉札记》)

【汇注】

张守节：雍，于宫反。廪，力甚反。是雍林邑人姓名也。(《史记正义·秦本纪》)

陈士元：朱子曰：齐桓公名小白。元按：《左传》小白，齐僖公庶子也。《齐世家》云：僖公卒，太子诸儿立，是为襄公。僖公同母弟夷仲之子曰公孙无知，弑襄公而自立为齐君。未几，为雍林人所杀。初，襄公无道，群弟恐祸及，故次弟小白奔莒，鲍叔傅之。次弟纠奔鲁，管仲、召忽傅之，大夫高傒及雍林人杀无知，议立君，高、国先阴召小白于莒。鲁闻无知死，亦发兵送公子纠，而使管仲别将兵遮莒道，射中小白带钩。小白佯死，管仲使报鲁，鲁送纠者行益迟。六日至齐，则小白已入，高傒立之，是为桓公。发兵距鲁，秋，与鲁战于乾时，鲁败走，齐绝鲁归道，遗其书曰："子纠，兄弟，弗忍诛，请鲁自杀之。召忽、管仲，仇也，请得而甘心，醢之。不然，将围鲁。"鲁人患之，遂杀子纠于笙渎，召忽自杀。管仲请囚以往，鲍叔牙迎管仲及堂阜，而脱桎梏，桓公厚礼以为大夫，任政。(引自《湖海楼丛书·论语类考》卷九《齐桓公》)

④【汇注】

郭嵩焘：按晋自文公霸诸侯始为强国，献公以前固不逮齐、楚之强也。(《史记札记·秦本纪》)

马非百：十三年，晋灭霍、魏、耿。齐雍廪杀无知、管至父等而立齐桓公。鲁欲与纠入齐，后桓公，桓公距之，生致管仲。鲍叔曰：管夷吾治于高傒，使相可也。公从之。于是齐、晋为强国。(《秦集史·国君纪事五·武公》)

十九年，晋曲沃始为晋侯①。齐桓公伯于鄄②。

① 【汇注】
　　司马贞：晋穆侯少子成师居曲沃，号曲沃桓叔，至武公称，灭晋侯缗，始为晋君也。（《史记索隐·秦本纪》）
　　马非百：十九年，曲沃武公灭晋侯缗，以宝献周。周命武公为晋君，并其地。（《秦集史·国君纪事五·武公》）
　　张习孔：前678年，癸卯，周僖王四年，鲁庄公十六年……秦武公二十年，周命曲沃武公为诸侯。曲沃武公灭翼，尽以其宝器赂献周僖王。僖王使卿士虢公命武公以一军为晋侯，是为晋武公（从《左传》，《史记》系于上年）。（《中国历史大事编年·春秋》）

② 【汇校】
　　王叔岷：按：重刊北宋"监本"、黄善夫本齐并作齐，下文"齐桓公伐山戎"，亦并作齐。齐，古齐字。（《史记斠证·秦本纪》）
【汇注】
　　张守节："伯"音"霸"。（《史记正义·秦本纪》）
　　瞿方梅：鲁庄十四五年，齐桓公再会诸侯于鄄地，《齐世家》所谓诸侯会桓公于鄄而桓公始霸是也。鄄甄同声通用，段氏《说文》鄄字注曰：今山东曹州府濮州，州东二十里，有鄄城废县，即此。（《史记三家注补正·秦本纪》）
　　陈蒲清：鄄（juàn）：今山东鄄城县北。（引自王利器主编《史记注译·秦本纪》）
【汇评】
　　吴见思：齐晋事插序。（《史记论文·秦本纪》）

二十年，武公卒，葬雍平阳①。初以人从死②，从死者六十六人。有子一人，名曰白。白不立，封平阳③。立其弟德公。

① 【汇注】
　　司马迁：武公享国二十年，居平阳封宫，葬宣阳聚东南。（《史记·秦始皇本纪·秦纪附》）

② 【汇注】
　　陈蒲清：从死：以活人殉葬。（引自王利器主编《史记注译·秦本纪》）

【汇评】

牛运震："初有史以纪事"。"法初有三族之罪"。"初以人从死"。此皆志其大事与其始虐，所以为本纪体也。(《史记评注·秦本纪》)

【编者按】"初以人从死"，此乃春秋时期历史大事，特笔点醒。可与后文"献公元年，止从死"参看。

③【汇注】

张守节：即雍平阳也。平阳时属雍，并在岐州。解在上也。(《史记正义·秦本纪》)

德公元年，初居雍城大郑宫①。以牺三百牢祠鄜畤②。卜居雍③。后子孙饮马于河④。梁伯、芮伯来朝⑤。二年，初伏⑥，以狗御蛊⑦。德公生三十三岁而立，立二年卒⑧。生子三人⑨：长子宣公，中子成公，少子穆公。长子宣公立⑩。

①【汇注】

班　固：作陈宝祠后七十一年，秦德公立。卜居雍，子孙饮马于河，遂都雍。(《汉书·郊祀志上》)

皇甫谧：秦德公徙都雍。(《帝王世纪辑存·秦第六》)

裴　骃：徐广曰："今县在扶风。"(《史记集解·秦本纪》)

郦道元：(岐)州居二水之中，南则两川之交会也，世亦名之为淬空水。东流，邓公泉注之，水出邓艾祠北，故名曰邓公泉，数源俱发于雍县故城南。县，故秦德公所居也。《晋书地道记》以为西虢地也，《汉书·地理志》以为西虢县，《太康地记》曰：虢叔之国矣。(《水经注》卷十八)

张守节：《括地志》云："岐州雍县南七里故雍城，秦德公大郑宫城也。"(《史记正义·秦本纪》)

王先谦：故城今在陕西凤翔县南。(《汉书补注·郊祀志上》)

程馀庆：故雍城在凤翔府南七里。(《历代名家评注史记集说》)

王　恢：雍：德公初居雍城大郑宫。梁伯、芮伯来朝。秦自徙雍，国势益强。《汉志》："右扶风，秦德公都之。"《括地志》："岐州雍(凤翔)县南七里故城，大郑宫城也(1986年发现城墙东西长三千三百公尺，南北长三千二百公尺。宫殿和五院落，二

万平方公尺,宫殿五门。又占地七千平方公尺一此庙宇)。"(《史记本纪地理图考·秦本纪·奠基关陇》)

陈　直：大郑宫遗址,在今凤翔东乡,出土有"王干"二字瓦当,四周有云纹,瓦为圆形,非半规式,最早在战国末期。(《史记新证·秦本纪》)

王学理等：大郑宫应是雍城内最早的建筑。雍城遗址内有六七处大型建筑遗址,位于姚家岗的那片遗址,当地居民称之为"殿台",白起河由其西向南流入雍水,这片建筑遗址原来面积很大,1973年冬至1977年1月曾在遗址内出土三批共64件青铜建筑构件——金釭。这些金釭制作精妙,纹饰美观。设计别致新颖,反映出此地建筑物的豪华宏伟。1977年我们还于此地发掘了一座古代用以藏冰的冰库——凌阴。由发掘出土文物与雍城其他遗址的内涵比较,玉璧所饰之花纹为勾连云纹,金釭为蟠螭纹,都是秦国春秋前期通行的纹饰,都早于其他遗址,这与大郑宫为德公所居正相符合。因此,姚家岗遗址当是《史记·秦本纪》大郑宫的所在地。(《秦物质文化史》第三章《都邑·雍城·大郑宫》)

又：秦德公"卜居"雍城,遗址在今凤翔县城南。建都时间294年(公元前677~前383年)。(同上)

韩　伟：钻探证实：雍城位于今凤翔县城南,雍水河之北,纸坊河以西的黄土台原之上。此地北濒雍山,东趋岐周之地,西接甘陇,南经宝鸡可抵巴蜀,地理位置十分重要。(《秦都雍城考古发掘研究综述》,《考古与文物》1988年第5、6期合刊)

② 【汇注】

梁玉绳：《封禅书·索隐》曰："百当为'白',秦君西祀少昊,牲尚白。虽奢侈僭祭,郊本特牲,不可用三百牢以祭天,盖字误耳。"徐氏《测议》曰："吴子征会百牢,秦人僭侈,既用郊畤,未必臻特牲之礼,百字不为误也。"二说徐是。此《纪》及《封禅书》《汉·郊祀志》固并云"三百牢",若改为白,句法不顺。(《史记志疑·秦本纪》)

陈　直：《正义》及《考证》,解者皆以"三百牢"为"三白牢"之误字,不可用三百牢祭天,其实非也。殷墟甲骨文,既有以二百牢、三百牢祭王亥、上甲微之纪载矣,何独于秦人祭神用三百牢而疑之。(《史记新证·秦本纪》)

③ 【汇注】

王学理等：秦国雍城位于东经107°27′北纬34°24′之间,北枕汧山山脉,南濒雍水,西依灵山(或称雍山),东接广袤的关中平原。其西有大道直通甘青,南经宝鸡可抵巴蜀,东流的渭水能泛舟楫,形胜冲要,易守难攻。此外,雍城四周宽阔平坦,土地肥沃,河水密布,植被茂盛,早在新石器时代就有人类在此生活、繁衍。西周时代为周畿腹地,人文荟萃。雍城的建置是经过精心选择的。……由于年代久远,雍城的地面设施已荡然无存，埋在地下的遗迹亦遭到一定程度的破坏。勘探表明，雍城的东南两面依河构筑城垣，南之雍水与东之塔寺河于城东南角汇合，东南流入渭水。雍水的上游流经城之西郊，白起河穿城而过，由西北流向东南，于城之南垣外注入雍水。雍城坐北朝南，为长方形，方向北偏西 14°，南临雍水北岸，北伸入今凤翔县城南墙之北约 150 米，东起塔寺河，西至西古城村东约 500 米。城址东西长 3480 米，南北宽 3130 米，总面积 10892400 平方米。（《秦物质文化史》第三章《都邑·雍城》）

曲英杰： 秦武公既以其子白封平阳，则其弟德公即位自当另择地为都。《史记·封禅书》载："秦德公既立，卜居雍，后子孙饮马于河，遂都雍。"《秦本纪》亦载："德公元年，初居雍城大郑宫。"是秦人都雍，始自德公元年（公元前 677 年）。……自德公元年至灵公元年（公元前 424 年），秦人都雍，凡历十三世，十六君，二百五十四年。雍地为秦国史上为都时间最长者。（《先秦都城复原研究·雍》）

【汇评】

王学理等： 雍城是秦国历史上极为重要的一座都城，秦自"德公元年，初居雍城大郑宫"，至献公二年，城栎阳止，历时 294 年。司马迁在记述德公居雍后，接着说"后子孙饮马于河"，《正义》也说："卜居雍之后，国益广大，后代子孙得东饮马于龙门之河。"足见雍城非同寻常，它是秦国发展史上的一座里程碑。……如果说秦襄公受封立国是秦国历史上的一件划时代的事件的话，那么，秦建都雍城则是在此之后的又一件具有时代意义的大事。秦国只有在建都雍城以后，才真正揭开了其争霸中原、称雄海内的历史画卷，也只有在此以后，秦族才真正跨入了中华民族大家庭的行列，创造中国历史，推动中国社会发展，为中华民族的文明、发达、进步、昌盛作出杰出贡献。（《秦物质文化史》第三章《都邑·雍城》）

④【汇注】

张守节： 卜居雍之后，国益广大，后代子孙得东"饮马于龙门之河"。（《史记正义·秦本纪》）

【汇评】

吴见思： 一结。秦六盛。（《史记论文·秦本纪》）

牛运震： "后子孙饮马于河"，按：此谶词，奇。（《史记评注·秦本纪》）

泷川资言： 中井积德曰：子孙饮河是占卜之辞。愚按是伏后段晋君献河西地。（《史记会注考证》卷五《秦本纪》）

⑤【汇注】

司马贞： 梁，嬴姓。芮，姬姓。梁国在冯翊夏阳。芮国在冯翊临晋。（《史记索隐·秦本纪》）

张守节：《括地志》云："南芮乡故城在同州朝邑县南三十里，又有北芮城，皆古芮伯国。郑玄云周同姓之国，在畿内，为王卿士者。《左传》云桓公三年，芮伯万之母芮姜恶芮伯之多宠人，故逐之，出居魏。"今按：（陕）州芮城县界有芮国城，盖是殷末虞、芮争田之芮国是也。（《史记正义·秦本纪》）

【编者按】2005年韩城梁带村考古被列为该年度全国十大考古新发现之一。梁带村墓地经考古勘探，共发现两周时期墓葬1300余座，车马坑64座，其中诸侯级大型墓葬7座，士大夫级中型墓100余座，一般平民墓1100余座。已发掘的5座诸侯级大墓，出土数量惊人的青铜器、金器、玉器、车马器等。被确认为西周晚期至春秋早期的芮国墓地。

⑥【汇注】

张守节：六月三伏之节起秦德公为之，故云初伏。伏者，隐伏避盛暑也。《历忌释》云："伏者何？以金气伏藏之日也。四时代谢，皆以相生：立春，木代水，水生木；立夏，火代木，木生火；立冬，水代金，金生水；立秋，以金代火，故至庚日必伏。庚者金，故曰伏也。"（《史记正义·秦本纪》）

颜师古：伏者，谓阴气将起，迫于残阳，而未得升，故为臧伏，因名伏日也。立秋之后，以金代火，金畏于火，故至庚日必伏。庚，金也。（《汉书注·郊祀志上》）

方　回：孟康曰：六月伏日，初也。周时无，至此乃有，以伏御蛊。（《续古今考》卷十八《附论秦本纪书初者十七》）

徐昂发：《史记》秦德公二年，初伏。孟康曰："周时无，至此始有之。"诸家说伏字义颇为晦滞，惟《历忌释》云："伏者何？以金气伏藏之日也。四时代谢，皆以相生。立春，木代水，水生木；立夏，火代木，木生火；立冬，水代金，金生水。唯立秋以金代火，相剋而不生，故至庚日必伏。庚者金，故曰伏也。"小颜曰："伏者，谓阴气将起，迫于残阳而未得升，故为伏藏，因名伏也。"《汉旧仪》谓伏者厉鬼行，故闭昼日，不干求。乃妄说耳。（《昭代丛书》壬集卷四十《畏垒笔记》）

张永禄：伏，古时"伏"与"腊"，均为民间重要祭祀，每每连称作"伏腊"。《汉书·杨恽传》记杨恽《报会宗书》："田家作苦，岁时伏腊，烹羊炰羔，斗酒自劳。""酒后耳热，仰天拊缶，而呼呜呜"，"是日也（指伏日或腊日），拂衣而喜，奋袖低卬，顿足起舞"。足见伏日之祭，是老百姓欢庆高兴的日子。（《汉代长安词典》十一《岁时风俗·伏》）

张家英：《史记·秦本纪》与《秦始皇本纪》中，两次言及德公"二年，初伏"一事。《汉书·郊祀志上》记此一事为："秦德公……用三百牢于鄜畤，作伏祠。"可见"初伏"的原义应为"初作伏祠"或"初行伏祭"。……秦德公于何月何日"初作伏祠"，历史上无明文记载。《太平御览》卷三十一引《风俗通》曰："汉中、巴蜀自择伏日。"伏日既然可以自行选择，自无统一固定之时日。《风俗通义·祀典·杀狗磔邑四门》引《礼记·月令》："九门磔禳，以毕春气。"此为"季春之月"所行之事。此又见《吕氏春秋·季春纪》与《淮南子·时则训》。《风俗通义·祀典》又引《太史公记》即《史记》之说："秦德公始杀狗磔邑四门，以御蛊灾。今人杀白犬以血题门户，正月白犬血辟除不祥，取法于此也。"此说亦未将"伏日"与"杀狗磔禳"作具体之联系。

《秦本纪》"初伏"句下《正义》将"初伏"与"五行生克说"相联系，《汉书·郊祀志上》颜师古注亦类似之。然张守节、颜师古均为唐初人，他们以后起之五行生克说，解释距他们已有一千年以上之历史现象，实有悖于历史的客观实际。对此，《考证》所引之中井积德语已予指出，无烦辞费。

"伏日"当起源于汉初。《风俗通义·祀典》中已有"以戌日腊"之说，"以庚日伏"之说亦可相应而生。《汉书·东方朔传》中，有"伏日当蚤归"与"伏日诏赐从官肉"之记载。而此二"伏日"语，《史记·滑稽列传·东方朔传》中不见。在《史记》中，"伏"字凡169见，除"初伏"二见、"初作伏""作伏祠""上冢伏腊"各一见外，未见"伏日"之任何迹象。

要之，秦德公之"初伏"义为"初行伏祭"，虽亦可追溯为"伏日"之早期起源，但如将此"初伏"直释为"头伏"或"节候名"，甚或以后起之"庚日必伏"之说以实之，实则有所未安也。（《〈史记〉十二本纪疑诂·秦本纪》）

⑦【汇注】

班　固：磔狗邑四门，以御蛊灾。（《汉书·郊祀志上》）

裴　骃：徐广曰："《年表》云初作伏，祠社，磔狗邑四门也。"（《史记集解·秦本纪》）

张守节：蛊者，热毒恶气为伤害人，故磔狗以御之。《年表》云"初作伏，祠社，磔狗邑四门"。按：磔，禳也。狗，阳畜也。以狗张磔于郭四门，禳却热毒气也。《左传》云皿虫为蛊。顾野王云谷久积变为飞蛊也。（《史记正义·秦本纪》）

凌稚隆：按：《风俗通》云：俗说狗别宾客，善守御，故著四门，以辟盗贼。今人杀白犬以血题门户，辟除不祥，取法于此。（《史记评林·秦本纪》）

王先谦：沈钦韩曰：《风俗通》，俗说狗别宾主，善守御，故著四门，以辟盗贼。（《汉书补注·郊祀志上》）

又：周寿昌曰：《正义》，蛊者，热毒恶气为伤害人，故磔狗以御之。按《说文》，枭，桀死之鬼，亦为蛊。《左传》昭元年"是谓近女室，疾如蛊"。注："蛊惑疾是。凡厉气传疾者皆可谓之蛊也。"《礼·月令》"季春之月，九门磔禳，以毕春气。"《说文》"磔禳，祀除厉殃也。"（同上）

程馀庆：磔狗禳邪气使退伏也。（《历代名家评注史记集说·秦本纪》）

史党社：《说文》蛊在䖝部，䖝乃之总名，其云蛊，"腹中虫也"。段注："谓腹中虫，食之毒也。""于文，皿虫为蛊者，造字者以虫在皿中而饮入，即以人为皿而蚀其中"。谷虫一类毒虫，通过饭食吃入人肚中，使人生病，称为毒蛊。《声类》："蛊，虫物病害人也。"《周礼·庶氏》："掌除毒蛊，以攻说禬之，以嘉草攻之。凡驱蛊，则令之比之。"马王堆汉墓帛书《五十二病方》列举数种毒蛊所致之病及驱除之法。此皆以蛊为毒虫，盖蛊字本义。毒蛊食入肚中，会造成腹痛一类疾病，因而古人认为毒蛊是疾病的重要来源，要驱除它。如前引《周礼·庶氏》，《风俗通义·祀典》："东门鸡头可以御蛊。"还有马王堆帛书等。又有人利用毒蛊为害于人。顾野王《舆地志》云："江南数郡有毒蛊者，主人行之以杀人，行食饮中，人不觉也。"王筠《说文解字句读》："人行蛊者，聚渚虫于一器中，互相噉食，所余一虫即蛊也。"（《以狗御蛊解》，《秦陵秦俑研究动态》1996年第3期）

⑧【汇注】

司马迁：葬阳。（《史记·秦始皇本纪》附《秦纪》）

王学理等：《史记正义·秦本纪》引《括地志》云："秦宁公（应为宪公）墓在岐州陈仓县西北三十七里秦陵山。"又曰《帝王世纪》云："秦宁（宪）公葬西山大麓，故号秦陵山也。"并指出："文公亦葬西山，盖秦陵山也。"根据这些记载，颇疑位于凤翔县西约30余里的"灵山"就是秦陵山的讹传，于是雍城考古队于1976年夏秋之际，便往灵山勘探。（《秦物质文化史》第七章《陵墓》）

又：雍城陵园已探明的13座分陵园占地面积为2000万平方米。……秦自德公居雍到献公迁栎阳近300年中，在雍城享国的君主共计19位，加上未享国的哀公（毕公）子夷公，应有20位。已发现的陵墓属诸侯级的中字形大墓18座，似还有两座中字形大墓未能探出。但M41的墓主可能即早死的夷公。如果是这样，则雍城陵地还应有一座中字形大墓没有发现。（同上）

⑨【汇注】

梁玉绳：秦宣公，德公子，始见《史·秦纪》《秦纪》《侯表》。立十二年。葬阳。（《汉书人表考》卷六《秦宣公》）

【汇评】

凌约言：总叙于首而后词不烦。前武公亦如此。太史公笔力，太率于乱处极明净。此等当玩。（引自《史记评林·秦本纪》）

牛运震："生子三人：长子宣公，中子成公，少子穆公。长子宣公立。"按：此等叙法，所谓乱处见整。叙德公三子，先总点，后分应，章法尤整而变。（《史记评注·秦本纪》）

⑩【汇注】

吴见思：总提法与前同。（《史记论文·秦本纪》）

> 宣公元年，卫、燕伐周①，出惠王，立王子颓；三年，郑伯、虢叔杀子颓而入惠王②。四年，作密畤③。与晋战河阳④，胜之。十二年，宣公卒⑤。生子九人，莫立⑥，立其弟成公⑦。

①【汇注】

张守节：卫，惠公都，即今卫州也。燕，南燕也。周，天王也。《括地志》云："滑州故城，古南燕国。应劭云南燕，姞姓之国，黄帝之后。"（《史记正义·秦本纪》）

②【汇校】

梁玉绳：此宣公四年事。（《史记志疑·秦本纪》）

【汇注】

张守节：《括地志》云："洛州汜水县，古东虢国，亦郑之制邑，汉之成皋，即周穆王虎牢城。《左传》云宫之奇曰'虢仲、虢叔，王季之穆也'。"（《史记正义·秦本纪》）

陈蒲清：见《周本纪》及《左传·庄公十九年》。（引自王利器主编《史记注译·秦本纪》）

【汇评】

吴见思：周事插叙。（《史记论文·秦本纪》）

③【汇注】

张守节：《括地志》云："汉有五畤，在岐州雍县南，则鄜畤、吴阳上畤、下畤、密畤、北畤。秦文公梦黄蛇自天而下，属地，其口止于鄜衍，作畤，郊祭白帝，曰鄜畤。秦宣公作密畤于渭南，祭青帝。秦灵公作吴阳上畤，祭黄帝；作下畤，祠炎帝。汉高祖曰'天有五帝，今四，何也？待我而具五'。遂立黑帝，曰北畤是也。"（《史记正义·秦本纪》）

方　回：宣公立四年，作密畤。作亦初也。（《续古今考》卷十八《附论秦本纪书初者十七》）

崔　适：按：《本纪》但载此三畤，惟于初言畤曰"祠上帝"，则筑畤之地殊耳，所祠之帝一也。《封禅书》曰："襄公自以为主少皞之神，作西畤，祠白帝。文公作鄜畤，郊祭白帝。宣公作密畤于渭南，祭青帝。"则畤名同，而帝有青、白之异矣。下云："灵公作吴阳上畤，祭黄帝；作下畤，祭炎帝；献公作畦畤栎阳而祀白帝。"则又增三畤，加二帝矣。皆于此纪如骈拇枝指。且少皞为人帝，此纪云上帝。《周官·大宗伯》"牲璧皆如其方之色"，然则襄公若祠白帝不当用骝驹、黄牛。《封禅书》所言，乖谬特甚。此刘歆所撰，详《序证·五德节》及《封禅书》下。后人据《封禅书》以改《年表》，详《年表》。《集解》引误改之，《年表》注此纪"西畤"，《正义》亦引五色帝之说以注"密畤"，故详驳之。（《史记探源》卷三《十二本纪》）

王　恢：密畤：宣公四年（前672），作密畤。与晋战河阳。《渭水注》《密畤注》，密畤在渭南。《明统志》，渭南县西南有密畤台。（《史记本纪地理图考·秦本纪·奠基关陇》）

又：河阳：《会注考证》："河阳之战。《春秋传》《世家》《年表》皆不载。"按：其时秦地尚不及河，晋献公又正强，其年，伐骊戎，得姬。骊戎如居郑西骊山，因而战于渭阳耶？然证以献公卒，夷吾赂以河外五城，既入，背约，穆公尚怡然以为"调"，晋饥且输之粟。此与以下穆公伐茅津，战河曲，并疑有误。（同上）

④【汇注】

陈蒲清：河阳：晋地，在今河南孟县西这一带地区。（引自王利器主编《史记注译·秦本纪》）

王重九：秦自武公元年（前697年），东"伐彭、戏氏，至于华山下"；又于十一年，初置郑县于今陕西华县。是今华县以西，业已为秦所有。另一方面，晋自献公即位，大事扩张，渡过黄河，向西蚕食，深入河西，与秦接界。是年，秦、晋之战，实由献公偷入秦境为"伐骊戎"而引起。事见于《晋世家》，正为献公五年。秦国发觉之后，发兵追击，而战场只能近在渭河之北（阳），绝不会远在河南孟县西一带。况河南之"河阳"迟至晋文公二年（前635年），杀叔带，纳襄王于周时，方才占有，前后相距近40年。（《史记公案发微·读史记秦本纪献疑》）

⑤【汇注】

司马迁：宣公享国十二年，居阳宫。葬阳。初志闰月。（《史记·秦始皇本纪》附《秦纪》）

⑥【汇评】

孙　琮：奇。（《山晓阁史记选·秦本纪》）

⑦【汇评】

梁玉绳：秦成公始见《史·秦纪》《秦纪》《侯表》，宣公弟，亦见《秦纪》。立四年。葬阳。（《汉书人表考》卷六《秦成公》）

成公元年，梁伯、芮伯来朝①。齐桓公伐山戎②，次于孤竹③。

① 【汇注】

张守节：《括地志》云："同州韩城县南二十二里少梁故城，古少梁国。《都城记》云梁伯国，嬴姓之后，与秦同祖。秦穆公二十二年灭之。"（《史记正义·秦本纪》）

张　照：《正义》（佚文）"今按州芮城县界有芮国城"，州上脱一字。《唐书·地理志》，芮城县武德，初属芮州，贞观时属陕州，当是"陕"字。（《钦定史记·秦本纪·考证》）

程馀庆：梁，嬴姓，故城在同州府韩城县东（西南）二十二里；芮，姬姓，故城在解州芮城县西三十里。（《历代名家评注史记集说·秦本纪》）

王　恢：梁：《汉志》："左冯翊夏阳，故少梁。"《清统志》（二四三）："《括地志》云，少梁故城在韩城县南二十二里。县志，夏阳故城在县南二十里芝川镇北，基址犹存（近史公故里），其地曰西少梁里。东少梁里在县东濠水东，即故少梁城也。"按：梁嬴姓，与秦同祖，与芮毗邻，相率朝秦。缪公十九年（前641），并灭之。为少梁邑。康公四年（前617），晋取之，灵公六年（前615），城少梁。战国属魏，文侯城之；惠王与秦战，败于此，遂入秦，秦惠文王十一年（前327），改名夏阳。又按：少梁者，别于开封大梁，临汝南梁也。隋开皇分郃阳置韩城县，后迁今治。（《史记本纪地理图考·秦本纪·奠基关陇》）

又：芮：《汉志》："左冯翊临晋，芮乡，故芮国。"芮、周同姓，周初所封，取河东故芮名也。故城在朝邑县南，渭水北岸。近年出土有芮公钟，据考古家测定，可能是公元前八百年的制品。（同上）

马非百：梁国在战国时为魏之少梁，秦置为夏阳县，即今陕西省韩城（县）[市]境。芮为今陕西省（朝邑）[大荔]县境。自出子元年，秦人纳芮伯万于芮以后，芮国即已成为秦之外府。梁伯、芮伯于德公、成公即位时，皆来朝。是两国均已归附于秦。秦之东境，以北洛水为界，陕西中部除洛水以东至黄河东岸西地区外，均为秦人势力范围所及之地矣！（《秦集史·国君纪事六·宣公、成公》）

② 【汇注】

陈蒲清：山戎：也称北戎或无终，即后来的匈奴。居住在今河北省东部，与齐国、郑国、燕国接界。（引自王利器主编《史记注译·秦本纪》）

③ 【汇注】

张守节：《括地志》云："孤竹故城在平州卢龙县十二里，殷时诸侯竹国也。"（《史记正义·秦本纪》）

颜师古："孤竹"，应劭曰：伯夷国也。在辽西令支。师古曰：令音即定反。支音神祇之祇。(《汉书注·郊祀志上》)

【汇评】
吴见思：齐事插叙。(《史记论文·秦本纪》)

成公立四年卒①。子七人，莫立，立其弟缪公②。

① 【汇注】
司马迁：成公享国四年，居雍之宫。葬阳。(《史记·秦始皇本纪》附《秦纪》)

② 【汇注】
司马贞：秦自宣公已上，皆史失其名。今按《系本》《古史考》，得缪公名任好。(《史记索隐·秦本纪》)

缪公任好元年①，自将伐茅津②，胜之。四年，迎妇于晋，晋太子申生姊也。其岁，齐桓公伐楚，至邵陵③。

① 【汇校】
张文虎："缪公任好"，按：上节《索隐》云"宣公已上史失其名"，今按《系本》《古史考》得缪公名任好，则此《史》文"任好"字系后人据《索隐》增。(《校刊史记集解索隐正义札记·秦本纪》)

② 【汇注】
张守节：刘伯庄云："茅津，戎号也。"《括地志》云："茅津及茅城，在陕州河北县西二十里。《注水经》云，茅亭，茅戎号。"(《史记正义·秦本纪》)

程馀庆：茅津及茅城，在解州平陆县东南三十五里傅岩前，即茅戎也。(《历代名家评注史记集说·秦本纪》)

王　恢：茅津：《清统志》(一五四)："茅津镇在平陆东二十里傅岩前。茅城在县西南二里。"《河水注》："茅城，茅戎邑也。"按黄河自风陵渡东至孟津六百里间，惟茅津为渡河要津。《本纪》穆公三十六年（前624），自茅津渡河，封殽师而还。今穆公刚即位（前659），何无端自将越晋袭远，伐此小邑？胜亦不武。渭域又从未见有茅津，甚可疑。(《史记本纪地理图考·秦本纪·奠基关陇》)

陈蒲清：茅津：今名茅津渡。在山西省平陆县西南黄河北岸。当时是戎族居地。

（引自王利器主编《史记注译·秦本纪》）

　　张大可：茅津：河津名，又称大阳渡，在黄河三门峡西。（《史记全本新注》）

③【汇注】

　　陈蒲清：邵陵：在今河南省郾城县东。邵陵之盟，见《左传·僖公四年》。（引自王利器主编《史记注译·秦本纪》）

【汇评】

　　吴见思：齐事插叙。（《史记论文·秦本纪》）

　　五年，晋献公灭虞、虢，虏虞君与其大夫百里傒①，以璧马赂于虞故也。既虏百里傒②，以为秦缪公夫人媵于秦③。百里傒亡秦走宛④，楚鄙人执之⑤。缪公闻百里傒贤，欲重赎之，恐楚人不与⑥，乃使人谓楚曰："吾媵臣百里傒在焉⑦，请以五羖羊皮赎之⑧。"楚人遂许，与之⑨。当是时，百里傒年已七十余⑩。缪公释其囚，与语国事⑪。谢曰："臣亡国之臣，何足问！"缪公曰："虞君不用子，故亡。非子罪也。"固问。语三日，缪公大说，授之国政⑫，号曰五羖大夫⑬。百里傒让曰："臣不及臣友蹇叔⑭，蹇叔贤而世莫知⑮。臣常游困于齐，而乞食铚人⑯，蹇叔收臣。臣因而欲事齐君无知，蹇叔止臣，臣得脱齐难⑰，遂之周。周王子颓好牛，臣以养牛干之⑱，及颓欲用臣，蹇叔止臣，臣去，得不诛⑲。事虞君，蹇叔止臣，臣知虞君不用臣，臣诚私利禄爵⑳，且留。再用其言，得脱；一不用，及虞君难㉑。是以知其贤㉒。"于是缪公使人厚币迎蹇叔，以为上大夫㉓。

①【汇注】

　　邹　泉：百里奚，虞人也。少时家甚贫，流落不偶。出游以于诸侯，久之不返，其妻无以自给，乃西入秦，为澣妇，遂与奚相失。后奚归虞，事虞公，为大夫。及晋献公伐虢，假道，意在并虞。宫之奇语奚曰："是不可以不谏也。"奚曰："贪赂玩寇，公盖不可与言者也。"奇曰:"然则将遂已乎?"奚曰:"子尽子心,吾行吾志耳。"及晋伐虢,遂灭虞,虏虞公及奚以归。(《尚论编》卷四《秦百里奚蹇叔》)

徐象梅:秦穆公得百里奚,公孙友归,取雁以贺,曰:"君得社稷之臣,敢贺社稷之福。"公不辞,再拜而受。(《琅环史唾》卷二《哲辅上》)

梁玉绳:百里奚始见《孟子》及诸子书,百又作伯,奚又作傒,虞之公族,号五羖大夫。亦曰百里子,亦曰百里氏,亦曰百里,亦单称百。秦穆公杀之而非其罪。按:余第《左》《通》曰:《僖十三年传》:百里。《通志·氏族略三》云:百里奚家于百里,因氏焉。此说未敢信。果以所居为氏,传不应单举其氏,愚谓百乃氏,里其字,奚名也。《荀子·成相》亦只称百里,亦得谓单举其氏乎?观《广韵》百字下引百里奚,不言复姓,可证。(《汉书人表考》卷三《百里奚》)

俞樾:国朝洪亮吉《晓读书斋二录》云:《南史·明僧绍传》其先吴太伯之裔,百里奚子孟明,以名为姓,因悟百里奚与虞公本同大宗。按孟子但言虞人,近人乃推其为虞公之族。然其说自碻。(《茶香室续钞》卷三《百里奚为虞公之族》)

【汇评】

孟　子:虞不用百里奚而亡,秦穆公用之而霸,故不用贤则亡。(引自《说苑》卷十七《杂言》)

王　充:儒书言:"禽息荐百里奚,缪公未听,禽息出,当门仆头碎首而死。缪公痛之,乃用百里奚。"此言贤者荐善,不爱其死,仆头碎首而死,以达其友也。世士相激,文书传称之,莫谓不然。夫仆头以荐善,古今有之:禽息仆头,盖其实也。言碎首而死,是增之也。夫人之扣头,痛者血流,虽忿恨惶恐,无碎首者;非首不可碎,人力不能自碎也。执刃刎颈,树锋刺胸,锋刃之助,故手足得成势也。言禽息举椎自击,首碎不足怪也。仆头碎首,力不能自将也。有扣头而死者,未有使头破首碎者也。此时或扣头荐百里奚,世空言其死;若或扣头而死,世空言其首碎也。(《论衡·儒增篇》)

苏　轼:孟子曰:"百里奚智者也,其智足以知虞公之不足谏也。"呜呼!虞公之不可谏,宫之奇亦知之矣。知而犹谏,奇之忠也;谏不从而去,以免于祸,奇之智也。且夫赤子匍匐将入井,则途之人号呼而救之矣,百里奚于父母之国,其曾不如途之人乎?故其始当谏而不谏,其忠不若宫之奇也;其后当去而不去,以至虏于晋,而媵于秦,其智不若宫之奇也。秦穆公之霸,以用孟明,岂以百里奚哉?且使穆公果以百里奚霸,而穆之功未及乎齐桓,则奚之不大乎管仲,孟子不为管仲,而何取乎奚也?孔子于管仲,大其功,而小其器,孟子于奚,则亟称其贤焉。故论舜、禹、伊尹、孔子,而终之以奚,是何异于汉之学者,侪仲尼于墨翟,匹伊尹于管仲哉?盖奚为战国所重,商君相秦,视尧、舜、禹、汤、文、武无足法者,而曰"吾孰与五羖大夫贤?"此可见

当时之重奚也，孟子其未免乎战国之见也。(《百里奚论》，引自《历代史事论海》卷六)

童　轩：当年自鬻五羊皮，饭得牛肥辱不辞。却笑有官居鼎鼐，都忘临别为烹雌！(《清风亭稿》卷八《百里奚饭牛》)

焦　竑：王应麟曰："《秦本纪》载穆公以五羖羊皮赎百里奚，《商鞅传》又载穆公举之牛口之下，《史记》所传自相矛盾如此。"按《吕氏春秋》云："百里奚未遇时，饭牛于秦，传鬻以五羊之皮，公孙枝得之，献诸缪公，请属事焉。公曰：'买之五羊之皮而属事，无乃为天下笑乎？'枝曰：'信贤而任之，君之明也；让贤而下之，臣之智也。境内将服，夫谁暇笑哉？'遂用之。谋无不当，举必有功。"据此则奚饭牛而秦以五羊皮赎之，正举于牛口之下也，何矛盾哉？(《焦氏笔乘》卷二《纪传自相矛盾》)

② 【汇校】

张文虎："以璧马赂于虞故也既虏百里傒"。宋本无此十三字。(《校刊史记集解索隐正义札记·秦本纪》)

【汇注】

王　筠：百里傒：《晋世家》祁傒，皆不同《左传》。盖古人学皆口授，不拘字形。郝敬云：古人用字尚音，诚旷论也。(《史记校》卷上《秦本纪》)

③ 【汇校】

张　照：《困学纪闻》曰：朱文公曰：按《左氏》媵秦穆姬者，乃井伯，非百里奚也。太原阎若璩曰：按《孟子》言百里奚，先去虞，自不至为晋所虏，益知井伯者，另一人，且史载缪公四年乙丑，迎妇于秦，《左传》僖五年丙寅，以媵秦缪姬，亦差一年。(《钦定史记·秦本纪·考证》)

程馀庆：细读《孟子》《左传》，奚之去虞，当于僖之二年宫之奇谏不听之日，不待僖五年宫之奇复谏以其族行之日，故曰先去，安得有奚为晋虏以媵秦之说？且媵秦穆姬者，乃虞大夫井伯，非百里奚也。(《历代名家评注史记集说·秦本纪》)

王叔岷："虏虞君与其大夫百里傒，以璧马赂于虞故也。既虏百里傒，以为秦缪公夫人媵于秦"。按：《文选》李斯《上书秦始皇》注、《李斯列传·索隐》、《孟子·万章篇》伪孙奭疏、《通鉴·秦纪》一注引"傒"皆作"奚"，下同。《文选》扬子云《解嘲注》、王子渊《四子讲德论注》、《白帖》二九、《御览》六百三十引下文亦皆作"奚"。"傒"与"奚"同，《晋世家》："祁傒举解狐。"《左襄三年传》"傒"作"奚"，与此同例。重刊北宋《监本》、黄善夫本并有"以璧马赂于虞故也。既虏百里傒"十三字。又《李斯列传·索隐》引"缪"作"穆"，下同。《通鉴注》引下文亦作"穆"。"缪"、"穆"古通，说已见前。(《史记斠证·秦本纪》)

【汇注】

司马迁：晋灭虢……袭灭虞，虏虞公及其大夫井伯、百里奚以媵秦穆姬而修虞祀。（《史记·晋世家》）

梁玉绳：《孟子》言百里傒知虞公之不可谏而去之秦。知虞公之将亡而先去之，安得有被执为媵之事。被执为媵者，虞大夫井伯也。《史》误合为一人，故于《晋世家》连书虏井伯、百里奚，而于此《纪》直以百里奚替井伯。《路史·后纪》四《注》妄谓"井伯奚邑于百里"，然误从《韩子·说难》《吕子·慎人篇》来。或问以井伯为别一人奚据？曰：《人表》百里奚在第三等，井伯在第六等，斯乃的证，况朱子已曾辨其非一人矣。（《史记志疑·秦本纪》）

俞正燮：百里奚之自卖也，以为卖于养牲者。《孟子·万章》云："百里奚自鬻于秦养牲者五羊之皮，食牛以要秦穆公。"（《癸巳类稿》卷十一《百里奚事异同论》）

又：《说苑·臣术篇》云：贾人买百里奚以五羊皮，使将监车之秦。（同上）

又：《说苑·善说篇》云：百里奚自卖五羊之皮，为秦人虏。（同上）

又：《史记·商君列传》云：自卖于秦客是也，谓即卖于秦穆公者。（同上）

又：《韩诗外传》云：百里奚自卖五羊皮，为秦伯牧牛。（同上）

又：《管子·小问篇》云：百里奚，秦之饭牛者也。（同上）

又：《韩非子·说难》云：百里奚为虏，以干上也。《难一》云：为虏干穆公，不辞卑辱。《难二》云：自以为虏干穆公，虏所辱也。蒙辱而接君上，贤者之忧世急也。虏即是奴。（同上）

又：《盐铁论》御史云：百里奚以饭牛要穆公，始为苟合，何言不从？何道不行？是韩非之余论。（同上）

又：谓卖于公孙枝者。《吕氏春秋·慎人》云：百里奚之未遇时也，亡虢而虏晋，饭牛于秦，传鬻以五羊之皮。公孙枝得而说之，献诸缪公。则卖于秦客，卖于缪公，卖于公孙枝，有三说也。（同上）

又：谓系奴者：《史记·孔子世家》云"起缧绁之中，与语三日。"《吕氏春秋·慎人篇》云："百里奚，虞亡，虏缚。"《知度篇》云："百里奚，霸主之船骥也。任仆虏。"《鹖冠子·世兵篇》云："百里奚，官奴，或为晋所虏系。或在秦，又自陷于刑科。"《说苑·尊贤篇》云："亲举五羖大夫于系缧之中。"又《文选·演连珠》注引《韩诗外传》"禽息云：奚陷刑臣之罪也。"则奚于秦以罪为奴。《周官·司厉》注云："今之奴婢，古之罪人。"《晏子春秋·杂上》云："越石父为人臣仆。"《史记·晏子列传》云"在缧绁中"是也。（同上）

又：其卖也：《秦策》云："百里奚，虞之乞人，传卖以五羊之皮。"《韩非子·难言》云："百里奚，道乞。"《韩诗外传》云："百里奚逐于齐，自卖五羊之皮，为一轭之车入秦。"《淮南子·修务训》云:"百里奚转卖。"《说苑·杂言篇》云:"自卖取五羊皮。"《尊贤篇》云:"导之于路,转卖五羊之皮。"《汉书·王褒传》云:百里为自卖。王逸《九思》云:"百贸易兮传卖。"《北堂书钞》引《风俗通》云:奚妻歌曰:"初娶我时五羊皮。"又曰:"西入秦,五羊皮。"依《杂言》,则自卖取五羊皮以西入秦;依《尊贤》则为人略卖;依《修务训》注,转行自卖,则以智自脱,转资秦客入秦。依《风俗通》则奚好羊皮,事事资之。《庄子·庚桑楚》篇《释文》云:百里奚好秦而拘于宛。故秦穆公以五羖皮赠之于楚。或曰奚好五色羊裘,故穆公因其好也。此庄子所谓笼百里奚者。《韩诗》及《九思》亦言奚贩羊裘也。《秦策》云"奚,虞之乞人",《史记·邹阳传》云:"百里奚乞食于道路。"注应劭云:"闻穆公贤,欲往干之,乏资乞食以自致。"《孟子》云:"百里奚举于市。"注云"奚之秦,隐于都市"。都市固贩裘之所,亦乞食所也。(同上)

又:其饭牛也:《庄子·田子方》云:"百里奚,爵禄不入于心,故饭牛而牛肥。"《说苑·臣术篇》云:穆公观盐见其牛肥,问之。《艺文类聚》张温自理云:"百里奚贤秦穆公,欲之。穆公好牛,奚因赁养牛。"刘孝标《世说·注》云:"《相牛经》曰:牛经出宁戚,传百里奚。相牛亦一艺,不试,故艺不为非也。"(同上)

又:其举也:《孟子》云"于市"。《史记·孔子世家》云"于缧绁之中",《商君列传》云"于牛口之下"。按:魏李康《运命论》云:"伊尹、太公、百里奚、张良,名在于篆图,事应乎天人。"《北齐书·樊逊传》云:"百里奚相秦,名存雀篆。"则是谶纬所著。《史记·赵世家》云:"秦谶于是出矣。"当穆公时,是穆公披图求贤,志在必得其人(《文选》李善注引《春秋感精记》,文非是)。故李斯云:东得百里奚于宛,扬雄云:百里入而秦喜为秦相之求奚也。(同上)

又:其进奚者:《后汉书·朱晖传》注,《文选·演连珠》注,并引《韩诗外传》云:禽息荐百里奚于穆公,以为私而加刑焉。后禽息以首触楹而死。《汉书·杜邺传》注,应劭云:穆公出,禽息当车以头击阑,脑乃播出,穆公感悟,乃用百里奚。《论衡·儒增篇》云:"儒言禽息碎首,当是扑头。"《韩非子·说林上》则云:"公孙友自刖而尊百里。"《说苑·臣术篇》"公孙支致上卿以让百里奚,奚为上卿以制之,支为次卿以佐之。"《吕氏春秋·慎人篇》云:"公孙枝得而说之。"知"友"即"支""枝",所荐为百里视,非奚也。奚实贤者,后人喜称说之,增加事迹,不能强同。(同上)

【汇评】

孙 琮:下段分明是百里傒一小传。(《山晓阁史记选·秦本纪》)

马非百:经过我个人的初步研究,认为《史记·秦本纪》所载关于此一问题之错误,其最大者约有三端:

第一，百里奚未为秦穆夫人之媵，为媵者是虞大夫井伯而非百里奚。

第二，伐郑之役，谏而哭送其子者止蹇叔一人。

第三，《史记》以孟明视为百里奚子，西乞术为蹇叔子。谓二人哭送其子，就是哭送孟明视和西乞术二人，尤为荒谬已极。（《百里奚与孟明视为一人辨》，《历史研究》1980年第3期）

又：百里奚就是孟明视，是一人而非二人，经过以上的论证，殆已无可怀疑。大概百里奚，是姓百里，名视，字孟明。其所以又名曰奚者，考奚之本义为隶役。《礼记》有《疏》："有才能曰奚，无才能曰奴。"《周礼·酒人》："奚三百人。"注："犹今官婢"。百里奚曾自鬻于秦客，被褐食牛。后又传鬻以五羊之皮，为公孙枝所得。可见百里奚最初乃一卖身为奴之人，故秦人特称之曰奚，亦犹其传鬻以五羊之皮，而号曰"五羖大夫"，用意是一样的。《后汉书·西羌传》言"羌人谓奴为无弋。以其祖爰剑尝为奴隶，故名之曰无弋爰剑"。然则秦人之名视为奚，也许是他们的习俗有以使然，未可知哩！（同上）

④【汇注】

　裴　骃：《地理志》南阳有宛县。（《史记集解·秦本纪》）

　张守节：宛，于元反，今邓州县。（《史记正义·秦本纪》）

　程馀庆：（宛），今南阳府治是，时属楚。（《历代名家评注史记集说·秦本纪》）

　俞　樾：《水经·淯水篇注》云：淯水又南，梅溪水注之，出县北紫山。南迳百里奚故宅。奚，宛人也。按百里奚故宅在紫山，亦世所罕知。（《茶香室丛钞》卷十九《百里奚故宅》）

⑤【汇注】

　陈蒲清：鄙：边境。（引自王利器主编《史记注译·秦本纪》）

　张家英："鄙"指国都之外的郊野。《国语·齐语》："昔者圣王之治天下也，参其国而伍其鄙。"韦昭注："鄙，郊以外也。"鄙人即居住在郊野地区的人，是与"国人"即居住在国都以内的人相对而言的。国人不包括君主贵族与公卿大夫，而只包括士人与工商业者。鄙人是远离国都的人，所以《商君列传》说"五羖大夫，荆之鄙人也"（2234）；苏秦、苏代是东周雒阳人，《苏秦列传》记他俩见燕王时，都自称"臣，东周之鄙人也"（2264、2266）。（《〈史记〉十二本纪疑诂·秦本纪》）

⑥【汇校】

　王叔岷："恐楚人不与"。按：《文选·四子讲德论注》引作"予"，下"遂许与之"，亦作"予"，古字通用。下文"请割晋之河西八城与秦"，《金楼子·说蕃篇》"与"作"予"，亦同例。（《史记斠证·秦本纪》）

【汇评】

牛运震："缪公闻百里傒贤，欲重赎之，恐楚人不与"。按：此数语写缪公求贤爱才之意曲至。（《史记评注·秦本纪》）

⑦【汇评】

牛运震："吾媵臣"三字，口吻如生。（《史记评注·秦本纪》）

孙　琮："吾媵臣"，三字妙！（《山晓阁史记选·秦本纪》）

⑧【汇校】

王应麟：《秦本纪》载穆公以五羖羊皮赎百里奚，《商鞅传》又载穆公举之牛口之下。《史记》所传自相矛盾如此。（引自《史记评林·秦本纪》）

王叔岷："请以五羖羊皮赎之"。按：《孟子疏》引"羊"下有"之"字。（《史记斠证·秦本纪》）

【汇评】

孙　琮：具见惜才苦心。（《山晓阁史记选·秦本纪》）

⑨【汇注】

梁玉绳：《后汉书·循吏传》注、唐李善《文选》陆机《演连珠》注引《韩诗外传》《论衡》并言秦大夫禽息荐百里奚，当是也。此言缪公赎于楚，《吕氏春秋·慎人篇》言公孙枝以五羊皮买之而献诸穆公，《说苑·臣术篇》言贾人买以五羖羊皮，使将盐车，与《万章》言自鬻于秦，皆好事者为之，言人人殊，不足辨已。战国时造词以诬圣贤，何所不有。《韩子·难言篇》称傅说转鬻矣，况百里奚乎？或曰：此亦井伯事也。（《史记志疑·秦本纪》）

程馀庆：《孟子》云"五羊之皮食牛，盖言衣此食牛也"。《扊扅歌》云："百里奚，新娶我兮五羊皮。"又云："西入秦，五羊皮。"然则盖服五羊之皮入秦矣。今赎之必以五羖羊皮者。盖奚之在秦，五羖其素所被服，穆公虑楚不信，故以奚所衣之服与之。不然，五羖微物，楚岂贪之乎？若夫吾媵臣云者，则缪公托辞以诳楚耳。（《历代名家评注史记集说·秦本纪》）

⑩【汇注】

王又俊：百里奚墓在府城西北。按百里奚仕秦而卒，此非秦地，安得葬此？又《水经》云，梅溪水出于紫山南，迳百里奚故宅，与墓相近，或者其父祖葬此也。（《河南通志·南阳府》卷四十九《陵墓》）

【汇评】

牛运震：当是时，"百里傒年已七十余"，按此一提，波澜生动，太史公最长于此等笔法。（《史记评注·秦本纪》）

孙　琮：波澜。（《山晓阁史记选·秦本纪》）

⑪【汇校】

王叔岷：按《孟子疏》引"公"下有"乃"字。《文选·上书秦始皇》注引"语"作"议"。（《史记斠证·秦本纪》）

⑫【汇注】

刘　向：秦穆公使贾人载盐，征诸贾人。贾人买百里奚以五羖羊之皮，使将车之秦。秦穆公观盐，见百里奚牛肥。曰："任重道远以险，而牛何以肥也？"对曰："臣饮食以时，使之不以暴，有险，先后之以身，是以肥也。"穆公知其君子也，令有司具沐浴为衣冠与坐，公大悦。异日与公孙支论政。公孙支大不宁，曰："君耳目聪明，思虑审察，君其得圣人乎？"公曰："然。吾悦夫奚之言，彼类圣人也。"公孙支遂归，取雁以贺曰："君得社稷之圣臣，敢贺社稷之福！"公不辞，再拜而受。明日，公孙支乃致上卿以让百里奚。曰："秦国处僻民陋，以愚无知，危亡之本也。臣自知不足以处其上，请以让之。"公不许。公孙支曰："君不用宾相而得社稷之圣臣，君之禄也。臣见贤而让之，臣之禄也。今君既得其禄矣，而使臣失禄，可乎？请终致之。"公不许。公孙支曰："臣不肖而处上位，是君失伦也。不肖失伦，臣之过。进贤而退不肖，君之明也。今臣处位，废君之德而逆臣之行也，臣将逃。"公乃受之。故百里奚为上卿以制之，公孙支为次卿以佐之也。（《说苑》卷二）

【汇评】

荀　子：世之祸，恶贤士，子胥见杀百里徙。穆公任之，强配五伯六卿施。（《荀子》卷十八《成相篇》）

刘　向：齐景公问于孔子曰："秦穆公其国小，处僻而霸，何也？"对曰："其国小而志大，虽处僻而其政中，其举果，其谋和，其令不偷。亲举五羖大夫于系缧之中，与之语三日而授之政，以此取之，虽王可也，霸则小矣！"（《说苑》卷八《尊贤》）

王维桢：叙用百里奚、蹇叔二段，词意隽永，须玩之。（引自《史记评林·秦本纪》）

⑬【汇校】

王叔岷：按：《孟子·疏》引"之"下有"以"字。《书钞》三九引"曰"作"为"，义同。（《史记斠证·秦本纪》）

【汇注】

吴国泰：此当是民间称之，非穆公称之也。（《史记解诂》，载《文史》第四十二辑）

【汇评】

司马光：五羖大夫，荆之鄙人也。穆公举之牛口之下，而加之百姓之上，秦国莫敢望焉。相秦六七年，而东伐郑，三置晋君，一救荆祸。其为相也，劳不坐乘，暑不张盖，行于国中，不从车乘，不操干戈。五羖大夫死，秦国男女流涕，童子不歌谣，春者不相杵。(《资治通鉴》卷二《周纪二·显王三十一年》)

　　孙　琮：妙事妙称！(《山晓阁史记选·秦本纪》)

　　俞　樾：百里奚事，当孟子时已不得其详，故曰相秦而显其君于天下，可传于后世，不贤而能之乎？自鬻以成其君，乡党自好者不为，而谓贤者为之乎？止以空言反复辨论，实无以折服好事者之心也。夫秦穆之功不大乎齐桓，则百里奚之贤不过乎管仲。孟子不为管仲而何予百里奚之深也。盖战国时惟秦为强，而秦之强自穆公始，故百里奚在战国时甚见尊重，商君相秦，视尧、舜、禹、汤无足法者，而曰"吾孰与五羖大夫贤？"可知当时之重奚也。《万章》一篇，首论舜，次禹，次伊尹、孔子，而以百里奚终焉。孟子其未免乎战国之见也夫！(《湖楼笔谈》卷一)

　　程馀庆：妙事，佳话！(《历代名家评注史记集说·秦本纪》)

⑭【汇校】

　　王叔岷：按：《李斯列传·索隐》引"及"作"如"。(《史记斠证·秦本纪》)

【汇注】

　　田惟均：蹇叔，(岐山)高店里蹇家沟人。春秋时仕秦，称为贤相。秦将潜师伐郑，穆公访诸蹇叔，蹇叔曰："劳师以袭远，非所闻也。师劳力竭，远主备矣，无乃不可乎！"穆公不听，遂起师，卒为晋师败于殽。(民国《岐山县志》卷八《人物·蹇叔》)

　　又：今(岐山)五星堡有蹇叔祠，堡在蹇家沟上。(同上)

【汇评】

　　赵南星：朋友相知之深，莫如管鲍，然吾以为不如蹇叔之于百里奚也。……然则管仲三战三败，谋数左，鲍叔知其时不利。今百里奚自齐至周，至虞，谋亦数左，蹇叔不但知其时不利，其数代为谋皆中，朋友之间，真有在于意言形迹之外者。是以齐得管仲，而霸功由鲍叔，秦得百里奚，而霸功由蹇叔。信友得君，若合符节，未可诬也。(《增定二十一史韵》末卷《读史小记·蹇叔由余》)

　　牛运震："臣不及臣友蹇叔"云云，至"是以知其贤"。按：此段借百里傒荐蹇叔，而百里傒之出处与蹇叔之贤俱见。语意朴至详细，极有格法。(《史记评注·秦本纪》)

⑮【汇注】

　　孙　琮：详不及之故。(《山晓阁史记选·秦本纪》)

⑯【汇校】

　　裴　骃：徐广曰："铚，一作'铚'。"(《史记集解·秦本纪》)

　　王叔岷：按：《李斯列传·索隐》引世作代，避太宗讳改。《御览》四七四引世作时，亦承唐人避太宗讳改。重刊北宋《监本》常作尝。尝，或尝字。《正义》云云，是所据本铚作铚。《御览》六百三十引此常亦作尝，铚亦作铚。（《史记斠证·秦本纪》）

【汇注】

张守节：铚音珍栗反。铚，地名，在沛县。（《史记正义·秦本纪》）

程馀庆：铚县故城在宿州南四十六里。（《历代名家评注史记集说·秦本纪》）

郭嵩焘：按：百里傒虞臣，蹇叔秦臣，何以百里傒之齐、之周。又事虞，而蹇叔皆为之谏止？据《春秋》僖公五年《左传》："晋灭虞，执虞公及其大夫井伯以媵秦穆姬。"杜预《注》以为屈辱之，不云百里傒。《战国策》以百里傒荆之鄙人；《孟子》以为虞人；而当时传闻皆以为自鬻于秦食牛，亦见流传之失实者多矣。史公好奇，遂不一详考其本末耳。（《史记札记·秦本纪》）

⑰【汇注】

陈蒲清：齐难：指雍廪杀无知而立齐桓公事。（引自王利器主编《史记注译·秦本纪》）

【汇评】

孙　琮：全从识上看出。（《山晓阁史记选·秦本纪》）

⑱【汇注】

李元春：百里奚食牛干主，乃于周王子颓，非穆公也。然皆乌有事。（《诸史闲论·史记》）

【汇评】

梁玉绳：此即食牛要秦之说，《孟子》已辨其妄。变秦言周，其诬一矣。宁戚未遇，亦尝饭牛，则鬻牛羊于市，奚未遇时或为之，故《孟子》曰"举于市"。《庄子·田子方篇》曰："奚饭牛而牛肥，穆公忘其贱，与之政。"赵良曰"举牛口之下"，而世又号为五羖大夫，盖非尽无因也，特未若好事者之诞耳。史公好聚旧记，时插杂言，不惟与《经》相戾，且与《商鞅传》矛盾。（《史记志疑·秦本纪》）

⑲【汇注】

王　圻：万章问百里奚五羊之皮，食牛以干秦穆公。孟子亦既据理辩之矣。今读《史记》，晋献公既虏百里奚，以为秦缪公夫人媵于秦。百里奚亡秦走宛，楚鄙人执之，缪公闻奚贤，欲重赎之，恐楚人不与，乃使人谓楚曰：吾媵臣百里奚在焉，请以五羖羊皮赎之。楚人遂许与之。又百里奚荐蹇叔于缪公曰：周王子颓好牛，臣以养牛干之，及颓欲用臣，蹇叔止臣，臣去，得不诛。据此则羖五羊皮乃秦设计以赎奚，非自鬻也。食牛干用，乃初年干子颓，非干缪公也。（《稗史汇编·文史门·事考上·五羊食牛》）

陈蒲清：得不诛：能不被杀掉。指郑伯、虢叔杀王子颓而立周惠王事。（引自王利

器主编《史记注译·秦本纪》）

⑳【汇注】
　　王叔岷：按："诚"犹"但"也。（《史记斠证·秦本纪》）
【汇评】
　　孙　琮：真人真话，人不肯说。（《山晓阁史记选·秦本纪》）

㉑【汇校】
　　王叔岷：按：《御览》六百三十引"难"上有"之"字。（《史记斠证·秦本纪》）
【汇评】
　　王维桢：只此三言，蹇叔之贤自见。（引自《史记评林·秦本纪》）
　　吴见思：上三段此以两语结文峭净。（《史记论文·秦本纪》）
　　牛运震："再用其言，得脱；一不用，及虞君难"。按：此总一笔作收，笔法峭炼，神吻亦恣生。（《史记评注·秦本纪》）
　　孙　琮：笔情疏宕，波波折折。（《山晓阁史记选·秦本纪》）
　　梁玉绳：奚先去虞矣，何云及虞难？此即见骽为媵之说也。《孟子》称奚智且贤，若私利禄爵，岂特不智不贤已哉。（《史记志疑·秦本纪》）

㉒【汇评】
　　钟　惺：观傒与蹇叔交，步步看其为人，为他日共事之地；非平日无心中，紧着心目，临时安排应乎！（引自《山晓阁史记选·秦本纪·评》）
　　张　墉：王维桢曰：只此三言，蹇叔之贤自见。（《廿一史识余》卷九《赏誉》）
　　程馀庆：百里论蹇叔之事，皆从识上看出。可谓观其大者。（《历代名家评注史记集说·秦本纪》）

㉓【汇注】
　　陈蒲清：上大夫：仅次于卿的官职。（引自王利器主编《史记注译·秦本纪》）
【汇评】
　　牛运震：叙缪公用百里傒、蹇叔，详《左》《国》所略。（《史记评注·秦本纪》）

　　秋，缪公自将伐晋①，战于河曲②。晋骊姬作乱，太子申生死新城③，重耳、夷吾出奔④。

①【汇评】
　　陈允锡：缪公以甥伐舅，秦之无亲久矣。（《史纬》卷一《秦》）

② 【汇校】

梁玉绳：按：《春秋》河曲之战在鲁文十二年，乃秦康公时事，下文书之，而此忽出斯语，相隔四十余年，且战在冬十二月，非秋也，盖十一字是羡文。(《史记志疑·秦本纪》)

王叔岷：按：《金楼子·说蕃篇》"曲"作"西"。(《史记斠证·秦本纪》)

【汇注】

裴　骃：(曲)，徐广曰："一作'西'。"骃按：《公羊传》曰："河千里而一曲也。"服虔曰："河曲，晋地。"杜预曰："河曲在蒲阪南"。(《史记集解·秦本纪》)

张守节：按：河曲在华阴县界也。(《史记正义·秦本纪》)

程馀庆：在蒲州府南。(《历代名家评注史记集说·秦本纪》)

郭嵩焘：按：据《春秋》河曲之战在鲁文公十二年，乃秦康公六年，下文亦著其事；此河曲之战未详所本，《志疑》疑此为衍文。(《史记札记·秦本纪》)

王　恢：河自永济北来，触华山之麓东流，过芮城而东去，形成直角，河以东、以北，谓之河曲。《本纪》康公六年（前651），取羁马，战于河曲，并见《年表》。《左》成十三年（前578），吕相绝秦，说甚明白。何以误隔四十年？《志疑》谓"秋缪公自将伐晋战于河曲"十一字是衍文。疑是也。(《史记本纪地理图考·秦本纪·奠基关陇》)

王重九：按：所谓"河曲"，本指黄河由龙门直泻而南，至于潼关北折而东流之地。史言"战于河曲"，令人无从理解。或云战于河曲之东，秦军东进，未见"渡河"；若云战于河曲之西，西为芮国所在，芮曾数朝于秦，又不属晋。况复"穆公自将"，势必车多人众，晋国迎击，或盛于秦，此由未书战果，可想而知。加之河曲正为黄、洛、渭三河交汇之地，水大泥深，布阵无从，两雄相遭，将何以为战？而此百思不解之际，细味《集解》所引"徐广曰：'(曲)一作西'"，真有"柳暗花明"之喜！是早在晋时，徐广曾见"河曲"写作"河西"之另一抄本，两相对校，"河西"为胜。徐广之功，自不可没。(《史记公案发微·读史记秦本纪献疑》)

③ 【汇校】

张　照：僖四年《左传》，十二月戊申，缢于新城，是年据《年表》为秦缪之四年，此入于五年后。(《钦定史记·秦本纪·考证》)

【汇注】

左丘明：(僖公四年)十二月戊申，缢于新城。(《左传》僖公四年)

张守节：韦昭云："曲沃新为太子城。"《括地志》云："绛州曲沃县有曲沃故城，土人以为晋曲沃新城。"(《史记正义·秦本纪》)

刘文淇：《晋语》："申生乃雉经于新城庙。"《吕览·上德篇》："太子遂以剑死"，

乃异说。(《春秋左氏传旧注疏证》僖公四年)

④【汇注】

张守节：重耳奔翟，夷吾奔少梁也。(《史记正义·秦本纪》)

梁玉绳：按：此从《春秋》书申生死于穆公五年，表从《左传》书于四年，然二公子之出奔，《春秋》不书也。(《史记志疑·秦本纪》)

【汇评】

吴见思：因伐晋带序晋，即起下送夷吾等事，文法神化。(《史记论文·秦本纪》)

九年，齐桓公会诸侯于葵丘①。

①【汇注】

左丘明：夏，会于葵丘，寻盟，且修好，礼也。(《左传》僖公九年)

张守节：《括地志》云："葵丘在曹州考城县东南一里一百五十步郭内，即桓公会处。又青州临淄县有葵丘，即《传》连称、管至父所戍处。"(《史记正义·秦本纪》)

张习孔：前651年，庚午，周襄王二年，齐桓公三十五年……秦穆公九年，九月，葵丘之盟。齐桓公与宋、鲁、卫、郑、许、曹之君及王使盟于葵丘。初命曰："诛不孝，无易树子（不要废立太子），无以妾为妻。"再命曰："尊贤育才，以彰有德。"三命曰："敬老慈幼，无忘宾、旅。"四命曰："士无世官，官事无摄（公家职务不要兼摄）。取士必得（得贤、得人），无专杀大夫。"五命曰："无曲防（不要到处筑堤），无遏籴（不要禁止邻国来采购粮食），无有封而不告（不报告盟主）。"(从《孟子·告子下》)(《中国历史大事编年·春秋》)

陈蒲清：葵丘：宋地名。在今河南兰考县东北。《考城县志》："葵丘东南有盟台，其地名盟台乡。"考城今与兰封县合并名兰考县。(引自王利器主编《史记注译·秦本纪》)

【汇评】

吴见思：齐事插叙。(《史记论文·秦本纪》)

晋献公卒。立骊姬子奚齐①，其臣里克杀奚齐。荀息立卓子②，克又杀卓子及荀息。夷吾使人请秦，求入晋。于是缪公许之，使百里傒将兵送夷吾③。夷吾谓曰："诚得立，请割晋之河西八城与秦④。"及至，已立，而使丕郑谢秦，背约不与河西城，而杀里克⑤。丕郑闻之，恐，因与缪公谋曰："晋人不欲夷吾，实欲重耳。今背秦约而杀里克，皆吕甥、郤芮之计也。愿君以利急召吕、郤，吕、郤至，则更入重耳便。"缪公许之，使人与丕郑归，召吕、郤。吕、郤等疑丕郑有间⑥，乃言夷吾杀丕郑。丕郑子丕豹奔秦，说缪公曰："晋君无道，百姓不亲，可伐也。"缪公曰："百姓苟不便，何故能诛其大臣？能诛其大臣，此其调也⑦。"不听，而阴用豹⑧。

① 【汇评】
　　吴见思：间接。(《史记论文·秦本纪》)

② 【汇校】
　　裴　骃：徐广曰："一作'倬'。"(《史记集解·秦本纪》)
　　王叔岷：《集解》："徐广曰：一作倬。"按：倬疑悼之误，《晋世家》作悼子。《齐世家》："里克杀奚齐、卓子。"《集解》引徐广曰："《史记》卓多作悼。"《鲁世家》："晋里克杀其君奚齐、卓子。"《集解》引徐广曰："卓，一作悼。"并其证。(《史记斠证·秦本纪》)

③ 【汇注】
　　梁玉绳：《传》是齐隰朋会秦师纳惠公，不言秦帅何人，此以百里傒实之，未知所出。(《史记志疑·秦本纪》)

④ 【汇校】
　　王叔岷：按：《金楼子·说蕃篇》，"诚"作"若"，"诚"犹"若"也。《淮南子·氾论篇》："诚其大略是也，虽有小过，不足以为累。"《刘子·妄瑕篇》"诚"作"若"，亦其比。(《史记斠证·秦本纪》)

【汇注】
　　张守节：(八城)，谓同、华等州地。(《史记正义·秦本纪》)
　　梁玉绳：《传》言许赂秦伯以河外列城五，此言河西八城，当误以虢略等，又为三城也。(《史记志疑·秦本纪》)
　　王　恢：河西八城：按：《左》僖十五年："赂秦伯以河外列城五，东尽虢略，南及华山，内及解梁城。既而不与。"《国语》亦云"且入河外列城五"，而不内及解梁(山西临晋县西南八里)。河外虢略之地，盖东自新安及潼关五百里，皆古殽函地，亦称桃林之塞，晋之险隘亦关西与中原之孔道，秦所亟欲得之者。而夷吾急于得国，投其大欲，贿以求入；既入，背约，烛之武所谓"许君焦、瑕，朝济而夕设版焉"，是以有韩原之师，生得夷吾；夷吾乃献河西地。今言河西八城者，盖自前后两事计之也。又按：《本纪》出子二年（前385）迎献公于河西而立之；又曰："秦以往者数易君，君臣乖乱，故晋复强，夺秦河西地（并见孝公元年）。"皆即此。《正义》以迎献公于河西为"秦州西县"，大误。（《史记本纪地理图考·秦本纪·奠基关陇》）

王重九：史公所言夷吾献秦之河西八城，依我看，实皆秦师三败晋军于韩原时已经占夺之地，夷吾既归晋，只是追认既成事实，并非出于甘心。且晋在河西之地，并不仅此八城，此由穆公三十七年（前626年）"复使孟明视等将兵伐晋，战于彭衙（在今陕西白水县东北）"，可作证明。而秦、晋争夺河西，于晋文公卒后，更加激化矣。（《史记公案发微·读史记秦本纪献疑》）

⑤【汇注】

司马迁：（晋）惠公夷吾元年，使邳郑谢秦曰："始夷吾以河西地许君，今幸得入立。大臣曰：'地者先君之地，君亡在外，何以得擅许秦者？'寡人争之弗能得，故谢秦。"亦不与里克汾阳邑，而夺之权。四月，周襄王使周公忌父会齐、秦大夫共礼晋惠公。惠公以重耳在外，畏里克为变，赐里克死。（《史记·晋世家》）

【汇评】

吴见思：简序处文法严净。（《史记论文·秦本纪》）

⑥【汇注】

张家英："有间"指进谗言，说坏话。"吕、郤等疑丕郑有间"，即吕、郤等怀疑丕郑在夷吾面前说了不利于自己的坏话。下文"戎王怪之，必疑由余。君臣有间，乃可虏也。"（193）这个"有间"是有嫌隙，闹别扭。这两个"有间"的"间"，应该读jiàn。它们的意义都是从《说文·门部》的"间，隙也"引申而得出的。（《〈史记〉十二本纪疑诂·秦本纪》）

⑦【汇注】

张守节：调音徒聊反。言能诛大臣丕郑，云是夷吾于百姓调和也。刘伯庄音徒吊反。按：调，选也。邪臣诛，忠臣用，是夷吾能调选。两通也。（《史记正义·秦本纪》）

【汇评】

徐孚远：丕郑已诛，是秦无内应，晋未可以闻也，故缪公益厚晋以骄之。（《史记测议·秦本纪》）

牛运震：按：此《左氏》作"失众焉能杀？违祸谁能出君？"支曰："饥穰更事耳，不可不与！"按：此《左氏》作"天灾流行，国家代有。救灾、恤邻，道也。行道，有福。"而以为百里语，前段《左氏》约，而《史记》畅之，笔法极明快；后段

《左氏》文且繁，而《史记》以质语约之，语意极简透。(《史记评注·秦本纪》)

  程馀庆：捷甚，妙在从不好处看出好处。(《历代名家评注史记集说·秦本纪》)

⑧【汇注】

  陈蒲清：阴用豹：缪公表面不听从丕豹之计，意在麻痹晋国，暗中却任用丕豹以图晋。(引自王利器主编《史记注译·秦本纪》)

【汇评】

  程馀庆：尤妙！缪公于此，又别有机权。是时丕郑已诛，秦无内应，晋未可以间也。故缪公益厚晋以骄之。(《历代名家评注史记集说·秦本纪》)

十二年①，齐管仲、隰朋死②。

①【汇校】

  张　照：《齐世家》秦穆公虏晋惠公，复归之。是岁管仲、隰朋卒。据《年表》，是年为秦穆公之十五年也，此入于十二年。(《钦定史记·秦本纪·考证》)

  梁玉绳：按：《齐世家》在齐桓公四十一年，当鲁僖、秦穆之十五年，此误书于十二年也。是年桓公方使管仲平戎于王，隰朋平戎于晋，何以死哉？然其误从《谷梁传》来，《谷梁》于鲁僖十二年楚人灭黄《传》言管仲死耳。(《史记志疑·秦本纪》)

②【汇注】

  陈士元：朱子曰："管仲，齐大夫，名夷吾，相桓公，霸诸侯。"元按：《史记》云：管仲夷吾，颍上人也，少时尝与鲍叔牙游，鲍叔知其贤。管仲贫困，尝欺鲍叔，鲍叔终善遇之，不以为言。已而鲍叔事齐公子小白，管仲事公子纠。及小白立为桓公，公子纠死，管仲囚焉。鲍叔遂进管仲。管仲既用，任政于齐。齐桓公霸诸侯，管仲之谋也。著书五十八篇，名曰《管子》。仲卒，子孙世禄于齐，有封邑者十余世。《一统志》云：管仲墓在牛山之阿。(引自《湖海楼丛书·论语类考》卷九《管仲》)

晋旱，来请粟①。丕豹说缪公勿与，因其饥而伐之②。缪公问公孙支③，支曰："饥穰更事耳④，不可不与。"问百里傒，傒曰："夷吾得罪于君，其百姓何罪⑤？"于是用百里傒、公孙支言，卒与之粟⑥。以船漕车转，自雍相望至绛⑦。

① 【汇校】
　　张　照：《左传》僖十三年，冬，晋荐饥，使乞籴于秦。据《年表》，是年为缪公之十三年，此入十二年。（《钦定史记·秦本纪·考证》）
　　梁玉绳："晋旱，来请粟。"按：此句上失书"十三年"。（《史记志疑·秦本纪》）

② 【汇校】
　　王叔岷：按："饑"字，《国语·晋语》三、《左》僖十三年《传》并同。重刊北宋《监本》、黄善夫本、《殿本》并作"饥"，下同。"饑""饥"义别，古多相乱，当以作"饑"为正。《尔雅·释天》："谷不熟为饑。"（郭璞注：五谷不成）（《史记斠证·秦本纪》）

③ 【汇校】
　　王叔岷：按：《晋语》三、《吕氏春秋·不苟篇》《尊师篇》《汉书人表》"支"皆作"枝"，古字通用。（《史记斠证·秦本纪》）

　　【汇注】
　　裴　骃：服虔曰："秦大夫公孙子桑。"（《史记集解·秦本纪》）

④ 【汇校】
　　张家英：此"更"字读 gēng，而"更事"非只一个意思。"饥穰更事"，是说灾荒与丰收为交替发生的事，亦即经常发生的事。《天官书》："木星与土合，为内乱，饥，主勿用战，败；水则变谋而更事。"（1320）这意思是说：木星与土星相合，将有内乱与饥荒，不能用兵，打仗会打败；木星与水星相合，就应变更谋略和行事。《魏世家》："秦非无事之国也，韩亡之后必将更事；更事必就易与利，就易与利必不伐楚与赵矣。"（1857）这个"更事"与上一个相似，是"换策略、生新事"的意思。（《〈史记〉十二本纪疑诂·秦本纪》）

　　【汇评】
　　凌稚隆：按"饥穰更事（耳）"五字，句法、字法俱工。（《史记评林·秦本纪》）
　　孙　琮：五字句法、字法，但觉简妙！（《山晓阁史记选·秦本纪》）
　　程馀庆：言更相有也。简妙！（《历代名家评注史记集说·秦本纪》）

⑤ 【汇注】
　　牛运震："傒曰：'夷吾得罪于君，其百姓何罪？'"按：《左传》载此作秦伯语，而《史记》以为百里奚语。（《读史纠谬》卷一《史记·秦本纪》）
　　梁玉绳："傒曰：'夷吾得罪于君，其百姓何罪？'"按：《晋世家》依《内、外传》以此为穆公语，非百里傒之言也。然《外传》不及奚而以《左传》所载奚语并入穆公口中，元是不同。（《史记志疑·秦本纪》）

【汇评】

董　份："更事"，言更相有也。同一劝与，而奚之言大！（引自《史记评林·秦本纪》）

孙　琮：同一劝与，而奚之言大！（《山晓阁史记选·秦本纪》）

⑥【汇注】

左丘明：冬，晋荐饥，使乞籴于秦。秦伯谓子桑："与诸乎？"对曰："重施而报，君将何求？重施而不报，其民必携，携而讨焉，无众必败。"谓百里奚："与诸乎？"对曰："天灾流行，国家代有。救灾恤邻，道也。行道有福。"丕郑之子豹在秦，请伐晋。秦伯曰："其君是恶，其民何罪！"秦于是输粟于晋，自雍及绛相继，命之曰"泛舟之役"（杜预注：从渭水运入河、汾）。（《左传》僖公十三年）

⑦【汇注】

裴　骃：贾逵曰："雍，秦国都；绛，晋国都也。"（《史记集解·秦本纪》）

程馀庆：雍临渭，绛临汾，渭自雍而东，至华阴入河，从河至汾，又逆流北行，而通绛，所谓泛舟之役也。（《历代名家评注史记集说·秦本纪》）

王　恢：绛：《晋世家》，献公九年（前668，误八年。从《左》庄，年《表》）"城聚都之，命曰绛，始都绛"。杜注："今平阳绛邑县。"按后汉改绛县为绛邑县，在今曲沃县西南。阎若璩《潜邱札记》："献公九年都绛，即今太平（汾城）县南二十五里故晋城是，前说尽错。至景公十五年（前585），迁于新田。"《左》桓二年："晋，甸侯也。"邑皆在汾、涑与浍之间：成王灭唐始封叔虞，即今虞乡、临晋，其子燮父改唐为晋。成侯徙曲沃，在今闻喜县东二十里。穆侯迁翼，翼在今翼城东南三十五里。献公城聚，曰绛。在今汾城南，新绛北。景公迁新田，即今侯马市；而称旧都为故绛。旧说迷混。（《史记本纪地理图考·秦本纪·奠基关陇》）

童书业：秦穆公时雍都所在，疑离所谓"王城"（今陕西朝邑县境）不甚远。《晋语》："穆公归，至于王城，合大夫而谋。"足见王城乃秦经营东方之重地，君及大夫时至于此，必离国都不甚悬远。……如春秋时穆公以后之雍都不在今凤翔，则其地果在何处？是颇难详。据《左传》及《诗经》测之，当在渭水之南、今西安附近一带。《左传》成公十三年："晋师以诸侯之师及秦师战于麻隧，秦师败绩……师遂济泾，及侯丽而还。"侯丽在今泾阳县境，其地或已邻近秦都。……又《秦风·渭阳》："我送舅氏，曰至渭阳，何以赠之，路车乘黄。"郑笺："秦是时都雍，至渭阳者，盖东行送舅氏于咸阳之地。"按晋在秦东北，如由凤翔往，似无缘至"渭阳"，（若云取水路，则何以言"路车乘黄"）此亦彼时秦都在渭南之证，由渭南西安附近向晋境则必至渭阳也。《渭阳》之诗，旧说为穆公时作，殆近之。秦之雍都盖随地迁名，犹晋之"绛"，楚之"郢"，不指一也。如穆公以后之"雍"仍在凤翔，则其后迁泾阳，复返雍，再

由雍迁临潼，更迁咸阳，奔走往复于数百里之间，果何故耶？（《春秋左传研究·春秋左传考证》第一卷）

【汇评】

吴见思：倒句好。（《史记论文·秦本纪》）

王　恢：史称"晋旱（前647），秦与之粟，以船漕车转，自雍相望而绛"。实为中国最早之漕运，由渭达河，河入汾，车转至绛，所谓"泛舟之役"也。（《史记本纪地理图考·秦本纪·奠基关陇》）

十四年，秦饥①，请粟于晋。晋君谋之群臣。虢射曰②："因其饥伐之，可有大功③。"晋君从之④。十五年⑤，兴兵将攻秦。缪公发兵，使丕豹将，自往击之⑥。九月壬戌，与晋惠公夷吾合战于韩地⑦。晋君弃其军，与秦争利，还而马骛⑧。缪公与麾下驰追之，不能得晋君，反为晋军所围⑨。晋击缪公，缪公伤。于是岐下食善马者三百人驰冒晋军⑩，晋军解围，遂脱缪公而反生得晋君⑪。初⑫，缪公亡善马⑬，岐下野人共得而食之者三百余人⑭，吏逐得，欲法之。缪公曰："君子不以畜产害人。吾闻食善马肉不饮酒，伤人⑮。"乃皆赐酒而赦之⑯。三百人者闻秦击晋，皆求从。从而见缪公窘，亦皆推锋争死⑰，以报食马之德⑱。于是缪公虏晋君以归⑲，令于国："齐宿，吾将以晋君祠上帝⑳。"周天子闻之，曰"晋我同姓"，为请晋君㉑。夷吾姊亦为缪公夫人，夫人闻之，乃衰绖跣㉒，曰："妾兄弟不能相救㉓，以辱君命。"缪公曰："我得晋君以为功，今天子为请，夫人是忧。"乃与晋君盟㉔，许归之，更舍上舍，而馈之七牢㉕。十一月，归晋君夷吾，夷吾献其河西地，使太子圉为质于秦。秦妻子圉以宗女㉖。是时，秦地东至河㉗。

① 【汇注】

张习孔：前646年，乙亥，周襄王七年，齐桓公四十年，秦穆公十四年，晋惠公五年……冬，晋辞秦籴。秦饥，乞籴于晋，惠公谋之群臣。虢射以晋背河西之约，秦、晋隙深，虽许秦籴，不足以解怨，适足以强秦。惠公遂辞秦籴。（《中国历史大事编年·春秋》）

② 【汇注】

司马迁：秦饥，请籴于晋。晋君谋之，庆郑曰："以秦得立，已而倍其地约。晋饥而秦贷我，今秦饥请籴，与之何疑？而谋之！"虢射曰："往年天以晋赐秦，秦弗知取而贷我。今天以秦赐晋，晋其可以逆天乎？遂伐之。"惠公用虢射谋，不与秦粟，而发兵且伐秦。秦大怒，亦发兵伐晋。（《史记·晋世家》）

张守节：射音石也。（《史记正义·秦本纪》）

③ 【汇评】

程馀庆：丕豹阻籴劝伐，为父仇也。虢射何为者？晋臣不及秦远矣！（《历代名家评注史记集说·秦本纪》）

④ 【汇评】

王维桢：秦与晋粟，是。晋不与，非是。晋君终为秦虏，听臣计可不慎与！（引自《史记评林·秦本纪》）

魏际瑞：晋惠公背五城之赂，秦饥而闭籴，以为无损于怨而厚寇，此悔而怗过者也。（《先轸论下》，引自《历代史事论海》卷五）

程馀庆：丧心！（《历代名家评注史记集说·秦本纪》）

⑤ 【汇注】

张习孔：前645年，丙子，周襄王八年……秦穆公十五年，晋惠公六年……秦晋战于韩原。秦以晋背己，伐之。秦师三败晋戍边之卒，渡河而东，晋惠公迎战于韩原（今山西河津、稷山间）。晋师大败，惠公被俘。（《中国历史大事编年·春秋》）

又：秦、晋盟于王城。穆公自伐晋归，至于王城（今陕西大荔东），与群臣谋，曰："杀晋君，与逐出之，与以归之，与复之，孰利？"大夫子桑曰："归之而质其太子，必得大成。"是时，穆公夫人亦为其弟惠公请。穆公乃许晋和，与晋侯盟于王城。秦许释惠公，晋以太子圉质秦，许秦以河东之地（《左传》《史记·秦本纪》以为河西）。（同上）

⑥ 【汇校】

梁玉绳："十四年，秦饥，请粟于晋。晋君谋之群臣。虢射曰：'因其饥伐之，可有大功。'晋君从之。十五年，兴兵将攻秦。缪公发兵，使丕豹将，自往击之。"按：《晋世家》亦谓惠公用虢射谋不与秦粟，而发兵伐之。考《内、外传》晋但不与粟而已,未尝有因饥伐秦之事。秦之伐晋,为其三施无报,岂因晋来攻而秦击之乎?且未尝使丕豹将也。又秦饥请粟在十四年冬,战于韩原在十五年九月,宁有兴兵阅四时而始交战者。此及《世家》皆误。(《史记志疑·秦本纪》)

【汇评】

孙 琮:不数语,两君战,反覆如见。(《山晓阁史记选·秦本纪》)

⑦【汇注】

张守节:《左传》云僖公十五年,秦晋战于韩原,秦获晋侯以归。《括地志》云:"韩原在同州韩城县西南十八里。《十六国春秋》云魏颗梦父结草抗秦将杜回,亦在韩原。"(《史记正义·秦本纪》)

孙之騄:"(周襄王)七年,秦伯涉河伐晋",僖十五年十一月壬戌,晋侯及秦伯战于韩,获晋侯。《括地志》:"韩原在同州韩城县西南十八里",又"县南十八里,为古韩国"。《地名考》:"今韩原在韩城县东南二十里。"(《考定竹书》卷十一)

程馀庆:韩原,晋地。在河东。(《历代名家评注史记集说·秦本纪》)

【汇评】

王 恢:秦晋世婚也,晋以怨报德,轻开韩原衅端,今又以为"一日纵敌,数世之患",不忍一朝之忿,而召数世之患矣。自殽之战以迄迁延之役,六十九年(前627至559)之间,凡十七战,晋伐秦者七,秦伐晋者十:秦穆与晋交兵五(僖二三,文二,文二冬,文三,文四),秦康与晋交兵五(文七、文八、文十春、文十夏、文十二),秦共与晋交兵一(宣二),秦桓与晋交兵三(宣八,宣十五,成九),秦景与晋交兵三(襄九,襄十一冬,襄十四)。大率修怨负气相报复,秦绌则转而联楚;晋楚世敌也,晋两面受敌而威日替,及晋秦为成(前580),两国共长河之险,而楚已坐大,早观兵于周疆,问鼎之轻重矣(前606)。(《史记本纪地理图考·秦本纪·韩原之战》)

⑧【汇校】

王叔岷:按:《说文》:"騺,马重貌。"《晋世家》作"惠公马騺不行"。《索隐》:"谓马重而陷之于泥。"《金楼子》"騺"作"贽"。(《史记斠证·秦本纪》)

【汇注】

张守节:騺音致,又敕利反。《国语》云:"晋师溃,戎马还泞而止。"韦昭云:"泞,深泥也。"(《史记正义·秦本纪》)

吴国泰:《说文》:"騺,马重貌。"又为䐴。《广雅》:"䐴,止也"。䐴即騺也。(《史记解诂》,《文史》第四十二辑)

⑨【汇评】

孙 琮:文势淋漓。(《山晓阁史记选·秦本纪》)

⑩【汇评】

　　孙　琮：突生波澜。（《山晓阁史记选·秦本纪》）

⑪【汇评】

　　王　鏊：不数语，而两君战，反覆如画。（引自《史记评林·秦本纪》）

　　孙　琮：二"反"字极有情。（《山晓阁史记选·秦本纪》）

　　吴见思：繁冗之处序得简妙。（《史记论文·秦本纪》）

　　牛运震："晋君弃其军，与秦争利，还而马鸷"云云，至"遂脱缪公而反生得晋君"。按：此数行，不满七十字，笔势如拗坂回流，中藏无数曲折，一时战情，兵势如画。（《史记评注·秦本纪》）

　　又：凡太史公采用《左传》处，能剪裁《左氏》，而又脱出《左氏》间架，所以为妙。（同上）

⑫【汇注】

　　韩　婴：秦缪公将田，而丧其马，求三日而得之于荦山之阳，有鄙夫乃相与食之。缪公曰："此驳马之肉，不得酒者死。"缪公乃求酒，遍饮之然后去。明年，晋师与缪公战，晋之右路石者围缪公而击之，甲已堕者六札矣。食马者三百余人，皆曰："吾君仁而爱人，不可死。"还击晋之右路石，免缪公之死。（《韩诗外传》卷十）

【汇评】

　　孙　琮：先言食善马者三百人，后详叙食马之报，用一"初"字发之，先略后详之法。（《山晓阁史记选·秦本纪》）

⑬【汇注】

　　李　笠：按：《韩诗外传》卷十云：秦缪公将田而丧其马，求三日而得之于荦山之阳，有鄙夫乃相与食之。（《广史记订补》卷二《秦本纪》）

【汇评】

　　牛运震："初，缪公亡善马"云云，按此处有此闲笔，带作波折，更有妙趣。（《史记评注·秦本纪》）

⑭【汇注】

　　张守节：《括地志》云："野人坞在岐州雍县东北二十里。"按：野人盗马食处，因名焉。（《史记正义·秦本纪》）

　　张永禄：野人坞，今名义乌堡。在陕西省凤翔县城东南二里。《括地志》野人坞在雍县东北二十里。（《汉代长安词典》—《地理环境·野人坞》）

　　张家英：《说文·里部》："野，郊外也。"段玉裁注："《邑部》曰：'距国百里曰郊。'《门部》曰：'邑外谓之郊，郊外谓之野，野外谓之林，林外谓之冂。'《诗·召南》《邶风》传皆曰：'郊外曰野。'《郑风》传曰：'野，四郊之外也。'"所谓"野人",指生活、劳动在郊外地区的人,这也是与居住在国都中的"国人"相对而言的。与"鄙"相比,"野"离国都要近一些。《说文·邑部》"鄙"字下段玉裁注:"盖《周礼》都鄙距国五百里,在王畿之边,故鄙可释为边。"由于"野人"生活在农村地区,他们大多从事农业或狩猎活动。例如《管蔡世家》中的"曹野人公孙强亦好田弋,获白雁而献之"(1573)。又如《晋世家》中的公子重耳"过五鹿,饥而从野人乞食,野人盛土器中进之"(1657)。"野人"多指农民或平民,也可指缺乏教养或不讲礼貌的人,因而可以作为"士人"的自我谦称。在这些方面,它与"鄙人"是有一些类似之处的。(《〈史记〉十二本纪疑诂·秦本纪》)

【汇评】

吴见思:"食善马"一句,不明,而忙时不及回笔,故于此插入一段,《史记》正于此等处见才。(《史记论文·秦本纪》)

⑮【汇注】

方　回:《汉书》"食肉无食马肝,未为不知味也"。然则马肉无毒,而马肝有毒。人珍之味……惟马为人主之膳牲第一,而庖烹燔渍之法无所闻,岂王馔不食此物而虚存其名乎?《周礼》马官之多,马政之密如此。驽马给宫中之用亦千余匹,而王膳之牲,三郑略不解一二,回所以不信《周礼》也。(《续古今考》卷三十一《马肝毒》)

【汇评】

程馀庆:带戏,妙!(《历代名家评注史记集说·秦本纪》)

⑯【汇注】

刘　向:秦缪公尝出而亡其骏马,自往求之。见人已杀其马,方共食其肉,缪公谓曰:"是吾骏马也。"诸人皆惧而起,缪公曰:"吾闻食骏马肉不饮酒者,杀人。"即以次饮之酒。杀马者皆惭而去。居三年,晋攻秦缪公,围之。往时食马肉者相谓曰:"可以出死报食马得酒之恩矣。"遂溃围。缪公卒得以解难,胜晋,获惠公以归。此德出而福反也。(《说苑》卷六《复恩》)

⑰【汇校】

方　苞:"推"当作"摧"。"摧锋"者,乘胜之辞,时穆公见窘,晋师得隽,争死以摧其锋也。(《史记注补正·秦本纪》)

⑱【汇校】

王叔岷:按:亦犹又也。《书·周书·洛诰》:"我又卜瀍水东。"敦煌本又作亦,即亦、又同义之证。事又见《韩诗外传》十、《淮南子·氾论篇》《说苑·复恩篇》;亦略见《淮南子·泰族篇》《列女传·辩通篇·弓工之妻传》及《金楼子》。(《史记斠证·秦本纪》)

【汇注】

尸　佼：秦穆公明于听狱。断刑之日，揖士大夫曰："寡人不敏，教不至，使民入于刑，寡人与有戾焉！二三子各据尔官，无使民困于刑。"穆公非乐刑民，不得已也。此其所以善刑也。（《尸子》卷下）

【汇评】

吕不韦：行德爱人则民亲其上。民亲其上，则皆乐为其君死矣。（《吕氏春秋·爱士》）

【汇注】

高　诱：食马肉人为缪公死战，不爱其死，以获惠公是也。（《吕氏春秋·爱士》注）

⑱【汇评】

王维桢：人种德，缓急终有赖。（引自《史记评林·秦本纪》）

吴见思：结完食马事。（《史记论文·秦本纪》）

⑲【汇注】

左丘明：壬戌（杜预注：九月十四日）战于韩原。晋戎马还泞而止（杜预注：泞，泥也。还，便旋也。小驷不调，故堕泥中），公号庆郑。庆郑曰："愎谏违卜，固败是求，又何逃焉。"遂去之。梁由靡御韩简，虢射为右，辂秦伯，将止之（杜预注：辂，迎也。止，获也）。郑以救公误之，遂失秦伯。秦获晋侯以归。（《左传》僖公十五年）

吕不韦：昔者秦缪公乘马而车为败，右服失而野人取之。缪公自往求之。见野人方将食之于岐山之阳，缪公叹曰："食骏马之肉而不还饮酒，余恐其伤女也。"于是遍饮而去。处一年，为韩原之战，晋人已环缪公之车矣，晋梁由靡已扣（高诱注：扣，持）缪公之左骖矣，晋惠公之右路石奋投而击缪公之甲，中之者已六札矣。野人之尝食马肉于岐山之阳者三百有余人，毕力为缪公疾斗于车下，遂大克晋，反获惠公以归。（《吕氏春秋·爱士》）

【汇评】

劳孝舆：晋侯及秦伯战于韩，获晋侯。惠公在秦，谓韩简子曰："先君若从史苏之占，吾不及此。"对曰："龟，象也；筮，数。物生而后有象，象而后有滋，滋而后有数。先君之败德及可数乎？史苏是占，勿从何益！诗曰：下民之孽，匪降自天，傅沓背憎，职竞由人！"天人之理，曲尽幽微，惜彼昏而不悟耳。（引自《春秋诗话》卷三）

吴见思：间接，即以"于是"二字兜转，何等敏捷。（《史记论文·秦本纪》）

⑳【汇校】

梁玉绳：按《内、外传》秦有杀惠公之议，而无祀上帝之言，此与《晋世家》并

非。(《史记志疑·秦本纪》)

王叔岷：按《晋世家》作"秦将以祀上帝"。祠、祀古通。此与《晋世家》或别有所本。《列女传·贤明篇·秦穆公姬传》作"扫除先人之庙，寡人将以晋君见"。(《史记斠证·秦本纪》)

㉑【汇注】

牛运震："周请晋君"，不见经传，未知太史公何据？(《读史纠谬》卷一《史记·秦本纪》)

王　筠：秦获晋惠公，将以祠上帝，而周王为之请，此事《左传》所无，且道里颇远，恐无及也。(《史记校》卷上《秦本纪》)

【汇评】

徐孚远：《左传》周无请晋君之文，初获晋君，亦未能遽及，当得缪姬力也。(《史记测议·秦本纪》)

㉒【汇注】

陈蒲清：衰绖：泛指丧服。衰，同"缞"，披在胸前的麻布条。绖，结在头上或腰间的麻带。跣：光着脚。(引自王利器主编《史记注译·秦本纪》)

㉓【汇校】

王叔岷：按：《列女传》救亦作教 (《颂》文作教)。(《史记斠证·秦本纪》)

㉔【汇注】

左丘明：秦获晋侯以归。晋大夫反首拔舍 (杜预注：反首，乱头发下垂也。拔草舍止，坏形毁服) 从之。秦伯使辞焉。曰："二三子何其戚也！寡人之从君而西也，亦晋之妖梦是践 (杜预注：狐突不寐而与神言，故谓之妖梦。申生言帝许罚有罪，令将晋君而西，以厌息此言。践，厌也)。岂敢以至！"晋大夫三拜稽首曰："君履后土而戴皇天，皇天后土实闻君之言，群臣敢在下风。"穆姬闻晋侯将至，以太子罃、弘与女简璧，登台而履薪焉 (孔颖达疏：此言登台履薪，是自囚之事)。使以免服衰绖逆，且告 (杜预注：免、衰、绖，遭丧之服，令行人服此服，迎秦伯，且告将以耻辱自杀) 曰："上天降灾，使我两君匪以玉帛相见，而以兴戎。若晋君朝以入，则婢子夕以死。夕以入，则朝以死。唯君裁之。"乃舍诸灵台。大夫请以入，公曰："获晋侯，以厚归也。既而丧归，焉用之！大夫其何有焉？且晋人戚忧以重我，天地以要我，不图晋忧，重其怒也。我食吾言，背天地也。重怒难任，背天不祥，必归晋君。"……子桑曰："归之而质其大子，必得大成。晋未可灭，而杀其君，只以成恶。且史佚有言：'无始祸，无怙乱，无重怒。'重怒难任，陵人不祥。"乃许晋平。(《左传》僖公十五年)

又：十月，晋阴饴甥会秦伯，盟于王城。秦伯曰："晋国和乎？"对曰："不和。小人耻失其君，而悼丧其亲；不惮征缮，以立圉也。曰：'必报仇，宁事戎狄。'君子爱其君而知其罪，不惮征缮以待秦命，曰：'必报德，有死无二。'以此不和。"秦伯曰："国谓君何？"对曰："小人戚，谓之不免；君子恕，以为必归。小人曰：'我毒秦，秦岂归君！'君子曰：'我知罪矣，秦必归君！贰而执之，服而舍之；德莫厚焉，刑莫威焉。服者怀德，贰者畏刑。此一役也，秦可以霸。纳而不定，废而不立，以德为怨。秦不其然？'"秦伯曰："是吾心也。"改馆晋侯，馈七牢焉。（同上）

㉕【汇校】

　　王叔岷：按：《列女传》"之"作"以"，"之"犹"以"也，前已有说。（《史记斠证·秦本纪》）

【汇注】

　　裴　骃：贾逵曰："诸侯雍饩七牢。牛一、羊一、豕一，为一牢也。"（《史记集解·秦本纪》）

【汇评】

　　孙　琮：收局最紧。（《山晓阁史记选·秦本纪》）

㉖【汇校】

　　梁玉绳：按：《晋语》秦伯曰："寡人之嫡此为才"，则怀嬴是穆公之女也，此与《晋世家》言"宗女"非。（《史记志疑·秦本纪》）

　　王叔岷：按：《晋世家》云："缪公以宗女五人妻重耳，故子圉妻与往。"《六国年表·序》云："太史公读《秦记》。"又云："秦既得意，烧天下诗书……独有《秦记》。"史公记秦事不能不参验《秦记》。窃疑此文及《晋世家》之称"宗女"，乃本之《秦记》，盖怀嬴既妻子圉，又妻重耳，《秦记》讳言穆公女也。（《史记斠证·秦本纪》）

【汇注】

　　程馀庆：缪公女。（《历代名家评注史记集说·秦本纪》）

㉗【汇注】

　　张守节：晋河西八城入秦，秦东境至河，即龙门河也。（《史记正义·秦本纪》）

　　陈蒲清：东至河：东面直抵黄河。照应了前面"子孙饮马于河"的预言。（引自王利器主编《史记注译·秦本纪》）

【汇评】

　　吴见思：一结。秦七盛。（《史记论文·秦本纪》）

十八年①，齐桓公卒②。二十年③，秦灭梁、芮④。

① 【汇校】

梁玉绳：齐桓卒于秦穆十七年，此误。（《史记志疑·秦本纪》）

张　照：《春秋》经：僖十七冬十有二月乙亥，齐侯小白卒。是年，于秦穆亦为十七年。（《钦定史记·秦本纪·考证》）

② 【汇注】

陈士元：桓公多内宠，五公子皆求立，桓公病卒，五公子争立，相攻，桓公尸在床六十七日，尸虫出户。孝公元年八月，始葬桓公。（引自《湖海楼丛书·论语类考》卷九《齐桓公》）

【汇评】

吴见思：齐事插序。（《史记论文·秦本纪》）

③ 【汇校】

梁玉绳：《书》书秦灭梁于十九年，是此误在二十年也。至芮国之灭，则不可考。《左传》桓四年《疏》曰"不知谁灭之"。无锡顾氏栋高《春秋大事表》引《汲冢书》，灭芮在秦穆公二年（今《竹书》无之，当是引《路史·国名纪》注也，见卷五），亦与《史》不合。《通志·氏族略》云芮为晋所灭，又未知何据。（《史记志疑·秦本纪》）

张　照：僖十九年《左传》，秦遂取梁。《年表》亦载入秦穆十九年，与《传》同。（《钦定史记·秦本纪·考证》）

④ 【汇注】

左丘明：初，梁伯好土功，亟城而弗处，民罢而弗堪，则曰"某寇将至"。乃沟公宫，曰："秦将袭我。"民惧而溃，秦遂取梁。（《左传》僖公十九年）

司马迁：梁伯好土功，治城沟，民力罢，怨，其众数惊，曰"秦寇至"，民恐惑，秦竟灭之。（《史记·晋世家》）

张守节：梁、芮皆在同州。秦得其地，故灭二国之君。（《史记正义·秦本纪》）

刘文淇：《年表》：秦穆公十九年，灭梁，梁好城，不居，民罢，相惊。《晋世家》：十年，秦灭梁。梁伯好土功，治城沟，民力罢怨，是其事也。《新序》梁伯湎于酒，淫于色，心惛而耳塞。好为高城而不居，民罢甚。此刘子政说。湎酒淫色，心惛耳塞，乃《谷梁》说。好为土功，则《左》《谷》意同者。子政盖取《左氏》说证《谷梁》。（《春秋左氏传旧注疏证》僖公十九年）

张永禄："芮"古国名。姬姓。一作"内"。周文王时建立的诸侯国。在今陕西大荔县南。《诗·大雅·绵》"虞芮质厥成"。公元前640年为秦所灭。《朝邑县志》载："古芮国，在雷首山正西，今洛河西岸是，半入于河。"（《汉代长安词典》一《地理环境·芮》）

【汇评】

凌稚隆：按：上两书梁伯、芮伯来朝。至此书"秦灭梁、芮"，不特文字叫应，有深意在。（《史记评林·秦本纪》）

顾栋高：秦国以西陲小国，乘周之乱，逐戎有岐山之地，是时兵力未盛，西周故物，未敢觊觎也。值平、桓懦弱，延及宁公、武公、德公，以次蚕食，尽收虢郑遗地之在西畿者，垂及百年。至穆公遂灭芮，筑垒为王城，以塞西来之路，而晋亦灭虢，东西京隔绝。由是据丰镐故都，判然为敌国，与中夏抗衡矣。然灭滑，而滑为晋有，不能越崤函以东一步，灭鄀，而鄀为楚有，不能越武关以南一步，其地有凤翔府、延安府、平凉府、秦州、西安府、商州、同州府、乾州，不越陕西一省，其同州府与商州之地，犹与晋秦错壤。（《春秋大事表》卷四《春秋列国疆域表·秦疆域论》）

牛运震："二十年，秦灭梁、芮"。按：上文两纪梁、芮来朝，则灭梁、芮之失自见，此书法之妙也。（《史记评注·秦本纪》）

刘咸炘："秦灭梁、芮"：凌稚隆曰：上两书梁伯、芮伯来朝，此书灭梁、芮，不特文字叫应，有深意在。按此乃事之本然，文之当然，即非史公，亦必如是书者也。以为特笔则赘。明人所拈书法多类此，今悉不取。（《太史公书知意·秦本纪》）

二十二年，晋公子圉闻晋君病，曰："梁，我母家也①，而秦灭之。我兄弟多，即君百岁后②，秦必留我，而晋轻③，亦更立他子。"子圉乃亡归晋。二十三年，晋惠公卒，子圉立为君④。秦怨圉亡去，乃迎晋公子重耳于楚，而妻以故子圉妻⑤。重耳初谢，后乃受。缪公益礼，厚遇之。二十四年春，秦使人告晋大臣，欲入重耳。晋许之，于是使人送重耳⑥。二月，重耳立为晋君，是为文公⑦。文公使人杀子圉⑧，子圉是为怀公。

① 【汇注】
张守节：子圉母，梁伯之女也。（《史记正义·秦本纪》）

② 【汇注】
陈蒲清：即：若，如果。百岁后：指死。（引自王利器主编《史记注译·秦本纪》）

③ 【汇注】
吴见思：而"晋轻"者，盖曰晋以我无母家而轻我也。映上方有情。（《史记论

文·秦本纪》）

郭嵩焘：按：晋轻者，盖虑其薄视己，以兄弟多，惟所立视己之去留为轻也。（《史记札记·秦本纪》）

④【汇校】

李　笠：按："是为怀公"四字，疑在"子圉立为君"之下，与"重耳立为晋君，是为文公"，语正相似，后人误移于此，而衍"子圉"二字耳（下文"是为康公""是为惠公""是为简公"等俱紧承"立"字，可证此误）。（《广史记订补》卷二《秦本纪》）

⑤【汇注】

杜　预：怀嬴，子圉妻。子圉，谥怀公，故号为怀嬴。（《春秋左传注》僖公二十三年）

⑥【汇评】

吴见思：序事简净。（《史记论文·秦本纪》）

⑦【汇注】

陈士元：朱子曰："晋文公名重耳。"元按：晋文公，献公之子。《晋世家》云：献公即位，重耳年二十一岁矣。献公伐骊，得骊姬，生子奚齐。献公有意废太子申生，乃使申生居曲沃，公子重耳居蒲，公子夷吾居屈。献公与骊姬子奚齐居绛。骊姬谗申生，申生自杀。重耳、夷吾来朝，骊姬又谗之，于是重耳走蒲，夷吾走屈。献公使兵伐蒲，重耳遂奔翟，夷吾奔梁。献公卒，属奚齐于荀息。里克欲纳重耳，乃杀奚齐。齐使人迎重耳，重耳畏杀，不敢入，乃迎夷吾而立之，是为惠公。惠公欲使人杀重耳，重耳闻之，如齐。惠公卒，子圉立，是为怀公。秦怨子圉，乃发兵纳重耳，使人告栾郤之党为内应，杀怀公于高梁。重耳立，是为文公。重耳自少好士，有贤士五人，曰赵衰、狐偃咎犯、贾佗、先轸、魏武子，重耳出亡十九岁而得入，年六十二即位。（引自《湖海楼丛书·论语类考》卷九《晋文公》）

【编者按】重耳在外流亡十九年，在秦穆公帮助下返回晋国，立为国君，其过程详见《左传·僖公二十四年》及《史记·晋世家》。

⑧【汇注】

左丘明：戊申，使杀怀公于高梁。不书，亦不告也。（《左传》僖公二十四年）

司马迁：杀怀公于高梁。（《史记·晋世家》）

杜　预：怀公奔高梁。高梁在平阳杨县西南。再发不告者，言外诸侯入，及见杀，亦皆须告，乃书于策。（《春秋左传注》僖二十四年）

其秋，周襄王弟带以翟伐王，王出居郑①。二十五年，周王使人告难于晋、秦。秦缪公将兵助晋文公入襄王，杀王弟带②。二十八年，晋文公败楚于城濮③。三十年，缪公助晋文公围郑④。郑使人言缪公曰⑤："亡郑厚晋，于晋而得矣⑥，而秦未有利。晋之强，秦之忧也。"缪公乃罢兵归。晋亦罢。三十二年冬，晋文公卒⑦。

① 【汇注】
张守节：王居于氾邑也。（《史记正义·秦本纪》）
张习孔：前636年，乙酉，周襄王十七年，鲁僖公二十四年，秦穆公二十四年……襄王奔氾。襄王王后隗氏私通王子带，襄王废之。狄怒，与王子带共攻襄王，败王师，获周公忌父、原伯、毛伯、富辰，襄王出奔于氾（今河南襄城南）。（《中国历史大事编年·春秋》）
又：周襄王遣使告难于晋、秦、鲁等诸侯。（同上）
【编者按】《周本纪》云："初，惠后欲立王子带，故以党开翟人，翟人遂入周。襄王出奔郑，郑居王于氾。"郑邑有南氾与东氾之别。南氾在今河南襄城之南；东氾在今河南中牟县。《左传·僖公二十四年》"王出适郑，处于氾"，《注》曰："郑南氾也，在襄城县南。"

② 【汇校】
梁玉绳："秦缪公将兵助晋文公入襄王，杀王弟带"。按：《左传》云"晋侯辞秦师而下"，《晋语》子犯云"秦将纳之，则失周矣"，是秦未尝助晋纳王也。《晋世家》与《左氏》合，此误。（《史记志疑·秦本纪》）
【汇注】
左丘明：秦伯师于河上，将纳王。狐偃言于晋侯曰：求诸侯莫如勤王（杜预注：勤，纳王也）。诸侯信之，且大义也，继文之业（《正义》言欲继文侯之功业，而使信义宣布于诸侯，今日纳王是为可矣）。而信宣于诸侯，今为可矣。……晋侯辞秦师而下。三月甲辰，次于阳樊，右师围温，左师逆王。夏四月丁巳，王入于王城，取大叔于温，杀之于隰城。（《左传》僖公二十五年）
司马迁：秦军河上，将入王。赵衰曰："求霸莫如入王尊周。周、晋同姓，晋不先入王，后秦入之，毋以令于天下。方今尊王，晋之资也。"三月甲辰，晋乃发兵至阳樊，围温，入襄王于周。四月，杀王弟带。周襄王赐晋河内阳樊之地。（《史记·晋世家》）

【汇评】

程馀庆：缪公生平之事，惟此举足传。（《历代名家评注史记集说·秦本纪》）

③【汇注】

张守节：卫地也，今濮州。（《史记正义·秦本纪》）

张习孔：前632年，己丑，周襄王二十一年，鲁僖公二十八年，晋文公五年……楚成王四十年，秦穆公二十八年，春，晋伐曹、卫。晋侯将救宋，狐偃曰："楚始得曹，而新婚于卫，若伐曹、卫，楚必救之，则齐、宋免矣。"遂伐曹、卫，取卫五鹿（今河南濮阳南）；入曹，执曹共公。是时，齐侯、秦小子慭皆来会晋师；鲁亦背楚附晋。楚成王"知难而退"，入居于申（今南阳市）；命申公叔侯自谷撤军；命子玉解宋围。子玉不肯。（《中国历史大事编年·春秋》）

又：城濮之战。楚将子玉使宛春告于晋君，曰："请复卫侯而封曹，臣亦释宋之围。"晋私许曹、卫以间楚：而执宛春以激子玉。子玉怒，以逼晋师。晋师退避三舍，至于城濮（卫地，今山东鄄城西南）。以车七百乘而与楚师战。子玉将中军曰："今日必无晋矣。"子西将左，子上将右。晋胥臣以虎皮蒙马，先犯陈、蔡。陈、蔡军奔，楚右师溃（陈、蔡属右师）。晋栾枝率下军伪遁诱敌，楚左师追之，先轸、郤溱以中军横击之，狐毛、狐偃又以上军夹攻，楚左师溃。子玉收兵而止，故中军不败。楚师归，子玉自杀。（同上）

【汇评】

吴见思：晋事插序。晋之盛乃秦之力也，且与上下文映照。（《史记论文·秦本纪》）

④【汇注】

张守节：《左传》云，僖公三十年，晋侯、秦伯围郑。杜预云："文公过郑，郑不礼之。"（《史记正义·秦本纪》）

⑤【编者按】"使人"，人即郑大夫烛之武也。《左传·僖公三十年》载曰："九月，甲午，晋侯、秦伯围郑，以其无礼于晋，且贰于楚也。晋军函陵，秦军氾南。佚之狐言于郑伯曰：'国危矣，若使烛之武见秦君，师必退。'公从之。辞曰：'臣之壮也，犹不如人。今老矣，无能为也已。'公曰：'吾不能早用子，今急而求子，是寡人之过也！然郑亡，子亦有不利焉。'许之。夜缒而出。见秦伯曰：'秦、晋围郑，郑既知亡矣，若亡郑而有益于君，敢以烦执事。越国以鄙远，君知其难也。焉用亡郑以倍邻。邻之厚，君之薄也。若舍郑以为东道主，行李之往来，共其乏困，君亦无所害。且君尝为晋君赐矣，许君焦、瑕，朝济而夕设版焉，君之所知也。夫晋，何厌之有？既东封郑，又欲肆其西封，若不阙秦，将焉取之？阙秦以利晋，唯君图之。'秦伯说，与郑人盟，使杞子、逢孙、杨孙戍之，乃还。"

⑥【汇注】

李　笠：按：上"而"字与"则"同。王引之《经传释词》七云："而犹则。《易·系传》曰：'君子见几而作，不俟终日。'言见几则作也。僖十五年《左传》曰：'何为而可？'言何为则可也。"准此，则于晋而得矣，亦言于晋则得也。或疑上"而"字为衍，未然。（《广史记订补》卷二《秦本纪》）

王叔岷：按上"而"字与"为"同，"于晋而得"犹言"于晋为得"。《李斯列传》："故徇人者贱；而人所徇者贵。"而亦与为同义。（《史记斠证·秦本纪》）

张家英："而"字是一个用得广泛而且灵活的虚词；上引例句中即用了两个，关键是上一个。王引之《经传释词》卷七"而"字条有："而，犹'则'也。《易·系辞传》曰：'君子见几而作，不俟终日。'言见几则作也。僖十五年《左传》曰：'何为而可？'言何为则可也。襄十八年《传》曰：'若可，君而继之。'言君则继之也。《楚语》曰：'若防大川焉，溃而所犯必大矣。'言溃则所犯必大也。"又："《丧服小记》有'五世而迁之宗'，《大传》'而'作'则'。《乐记》：'喜则天下和之，怒则暴乱者畏之。'《荀子·乐论》篇'则'作'而'。《孟子·公孙丑》篇：'可以仕则仕，可以止则止，可以久则久，可以速则速。'《万章》篇'则'作'而'。《燕策》：'然而王何不使布衣之人以穷齐之说说秦？'《史记·苏秦传》'然而'作'然则'。"《史记》中也有这类例子。现在且举二例：

（1）《樗里子甘茂列传》：秦武王三年，谓甘茂曰："寡人欲容车通三川，以窥周室，而寡人死不朽矣。"（2311）

（2）《季布栾布列传》：当是之时，彭王一顾，与楚则汉破，与汉而楚破（2734）。前一例"而寡人死不朽矣"，即"则寡人死不朽矣"；后一例中，上下句"则"与"而"对举。它们都说明："而"犹"则"也。（《〈史记〉十二本纪疑诂·秦本纪》）

⑦【汇注】

左丘明：冬，晋文公卒。庚辰，将殡于曲沃。出绛，柩有声如牛。卜偃使大夫拜，曰："君命大事，将有西师过轶我，击之，必大捷焉。"杞子自郑使告于秦，曰："郑人使我掌其北门之管，若潜师以来，国可得也。"穆公访诸蹇叔。蹇叔曰："劳师以袭远，非所闻也。师劳力竭，远主备之，无乃不可乎？师之所为，郑必知之，勤而无所，必有悖心，且行千里，其谁不知！"公辞焉。召孟明、西乞、白乙，使出师于东门之外。蹇叔哭之，曰"孟子！吾见师出而不出其入也！"公使谓之曰："尔何知？中寿，尔墓之木拱矣。"蹇叔之子与师，哭而送之，曰："晋人御师必于殽，殽有二陵焉。其南陵，夏后皋之墓也；其北陵，文王之所避风雨也。必死是间，余收尔骨焉。"秦师遂东。（《左传》僖公三十二年）

【汇评】

李　廉：晋文以二十四年入国，至二十八年城濮始主伯。迄三十二年，凡五年。李氏曰：晋有二文之业，盖文侯、文公也。《书》录《文侯之命》，捍王于艰，锡以秬鬯，为东周贤侯。《春秋》详文公之伯，盖文侯家法也。文公之兴，其事易于齐桓，固有自来矣。然文公既入国，而事之不载于经者，凡四年。虽以纳王之懿功，削而不见，至二十八年，一简之中，乃五挈晋侯不以为繁，何哉？盖自武公以支代宗，并吞专立读《无衣》之诗，虽晋之臣民，不能自安也。《春秋》为是黜晋不书。文公奔而复国，内何所承？上何所禀？经复略之。勤王固为大美，然特以求诸侯之利心而为之，岂真知有君臣之义哉？至二十八年，晋楚之事，乃关中外之盛衰，非系一国之得失。《春秋》抑楚之深，故与晋之亟，则晋亦不为元绩于列国矣。此其与桓公并称欤！大抵桓、文虽并称，而文固非桓匹也。桓公二十余年，蓄威养晦，始能问罪于楚；文公一驾，而城濮之功多于召陵，桓公屡盟屡会，迟迴晚岁，始会宰周公，文公再合，而温之事敏乎葵丘。桓公会鄄失鲁，盟幽失卫，首止失郑，葵丘失陈，文公三会，而大侯小伯，莫有不至。其得诸侯，又盛乎桓公。而曰"文非桓匹"，何也？文公之功多于桓公者，罪亦多于桓公也。事速就乎桓公者，义尤坏乎桓公者也。名盛乎桓公者，实衰乎桓公者也。《春秋》不以功盖罪，不以事掩义，不以名诬实，此其非桓匹欤！桓公得江黄而不用于伐楚，文公谓非致秦，则不可与楚争，楚抑而秦兴矣。此桓公之所以不肯为也！桓公会则不迩三川，盟则不加王人，文公会畿内，则伉矣，盟子虎则悖矣！此桓公之不敢为也。桓公宁不得郑，不纳子华，惧其奖臣抑君，不可以训；文公为元咺执君，则三纲五常于是废矣。此又桓公不忍为也。夫子正谲之辨，独不深切著明哉！（《春秋诸传会通》卷六《冬十有二月己卯晋侯重耳卒》）

吴见思：晋事插叙，伏下灭滑事。（《史记论文·秦本纪》）

郑人有卖郑于秦曰①："我主其城门，郑可袭也。"缪公问蹇叔、百里傒②，对曰："径数国千里而袭人，希有得利者。且人卖郑，庸知我国人不有以我情告郑者乎？不可③。"缪公曰："子不知也，吾已决矣。"遂发兵，使百里傒子孟明视、蹇叔子西乞术及白乙丙将兵④。行日，百里傒、蹇叔二人哭之⑤。缪公闻，怒曰⑥："孤发兵，而子沮哭吾军⑦，何也？"二老曰："臣非敢沮君军⑧。军行，臣子与往⑨，臣老，迟还恐不相见，故哭耳⑩。"二老退谓其子曰："汝军即败，必于殽陀矣⑪。"三十三年春，秦兵遂东⑫，更晋地⑬，过周北门。周王孙满曰："秦师无礼⑭，不败何待⑮！"兵至滑⑯，郑贩卖贾人弦高⑰，持十二牛将卖之周，见秦兵，恐死虏⑱，因献其牛⑲，曰："闻大国将诛郑，郑君谨修守御备，使臣以牛十二劳军士⑳。"秦三将军相谓曰："将袭郑，郑今已觉之㉑，往无及已㉒。"灭滑㉓。滑，晋之边邑也。

① 【汇校】
牛运震：袭郑之谋，发自杞子，《史记》作"郑人卖郑于秦"，似无所据。（《读史纠谬》卷一《史记·秦本纪》）
程馀庆：按《左传》，"卖郑者"即秦所使戍郑之杞子。此云"郑人"，误。（《历代名家评注史记集说·秦本纪》）
【汇注】
梁玉绳：卖郑者即戍郑之秦大夫杞子也，而此与《晋世家》以为郑人，何欤？据《郑世家》或者郑司城缯贺与杞子比而卖郑乎？（《史记志疑·秦本纪》）
【编者按】《史记·郑世家》曰："往年郑文公之卒也，郑司城缯贺以郑情卖之，秦兵故来。三年，郑发兵从晋伐秦，败秦兵于汪。"而《左传》则云卖郑者则为秦大夫杞子。《僖公三十二年》曰："杞子自郑使告于秦曰：'郑人使我掌其北门之管，若潜师以来，国可得也。'……缯贺、杞子或皆为坐探。"

② 【汇注】
王士俊：百里奚庙，在通许县西三十里。（《河南通志》卷四十八《祠祀》）
梁玉绳：蹇叔始见《左·僖三十二》，蹇姓，亦曰蹇叔子，岐州人。（《汉书人表考》卷四《蹇叔》）
【汇评】
蔡　云：百里奚，按蒙毅言缪公罪奚耳，应劭直云杀之，诬甚。穆能悔违蹇叔，不罪孟明，而于社稷之圣臣，独置之死地邪？若奚之去虞相秦，孟子盛称其知，乃以耄年就戮，见几者果如是邪？考为古人辩诬多矣，何此则大书之？（《汉书人表考校补》）
又：又按：《索隐述赞》，称为里奚，亦可证百里非复姓也。（同上）
又：又按：僖十三年，百里语老成厚重，足愧子桑，若谓此即孟明，恐仡仡勇夫，无此语气。（同上）

③【汇注】

　　王叔岷：按：径借为经，《释名·释道》："径，经也。"（《史记斠证·秦本纪》）

【汇评】

　　魏　禧：秦人之袭郑也，与二三大臣，阴谋于戟门之内。千里袭人，然晋人知其出师之故，其君臣之谋议，所以从违之意，皆得而知之，如耳闻而面命然。古人之于敌，固未有不用间而能成功也。……夫用间而仅谍事以告，争胜负于一时，此亦策之最下者。世之为将者，则并举其下策而弃之也。（《殽之战论》其二，引自《历代史事论海》卷六）

　　牛运震："庸知我国人不有以我情告郑者乎？"按：此长句脱换《左氏》，极有笔力！（《史记评注·秦本纪》）

　　孙　琮：补《左传》，妙！（《山晓阁史记选·秦本纪》）

④【汇校】

　　王叔岷：按：梁氏所引杜预《世族谱》，本《左》僖三十二年《传》孔疏。《淮南子·人间篇》孟明作孟盟，明、盟古通，许慎注："孟盟，伯里奚之子也（伯、百古通）。"与此合。《晋世家》西乞术作西乞秋（《御览》三二三引秋作术），术、秋古通。《御览》三八三引曰上亦重行字，"使百里傒"至"将兵行"为句。"行日"为句。（《史记斠证·秦本纪》）

【汇注】

　　徐孚远：《左传》不言西乞术为蹇叔子也，但云蹇叔哭其子耳，未知史迁何所本。（《史记测议·秦本纪》）

　　牛运震：百里孟明视，《左传》本有明文，则孟明，百里奚子也。西乞术无所见为蹇叔子。袭郑之役，《左传》但言蹇叔之子与师，亦未执是西乞术，《史记》直以西乞术为蹇叔子，未知何据？（《读史纠谬》卷一《史记·秦本纪》）

　　张　照：《吕氏春秋》：蹇叔有子曰申，与视与师偕行。高诱注曰：申，白乙丙也。视，孟明视也。《左传·疏》曰：《世族谱》以百里孟明视为百里奚之子，则姓百里，名视，字孟明也。古人言名字者，皆先字手名而连言之。其术、丙必是名西乙，白乙或字或氏，不可明也。或以为西乞术、白乙丙为蹇叔子，按传称蹇叔之子与师，言其在师中而已。若是西乞、白乙则为将帅，不得云与也。或说必妄记异闻耳。王若虚《辨惑》曰：秦穆公伐郑之役，考之《左传》，其谏而止之，哭而送其子者，独蹇叔而已。故晋原轸曰："秦违蹇叔，而以贪勤民。"穆公曰："孤违蹇叔，以辱二三子。"何尝有百里奚预其间哉？而司马迁记此，以为二老同辞，不知其何据也。《左氏》云："公召孟明视、西乞术、白乙丙，使出师。"又云："蹇叔之子与师，蹇叔谓孟子曰：'孟子！吾见师之出而不见其入也。'哭送其子曰：'吾收尔骨焉。'"盖孟明辈自为将帅,而蹇叔之子,则士卒之属也。此亦不相涉,而迁以孟明为百里奚子,西乞、白乙为蹇叔子,又何邪?或曰:孔《疏》引《世族谱》云:"或谓西乞术、白乙丙为蹇叔子,安知子长别无所据,而必以《左氏》为质乎?曰:此或有之。然是役也,主其谋者,孟明也。再败不沮,卒以得逞,使果为百里奚子,何奚能苦谏其君而无一言以罪其子也?以《书》观之,穆公自殽败归,即作《秦誓》,以自悔而迁,以为取王官封殽尸之后,不亦异乎?又云:君子闻之,皆为垂涕曰:"嗟乎!秦穆之与人周也。"按:《左氏》曰:"君子是以知秦穆之为君也,举人之周也。"与人之一也,至于孟明子桑,皆有赞美之辞。凡《左》氏所谓君子者,盖假之为褒贬之主,而非指乎当时之士也。安有所谓闻之垂涕者哉?(《钦定史记·秦本纪·考证》)

梁玉绳:孟明始见《左·僖三十三》、孟明视始见《文二》,亦曰百里孟明视,亦曰孟子,亦曰子明,又作孟盟,姓百里,名视,字孟明。(《汉书人表考》卷四)

又:西乞始见《僖三十二》,术始见《春秋·文十二》,西乞术始见《僖三十三》,术是名,又作遂,又作秫。西乞复姓,又作西乙。按《史·秦纪》以术为蹇叔子,杜《世族谱》辨其妄,盖与《唐书·世系表》以西乞为孟明子同谬。又《表》于秦三帅无白乙丙,必转写脱落也。(同上)

梁玉绳:史公叙袭郑之事依《公》《谷》,故与《左传》异,然《公》《谷》但云二老哭送其子而已,未尝谓三帅即其子也,乃《史》取而实之。《杜世族谱》以术、丙、蹇叔子为妄记异闻,甚是,而杜因《左传》称百里孟明视,《谱》遂以孟明是奚之子,亦未可全信。《吕氏春秋·悔过篇》蹇叔有子曰申与视(注申,白乙丙),又以孟明视为蹇叔子。《唐书·宰相世系表》更以西乞、白乙为孟明子,踵谬仍讹,真《史通》所谓"李代桃僵"者矣。(《史记志疑·秦本纪》)

郭嵩焘:使百里傒子孟明视,蹇叔子西乞术及白乙丙将兵。按《左传》不言孟明为百里傒子,西乞为蹇叔子,以有"蹇叔之子与师"之文,而于殽之役称"百里孟明视",因从而为之词,此特史公附会以成文耳。(《史记札记·秦本纪》)

【汇评】

汪之昌:秦穆违蹇叔之忠言,信杞子之诡计,远袭郑国,轻挑晋衅,卒致匹马只轮无还者,咎由自取。适以为率尔用兵者戒,吾谓此犹未离乎成败论事之见。秦穆袭郑之失计,不待言;而所以启秦之觊觎,则郑亦不得辞其责。秦僻在西戎,自入春秋来罕与东诸侯交涉。至城濮之战,晋文一用之以胜楚,犹可谓藉以制强悍之楚也。再用之以围郑,蕞尔郑国,亦有若藉于秦之声威,吾知秦由是而始有轻量霸国,而益启其窥东夏之图。即围郑之役,郑用烛之武说秦穆,背晋而与秦盟,一似晋不足恃而求庇于秦,秦穆闻越国鄙远之难,遽与郑盟,初无得郑之心,并使杞子、逢孙、杨孙成之,则且谋所以保郑,而唯恐他国之有不利于郑,焉有不旋踵而思袭郑之理?乃郑无端以北门管钥付诸秦戍卒，有所为而为之欤？抑无所为而为之欤？夫郑与秦非若唇齿之相依也，又非有婚姻之旧也，前年军于函陵，虽为晋讨，非秦本谋然。既与郑相见以干戈，则亦寇仇矣，幸烛之武善为说辞，得释重困，即曰盟而置戍，庸讵知非以戍守为名隐以伺郑国之隙？敌所谓利则进，何盟之有？当日大灭小、强陵弱，居心设谋，正不独嬴秦为然。(《青学斋集》卷九《秦穆袭郑论》)

又：是秦穆此举，为秦计未可全谓之非。且郑亦幸而弦高使遽告耳，否则杞子、逢孙、杨孙等厉兵秣马束载以俟于国之内，孟明西乞术、白乙丙等率出秦东门，过周北门之师，及超乘之三百乘，突攻于外，起仓猝而合声势，恐郑将岌乎难支。郑即不终为秦有，郑要已为秦灭矣。且亦幸而孟明尚思全师而还，姑灭滑而止耳。设孟明计此行之业已入险，断难幸脱，异日洛河焚且之志即用诸袭郑之时。兵法有之："陷之死地而后生，置之亡地而后存。"既一战而灭滑者，夫安见乘胜而不能败郑？破敌旋归，士气自信，晋虽御师于殽，胜负之数未可知。所惜戍郑者无谋，而袭郑者又不能军，多遗晋禽，适以贻后来口实已！虽然，袭郑之役在秦穆，无解于轻举妄动而启袭郑之心者，谁为之哉！(同上)

⑤【汇校】

王若虚：秦穆公伐郑之役，考之《左传》，其谏而止之，哭而送其子者，独蹇叔而已。故晋原轸曰："秦违蹇叔，而以贪勤民。"穆公曰："孤违蹇叔，以辱二三子。"何尝有百里奚预其间哉？而司马迁记此以为二老同辞，不知其何据也。《左氏》云：父召孟明、西乞术、白乙丙，使出师。又云：蹇叔之子与师。蹇叔谓孟子曰："孟子！见吾师之出而不见其入也。"哭送其子曰："吾收尔骨焉。"盖孟明辈自为将帅，而蹇叔之子则士卒之属也。此亦不相涉，而迁以孟明为百里奚子，西乞、白乙为蹇叔子，又何邪？或曰：《孔疏》引《世族谱》云：或谓西术、白乙丙为蹇叔子，安知子长别无所据而必以左氏为质乎？曰：此或有之。然是役也，主其谋者，孟明也。再败不沮，卒以得逞，使果为百里奚子，何奚能苦谏其君而无一言以罪其子也。以《书》观之，穆公自殽败归，即作《秦誓》以自悔，而迁以为取王官、封殽尸之后，不亦异乎？又云："君子闻之，皆为垂涕，曰：'嗟乎！秦缪之与人周也'。"按《左氏》云："君子是以知秦穆之为君也，举人之周也；与人之壹也。"至于孟明、子桑，皆有赞美之辞。凡《左氏》所谓君子者，盖假之以为褒贬之主，而非指乎当时之士也。安有所谓闻之垂涕者哉？(《滹南遗老集》卷九《史记辨惑》)

【汇评】

苏　辙：秦穆公东平晋乱，西伐诸戎，有伯者之风矣。然听杞子之计，违蹇叔而用孟明，千里袭郑，覆师于殽，虽悔过自誓，列于《周书》，而不能东征诸夏，以终成伯业。於乎！穆公贤君也。兵一不义，而几至于狼狈，不能与桓文齿，而况其下乎！

（引自《史记评林·秦本纪》）

⑥【汇校】

张文虎："缪公闻，怒曰"，《御览》三百八十三引作"缪公闻而怒曰"。（《校刊史记集解索隐正义札记·秦本纪》）

⑦【汇注】

张守节：沮，自吕反。沮，毁也。《左传》云蹇叔哭之曰："孟子，吾见师之出，不见其入也。"（《史记正义·秦本纪》）

⑧【汇评】

牛运震："臣非敢沮君军"云云。按：此又参用《谷梁传》语，然略一改换，确是《史记》语脉。（《史记评注·秦本纪》）

⑨【汇注】

张守节：与，音预。（《史记正义·秦本纪》）

⑩【汇校】

王叔岷：按：《御览》三八三引"见"作"及"。（《史记斠证·秦本纪》）

【汇注】

吕不韦：昔秦缪公兴师以袭郑。蹇叔谏曰："不可。臣闻之，袭国邑，以车不过百里，以人不过三十里，皆以其气之趫与力之盛至，是以犯敌能灭，去之能速。今行数千里，又绝诸侯之地以袭，臣不知其可也。君其重图之。"缪公不听也。蹇叔送师于门外，而哭曰："师乎，见其出，而不见其入也。"蹇叔有子，曰申与视，与师偕行。蹇叔谓其子曰："晋若遏师必于殽，女死不于南方之岸，必于北方之岸，为吾尸女之易。"缪公闻之，使人让蹇叔曰："寡人兴师，未知何如？今哭而送之，是哭吾师也。"蹇叔对曰："臣不敢哭师也。臣老矣，有子二人，皆与师行。此其反也，非彼死则臣必死矣。是故哭。"（《吕氏春秋·先识览·悔过》）

张家英：《卫将军骠骑列传》有："迟明，行二百余里，不得单于。"《集解》引徐广曰："'迟'，一作'黎'。"《索隐》："上音值，待也。待天欲明，谓平明也。诸本多作'黎明'。邹氏云'黎，迟也'。"（2935～2936）《正义》亦谓："迟，音值。"是此"迟"字当读为 zhì。《广雅·释诂》亦有"黎，迟也"。王念孙《广雅疏证》卷四上引《史记·高祖本纪》《卫将军骠骑列传》与《左传·僖公二十三年》，证明"黎"与"迟"有"比、待"之义，即"比及，等到"的意思。（《〈史记〉十二本纪疑诂·秦本纪》）

⑪【汇注】

郦道元：（崤水）出河南崤山，西北流，水上有梁，俗谓之鸭桥也。历涧水东北流，与石崤水合，水出石崤山，山有二陵，南陵夏后皋之墓也，北陵文王所避风雨矣。

言山径委深，峰阜交荫，故可以避风雨也。秦将袭郑，蹇叔致谏而公辞焉。蹇叔哭子曰："吾见其出，不见其入，晋人御师必于崤矣，余收尔骨焉。"孟明果覆师于此。（《水经注》卷四《河水》）

张守节：殽音胡交反。阨，音厄。《春秋》云鲁僖公三十三年，晋人及姜戎败秦师于殽。《括地志》云："三殽山，又名嵚岑山，在洛州永宁县西北二十里，即古之殽道也。"（《史记正义·秦本纪》）

程馀庆：东崤山在河南府永宁县北六十里，西崤山在陕州东南七十里，二崤相去三十五里，路极险峻，即殽阨也。（《历代名家评注史记集说·秦本纪》）

王叔岷：按：即犹若也。（上文"即君百岁后，秦必留我。"即亦与若同义，王氏《释词》八已有说）（《史记斠证·秦本纪》）

【汇评】

邹泉：夫见其师之必败，以告其子，而不以情告君，又为儿女子哭泣，恋恋之态何为者耶？故君子谓殽之败百里奚，蹇叔亦有罪焉。不然，岂乘穆公之怒，二子亦有难于犯颜者耶？其视孙叔敖之谏庄王伐晋，不逮远矣（原注：庄王时，兴师伐晋，曰："敢谏者死。"叔敖不惧，谏之，遂寝兵。此据《史记》，并论二子。按《左传》独有蹇叔之哭对其子，有"收尔骨于二陵间"之语）。（《尚论编》卷四《秦百里奚蹇叔》）

曹射侯：余读二陵风雨之言，情结词惨，殆难为怀，是何异宫之奇"不腊"一语，特秦穆悔之不早耳。君子谓殽之役，穆远蹇叔也，非叔之咎。（引自《史评》卷一《穆公·附》）

⑫【汇注】

章衡："襄王"，癸巳二十四年，十二月己卯，晋文公薨，杞子自郑告于秦，使袭郑，蹇叔以为不可。秦伯不听。召孟明、西乞、白乙使出师。蹇叔哭之曰："吾见师之出，不见其入。"又曰："晋人御师必于崤。"秦师遂东。（《编年通载》卷一《周》）

颜克述：《史记辨惑》：秦穆公伐郑之役，考之《左传》，其谏而止之，哭而送其子者，独蹇叔而已。故晋原轸曰："秦违蹇叔，而以贪勤民。"穆公曰："孤违蹇叔，以辱二三子。"何尝有百里奚预其间哉！而司马迁记此，以为二老同辞，不知其何据也？（同书第六七页）按：此役经过，不独《左传》载之，亦见于《公羊》《谷梁》二传。《公》《谷》固明载"谏而止之，哭而送其子者"，有百里子与蹇叔。又《公羊传》载此役秦败之事云："晋人与姜人要之殽而击之，匹马只轮无反者。"《谷梁传》则为："晋人与姜戎要而击之殽，匹马倚轮无反者。"与《史记》所载"（晋）遮秦兵于殽击之，大破秦军，无一人得脱者"正是一致。《史记》亦据《公》《谷》甚明。王氏泥于《左传》，而谓史迁所载"不知其何据"，疏甚。（《王若虚〈史记辨惑〉质疑〈上〉》，

《中国历史文献研究集刊》第二集）

⑬【汇注】

李笠：按《广雅·释诂》三，"更，过也"。《汉书·张骞传》"欲通使道，必更匈奴中"，师古注曰："更，过也，音工衡反。"《司马相如传·上林赋》"丹水更其南"，义同。（《广史记订补》卷二《秦本纪》）

⑭【汇注】

张守节：《左传》云："秦师过周北门，左右免胄而下，超乘者三百乘。王孙满尚幼，观之，言于王曰：'秦师轻而无礼，必败。'杜预云：'王城北门也。'谓过天子门不卷甲束兵。超乘，示勇也。"（《史记正义·秦本纪》）

程馀庆：谓过天子门，不卷甲束兵，而超乘示勇也。（《历代名家评注史记集说·秦本纪》）

⑮【汇评】

孙琮：两"败"字相顾。（《山晓阁史记选·秦本纪》）

⑯【汇注】

张守节：滑，为八反。《括地志》云："缑氏故城在洛州缑氏县东二十五里，滑伯国也。韦昭云，姬姓小国也。"（《史记正义·秦本纪》）

程馀庆：故城在河南府偃师县南。（《历代名家评注史记集说·秦本纪》）

王恢：滑：在今河南偃师县南缑氏镇。《左》僖二十年（前640）"滑人叛郑而服于卫"，疑襄王使之，明年，郑伐滑。今秦灭之而不能有也。后属于周。（《史记本纪地理图考·秦本纪·韩原之战》）

又：滑，姬姓，国于费，《左》成十三年，晋吕相绝秦曰："殄灭我费滑。"即指此。（同上）

⑰【汇注】

皇甫谧：弦高者，郑人也。郑穆公时，高见郑为秦、晋所逼，乃隐不仕，为商人。及晋文公之返国也，与秦穆公伐郑，围其都。郑人私与秦盟而晋师退，秦又使大夫杞子等三人戍郑，居三年，晋文公卒，襄公初立，秦穆公方强，使百里、西乞、白乙率师袭郑，过周反滑，郑人不知。高将市于周，遇之，谓其友蹇曰："师行数千里，又数经诸侯之地，其势必袭郑，凡袭国者以无备也。示以知其情也，必不敢进矣。"于是乃矫郑伯之命，以十二牛犒秦师，且使人告郑为备。杞子亡奔齐，孟明等返，至都，晋人要击，大破秦师。郑于是赖高而存，郑穆公以存国之赏赏高，而高辞曰："诈而得赏，则郑国之政废矣。为国而无信，是败俗也。赏一人而败国俗，智者不为也。"遂以其属徙东夷，终身不返。（《高士传》卷上《弦高》）

张守节：卖，麦卦反。贾音古。《左传》作"商人"也。（《史记正义·秦本纪》）

王叔岷：按：僖三十三年《左传》及《公羊传》《淮南子·道应篇》《氾论篇》《晋世家》《郑世家》并载此事（又见《金楼子·说蕃篇》）。所称贾人仅弦高一人。《吕氏春秋·悔过篇》则为弦高、奚施二人，《淮南子·人间篇》为弦高、蹇他二人。许注："蹇他，弦高之党。"蹇他，疑即奚施也。（《史记斠证·秦本纪》）

⑱【汇评】

　　牛运震：弦高智士，能泄敌谋以弭国患，此非常贾人也。《史记》以为弦高"见秦兵，恐死虏"，岂不误看弦高耶！又《左氏》载弦高将市于周，不言卖牛，即使卖牛，亦牛必止持十二牛。今《史记》因《左氏》有"先牛十二"之语，遂以为弦高持十二牛卖之周，更误。（《读史纠缪》卷一《史记·秦本纪》）

⑲【汇评】

　　孙　琮：急智！（《山晓阁史记选·秦本纪》）

⑳【汇注】

　　程馀庆：按《淮南子》：孟明袭郑，贾人弦高、蹇他相与谋曰："凡袭国者，以为无备也。今示以知其情，必不敢进。"乃矫郑伯之命，以十二牛劳之。秦果还师，郑伯以存国之功赏高，高辞曰："诞而得赏，则郑国之信废矣。以不信得厚赏，义者弗为也。"遂与属徙东夷，终身不反。然则高诚贤者矣。（《历代名家评注史记集说·秦本纪》）

㉑【汇校】

　　王叔岷：按：《金楼子·说蕃篇》无"御"字，"使"作"令"。"御"字疑因"守"字联想而衍，《淮南子·人闲篇》下文云："三率（同帅）相与谋曰：凡袭人者，以为弗知；今已知之矣，守备必固。"彼言"守备"，犹此言"守备"也。（《史记斠证·秦本纪》）

㉒【汇校】

　　王叔岷：按：《金楼子》"今"作"人"。《吕氏春秋·悔过篇》作"未至而人已先知之矣"。《淮南子·道应篇》作"未至而人已知之"。（《史记斠证·秦本纪》）

㉓【汇注】

　　左丘明：三十三年，春，秦师过周北门，左右免冑而下，超乘者三百乘，王孙满尚幼，观之，言于王曰："秦师轻而无礼，必败。轻则寡谋，无礼则脱。入险而脱，又不能谋，能无败乎？"及滑，郑商人弦高，将市于周。遇之。以乘韦先，牛十二犒师。曰："寡君闻吾子将步师出于敝邑，敢犒从者。不腆敝邑，为从者之淹。居则具一日之积，行则备一夕之卫。"且使遽告于郑。郑穆公使视客馆，则束载厉兵秣马矣，使皇武子辞焉，曰："吾子淹久于敝邑，唯是脯资饩牵竭矣。为吾子之将行也，郑之有原圃，犹秦之有具囿也。吾子取其麋鹿以闲敝邑，若何？"杞子奔齐，逢孙、杨孙奔宋。孟明

曰："郑有备矣，不可冀也。攻之不克，围之不继，吾其还也。"灭滑而还。（《左传》僖公三十三年）

梁玉绳：《谷梁》曰"滑，国也。"考《春秋》庄十六年，滑伯始见于《经》，至此为秦所灭，故《经》书"秦人入滑"。其后成十三年晋使吕相绝秦，所谓"殄灭我费、滑"者，边邑云乎哉？（杜预《春秋释例·卷五·土地名》云"滑国都于费，河南缑氏县"）（《史记志疑·秦本纪》）

程馀庆：按是晋同姓国。（《历代名家评注史记集说·秦本纪》）

【汇评】

胡　宁：秦人灭滑而书"入"者，不能有地，非未灭之也。而肆其悖心，无故灭人之罪著矣。（《春秋传》卷六《春王二月秦人入滑》）

吴见思：用近调，全不袭《左》，收束简净。（《史记论文·秦本纪》）

当是时，晋文公丧尚未葬。太子襄公怒曰①："秦侮我孤，因丧破我滑。"遂墨衰绖，发兵遮秦兵于殽②，击之，大破秦军，无一人得脱者③。虏秦三将以归。文公夫人，秦女也④。为秦三囚将请曰："缪公之怨此三人入于骨髓⑤，愿令此三人归，令我君得自快烹之。"晋君许之，归秦三将⑥。三将至，缪公素服郊迎，向三人哭曰⑦："孤以不用百里傒、蹇叔言，以辱三子⑧，三子何罪乎？子其悉心雪耻，毋怠⑨。"遂复三人官秩如故，愈益厚之⑩。

①【汇评】

牛运震：击秦之谋，出自先轸，《史记》但云"太子襄公怒曰"云云，则为襄公之谋矣。（《读史纠谬》卷一《史记·秦本纪》）

②【汇校】

王叔岷：按：《金楼子》衰作缞，缞、衰正、假字。（《史记斠证·秦本纪》）

【汇评】

魏　禧：王者之师，计义而后动，伯者之师，计利而后动。苟有以自利其国，而卒免于后害，则违德拂义，顾有所不暇论，是则伯者之图也。昔者晋与秦有数大惠而无毫发之怨，晋无故而败秦师于殽，以先衅于强国。当是时，先轸以不哀吾丧而伐同姓为秦罪，且夫灭曹分卫，晋身为不道矣，而顾秦是责，何哉！夫予人者骄人，受人者制于人，此以知因人者之必不能免于自祸也。……且夫文公复国，既又用秦人之力，文公死而襄公立，是故以分则秦大父也，以德则造国者也。父死而孤立，则国家多难，安危治乱之一日也。晋之君臣，以为不立威则无以声诸侯，而眢秦人，非望之心，不战胜强国则无以立威。昔者齐桓公死，其子孝公因宋襄以定位，齐之后无复能伯诸侯者，则以孝公因人定位，不能立威故也。山西之国，最强莫如秦，秦有卢柳之恩，而又有韩原之威，今方过轶于殽，乘其阻而庎之，制胜万全，而无后虑，此先轸所谓天奉之一时，不可失也。于是卒败秦师，而伯诸侯，虽然悖天道，绝人理，足以动天下之兵，晋之不终覆于秦也，盖亦幸哉！（《殽之战论》，引自《历代史事论海》卷六）

彭翊：晋襄公伐秦，师于殽，获其三帅，原轸之谋也。于是秦晋构兵者数世。或以为先轸咎。彭子曰：善哉，先轸之谋国也，可谓见祸于未形矣！秦西戎之国也，自晋多故，始通华夏，文公感纳己之恩，使与于盟会，于是秦始有轻晋之心，而出兵于山东诸国。夫晋为盟主，东诸侯所恃为保障也。秦之敢于越晋而袭郑，而灭滑者，恃其有功于晋也。且其轻晋之心，已见于围郑、置戍时矣。故子犯请击于前，先轸兴师于后，老成谋国，计数世之患而不贪旦夕之安也。如是吾观秦之强弱，视乎晋之盛衰，而天下之安危系焉。全晋之时，力足以制秦，故春秋之天下，不知有秦；三晋之时，力不足以拒秦，故战国之天下，无不畏秦。终春秋，而天下不被秦兵者，先轸之力也。藉无先轸，则蚕食之祸，不待孝公商鞅之世矣。秦，强国也，穆公，英主也，得蹇叔、百里为之内，得孟明为之外，其雄长诸侯之心，岂尝一日而忘？晋遏其冲也。先轸深悉其祸，故毅然背秦施，弃死君而不讳。呜呼，轸亦人杰也哉！（《晋败秦于殽论》，引自《历代史事论海》卷六）

王赠芳：甚矣，伯者之爱名也！殽之役何名焉？"以伐吾同姓为名"，则昔者围郑之役，晋实会秦，今何以责秦？"以不哀吾丧为名"，则秦所袭者郑也，非晋也，何名之有？无名而动，而觊一胜以为利，是忿兵也，而秦于晋诚有大惠而无怨，何忿之有？故春秋无义战，而其无名可令，无怨可争，自挑其衅，以失大援者，则惟殽之战为甚，乌在其为伯者之师哉？夫利国者必量彼我之形，度远近之势，明成败之所终，究德怨之相寻，然后可以言利；若规尺寸之效，徒逞一日之欲，是则目不见睫者也。夫山西之国，秦为大，秦晋匹也，邻也，非若楚之风马牛不相及也。穆公非失德之君也，其臣亦谋人良士也，其为德于晋，宗庙社稷以之，非楚子女玉帛之小惠也；今过轶于殽，乘其阻而庎之，诚易易耳。试思一胜之后，秦果晏然而已乎？抑将悉其精锐，以期得一当乎？其尚能释两国之怨，而复修旧德乎？抑将世世为仇，而祸结无已时乎？追秦伐晋，取王官及郊，晋人不出，晋辱而秦霸矣。秦犹未已，即楚谋晋，日寻干戈，以相征讨，终春秋之世，以迄战，折入于秦而后已。是我弃力与言也，是我虐邻而召衅也，是我合秦与楚之交也，是我遗子孙之忧也。一无所利，而后害无穷。先轸之为此谋也，不但德义之弗讲，抑亦利害之罔顾，乃犹以为天奉之一时，不可失也，不亦谬哉！（《书魏叔子殽之战论后论》，引自《历代史事论海》卷六）

又：且夫先轸之快意一举，而不惮于始乱者，获秦三帅耳。文嬴请之，襄公许而舍之。先轸怒，至不顾而唾。吾谓幸有文嬴一请耳，设用先轸之谋，而甘心焉，是重秦怒也。始乱不祥，重怨难任。秦之为秦自若也，而故倡不祥之举，且干难任之怒，其为害孰大焉。是役也，文公而在，必不为之。城濮之役，子犯请战，公曰："若楚惠何？"小惠之不忘，况秦惠之大者乎？与秦围郑，而秦与郑盟，子犯请击之，公曰："不可，微夫人之力不及此。"夫秦背晋盟郑，犹不欲失其所与，况无衅而动乎？是文伯者，并不违德拂义之明验也。（同上）

③【汇注】

左丘明：晋原轸曰："秦违蹇叔，而以贪勤民，天奉我也。奉不可失，敌不可纵，纵敌患生，违天不祥，必伐秦师。"栾枝曰："未报秦施，而伐其师，其为死君乎！"先轸曰："秦不哀吾丧，而伐吾同姓，秦则无礼，何施之为？吾闻之：一日纵敌，数世之患也。谋及子孙，可谓死君乎？"遂发命，遽兴姜戎，子墨衰绖，梁弘御戎，莱驹为右。夏四月，辛巳，败秦师于殽。获百里孟明视、西乞术、白乙丙以归。遂墨以葬文公，晋于是始墨。（《左传》僖公三十三年）

【汇评】

范光宙：穆公以郑子杞之言，兴师袭郑，夫信卖国者而袭人国，非义也。潜师以掠乱，非策也。勤而无所，绩必败乎！乃叔知其败必于殽，不当车断，纠力阻其行，而缓词微讽，哭送之郊，不以其哭哭于公所而哭于行次，其无迂乎？吾谓叔与百里子友，其不力谏，即不谏虞公意也。讵知兵发而机露，郑未袭而晋已乘矣。三帅者胥而俘矣。主北门者何在？说袭郑者谓何？楚庄伐晋，令谏者死，叔敖以一言遽寝其兵，叔之不为叔敖，吾重有责云。（引自《史评》卷一《蹇叔》）

④【汇校】

泷川资言：南本"文公"上有"晋"字。（《史记会注考证》卷五《秦本纪》）

【汇注】

裴　骃：服虔曰："缪公女。"（《史记集解·秦本纪》）

王叔岷：按：《金楼子》文公上亦有晋字；又"秦女"，作"穆公女"，与服注合。（《史记斠证·秦本纪》）

陈蒲清：文公夫人：文嬴，晋文公在秦时所娶秦国宗女（或说乃秦穆公亲生女）。（引自王利器主编《史记注译·秦本纪》）

⑤【汇校】

王叔岷：按：《金楼子》"怨"上无"之"字，《淮阴侯列传》："秦父兄怨此三人，

痛入骨髓。"与此句法同。(《史记斠证·秦本纪》)

【汇注】

梁玉绳：《史诠》云"时穆公未卒，不宜以谥称，当如下文称我君"。……后人载笔或可先称其谥，若述当时人语，则是生而谥矣。(《史记志疑·秦本纪》)

【汇评】

孙　琮：与穆公夫人同，此则狡矣。(《山晓阁史记选·秦本纪》)

⑥【汇校】

王叔岷：按：《文选》曹子建《求自试表·注》引"归"作"还"。(《史记斠证·秦本纪》)

【汇注】

左丘明：文嬴请三帅，曰："彼实拘吾二君，寡君若得而食之，不厌。君何辱讨焉。使归就戮于秦，以逞寡君之志。若何？"公许之。先轸朝，问秦囚，公曰："夫人请之，吾舍之矣。"先轸怒曰："武夫力而拘诸原，妇人暂而免诸国。堕军实而长寇仇，亡无日矣！"不顾而唾。(《左传》僖公三十三年)

⑦【汇注】

孙　琮：与前二人哭之相照应。(《山晓阁史记选·秦本纪》)

⑧【汇校】

王叔岷：按：上"以"字疑涉下"以"字而衍，《金楼子》"孤"下无"以"字，"言"上有"之"字。《吕氏春秋》作"使寡人不用蹇叔之谏，"亦有"之"字。(《史记斠证·秦本纪》)

【汇评】

李元春：《本纪》孟明视为百里奚子，西乞术、白乙丙为蹇叔子，后缪公迎三人哭曰："孤以不用百里傒、蹇叔言以辱三子。"殊非对其子语，此亦见杂集不自掩饰处。(《诸史闲论·史记》)

俞　樾：有进说于其君者，而君不听，则亦已矣。必哓哓然语于众曰："君之为此也，吾知其不可也。吾言于后，而君不用也。"则似幸其有失，以中其言，不幸而其言果中，则人主将有所甚愧。且夫愧而能悔者，贤主也。岂可望之中主以下者哉？是故古之大臣，入以语其君，出不以告其子，使异日者，君无所愧于我。君无所愧于我，则今日弃之，明日收之，略不芥蒂于其胸。昔秦穆公使孟明袭郑，蹇叔以为不可。及秦师既败，穆公益用孟明，而不及蹇叔。岂蹇叔已死欤？呜乎，蹇叔年虽高，有少年之气，才识有余而不能藏，虽不死，犹不用也。《书》曰："尔有嘉谋嘉猷，入告尔后于内，尔乃顺之于外。曰斯谋斯猷，惟我后之德。"古君臣之间，岂好为此戋戋小让哉？惧伤君心也。今夫朋友之过，犹必忠告而善道之，而况君臣之间乎？蹇叔一言不用，则悻悻之气不能自默，既哭其师，又哭其子，必使通国皆知而后已。秦师一败，崤、函以西，无不称蹇叔之智，而笑秦穆之愚。秦穆何如主，而肯屈于其臣乎？一战不胜，则再战；再战不胜则三战。不责孟明以偾事之罪，乃不欲自任失人之咎，而使蹇叔受知言之名也。夫王官之役，晋人厌兵自不出耳，非孟明之能胜晋也。以两败易一胜，两战之败，不以为罪；一战之胜，遂以为功。此秦穆之所以自解于国人也。其后晋以一旅拒桃林之塞，而秦遂不能东征诸侯。廱一时之功，贻数世之祸，秦穆君臣不足惜，然而激而成之者，何人哉？向使蹇叔谏而不用，则杜门不出，深自讳匿，穆公始虽不用，终必能悔，悔而复用，成功名于天下，甚未晚也。惜乎蹇叔才识有余，而不能藏也。（《蹇叔论》，引自《历代史事论海》卷六）

⑨【汇注】

　　王叔岷：按：雪、刷古通，《楚世家》："王虽东取地于越，不足以刷耻。"《货殖列传》："范蠡既雪会稽之耻。"《汉书》雪作刷（师古《注》：刷，谓拭除之也），并其比。本字作㕞，《说文》：㕞，拭也（段注本改拭为饰，饰、拭古今字）。《越王句践世家》："今既以雪耻，臣请从会稽之诛。"《伍子胥列传》："不如奔他国借力，以雪父之耻。"雪亦并借为㕞。（《史记斠证·秦本纪》）

⑩【汇注】

　　章　衡："襄王"甲午二十五年，春，秦师及滑，郑人知之，杞子奔齐。孟明灭滑而还。夏，晋原轸曰："秦不哀吾丧，伐吾同姓。一日纵敌，数世之患。"四月，及姜戎败秦师于殽，获百里、孟明视、西乞术、白乙丙以归。文嬴请三帅而免之。秦穆悔过，自责，作《秦誓》，不替孟明。（《编年通载》卷一《周》）

【汇评】

　　吕祖谦：秦穆惩殽之败，仍用孟明增修国政，竟刷大耻。夫子骤列其悔过之誓，于二帝三王之后者，抑有意焉。一悔可以破百非，一善可以涤百利。……自时厥后，晋有邲之败，齐有鞍之败，楚有鄢陵之败，其余败军者，未易概举。如秦之惩败而悔过者，则无闻焉。此《书》之所以止于秦也。继秦穆而有悔过自誓之举，则夫子之序书，讵终于秦耶？（《东莱先生左氏博议》卷二十一《秦使孟明为政》）

　　吴见思：同上，收束简净。（《史记论文·秦本纪》）

三十四年，楚太子商臣弑其父成王代立①。

①【汇注】

　　司马迁：成王恽元年，初即位，布德施惠，结旧好于诸侯。使人献天子，天子赐胙，曰："镇尔南方夷、越之乱，无侵中国。"于是楚地千里。……四十六年，初，成王将以商臣为太子，语令尹子上。子上曰："君之齿未也，而又多内宠，绌乃乱也。楚国之举常在少者。且商臣蜂目而豺声，忍人也，不可立也。"王不听，立之。后又欲立子职而绌太子商臣。商臣闻而未审也，告其傅潘崇曰："何以得其实？"崇曰："飨王之宠姬江芈而勿敬也。"商臣从之。江芈怒曰："宜乎王之欲杀若而立职也。"商臣告潘崇曰："信矣。"崇曰："能事之乎？"曰："不能。""能亡去乎？"曰："不能。""能行大事乎？"曰："能。"冬十月，商臣以宫卫兵围成王，成王请食熊蹯而死，不听。丁未，成王自绞杀。商臣代立，是为穆王。(《史记·楚世家》)

【编者按】此事详见《左传·文公元年》。杜预注："江芈，成王妹妹嫁于江。"司马迁则以江芈为成王宠姬，两说不同。杨伯峻《春秋左传注·文公元年》云："据《秦本纪》太史公赞及《陈杞世家》索隐引《世本》，江为嬴姓。江芈若为成王宠姬，则当称为江嬴，今称为江芈，明是芈姓，杜注是。"

【汇评】

吴见思：楚事插序。(《史记论文·秦本纪》)

缪公于是复使孟明视等将兵伐晋，战于彭衙①，秦不利，引兵归②。

① 【汇注】

裴　骃：杜预曰："冯翊郃阳县西北有衙城。"(《史记集解·秦本纪》)

张守节：《括地志》云："彭衙故城在同州白水县东北六十里。"(《史记正义·秦本纪》)

张习孔：前625年，丙申，周襄王二十八年，晋襄公三年，秦穆公三十五年……二月，秦、晋战于彭衙。秦以孟明视率师伐晋，以报殽之役。晋襄公御之，先且居将中军，赵衰佐之。秦师、晋师战于彭衙（秦地，今陕西澄城西北），秦师败绩。秦穆公仍以孟明视主持秦国军、政。(《中国历史大事编年·春秋》)

② 【汇校】

梁玉绳：《年表》依《春秋》书彭衙之战于三十五年，此在三十四年，误。又是役也，秦师败绩，何云不利引归？必秦史讳之，史公仍其误耳。(《史记志疑·秦本纪》)

【汇注】

左丘明：二年，春，秦孟明视帅师伐晋，以报殽之役。二月，晋侯御之，先且居

将中军，赵衰佐之；王官无地御戎，狐鞫居为右。甲子，及秦师，战于彭衙，秦师败绩。(《左传》文公二年)

【汇评】

吴见思：且顿住，下插由余事。(《史记论文·秦本纪》)

  戎王使由余于秦①。由余，其先晋人也，亡入戎，能晋言。闻缪公贤，故使由余观秦②。秦缪公示以宫室、积聚③。由余曰："使鬼为之④，则劳神矣；使人为之，亦苦民矣⑤。"缪公怪之，问曰："中国以诗书礼乐法度为政，然尚时乱，今戎夷无此，何以为治？不亦难乎⑥！"由余笑曰："此乃中国所以乱也⑦。夫自上圣黄帝作为礼乐法度⑧，身以先之，仅以小治⑨。及其后世，日以骄淫。阻法度之威⑩，以责督于下，下罢极则以仁义怨望于上⑪，上下交争怨而相篡弑⑫，至于灭宗，皆以此类也⑬。夫戎夷不然⑭。上含淳德以遇其下⑮，下怀忠信以事其上⑯，一国之政犹一身之治，不知所以治⑰，此真圣人之治也⑱。"于是缪公退而问内史廖曰⑲："孤闻：邻国有圣人，敌国之忧也⑳。今由余贤㉑，寡人之害，将奈之何㉒？"内史廖曰："戎王处辟匿，未闻中国之声㉓。君试遗其女乐，以夺其志㉔；为由余请，以疏其间㉕；留而莫遣，以失其期㉖。戎王怪之，必疑由余。君臣有间，乃可虏也㉗。且戎王好乐，必怠于政㉘。"缪公曰："善。"因与由余曲席而坐㉙，传器而食，问其地形与其兵势，尽察㉚。而后令内史廖以女乐二八遗戎王㉛。戎王受而说之，终年不还㉜。于是秦乃归由余㉝。由余数谏不听㉞，缪公又数使人间要由余㉟，由余遂去，降秦㊱。缪公以客礼礼之，问伐戎之形㊲。

① 【汇注】
　　张守节：（由余），戎人姓名。（《史记正义·秦本纪》）
　　梁玉绳：由余始见《韩子·十过》《吕氏春秋·不苟》《韩诗外传》九《史·秦纪》《李斯传》，姓由，䌛读与由同。缪公西取于戎。（《汉书人表考》卷四《䌛余》）
　　【汇评】
　　孙　琮：此段分明是由余一小传。（《山晓阁史记选·秦本纪》）

② 【汇校】
　　吴汝纶：某疑"闻"上脱"戎王"二字。（《桐城吴先生点勘史记读本》）
　　【汇注】
　　刘　向：秦穆公闲问由余，曰：古者明王圣帝，得国失国，当何以也？由余曰："臣闻之：当以俭得之，以奢失之。"穆公曰："愿闻奢俭之节。"由余曰："臣闻尧有天下，饭于土簋，啜于土铏，其地南至交趾，北至幽都，东西至日所出入，莫不宾服。尧释天下，舜受之，作为食器，斩木而裁之，销铜铁，修其刃，犹漆黑之以为器，诸侯侈国之不服者十有三。舜释天下，而禹受之，作为祭器，漆其外而朱画其内，缯帛为茵褥，觞勺有彩，为饰弥侈，而国之不服者三十有二。夏后氏以没，殷周受之，作为大器，而建九傲，食器雕琢，觞勺刻镂，四壁四帷，茵席雕文，此弥侈矣。而国之不服者五十有二。君好文章而服者弥侈，故曰'俭，道也'。"由余出，穆公召内史廖而告之曰："寡人闻邻国有圣人，敌国之忧也。今由余，圣人也。寡人患之，吾将奈何？"内史廖曰："夫戎辟而辽远，未闻中国之声也。君其遗之女乐以乱其政，而厚为由余请期以疏其间。彼君臣有间，然后可图。"君曰："诺。"乃以女乐三九遗戎王，因为由余请期，戎王果见女乐而好之，设酒听乐，终年不迁，马牛羊半死。由余归，谏。谏不听，遂去入秦。穆公迎而拜为上卿。问其兵势与其地利，既以得矣，举兵而伐之，兼国十二，开地千里。穆公奢主，能听贤纳谏，故霸西戎。西戎淫于乐，诱于利，以亡其国，由离质朴也。（《说苑》卷二十《反质》）
　　赵　翼：李义山《咏史诗》："历览前贤国与家，成由勤俭破由奢。"按《韩诗外传》，戎王使由余于秦穆公，问以得失之要。对曰："古有国者，未尝不以恭俭也。失国者，未尝不以骄奢也。"义山之诗盖本此，不得以其明白易晓，遂以为无来历也。（《陔余丛考》卷二十四《李义山咏史诗》）

③ 【汇注】
　　柯维骐：李善注《西京赋》引《史记》谓："缪公示之以宫室，引之登三休之台，由余曰：'臣国土阶三尺，茅茨不剪，寡君犹谓作之者劳，居之者逸。此台若鬼。'"云云，其语比此为详。今所传《史记》本无之，岂为后人所删省，或指秦时之史乎？（引自《史记评林·秦本纪》）

④【汇评】

孙　琮：奇论。（《山晓阁史记选·秦本纪》）

牛运震：按"使鬼为之"，奇语，最警快，若单言"使人为之"，便平直无味。（《史记评注·秦本纪》）

⑤【汇注】

李　笠：按《文选·西征赋》注引《史记》，"使鬼"作"役鬼"；"劳神"作"神怒"；"亦告民"作"人亦苦"。疑所据本异。其民字作"人"，则避唐太宗讳改耳。（《广史记订补》卷二《秦本纪》）

王叔岷：按："则""亦"互文，"亦"犹"则"也。《文选》潘安仁《西征赋》注引此作"役鬼为之，则神怒矣；使人为之，则人亦苦矣"。"则人"盖本作"则民"，避太宗讳改也。《御览》四七四引此"苦民"作"苦人"，亦承唐人避太宗改。（《史记斠证·秦本纪》）

【汇评】

程馀庆：奇论。（《历代名家评注史记集说·秦本纪》）

⑥【汇评】

李　笠：按此二语故作曲折，与《五帝纪·赞》"非好学深思心知其意，固难为浅见寡闻者道也"。文情逼肖，若以浅人为之，则此必无"不亦难"三字，彼必无"浅见寡闻者"五字矣。不伤繁重，益形古茂，此类为近之。（《广史记订补》卷二《秦本纪》）

⑦【汇评】

叶　适：由余言治，类老子，偏驳不概于道，然能行其意耳。（《习学记言》卷十九《秦本纪》）

孙　琮：全是老庄学问。（《山晓阁史记选·秦本纪》）

梁玉绳：《史剟》曰："所贵乎有贤者，为其能治人国家。治人国家，舍诗书礼乐法度无由也。今由余曰是六者中国之所以乱，不如戎夷无之为善，而穆公用之，则亡国无难，若之何其能霸哉！是特老庄之徒设为此言以诋先正之法，太史公遂以为实而载之，过矣。"（《史记志疑·秦本纪》）

郭嵩焘：史公当武帝时，法令烦苛，心有所郁结，而藉由余以发之。要之自汉以来，夷狄侵陵中国，其势常胜，中国常不足以自给，其原实由于此，莫能易其说也。（《史记札记·秦本纪》）

韩兆琦：文帝时叛降匈奴之中行说，曾有为匈奴诋毁汉王朝之妄自尊大事，亦有"（匈奴）君至简易，一国之政犹一身也"；"（中国）礼义之敝，上下交怨望，而室屋之极，生力必屈"云云，大体与此相同，见《匈奴列传》。（《史记笺证·秦本纪》）

⑧【汇注】

张家英：此"自"字为让步连词，表示"虽然、即使"一类的意思。此义于《史记》中亦多用之。

（1）《礼书》：自子夏，门人之高弟也，犹云"出见纷华盛丽而说，入闻夫子之道而乐：二者心战，未能自决。"而况中庸以下，渐渍于失教，被服于成俗乎！（1159）

（2）《律书》：自含血戴角之兽见犯则校，而况于人怀好恶喜怒之气？（1420）

（3）《平准书》：汉兴，接秦之弊：丈夫从军旅，老弱转粮饷，作业剧而财匮；自天子不能具钧驷，而将相或乘牛车，齐民无藏盖（1417）。（《〈史记〉十二本纪疑诂·秦本纪》）

⑨【汇注】

王叔岷：按：《长短经·运命篇》自注"以"作"可"，义同。（《史记斠证·秦本纪》）

⑩【汇注】

吴国泰：阻，负恃也。《左·隐公四年传》："阻兵而安忍。"《正义》曰"阻恃诸国之兵以求胜"可证。阻，恃也，亦阻险之引申义。（《史记解诂》，《文史》第四十二辑）

⑪【汇注】

张守节：罢，音皮。（《史记正义·秦本纪》）

王叔岷：按：《治要》引"罢"作"疲"，疲、罢正、假字。"望"借为"𧨀"，《说文》："𧨀，责望也。""怨望"连文，本书习见。（《史记斠证·秦本纪》）

⑫【汇评】

孙　琮：笑尽外为仁义之失。（《山晓阁史记选·秦本纪》）

⑬【汇校】

王叔岷：按："以"字疑涉上下文而衍，《长短经注》作"皆此类也"。（《史记斠证·秦本纪》）

⑭【汇评】

孙　琮：转句有力。（《山晓阁史记选·秦本纪》）

⑮【汇注】

王叔岷：按：《长短经注》"其"作"于"，义同。（《史记斠证·秦本纪》）

⑯【汇评】

孙　琮：两段似对非对，一反一正。（《山晓阁史记选·秦本纪》）

⑰【汇评】

牛运震："一国之政犹一身之治，不知所以治"。按：此数语，亦摹写老庄治理精

神出。(《史记评注·秦本纪》)

⑱【汇评】

郭立山:《史记·秦本纪》缪公问由余曰:"中国以诗书礼乐法度为政,然时尚乱,今戎狄无此,何以为治不亦难乎?"由余笑曰:"此乃中国所以乱也。……夫自上圣黄帝作为礼乐法度,身以先之,仅以小治,及其后世,日益骄淫,阻法度之威以责督于下,下罢极则以仁义怨望其上,上下交争怨而相篡弑,至于灭宗,皆以此类也。夫夷狄不然,上含纯德以遇其下,下怀忠信以事其上,一国之政,犹一身之治,不知所以治,此真圣人之治也。"夷人诋中国始见于此。史公愤时民穷财殚而帝饰以儒术,故有取焉。然后世中国之所以弱,夷狄之所以强,举由于此,莫能易其说也。(引自《沅湘通艺录》卷二)

程馀庆:此种议论,全是老、庄学问,大旨在简易以便民而无强之。其意自妙。而商君遂丑诋先王之法而尽废之,以为所欲为。秦用以帝,亦以此亡。简易流弊,一至于此。由余之论,一变为商君,申、韩原于《道德》,至言哉!(《历代名家评注史记集说·秦本纪》)

⑲【汇注】

裴　骃:《汉书百官表》曰:"内史,周官也。"(《史记集解·秦本纪》)

梁玉绳:按:《韩诗外传》九作"王缪"。(《史记志疑·秦本纪》)

王叔岷:按:《御览》四百一引"问"作"谓"。《文选》王子渊《四子讲德论·注》引《外传》王缪作王廖,廖、缪古通。(《史记斠证·秦本纪》)

施之勉:《文选》王子渊《四子讲德论》注引《外传》作内史王廖。《说苑·尊贤篇》作王子廖。(《史记会注考证订补·秦本纪》)

⑳【汇注】

王叔岷:按:《晏子春秋·外篇·不合经术者第八》云:"仲尼相鲁,景公患之,谓晏子曰:邻国有圣人,敌国之忧也。"(《孔丛子·诘墨篇》引《墨子》略同) 与缪公所闻同。(《史记斠证·秦本纪》)

㉑【汇评】

苏　洵:古之取士,取于盗贼,取于夷狄,非以盗贼夷狄之士可为也,以贤之所在焉而已矣。……穆王霸秦,贤也,而举由余焉。是其能果于是非而不牵于众人之议也,未尝有以用盗贼夷狄而鄙之也。(引自《人物论》卷六《由余》)

㉒【汇校】

王叔岷:按:《文选》卢子谅《赠刘琨诗注》《御览》四百一引此亦并无"贤"字,《长短经·昏智篇注》同。(《记纂渊海》七二引贤下有"戎人"二字,恐非此文之旧)《御览》引"害"作"患",《韩非子·十过篇》《说苑·反质篇》并作"寡人患之。"《治要》《文选注》引奈下并无"之"字,《韩非子》《说苑》《长短经注》并同。《御览》引"奈之"作"如奈","如"字衍,鲍刻本无)(《史记斠证·秦本纪》)

㉓【汇校】
　　王叔岷:按:《治要》引"辟"作"僻",《韩非子》同。僻、辟正、假字。《外传》《长短经注》,"辟"亦并作"僻","未"下并有"尝"字。(《史记斠证·秦本纪》)

㉔【汇校】
　　裴　骃:徐广曰:"夺,一作'徇'。"(《史记集解·秦本纪》)
【汇注】
　　王叔岷:按:《韩非子》《说苑》"其"并作"之",义同。(《史记斠证·秦本纪》)
　　陈蒲清:夺其志:使他丧失志气。(引自王利器主编《史记注译·秦本纪》)

㉕【汇评】
　　俞思学:余有丁曰:按太史公采传多略节,至若传所无,杂见他书,及旧所得闻者独详之,以传自成书也。(《史概》卷一《秦本纪》)

㉖【汇评】
　　俞思学:王韦曰:夺其志,疏其间,失其期,鼎足文法。(《史概》卷一《秦本纪》)

㉗【汇注】
　　王叔岷:按:《记纂渊海》七二引"间"作"隙",义同。"虏"疑"虑"之误,《韩非子》《外传》《说苑》并作"图",虑、图同义。《诗·小雅·雨无正》:"弗虑弗图。"郑笺"虑、图,皆谋也"。(《史记斠证·秦本纪》)

㉘【汇评】
　　牛运震:"且戎王好乐,必怠于政"。按此用引申之笔,顿折作致,政与《左》《国》笔法同。(《史记评注·秦本纪》)
　　又:用由余一段补《左》《国》所未及,故详叙之。(同上)

㉙【汇注】
　　张守节:按:床在穆公左右,相连而坐,谓之曲席也。(《史记正义·秦本纪》)
　　李　笠:按:张说未明。"曲",折也。古者席地折席而坐,令近己也。下句"传器而食",则推食食我之意。(《广史记订补》卷二《秦本纪》)
　　陈蒲清:曲席:席一纵一横,相连如矩尺,叫做曲席。指穆公叫由余经常挨在自己左右而坐。(引自王利器主编《史记注译·秦本纪》)

㉚【汇校】

李　笠："问其地形与其兵势尽訾"。按：十字疑误衍。其时戎王未受女乐，由余未降秦，由余贤者，安肯以曲席传器之私惠而持其国之地形兵势卖人哉！使由余不贤，有意降秦，则女乐之受，焉能数谏？穆公亦何庸数使人间方得之哉！《韩子·十过篇》于"由余之秦"之后有"穆公问其兵势与其地形，既以得之"云云，盖后人取之而妄缀于此耳！（《广史记订补》卷二《秦本纪》）

【汇注】

程馀庆：訾，察同。（《历代名家评注史记集说·秦本纪》）

㉛【汇校】

张　照："二八"，《说苑》作"三九"。（《钦定史记·秦本纪·考证》）

㉜【汇注】

王叔岷：按：重刊北宋《监本》"後"作"后"，作"后"是故书（说已详《夏本纪》及《周本纪》）。《韩非子》《说苑》《长短经注》"不还"并作"不迁"。《御览》五六八、《记纂渊海》七八并引《墨子》亦云："秦缪（一作穆）公之时，戎强大。缪公遗之女乐二八与（一作及）良宰，戎王大喜，以其故，数饮食，日夜不休。"（又见《吕氏春秋·壅塞篇》及《不苟篇》）（《史记斠证·秦本纪》）

陈蒲清：不还：不返，乐而不返。（引自王利器主编《史记注译·秦本纪》）

㉝【汇评】

孙　琮：妙在此！（《山晓阁史记选·秦本纪》）

㉞【汇校】

王叔岷：按：《通鉴·秦纪》一注引作"由余谏戎王而不听"。（《史记斠证·秦本纪》）

㉟【汇注】

陈蒲清：间要：暗中邀请。要，通邀。（引自王利器主编《史记注译·秦本纪》）

㊱【汇校】

王叔岷：按：《通鉴注》引"去"下有"戎"字。（《史记斠证·秦本纪》）

【汇评】

赵南星：由余与百里奚同时，初臣于戎，为戎使于秦，未尝有蹇叔之荐也。穆公知其足任，留而不遣，遂令委质为臣，秦遂因以强大。楚材晋用，乃如是哉？（《增定二十一史韵》末卷《蹇叔由余》）

㊲【汇校】

王叔岷：按：《御览》三百四引"形"作"利"。（《史记斠证·秦本纪》）

【汇评】

徐孚远：由余，晋人也，晋乱入戎，君臣之义浅矣，故归秦不为贰心。(《史记测义·秦本纪》)

吴见思：由余事又顿住。(《史记论文·秦本纪》)

　　三十六年，缪公复益厚孟明等，使将兵伐晋，渡河焚船①，大败晋人，取王官及鄗②，以报殽之役。晋人皆城守不敢出。于是缪公乃自茅津渡河③，封殽中尸④，为发丧，哭之三日⑤。乃誓于军曰⑥："嗟，士卒⑦！听无哗⑧，余誓告汝。古之人谋黄发番番⑨，则无所过。"以申思不用蹇叔、百里傒之谋⑩，故作此誓，令后世以记余过⑪。君子闻之，皆为垂涕⑫，曰："嗟乎！秦缪公之与人周也⑬，卒得孟明之庆⑭。"

① 【汇校】

王叔岷：按：《记纂渊海》六十引"孟明"下亦有"视"字，"船"作"舟"。《左》文三年《传》"船"亦作"舟"。(《史记斠证·秦本纪》)

【汇评】

吴见思：间接孟明事。(《史记论文·秦本纪》)

程馀庆：示必死也。写出气焰。(《历代名家评注史记集说·秦本纪》)

② 【汇校】

梁玉绳："鄗"字讹，当依《左传》作"郊"。《正义》"鄗，音郊"，非也。(《史记志疑·秦本纪》)

【汇注】

裴　骃：徐广曰："《左传》作'郊'。"骃按：服虔曰"皆晋地，不能有"。(《史记集解·秦本纪》)

张守节：鄗，音郊。《左传》作"郊"。杜预云："书取，言易也。"《括地志》云："王官故城在同州澄城县西北九十里。又云南郊故城在县北十七里。又有北郊故城，又有西郊古城。《左传》云文公三年，秦伯伐晋，济河焚舟，取王官及郊也。"《括地志》云：蒲州猗氏县南二里又有王官故城，亦秦伯取者。上文云"秦地东至河"，盖猗氏王官是也。(《史记正义·秦本纪》)

程馀庆：（王官），故城在蒲州府临晋县南。（《历代名家评注史记集说·秦本纪》）

又：（鄀），《左传》作"郊"，谓晋郊也。（同上）

罗石麟：王官，（永济县）城东十里，即王官故垒。《左传》文公三年，秦伯伐晋，济河焚舟，取王官。杜预注，王官，晋地。（《山西通志》卷五十九《古迹·永济县》）

王　恢：王官：穆公三十四年（前626），取晋彭衙。后三年（前624）复取王官及郊。《涑水注》："涑水自左邑城西来，迳王官城北，城在南原上。"《元和志》（十二）：王官故城在闻喜南十五里。又云在虞乡。又（二）云：澄城西北；《括地志》云：蒲州猗氏县南二里王官故城。又云：在同州澄城县西北。南郊故城在县北十七里。又有北郊故城。又有西郊古城。秦师"济河焚舟"，王官必不在河西。吕相绝秦，明曰"伐我涑川，俘我王官"。当以闻喜为是。澄城之王官，盖置俘之所，因其旧名。（《史记本纪地理图考·秦本纪·韩原之战》）

又：本纪取王官及鄀，《左》文三年，鄀作郊。《括地志》所谓南郊、北郊、西郊，未尝见于史。阎若璩《四书释地》，以"及郊"为晋都绛城之郊，则东北行百数十里，再转而南，必非行军之宜，郊即王官之郊，晋人不出，秦师遂折而南渡茅津封崤中尸也。（同上）

③【汇注】

裴　骃：徐广曰："在大阳。"（《史记集解·秦本纪》）

张守节：《括地志》云："茅津在陕州河北县、大阳县也。"（《史记正义·秦本纪》）

又：自茅津南渡河也。（同上）

程馀庆：自茅津南渡河也。盖初渡河，是自西而东，此渡河则自北而南矣。（《历代名家评注史记集说·秦本纪》）

④【汇注】

裴　骃：贾逵曰："封识也。"《史记集解·秦本纪》）

张守节：《左传》云："秦伯伐晋，济河焚舟，晋人不出，遂自茅津济，封殽尸而还。"杜预云："封，埋藏也。"（《史记正义·秦本纪》）

王　恢：殽：穆公袭郑，灭滑而还，晋遮秦兵于殽，覆其军，俘其三帅。殽有二，故称二崤，亦有分为三段而称三崤者。《战国策》"渑隘之塞"，又称崤渑。东口在洛宁西北（南道），而歧出渑池、新安之函谷关（北道）。北道险，南道远，陕县居中，西南旧灵宝县有汉武帝以前故函谷关，异常险要，通称"崤函"。崤盖状其岩峻，函则形其深险。潼关其西口也。（《史记本纪地理图考·秦本纪·韩原之战》）

又：《元和志》（五）："自东崤至西崤三十五里，东崤长坂数里，峻阜绝涧，车不

能方轨。西崤纯是石阪,险绝不异东崤。"(同上)

又:《纪要》(四六)"洛阳西至新安,道路平旷。自新安西至潼关,殆四百里,重冈叠阜,连绵不绝,终日走硖中,无方轨列骑处。其间硖石(陕县东)及灵宝、阌乡,尤为险要,古之崤函在此,真所谓百二重关。《水经注》:崤有盘崤、石崤、千崤之山(是谓三崤)。……汉以前率多由此道。建安中,曹公西侵巴汉,恶南路之险,更开北山高道(今观音堂一带),嗣后遂以北道为大路(今陇海路)。自新安以西,历渑池、硖石、陕州、灵宝、阌乡,而至潼关,凡四百八十里,其地皆河流翼岸,巍峰插天,绝谷深委,峻坂迂回,崤函之险,实甲天下。(同上)

王子今:秦穆公"封殽尸",绝不仅仅是简单地掩埋4年前阵亡士卒的尸骨,如杜预所谓"埋葬之",而是修建了高大的夯土建筑,以作为国耻的永久性的纪念。秦穆公"令后世以记"的用心,是期望通过这种"封"来实现的。(《史记的文化发掘》第二章《秦史与秦文化》)

⑤【汇评】

孙　琮:又应哭之。(《山晓阁史记选·秦本纪》)

⑥【汇校】

梁玉绳:《秦誓》《书序》谓败崤还归而作,先儒多从之,而史公系于封殽尸之后,《前编》依以为说。《考古质疑》谓《史》误,《四书释地》又续曰:"王伯厚亦莫能折衷,但云二书各不同。以《左传》考之,《誓》当作于僖三十三年夏秦伯素服郊次乡师而哭之日,不作于文三年夏封殽尸将霸西戎之时,盖霸西戎则其志业遂矣,岂复作悔痛之词哉。"(《史记志疑·秦本纪》)

【汇注】

孙星衍:《春秋左氏》僖三十三年夏四月,晋襄公败秦师于殽,获百里孟明视、西乞术、白乙丙以归。晋文公夫人文嬴,秦女也,请三帅,使归,公许之。秦伯素服郊次,向师而哭,于是悔过,作《秦誓》。则《秦誓》作于三帅归时也。《秦本纪》:"三十六年,缪公大败晋人,取王官及鄗,乃自茅津渡河,封殽中尸,为发丧,哭之三日,乃誓于军曰云云。"则是三十六年败晋渡河始作此誓,与《左传》不合。或孔氏古文说也。《序》云:"还归,作《秦誓》。"与《左传》同。(《尚书今古文注疏》卷三十下《秦誓·疏》)

李元春:《秦誓》作于封殽后,以本纪为正。(《诸史闲论·史记》)

【汇评】

牛运震:"乃誓于军曰"云云。按此引《书》括其大意,而情旨忾然以深,孙鑛议之非也。(《史记评注·秦本纪》)

⑦【汇注】

　　江　灏：士：指群臣。(《今古文尚书全译·秦誓》)

⑧【汇注】

　　江　灏：(无)通毋，不要。(《今古文尚书全译·秦誓》)

⑨【汇校】

　　张文虎："人谋"，《考证》云《秦誓》作"谋人"，疑此误倒。(《校刊史记集解索隐正义札记·秦本纪》)

【汇注】

　　张守节：(番)，音婆。字当作"皤"。皤，白头貌。言发而更黄，故云黄发番番，(以申思)谓蹇叔、百里奚也。(《史记正义·秦本纪》)

　　江　灏：(黄发)指老人。老人发白复黄，所以黄发皆指老人。这里是指像蹇叔那样有丰富经验的忠实老臣。(《今古文尚书全译·秦誓》)

　　又：(番)通皤(pó 鄱)。《说文》："皤，老人发白貌也。"皤皤，白发苍苍的样子。(同上)

⑩【汇注】

　　陈蒲清：申思：再次思考。(引自王利器主编《史记注译·秦本纪》)

【汇评】

　　孙　琮：秦之有天下，议者谓招致游士，用人之力，自商鞅以下，张仪、魏冉、范雎、吕不韦、李斯，莫不举国而听之，然皆倾危之士耳。惟其始，百里傒、蹇叔，实心为国，缪公悔过而自强，由余虽自戎来，亦非刻深刑名之术，秦其始基与兹篇多为国策所掩，故取此而弃彼。(《山晓阁史记选·秦本纪》)

　　蔡　云："百里奚"，按蒙毅言缪公罪奚耳。应劭直云杀之，诬甚。穆能悔违蹇叔，不罪孟明，而于社稷之圣臣，独置之死地邪？若奚之去虞相秦，孟子盛称其知，乃以耄年就戮，见几者果如是邪？《考》为古人辩诬多矣，何此则大书之？又按《索隐·述赞》称为里奚，亦可证百里非复姓也。又按僖十三年，百里语老成厚重，足愧子桑。若谓此即孟明，恐忔忔勇夫，无是语气。(《汉书人表考校补·百里奚》)

【编者按】百里奚原为虞大夫，为楚人所执，秦缪公闻其贤，以五羖羊皮赎之，授以国政，号曰五羖大夫。五羖羊皮者，即五牡羊皮也。百里奚不因地位改变而作威作福，《战国策·秦策》云："五羖大夫之相秦也，劳不坐乘，暑不张盖。"在群众中享有崇高威信。《史记·商君列传》称："五羖大夫死，秦国男女流涕。"然百里奚如何死亡，尚无明确结论，东汉应劭于《风俗通义》第一《五伯》直云：秦穆公"杀贤臣百里奚"，《史记·蒙恬列传》亦称昔缪公"罪百里奚而非其罪也"，似百里奚之死，或系一大冤案。

⑪【汇注】

陈蒲清：余：指穆公，这句是用穆公原话的口气；但前句又是司马迁的解释。行文不严密。（引自王利器主编《史记注译·秦本纪》）

【汇评】

范光宙：秦初不与盟会者。自公起而威望震熠，并桓文为霸长。与晋为邻，日相攻击，如吴、越然。当晋受秦之三施而不报，晋毒秦矣。乃秦始以贪，继以愤，为所败者三，而卒悔修政，虽济河焚舟，而封尸殽函，终不穷武，其去晋远矣。故秦穆兴霸，微独蹇叔辈襄翼之力，亦公之悔过省愆者成之也。但其登良兴治，以《秦誓》并列于《尚书》，而殉良从俗，以无法见哀于《诗》什，秦之不复东征，亦有自哉。（《史评》卷一《穆公》）

贝聿修：《尚书》终《秦誓》者，取其能悔过修政，举人之周也。故知举善为翼治之要，而悔过尤为兴治之基。惜其贻后无法，难以在上也。（引自《史评》卷一《穆公·附》）

⑫【汇评】

叶　适：太史公言秦穆公作"誓"，君子闻之，皆为垂涕，不知此语何所据来尔。其次于书，有以也。百里奚、蹇叔皆且百岁，故曰"番番良士，膂力既愆，我尚有之"，盖深悔之也。（《习学记言》卷十九《史记·秦本纪》）

张之象：既叙悔过之事，又为君子言赞之，此《左氏》法也。（引自《史记评林·秦本纪》）

牛运震："君子闻之，皆为垂涕曰"云云，君子曰"秦缪公广地益国"云云。按此二处善约《左氏》语，较原文更为顿挫。（《史记评注·秦本纪》）

⑬【汇注】

尸　佼：秦穆公明于听狱。断刑之日，揖士大夫曰："寡人不敏，教不至，使民入于刑。寡人与有戾焉。二三子各据尔官，无使民困于刑。"缪公非乐刑民，不得已也，此其所以善刑也。（《尸子》卷下）

裴　骃：服虔曰："周，备也。"（《史记集解·秦本纪》）

王叔岷：按：《左》文三年《传》与作举，古字通用。《吕后本纪》："苍天举直。"《集解》引徐广曰："举，一作与。"即其比。（《史记斠证·秦本纪》）

陈蒲清：与人：成全人。《左传》作"举人"。周：完备。（引自王利器主编《史记注译·秦本纪》）

⑭【汇注】

章　衡："襄王"：丁酉二十八年夏，秦伯伐晋，济河焚舟，取王官及郊，遂霸西戎，用孟明也。（《编年通载》卷一《周》）

梁玉绳：《瞥南集·辨惑》曰："《左氏》云'君子是以知秦穆公之为君也，举人之周也，与人之一也'。至于孟明、子桑皆有赞美之词。凡《左氏》所谓君子者，盖假之以为褒贬之主，而非指当时之士也，安有所谓闻之垂涕者哉。"（《史记志疑·秦本纪》）

韩兆琦："闻之垂涕"的确为史公所增益，但作为一种抒情、表意的方式，此与《刺客列传》写时人之赞豫让、聂荣，《李将军列传》之痛惜李广等相同。（《史记笺证·秦本纪》）

【汇评】

凌稚隆：按秦之能伯，穆公之贤而秦故强耳。世乃以焚舟之勇为美谈！不知秦、晋报复，暴兵千里，更四君而不休，皆孟明启之耳，谓其有功于晋（秦）哉！（《史记评林·秦本纪》）

邵　宝：《书》载《秦誓》大缪公之悔过也，盖悔用杞子之言，云史称学著人，著人微矣，蹇叔邪？抑杞子邪？由杞子则危，由蹇叔则安。徒曰"著人"而不指其人，则是非将安执哉？虽然，老成典刑，何国蔑有？乃含焉而著人，是学裁截谝言，其亦有以来之矣。史迁之书褒邪？贬邪？（《学史》卷十《史记·秦本纪》）

劳孝舆：秦伯伐晋，晋人不出，封殽尸而还，遂霸西戎。君子以是知秦穆公之为君也，举人之周也，与人之一也。孟明之臣也，其不解也，能惧思也；子桑之忠也，其知人也，能举善也。《诗》曰："于以采蘩，于沼于沚，于以用之，公侯之事。"秦穆有焉。"夙夜匪解，以事一人"，孟明有焉。"贻厥孙谋，以燕翼子"，子桑有焉。（《春秋诗话》卷三）

又：三引《诗》各有至理，孟明之有，显而易见；子桑之有，遽至贻谋，可知荐贤者庆流子孙，则蔽贤者毒流后世矣。识见极高，议论极大。若秦穆之有，乃至以用人之事，谋及祖宗。微哉，微哉！非神明于诗而不泥其解者，岂见及此！（同上）

吴见思：序法简净。（《史记论文·秦本纪》）

程馀庆：既序悔过之事，又引君子之言赞之，此《左氏》法也。（《历代名家评注史记集说·秦本纪》）

三十七年，秦用由余谋伐戎王①，益国十二②，开地千里③，遂霸西戎④。天子使召公过贺缪公以金鼓⑤。三十九年，缪公卒⑥，葬雍⑦。从死者百七十七人⑧，秦之良臣子舆氏三人⑨，名曰奄息、仲行、鍼虎，亦在从死之中⑩。秦人哀之⑪，为作歌《黄鸟》之诗⑫。君子曰⑬："秦缪公广地益国，东服强晋，西霸戎夷⑭，然不为诸侯盟主⑮，亦宜哉！死而弃民⑯，收其良臣而从死⑰。且先王崩尚犹遗德垂法，况夺之善人良臣百姓所哀者乎⑱？是以知秦不能复东征也⑲。"穆公子四十人，其太子罃代立，是为康公⑳。

① 【汇评】
　　穆文熙：观由余应对之辞，似亦贤者，然堕穆公之术，而即为之伐灭本国，则视钟仪之操南音，乐毅之终身不忍谋燕者，相去远矣。乌得谓之贤乎？（《四史鸿裁》卷一《史记·缪公因由余以伐秦》）
　　俞思学：康海曰：戎使由余观秦，终竭谋虑，灭其旧疆，岂钟仪操南音、乐毅不谋燕国之士哉？秦缪公之用由余而辟戎王也，失君君臣臣之训矣。（《史概》卷一《秦本纪》）
　　吴见思：间接由余事。（《史记论文·秦本纪》）

② 【编者按】："益国十二"：司马迁《史记·匈奴传》作"八国服秦"。《史记·李斯列传》作"并国二十"，萧统《文选·李斯上书秦始皇》作"并国三十"，班固《汉书·韩安国传》作"并国十四"。惟韩非《韩非子·十过篇》作"益国十二"，与《秦本纪》相同。

【汇注】
　　金履祥：按：伐灭西戎，益国十二，此非一时，盖《史记》总叙于此年之下，以见天子赐贲之由。（引自《史记评林·秦本纪》）

【汇评】
　　韩　非：奚谓耽于女乐？昔者戎王使由余聘于秦。穆公问之曰："寡人尝闻道而未得目见之也。愿闻古之明主，得国失国何常以？"由余对曰："臣尝得闻之矣。常以俭得之，以奢失之。"穆公曰："寡人不辱而问道于子，子以俭对寡人何也？"由余对曰："臣闻昔者尧有天下，饭于土簋，饮于土铏。其地南至交趾，北至幽都，东西至日月之所出入者，莫不宾服。尧禅天下，虞舜受之，作为食器，斩山木而财之，削锯修其迹，流漆墨其上，输之于宫，以为食器，诸侯以为益侈，国之不服者十三。舜禅天下而传之于禹，禹作为祭器，墨漆其外，而朱画其内，缦帛为茵，蒋席颇缘，觞酌有采，而樽俎有饰，此弥侈矣，而国之不服者三十三。夏后氏没，殷人受之，作为大路而建九旒，食器雕琢，觞酌刻镂，四壁垩墀，茵席雕文。此弥侈矣，而国之不服者五十三。君子皆知文章矣，而欲服者弥少。臣故曰：俭其道也。"由余出，公乃召内史廖而告之，曰："寡人闻邻国有圣人，敌国之忧也。今由余，圣人也。寡人患之，吾将奈何！"内史廖曰"臣闻戎王之居，僻陋而道远，未闻中国之声。君其遗之女乐，以乱其政。

而后由余请期，以疏其谏。彼君臣有间，而后可图也。"君曰："诺"。乃使史廖以女乐二八遗戎王，因为由余请期。戎王许诺。见其女乐而说之。设酒张饮，日以听乐，终岁不迁，牛马半死。由余归，因谏戎王，戎王弗听。由余遂去，之秦，秦穆公迎而拜之上卿，问其兵势与其地形，既以得之，举兵而伐之，兼国十二，开地千里。故曰：耽于女乐，不顾国政，亡国之祸也。（《韩非子集解》卷三《十过》）

③【汇注】

张守节：韩安国云"秦穆公都地方三百里，并国十四，辟地千里"，陇西、北地郡是也。（《史记正义·秦本纪》）

梁玉绳：按千里之地，或能开辟，而益国十二，则未敢为信。《匈奴传》言"八国服秦"，当是，此误仍《韩子·十过篇》，非其实也。《李斯传》云"并国二十"，《文选·上始皇书》作"并国三十"，《汉书·韩安国传》"秦穆公并国十四"，并非。子书中如《荀子·仲尼篇》"齐桓公并国三十五"，《韩子·有度篇》"荆庄公并国二十六，齐桓公并国三十"，《难二篇》"晋献公并国十七，服国三十八"，《吕氏春秋·贵直篇》"晋献公兼国十九"，《直谏篇》楚文王兼国三十九"，《说苑·正谏篇》"荆文王兼国三十"，同一妄也。（《史记志疑·秦本纪》）

李 笠："益国十二，开地千里"。按：《李斯传》云"并国二十，遂霸西戎"。《索隐》云"或为十二，误也"。《文选·上始皇书》作"并国三十（疑是二十之误）"，注引《史记》作"益国十二，开地千里"。李善所引，盖即《秦纪》，非《斯传》也。《斯传·索隐》以十二为误者，亦以斯书作"十二"为误，非以《秦纪》十二为误也。《秦纪》本《韩子》，《斯传》即袭李斯《书》，故互异也。然则史公何不折中，一是以为实录，故为歧异，从人无所适从乎？曰"益国""开地"，盖子书夸张，由余之辞未必尽为事实。前后不同，所以明其为寓托耳。（《广史记订补》卷二《秦本纪》）

王叔岷：按：《文选·四子讲德论注》《通鉴注》引益并作并，《外传》作"遂并十二国"。《说苑》作"兼国十二"，与《韩非子》同。诸书皆言"十二"，窃疑作"十二"近确（《金楼子·说蕃篇》亦作"十二"）。《李斯传》作"并国二十"，乃都言由余、百里奚、蹇叔、丕豹、公孙支之功，与此单言由余者异，《索隐》已有说；《文选》作"并国三十"，三乃二之误。《匈奴传》之言"八国服秦"，《汉书·韩安国传》之作"并国十四"，则又传闻之异。盖古人言"十二"，亦非实数，故传闻有异耳。（《史记斠证·秦本纪》）

【汇评】

顾栋高：秦与晋以河为界，河以东为晋，河以西为秦，然秦当春秋时疆域褊小，非特隔于函关之外，为晋所限阂而不得出也。考《史记》缪公立五年而晋献灭虞虢，是时新立，初起岐雍，基业未固，而晋武献已绝盛，而桃林已举，秦之门户在晋肘腋中矣。后晋文公初伯，攘白翟，开西河，魏得之为西河上郡。白翟之地为今陕西延安府，东去山西黄河界四百五十里。至战国惠王六年，魏纳阴晋，八年，纳河西地，十年纳上郡十五县。阴晋，今华阴县。河西，孔氏曰：同、丹二州。丹州今延安府宜川县。上郡为延安以北。又惠公之世，韩之战曰"寇深矣"，若之何可见？晋之幅员广远，斗入陕西内地，不始于文公时，此亦可为秦晋疆域之一证也。故终穆公之世，未尝一日忘东向。其援立惠公也，实贪河内列城之赂，盖欲图虢之故地，以为东出之谋。既而韩之战，秦始征晋河东，未几复属于晋，秦之不得志可知也。……至其季年，日暮途远，背晋与盟，已复袭郑，悬师深入，年老智昏，而穆公之始终不忘东向，其情盖汲汲矣。其后绝晋，日寻干戈，少梁北征，彭衙剿首，迭有胜负，然不终能越河以东一步。盖有桃林以塞秦之门户，而河西之地复犬牙于秦之境内，秦之声息，晋无不知，二百年来，秦人屏息而不敢出气者，以此故也。至孝公发愤，东向渡洛，魏人纳地恐后，而河西始悉为秦有。吴起去西河而泣，岂无故哉？（引自《湖海文传》卷五《秦疆域论》）

④【汇注】

童书业：盖秦之东征，为晋所阻，乃向西发展，灭戎狄而"霸西戎"也。（《春秋左传研究·春秋左传札记》）

【汇评】

司马迁：齐景公与晏子来适鲁，景公问孔子曰："昔秦穆公国小处辟，其霸何也？"对曰："秦，国虽小，其志大；处虽辟，行中正。身举五羖，爵之大夫，起累绁之中，与语三日，授之以政。以此取之，虽王可也，其霸小矣。"景公说。（《史记·孔子世家》）

刘　向：齐景公问于孔子曰："秦穆公其国小，处辟而霸，何也？"对曰："其国小而志大，虽处僻而其政中，其举果，其谋和，其令不偷；亲举五羖大夫于系缧之中，与之语三日而授之政，以此取之，虽王可也，霸则小矣。"（《说苑》卷八《尊贤》）

苏　轼：秦穆公，春秋之贤侯也。骊姬之乱，晋国君数弑，国几亡。穆公立夷吾，及夷吾背德，有韩原之战，执晋侯以归，而卒反之。晋饥，又输之粟，曰：吾怨其君，而矜其民。惠怀无亲，外内弃之，则又置文公以定其难。襄王之未入也，秦伯师于河上，将纳王，以晋文公纳之而止，此其天资仁厚，举动光伟，加于人一等矣。生平之失，惟贪烛之武东道主之言而背晋，惑杞子、逢孙、杨孙之说而袭郑，则皆利令智昏之所致耳。然自败殽之后，素服郊次，深自怨艾，作悔过之誓，圣人序《书》，特列于百篇之末，日月之更，殆难以一眚掩矣。至其报恨王官，封尸殽陵，成济河焚舟之功焉。其举人之周，与人之一，天下称之。孟明之始败也，曰"孤实贪以祸夫子，夫子何罪？"及再败彭衙，三败取汪，犹不替孟明，因而增修国政，使赵成子闻声而知惧，子桑知人而终信，以视楚用得臣，晋人窃喜，鲁用曹沫，齐桓反地，其得失不深著明哉？百里奚，虞之俘囚也，举之牛口之下，蹇叔贤而世莫知，五羖大夫荐达之，迎以为上大夫。由余，戎之贤臣也，及其来归，以客礼之，爰是益国十二，开地千里，遂霸西戎，天子使召公贺以金鼓。当是时，秦国之强，侪于齐晋，荆楚则亦改过不吝，用人惟己之所致矣。独其僻在西陲，礼未同于中国，而用子车氏之三子以殉，《黄鸟》之诗作焉。秦自此不复能东征矣。君子是以惜其盛德之累也。（《秦穆公伯西戎论》，《历代史事论海》卷六）

司马光：剡曰：所贵乎有贤者，为其能治人国家也，治人国家，舍诗、书、礼、乐、法度无由也。今由余曰"是六者中国之所以乱也，不如我戎夷无此六者之为善"。如此，而穆公以为贤而用之，则虽亡国无难矣。若之何其能霸哉？是特老、庄之徒设为此言以诋先王之法，太史公遂以为实而载之，过矣！（《司马文正公传家集》卷七十三《史剡·由余》）

康　海：戎使由余观秦，终竭谋虑，灭其旧疆，岂钟仪操南音、乐毅不谋燕国之士哉？秦穆公之用由余而辟戎土也，失君君臣臣之训矣。（引自《史记评林·秦本纪》）

韩兆琦：在政治上，司马迁非常重视"事异备变"的辨证法则，与五帝、三代本纪不同的是，司马迁不在本篇中进行有关德政、仁义方面的记载和议论，将秦国写成完全是凭武力统一中国的诸侯。文中所载秦穆公与由余关于"中国以诗、书、礼、乐法度为政，然尚时乱"的对话颇耐人寻味。由余认为黄帝作礼乐法度，仅以"小治"，后世运用的结果是"上下交争怨而相篡弑，至于灭宗，皆以此类"，说明礼治在一定条件下的局限性。司马迁在《秦楚之际月表序》中更明确指出虞夏之兴、汤武之王是"以德"，而秦之统一则是"用力"的结果，表明必须以力治取代礼治的时势上的变化和司马迁思想体系中的另外一个方面。联系列国世家可以发现，中原诸国在进入春秋之后，公族、卿士的暴乱不断，而分别享有天子礼乐、祭器的鲁、卫尤甚。反观秦国，自立国至始皇继位前，仅发生过三次大臣暴乱（一是春秋初年，大臣三父等令人贼杀秦君出子，复立故太子武公；二是战国初庶长晁与大臣围怀公，怀公自杀；三是六十二年后，庶长改迎灵公之子献公于河西而立之，杀其君出子及其母，沉之渊旁），而无公室之争，这在列国中是绝无仅有的。终春秋之世，秦国没有发生过类似三桓专政、田氏代齐、三家分晋的历史悲剧。观春秋诸强或在卿族暴乱中受到削弱（晋、齐、鲁）或在与邻国交战中苟安一时（楚），而辟在西戎的秦国则在悄悄地崛起，这是立国基础不同与时势各异使然。（《史记题评·秦本纪》）

⑤【汇校】

梁玉绳：召公谥武名过，湖本误以"过"字属下句。但考《国语》召武公过为召昭公之父，而《左传》僖十一年书召武公之后不复见，至文五年书"召昭公来会葬"，则武公已前卒矣。缪公金鼓之贺在鲁文四年，其为召昭公无疑，岂有父子同名之理，必此误耳。(《史记志疑·秦本纪》)

【汇注】

唐嘉弘：比晋文公早一点即位的秦穆公，也曾踏踏实实地作了不少工作，希望能够成为霸主；秦晋世为婚姻，成语"秦晋之好"就由此产生；他曾两次拥立晋君，一是晋惠公，一是晋文公，并任用贤才和客卿，决心向东边发展，"逐鹿中原"；但是，当时晋文公的霸业如日中天，秦穆公东向受阻，转而向西扩张，成为西戎的霸主，把西部统一起来，对周王朝也是一个安定的因素，周襄王奖励他，特派王室召公祝贺秦穆公，并赏赐金鼓。这类金鼓可能就是西南地区流行的铜鼓或用铜作成的鼓，历史上少数民族的部落首领用它作为权力的象征，用以发号施令。(《先秦史论集·先秦史概论》)

陈蒲清：金鼓：作战用具，为指挥讯号，鸣金是止兵或退兵讯号，擂鼓是前进攻击讯号。金，又名钲或镯，狭长似钟，有柄，敲击作声。(引自王利器主编《史记注译·秦本纪》)

【汇评】

孙　琮：结得气力。秦风之雄，于此略见。(《山晓阁史记选·秦本纪》)

吴见思：一结。秦八盛。(《史记论文·秦本纪》)

⑥【汇注】

钱大昕："秦穆公杀三良，而死罪百里奚，而非其罪也，故立号曰'缪'"。据此，则秦缪公之谥，则当读如谬，所谓名与实爽曰缪也。蒙恬秦人，其言必有所自。(《廿二史考异》卷五《蒙恬列传》)

俞正燮：《蒙恬列传》云："秦穆公杀三良而死，罪百里奚而非其罪，故立号曰'缪'。"此又蒙恬传闻之异。《风俗通·五霸》云：秦穆公杀贤臣百里奚，以子车氏为殉，故谥曰"缪"。则以古时民间无史，多异说。(《癸巳类稿》卷十一《百里奚事异同论》)

【汇评】

司马迁：昔者秦穆公杀三良而死，罪百里奚而非其罪也，故立号曰"缪"。(《史记·蒙恬列传》)

皮日休：当晋献骊姬之乱后，奚齐、卓子之死，余重耳在霍，夷吾居秦，以秦穆之力，制翟而安晋，其能必矣。夫重耳之贤也，天下知之，又其从者，皆足以相人国，如先立之，必能诛乱公子，去暴大夫，翼德于成周，宣化于汾晋，而穆公乃取公子挚之言，乃先置夷吾，是为惠公。公之入也，背内外之赂，诛本立之臣，蒸先父之室，故生民兴诵，死者无报，卒身获于秦，而子杀于晋。呜呼，致是也，非晋人之罪，秦人之罪也！夫挚立八年，不善而去，鲦用三载，弗绩而诛，况晋惠公之在位，作宗庙之蠹蝎，为社稷之稂莠，一立十五年，其为害也大矣。今之学者，以秦穆为缪，尚疑其谥，得斯文也，可以谥"缪"为定。（引自《涵芬楼古今文钞》卷二《秦穆谥缪论》）

【汇评】

张志淳：古君臣多有缪谥。按《谥法》"名与实爽曰缪"。然秦缪公称五伯，何以谥缪？《史记》蒙毅谓杀三良以从死，退百里奚非其罪，故号曰"缪公"。又宋改谥秦桧曰缪丑，则缪为恶谥明矣。然汉昭烈谥张翼德曰桓，谥关云长为北缪，则固以缪为美矣。若恶谥，昭烈为之伐吴，不可谏止？关之忠勇盖世，昭烈肯以加之乎？在宋之先，晋秦秀欲以缪，丑谥何曾？而武帝不从，则以缪为恶，又不止宋矣。或古者假借以缪为穆欤？然《谥法》缪穆各异，固不俟假借也。今人书秦穆，或书秦缪，竟不可辨。（《南园漫录》卷四《缪谥》）

徐昂发：《史记》蒙毅曰："昔者秦穆公杀三良而死，罪百里奚，而非其罪，故立号曰'缪'。"《风俗通》谓"秦缪违黄发之计，而遇殽之败，杀贤臣百里奚，以子车氏为殉，故谥曰缪"。其言颇为诞怪。《论衡》亦曰："秦缪、晋文：文者，德惠之表；缪者，误乱之名。"汉人之学，各有师承，必非臆说。然愚按：赵良曰：五羖大夫死，秦国男女流涕，童子不歌谣，舂者不相杵。见杀之说，殆流传之误。（引自《昭代丛书》壬集卷四十《畏垒笔记》）

俞　樾：元黄溍《日损斋笔记》云：邓名世上进《姓氏辨证》，有两缪姓，音穆者宋穆公之后，音谬者秦缪公之后，二字盖通用。秦缪可音谬，安知宋穆不音谬乎？唐皮日休追咎秦伯舍重耳，置夷吾，而作《秦穆公谥缪论》，乃后世文人出奇立说，安可遽以为据乎？按邓氏分别两缪姓，虽未可据，然秦穆公之谥，则固非美名也。《史记·蒙恬传》曰："昔者秦穆公杀三良而死，罪百里奚而非其罪也，故立号曰缪。"以秦人论秦谥，宜得其实。黄氏但知有皮日休之论，未知《史记》固有是说也。（《茶香室四钞》卷三《秦穆公谥》）

⑦【汇注】

裴　骃：《皇览》曰："秦缪公冢在橐泉宫祈年观下。"（《史记集解·秦本纪》）

张守节：《庙记》云："橐泉宫，秦孝公造。祈年观，德公起。盖在雍州城内。"《括地志》云："秦穆公冢，在岐州雍县东南二里。"（《史记正义·秦本纪》）

王在晋："秦穆公墓"，府城内东南隅橐泉宫祈年观下。（《历代山陵考》卷上《凤翔府》）

王叔岷：按《诗·秦风·黄鸟》疏引葬下有于字。《水经·渭水注》中云："裴骃

曰：'穆公冢，在橐泉宫，祈年观下。'《皇览》亦言是矣。"（《史记斠证·秦本纪）》

张文立： 穆公墓，在今陕西省凤翔县城南。凤翔秦叫雍，为秦都。其先公墓亦多在此。穆公，即秦穆公，名任好，秦德公的小儿子，公元前659年嗣秦公位，在位39年，公元前621年逝世，都于雍（陕西凤翔县南）。穆公在位时期，向西发展，攻取西戎之地，"益国二十，开地千里"，西界达到西宁、敦煌。秦国有了坚固的大后方，便谋求南向和东向，与中原各国并峙。秦国的强大，其基础实从穆公所建。（《咏秦诗·穆公墓注》）

【汇评】

马非百： 秦以西垂小国，乘周之乱，逐戎有岐丰之地。是时兵力未盛，西周故物，未敢觊觎也。值平、桓懦弱，延及宪公、武公、德公，以次蚕食，尽收虢、郑遗地之在西畿者。垂及百年，至于穆公，遂灭梁芮，筑垒为王城，以塞西来之路。而晋亦灭虢，东西京隔绝。由是据丰、镐故都，蔚为强国，与中夏抗衡矣。总观穆公之力征经营，盖有东进、西进、南进三大政策之分。其始也，致全力于东进政策之推行。及东进受挫于晋，则改而从事于西进。西进既成，又转而南进，而穆公已衰老矣。然秦人异日统一之基，实自穆公建之，此不可不知者也。（《秦集史·国君纪事七·穆公》）

又： 穆公自始立时，即以东进为急务。……及由余来降，告秦以伐戎之形，乃暂放弃其东进政策，改而西进。先后灭绲诸、允姓、陆浑等戎，益国十二，开地千里。秦之西界，遂至今西宁、敦煌等地。天子贺以金鼓，国际地位为之增高。是穆公虽不能得志于东方，而尚能逞意于西土也。然而穆公之雄心，实并不以此为足。西戎既服，后顾无忧。于是又转而为南进政策之试探。南进者，以直接出函谷关既不可得，遂欲另出武关，以间接向东发展。其事始于二十五年之与晋伐鄀，而终于三十八年之秦师入鄀。而穆公遂于次年死矣。使天假之年，秦人势力之膨胀，正不知伊于胡底。吾观楚之灭江，穆公为之降服，出次，不举过数。曰：同盟灭，敢不矜乎？吾自惧也。江者，《杜注》云：在汝南安阳县。即今河南省正阳县地，与秦相去数百里。盖亦穆公东进政策中之东道主也。江灭而内应无人，东进政策之实现益感无望。自惧云云，岂真无病呻吟者哉！（同上）

⑧【汇校】

张文虎： "百七十七人"，《黄鸟诗》疏引此文作"七十人"，与《十二诸侯年表》合。（《校刊史记集解索隐正义札记·秦本纪》）

王叔岷： 按"百七十人"，乃举成数。《水经注》引此仍作"百七十七人"。（《史记斠证·秦本纪》）

【汇注】

李元春： 据《秦本纪》，以人从葬，始于武公，不始穆。（《诸史闲论·史记》）

韩　伟：春秋和战国早期的（秦墓）墓葬中，存在着殉奴现象。春秋早期和中期的墓葬，宽度在2.5米以上的均有壁龛以置殉奴，壁龛中的殉奴均盛殓在小木匣中，一匣一奴或一匣二奴。殉奴多采用仰身或侧身屈肢葬。另外，在有的墓室填土中亦发现有殉葬者及牛、羊肢骨等，估计是埋葬时祭祀的牺牲。（《秦都雍城考古发掘研究综述》四《秦公陵区的钻探和秦公一号大墓的发掘》，《考古与文物》1988年第5、6期合刊）

王学理：秦国墓葬殉人之风十分盛行，时代愈早，殉人愈多。……已经发掘的雍城秦公一号大墓共有殉人186名，其中有20名是在墓室的填土中发现的。其中166名均置于环绕墓主椁室的二层台上，最里边一圈有94人，盛于用枋木叠砌的箱子里，称为"箱殉"，殉箱比较考究，外涂黑漆，并绘有精美的花纹图案，并有绿松石、串珠、玉璧、玉璜等随葬。箱殉外圈另有72名殉人，均用薄木匣子盛殓，称为"匣殉"，随葬品多是生产工具。秦公墓以如此众多的人殉葬可与史篇记载相互印证。从各地发掘的考古资料看，秦国墓葬除秦公及重要宗室成员那些较大陵墓多有殉人外，其他类型的墓也盛行殉人。根据殉人所处的位置有龛殉、二层台及填土殉三种形式。春秋时期的秦墓，殉人较普遍，战国早期似有减少。（《秦物质文化史》第七章《陵墓·殉人》）

⑨【汇注】

张守节：毛苌云："良，善也，三善臣也。"《左传》云："子车氏之三子。"杜预云："子车，秦大夫也。"（《史记正义·秦本纪》）

王叔岷：按：《水经注》引舆作车，《左》文六年《传》同。《诗·黄鸟》疏引《左传》作舆，云："舆、车字异义同。"《黄鸟序》疏引《左传》作车。（《史记斠证·秦本纪》）

陈蒲清：子舆氏：《诗·秦风·黄鸟》及《左传》皆作"子车氏"。（引自王利器主编《史记注译·秦本纪》）

⑩【汇注】

张守节：行音胡郎反。鍼音其廉反。应劭云："秦穆公与群臣饮酒酣，公曰'生共此乐，死共此哀'。于是奄息、仲行、鍼虎许诺。及公薨，皆从死。《黄鸟》诗所为作也。"杜预云："以人葬为殉也。"《括地志》云："三良冢在岐州雍县一里故城内。"（《史记正义·秦本纪》）

【汇评】

左丘明：秦伯任好卒。以子车氏之三子奄息、仲行、鍼虎为殉，皆秦之良也，国人哀之，为之赋《黄鸟》。君子曰：秦穆之不为盟主也，宜哉。死而弃民。先王违世，犹诒之法，而况夺之善人乎。《诗》曰：人之云亡，邦国殄瘁。无善人之谓。若之何夺之。（《左传》文公六年）

柳宗元：束带值明后，顾盼流辉光。一心在陈力，鼎列夸四方。款款效忠信，恩义皎如霜。生时亮同体，死没宁分张。壮躯闭幽隧，猛志填黄肠。殉死礼所非，况乃用其良。霸基弊不振，晋楚更张皇。疾病命固乱，魏氏言有章。从邪陷厥父，吾欲讨彼狂。（《柳河东集》卷四十三《咏三良》）

苏　轼：橐泉在城东，墓在城中无百步。乃知昔未有此城，秦人以泉识公墓。昔公生不诛孟明，岂有死之日而忍用其良。乃知三子徇公意，亦如齐之二子从田横。古人感一饭，尚能杀其身。今人不复见此等，乃以所见疑古人。古人不可望，今人益可伤。（《苏轼诗集》卷三《凤翔八观·秦穆公墓》）

吕祖谦：三良之殉君，古今之论是者半，非者半。是之者，壮其忘身之勇也；非之者，议其忘身之轻也。是非之论，虽不一，至论其忘身，则一而已矣。吾独以为三良，惟不能忘其身，然后殉君。使其果能忘身，必不至于殉君也，杀身以殉其君，非忘身者不能，今反谓不能忘身者独何欤？殉葬非厚也，是从君之昏也，是纳君于邪也，是陷君于过也。以三良之明，非不知也，知之而不敢辞者，为其嫌于爱身也，以爱身自嫌者，未能忘其身者也。使三子果能忘其身，则视人如己，视己如人，君欲以我为殉，吾亦争之，所争者殉葬之失也。不知其在己也，吾尚不知有吾身，又安有爱身之嫌哉？身天下之身，理天下之理，苟强认其身而有之，凡事之涉于吾身，明知天下之正理，避嫌而不敢言，是横私天下之身，而横私天下之理也。吾方欲救吾君万世之恶名，岂暇置一身之嫌于其间哉？三子果不置一身之嫌于胸中，则论己事，如论人事，居之不疑，言之不怍，必不至黾勉而受秦穆之命矣。其所以宁杀身而不忍爱身之嫌者，惟其未能忘身也。人徒见三子奋然捐躯，骈首就死，共指之为忘身，孰知其所以死，实生于不能忘身也欤？或曰：三子之不能忘身则诺，要不可谓之不厚其君也。吾又以为不然。为君计者，厚其君者也；为身计者，厚其身者也。三子若为君计，必思殉葬为吾君无穷之累，吾身纵不自惜，岂不为吾君惜乎？惟其专为身计，而不为君计，故当秦穆命殉葬之际，谓不从则受偷生之责，从之则君受害贤之责，吾知免吾夷耳，彼君之责吾何罪焉。是心也果厚于君乎？果厚于身乎？然则三子之厚其君，乃所以薄其君也。（《东莱先生左氏博议》卷十七《秦穆公以子东氏之三子为殉》）

赵　翼：东坡《凤翔诗》云："昔公生不诛孟明，岂有死之日而忍用其良！乃知三子殉公意，亦如齐之二子从田横。"《和陶咏三良》亦云："此生太山重，忽作鸿毛遗。三子死一言，所死良已微。"是盖以三良之死为出于自殉，而非穆公之乱命也。按《汉书·匡衡传》："秦穆重信而士多死。"应劭注云："公与群臣饮，酒酣，公曰：'生共此乐，死共此哀。'奄息、仲行、鍼虎许诺。及公薨，皆从死。"魏人《哀三良诗》亦云："秦穆先下世，三臣皆自残。生时等荣乐，既殁同忧患。"坡诗实本诸此。杨循吉亦谓"穆公不杀败军之三将，岂有以三良为殉之理？"则又本东坡之说。（《陔余丛考》

卷二十四《东坡诗〈咏三良〉》)

  程馀庆：缪公之谥为"缪"也以此。(《历代名家评注史记集说·秦本纪》)

  魏际瑞：善莫大于悔过。虽然，悔之而不善，则其过或因悔而愈增。秦穆公违蹇叔，覆师于殽，作誓以自怨。然其死也，殉子车氏焉。此悔而频过者也。(《先轸论下》，引自《历代史事论海》卷五)

⑪【汇评】

  凌稚隆：按魏人哀三良云："功名不可为，忠义我所安。秦穆先下世，三臣皆自残。生时等荣乐，既殁同忧患。谁言捐躯易，杀身诚独难！"味诗人之旨，则知三良下从穆公，实出其感恩徇主之谊，初非有遣之者！然后知东坡之论所谓三子之殉君，亦犹齐二客之从田横，其说固有所本也。(《史记评林·秦本纪》)

⑫【汇校】

  王叔岷：按：《水经·注》引作"为赋《黄鸟》焉"。《左传》作"为之赋《黄鸟》"。(《史记斠证·秦本纪》)

【汇评】

  阮　瑀：误哉秦穆公，身没从三良。忠臣不违命，随躯就死亡。低头窥圹户，仰视日月光。谁谓此何处？恩义不可忘。路人为流涕，黄鸟鸣高桑。(《咏史诗》，引自《艺文类聚》卷五十五《史传》)

  陈廷敬：秦起西陲，习用故俗，法最惨刻，然至取无罪之人而迫之以从其死，此果何理也哉？孔子曰："始作俑者，其无后乎！"俑像人而用之，孔子以为无后，至于用生人，当如何耶？武公从死者六十六人，缪公从死者百七十七人，其良臣子车氏三人：奄息，仲行，鍼虎，秦人哀之。《黄鸟》之诗所为作也。(《午亭文编》卷三十二《秦论》)

⑬【汇评】

  应　劭：缪公受郑甘言，置戍而去。违黄发之计，而遇殽之败，杀贤臣百里奚，以子车氏为殉，《诗·黄鸟》之所为作，故谥曰"缪"。(《风俗通义》第一《五伯》)

  方　回：秦之贤君，莫如缪公，有《秦誓》，入百篇末，而有三良之《黄鸟歌》，太史公"君子曰"一段深惜之。(《续古今考》卷十八《附论秦本纪书初者十七》)

⑭【汇注】

  赵本植：秦霸岭，在（庆阳）府城南一百二十里，旧名安化原，即秦穆公会西戎、北戎之地。(《庆阳府志》卷七《山川·秦霸岭》)

⑮【汇评】

  陈允锡：不为盟主，无其德也。(《史纬》卷一《秦》)

⑯【汇评】

程大昌：古今罪秦穆公，以人从死，非也。此自其国俗尝有愿殉者，而三良亦在愿中耳。田横死，其二臣亦穿冢以从，是时横已失国，岂能强之使殉乎？《诗》曰：如可赎兮，人百其身者，伤其自欲从殉；不可救止更代也。恐非穆公遗命使然也。秦献公元年，下令止从死者，然则自穆公以至康、共，其国俗既愿殉为义，国亦不立法禁，故献公既葬出子，知非令典，始以国法绝之。（《考古编》卷十《秦穆公以人从死》）

杨循吉：当时称贤君，固未有出穆公之右者，而其亡也，三良殉而《黄鸟》之诗哀，或以为此穆公之遗命也。其言过矣。缪公之于晋也，怨其君而矜其民，不忍其饥而死也；穆公之于秦也自悔其过，不忍杀败军之三大夫，岂以无罪之三良而命之从死？必不然也。惟孙泰山止责康公而不及其他，此为得其情者。（引自《史记评林·秦本纪》）

⑰【汇评】

梁玉绳：史公所说本于《左传》《文选》王仲宣所谓"临殁要之死，焉得不相随"也。然考《汉书·匡衡传》注，应劭曰："穆公与群臣饮酒，酒酣，公曰：生共此乐，死共此哀。奄息等许诺。及公薨，皆从死。"则是三良下从穆公，出于感恩戴德之私，而非穆公命之殉也。曹子建诗"秦穆先下世，三臣皆自残。生时等荣乐，既殁同忧患"。苏东坡诗"昔公生不诛孟明，岂有死之日而忍用其良，乃知三子殉公意，亦如齐之二子从田横"。俱本应氏说，乌得云穆公夺之善人哉。昔贤谓三良死非其所，欲与梁邱据、安陵君同讥，非偏论已。柳子厚诗"疾病命固乱，魏氏言有章。从邪陷厥父，吾欲讨彼狂"。东坡晚年和陶诗又云"杀身固有道，大节要不亏。君为社稷死，我则同其归。顾命有治乱，臣子得从违。魏颗真孝爱，三良安足希"。刺三良而责康公，所见益高。（《史记志疑·秦本纪》）

易白沙：穆公杀殉，至百七十七人之多，秦人仅哀三良。《左传》《史记》所论，亦惟三良。是杀殉乃天下所同认。但不可杀善人良臣而已。不知三良之殉，实践酒酣时约，由于自动，而非强迫，后人不责三良自身，而追咎已死之穆公，是谓张冠李戴。（《帝王春秋·人祭第一》）

⑱【汇注】

刘文淇：洪亮吉云："《史记·蒙恬列传》：秦穆公杀三良而死。罪百里奚而非其罪也。故立号曰缪。王充《论衡》：缪者，误乱之名。文者，德惠之表。晋文之谥，美于缪公。按：此则'穆'当读曰'缪'，所谓名与实爽曰缪也。"按：洪说是也。《秦本纪》君子曰："秦缪公广地益国，况夺之善人良臣百姓所哀者乎？"即衍传意为说。（《春秋左氏传旧注疏证·文公六年》）

陈蒲清：之：犹"其"。善人良臣百姓所哀者：即百姓所同情的善人良臣。（引自

王利器主编《史记注译·秦本纪》）

⑲【汇注】

陈允锡：不能东征，以当时言。（《史纬》卷一《秦》）

【汇评】

徐孚远：孝公复霸业，在后，左氏不及见也，故有不复东征之语。左氏断语，皆以后事为证验也。（《史记测议·秦本纪》）

吴见思：间入论赞一段，结上起下。（《史记论文·秦本纪》）

梁玉绳：《日知录》曰："秦至孝公而天子致伯，诸侯毕贺，其后始皇遂并天下，《左氏》此言不验，史公何以并录之乎？"（《史记志疑·秦本纪》）

程馀庆：此以理断之耳，后却不验。间入论赞一段，结上起下。（《历代名家评注史记集说·秦本纪》）

童书业：（《左传》）文六年传："君子曰：秦穆之不为盟主也，宜哉！死而弃民……君子是以知秦之不复东征也。"按：此末一语有预言性质。春秋之世，惟穆公时为强大，其后即渐衰弱，如春秋末吴伐楚入郢，昭王出奔，秦为昭王外家，乃止以五百乘救楚，足证其无力东顾，固不待入战国后"厉、躁、简公、出子之不宁"（《史记·秦本纪》）也。文十二年传："秦伯使西乞术来聘……襄仲曰：不有君子，其能国乎？国无陋矣。"秦为"陋国"，此春秋时东方国家之传统观念。秦势复张，实在入战国百年后惠文王时，约为公元前三三〇年左右，亦即《左氏》所记预言之下限。《左传》非一时所成（大体为公元前四世纪初），其大部分撰作时间在秦惠文前，故多保存东方国家原对秦国之传统观念，而出此"知秦之不复东征"之预言。（《春秋左传研究·春秋左传札记续》）

⑳【汇注】

梁玉绳：秦康公始见《诗·晨风》诸序，《左文七》，缪公子，始见《史·秦纪》，母晋献公女，名罃。立十二年，葬竘社。（《汉书人表考》卷五《秦康公》）

【汇评】

韦协梦：秦伯任好卒，以子车氏三子奄息、仲行、鍼虎为殉。《传》曰：秦穆之不为盟主也，宜哉！死而弃民。余曰：秦康之不复东征也，宜哉！虐而不仁。杀三良者，非穆公，乃康公也。何以言之？观穆公之不杀孟明，则未必欲以三子殉。即穆公能命于生前，亦不能行于身后。穆公即世，康公即位，穆之国，康之国也；穆之臣，亦康之臣也。康苟知三子之良，加之上位，畀之国政，以缵先人之绪，而垂后世之业，岂不盛哉？康纵不用三子，亦当使之各得其所，奈何从乱命，以彰父恶乎？夫康公亦知从父之命，与继父之志，为孝孰大？向使穆公病革，以国让璧臣，康公亦从之耶？吾故曰：康公之罪也！（《秦康公论》，引自《历代史事论海》卷六）

又：昔魏武子有嬖妾，无子，武子疾，命颗曰："必嫁是。"疾病则曰："必以为殉。"武子卒，颗嫁之。陈乾昔寝疾，命其子尊己曰："如我死，则必大为我棺，使我二婢子夹我。"陈乾昔死，其子曰："以殉葬，非礼也，况又同棺乎？"弗果杀。夫颗与尊己，岂不知父命当从，第疾病则乱，若从其乱命，是亦乱耳，安得为孝乎？且武子所欲为殉，与乾昔所欲同棺者，婢妾耳，而其子尚不忍从乱命以杀无罪之人，况三子者，皆秦之良耶？呜呼，二人之智过康公矣！（同上）

【编者按】缪公事记载特详，以显出霸主功业。缪公既刚愎自用，又知错能改；既残暴，又仁慈。史公关于秦国春秋史，采《左传》及其他典籍，重点突出缪公，记事中刻画人物形象。

康公元年。往岁，缪公之卒，晋襄公亦卒。襄公之弟名雍，秦出也①，在秦。晋赵盾欲立之，使随会来迎雍②，秦以兵送至令狐③。晋立襄公子，而反击秦师，秦师败④，随会来奔⑤。二年，秦伐晋⑥，取武城⑦，报令狐之役⑧。四年⑨，晋伐秦⑩，取少梁⑪。六年⑫，秦伐晋，取羁马⑬。战于河曲⑭，大败晋军⑮。晋人患随会在秦为乱，乃使魏雠余详反⑯，合谋会⑰，诈而得会，会遂归晋⑱。康公立十二年卒⑲，子共公立⑳。

① 【汇注】

张守节：雍母，秦女，故言秦出也。（《史记正义·秦本纪》）

程馀庆：雍母，杜祁也。史误。（《历代名家评注史记集说·秦本纪》）

② 【汇注】

张守节：（随会），韦昭云："晋正卿士蒍之孙，成伯之子季武子也。食采于随范，故曰随会，或曰范会。季，范子字也。"（《史记正义·秦本纪》）

③ 【汇注】

裴骃：（令狐），杜预曰："在河东。"（《史记集解·秦本纪》）

张守节：令音零。《括地志》云："令狐故城在蒲州猗氏县界十五里也。"（《史记正义·秦本纪》）

王恢：令狐：《涑水注》："涑水自安邑来，西迳猗氏县故城北，春秋晋败秦令狐，至于刳首，阚骃（《十三州志》）曰：令狐即猗氏。刳首在西三十里。南对盐泽，即猗顿之故居也。"《纪要》(四一):"故城在今猗氏县西十五里令狐村。"《清统志》(一四〇):"临晋县东北十五里亦有令狐村。"(《史记本纪地理图考·秦本纪·康公景公与晋交兵》)

陈蒲清:令狐:故城在山西临猗县西南。(引自王利器主编《史记注译·秦本纪》)

④【汇注】

张习孔:前620年,辛丑,周襄王三十三年,鲁文公七年,晋灵公夷皋元年,秦康公罃元年,晋灵公之立。赵盾遣使迎公子雍于秦。襄公夫人日抱太子夷皋啼哭于朝,曰:"先君何罪?其嗣亦何罪,舍嫡嗣不立,而外求君,将焉置此?"赵盾与大夫皆患夫人穆嬴,乃背公子雍而立夷皋,是为灵公。(《中国历史大事编年·春秋》)

⑤【汇注】

左丘明:秦康公送公子雍于晋,曰:"文公之入也,无卫,故有吕、郤之难。"乃多与之徒卫。穆嬴日抱太子以啼于朝,曰:"先君何罪?其嗣亦何罪?舍嫡嗣不立,而外求君,将焉置此?"出朝,则抱以适赵氏,顿首于宣子,曰:"先君奉此子也,而属诸子。曰'此子也,才,吾受子之赐;不才,吾唯子之怨'。今君虽终,言犹在耳,而弃之若何?"宣子与诸大夫皆患穆嬴,且畏逼,乃背先蔑而立灵公,以御秦师。箕郑居守,赵盾将中军,先克佐之;荀林父佐上军,先蔑将下军,先都佐之。步招御戎,戎津为右。及堇阴,宣子曰:"我若受秦,秦则宾也;不受,寇也。既不受矣,而复缓师,秦将生心。先人有夺人之心,军之善谋也。逐寇如追逃,军之善政也。"训卒,利兵,秣马,蓐食,潜师夜起,戊子,败秦师于令狐,至于刳首。己丑,先蔑奔秦,士会从之。(《左传》文公七年)

⑥【汇注】

左丘明:秦为令狐之役故,冬,秦伯伐晋,取羁马。晋人御之。赵盾将中军,荀林父佐之;郤缺将上军,臾骈佐之;栾盾将下军,胥甲佐之。范无恤御戎,以从秦师于河曲。臾骈曰:"秦不能久。请深垒固军以待之。"从之。秦人欲战,秦伯谓士会曰:"若何而战?"对曰:"赵氏新出其属曰臾骈,必实为此谋,将以老我师也。赵有侧室曰穿,晋君之婿也,有宠而弱,不在军事,好勇而狂,且恶臾骈之佐上军也。若使轻者肆焉,其可。"秦伯以璧祈战于河。十二月,戊午,秦军掩晋上军,赵穿追之,不及。反,怒曰:"裹粮坐甲,固敌是求;敌至不击,将何俟焉?"军吏曰:"将有待也。"穿曰:"我不知谋,将独出。"乃以其属出。宣子曰:"秦获穿也。获一卿矣。秦以胜归,我何以报?"乃皆出战。交绥。秦行人夜戒晋师曰:"两君之士,皆未慭也。明日请相见也。"臾骈曰:"使者目动而言肆,惧我也,将遁矣。薄诸河,必败之。"胥甲、赵穿当军门呼曰:"死伤未收而弃之,不惠也;不待期而薄人于险,无勇也。"乃止。秦师夜遁,复侵晋,入瑕。(《左传》文公十二年)

【汇评】

胡　宁：按：秦伐晋以号举，先儒多以为罪秦者，此不易之定论也。夫秦晋互相侵伐，而经独罪秦何耶？晋为盟主，尊周攘楚，天下赖焉。城濮之战，秦实辅之，既而背盟以结郑，又袭郑而灭滑，是衅起自秦也。殽之役，则方伯之职所不容已者，乃因是相仇，连兵不已，且结楚以为援。而向之辅晋以攘楚者，今且附楚以谋晋矣。秦晋之衅深，而晋人力疲于西陲，秦楚之交合，而楚人逞志于南服，以致陈、蔡、郑、许，震慑相从，江蓼庸萧，灭亡相继，晋之所以不竞，而楚之所以终强者，秦为之也。（《春秋传·文公十年·夏秦伐晋》）

⑦【汇注】

张文虎："取"误"於"，吴校改，与《左传》及《年表》合。（《校刊史记集解索隐正义札记·秦本纪》）

张守节：《括地志》云："故武城一名武平城，在华州郑县东北十三里也。"（《史记正义·秦本纪》）

钱　穆：今陕西华县东北。（《史记地名考》卷八《秦地名》）

王　恢：武城：《汉志》左冯翊武城县，王补："本晋地入秦，厉共公时晋复取之，见《秦纪》。战国属魏，秦败我武下，见《魏世家》。郿商食邑于此，见《商传》。《渭水注》：东石桥水出马岭山，故沈水也，北流迳武平城东，《地理志》之武城也，下入京兆郑。《清统志》，故城今华州东北十七里。"（《史记本纪地理图考·秦本纪·康公景公与晋交兵》）

呼林贵：武城，也叫武平城，是春秋战国时期秦晋边界上的一个重城。……《水经注·渭水》载："渭水又东与东石桥水会，故沈水也，水南出马岭山，北流迳武平城东。"在今华县东南山群之中仍有一山名为马岭山。其山内有一水北流注于渭，其名叫构峪河水。《重修华县县志》说："右构峪河，即古沈水，源出马岭山，北流注于渭……始入方山河（在峪构水之东，引者按）。"这就划定了武城的方位：故武城应在今构峪河水之西，华县县城之东十三华里的地区。

依据上述文献材料，1982年10月中旬，笔者曾在华县境内考察，在柳枝镇孙家庄村北原头上发现一座故城。故城依原而建，高出渭河河床约60米左右。城西有一条南北向的沟道，形成天然的壕沟屏障。当地人称之为"老娃沟"。东边和北边是断崖削壁，仅只南边与山原连接。地势高险，易守难攻。站在北边城上，北望渭水如带环绕；渭水下游平原尽收眼底。

城址的南边是孙家庄村，西边隔老娃沟是骞家沟村，东北原下三华里左右即是柳枝镇。城址平面基本上呈长方形，约东西400米，南北300米。东城墙的北段还保留在地面上，残高1.5—2米；残宽2—3米不等。西边和南边城墙当地农民说前些年平整土地时挖掉了，现今地面已无遗迹可寻。城墙夯打坚实，夯层一般为8—10厘米厚，夯窝呈圆形，夯窝直径3—5厘米。城内发现大量的春秋战国时细绳纹的半高足鬲和矮足鬲的残片，也有灰陶罐的残片，豆和盆的残片也散见于城内地面上。瓦内有泥条盘制痕迹，有的也有麻点纹（也叫圆窝纹）。据当地人讲，城西和城南有墓葬，从农民拿到家中的一些陶器看，时代有春秋和战国的，也有相当于汉时的陶罐，说明城西和城南为当时的墓葬区。由于城内取水太多，布局及其他情况已不能详知，甚是可惜。

这座故城，当地农民叫"武不城"，又说它原来叫"武平营"。把"平"叫成"不"当是传误，而把"城"叫"营"，也可能是转音所致。在西北地区一般习惯上将古城称为"营"、"寨"、"堡"。所以说"武不城"或"武平营"也就是武平城（即武城）。所以可以断定，华县县城东孙家庄村北原头的故城址，就是春秋及战国早期的重城——武城遗址。(《踏察春秋战国时秦晋武城遗址》，《陕西师范大学学报》1985年第3期)

⑧【汇评】

王维桢：上报殽之役，此报令狐之役，俱有收拾。(引自《史记评林·秦本纪》)

⑨【汇注】

张习孔：前617年，甲辰，周顷王二年，鲁文公十年，晋灵公四年，秦康公四年……晋伐秦，取少梁（即梁，今陕西韩城南）。(《中国历史大事编年·春秋》)

又：秦伐晋，取北征（今陕西澄城西南）。(同上)

⑩【汇注】

韩　非：秦康公筑台，三年，荆人起兵将欲以兵攻齐。任妄曰：饥召兵，疾召兵，劳召兵，乱召兵。君筑台三年，今荆人起兵将攻齐，臣恐其攻齐为声，而以袭秦为实也。不如备之。成东边，荆人辍行。(《韩非子·说林上》)

⑪【汇注】

张守节：前人秦，后归晋，今秦又取之。(《史记正义·秦本纪》)

陈蒲清：少梁：古梁国地，在今陕西韩城县南。(引自王利器主编《史记注译·秦本纪》)

⑫【汇注】

张习孔：前615年，丙午，周顷王四年，秦康公六年，晋灵公六年……秦晋战于河曲。秦康公伐晋，取羁马（今山西永济南）。晋军御之，两军对峙于河曲（在羁马之南，黄河至此，折而向东，成一曲，故名）。赵盾纳臾骈之谋，深垒固军以疲秦军。秦师患之。赵盾昆弟赵穿好勇而狂，秦师激之。穿独以所部出战。盾惧穿有失，乃命全师跟进（从《左传》，《史记》说法略异）。秦师退，晋师亦还。秦师复出，入瑕（今河南灵宝西）。(《中国历史大事编年·春秋》)

⑬ 【汇注】

裴　骃：服虔曰："晋邑也。"（《史记集解·秦本纪》）

程馀庆：故城在蒲州府南三十六里。（《历代名家评注史记集说·秦本纪》）

王　恢：羁马：《清统志》（一四〇）："据《寰宇记》，在今永济县南三十六里。"又（二四四）云："陕西合阳县东北二十六里有羁马城。"江永《地理考实》以为"秦取晋邑当在河东，不得在河西（按江言不实，时河西尚有晋地）。成十三年传，俘我王官，翦我羁马，盖秦迁其民于河西，是以澄城、合阳亦有王官、羁马耳。"（《史记本纪地理图考·秦本纪·康公景公与晋交兵》）

【汇评】

王　恢：羁马：顾氏《大事表》（三一）："殽战之怨已终，至此欲解仇结好，忽然中变（见《左》文七年）。乘其不意，弃玉帛之欢，而构兵戈之惨。……衅开自晋，七十年之兵连祸结，皆赵盾一人尸之也。"（《史记本纪地理图考·秦本纪·康公景公与晋交兵》）

【汇注】

王重九：穆公五年，正晋献公二十二年。据《晋世家》献公二十五年下云："当此时，晋强，西有河西，与秦接境。"河西地面较广，关于"羁马"所在，迄今说法不一，或言在河东芮城县之西，或云在河西合阳县东北。两相比较，我自赞同故城在今陕西合阳东北之说。（《史记公案发微·读史记秦本纪献疑》）

⑭ 【汇评】

公羊高：河曲疏矣，河千里而一曲也。（《公羊传·文公十三年》）

【汇评】

刘　敞：河曲者，亦地名耳。岂谓"千里一曲"乎？若千里一曲，悉可名之河曲，是三河之间无他地名，直曰河曲而已，不亦妄乎！（《春秋传》卷七《晋人秦人战于河曲》）

又：殽之役，秦不哀晋丧，而伐其同姓，晋未报秦施而伐其师，故彼此有辞。比者，秦屡兴师，何义乎？使晋疲于西，而楚得乘间以翦小国，病天下，实秦为之也。故《春秋》于其无名兴师，伐晋不已，而一以号举焉。今河曲之战，秦、晋俱称"人"，而不书"晋及"，盖以连兵构怨，秦晋皆在所贬，而秦曲为甚也。（同上）

⑮ 【汇校】

梁玉绳：文十二年《左传》云"战交绥，秦师夜遁"，此以为"大败晋军"，妄矣。《年表》及《晋世家》言大战亦非。杜注古名退军为绥。秦、晋两退，故曰交绥。（《史记志疑·秦本纪》）

⑯【汇注】

裴　骃：(魏雠余)，服虔曰："晋之魏邑大夫。"（《史记集解·秦本纪》）

张守节：雠音受。又作"雠"，音同。详音羊。（《史记正义·秦本纪》）

胡三省：详，读曰佯，诈也。（《资治通鉴》卷三《周纪三·赧王二年》注）

张　照："雠馀"，《左传》及《晋世家》皆作寿馀。（《钦定史记·秦本纪·考证》）

梁玉绳：(雠馀)：《晋世家》作"寿馀"，与《左传》合，而此独以"寿"为"雠"者，盖古通借用字。《春秋繁露·循天道篇》云"寿之为言雠也。"（《史记志疑·秦本纪》）

郭嵩焘："详"通"佯"，《淮南子·兵略训》："此善为诈佯者也。"《殷本纪》亦云："箕子惧，乃详狂为奴。"史公言"诈佯"皆作"详"。（《史记札记·秦本纪》）

⑰【汇注】

陈蒲清：合谋会：与随会相见，共谋归计。事详见《左传》文公十三年。（引自王利器主编《史记注译·秦本纪》）

⑱【汇注】

左丘明：晋人患秦之用士会也，夏，六卿相会于诸浮（晋地）。赵宣子曰："随会在秦，贾季在狄，难日至矣。若之何？"中行桓子曰："请复贾季，能外事，且由旧勋。"郤成子曰："贾季乱，且罪大。不如随会，能贱而有耻，柔而不犯，其知足使也。且无罪。"乃使魏寿馀伪以魏叛者，以诱士会。执其帑于晋，使夜逸，请自归于秦。秦伯许之，履士会之足于朝。秦伯师于河西，魏人在东。寿馀曰："请东人之能与夫二三有司言者，吾与之先。"使士会。士会辞，曰："晋人，虎狼也。若背其言，臣死，妻子为戮，无益于君，不可悔也。"秦伯曰："若背其言，所不归尔帑者，有如河！"乃行。绕朝赠之以策，曰："子无谓秦无人，吾谋适不用也。"既济，魏人躁而还，秦人归其帑。其处者为刘氏。（《左传》文公十三年）

⑲【汇注】

司马迁：康公享国十二年。居雍高寝。葬竘社。（《史记·秦始皇本纪》附《秦纪》）

⑳【汇注】

司马贞：名貑。十代至灵公，又并失名。（《史记索隐·秦本纪》）

梁玉绳：秦共公，康公子，始见《史·秦纪》《秦记》。名稻，又名和，又名貑，葬竘社康公墓南。按《史》谓在位五年。考《春秋》文十八年书秦伯䓖卒，宣四年书秦伯稻卒，则共公止四年，不得云五年也。（《汉书人表考》卷六《秦共公》）

马非百：共公名稻（《春秋宣四年经文》），又名和（《史记·十二诸侯年表》）。又

名貑（《秦本纪索隐》）。即位后，居雍高寝（《秦纪》）。(《秦集史·国君纪事八·共公》)

【编者按】按：《春秋》宣公四年，共公名稻。

共公二年，晋赵穿弑其君灵公①。三年，楚庄王强，北兵至雒，问周鼎②。共公立五年卒③，子桓公立④。

① 【汇注】
左丘明：乙丑，赵穿攻灵公于桃园。宣子未出山（河内温山也）而复。太史书曰"赵盾弑其君"以示于朝。宣子曰："不然。"对曰："子为正卿，亡不越竟，反不讨贼，非子而谁？"宣子曰："乌乎！'我之怀矣，自诒伊戚'，其我之谓矣。"孔子曰："董狐，古之良史也，书法不隐。赵宣子，古之良大夫也，为法受恶。惜也！越竟乃免。"（《左传》宣公二年）
【汇评】
吴见思：弑君附见。（《史记论文·秦本纪》）

② 【汇注】
左丘明：楚之伐陆浑之戎，遂至于雒，观兵于周疆。定王使王孙满劳楚子。楚子问鼎之大小轻重焉。对曰："在德不在鼎。"（《左传》宣公三年）
【汇评】
吴见思：楚事插叙。（《史记论文·秦本纪》）

③ 【汇校】
张照：《春秋》宣四年，秦伯稻卒。则共公立四年，非五年矣。考《春秋》自明。（《钦定史记·秦本纪·考证》）
梁玉绳：《年表》及《秦记》并作"五年"。考秦共四年当鲁宣四年，而《春秋》宣四年书"秦伯稻卒"，则共公不得有五年也，《史》误以秦桓元年为共公五年耳。（《史记志疑·秦本纪》）
【汇注】
司马迁：共公享国五年，居雍高寝。葬康公南。生桓公。（《史记·秦始皇本纪》附《秦纪》）
刘文淇：（《春秋》"秦伯稻"），《谷梁》疏引《世本》，秦共公也。《秦本纪》"共公立五年，卒。子桓公立"。《索隐》谓共公名貑，《年表》作和，皆与经异。和与稻，或字形相涉。共公卒年，《年表》逸之。（《春秋左氏传旧注疏证》宣公四年）

④【汇注】

梁玉绳：秦桓公始见《左》宣十五，共公子始见《史·秦纪》《秦记》。名荣。亦单称桓。立二十七年。葬义里丘北。(《汉书人表考》卷六《秦桓公》)

马非百：桓公名荣(《春秋分记》《皇王大纪》)共公之子也。共公薨，公即位，居雍太寝(《秦纪》)。(《秦集史·国君纪事九·桓公》)

【编者按】据秦嘉谟辑补本《世本·秦世家》，谓桓公名和。

桓公三年，晋败我一将①。十年②，楚庄王服郑，北败晋兵于河上。当是之时，楚霸，为会盟合诸侯。二十四年，晋厉公初立，与秦桓公夹河而盟③。归而秦倍盟，与翟合谋击晋④。二十六年，晋率诸侯伐秦⑤，秦军败走，追至泾而还。桓公立二十七年卒⑥，子景公立⑦。

①【汇注】

梁玉绳：案：《晋世家》作"虏秦将赤"。考《年表》，书"获谍"，即《左传》宣八年杀秦谍之事也。《索隐》云"赤即斥，谓斥候之人。彼谍即此赤也"。然既称为谍，不得号曰将。欲称为将，不得复曰赤。岂秦将名赤者，诈为细作，而被晋获之欤？《史》必别有所据，故《纪》《表》《世家》所书各异，盖互见耳。《索隐》谓赤为斥，疑古字通。《水经》洹水注"县南角有斥邱"，明朱谋㙔《笺》云"旧本作'赤邱'也"。(《史记志疑·秦本纪》)

②【汇校】

梁玉绳：十年乃"七年"之讹。(《史记志疑·秦本纪》)

王叔岷：按：十盖本作十，汉隶七字皆如此作(古文同，说已详《夏本纪》)。后人不识，误为十字耳。下文"十月，宣太后薨"。《考证》引古钞、《南本》"十月"作"七月"。十亦本作十，与此同例。(《史记斠证·秦本纪》)

【编者按】十年，《史记·十二诸侯年表》列在七年，与《左传》相同。应以七年为是。

③【汇注】

左丘明：秦晋为成。将会于令狐。晋侯先至焉，秦伯不肯涉河，次于王城，使史颗盟晋侯于河东；晋郤犨盟秦伯于河西。范文子曰："是盟也何益！齐盟，所以质信也；会所，信之始也。始之不从，其可质乎？"秦伯归，而背晋成。(《左传》成公十

一年)

又：秦桓公既与晋厉公为令狐之盟，而又召狄与楚，欲道以伐晋，诸侯是以睦于晋。(《左传》成公十三年)

④【汇评】

马非百：康公、共公二代，在位十六年间，与晋战者凡九次。盖仍是一本穆公之东进政策也。总其所以制晋之术，尤莫妙于康公十年之助楚灭庸。此事王夫之论之甚详。其言曰："庸者，秦、楚之争地也。秦得庸，则蹑楚之背；楚得庸，则窥秦之腹。秦得庸，则卷商、析以临周；楚得庸，则通武关以间晋。楚方病，秦人扶之。西为之通巴，南为之距戎，俾楚获安足矣。得庸不有，而授之楚，秦之亲楚，何其至也。秦、楚之相亲，晋故焉耳。秦戒晋而楚挠其南，则晋掣；楚争晋而秦挠其西，则晋疾。视楚而不敢争。故秦之谋此甚深也。举庸以通秦、楚之径，相为肘臂而屈伸喻，可无问其在楚之异于在秦也。抑秦惟委庸于楚，而后楚无忌于秦，则益东争陈、郑而弃西略，则西鄙之戍守已堕，庸且为瓯脱之壤，若有若无，鲍系于楚，而唯秦之取舍矣。(《秦集史·国君纪事八·康公、共公》)

⑤【汇注】

左丘明：秦桓公既与晋厉公为令狐之盟，而又召狄与楚，欲道以伐晋，诸侯是以睦于晋。晋栾书将中军，荀庚佐之；士燮将上军，郤锜佐之；韩厥将下军，荀䓨佐之；赵旃将新军，郤至佐之。郤毅御戎，栾鍼为右，孟献子曰："晋帅乘和，师必有大功。"五月丁亥，晋师以诸侯之师，及秦师战于麻隧，秦师败绩，获秦成差及不更女父。曹宣公卒于师。师遂济泾，及侯丽而还。(《左传》成公十三年)

【汇评】

马非百：麻隧之役，发生于桓公二十七年。东方诸侯，除楚及其属国蔡、叶、陈、薛、鄫等国外，其余几全部加入。虽周室亦有刘康公、成肃公代表参加。计有晋、周、鲁、齐、宋、卫、郑、曹、邾、滕等共十国之多。而据吕相所宣布之对秦宣战一文，则楚及白狄，似亦皆同情于晋，至少是保守中立。真可谓春秋时代秦、晋之间第一大战矣。(《秦集史·国君纪事九·桓公》)

⑥【汇校】

梁玉绳：《史》误减桓之一年以益共公，故作"二十七"，其实二十八年也，《纪》《表》俱误。(《史记志疑·秦本纪》)

【汇注】

司马迁：桓公享国二十七年。居雍太寝。葬义里丘北。生景公。(《史记·秦始皇本纪》附《秦纪》)

⑦【汇校】

梁玉绳：桓、景之名，《春秋》《史记》皆失书。宋程公说《春秋分记》及《皇王大纪》谓桓公名荣，当别有据。至《集解》《索隐》皆引《世本》谓景公名后伯车，则误甚。考《左传》景公母弟鍼字伯车又字后子，安得移作景公之名？《春秋分记》谓景公名石也。又景公，《索隐》引《始皇纪》作"哀公"，而《始皇纪》无哀公之文，况秦别自有哀公乎？盖《秦记》误称景公为僖公，小司马欲两存之，复误以"僖"作"哀"耳。（《史记志疑·秦本纪》）

马非百：景公名石（《春秋分记》。按《史记集解》《索隐》皆引《世本》名"后伯车"，非是。后伯车者，景公之弟鍼之字也。又景公，《秦本纪·索隐》误哀公，而《秦记》又误僖公）。（《秦集史·国君纪事十·景公》）

【汇注】

裴　骃：徐广曰："《世本》云景公名后伯车也。"（《史记集解·秦本纪》）

司马贞：景公已下，名又错乱，《始皇本纪》作哀（僖）公。（《史记·秦本纪·索隐》）

梁玉绳：秦景公始见《左襄九》《春秋昭六》《晋语八》。桓公子，始见《史·秦纪》《秦记》，名石，立四十年。（《汉书人表考》卷五《秦景公》）

程馀庆：《世本》：景公名后伯车。按《左传》，是桓公弟。（《历代名家评注史记集说·秦本纪》）

陈　直：1919 年，天水西南乡，出土秦公敦，文略云："秦公曰：丕显朕皇且，受天命，鼏宅禹绩，十又二公"云云。与薛氏《钟鼎款识著录》之盨龢钟辞句相似，十有二公盖自秦仲起算。王静安先生考为德公以后物，或有以为景公时物者，文皆打字，与始皇瓦量手法相同。（《史记新证·秦本纪》）

王学理等：春秋晚期的秦国铜器铭文有民国初年甘肃秦州出土的秦公鼎，以及宋人著录的秦公钟。秦公毁铭文一百零五字，分铸在器与盖上。……毁铭说其皇祖"鼏（宓）宅禹迹"，禹同夏有关系，是则秦人自诩为华夏族，居住在华夏的范围内。凤翔秦景公大墓残磬铭提到"高阳有灵"，乞求其保佑，高阳是帝颛顼的号，传说夏禹为颛顼孙，秦亦颛顼之后，毁铭对探讨秦的族源很有意义。该铭提到"十又二公"，又见宋人著录的秦盉和镈钟。十又二公起自何公，包括不包括未即位的文公太子鼏公及虽即位未成年即被杀的宪公之子出子，自宋以来争论不休。对照前述秦武公编钟、镈钟铭文，我们以为十二公当起自文公（襄公为皇祖，不包括在内），包括文、竫、宪、出、武、德、宣、成、穆、康、共、桓十二公，作器者为景公。这对秦史的研究也是很重要的。（《秦物质文化史》第八章《文化艺术·金文》）

景公四年，晋栾书弑其君厉公①。十五年，救郑，败晋兵于栎②。是时，晋悼公为盟主。十八年，晋悼公强，数会诸侯，率以伐秦，败秦军。秦军走，晋兵追之，遂渡泾，至棫林而还③。二十七年，景公如晋，与平公盟④，已而背之。三十六年，楚公子围弑其君而自立，是为灵王⑤。景公母弟后子鍼有宠⑥，景公母弟富⑦，或谮之，恐诛，乃奔晋，车重千乘。晋平公曰："后子富如此，何以自亡？"对曰："秦公无道⑧，畏诛，欲待其后世乃归。"三十九年，楚灵王强，会诸侯于申⑨，为盟主，杀齐庆封⑩。景公立四十年卒⑪。子哀公立⑫。后子复来归秦⑬。

① 【汇注】

左丘明：晋厉公侈，多外嬖。反自鄢陵，欲尽去群大夫，而立其左右。……公游于匠丽氏。栾书、中行偃遂执公焉。召士匄，士匄辞。召韩厥，韩厥辞。曰："昔吾畜于赵氏，孟姬之谗，吾能违兵。古人有言曰：'杀老牛，莫之敢尸。'而况君乎！二三子不能事君，焉用厥也？"（《左传》成公十七年）

又：十八年，春，王正月，庚申，晋栾书、中行偃使程滑弑厉公，葬之于翼东门之外，以车一乘，使荀罃、士鲂逆周子于京师而立之，生十四年矣。……周子有兄而无慧，不能辨菽麦，故不可立。（《左传》成公十八年）

【汇评】

吴见思：弑君附见。（《史记论文·秦本纪》）

② 【汇注】

左丘明：诸侯之师观兵于郑东门。郑人使王子伯骈行成。甲戌，晋赵武入盟郑伯。冬，十月，丁亥，郑子展出盟晋侯。十二月，戊寅，会于萧鱼。庚辰，赦郑囚，皆礼而归之。纳斥候，禁侵掠。晋侯使叔肸告于诸侯。……秦庶长鲍、庶长武，帅师伐晋以救郑。鲍先入晋地，士鲂御之。少秦师而弗设备。壬午，武济自辅氏（杜注：自辅氏渡河），与鲍交伐晋师，己丑，秦晋战于栎。晋师败绩，易秦故也。（《左传》襄公十一年）

裴骃：(栎)，杜预曰："晋地也。"（《史记集解·秦本纪》）

张守节：栎音历。《括地志》云："洛州阳翟县，古栎邑也。"（《史记正义·秦本纪》）

王　恢：栎：《左》襄十一年（前562），秦济自辅氏，败晋师于栎。《杜注》："从辅氏渡河。栎，晋地。力的反，又失灼反。"沈钦韩《补注》以为渡渭。《纪要》（五三）："栎阳在临潼县北三十里渭水北。或曰：本晋之栎邑。晋悼公十一年，秦取我栎是也。杜氏《释例》云：栎盖在河北。《史记》秦献公二年自雍徙都之。"又（五四）曰："或云栎在蒲州北。辅氏在朝邑县西北十三里。"（《史记本纪地理图考·秦本纪·康公景公与晋交兵》）

③【汇校】

梁玉绳：襄十四年《左传》，棫林之军，是晋迁延之役也，未尝交兵，有何败走追逐之足云？乃此与《晋世家》言晋败秦，而《年表》又言秦败晋，并妄。（《史记志疑·秦本纪》）

梁玉绳：按：《左氏》襄二十六年《经》文前《传》，"会于夷仪之岁，秦晋为成，晋韩起如秦涖盟，秦伯车如晋涖盟，成而不结"。杜注云"在二十四年，而特跳此者，传写失之"。鲁襄二十四年，当秦景二十八年，乃《年表》既误书此事于二十九年，而《纪》又误在二十七年。且是盟也伯车如晋，非秦景自行，《纪》《表》皆言"景公如晋"，岂史公亦谬以伯车为景公名耶？成而不结，故后二年伯车如晋修成，秦未尝背晋，此又《纪》之误。（《史记志疑·秦本纪》）

【汇注】

裴　骃：徐广曰："棫音域。"骃按：杜预曰"秦地也"。（《史记集解·秦本纪》）

司马迁：（晋悼公）十四年，晋使六卿率诸侯伐秦，度泾，大败秦军，至棫林而去。（《史记·晋世家》）

张　照：是役也，襄十四年，《左传》，诸侯之师济泾而次，秦人毒泾上流，师人多死，晋人诸帅不和，谓之迁之役，此云"败秦军，秦军走"，《年表》亦然，与《左传》相反。（《钦定史记·秦本纪·考证》）

程馀庆：（棫林），今华州。（《历代名家评注史记集说·秦本纪》）

瞿方梅：棫林即周畿内咸林地，为旧郑国，今华州沿也。（《史记三家注补正·秦本纪》）

王　恢：棫林：《左》襄十四年（前559），晋人报栎之败，六卿帅诸侯之师渡泾。"秦毒泾上流，师人多死。郑司马子蟜帅郑师以进，师皆从之，至于棫林"。是棫林当在泾水下流西岸也。是役也，晋之诸帅又不和，故谓之"迁延之役"。《志疑》以为"未尝交兵，有何败走追逐之足云。乃此与《晋世家》言晋败秦，而《年表》又言秦败晋，并妄"。《左传》虽无交兵之明文，非秦退而诸侯之师无以渡泾也。于此当知其时洛川东西秦晋得失不常，华戎尚杂处也。（《史记本纪地理图考·秦本纪·康公景公与晋交兵》）

张永禄：棫林，古代关中西部古地名。在今陕西省凤翔县城南劝读村西南。……棫林的位置，传统的说法认为在京兆尹郑县，即今华县。由于考古学的发掘，唐兰认为应在今扶风宝鸡一带，泾河之西。有说在凤翔县，有说在凤翔县南故雍城内。因棫林地理位置特别，从木，从水，亦可从周（䴷），因多有林木，该地从周穆王时就是方国的都邑，桓公封郑后又为桓公都邑，秦德公建大郑宫于雍城，战国时秦昭王起棫阳宫于雍，因在棫山之南，故名棫阳，汉仍利用。（《汉代长安词典》一《地理环境·棫林》）

王学理："棫林"：劝读村位于凤翔北山（即古伐棫山）南麓的原地上，南临源于棫山的横水北岸，东与周族发祥地周原遗址遥相呼应，距原腹地岐山京当约50余里，并与之同处一个原地。……此地位于棫山之阳，山上多棫树，故经传此字从木，为棫林；此地近水，故字又可从水，为"淢"。此处不仅靠近周原，又有周王宫室，庙寝之类重要建筑，故字又可从周，作"䴷林"。凤翔境内早在西周时期就有棫山之山名，又有下淢、淢、䴷林、棫林等地名。（《秦物质文化史》第三章《都邑·棫阳宫》）

④【汇注】

张　照：三传皆无此盟。（《钦定史记·秦本纪·考证》）

⑤【汇评】

吴见思：弑君附见。（《史记论文·秦本纪》）

⑥【汇注】

张守节：（鍼）音钳。（《史记正义·秦本纪》）

马　理：秦公子鍼，秦桓公之子，景公之弟，食邑北征（原注：征，今澄城县）。（［嘉靖］《澄城县志·官师志》）

马非百：公子鍼，字伯车，又曰后子，桓公子，景公母弟也。桓公时，封于徵衙（徵即汉徵县，衙即彭衙）。景公二十九年，秦、晋为成。晋韩起莅盟，鍼如晋莅盟，成而不结。明年，鍼再如晋修成。（《秦集史·人物传二》之二《公子鍼》）

⑦【汇注】

陈蒲清：景公母弟富：另本无"景公母弟"四字，疑复衍。（引自王利器主编《史记注译·秦本纪》）

⑧【汇注】

牛运震："对曰：秦公无道"云云，按此约《左氏》两段语为一，亦有变换。（《史记评注》）

马非百：所谓无道云云，其事已不能详。惟其母有"弗去惧选"之言，鍼对赵武及辞与子干齿，亦曰"鍼惧选"。吾观《左氏庄二十三年传》载："晋桓、庄之族逼，献公患之。士蒍曰：去富子，则群公子可谋也已。公曰：尔试其事。士蒍与群公子谋谮富子而去之。"《杜注》:"富子,二族之富强者。"鍼在国时,"如二君于景公"。及其奔晋,"其车千乘"。而以羁旅享晋君,至"造舟于河,十里含车,自雍及绛,归取酬币,终事八反"。想见其千仓万箱故逞豪华之富强气概。又《国语·楚语》:范无宇对楚灵王云:"国为大城,未有利者。昔郑有京栎,卫有蒲戚,宋有萧蒙,鲁有弁费,齐有渠丘,晋有曲沃,秦有徵衙。叔段以京患庄公,郑几不克,栎人实使郑子不得其位,卫蒲戚实出献公;宋萧蒙实弑昭公;鲁弁费实弱襄公,齐渠丘实杀无知;晋曲沃实纳齐师;秦徵衙实难桓景;皆志于诸侯,此其不利者也。"然则惧选云者,岂景公当日亦有选国中之富强者而去之之政策,如晋献公之所为耶?鍼又云:"此之谓多矣!若能少此,吾何以得见?"盖足证吾上述意见之非谬。然鍼能自知其过,卒免于祸,而复归于秦,贤于郑叔段等远矣!(《秦集史·人物传二》之二《公子鍼》)

⑨【汇注】

　　张守节:(申),在邓州南阳县(北)三十里。(《史记正义·秦本纪》)

⑩【汇注】

　　陈蒲清:庆封:齐崔杼之党,乱齐。楚灵王杀庆封,是为了取得人心,称霸诸侯。(引自王利器主编《史记注译·秦本纪》)

　　【汇评】

　　吴见思:楚事插叙。(《史记论文·秦本纪》)

⑪【汇注】

　　王学理:(雍城)秦公一号大墓位于一号陵园南部,无封土堆,墓中最有价值的就是刻有文字的石磬。……石磬中有一件篆刻27字,其中16字是"天子匽喜,龏趄是嗣,高阳有灵,四方以鼐",为研究这座墓的墓主人提供了一定依据。这是一句赞颂天下太平的颂辞,西周金文多见。"天子"指东周国王,"龏趄是嗣"的"龏"即共,"趄"与"桓"通,是秦共公、秦桓公的嗣君,即秦穆公的四世孙秦景公——这座大墓的主人。"高阳"即史籍中之"高阳氏"。石磬此句意为天子举行宴饷,作磬者是共公、桓公的嗣子,因高阳氏在天之灵的庇护,国内四方升平。《史记·秦本纪》开头第一句话就说"秦之先,帝颛顼之苗裔孙曰女脩"。《正义》以为"颛顼"是"黄帝之孙,号高阳氏"。(《秦物质文化史》第七章《陵墓·雍城墓地》)

　　【汇评】

　　马非百:景公一代,最可记之事迹,厥为继桓公之志,仍与楚国联盟,以共同对晋,且更进而以婚姻结楚。其后哀公亦一本此策。秦、楚间之和好关系,前后几及百年,未或稍衰。盖春秋之末,晋楚争强,互不相下。适秦、吴兴起,其势甚骤。而吴处楚东,秦处晋西,各是以扰晋、楚之后。故晋欲胜楚,则东联吴以制楚。楚欲胜晋,则西联秦以制晋。同时,吴、秦亦皆早有插足中原之雄心,非先将晋、楚之势力大行削弱，决不能实现其最后之目的。于是在此种情形之下，遂造成秦、楚与晋、吴之两大势力的对立，而尤以景、哀二代之表现为最著明。自此以后，在吴、晋方面，吴强而晋弱，晋反为吴所制。秦、楚方面，亦秦强而楚弱，楚反为秦所制。国际变化之无常，岂不信哉！（《秦集史·国君纪事十·景公》）

⑫【汇校】

司马贞：（哀公），《始皇本纪》作"㻞公"。（《史记索隐·秦本纪》）

【汇注】

梁玉绳：秦哀公始见《左定四》《春秋定九》。景公子，始见《史·秦纪》，又作毕公，又作柏公，立三十六年，葬车里北。（《汉书人表考》卷七《秦哀公》）

⑬【汇注】

左丘明：秦后子复归于秦（杜预注：元年奔晋），景公卒故也。（《左传》昭公五年）

哀公八年，楚公子弃疾弑灵王而自立①，是为平王。十一年②，楚平王来求秦女为太子建妻。至国，女好而自娶之③。十五年，楚平王欲诛建，建亡④；伍子胥奔吴⑤。晋公室卑而六卿强⑥，欲内相攻，是以久秦晋不相攻⑦。三十一年，吴王阖闾与伍子胥伐楚，楚王亡奔随⑧，吴遂入郢⑨。楚大夫申包胥来告急⑩，七日不食，日夜哭泣⑪。于是秦乃发五百乘救楚⑫，败吴师⑬。吴师归，楚昭王乃得复入郢。哀公立三十六年卒⑭。太子夷公，夷公早死⑮，不得立，立夷公子，是为惠公⑯。

①【汇评】

吴见思：弑君附见。（《史记论文·秦本纪》）

梁玉绳：按：昭十三年《春秋》，弑灵王者是公子比，而《史》于《秦纪》及吴、鲁、蔡、曹、陈、卫、宋、郑八世家皆称弃疾，斯乃史公特笔，虽与《春秋》异词，不免背《经》信《传》，而与诛首恶之旨固合，故小司马于《吴世家》云："《史记》以平王遂有楚国，故曰弃疾弑君，《春秋》以子干为王，故曰比弑其君，彼此各有意义也。"（《史记志疑·秦本纪》）

② 【汇校】

　　张　照：《楚世家》及《年表》，在秦哀之十年。（《钦定史记·秦本纪·考证》）

　　梁玉绳：按：《年表》及《楚世家》在平王二年，为秦哀公十年，此在十一年，并误。考《左传》在鲁昭十九年，为秦哀十四年也。（《史记志疑·秦本纪》）

③ 【汇注】

　　赵　晔：楚平王有太子，名建。平王以伍奢为太子太傅，费无忌为少傅。平王使无忌为太子娶于秦，秦女美容。无忌报平王曰："秦女天下无双，王可自取。"王遂纳秦女为夫人而幸爱之，生子珍，而更为太子娶齐女。（《吴越春秋·王僚使公子光传》第三）

④ 【汇注】

　　左丘明：楚子之在蔡也，郹阳封人之女奔之，生大子建。及即位，使伍奢为之师。费无极为少师，无宠焉，欲谮诸王，曰："建可室矣。"王为之聘于秦，无极与逆，劝王娶之。正月，楚夫人嬴氏至自秦。（《左传》昭公十九年）

　　又：费无极言于楚子曰："晋之伯也，迩于诸夏。而楚辟陋，故弗能与争。若大城城父（杜预注：城父今襄城城父县），而置太子焉，以通北方，王收南方，是得天下也。"王说，从之。故太子建居于城父。令尹子瑕聘于秦，拜夫人也。（同上）

　　又：费无极言于楚子曰："建与伍奢，将以方城之外叛，自以为犹宋、郑也，齐、晋又交辅之，将以害楚，其事集矣。"王信之。问伍奢。伍奢对曰："君一过多矣（杜预注：一过，纳建妻）！何信于谗？"王执伍奢（杜预注：忿奢切言）。使城父司马奋扬杀太子，未至而使遣之。三月，太子建奔宋。（《左传》昭公二十年）

　　赵　晔：无忌因去太子而事平王。深念平王一旦卒，而太子立，当害己也。乃复谮太子建。建母蔡氏无宠，乃使太子守城父，备边兵。顷之，无忌日夜言太子之短曰："太子以秦女之故，不能无怨望之心。愿王自备。太子居城父，将兵外交诸侯，将入为乱。"平王乃召伍奢而按问之，奢知无忌之谗，因谏之曰："王独奈何以谗贼小臣而疏骨肉乎？"无忌承宴，复言曰："王今不制，其事成矣。王且见禽。"平王大怒，因囚伍奢，而使城父司马奋扬往杀太子。奋扬使人前告太子急去，不然将诛。三月，太子奔宋。（《吴越春秋·王僚使公子光传》第三）

　　张守节：太子建亡之郑，郑杀之。（《史记正义·秦本纪》）

⑤ 【汇注】

　　左丘明：无极曰："奢之子材，若在吴，必忧楚国。盍以免其父召之。彼仁必来，不然将为患。"王使召之，曰："来，吾免而父。"棠君尚谓其弟员（杜预注：棠君，奢之长子尚也，为棠邑大夫。员，尚弟子胥）曰："尔适吴，我将归死。吾知不逮。我能死，尔能报，闻免父之命，不可以莫之奔也。亲戚为戮，不可以莫之报也。奔死免父，孝也。度功而行，仁也。择任而往，知也。知死不辟，勇也；父不可弃，名不可废，尔其勉之，相从为愈。"伍尚归，奢闻员不来，曰："楚君大夫其旰食乎！"楚人皆杀之。员如吴。（《左传》昭公二十年）

陈蒲清：伍子胥：伍员，字子胥。其父伍奢为太子建太傅，平王杀其父伍奢与其兄伍尚，子胥因而奔吴。（引自王利器主编《史记注译·秦本纪》）

⑥【汇注】

陈蒲清：六卿：晋国的范氏、中行氏、智氏、赵氏、韩氏、魏氏六大家族，世代为晋卿，称六卿。（引自王利器主编《史记注译·秦本纪》）

【汇评】

王　韦：以下叙秦晋之势。盖秦之所以强者，以晋分为三也。（引自《史记评林·秦本纪》）

⑦【汇评】

吴见思：结上秦晋相伐之案。（《史记论文·秦本纪》）

牛运震："晋公室卑而六卿强，欲内相攻，是以久秦、晋不相攻"。按：此数语，为秦晋相攻收结，手法极好。（《史记评注·秦本纪》）

程馀庆：盖秦之所以强者，以晋分为三而力不敌故也。（《历代名家评注史记集说·秦本纪》）

⑧【汇注】

左丘明：斗辛与其弟巢，以王奔随。（《左传》定公四年）

陈蒲清：随：地名。在今湖北省随县。（引自王利器主编《史记注译·秦本纪》）

⑨【汇注】

左丘明：伯州犁之孙嚭，为吴大宰以谋楚。楚自昭王即位，无岁不有吴师，蔡侯因之，以其子乾与其大夫之子为质于吴。冬，蔡侯、吴子、唐侯伐楚。舍舟于淮汭，自豫章与楚夹汉。左司马戌谓子常曰："子沿汉而与之上下，我悉方城外以毁其舟，还塞大隧、直辕、冥阨，子济汉而伐之，我自后击之，必大败之。"既谋而行。武城黑谓子常曰："吴用木也，我用革也，不可久也。不如速战。"史皇谓子常："楚人恶子而好司马。若司马毁吴舟于淮，塞城口而入，是独克吴也。子必速战，不然不免。"乃济汉而阵，自小别至于大别。三战，子常知不可，欲奔，史皇曰："安求其事，难而逃之，将何所入？子必死之，初罪必尽说。"十一月庚午，二师陈于柏举。阖庐之弟夫㮣王，晨请于阖庐曰："楚瓦不仁（瓦，子常名），其臣莫有死志，先伐之，其卒必奔，而后大师继之，必克。"弗许。夫㮣王曰："所谓'臣义而行，不待命'者，其此之谓也。今日我死，楚可入也。"以其属五千先击子常之卒。子常之卒奔。楚师乱，吴师大败之。子常奔郑。史皇以其乘广死。吴从楚师，及清发，将击之，夫㮣王曰："困兽犹斗，况人乎？若知不免而致死，必败我。若使先济者知免，后者慕之，蔑有斗心矣。半济而后可击也。"从之，又败之。楚人为食，吴人及之，奔。食而从之，败诸雍澨。五战及郢。己卯，楚子取其妹季芈畀我以出，涉睢。鍼尹固与王同舟，王使执燧象以奔吴师。庚辰，吴入郢，以班处宫。（《左传》定公四年）

章　衡："敬王"乙未十四年，十一月庚辰，吴入郢，以班处宫。楚昭王奔随、申包胥如秦乞师，哭于庭，日夜不绝声，勺饮不入口，七日，秦师乃出。（《编年通载》卷二《周》）

又：丙申十五年，夏，秦师救楚，大败吴师。九月，吴夫槩王归，自立，以与吴子战而败，奔楚。十月，楚子入于郢，申包胥逃赏。（同上）

陈蒲清：郢：楚国都城。故址在今湖北省江陵县东北。（引自王利器主编《史记注译·秦本纪》）

⑩【汇注】

张守节：包胥姓公孙，封于申，故号申包胥。《左传》云："申包胥如秦乞师，曰：'吴为封豕长蛇，以荐食上国，虐始于楚。寡君失守社稷，越在草莽，使下臣告急曰，夷德无厌，若邻于君，疆场之患也。逮吴之未定，君其取分焉。若楚之遂亡，君之土也。若以君灵抚之，世以事君。'"（《史记正义·秦本纪》）

⑪【汇注】

张守节：《左传》云："申包胥对秦伯曰：'寡君越在草莽，未获所伏，下臣何敢即安。'立依于庭墙而哭，日夜不绝声，勺饮不入口，七日。秦哀公为赋《无衣》，九顿首而坐。秦师乃出。"（《史记正义·秦本纪》）

⑫【汇注】

张守节：《左传》鲁定公五年，秦子蒲、子虎帅车五百乘以救楚，败吴师于军祥。（《史记正义·秦本纪》）

⑬【汇注】

左丘明：初，伍员与申包胥友。其亡也，谓申包胥曰："我必复楚国。"申包胥曰："勉之，子能复之，我必能兴之。"及昭王在随，申包胥如秦乞师，曰："吴为封豕长蛇，以荐食上国。虐始于楚，寡君失守社稷，越在草莽，使下臣告急曰：夷德无厌，若邻于君，疆场之患也。逮吴之未定，君其取分焉。若楚之遂亡，君之土也。若以君灵抚之，世以事君。"秦伯使辞焉，曰："寡人闻命矣，子姑就馆，将图而告。"对曰："寡君越在草莽，未获所伏，下臣何敢即安！"立依于庭墙而哭，日夜不绝声，勺饮不入口七日，秦哀公为之赋《无衣》，九顿首而坐，秦师乃出。（《左传》定公四年）

又：申包胥以秦师至。秦子蒲、子虎帅车五百乘以救楚。子蒲曰："吾未知吴道，使楚人先与吴人战，而自稷会之。"大败夫槩王于沂。吴人获薳射于柏举。其子帅奔徒以从子西。败吴师于军祥。秋，七月，子期、子蒲灭唐。九月，夫㮣王归，自立也。以与王战而败，奔楚为堂谿氏。吴师败楚师于雍澨，秦师又败吴师。(《左传》定公五年)

程馀庆：《左传》，秦子、蒲子虎帅车五百乘以救楚，败吴师于军祥。(《历代名家评注史记集说·秦本纪》)

⑭【汇注】

司马迁：毕公(《集解》：徐广曰《春秋》作"哀公")享国三十六年。葬车里北，生夷公。(《史记·秦始皇本纪》附《秦纪》)

⑮【汇注】

司马迁：夷公不享国。死，葬左宫。生惠公。(《史记·秦始皇本纪》附《秦纪》)

【汇评】

许应元：多一"夷公"字，文气自好。(引自《史记评林·秦本纪》)

⑯【汇注】

胡三省：《谥法》：爱民好与曰惠。(《资治通鉴》卷一"周纪一·安王二年"注)

梁玉绳：秦惠公，简公子，始见《秦纪》《秦记》《六国表》。立十三年。葬陵圉。按《秦纪·索隐》引《纪年》，简公卒，次敬公立十二年，乃立惠公。恐异说难凭矣。(《汉书人表考》卷六《秦惠公》)

梁玉绳：秦惠公始见《春秋》哀四，哀公太子。夷公子，始见《史·秦纪》，立十年，葬车里。(《汉书人表考》卷七《秦惠公》)

惠公元年，孔子行鲁相事①。五年，晋卿中行、范氏反晋②，晋使智氏、赵简子攻之，范、中行氏亡奔齐③。惠公立十年卒④，子悼公立⑤。

①【汇注】

梁玉绳：相乃傧相，即会夹谷之事，非当国为相也。(《史记志疑·秦本纪》)

【编者按】梁玉绳于《史记·孔子世家》"由大司寇行摄相事"条下辨"相"乃傧相而非当国为相，尤为明晰，文曰："按摄相者，乃傧相会盟之事。盖孔子自相会夹谷，后遂以司寇而摄行人之职，《索隐述赞》曰'摄相夹谷'是也，乃史公以当国为相，故于《秦纪》及《吴》《齐》《晋》《楚》《魏世家》《伍子胥传》直书孔子相鲁，岂不误哉！鲁之相季氏尸之，孔子安得摄乎？然其误非始史公，《晏子春秋》外编'孔子圣相'，《荀子·宥坐》云'孔子为鲁摄相'，宋薛据《孔子集语》引《尹文子》云

'孔子为鲁相',《史》妄仍之,王充遂有孔子为相国之说,而《经史问答》六人辨孔子以卿当国,余未敢以为然。"

【汇评】
吴见思：以孔子相鲁提纲。后诸世家皆然。(《史记论文·秦本纪》)

② 【汇注】
张习孔：前497年,甲辰,周敬王二十三年,鲁定公十三年……秋,晋荀寅、范吉射攻赵鞅。荀寅(中行寅)、范吉射(士吉射)与邯郸午为姻亲。二卿攻赵鞅,赵鞅战败,退保晋阳(赵鞅封邑,今山西太原市西南)。(《中国历史大事编年·春秋》)

又：冬,晋逐荀氏、范氏。韩简子(不信)与魏襄子(曼多)分别和荀寅、范吉射不睦。知文子(荀跞)欲以为卿。于是韩、魏、知三氏以晋定公之命伐范氏、荀氏,国人亦助三家。荀(中行)寅、范(士)吉射奔朝歌(今河南淇县)叛。赵鞅返绛。(同上)

③ 【汇校】
梁玉绳："五年,晋卿中行、范氏反晋,晋使智氏、赵简子攻之,范、中行氏亡奔齐"。按：此所书有三误,事在秦惠公四年,非五年事,一也。伐范、中行者知、韩、魏三家,赵简子已奔晋阳,并不与攻范、中行氏,二也。范、中行之奔齐在秦悼公二年,首尾相去八岁,是时但奔朝歌耳,三也。(《史记志疑·秦本纪》)

【汇评】
吴见思：晋事插叙。(《史记论文·秦本纪》)

④ 【汇校】
梁玉绳：按：此与《秦纪》及《侯表》皆以为十年,然考《春秋》哀三年书"秦惠公卒",鲁哀三年当秦惠九年,则秦惠无十年明矣,《史》皆误。(《史记志疑·秦本纪》)

【汇注】
司马迁：惠公享国十年。葬车里(康景)。生悼公。(《史记·秦始皇本纪》附《秦纪》)

张 照：《春秋经》哀三年冬十月癸卯,秦伯卒,总计在位,只得九年。此与《年表》及《始皇本纪》皆作十年。(《钦定史记·秦本纪·考证》)

⑤ 【汇注】
孔 子：(悼公元年),春,王二月,葬秦惠公。(《春秋》哀四年)

梁玉绳：秦悼公始见《史·秦纪》《秦记》《侯表》。立十五年。按《史》悼公乃惠公之子,此误作弟。(《汉书人表考》卷六《秦悼公》)

夏 燮：按《史记·秦本纪》,惠公卒,子悼公立。此云悼公,惠公弟。或"弟"

为"子"之误,抑别有据欤?(《校汉书八表》卷八《古今人表·秦悼公——惠公弟》)

悼公二年,齐臣田乞弑其君孺子,立其兄阳生,是为悼公。六年①,吴败齐师②。齐人弑悼公,立其子简公③。九年,晋定公与吴王夫差盟,争长于黄池④,卒先吴⑤。吴强,陵中国⑥。十二年⑦,齐田常弑简公⑧,立其弟平公⑨,常相之。十三年,楚灭陈⑩。秦悼公立十四年卒⑪,子厉共公立⑫。孔子以悼公十二年卒⑬。

① 【汇校】
  梁玉绳:按:哀十年《左传》乃齐败吴师也,此误。(《史记志疑·秦本纪》)
② 【汇校】
  张文虎:《志疑》云哀十年《左传》乃"齐败吴师"。按:《吴》《齐世家》并与《左》同,疑此"吴""齐"互误。(《校刊史记集解索隐正义札记·秦本纪》)
③ 【汇评】
  吴见思:弑君附见。(《史记论文·秦本纪》)
④ 【汇注】
  陈蒲清:黄池:在河南封丘县西南。(引自王利器主编《史记注译·秦本纪》)
⑤ 【汇注】
  裴　骃:徐广曰:"《外传》云吴王先歃。"(《史记集解·秦本纪》)
⑥ 【汇评】
  吴见思:吴事插叙。(《史记论文·秦本纪》)
⑦ 【汇校】
  梁玉绳:按:事在秦悼十年,此误书于十二年也。(《史记志疑·秦本纪》)
　【汇注】
  张　照:事在秦悼之十年,今此作十二年,与《春秋》及《年表》不合。(《钦定史记·秦本纪·考证》)
⑧ 【汇注】
  左丘明:甲午,齐陈恒弑其君壬于舒州(杜预注:壬,简公也)。(《左传》哀公十五年)

⑨ 【汇注】
　　陈蒲清：平公：名骛。（引自王利器主编《史记注译·秦本纪》）
　　【汇评】
　　吴见思：弑君附见。（《史记论文·秦本纪》）
⑩ 【汇评】
　　吴见思：楚事插叙。（《史记论文·秦本纪》）
⑪ 【汇校】
　　梁玉绳：秦悼公始见《史·秦纪》《秦记》《侯表》，立十五年。按《史》，悼公乃惠公之子，此误作弟。（《汉书人表考》卷六《秦悼公》）
　　梁玉绳：按悼公享国十五年，《秦记》可证，《史》谬加惠公在九年为十年，遂减悼公十五年为十四年，此与《表》同误。（《史记志疑·秦本纪》）
　　【汇注】
　　司马迁：悼公享国十五年。葬僖公西。城雍。生剌龚公。（《史记·秦始皇本纪》附《秦纪》）
　　刘　坦：悼公纪年，《本纪》及《年表》，同为十四年，而《始皇本纪》为十五年。因《始皇本纪》所录，无事可据，兹故仍以《秦纪》考之。据《秦本纪》载：悼公"九年，晋定公与吴王夫差盟，争长于黄池，卒先吴。吴强，凌中国"。《年表》载吴、晋争长于黄池，亦当秦悼公九年。按《晋年表》载：定公三十年，"与吴会黄池，争长"。又《晋世家》亦载：定公"三十年，定公与吴王夫差会黄池，争长。赵鞅时从，卒长吴"。是则秦悼公之九年，与晋定公三十年同年。复据《秦本纪》载，厉共公"二十四年，晋乱，杀知伯，分其国，与赵、韩、魏"。按：《晋世家》载："哀公四年，赵襄子、韩康子、魏桓子，共杀知伯，尽并其地"。又《年表》载：晋哀公四年，魏桓子、韩康子、赵襄子败知伯晋阳，三分其地，亦当秦厉共公二十四年。是则秦厉共公之二十四年，与晋哀公四年同年。以晋历年考之，自定公三十年，至哀公四年，凡为三十年。则秦自悼公九年，至厉共公之二十四年，亦应为三十年。今依《秦本纪》及《年表》谓悼公十四年数之，适得三十年。更以《始皇本纪》谓悼公十五年数之，则为三十一年，故以晋历年为征，则《始皇本纪》载悼公十五年，实衍一年。（《史记纪年考》卷二《秦纪年考·悼公》）
⑫ 【汇注】
　　梁玉绳：厉共公始见《史·秦纪》《六国表》，悼公子始见《秦纪》《秦记》。又作剌龚公。剌又作利。亦曰厉公。立三十四年。葬人里。按龚、共古通，剌与厉义同音近，而利字又因形声相邻致讹耳。（《汉书人表考》卷六《秦厉共公》）

⑬【汇评】

吴见思：插序法变。（《史记论文·秦本纪》）

牛运震：齐桓公始霸及晋楚更霸，春秋大事也；列国弑君，春秋大恶也；孔子相鲁及孔子卒，圣人事迹本末也；田氏篡齐、三卿分晋，春秋所以变为战国也；《秦本纪》及十二诸侯世家往往及此数者，想见古史书法之意。（《史记评注·秦本纪》）

梁玉绳：按孔子之卒，止宜书于周、鲁，馀可不书也。若以为天下一人，不可不书，则各国皆宜书，又何以仅书于周、秦两《纪》，鲁、燕、陈、卫、晋、郑六《世家》乎？《史记》中斯类甚多，亦体例之参错可议者。（《史记志疑·秦本纪》）

韩兆琦：史公于《周本纪》《秦本纪》及春秋诸国世家中屡节"孔子生""孔子相鲁""孔子卒"云云，以见其对孔子的崇重。（《史记笺证·秦本纪》）

　　厉共公二年，蜀人来赂。十六年，堑河旁①。以兵二万伐大荔②，取其王城③。二十一年，初县频阳④。晋取武成⑤。二十四年，晋乱，杀智伯⑥，分其国与赵、韩、魏⑦。二十五年，智开与邑人来奔⑧。三十三年，伐义渠⑨，虏其王⑩。三十四年，日食。厉共公卒⑪，子躁公立⑫。

①【汇校】

王叔岷：按：《六国年表》堑作埑，下文"堑洛城重泉"。亦作埑，《初学记》八引同。堑，或埑字。（《史记斠证·秦本纪》）

【汇注】

吕祖谦：以备晋也。（《大事记解题》卷一）

陈蒲清：堑：挖壕沟。（引自王利器主编《史记注译·秦本纪》）

②【汇注】

范　晔：是时义渠、大荔最强，筑城数十，皆自称王。至周贞王八年，秦厉公灭大荔。……其遗脱者，皆逃走。西逾汧陇，自是中国无戎寇，惟馀义渠种焉。（《后汉书·西羌传》）

王　恢：大荔：《汉志》："左冯翊临晋，故大荔，秦获之更名。"《清统志》（二四四），即今大荔县治。《匈奴传》："岐梁山泾漆之北，有义渠、大荔、乌氏、朐衍之戎。"或疑大荔恐不近在临晋，何缘有王城介于秦晋之间？按古今中外小国幸存于两大间，何可胜数。大荔耕牧洛渭之野，当秦东进之路，故取之而更名临晋也。大可疑者，百二十余年后，"大荔围合阳"耳（《年表》秦孝公二十四年——前338）。（《史记本纪地理图考·秦本纪·厉公伐大荔、义渠》）

③【汇注】

　　裴　骃：徐广曰："今之临晋也。临晋有王城。"（《史记集解·秦本纪》）

　　张守节：荔，音戾。《括地志》云："同州东三十里朝邑县东三十步，故王城。大荔近王城邑。"（《史记正义·秦本纪》）

　　吕祖谦："周贞定王八年，秦伐大荔，取其王城"。《解题》曰：大荔，戎之别种也。徐广曰：今之临晋也。按：《匈奴传》，岐、梁山、泾、漆之北，有义渠、大荔、乌氏、朐衍之戎。（《大事记解题》卷一）

　　又：《外纪》曰：是时，义渠、大荔最强，筑城数十，皆自称王。（《大事记解题》卷一《本注》）

④【汇注】

　　裴　骃：《地理志》，冯翊有频阳县。（《史记集解·秦本纪》）

　　张守节：《括地志》云："频阳故城，在雍州同官县界，古频阳县城也。"（《史记正义·秦本纪》）

　　程馀庆：故城在西安府富平县东北六十里。（《历代名家评注史记集说·秦本纪》）

　　王　恢：频阳：《汉志》："左冯翊频阳，秦厉公置。"王补："频阳北当上郡、西河，为数县凑，见《薛宣传》。县人王翦，见《傅介子传·赞》。《一统志》，故城在陕西富平县东北五十里。"《沮水注》："沮循郑渠东迳当道城南，城在频阳县故城南。频阳宫，秦厉公置。城北有频山，故曰频阳也。应劭曰：在频水之阳。今县之左右无水以应之。"吴卓信曰："余尝过此，频水出频山，微甚，出山二里即涸。前有通川，名锦川，王翦求美田即其地也。"（《史记本纪地理图考·秦本纪·厉公伐大荔、义渠》）

⑤【汇注】

　　吕祖谦：《史记正义》曰：《括地志》云：武成在华州郑县东北三十里。（《大事记解题》卷一）

⑥【汇注】

　　张习孔：晋献公之时杀群公子，从此晋无公室，大臣执政，为正卿。春秋末期，晋国六卿逐渐强大。前458年，晋四卿灭范氏、中行氏。前453年，韩、赵、魏灭知氏，"三家分晋"局面形成。晋幽公时，晋侯反朝于三家之君。至是年，周王始正式册命韩虔、魏斯、赵籍列为诸侯，史家称为"三家分晋"。（《中国历史大事编年·战国》）

　　陈蒲清：杀智伯：《左传》记事至此止。韩、赵、魏在公元前403年列为诸侯，为

战国的开始。（引自王利器主编《史记注译·秦本纪》）

⑦【汇校】

　　梁玉绳："杀智伯分其国"。按：智伯不可言国，当改曰"分其邑"。（《史记志疑·秦本纪》）

【汇注】

　　牛运震："晋乱，杀智伯，分其国与韩、赵、魏"。按三家灭智伯而分其地，则三家自分之耳，更谁与之？（《读史纠谬》卷一《史记·秦本纪》）

【汇评】

　　吴见思：晋事插序。（《史记论文·秦本纪》）

　　夏　駰：周威烈王二十三年，初命魏斯、赵籍、韩虔为诸侯。司马氏编《通鉴》托始于此。若曰此周之所以亡也，大夫蔑其君，分其地，天子不能讨，又使得列于诸侯。夏子曰：此秦并天下之始也。如周之亡始于此，则前乎此者有矣，曲沃武公弑晋侯缗，厘王不既命之为诸侯哉？秦自穆公益国十二，辟地千里，称霸西戎，天子致贺，已日骎骎强大。而自穆公，以迄于献、孝，二百余年，终不能越河山尺寸，以得志于东诸侯者，以晋为之捍也。盖当时山东之诸侯，地大力侔，能与秦为难者，惟齐、楚与晋。齐东边海，去秦绝远，楚西北与秦界，仅武关一路。其循河抵殽南北千数百里，舟车接而刁斗闻者惟晋。计秦之出兵而东也，莫便于函谷，河东次之。若出武关，以走淅川、均、邓，则皆崇山幽谷，秦欲多出师，则道险粮绝；少出师，则不足以制楚，秦必不为也。方三晋未分之时，河山以东皆晋地，秦既不能越晋以攻东诸侯，使其有事于晋，则举晋之全力，固是以敌秦，而晋主盟中夏者几二百年，诸侯多与晋而不直秦，此秦之所以历六世，而终不敢出兵以害山东也。自晋分为三，而秦以全力攻其一，始不支矣。且三晋之中，韩为弱。而当全秦之冲，莫如三川。以至弱之韩，而当秦之最冲，其势必敝。韩敝而折于秦，而秦与山东侯，直相搏于四达九衢之区，而无有制之者矣。（《三晋论》，引自《历代史事论海》卷七）

　　又：或曰晋分而弱，固已，然三晋亦尝合从以攻秦。而终为秦所破灭，何也？曰：天下之势，自合而之分也易，自分而之合也难。当三晋之初杀智伯而分晋也，其欢不啻若兄弟，然坐席未暖，遽相攻击，以至于并灭而不悟，故其合从者，形也，非心也。夫以形合之三晋，而攻上首功，与勇于公斗之强秦，岂有济乎？且秦攻魏，而韩大三之虞；秦攻韩，而魏有安邑之患。必皆不敢全师以赴难，所恃一赵，又恐燕、齐之掎其虚。以视会晋之时，九合三驾，诸侯毕从之日，其势为何如哉？夫岐丰弃，周失天下之始，三晋分，秦并天下之始。后虽有论者，弗能易也。（同上）

　　又：按晋国肇封于周，先王社稷之臣也。韩、赵、魏三家，以世卿北面而臣之久矣，乌敢灭之哉！今焉弁髦其君，瓜分其国，是无上之臣，其奸与叛孰甚焉？正天诛所宜加，王法所不容者。威烈王以共主之尊，念股肱之祸，固宜声罪于友邦，命帅于卿士，而归狱于司刑，诛其身，灭其室，洿其宫而潴焉可也。乃法之不加，因其请而命之侯，是以天命施之于天讨，无亦自丧其尊，名分安在哉？或者姬祚既降，威烈微乎微者也，三晋之强，若之何其拒之？是不然。姬之微者势也，而犹有名分在焉。名分系于天，乌得而私诸人。以三晋之凭陵跋扈，岂不能自侯耶？而必请于周者，非惮于周，惮名分之在人心，而天下不吾直也。君子谓兴衰起替，此其一机耳。威烈既不能讨之于始，独不能正其名于终焉？告之以训辞，昭之以顺逆，却其请而杜其求。吾不轻爵人之意，使三晋无知也，亦不过违欲而拂心，怀忿而蓄怨，未必遽淫用以逞也。而名分岂不昭明于天下哉！今一举而侯之，比何法与？夫先王之典，祗敬六德则侯，以功定国则侯，三晋之于周，果功耶？德耶？非功而命，是党奸也；非德而命，是赏叛也！威烈奚昧于此乎？此无他，以名分为私，而苟焉以取媚于人也。昔晋文请隧，襄王以王章却之；亦以名分所守，不敢假人故耳。今三晋之叛，非晋文有功；而侯爵之荣，非特一隧，威烈从而授之，非惟不是以使人畏，且有以起人贪。贪心无厌，灭晋而侯，亦当灭周而帝。履霜坚冰渐不可长也。故自是而后，七雄争强，嬴秦肆虐，周室遂不振而至于亡矣。先儒有言曰：三晋非能弱周，周自弱也。其知本之言欤？（同上）

【编者按】：三家分晋，不只是晋国内部的分裂，同时也成为中国春秋时代和战国时代的分界点，也被史学界认为是由奴隶社会开始向封建社会的过渡，具有重要的历史意义。

⑧【汇校】

裴　骃：徐广曰："一本二十六年城南郑也。"（《史记集解·秦本纪》）

【汇注】

张守节：开，智伯子。伯被赵襄子灭其国，其子与从属来奔秦。（《史记正义·秦本纪》）

吕祖谦：开，荀瑶之族也。荀氏自晋以来，或谓智氏。按：《年表》："晋大夫智开率其邑人来奔。"（《大事记解题》卷一）

张　照：臣照按：赵襄子曰："智伯死无后"，又《史》载，唯辅果在。《正义》以开为智伯子，无据也。盖智伯之族人。（《钦定史记·秦本纪·考证》）

⑨【汇注】

范　晔：至贞王二十五年，秦伐义渠，虏其王。（《后汉书·西羌传》）

裴　骃：应劭曰："义渠，北地也。"（《史记集解·秦本纪》）

张守节：《括地志》云："宁、庆二州，春秋及战国时为义渠戎国之地也。"（《史记正义·秦本纪》）

吕祖谦：义渠，西戎之别也。应劭曰：义渠，北地也。（《大事记解题》卷一）

又：《史记正义》曰：《括地志》云：周先公刘、不窋居之。义渠乃宁州、庆州西戎，乃刘拘邑，秦为北地郡。（《大事记解题》卷一《本注》）

程馀庆：义渠故城在庆阳府宁州西北。（《历代名家评注史记集说·秦本纪》）

王　恢：义渠：古戎国也。《竹书》商武乙三十年（约当西元前一千一百五十年左右），周师伐义渠，获其君以归，周之先不窋奔戎狄之间，盖居其国，故太王事獯鬻。《汉志》，北地郡有义渠道。班彪《北征赋》曰："登赤须之长坂，入义渠之故城。"赤须谷在今正宁。《括地志》：宁、夏、庆三州，春秋战国为义渠戎国也。秦厉公既取大荔王城（前461），三十三年（前444），伐义渠虏其王。躁公十三年（前430），义渠来伐，至渭南。后百许年——秦惠王之七年（前331），义渠内乱，秦庶长将兵定之，（《年表》）十一年（前327），县义渠，义渠君为臣。惠王后八年（前317），义渠"大败秦人李柏之下"（《张仪、犀首传》）。后四年（前314），伐义渠，取二十五城。武王元年（前310），伐之。《后汉书·西羌传》曰："及昭王立（前306），义渠王朝秦，遂与昭王母宣太后通，生二子。至王赧四十三年（前272），宣太后诱杀义渠王于甘泉宫，因起兵灭之，始置陇西、北地、上郡焉。"（《本纪》惠文君十年——前328，魏纳上郡）义渠既灭，其族并于秦，即居义渠道。而余众西北流散，北入朔方匈奴，西入河西月支，后皆不闻于史。（《史记本纪地理图考·秦本纪·厉公伐大荔、义渠》）

⑩【汇注】

章　衡："定王"丁酉二十五年，秦伐义渠，虏其王。（《编年通载》卷二《周》）

吕祖谦：按：《外纪》，秦伐义渠，虏其王。是时韩魏共灭伊、洛阴戎，其遗脱者皆走，西逾汧陇，自此中国无戎寇。唯余义渠种焉。（《大事记解题》卷一）

⑪【汇注】

司马迁：剌龚公享国三十四年。葬入里。生躁公、怀公。（《史记·秦始皇本纪》附《秦纪》）

⑫【汇注】

梁玉绳：秦躁公，厉共公子，始见《秦纪》《秦记》《六国表》。躁又作趮。立十四年。（《汉书人表考》卷六《秦躁公》）

　　躁公二年，南郑反①。十三年②，义渠来伐，至渭南③。十四年④，躁公卒⑤，立其弟怀公⑥。

① 【汇注】

张守节：南郑，今梁州所理县也。春秋及战国时，其地属于楚也。(《史记正义·秦本纪》)

吕祖谦：《水经》，汉水东过南郑县南。郦道元注。《耆旧传》云：南郑之号，始于郑桓公。桓公死于犬戎，其民南奔，故以南为称，即汉中郡治也（郡因水名）。按：《本纪》，秦惠王始取楚汉中，置汉中郡。今躁公之时，已书南郑反，岂地之往来不常，先尝属秦。今属兴元府。(《大事记解题》卷一)

梁玉绳：《大事记》曰："《水经注》南郑县即汉中郡治也。秦惠王始取楚汉中置汉中郡。今躁公之时已书南郑反，岂地之往来不常，先尝属秦欤？"(《六国表》厉共公二十六年已先书"城南郑"矣)(《史记志疑·秦本纪》)

② 【汇注】

司马迁：(魏文侯)伐秦，筑临晋元里。(《史记·魏世家》)

③ 【汇校】

梁玉绳：卢学士曰："渭南，《六国表》作'渭阳'。水北曰阳，若据《表》则'渭南'为非矣。"(《史记志疑·秦本纪》)

施之勉：按：《后汉书·西羌传》，渭南，作渭阴。(《史记会注考证订补·秦本纪》)

【汇注】

章　衡："考王"辛亥十一年，义渠伐秦，至渭南。(《编年通载》卷二《周》)

④ 【汇注】

司马迁：(魏武侯)西攻秦，至郑而还，筑雒阴、合阳。(《史记·魏世家》)

⑤ 【汇注】

司马迁：躁公享国十四年。居受寝。葬悼公南。(《史记·秦始皇本纪》附《秦纪》)

⑥ 【汇校】

夏　燮：按：怀公，《史记·秦本纪》云：躁公卒，立其弟怀公。此表以怀公为躁公子，疑别有据。(《校汉书八表》卷八《古今人表·秦怀公——躁公子》)

【汇注】

司马贞：厉共公子也。生昭太子，未立而卒。太子之子，是为灵公。(《史记索隐·秦本纪》)

章　衡："孝王"壬子十二年，秦躁公薨，国人立其弟怀公。(《编年通载》卷二《周》)

吕祖谦：《秦记》曰：怀公从晋来，享国。(《大事记解题》卷一)

梁玉绳：秦怀公始见《史·秦纪》《秦记》《六国表》，立四年自杀，葬栎圉氏。按：《纪》以怀公为躁公弟，《秦记》亦云。刺龚公生躁公、怀公，则元注子当作弟。（《汉书人表考》卷八《秦怀公》）

怀公四年，庶长晁与大臣围怀公①，怀公自杀②。怀公太子曰昭子，蚤死，大臣乃立太子昭子之子，是为灵公③。灵公，怀公孙也④。

① 【汇注】
张守节：长，丁丈反。晁，竹遥反，晁，人名也。刘伯庄音潮。（《史记·秦本纪·正义》）
陈蒲清：庶长：秦爵名，有大庶长、左庶长、右庶长等。晁：人名。（引自王利器主编《史记注译·秦本纪》）

② 【汇注】
司马迁：怀公从晋来。享国四年。葬栎圉氏。生灵公。诸臣围怀公，怀公自杀。（《史记·秦始皇本纪》附《秦纪》）

③ 【汇校】
吕祖谦：《秦记》作肃灵公，居泾阳。（《大事记解题》卷一）
张文虎：《索隐》"生昭"至"灵公"，单本、中统本并无此十六字，盖合刻所增。（《校刊史记集解索隐正义札记·秦本纪》）
【汇注】
司马贞：生献公也。（《史记索隐·秦本纪》）
梁玉绳：秦灵公，怀公孙，始见《史·秦纪》，怀公太子昭子之子。又作肃灵公，居泾阳，立十年。（《汉书人表考》卷七《秦灵公》）

④ 【汇评】
徐孚远：既围杀怀公，而复立其孙。灵公既立，亦不闻讨弑君之贼，当如赵沙丘之事耶？故宜数世乱矣。（《史记测议·秦本纪》）

灵公六年，晋城少梁①，秦击之②。十三年③，城籍姑④。灵公卒⑤，子献公不得立⑥，立灵公季父悼子，是为简公⑦。简公，昭子之弟而怀公子也⑧。

① 【汇注】
  吉　春：少梁在韩城县（市）南十八里。（《韩城市司马迁研究文集·史记中的韩城地名注释·少梁》）

② 【汇校】
  任喜来：公元前419年，《六国年表·魏文侯六年》："魏城少梁。"《魏世家》："魏文侯六年，城少梁。"《秦本纪》："秦灵公六年，晋（魏）城少梁，秦击之。""表"与"世家"未记"秦击之"。公元前413年，《六国年表》："秦灵公七年，与魏战少梁。"而"本纪"与"世家"却未记载。说明魏城少梁时，秦魏未战。因此"秦击之"是秦魏战少梁，当为秦灵公七年，即公元前418年。（《从史记考证韩城春秋战国的历史》，《史记与司马迁论集》第三辑）
  【汇注】
  梁玉绳：《六国表》战在七年。《大事记》云"出师在六年，而战在七年"。（《史记志疑·秦本纪》）

③ 【汇校】
  梁玉绳：按灵公在位止十年，即卒于城籍姑之岁也，安得十三年乎？"三"字衍。（《史记志疑·秦本纪》）
  赵生群："十三年"疑当作"十年"。……本书卷六《秦始皇本纪》："（肃灵公）享国十年。"卷十五《六国年表》云灵公十年"补庞，城籍姑，灵公卒。"（点校本二十四史修订本《史记·秦本纪》）

④ 【汇校】
  王叔岷：按梁说是也。《秦记》言肃灵公"享国十年"，《六国年表》秦灵公十年云："补庞、城籍姑。灵公卒。"并其证。（《史记斠证·秦本纪》）
  【汇注】
  张守节：《括地志》云："籍姑故城在同州韩城县北三十五里。"（《史记正义·秦本纪》）
  钱　穆：今韩城县北。（《史记地名考》卷八《秦地名》）
  吉　春：籍姑城，秦灵公六年（公元前419年）、七年攻打魏城少梁，魏文侯斯八年（公元前417年）复取少梁。这样，秦灵公未能在此夺取少梁，就在少梁北边十五里的籍姑（今城固村）修筑城池驻扎下来，又经公元前354年、330年两次战争较量，秦国终于在秦惠王八年打败了魏国，攻占了少梁，十一年将少梁更名夏阳。（《韩城市司马迁研究文集·史记中的韩城地名注释·籍姑》）

又：籍姑城即今之韩城市城池，城东城固村是其旧址。（同上）

⑤【汇校】

张文虎：《志疑》云："灵公在位十年，即卒于城籍姑之岁，三字衍。"按：《元龟》百八十二引作"灵公十年卒"，与《秦纪》及《年表》合。中统、游本"籍"作"藉"。（《校刊史记集解索隐正义札记·秦本纪》）

钱　穆：《秦始皇本纪》"肃灵公享国十年"，《索隐》云："《纪年》及《系本》无肃字。立十年，表同，《纪》十二年。"然今《秦纪》作"灵公十三年"，三说相歧。余考《秦纪》灵公前怀公为诸臣所围，自杀。灵公承之，盖亦不逾年而改元，故前后共得十一年。《年表》则于怀公四年见杀之明年，再书灵公元年，故为十年。今《秦纪》作十三年，《索隐》引《秦纪》作十二年，皆为十一年之字讹。（《先秦诸子系年·自序》）

【汇注】

司马迁：肃灵公，昭子子也。居泾阳。享国十年。葬悼公西。生简公。（《史记·秦始皇本纪》附《秦纪》）

章　衡："考王"丙寅十一年，秦灵公薨，国人废其子献公而立灵公季父悼子，是为简公。（《编年通载》卷二《周》）

张　照：《六国年表》及《始皇本纪》，灵公在位十年卒。（《钦定史记·秦本纪·考证》）

⑥【汇注】

司马贞：（献公），名师隰。（《史记索隐·秦本纪》）

⑦【汇校】

王叔岷："立灵公季父悼子"。按：《通鉴·周纪二注》引"公"下有"之"字。（《史记斠证·秦本纪》）

【汇注】

吕祖谦：简公，怀公子，而昭子之弟也。《秦记》曰：简公从晋来享国。（《大事记解题》卷一）

⑧【汇校】

张文虎："昭子之弟"，《索隐》本、宋本、中统、王、柯并无"子"字。（《校刊史记集解索隐正义札记·秦本纪》）

【编者按】秦嘉谟辑补本《世本·秦世家》谓"简公悼子，厉龚公子，怀公弟也"，与此异。又雷学淇校辑本《世本》谓"简公名悼子，即刺龚公子，怀公弟也。"刺与厉音通，亦与《史记》不同。

【汇注】

司马贞：简公，昭之弟，而怀公子。简公，怀公弟，灵公季父也。《始皇本纪》云灵公生简公，误也。又《纪年》云，简公九年卒，次敬公立，十二年卒，乃立惠公。（《史记索隐·秦本纪》）

张守节：刘伯庄云简公是昭子之弟，怀公之子，厉公之孙。今《史记》谓简公是厉（灵）公子者，抄写之误。（《史记正义·秦本纪》）

夏　燮：按：《史记·秦本纪》，厉共公卒，子躁公立。躁公卒，立其弟怀公。《索隐》曰：怀公，厉共公子也。怀公为大臣所围，自杀，有太子曰昭子，早死，大臣乃立昭子之子，是为灵公。灵公，怀公孙也。灵公卒，子献公不得立，立灵公季公悼子，是为简公。简公，昭子之弟，而怀公子也。据此，则简公乃厉公之孙。然据《正义》引刘伯庄云：简公是昭子之弟，怀公之子，厉公之孙。今《史记》谓简公是厉公子者，抄写之误。据伯庄说，则所云简公，昭子之弟，怀公之子，乃后人改《史记》而正其误者。此表亦云简公，厉公子，盖班氏所据乃未改以前史迁之原本也。（《校汉书八表》卷八《古今人表·秦简公——厉公子》）

王叔岷："简公，昭子之弟，而怀公子也。"按：《索隐》"简公，昭之弟，而怀之子"九字，涉正文而衍，黄善夫本、殿本并无，是也；黄善夫本、殿本"季父也"下并有"子惠公立"四字，涉下文正文而衍，《考证本》无，是也。《索隐》云："简公，怀公弟。"与正文作"怀公子"异。据上文则当作"怀公子"；惟据《秦纪·索隐》："《本纪》简公名悼子，即刺龚公之子，怀公弟也。"则《索隐》所据此文正文盖本作"怀公弟"。《正义》引刘伯庄云："今《史记》谓简公是厉公子者，抄写之误。"所谓"今《史记》"，盖指此文正文言之。"厉公子"，亦即"怀公弟"也。今各本作"简公，昭子之弟，而怀公子也"。乃据刘说"简公是昭子之弟，怀公之子"改之。改之与上文符，然非此文之旧也。张文虎谓"《正义·史记》字，当作《秦记》，厉公当作灵公"。盖未深思耳！（《史记斠证·秦本纪》）

【汇注】

陈蒲清：《始皇本纪》云："肃灵公，昭子子也。……生简公。"与此处的记载不一致。应以此处为是。（引自王利器主编《史记注译·秦本纪》）

【汇评】

吴见思：世系明白。（《史记论文·秦本纪》）

简公六年①，令吏初带剑②。堑洛③。城重泉④。十六年卒⑤，子惠公立。

① 【汇校】
　　陈蒲清：六年：《六国年表》作"简公七年"。（引自王利器主编《史记注译·秦本纪》）
　　【编者按】《史记·秦始皇本纪》附《秦记》作"其七年，百姓初带剑"。百姓，即百吏也。"百姓初带剑"与"令吏初带剑"意同。

② 【汇注】
　　张守节：春秋官吏各得带剑。（《史记正义·秦本纪》）
　　【汇评】
　　魏了翁：《史记·秦纪》简公六年，令吏初带剑。东莱《大事记》书于周威烈十七年，鲁缪公元年。东莱曰：佩玉，三代也；佩剑，秦也。秦与三代之分无他，观其所佩而已矣。（《古今考》卷二《附广剑考》）

③ 【汇注】
　　张习孔：前408年，癸酉，周威烈王十八年，晋烈公八年，赵烈侯籍元年，韩景侯虔元年，魏文侯三十八年，秦简公七年……魏取秦河西地。魏伐秦，尽占河西地（今秦、晋两省间黄河南段以西、北洛水以东以北之间地区）；筑洛阴（今陕西大荔西南）、郃阳（亦作合阳，今陕西合阳东南）两城。秦退守洛水，沿洛水筑防御工程；并修筑重泉（今陕西蒲城东南）城。（《中国历史大事编年·战国》）
　　又：秦"初租禾"（即效法中原各国，实行实物地租）。（同上）
　　彭　曦："壍"，此字亦作"堑"，加水旁乃秦人之创意。《说文》"堑，阬也"。段玉裁注曰："堑则与阬之深广同义。"《左氏传注》，堑，沟堑也。《广韵》曰："绕城水也。"长期以来，人们未曾理解"堑河旁""城堑河濒""堑洛"的内涵，故言长城诸多论著中皆未涉及。史念海先生首揭其义，他在《黄河中游战国及秦时诸长城遗迹的探索》一文中说："堑洛的堑是掘的意思，这里所谓的堑洛，是削掘洛河岸边的山崖。这是修长城的一种方法。"笔者自1985年连年考察了内蒙古的秦始皇长城、汉武帝长城、战国秦昭王长城、秦简公堑洛等遗迹。证实了史先生推论之确，考察结果也使我认识到秦国早期沿河、沿洛所有的"堑"，皆为长城。这些长城的城、烽、障的遗迹至今仍大量存在，已无任何疑义。这也进一步揭示了秦沿黄河、洛河修筑长城时不用长城之名而曰"堑河旁""城堑河濒""堑洛"，正是取"沟堑""绕城水也"之义。以堑技修筑长城，不但沿河沟有，就是在山地，亦多采用此法。因为这确是巧用地形事半功倍的施工技术，充分体现出秦人的聪明智慧，更体现了秦文化中秦人特有的审美意识。（《秦长城、秦都城与秦文化》，《秦陵秦俑研究动态》1995年第2期）
　　张家英："壍"同"堑"，读 qiàn，指挖掘为防御用之壕沟。《史记》中"壍"字使用5次，"堑"字使用9次。本例中的"壍洛"，《六国年表》即作"堑洛"。《蒙恬列传》前文作"堑山堙谷"（2570），后文作"垫山堙谷"。《秦本纪》之"堑河旁"（199），《六国年表》作"堑阿旁"（693）。《蒙恬列传》有"城堑万余里"（2570），《六国年表》有"城堑河濒"（705）。这些异文的出现，不易作出圆满的解释。（《〈史记〉十二本纪疑诂·秦本纪》）

④【汇注】

裴　骃：《地理志》重泉县属冯翊。（《史记集解·秦本纪》）

张守节：重，直龙反。《括地志》云："重泉故城在同州蒲城县东南四十五里也。"（《史记正义·秦本纪》）

王　恢：重泉：简公七年（前408），堑洛，盖加强洛川防御工事，亦可见河西之有晋地。重泉，《括地志》，故地在蒲城县东四十五里。《寰宇记》，县南五十里有重泉里。按：在洛水西岸。见《河渠书》。（《史记本纪地理图考·秦本纪·灵公简公固守河西》）

张永禄：重泉，县名。在陕西省蒲城县。《史记·秦本纪》简公六年（公元前409年）"堑洛，城重泉。"秦汉时为重泉县，北魏时县废。《括地志》："重泉故城在县东南四十五里。"今蒲城县东南22公里铃铒乡重泉村即重泉县址。（《汉代长安词典》—《地理环境·重泉》）

⑤【汇校】

裴　骃：徐广曰："表云十五年也。"（《史记集解·秦本纪》）

余有丁：按：《纪年》云：简公九年卒。次敬公立。十三年卒，乃立惠公，与此不同。（引自《史记评林·秦本纪》）

梁玉绳：按：《表》及《秦记》皆作简公在位十五年，是也，此言十六年误。但《索隐》引《纪年》云"简公九年卒，次敬公立十二年（《秦记》引作"十三年"），乃立惠公"。与《史》不同，所谓"词即难凭，时参异说"者矣。（《史记志疑·秦本纪》）

钱　穆：《秦始皇本纪》"简公享国十五年"，《年表》同。《秦本纪》简公十六年。余考简公前承灵，灵公卒，子献公不得立，简公乃灵公季父，为怀公之子。灵公既承怀公之弑而自立，不逾年而改元。今简公亦篡灵公之统，上溯其父怀公之绪，则亦不俟逾年而改元矣。《年表》《始皇纪》作十五年，仍依逾年改元之常例计之也。《秦纪》作十六年，本当时不逾年而改元之变例计之也。（《先秦诸子系年·自序》）

【汇注】

司马迁：简公从晋来。享国十五年。葬僖公西。生惠公。（《史记·秦始皇本纪》附《秦纪》）

张习孔：前395年，丙戌，周安王七年，魏武侯元年，秦惠公五年……秦攻绵诸

（古戎国，今甘肃天水东）。（《中国历史大事编年·战国》）

又：前393年，戊子，周安王九年，魏武侯三年，郑康公三年，秦惠公七年……魏败秦于注城（或作"汪"，今陕西澄城境，洛水东岸）。（同上）

又：前389年，壬辰，周安王十三年，秦惠公十一年……秦攻魏阴晋（今陕西华阴东）。（同上）

惠公十二年，子出子生①。十三年②，伐蜀，取南郑③。惠公卒④，出子立⑤。

① 【汇校】

梁玉绳：按：《表》谓十一年生，未知孰是。但秦之先已有出子矣，不应复以称惠公太子，《表》及《秦记》并称为出公，是也。《世本》作"少主"，《吕氏春秋》作"小主"。（《史记志疑·秦本纪》）

【汇注】

程馀庆：又一出子。（《历代名家评注史记集说·秦本纪》）

② 【汇注】

张习孔：前387年，甲午，周安王十五年，齐康公十八年，魏武侯九年，秦惠公十三年……蜀攻秦，取南郑（今陕西汉中）；同年，秦伐蜀，夺回南郑。（《中国历史大事编年·战国》）

又：魏伐秦，秦败魏于武下（今陕西华县东），获其将识。（同上）

③ 【汇校】

梁玉绳：按：《纪》《表》前此书"秦城南郑"及"南郑反"矣，则南郑非蜀土也。《史诠》曰："《史·表》'蜀取我南郑'，当从《史·表》为是。"（《史记志疑·秦本纪》）

马非百：按：《六国表》谓"蜀取我南郑"，《本纪》则云"伐蜀，取南郑"，当是先为蜀取，后又取还耳。故两系之。（《秦集史·国君纪事》十二《惠公》）

【汇注】

吕祖谦："周安王十五年，秦伐蜀，取南郑"。《解题》曰：《本纪》书"秦伐蜀，取南郑"；《年表》书"蜀伐秦，取南郑"，今从《本纪》。（《大事记解题》卷二）

王　恢：南郑：惠公十三年（前387），伐蜀，取南郑。按《六国年表》，厉共公二十六年（前451），城南郑。躁公二年（前441），南郑反。今《本纪》"伐蜀，取南郑"，而《年表》作"蜀取我南郑"，疑"我"讹"伐"，又倒误也。证以孝公元年

（前361），云："楚自汉中、南有巴、黔中。"惠王后十三年（前312），庶长章攻楚汉中，取地六百里，置汉中郡，《年表》是也。盖本属蜀，秦初取之，蜀策反焉，而中为楚有，卒归于秦也。《华阳国志》（二）："其地东接南郡，南接广汉，西接陇西阴平，北接秦川。"《水经》，汉水"东过南郑县南"，郦注："县故褒之附庸也。周显王之世（前368—321），蜀有褒汉之地。至六国，楚人兼之（《六国表》起元王元年，下距显王百余年，说不妥），怀王衰弱，秦略取焉。周赧王三（原误二）年（前312），秦惠王置汉中郡，因水名也。"《耆旧传》云：南郑之号，始于郑桓公。桓公死于犬戎，其民南奔，故以南郑为称。即汉中郡治也。汉高祖入秦，项羽封为汉王。萧何曰：天汉，美名也。遂都南郑。大城周四十二里，城内有小城。南凭津流，北结环雉，金墉漆井，皆汉所修筑。地沃川险，魏武方之鸡肋，曰：释骐骥而不乘，焉皇皇而更求（按时讨张鲁），遂留杜子绪镇南郑而还。（《史记本纪地理图考·秦本纪·惠公取南郑》）

④【汇注】

司马迁：惠公享国十三年。葬陵圉。生出公。（《史记·秦始皇本纪》附《秦纪》）

梁玉绳：秦惠公，简公子，始见《秦纪》《秦记》《六国表》，立十三年，葬陵圉。按《秦纪·索隐》引《纪年》，简公卒，次敬公，立十二年，乃立惠公。恐异说难凭矣。（《汉书人表考》卷六《秦惠公》）

⑤【汇注】

皇甫谧：秦出公徙平阳。（《帝王世纪辑存·秦第六》）

胡三省：出非谥也。以其失国出死，故曰出公。（《资治通鉴》卷一《周纪一·安王十五年》注）

梁玉绳：秦出公始见《史·秦纪》《六国表》。惠公子，始见《秦纪》，亦曰少主，亦曰小主，亦曰出子，立二年见杀。（《汉书人表考》卷七《秦出子》）

　　出子二年①，庶长改迎灵公之子献公于河西而立之②。杀出子及其母③，沉之渊旁④。秦以往者数易君，君臣乖乱⑤，故晋复强，夺秦河西地⑥。

①【汇注】

章　衡：丙申十七年，（秦出公）二年，秦庶长改逆献公于河西而立之，沉出子及其母于渊旁。秦数有乱，益弱，晋夺其河西地。（《编年通载》卷二《周》）

②【汇校】

赵生群："西"上原有"河"字，据高山本删。（点校本二十四史修订本《史记》）

【汇注】

吕不韦：秦小主（高诱注：小主即出子也）夫人用奄变，群贤不说自匿，百姓郁怨非上。公子连（毕沅注：公子连即献公，于小主为从祖昆弟。《索隐》云名师隰，殆据《世本》）亡在魏。闻之，欲入。因群臣与民，从郑所之塞。右主然守塞，弗入（高诱注：右主然，秦守塞吏也。弗内公子连也）。曰："臣有义不两主，公子勉去矣。"公子连去，入翟，从焉氏塞。菌改入之。夫人闻之大骇，令吏兴卒，奉命曰"寇在边"。卒与吏其始发也，皆曰往击寇，中道因变曰："非击寇也，迎主君也。"公子连因与卒俱来。至雍，围夫人，夫人自杀。是为献公。（《吕氏春秋·当赏》）

张守节：西者，秦州西县，秦之旧地，时献公在西县，故迎立之。（《史记正义·秦本纪》）

吕祖谦：《史记正义》曰：河西，谓同、华等州。（《大事记解题》卷二《本注》）

胡三省："庶长改"，秦制爵一级曰公士，二上造，三簪褭，四不更，五大夫，六官大夫，七公大夫，八公乘，九五大夫，十左庶长，十一右庶长，十二左更，十三中更，十四右更，十五少上造，十六大上造，十七驷车庶长，十八大庶长，十九关内侯，二十彻侯。师古曰：庶长言众列之长。（《资治通鉴》卷一"安王十七年"注）

陈蒲清：改：人名。河西："河"字涉下文而衍。西即西县（今甘肃天水西南）。（引自王利器主编《史记注译·秦本纪》）

③【汇注】

吕祖谦："周安王十七年，秦庶长弑出公及其母"。《解题》曰：庶长失其名，按《吕氏春秋》秦小主夫人（小主即出公夫人，即其母也）用奄变，群贤不悦，自匿。百姓郁怨，非上。公子连亡在魏（是时河西在魏），闻之，欲入，因郡臣与民，从郑所之塞（郑，关中之郑也）。右主然守塞，弗入（高诱曰：右主然，秦守塞吏也。弗内公子连也）。曰："臣有义不两主，公子勉去矣。"公子连去，入翟，从焉氏塞（塞在安定）菌改（亦守塞吏也）入之（内公子连也）。夫人闻之，大骇（不言出公，其母专政也），令吏兴卒。卒与吏其始发也，皆曰"往击寇"，中道因变曰："非击寇也，迎君主也。"公子连因与卒俱来，至雍，围夫人。夫人自杀（不言出公，从可知也）。子连立，是为献公。怨右主然，而将重罪之；德菌改，而欲厚赏之，监突争之曰："不可。秦公子之在外者众，若此，则人臣争入，亡公子矣。此不便于主。"献公以为然，故复右主然之罪，而赐菌改官大夫（秦爵，非高秩也）。赐守塞者人米二千石（右主然所部之卒也）。《史记》载庶长弑出公及其母，乃迎献公，《吕氏春秋》载献公既入，乃弑之，先后虽不同，然右主然、菌改所载事，不韦以秦相著书，所载必可据也。（《大事记解题》卷二）

④【汇注】

　　梁玉绳：《吕氏春秋·当赏篇》称献公为公子连，高诱注一名元，非也，则献公名连，《史》何以不书？《索隐》谓名师隰，未知所出。又《秦纪·索隐》引世本作"元献公"疑《史》脱"元"字，盖两字谥也。《越绝书·外传记地》谓之"元王"，秦追尊之耳。（《史记志疑·秦本纪》）

⑤【汇评】

　　马非百：《秦本纪》孝公下令曰："会往者厉、躁、简公、出子之不宁，国家内忧，未遑外事。"所谓"不宁""内忧"，自是指内政人事有摩擦而言。庶长晁与大臣围杀怀公，而拥立怀公之孙灵公。灵公死，太子献公居中不得立，反从晋国迎立灵公之季父简公。及《吕氏春秋·当赏篇》所述奄变之乱，即可知其梗概。而厉、躁两公时事，不见记载者盖国史有讳，不能尽书耳。然厉、躁二代，武功显著，而及其死也，群臣竟以恶谥谥之。此非其君臣不睦之又一旁证耶？又躁公死后，弟怀公自晋来，灵公死后，简公亦从晋来。献公则从河西来，河西亦晋地也。然则怀公、简公、献公之得立为君，皆与晋人有极密切之关系。与秦穆公之三置晋君，情形殆完全相同矣！（《秦集史·国君纪事》十二《厉共公、躁公、怀公、灵公、简公、惠公、出子》）

⑥【汇校】

　　张文虎："河西"，《正义》：西者，秦州西县，《杂志》云如《正义》则正文无"河"字。（《校刊史记集解索隐正义札记·秦本纪》）

【汇注】

　　张守节：夺前所上八城也。（《史记正义·秦本纪》）

　　陈蒲清：河西地：夷吾献给缪公的同州（今陕西大荔）、华州（今陕西华县）等地。（引自王利器主编《史记注译·秦本纪》）

【汇评】

　　吴见思：秦晋事又作一束。（《史记论文·秦本纪》）

　　牛运震："秦以往者数易君，君臣乖乱，故晋复强，夺秦河西地"，按此括叙秦晋事，又为下文孝公下令原本。（《史记评注·秦本纪》）

　　　　献公元年①，止从死②。二年③，城栎阳④。四年正月庚寅，孝公生⑤。十一年，周太史儋见献公曰⑥："周故与秦国合而别⑦，别五百岁复合⑧，合十七岁而霸王出⑨。"十六年⑩，桃冬花⑪。十八年⑫，雨金栎阳⑬。二十一年⑭，与晋战于石门⑮，斩首六万⑯，天子贺以黼黻⑰。二十三年⑱，与魏晋战少梁⑲，虏其将公孙痤⑳。二十四年㉑，献公卒㉒，子孝公立㉓，年已二十一岁矣㉔。

① 【汇注】
裴　骃：徐广曰："丁酉。"（《史记集解·秦本纪》）
梁玉绳：献公始见《吕氏春秋·当赏》，灵公子始见《秦纪》。名连，又名师隰。亦曰元献公，亦曰元王。立二十三年。葬嚣圉。（《汉书人表考》卷六《秦献公》）

② 【汇注】
吕祖谦："周安王十八年，秦止从死"。《解题》曰：秦自武公以人从死之后，遂以为常，至献公即位，而始止之也。（《大事记解题》卷二）
王学理等：虽然秦国政府严禁殉人，然而实际上并未彻底废绝。考古发掘中这个时期仍还可以见到殉人现象。咸阳任家嘴一座铜器墓，时代相当于战国中期，殉两人，一为龛殉，盛以木匣，是一成年男子。另一为二层台殉，是个小孩。山西侯马乔村发掘了20座战国晚期秦墓，一般为两两相并的夫妇并穴合葬墓，其中10座殉人，共55人。这些墓外均挖以护墓沟，殉人就埋在护墓沟内。这一现象与一般秦墓的殉人大不相同，可能与当时残酷的兼并战争有关。（《秦物质文化史》第七章《陵墓·殉人》）

【汇评】
赵与时：《史记·秦本纪》：武公卒，葬雍平阳。初以人从死，从死者六十六人。至献公元年，方止从死。则知武公而下十有八君之葬，必皆有从死者矣，不独缪公也。《黄鸟》之诗特以奄息、仲行、鍼虎为秦之良臣，故国人哀之耳。夫一君之葬，使六十六人无罪而就死地，固已可骇，而缪公至用百七十七人，习俗之移人，虽缪公不能免。则献公亦贤矣哉！（《宾退录》卷八）
王维桢：秦献公"止从死"，仁哉！（引自《史记评林·秦本纪》）
马非百：秦自武公二十年（公元前678年）开以人从死之风，计从死者六十六人。中经德、宣、成、穆、康、共、桓、景、哀、僖、悼、厉、躁、怀、灵、简、惠、出子以至献公元年（公元前384年）凡十九君，历时共294年。各代从死人数，史无记载。然《武公纪》既云"初以人从死"，《献公纪》又云"止从死"，可知其事在十九君中，实为国家定制。以穆公之贤，从死者竟达百七十七人之多。子车氏之三子奄息、仲行、鍼虎为国人所爱戴者，亦在其内，规模较武公为更大。吾人今日读《黄鸟》之诗，尚不禁发生阴森惨毒之感！献公即位之初，竟能毅然废而止除之。此实由于社会进化之趋势有以使然，然献公在人类史上之贡献，固不在林肯解放黑奴之下矣！然吾观《国策》载昭襄时，宣太后将死，令曰必以魏丑夫为殉。又《始皇本纪》亦称始皇葬时，后宫无子者皆殉，从死者甚众。则献公止从死之后，殉葬之风仍未全绝也！

（《秦集史·国君纪事》十三《献公》）

【编者按】与前文"武公卒，葬雍平阳，初以人从死"呼应，秦国用人殉葬之史清晰可见。

③【汇注】

章　衡：戊戌十九年，（秦献公）二年，城栎阳，徙都之。（《编年通载》卷二《周》）

④【汇校】

王叔岷："二年，城栎阳"。《集解》："徐广曰：徙都之。今万年是也。"按徐注"徙都之"三字，疑是正文误入注文者。《水经·渭水》下注引此作"城栎阳，自雍徙居之"。《御览》一六四引云："献公徙居栎阳。"并略存其旧。下文"（孝公）十二年，作为咸阳，筑冀阙，秦徙都之"。（本或无秦字，详后）与此文例同。又案：徐注"今万年是也"。《通鉴·周纪二注》引作"即汉万年县"。（《史记斠证·秦本纪》）

【汇注】

皇甫谧：秦献公都栎阳是也。（《帝王世纪辑存·秦第六》）

裴　骃：徐广曰："徙都之，今万年是也。"（《史记集解·秦本纪》）

张守节：《括地志》云："栎阳故城，一名万年城，在雍州东北百二十里。（栎阳）汉七年，分栎阳城内为万年县，隋文帝开皇三年，迁都于龙首川，今京城也。改万年为大兴县。至唐武德元年，又改曰万年，置在州东七里。"（《史记正义·秦本纪》）

吕祖谦："周安王十九年，秦城栎阳，徙都之"。《解题》曰：汉之万年也，属左冯翊。按：孝公令：往者厉、躁、简公、出子之不宁，国家内忧，未遑外事。三晋攻夺我河西地。献公即位，镇抚边境，徙治栎阳，且欲东伐，复穆公之故地，修穆公之政令。（《大事记解题》卷二）

王　恢：栎阳：《汉志》："左冯翊栎阳，秦献公自雍徙此。"《渭水注》："五丈渠水自高陵来，东南入万年县。又白渠自高陵来，迳栎阳城北，又迳秦孝公陵北，下入莲勺。"《括地志》："故城在今栎阳县东北二十五里，雍州（长安）东北百二十里。汉七年分栎阳城内为万年县。"《纪要》（五三）："或本晋之栎邑，晋悼公十一年秦取我栎是也。项羽立秦将司马欣为塞王，都此。汉二年汉王因都之，七年徙长安。十年七月葬太上皇栎阳北原，因置万年县于栎阳大城内以奉陵邑。"《清统志》（二二八）："故城今临潼县东北七十里。"按：今高陵县东北有栎阳镇。秦自入战国，国势中衰，魏夺河西地，以吴起为守，秦不敢东向，筑长城，自郑滨洛以北，有上郡。孝公所谓"往者厉、躁、简公、出子之不宁，国家内忧，未遑外事，三晋攻夺我先君河西地，诸侯卑秦，丑莫大焉。献公即位，镇抚边境，徙治栎阳，且欲东伐，复缪公之故地"。按献公自雍徙栎（前383），魏以安邑近秦，徙大梁（前365），韩亦先魏十年自阳翟徙新郑。秦于是始强大，魏韩自此转弱。历代建都不敢面对敌方，时存戒惧，退求安逸，未有不若韩魏而终为秦并也。(《史记本纪地理图考·秦本纪·献公徙都栎阳》)

王学理等：从公元前383年至前350年，献公孝公父子曾对栎阳经营33年，开始了秦国的社会变革，收复河西地。自孝公十二年（前350年）徙都咸阳至秦亡150多年间，栎阳作为秦都咸阳的主要门户，既是交通要冲，军事重镇，又是商贾云集的经济中心之一。秦末，起义军入咸阳，项羽三分关中，栎阳又是塞王司马欣的都城。楚汉相争之时，萧何营筑长安城，栎阳又是西汉的临时政治中心。此后一直沿用至东汉后始废弃。(《秦物质文化史》第三章《都邑·栎阳》)

又：栎阳故城位于陕西临潼县武屯乡关庄、玉宝屯一带，石川河流经故城北部及东部，地势平坦纵横。(同上)

又：栎阳的考古勘探与发掘开始于60年代中期。1964年6月，陕西省文物管理委员会对其进行了初步勘探。80年代初中国社会科学院考古研究所栎阳发掘队又对其进行了较大规模的勘探和发掘。了解了城址的分布范围，南、西二城墙，三处门址，十三条秦、汉干道，十五处建筑遗址，一般居址和手工作坊遗址，并重点发掘了南门遗址。此外还对城墙、道路和部分遗址进行了部分试掘。……栎阳故城应为一座东西长约2500米，南北宽约1600米的长方形城址，这与《长安志》卷十七栎阳故城"东西五里，南北三里"的约数相符。(同上)

曲英杰：秦献公徙都栎阳。《史记·秦本纪》载秦孝公语曰："献公即位，镇抚边境，徙治栎阳。"又载献公二年"城栎阳"。《集解》引徐广曰："徙都之。今万年是也。"据此，秦徙都栎阳在献公二年（公元前383年）。《世本》载："献公徙治洛阳。""洛阳"当即"栎阳"。《荀子·王霸》曰："栎然扶持心国。"杨倞注："栎读为落，石貌也。"是知栎又读落，而落与洛通，故亦有以洛阳称之者。至秦孝公十三年（公元前349年）徙都咸阳，栎阳为秦都凡三十五年。(《先秦都城复原研究·栎阳》)

又：1964年勘探的结果是，探出了3条街道，6个城门和500多米夯土城墙，发现7处重点建筑。……1980—1981年勘探的结果是，发现了南、西二城墙和3处门址，道路13条，建筑基址等15处。(同上)

⑤【汇注】

马非百：四年，公元前381年。(《秦集史·国君纪事》十三《献公》)

【汇评】

吕祖谦：是年秦献公之四年，《本纪》书"正月庚寅，孝公生"。兴邦之主，秦人重而记之。《本纪》盖采秦史也。(《大事记解题》卷二)

方　回：秦史谨书之，以国之强，始此也。(《续古今考》卷十八《附论秦本纪书初者十七》)

⑥【汇注】

司马迁：或曰儋即老子，或曰非也，世莫知其然否。（《史记·老子申韩列传》）

司马贞：《老子列传》曰"儋即老子"耳，又曰"非也"，验其年代是别人。（《史记索隐·周本纪》）

颜师古：孟康曰，太史儋谓老子也。师古曰，此亦周之太史名，非必老聃。老聃，非秦献公时。儋音丁甘反。又吐甘反。（《汉书注·郊祀志上》）

【编者按】 王先谦《汉书补注》谓叶德辉曰：《封禅书·索隐》引韦昭按《年表》，儋在孔子后百余年，非老聃也。

"周太史儋见献公曰"以下三句，已见于《周本纪》"烈王二年"，此为重出。张守节在《周本纪》中《正义》曰："周始与秦国合者，谓周、秦俱黄帝之后，至非子未别封，是合也。而别者，谓非子末年，周封非子为附庸，邑之秦，后二十九君，至秦孝公二年五百载，周显王致文、武胙于秦孝公，复与之亲，是复合也。合十七岁而霸王者出，谓从秦孝公三年至十九年周显王致胙于秦孝公，是霸也。孝公子惠王称王，是王者出也。然五百载者，非子生秦侯已下二十八君，至孝公二年，都合四百八十六年，兼非子邑秦之后十四年，则成五百。"司马贞在《索隐》亦释曰："霸王，谓始皇也。自周以邑入秦，而始皇初立，政由太后、嫪毐，至九年诛毐，正十七年。"

【汇评】

归有光：周太史儋语已见《周纪》，而此重出，此虽当载《秦纪》，《周纪》亦不可少。（《归方评点史记合笔·秦本纪》）

牛运震："周太史儋见献公曰"云云。按：此数语系周、秦兴衰离合之故，故于《周、秦本纪》俱载之。（《史记评注·秦本纪》）

⑦【汇注】

张守节：周始与秦合者，谓周、秦俱黄帝之后，至非子未别封，是合也。而别者，谓非子末年，周封非子为附庸，邑之秦，后二十九君，至秦孝公二年五百载，周显王致文武胙于秦孝公，复与之亲，是复合也。（《史记正义·周本纪》）

⑧【汇注】

裴骃：应劭曰："周孝王封伯翳之后为侯伯，与周别五百载。至昭王时，西周君臣自归受罪，献其邑三十六城，合也。"韦昭曰："周封秦为始别，谓秦仲也。五百岁，谓从秦仲至孝公强大，显王致伯，与之亲合也。"（《史记集解·周本纪》）

张守节：五百载者，非子生秦侯已下二十八君，至孝公二年，都合四百八十六年，兼非子邑秦之后十四年，则成五百。（《史记正义·周本纪》）

颜师古：应劭曰："秦，伯翳之后也。始周孝王封非子为附庸，邑诸秦。平王东迁洛邑，襄公以兵卫之，嘉其勋力，列为侯伯，与周别五百载矣。昭王时，西周君自归受罪，尽献其邑三十六城，此复合也。"孟康曰："谓周封秦为别，秦并周为合。此襄王为霸，始皇为王也。"韦昭曰："周封秦为始别，谓秦仲也。五百岁谓秦仲至孝公强大，显王致伯，与之亲合也。"师古曰：诸家之说皆非也。自非子至西周献邑，凡六百五十三岁；自仲至显王二十六年，孝公称伯，止有四百二十六岁，皆不合五百之数也。按：《史记·秦本纪》及《年表》，并云周平王封襄公，始列为诸侯，于是始与诸侯通。又《周本纪》及吴、齐、晋、楚诸《系家》皆言幽王为犬戎所杀，秦始列为诸侯，正与此《志》符会，是乃为别。至昭襄王五十二年西周君自归献邑，凡五百一十六年，是为合也。言五百者，举其成数也。（《汉书注·郊祀志上》）

⑨【汇校】

王 筠："合七十七岁而霸王出"，《周本纪》亦有此语，但作"十七岁"（《封禅书》同。《汉·郊祀志》作"七十"，颜《注》曰"七十"当为"十七"。又按：《老庄申韩传》亦作"七十"）。《索隐》曰："自周以邑入秦（在秦昭襄王五十一年），至始皇初立，政由太后嫪毐，至九年诛毐，正十七年。"按：昭襄王五十六年卒，孝文王即位，三日而卒，庄襄王四年卒，加以始皇九年，计十九年，而《索隐》云"十七年"者，盖不循逾年即位之礼，则昭襄王十六年之十月，即庄襄元年，庄襄四年之五月，即始皇元年也。三代本纪皆叙远祖于前，而以禹、汤、文、武继之，惟《秦本纪》另作一篇者，则以前面不可太略，然较之始皇则略，合之则重累不成体裁也。然分之，而文仍是世家体，故篇末总序始皇以下三世作结，此亦不得已之极思也。然割此篇入世家，则尤不妥矣。是纪传家苦处，若编年家无此窒碍。（《史记校》卷上《秦本纪》）

张文虎："合七十七岁"，吴云上"七"字衍。（《校刊史记集解索隐正义札记·秦本纪》）

俞 樾：《秦本纪》"周太史儋见献公曰：'周故与秦国合而别，别五百岁复合，合七十七岁而霸王出'。"《周本纪》及《封禅书》并作"合十七岁"。按秦昭王五十一年使将军摎攻西周，西周君走来自归，尽献其邑。自是至始皇元年，适十七年，无七十七年也。《秦纪》衍上"七"字，《汉书·郊祀志》误从之。（《湖楼笔谈》卷三）

马非百：《封禅书》作合七十年而霸王出，《汉书·郊祀志》作合七十年而霸王出焉。韦昭曰：武王、昭王皆伯，至始皇而王天下。颜师古曰：七十当为十七，今《史记》旧本皆作十七字。伯王者，指谓始皇。始皇初立，政在太后、嫪毐，未得称伯。自昭王灭周后，至始皇九年诛嫪毐，正十七年。《本纪》《年表》其义显，而韦氏乃合武王、昭王为数，失之远矣。（《秦集史·国君纪事》十三《献公》）

王叔岷：按：《周本纪》《封禅书》合下亦并无七字。《老子列传》作"七十岁"，（《汉书·郊祀志》作"七十年"）《索隐》引《周本纪》及此文并作"合七十岁而霸王者出"。作"七十岁"近确。（《史记斠证·秦本纪》）

【汇注】

张守节：合十七岁而霸王者出，谓从秦孝公三年至十九年周显王致胙于秦孝公，是霸也。孝公子惠王称王，是王者出也。（《史记正义·周本纪》）

颜师古：韦昭曰：武王、昭王皆伯。至始皇而王天下。师古曰："七十"当为"十七"。今《史记》旧本皆作"十七"字。"伯王"者，指谓始皇。始皇初立，政在太后、嫪毐，未得称伯。自昭王灭周后至始皇九年诛嫪毐，止十七年。《本纪》《年表》其义显，而韦氏乃合武王、昭王为数，失之远矣。（《汉书·郊祀志上》注）

张　照：此与《周本纪》及《封禅书》不同。（《钦定史记·秦本纪·考证》）

郭嵩焘：周太史儋见献公曰："合七十七岁而霸王出。"按：此数语亦见《周本纪》《封禅书》及《老子列传》。《周本纪》作"合十七年而霸王出"，《正义》以为"起孝公三年至十九年天子致胙，是为十七年而霸；孝公之子惠王称王，是王也。"然史儋明言合十七年而霸王出，不得谓孝公三年周、秦始合也、疑此当作"七十七年"，累七以加之十七年之上，凡得一百一十九年始云合也。在商之中叶，仲衍玄孙中潏保有西陲在西戎，周自不窋以降亦窜于戎、狄之间，其后仲衍氏微而周以兴，是别也。平王东迁，赐秦襄公岐以西之地，于是周地并入于秦，是又合也。自襄公列为诸侯，历一百一十九年，而后穆公立，秦遂以霸。秦氏之强自穆公始，史儋谓霸王之业由此递嬗而兴，以著秦之将日盛也，不应以霸王二字以计其中之年数也。殆后读《老子列传》，始恍然悟史儋之言通秦兴亡始终之数言之；霸王自指项、刘，非谓秦也。（《史记札记·秦本纪》）

韩兆琦：开始的所谓"合"，应该是指孟增的幸于周成王，造文的幸于周穆王，非子的幸于周孝王等。所谓"离"，应该指秦仲被周宣王封为西垂大夫和秦襄公被周平王封为诸侯，秦国成为独立国家。所谓再"合"，应该是指周国被秦所灭。所谓"霸王"，应该是指秦始皇。（《史记笺证·秦本纪》）

⑩【汇注】

张习孔：前369年，壬子，周烈王七年，魏惠王䓨元年，楚宣王良夫元年，燕桓公元年，韩懿侯六年，赵成侯六年，秦献公十六年……秦民大疫，日蚀。（《中国历史大事编年·战国》）

⑪【汇注】

司马迁：民大疫，日蚀。（《史记·六国年表》）

⑫【汇注】

梁玉绳：前灵公作上下畤，献公此年又作畦畤，《纪》中诸畤皆书，而独缺三畤何耶？《表》亦失书。（《史记志疑·秦本纪》）

⑬【汇注】

司马迁：栎阳雨金，秦献公自以为得金瑞，故作畦畤栎阳，而祀白帝。（《史记·封禅书》）

班　固：儃见后七年，栎阳雨金，献公自以为得金瑞，故作畦畤栎阳而祀白帝。（《汉书·郊祀志上》）

张守节：言雨金于秦国都，明金瑞见也。（《史记正义·秦本纪》）

陈蒲清：雨金：天上落黄金（乃龙卷风形成），古人以为吉利；或说是天上出现金宝气之类。（引自王利器主编《史记注译·秦本纪》）

⑭【汇注】

吕祖谦："周显王五年，秦章蟜伐魏"。《解题》曰：献公之遣章蟜伐魏，意在于复河西之地也。自是秦之势浸强矣。《左氏》纪诸侯侵伐，虽大战犹未尝书斩首几万也，以万计级，自石门之战始。《秦纪》石门之战不纪将兵之人，惟于年表记之。徐广曰：或又云，秦以车骑与晋战于石门。天子闻其胜，而贺之石门，一作"石阿"。（《大事记解题》卷二）

⑮【汇注】

司马迁：章蟜与晋战石门，斩首六万，天子贺。（《史记·六国年表》）

张守节：《括地志》云："尧门山俗名石门，在雍州三原县西北三十三里。上有路，其状若门。故老云尧凿山为门，因名之。武德年中于此山南置石门县，贞观年中改为云阳县。"（《史记正义·秦本纪》）

胡三省：《水经注》：冯翊云阳县有石门山。《括地志》：在雍州三原县西北三十二里。又曰：尧门山俗名石门，上有路，其状若门。故老云：尧凿山为门，因名之。武德中，于此山南置石门县，贞观中改云阳县。（《资治通鉴》卷二"显王五年"注）

张　照：《赵世家》作石阿。（《钦定史记·秦本纪·考证》）

钱　穆：尧门山，今三原县西北。又栒邑县东，接淳化县北境，有石门山。（《史记地名考》卷八《秦地名》）

王　恢：石门：二十一年（前346），与晋战于石门，不见《魏世家》；《赵世家》作石阿，《正义》说在山西石隰等州界，而《本纪》又引《括地志》说在陕西三原西北。《纪要》（五四）又疑在旬邑东南，按秦攻魏，时魏地不及泾域。《涑水注》：山西盐池南有石门，未知是否？（《史记本纪地理图考·秦本纪·献公徙都栎阳》）

陈蒲清：石门：在陕西省旬邑县东南。或说在今山西省运城县，一名径岭，左右壁立，间不容轨，是通陕西的险要之道。（引自王利器主编《史记注译·秦本纪》）

【编者按】天下称石门者多矣，举凡今之四川省巴中县北、庆符县南、平武县东南；广东省番禺县西北、中山县西南；河北省邢台县西南、涞源县西北；辽宁省辽阳县南；

吉林省延吉县西；山东省曲阜县东北、蓬莱县西、即墨县东南；安徽省黟县东南、含山县南；江西省靖安县北、临川县南；浙江省安吉县东北、青田县西、永嘉县北、嵊县西北、天台县天台山慧明寺之东北；湖北省鄂城县东；湖南省石门县西、宝庆县北、澧县西南、桂阳县西南；甘肃省导河县西南；云南省陆良县西、建水县东北；在陕西省也有旬邑县东北、三原县西北、安塞县西、泾阳县北诸处。《读史方舆纪要·陕西·西安府·邠州·三水县》云："石门山，县东南六十里，南入淳化县界，冈峦纠纷，干霄秀出，顶上石岩容数百人。《甘泉赋》'封峦石关、施廉延属'谓此也。或云：唐石门县盖以山名，今两山壁立，其状如门。《史记》秦献公二十一年，与晋战于石门，疑即此地云。今有石门巡司。"

⑯【汇注】

　方　回：紫阳方氏曰：秦献公在位二十四年，石门战胜在孝公未立三年前。《史记》书与晋战者，三晋也。其实以章蟜伐魏，欲复河西地，故下文又曰"与魏晋战"。后世史书"首级"二字自此始。细考之，秦献公犹未有一首一级之赏。孝公用商鞅立法，战斩一首赐爵一级，首级之名，自孝公始。秦孝公七年，虏公子卬，与魏战，斩首八万；孝公后七年，条鱼之战，破五国及匈奴，斩首八万二千（匈奴之名始见此）；十三年丹阳之战，虏楚将屈匄，斩首八万；秦武王四年，拔宜阳，斩首六万；昭襄王六年，伐楚，斩首二万；十四年白起攻韩、魏伊阙，斩首二十四万；三十三年击芒卯，斩首十五万；四十七年，白起破赵长平，杀四十余万；五十年，攻晋，斩首六千，流尸于河二万人；五十一年，取阳城、负黍，斩首四万，攻赵取首虏九万；秦始皇二年，攻卷，斩首三万；十三年，攻赵平阳，斩首十万；二十六年，秦初并天下。大约计之，秦斩杀山东六国之民一百六十余万人，其得天下不仁甚矣。（《续古今考》卷二十一《垓下斩首八万》）

【汇评】

　凌稚隆：按太史公纪秦斩首之数凡十一处，以秦之尚首功也。不言其暴，而其暴自见。（《史记评林·秦本纪》）

⑰【汇校】

　梁玉绳：宋娄机《班马字类》引《史》作"颛顼"，又引《正义》曰"虽非字体，历代《史记》本同"。然则今本改为"甯"旁也。（《史记志疑·秦本纪》）

【汇注】

　裴　骃：《周礼》曰："白与黑谓之黼，黑与青谓之黻。"（《史记集解·秦本纪》）

　张文虎："黼黻"，《字类》引二字与《正义·论例》合，桓十四年《谷梁传·释文》及《干禄字书》亦引之，盖当时有此俗字，张谓邹诞生前已从"甯"是也。今本多从"甯"，盖人所改。（《校刊史记集解索隐正义札记·秦本纪》）

【汇评】

陈子龙：晋为同姓方伯之国，而反贺秦胜，周亡征见矣。（《史记测议·秦本纪》）

⑱【汇注】

司马迁：十三年，秦献公使庶长国伐魏少梁，虏其太子、痤。（《史记·赵世家》）

张习孔：前362年，己未，周显王七年，越王无余之元年，韩昭侯武元年，魏惠王八年，赵成侯十三年，燕桓公八年，卫声公十一年，秦献公二十三年，秦魏之战。秦献公派庶长国大败魏师于少梁（今陕西韩城西南），禽魏将公叔痤，取魏庞城（即繁庞，今韩城东南）。（《中国历史大事编年·战国》）

又：秦孝公发愤强秦。秦献公师隰卒（从《史记·六国年表》），子渠梁立，是为孝公。是时，"河山以东强国六，淮泗之间小国十余，楚、魏与秦接界，皆以夷狄遇秦，摈斥之，不得与中国会盟"。于是，孝公发愤修政，欲以强秦。（同上）

⑲【汇注】

胡三省：《班志》：冯翊夏阳县故少梁。师古曰：本梁国，为秦所灭。至惠文王十一年，更名夏阳。康曰：魏有大梁，故此称少以别之。（《资治通鉴》卷二"显王七年"注）

王念孙："魏"字后人所加也。"与晋战少梁"者，"晋"即"魏"也。三家分晋，魏得晋之故都，故魏人自称"晋国"，而韩、赵则否。梁惠王曰："晋国天下莫强焉。"周霄曰："晋国亦仕国也（原注：周霄，魏人）。"《魏策》曰："魏武侯与诸大夫浮于西河，称曰：'河山之险，岂不亦信固哉！'王钟侍王，曰：'此晋国之所以强也。'"是"晋"即"魏"也。上文云："晋城少梁，秦击之。"此云："与晋战少梁，虏其将公孙痤。"《魏世家》云："与秦战少梁，虏我将公孙痤。"此尤其明证也。后人不达，又于"晋"上加"魏"字，其失甚矣。（《读书杂志·史记第一》）

陈蒲清：魏晋：即魏。秦献公九年（前376年），韩、赵、魏三家分晋。因魏从晋分出，故称魏晋，亦称晋。（引自王利器主编《史记注译·秦本纪》）

张家英：如王念孙氏所言，战国时期之"魏"可称为"晋"，不但他所举之《孟子》与《国策》中有此用例，即在《史记》亦有之。然而，肯定这一点，并不能证明《秦本纪》中之"魏晋"定为"晋"字无疑。摆在我们面前的两个问题，须首先明确回答：

一、是否《史记》中所有指称战国魏国之"魏"都可代之以"晋"？答曰：显然不能。

二、《史记》述及战国魏国时，是用"魏"者居多？还是用"晋"者居多？答曰：前者显然多于后者。

《史记》中"魏"字出现1328次。对以上两点，如一一举例示之，势将不胜其烦。

下文以《秦本纪》《魏世家》《六国年表》为例。

《秦本纪》记：厉共公"二十四年，晋乱，分其国与韩、赵、魏"。(199)"灵公六年，晋城少梁（《六国年表》作'魏城少梁'），秦击之"。(200) 献公"二十一年，与晋战石门"。(201)"孝公元年，河山以东强国六，与齐威、楚宣、魏惠、燕悼、韩哀、赵成侯并。……楚、魏与秦接界。魏筑长城"。(202)"七年，与魏惠王会杜平。八年，与魏战元里，有功。十年，卫鞅为大良造，将兵围魏安邑，降之"。(203) 此下涉及"魏"事甚多，言"晋"者惟有三例。孝公"二十四年，与晋战雁门"。(204) 昭襄王五十年，"攻晋军，斩首六千，晋、楚流死河二万人"。(214)

《魏世家》于三家伐灭智伯之前概称"晋"，其后则统称"魏"。叙事中甚至记有"魏文侯元年、魏武侯元年"（1838、1841）以及"魏伐赵、魏败韩于马陵"（1845、1844）之类，与其他世家中省称国名者迥异。

《六国年表》中晋君纪年附见于魏。周威烈王二十三年，韩、赵、魏始列为诸侯（709）。此前之记事，有"与晋战，败郑下"（707）一例与"魏诛晋幽公、与魏战少梁"（704、705）二例。此后，国名称"晋"者惟有秦"与晋战武城"（713）及"与晋战石门"（719）二例。后一事见《秦本纪》，前一事则不见于他篇。

如果以三家分晋之年（周威烈王二十三年，秦简公十二年。此事《秦本纪》未载）为线，则此后以"晋"为"魏"者不过《秦本纪》与《六国年表》各三例而已。如果再考虑到《史记》中有关战国魏事的记载多有错乱（参见杨宽《战国史》附录《战国大事年表中有关年代的考订》，上海人民出版社1980年版），则我们宁可相信上述六个例外的"晋"字应该订正为"魏"字了。如是，则《秦本纪》中之"魏晋"，应正为"魏"，亦属不言而自明矣。(《史记十二本纪疑诂·读〈读书杂志·史记杂志〉札记》)

⑳【汇校】

梁玉绳：《年表》于秦、魏二《表》皆言"虏太子"盖因齐虏魏太子申而误，事在后二十一岁。而此《纪》及《魏世家》作"公孙痤"，《赵世家》作"太子痤"，皆误。盖秦虏公孙痤，非太子也，魏无二太子。太子名申，不名痤也。痤字公叔，非公孙也，当依《国策》称"公叔痤"为是。《商君传》与《策》同。所有可疑者，痤既被虏矣，而《商君传》仍《国策》载公叔痤病荐卫鞅之事，岂秦虏之而复归之欤？(《史记志疑·秦本纪》)

任喜来：在公元前362年秦战少梁的事件上。《六国年表》："秦虏其太子。""魏，虏我太子"。《赵世家》："虏其太子痤。"《魏世家》："虏我将公孙痤。"《秦本纪》："虏其将公孙痤。"太子名申，被齐所虏，痤非太子。"表"和《赵世家》误为"太子"。公孙痤是魏"相"，非魏"将"，《魏世家》《秦本纪》误为"将"。(《从史记考

证韩城春秋战国的历史》,《司马迁与史记论集》第三辑)

【汇注】

吕祖谦:"秦庶长国伐魏,获其将公孙痤"。《解题》曰:《古史》曰:《史记·秦本纪》及《魏世家》云"虏公孙痤"耳,惟《赵世家》及秦、魏、韩《年表》皆云虏太子痤。按《孟子》梁惠王言"东败于齐,长子死焉;西丧地于秦七百里"。盖太子申战没于齐,而未尝为虏于秦也。凡《史记》言是年秦虏太子痤者,皆非。《前汉·地理志》左冯翊夏阳县,故少梁,秦惠王十一年更名禹贡,梁山在西北,龙门山在北,故韩国也。今同州韩城县。(《大事记解题》卷三)

又:"周显王八年,公孙痤卒"。《解题》曰:痤去年为秦所获,寻归之,而终于相位也。今年卫鞅以痤将死,荐之,魏惠王不能用,故自魏适秦,则痤之死必在今年。(同上)

张 照:《魏世家》同,《六国年表》作"虏其太子",《赵世家》作"太子痤",《商君传》作"公孙痤"。(《钦定史记·秦本纪·考证》)

【编者按】《史记·魏世家》云,魏惠王九年,"与秦战少梁,虏我将公孙痤,取庞"。

㉑【汇校】

裴 骃:徐广曰:"表云二十三年。"(《史记集解·秦本纪》)

刘 坦:献公纪年,《秦本纪》载二十四年,《始皇本纪》及《年表》,载二十三年。据《秦本纪》载:献公"二十一年,与晋战于石门,斩首六万,天子贺以黼黻"。又载:孝公"二年,天子致胙"。按《周本纪》载:"显王五年,贺秦献公,献公称伯。九年,致文、武胙于秦孝公。"据此由显王五年至九年,其间凡为五年,则秦自献公二十一年,至孝公二年,其间亦凡为五年。……献公固无缘更有二十四年也。……秦献公在位,止二十三年也。(《史记纪年考》卷二《秦纪年考·献公》)

【编者按】"二十四年",《六国表》作二十三年,《秦始皇本纪》附《秦纪》亦然,《秦纪》系原始档案资料,以"二十三年"为是。瞿方梅认为:《表》无二十四年,此云二十四年,即孝公立之元年,与上十一年灵公卒、十六年简公卒,皆以新旧君卒立一年事为二年也(见《史记三家注补正》),可备一说。

【汇注】

梁玉绳:献公始见《吕氏春秋·当赏》,灵公子,始见《秦纪》,名连,又名师隰,亦曰元献公,亦曰元王,立二十三年(《秦记》及表。而《秦纪》作二十四年,《世本》作二十二,《越绝》作二十,并非)。葬嚣圉。(《汉书人表考》卷六《秦献公》)

㉒【汇校】

梁玉绳：献公在位年数《秦记》《六国表》并称二十三年，是也。此作"二十四"，《世本》作"二十二"，《越绝书》作"二十"，皆误。(《史记志疑·秦本纪》)

【汇注】

司马迁：献公享国二十三年。葬嚣圉。生孝公。(《史记·秦始皇本纪》附《秦纪》)

章　衡："显王"己未七年，献公薨，子孝公立，年二十一。时六国强大，皆斥秦，以夷狄遇之。孝公发愤修政，兴穆公之业。(《编年通载》卷二《周》)

㉓【汇注】

司马贞：名渠梁。(《史记索隐·秦本纪》)

江　贽：（周显王）七年，秦孝公立。是时河山以东，强国六，淮泗之间，小国十余，楚魏与秦接界，皆以夷狄遇秦，摈斥之，不得与中国之会盟。于是孝公发愤，布德修政，欲以强秦。(《少微通鉴节要》卷一《周纪·显王》)

梁玉绳：《索隐》云孝公名渠梁，而《越绝》称为平王，盖秦称王之后，加谥追尊，若献公之称王矣。(《史记志疑·秦本纪》)

㉔【汇评】

牛运震："子孝公立，年已二十一岁矣"。秦并兼之谋发于孝公，故谨记其立时年岁。(《史记评注·秦本纪》)

孝公元年①，河山以东强国六②，与齐威、楚宣、魏惠、燕悼、韩哀、赵成侯并③。淮泗之间小国十余④。楚、魏与秦接界⑤。魏筑长城，自郑滨洛以北，有上郡⑥。楚自汉中，南有巴、黔中⑦。周室微，诸侯力政⑧，争相并。秦僻在雍州，不与中国诸侯之会盟⑨，夷翟遇之⑩。孝公于是布惠，振孤寡⑪，招战士，明功赏。下令国中曰⑫："昔我缪公自岐雍之间⑬，修德行武，东平晋乱，以河为界⑭，西霸戎翟⑮，广地千里，天子致伯⑯，诸侯毕贺，为后世开业，甚光美⑰。会往者厉、躁、简公、出子之不宁⑱，国家内忧，未遑外事⑲，三晋攻夺我先君河西地，诸侯卑秦，丑莫大焉。献公即位，镇抚边境，徙治栎阳⑳，且欲东伐，复缪公之故地，修缪公之政令。寡人思念先君之意，常痛于心㉑。宾客群臣有能出奇计强秦者，吾且尊官㉒，与之分土㉓。"于是乃出兵东围陕城㉔，西斩戎之獂王㉕。

① 【汇注】
　　裴　骃：徐广曰："庚申也。"（《史记集解·秦本纪》）
　　【编者按】据秦嘉谟辑补本《世本·秦世家》，孝公名渠梁。

② 【汇注】
　　胡三省：河自龙门上口，南抵华阴而东流，秦国在河之西。山自鸟鼠同穴连延为长安南山，至于泰华。秦国在山之西。韩、魏、赵、齐、楚、燕六国皆在河山以东。（《资治通鉴》卷二"显王七年"注）
　　程馀庆：黄河，太行山之东。（《历代名家评注史记集说·秦本纪》）
　　陈蒲清：河：指黄河。山：指崤山。古代以崤山、函谷关为界，东方称山东。（引自王利器主编《史记注译·秦本纪》）

　　【汇评】
　　牛运震："孝公元年，河山以东强国六"云云，按此段列叙山东诸国分争割据形势，正为春秋变为战国一大关键，且为秦人蚕食并吞原本，此一篇精神凝结处。（《史记评注·秦本纪》）

③ 【汇校】
　　梁玉绳：案：是时燕乃文公非悼公也，韩乃懿侯非哀侯也。（《史记志疑·秦本纪》）
　　吴汝纶：《通志》句上无"与"字，某按《通志》无"与"字疑是也。此言河山以东六强国之盛，淮泗间十余小国皆为人所吞并也，至下秦僻在雍州，乃言秦为中国所摈，此处不得先言秦盛与山东强国并也。（《桐城吴先生点勘史记读本》）
　　【编者按】"燕悼"，《六国表》作燕文公。"韩哀"，《六国表》作"庄侯"，《索隐》谓《系家》作"懿侯"。燕悼应为燕文，"韩哀"应为韩懿。

　　【汇注】
　　张守节：并，白浪反。谓淮泗二水。（《史记正义·秦本纪》）
　　张　照：据《年表》，孝公元年，燕为文公，韩为懿侯。（《钦定史记·秦本纪·考证》）
　　陈蒲清：与……并：句法上不衔接，疑有脱衍。（引自王利器主编《史记注译·秦本纪》）

【汇评】

吴汝纶：为孝公致强作势。（《桐城吴先生点勘史记读本》）

④【汇注】

张守节：（淮泗），谓淮泗二水。（《史记正义·秦本纪》）

胡三省：南阳郡平氏县东南有桐柏、大复山，淮水所出，东南至淮陵入海。泗水出鲁国卞县西南，至方与入沛。宋、鲁、邹、滕、薛、郯等国，国于其间。齐威王所谓"泗上十二诸侯"。（《资治通鉴》卷二"显王七年"注）

凌稚隆：按小国十余，谓鲁宋邾滕等国。（《史记评林·秦本纪》）

⑤【汇注】

张守节：楚北及魏西与秦相接，北自梁州汉中郡，南有巴、渝，过江南有黔中、巫郡也。魏西界与秦相接，南自华州郑县，西北过渭水，滨洛水东岸，向北有上郡鄜州之地，皆筑长城以界秦境。洛即漆沮水也。（《史记正义·秦本纪》）

⑥【汇注】

胡三省：郑县，周宣王母弟郑桓公封邑。《班志》属京兆。洛，水名，非伊、洛之洛也。《水经注》：渭水东过华阴县北，洛水入焉。洛水，古漆、沮之水也。又有长涧水，南出泰华之山侧长城东而北流注于渭。《史记》所谓"魏筑长城，自郑滨洛"者也。宋白曰：今华州东南魏长城是也。上郡，汉属并州，隋、唐之绥州，延州、秦汉之上郡地也。（《资治通鉴》卷二"显王七年"注）

程馀庆：魏西界与秦相接。南自华州郑县西北过渭水，滨洛水东岸，向北有上郡、鄜州之地，皆筑长城，以界秦境。（《历代名家评注史记集说·秦本纪》）

陈蒲清：自郑滨洛以北有上郡：从陕西郑县（今华县）始，西北过渭河，沿洛河东岸，向北直抵上郡（今陕西省延安、榆林一带）。（引自王利器主编《史记注译·秦本纪》）

⑦【汇校】

梁玉绳：附按：《史诠》曰"一本'巴'作'巫'。巴地属秦，非属楚也"。（《史记志疑·秦本纪》）

【汇注】

胡三省：汉中郡，汉属益州。自晋以后，为梁州。（《资治通鉴》卷二"显王七年"注）

又：巴，即春秋巴子之国，汉为巴郡，属益州，唐为巴、渝、渠、果诸州之地。黔中，汉为牂柯郡之地。唐为黔中节度。（同上）

程馀庆：楚北界与秦相接，自汉中郡，南有巴、渝，过江南而黔中，巫郡也。（《历代名家评注史记集说·秦本纪》）

陈蒲清：楚自汉中：楚在汉中（今陕西省南郑县），与秦接壤。巴：今四川省东部一带。黔中：相当今湖南省西部、贵州东部及川鄂南角。（引自王利器主编《史记注译·秦本纪》）

⑧【汇注】

程馀庆：（政），征同。（《历代名家评注史记集说·秦本纪》）

⑨【汇注】

胡三省：与，读曰预。（《资治通鉴》卷二"显王七年"注）

【汇评】

牛运震："秦僻在雍州，不与中国诸侯之会盟"，按此与前篇襄公与诸侯通使聘享之礼遥应。（《史记评注·秦本纪》）

⑩【汇注】

胡三省：翟与狄同。（《资治通鉴》卷二"显王七年"注）

郭嵩焘："孝公元年……夷翟遇之"。按：忽于此指尽天下大势，以明秦之兴僻在夷狄，自孝公创霸而后得与中国盟会，其后乃益昌盛。然"孝公元年"四字，似改作"当是之时"为妥。（《史记札记·秦本纪》）

陈蒲清：遇：对待。（引自王利器主编《史记注译·秦本纪》）

【汇评】

吴见思：另作议论一段起下。（《史记论文·秦本纪》）

⑪【汇注】

陈蒲清：振：通"赈"。（引自王利器主编《史记注译·秦本纪》

⑫【汇注】

吕祖谦：是时河山以东，强国六；淮泗之间，小国十余。楚、魏与秦接界，魏筑长城，自郑滨洛以北，有上郡；楚自汉中，南有巴、黔中。周室微，诸侯力政，争相并。秦僻在雍州，不与中国之会盟，夷翟遇之。孝公于是布惠，振孤寡，招战士，明功赏，下令国中求贤者，将修缪公之业，东复侵地。公孙鞅闻是令下，乃西入秦，因嬖臣景监以求见。按《商君传》，鞅初见孝公，语事良久。孝公时时睡，弗听。后五日复求见，犹未中旨。三见，孝公善之而未用。卫鞅复见，公与语，不自知其膝之前于席也。数日不厌。景监曰："子何以中吾君？吾君之欢甚也！"鞅曰："吾说君以帝王之道，比三代。而君曰：久远，吾不能待。故吾以强国之术说君，君大说之耳。"其间虽有辩士增饰之辞，然战国之时，指以为帝王之道者，类皆迂阔而难行者也。知王道之近且易者，惟孟子一人而已。（《大事记解题》卷三）

胡三省：令，力正翻，号令也，命令也。令者，出于上而行于下者也。（《资治通鉴》卷二"显王八年"注）

【汇评】

叶　适：城周之役，晋执政不能记践土之盟，既而晋亡。秦孝公出令，上距穆公二百五十年矣。穆公旧事，常镜观之，宜其兴也。人未有自求强而不获者，彼不幸而得商鞅，百余年秦亦亡。遗患万世，悲夫！（《习学记言》卷十九《秦本纪》）

⑬【汇注】

胡三省：岐山，周太王所邑。《班志》，岐山在扶风美阳县西。雍县属扶风。（《资治通鉴》卷二"显王八年"注）

【汇评】

牛运震："昔我缪公"云云。按：此令质古雄峭，为秦汉诏令开端。想先秦文字，自有之耶？抑太史公采其意而润色之耶？（《史记评注·秦本纪》）

⑭【汇注】

张守节：即龙门河也。（《史记正义·秦本纪》）

⑮【汇注】

胡三省：秦穆公娶晋献公之女。献公卒，晋国乱。穆公纳惠公。惠公立而背河外之赂，又闭秦籴，穆公伐晋，执惠公，既而归之；始征河东，置官司。惠公卒，子怀公立。穆公纳文公而晋乱平。又能用由余及孟明，以霸西戎。（《资治通鉴》卷二"显王八年"注）

⑯【汇注】

胡三省：天子致伯者，《周礼》九命作伯；古有九州，一为王畿，八州八伯，各主其方之诸侯；致伯者，以方伯之任致之穆公也。（《资治通鉴》卷二"显王八年"注）

【汇评】

牛运震：《秦本纪》自缪公以来，凡事涉周王者，皆称天子，如"周天子闻之曰"云云，"天子使召公过贺缪公以金鼓""天子致胙""天子致伯"等类，盖秦已用本纪侪于帝王，若复称"周王"，嫌于并王无别，故称"天子"以别之。后世史记如《三国志·魏武本纪》内称汉帝为天子，《五代史·梁太祖本纪》内称唐帝。于本纪皆用此法。（《史记评注·秦本纪》）

⑰【汇评】

王维桢：叙先世缪公政绩，词简而壮。（引自《史记评林·秦本纪》）

⑱【汇注】

胡三省：《史记》：秦厉公卒，子躁公立。躁公卒，立其弟怀公。四年，庶长晁围怀公，公自杀，乃立灵公。灵公卒，子献公不得立，立灵公之季父，是为简公。公卒，而惠公立。惠公卒，子出子立。二年，庶长改杀出子，迎立献公于河西。河西地，即魏所有西河之外。《史记正义》曰：自华州北至同州，并魏河西之地。（《资治通鉴》

卷二"显王八年"注）

⑲【汇注】

陈蒲清：遑：闲暇。（引自王利器主编《史记注译·秦本纪》）

⑳【汇注】

胡三省：《史记》：秦献公二年，始治栎阳。徐广《注》曰：即汉万年县。余按：《汉志》，栎阳、万年为两县，皆属冯翊，后汉始省并。宋白曰：栎阳，秦旧县。汉高祖既葬太上皇于万年陵，仍分栎阳置万年县以为陵邑，理栎阳城中，故栎阳城亦名万年城。后汉省栎阳县入万年县。后魏大统中，分万年置鄠丘、宣武，又分置广阳县。周明帝省万年入高陵、广阳二县，更于长安城中别置万年县。唐武德元年，又改广阳为栎阳，元和十五年，并移隶奉先县以奉景陵。栎、音药。（《资治通鉴》卷二"显王八年"注）

㉑【汇评】

程馀庆：霸王之本。（《历代名家评注史记集说·秦本纪》）

㉒【汇评】

洪　迈：七国虎争，天下莫不招致四方游士。然六国所用相，皆其宗族及国人。独秦不然。始与谋国开伯业者魏人公孙鞅也。其他若楼缓赵人，张仪、魏冉、范雎皆魏人，蔡泽燕人，吕不韦韩人；李斯楚人，皆委国而听之不疑，卒之所以有天下者，诸人之力也。（引自《史记评林·秦本纪》）

【编者按】秦国重用外来之人，对秦国的发展起了重要作用。李斯《谏逐客书》最能说明问题。"昔缪公求士，西取由余于戎，东得百里奚于宛，迎蹇叔于齐，来丕豹、公孙支于晋，此五子者，不产于秦，而缪公用之，并国二十，遂霸西戎。孝公用商鞅之法，移风易俗，民以殷盛，国以富强，百姓乐用，诸侯亲服，获楚、魏之师，举地千里，至今治强。惠王用张仪之计，拔三川之地，西并巴蜀，北收上郡，南取汉中，包九夷，制鄢、郢，东据成皋之险，割膏腴之壤，遂散六国之从，使之西面事秦，功施到今。昭王得范雎，废穰侯，逐华阳，强公室，杜私门，蚕食诸侯，使秦成帝业。此四君者，皆以客之功。由此观之，客何负于秦哉！向使四君却客而不内，疏士而不用，是使国无富利之实而秦无强大之名也。"

㉓【汇注】

胡三省："与之分土"：谓裂地以封之，使有分土。（《资治通鉴》卷二"显王八年"注）

陈蒲清：分土：指赐给封邑。分，通"颁"。（引自王利器主编《史记注译·秦本纪》）

㉔【汇注】

吕祖谦：按：《本纪》，孝公既下令，于是乃出兵，东围（魏）陕城，西斩戎之獂王。獂，戎邑也。《地理志》：天水有獂道县。（《大事记解题》卷三）

程馀庆：（陕城），魏邑，今陕州。（《历代名家评注史记集说·秦本纪》）

王　恢：陕：《燕世家》，周、召分陕于此，西南有陕原。汉置县以至今。《汉志》："弘农郡陕，故虢国。有焦城，故焦国。"《河水注》："大城东北隅有小城，故焦国也。城南倚山原，北临黄河。"焦姬姓国，与武王封神农之后于焦者异，先并于虢，晋又灭虢。《本纪》《魏世家》称焦或称陕。居崤函之中，扼河山之吭。西南三十二里有瑕邑——或曰湖县，晋惠许秦焦瑕，朝济而夕设版焉者也。瑕西南八里——今灵宝县曲沃街，即曲沃；曲沃本在闻喜，《左》文十三年（前614），"晋侯使詹嘉处瑕，以守桃林之塞"。《河水注》："处此以备秦。时以曲沃之官守之，故曲沃之名，遂为积古之传矣。"前此称桃林之塞（二四九），此后则称函谷关。故关在灵宝县故治西南里许。张仪屡称函谷关之险以慑诸侯，益孝公筑也。汉元鼎三年（前121），宜阳杨仆耻为关外人，乞以家财东徙三百里于今新安县东二里。以故关城置弘农县为弘农郡治。隋析置桃林县。唐天宝初于县南得天宝灵符，改元天宝，县曰灵宝。今灵宝治古虢略关，《左》僖十五年所称晋惠"赂秦伯河外列城五，东尽虢略"者也。按：汉献帝初平二年（西元191），董卓出函谷关，新关也。潼关之名，始见于建安十六年（西元211）曹操破马超。此后潼关之名显，函谷渐堙废。（《史记本纪地理图考·秦本纪·孝公变法图强》）

㉕【汇注】

裴　骃：《地理志》天水有獂道县。应劭曰："獂，戎邑，音桓。"（《史记集解·秦本纪》）

程馀庆：獂道城在巩昌府东南二十五里。（《历代名家评注史记集说·秦本纪》）

王　恢：獂：《汉志》天水郡有獂道，《匈奴传》所谓陇西有翟獂之戎也。《水经》："渭水东北过襄武县北，又东北过獂道南。"《纪要》（五九）："獂道故城在今陇县西县东南二十五里。"（《史记本纪地理图考·秦本纪·孝公变法图强》）

陈蒲清：獂（huán）：地名。今甘肃省陇西县东南，当时是戎族的居地。獂是戎族的一支。（引自王利器主编《史记注译·秦本纪》）

　　卫鞅闻是令下①，西入秦，因景监求见孝公②。

① 【汇注】
　　陈蒲清：卫鞅：即商鞅，事详《商君列传》。（引自王利器主编《史记注译·秦本纪》）
　【汇评】
　　吴见思：间接。（《史记论文·秦本纪》）

② 【汇注】
　　张守节：监，甲暂反，阉人也。（《史记正义·秦本纪》）
　　司马光：于是卫鞅闻是令下，乃西入秦。公孙鞅者，卫之庶孙也，好刑名之学。事魏相公叔痤。痤知其贤，未及进，会病，魏惠王往问之，曰："公叔病，如有不可讳，将奈社稷何？"公叔曰："痤之中庶子卫鞅，年虽少，有奇才。愿君举国而听之。"王默然。公叔曰："君即不听用鞅，必杀之，无令出境。"王许诺而去。公叔召鞅谢曰："吾先君而后臣，故先为君谋，后以告子，子必速行矣。"鞅曰："君不能用子之言任臣，又安能用子之言杀臣乎？"卒不去。王出谓左右曰："公叔病甚，悲乎！欲令寡人以国听卫鞅也。既又劝寡人杀之，岂不悖哉？"卫鞅既至秦，因嬖臣景监求见孝公，说以富国强兵之术，公大悦，与议国事。（《资治通鉴》卷二《周纪二·显王八年》）
　　胡三省：康曰：景，姓。楚之族。（《资治通鉴》卷二"显王八年"注）
　　韩兆琦：景监：秦孝公宠用的太监。（《史记笺证·秦本纪》）

　　二年，天子致胙①。

① 【汇注】
　　司马迁：显王九年，致胙于秦。（《史记·六国表》）
　　吕祖谦："周显王九年，致文武胙。"《解题》曰：祭文、武，归其胙，异姓诸侯之殊礼也。襄王使宰孔赐齐侯胙曰："天子有事于文、武，使孔赐伯舅胙。"（《大事记解题》卷三）
　　陈蒲清：胙（zuò）：祭肉。致胙：送来祭肉，表示祝福。（引自王利器主编《史记注译·秦本纪》）
　　韩兆琦：这是周天子对诸侯霸主的一种特殊礼遇。（《史记笺证·秦本纪》）

　　三年①，卫鞅说孝公变法修刑，内务耕稼，外劝战死之赏罚②，孝公善之。甘龙、杜挚等弗然，相与争之。卒用鞅法，百姓苦之；居三年，百姓便之③。乃拜鞅为左庶长④。其事在《商君》语中⑤。

① 【汇注】
　　章　衡："安王"壬戌十年，（秦孝公）三年，以卫鞅为左庶长，用其言，变法令，务耕战，居三年，乡邑大治。（《编年通载》卷二《周》）
② 【汇校】
　　李　笠："外劝战死之赏罚"。按："战死"不可行罚，罚亦不得云"劝"。"罚"字盖误衍。《汉书·食货志》：秦孝公用商鞅，急耕战之赏，《商君传·赞·集解》引《新序》论曰："外重战伐之赏，以劝戎士。"并足证此无"罚"字也。（《广史记订补》卷二《秦本纪》）
　　王叔岷：按："罚"字非衍，此有脱文。《文选》李斯《上书秦始皇注》引此作"外励战死之士赏罚。"《御览》引作"外劝战士，明行赏罚。"此文盖本作"外劝战死之士，明行赏罚"。各本并脱"士明行"三字耳。（《史记斠证·秦本纪》）
　　【汇注】
　　陈蒲清：劝：勉励。赏罚：指赏，偏义复合。或以为"罚"字衍。（引自王利器主编《史记注译·秦本纪》）
　　【汇评】
　　吕祖谦："周显王十年，公孙鞅变法"。《解题》曰：法始于伏羲，而备于周。虽其间有略有详，要之，皆本于伏羲也。法变于秦，而极于五代，虽其间有革有因，要之，不能大异于秦也。学者苟以伏羲、神农、黄帝、尧、舜、禹、汤、文、武、周公之法与商鞅变法之令并观之，大略可睹矣。（《大事记解题》卷三）
　　牛运震："卫鞅说孝公变法修刑，内务耕稼，外劝战死之赏罚"。按：此数语，可括商君之法。（《史记评注·秦本纪》）
　　卜　德：（爵位）这个制度从秦一直延续到汉代，那时商鞅的17或18级爵位增加到20级，其中最低9级的名称与商鞅所定的名称相同。通过论功行赏，这个制度是削弱传统贵族的权力和降低其威信的又一个措施。（［英］崔瑞德、鲁惟一《剑桥中国秦汉史》第一章《秦国和秦帝国》）
③ 【汇评】
　　牛运震："孝公善之"，"相与争之"，"百姓苦之"，"百姓便之"。此数语连用"之"字句法，缨带有情。（《史记评注·秦本纪》）
④ 【汇注】
　　张习孔：前356年，乙丑，周显王十三年，齐威王因齐元年，秦孝公六年……秦

第一次变法。孝公以卫鞅为左庶长,卒定变法之令,陆续所下法令其要者有五:(一)编造户籍,五家为"伍",十家为"什";实行连坐,告奸者赏,不告奸者腰斩,匿奸者伍什同罪,以降敌论处。(二)居民有二男以上不分居者倍其赋。(三)奖励军功,按军功授爵位,定秦爵二十级,凡斩敌首一个,赐爵一级,依爵位等级占有田宅和奴婢,享受特定衣服车骑;宗室无军功者,不得列入宗室属籍,虽富亦不得逾制芬华;为私斗者,按其轻重处罚。(四)鼓励耕织,生产粟帛多者"复其身(即免除徭役)";从事末业(经商)及怠惰而贫者连同妻子没为官奴婢。(五)烧毁《诗》《书》,禁私门请托,游说求官活动(《史记·秦本纪》记变法始于秦孝公三年;六年,拜鞅为左庶长。《史记·商君列传》记变法始于鞅任左庶长之后,当以后说为是)。(《中国历史大事编年·战国》)

又:卫鞅立木为信。卫鞅为取信于民,于法令未布之先,乃立三丈之木于国都南门,募民有能徙置北门者予十金。民怪之,莫敢徙。复曰"能徙者予五十金",有一人徙之,逐赏五十金。百姓皆信卫鞅令出必行,乃下变法令。(同上)

陈蒲清:左庶长:秦爵第十级。(引自王利器主编《史记注译·秦本纪》)

【汇评】

吕祖谦:"秦以公孙鞅为左庶长"。《解题》曰:《秦记》凡废立者,官多称庶长,盖辅相之尊爵也。按《本纪》,孝公用鞅法,百姓苦之。居三年,百姓便之。乃拜鞅为左庶长。所谓百姓便之者,鞅之法,使贫弱者失职,豪滑者固便之也。法之始行,豪滑未能遽兴功利,仆妾服用皆就损抑,盖亦苦之。及其久也,能攻战者得志焉。能告奸者得志焉。损下益上者得志焉。踊跃称叹,合为一辞。宜孝公以为百姓果便之,而尊其位,重其任也。彼贫弱者日以失职,余息奄奄,怨气满腹而不敢吐,孝公安得而知之哉!(《大事记解题》卷三)

⑤【汇评】

牛运震:"其事在《商君》语中",此句可省。《史记》中诸如此等极多,非记事法也。后世史书,沿而效之,不亦甚乎!窃意此等俱宜细文旁注,不必入正文中,似为得之。(《读史纠谬》卷一《史记·秦本纪》)

【编者按】此乃史公叙事之"互见法"。此处略写商君事,一则秦史大事,不可缺少,二则"本纪体"叙事所限制。而《商君传》详写变法始末,以突出其人物形象。两者互参,人、事俱见。史公此处提醒一笔,并非多余。

七年,与魏惠王会杜平①。八年②,与魏战元里③,有功④。十年⑤,卫鞅为大良造⑥,将兵围魏安邑⑦,降之⑧。

十二年⑨,作为咸阳⑩,筑冀阙⑪,秦徙都之⑫。并诸小乡聚⑬,集为大县⑭,县一令⑮,四十一县⑯。为田开阡陌⑰。东地渡洛⑱。十四年,初为赋⑲。十九年,天子致伯⑳。二十年,诸侯毕贺㉑。秦使公子少官率师会诸侯逢泽㉒,朝天子㉓。

① 【汇校】
　　梁玉绳：按：《年表》亦称"魏王",非也,当衍"王"字,《大事记》曰："魏是时未称王。"(《史记志疑·秦本纪》)
【汇注】
　　张守节：在同州澄城县界也。(《史记正义·秦本纪》)
　　吕祖谦："秦孝公、魏侯会于杜平"。《解题》曰：魏书本爵而秦书僭称者,魏是时未称王。秦之僭称公,自春秋以来非一日矣。孝公明年为元里之役,今年尚未好会,其商君之谋与？(《大事记解题》卷三)
　　胡三省：《班志》,京兆有杜陵县,故周之杜伯国也。《史记·灌婴传》；婴以昌平侯食邑于杜平乡。《正义》曰：杜平在唐之同州澄城县界。《魏世家》作杜平。(《资治通鉴》卷二"显王十四年"注)
　　王　恢：杜平：《纪要》(五四)："陕西澄城县有杜平乡,秦孝公会魏惠王于此。汉昌平侯灌婴食邑杜平乡是也。"(《史记本纪地理图考·秦本纪·孝公变法图强》)

② 【汇注】
　　吕祖谦："周显王十五年,秦取少梁"。《解题》曰：此秦孝公复河西地之始也。(《大事记解题》卷三)
　　又："周显王十六年,魏拔赵邯郸,服十二诸候,遂称王。齐败魏,亦称王"。(同上)

③ 【汇注】
　　张守节：祁城在同州澄城县界也。(《史记正义·秦本纪》)
　　张文虎："元里",《正义》祁城在同州澄城县界。此复衍上"杜平"注,盖误。按：《元和郡县志》太原府祁县故祁城在县东南五里。(《校刊史记集解索隐正义札记·秦本纪》)
　　程馀庆：故城在同州府东北。(《历代名家评注史记集说·秦本纪》)
　　郭嵩焘："与魏王会杜平。八年,与魏战元里"。《札记》云："元里,《正义》：'祁城在同州澄城县界。'此复衍上杜平《注》,盖误。《元和郡县志》：'太原府祁县,

故祁城，在县东南五里。'"（《史记札记·秦本纪》）

王　恢：元里，《纪要》（五四）："澄城县东北二十里新城，亦曰新里，秦取之。文四年晋伐秦围祁、新城。"沈钦韩《左传地名补注》："祁即元里。"《清统志》（二四四）："在澄城县南十五里。魏文侯十六年筑。新城在县东北。"（《史记本纪地理图考·秦本纪·孝公变法图强》）

张永禄：元里城，故址在陕西省澄城县南二十五里，今名元里村。战国时属魏国。《史记·魏世家》："文侯十六年（前430）筑临晋元里。""惠文王十七年（前354）与秦战元里"。即指此。（《汉代长安词典》——《地理环境·元里城》）

④【汇注】

司马光：秦败魏于元里，斩首七千级，取少梁。（《资治通鉴》卷二《周纪二·显王十五年》）

⑤【汇注】

张习孔：前352年，己巳，周显王十七年，鲁康公屯元年，秦孝公十年……卫鞅率兵围安邑。秦升卫鞅为大良造（秦最高官职，相当相国兼将军），率兵围安邑（今山西夏县西北），安邑降秦。（《中国历史大事编年·战国》）

又：前351年，庚午，周显王十八年，秦孝公十一年……秦筑关塞于商（今陕西丹凤西南）。（同上）

又：秦卫鞅围魏固阳，固阳降秦。（同上）

又：秦攻赵蔺（今陕〔山〕西离石西）。（同上）

⑥【汇注】

胡三省：《索隐》曰：大良造即大上造。余谓大良造，大上造之良者也。（《资治通鉴》卷二"显王十七年"注）

陈　直：直按：《小校经阁金文》卷十一、十九页，有大良造商鞅量云："十八年齐率卿大夫众来聘，冬十二月乙酉大良造鞅，爰积十六尊五尊□为升。临，重泉。"底另刻始皇廿六年诏书四十字，十八年当为秦孝公纪年，正商鞅行新法之时，至二十二年封鞅始为列侯，号商君。此器底刻始皇廿六年诏书者，因始皇所颁行之权量，与商鞅所定之权量，完全相同。故虽时隔百年，仍然可用。仅加刻秦诏书，以示遵行法令。可见始皇之制度，大部分因于商鞅也。又量文首行云："齐率卿大夫众来聘。"观其语气，似齐国率众来秦观光，亦有仿效变法之意，此事为文献所未纪载。（《史记新证·秦本纪》）

⑦【汇注】

裴　骃：《地理志》曰河东有安邑县。（《史记集解·秦本纪》）

张守节：《括地志》云："安邑故城在绛州夏县东北十五里，本夏之都。"（《史记

正义・秦本记》）

程馀庆：故城在解州安邑县西二里。（《历代名家评注史记集说・秦本纪》）

陈蒲清：安邑：地名。在今山西省夏县西北。战国初魏的国都。（引自王利器主编《史记注译・秦本纪》）

⑧【汇校】

梁玉绳：按：安邑魏之都，其君在焉。考魏惠王三十一年自安邑徙大梁，是秦孝公二十二年也。魏昭王十年献安邑于秦，是秦昭王二十一年也。而此时为魏惠王十九年，秦孝公十年，岂得围而便降。且使此时已降，则惠王徙都不待十二年之后，而安邑旧都又何烦魏昭再献乎？盖"安邑"二字乃"固阳"之误，据《表》及《魏世家》惠王十九年"筑长城塞固阳"。二十年"秦商鞅围固阳，降之"。即此事也，《纪》《表》与《商君传》俱误作"安邑"，惟《魏世家》无之。固阳之役必围在十年，而降在十一年。（《史记志疑・秦本纪》）

胡三省：按：《史记・秦纪》：孝公十年，卫鞅为大良造，将兵围魏安邑，降之。又按：《六国年表》，秦孝公之十年，显王之十七年，所谓大良造伐魏，即卫鞅将兵也。是时魏都安邑，其兵犹强，庞涓、太子申、公子卬未败，安邑不应遽降于秦。至显王二十九年，卬军即败，魏献河西之地于秦，始去安邑徙都大梁。《史记・六国表》不书徙大梁而世家书之，《魏世家》于是年不书安邑降秦而《秦纪》孝公十年书之。《通鉴》从《魏世家》，于显王二十九年书魏去安邑，徙大梁，而是年不书魏安邑降秦，盖亦疑而去之。（《资治通鉴》卷二"显王十七年"注）

韩兆琦：据齐、魏桂陵之战（前353年）的情形看，魏国当时似早已都于大梁。今杨宽《战国史年表》系魏迁都大梁于秦孝公元年（即魏惠王九年，前361年），陈梦家据《水经・渠水注》引《竹书纪年》系魏之迁都于惠王六年（前364年），如此则史文言卫鞅此年"围魏安邑，降之"不误。（《史记笺证・秦本纪》）

【汇注】

牛运震：孝公十年，卫鞅"将兵围魏安邑，降之"。或曰，此误也，魏都安邑，安得遂降？按：秦取安邑，在梁惠王十九年。考《汲冢纪年》，惠王九年四月，已徙都大梁矣。安邑，外城下邑也，何不可降邪？（《读史纠谬》卷一《史记・秦本纪》）

⑨【汇注】

章　衡：辛未十九年，（秦孝公）十二年，徙都咸阳。（《编年通载》卷二《周》）

张习孔：前350年，辛未，周显王十九年，魏惠王二十年，秦孝公十二年……魏攻秦，围定阳（今陕西延安东），迫秦孝公与魏惠王修好于彤（今陕西华县西南）。（《中国历史大事编年・战国》）

又：秦第二次变法。卫鞅二次下令变法，其要者有五：（一）徙都咸阳（今陕西咸阳东北），按鲁、卫国都规模建筑冀阙（古时宫廷门外一种高建筑，用以悬示教令；人臣至此，必思其所阙失）和宫廷。（二）并诸小乡聚（村落）为县，凡四十一县（从《史记·秦本纪》。《商君列传》作三十一县；《六国年表》作三十县）；县置令（一县之长）、丞（县长助手）、尉，分掌全县民政和军事；令、丞、尉皆由国君任命。（三）废井田，开阡陌，"以尽人力垦决辟，弃地悉为田畴"，使民得买卖。（四）颁布标准度量衡器，统一斗、桶（yǒng 勇，即斛）、权、衡、丈、尺。（五）革除戎翟陋习。禁止父子兄弟同室而居（上述法令，非颁之于一年，如"平斗桶权衡丈尺"，乃孝公十八年所布，为便于查阅，故列此）。（同上）

又：前349年，壬申，周显王二十年，赵肃侯语元年，秦孝公十三年……秦初在县置秩史。秦国初在县置有定额之秩史（秩，俸禄；史，疑为"吏"字之误）：县令（万户以上设县令）俸禄六百石至一千石；县长（不满万户设县长）俸禄三百石至五百石；令、长以下丞和尉，俸禄二百石至四百石。以上皆称"长吏"。百石以下之官称"少吏"。秦县级组织日趋完备。（同上）

⑩【汇注】

张守节：《括地志》云："咸阳故城亦名渭城，在雍州咸阳县东十五里，京城北四十五里，即秦孝公徙都之者。今咸阳县，古之杜邮，白起死处。"（《史记正义·秦本纪》）

吕祖谦："周显王十九年，秦徙都咸阳"。《解题》曰：商君筑冀阙，宫廷于咸阳，秦自栎阳徙都之。商君语赵良治秦之功曰："大筑冀阙宫，如鲁卫。则秦昔未有此制，至是始筑之也。"咸阳在今京兆府咸阳县。秦故城在县东十五里。（《大事记解题》卷三）

胡三省：《三辅黄图》曰：山南为阳，水北为阳，山水皆在阳，故曰咸阳。汉高帝更名新城，武帝更名渭城，属右扶风。《括地志》：咸阳故城，在雍州咸阳县东十五里，在长安城北四十五里。宋白曰：咸阳县本周王季所都，本周王季所都，秦又都之。《三秦记》秦都在九嵕山南，渭水北，山水俱阳，故名咸阳。（《资治通鉴》卷二"显王十九年"注）

王恢：咸阳：《三秦记》："地在九嵕之南，渭水之北，山水皆阳，故曰咸阳。"《渭水注》："渭水又东北迳渭城南，文颖以为故咸阳，秦孝公之所居，离宫也。太史公曰：长安，故咸阳也。汉高更名新城，武帝元鼎三年别为渭城，在长安西北渭水之阳。"《纪要》（五三）："志云：咸阳有三故城：一在今县东三十里，秦所都。一在今县东北二十里，苻秦咸阳郡城。一在今县东二十里，唐县城。元时置县于今治。秦咸阳，汉初改新城，其后改曰渭城，又为石安。西魏仍曰咸阳郡。隋郡县俱废，唐复置咸阳县，初治鲍桥，后移治杜邮。志云：今治明洪武四年建。"《清统志》（二二八）：

"秦故城在县东二十里。隋故城在县东十三里。唐故城在渭河北杜邮馆西。《县志》，明洪武四年县丞孔文郁移治今所。杜邮馆在县东五里。《白起传》，出咸阳西门十里，死杜邮。"按：咸阳遗址，在今县城东三十里窑店镇，城垣遗迹，尚断续可辨。城内北部有渭城湾村，即汉武时渭城县。南部有城南村。两村四周，阡陌纵横，其中多土堆，时掘得碎砖瓦。城外北坂上，有小丘五座，疑即秦仿造六国宫殿故址。（《史记本纪地理图考·秦本纪·孝公变法图强》）

又：秦开基凤翔，献公东徙栎阳声威始大。孝公又西徙百里之咸阳，朝八川而负九嵕，自都此百三十年（前350—221）而统一中国，又十五年而国亡（前206）。始皇建章台、上林、信宫、朝宫、阿房宫、长乐宫于渭南长安乡，承丰镐之遗风，开汉唐之盛业。（同上）

林剑鸣：咸阳，为秦国首都。自秦孝公十三年（前349）正式徙都于此，至秦二世三年（前206年）咸阳被焚，这里作为秦国首都达140余年之久。但是，令人大惑不解的是，咸阳城的城墙至今仍未被发现。……尽管在咸阳地区发现了数量甚多的宫殿、桥梁、道路、作坊遗址，但也未有任何线索显示其城墙遗址今在何方。从而，这个问题也构成了秦文化之谜的一个内容。（《朱雀楼札记·咸阳城址今何在》，《秦文化论丛》第二辑）

又：事实上此时秦并未修筑咸阳城。其证据就是《秦本纪》载"十二年，作为咸阳，筑冀阙，秦徙都之"。这里，明明写的是"筑冀阙"，而并非"筑城"或"筑城墙"之类。在《史记·商君列传》中记此事时也仅有"作为筑冀阙"几个字，意义与《秦本纪》相同。此后的年代中，也查不出有筑咸阳城的记载。（同上）

又：至秦统一中国的公元前221年以后。根据秦人好大喜功的特点和秦始皇重功利，求大贪多的价值观和审美观，"以为自古莫及已"，他的视野早超出首都咸阳及八百里秦川的关中，"六合之内，皇帝之土。西涉流沙，南尽北户，东有东海，北过大夏，人迹所至，无不臣者"。在这种观念支配下，秦始皇决不可能在关中的渭河两岸修建一个咸阳城。如果要修，他将以东海为门，以大漠为后院，以南疆为户，建一个包括全中国领土在内的特大城墙。这并非夸张之词；试观《史记·秦始皇本纪》载，始皇廿六年"地东至海暨朝鲜，西至临洮羌中，南至北向户，北据河为塞，并阴山至辽东"。《正义》引《三辅旧事》云："始皇表河以为秦东门，表汧以为秦西门"。秦始皇三十五年"立石东海上朐界中，以为秦东门"。（《史记·秦始皇本纪》）"表南山之颠以为阙"。这只是说的阿房宫的门阙。而阿房宫仅系秦国"关中计宫三百，关外四百余"七百多座宫殿中的一座，且尚未完成，可以想见秦始皇心目中的城应是多么恢宏、庞大。若拘于关中的渭河两岸去寻觅咸阳城，大概永远不会找到它的踪迹！（同上）

王学理等：秦孝公变法图强，十二年（前350）迁都咸阳。（《秦物质文化史》第

五章《交通·秦都咸阳》）

又：早期的秦都咸阳位于今咸阳市东的窑店镇一带。以后扩大城市规模，其范围据有的学者研究，西起今咸阳市东刘家沟，东至柏家嘴，北至高干渠，南跨渭河南岸，包括今西安市北郊至西郊三桥镇及其附近一带地区。著名的咸阳宫在渭水之北，兴乐宫、章台宫及诸庙、上林在渭水南，规模宏大而又富丽堂皇，隔水相望。早期来往全靠渡船，很不方便。据《三辅故事》说：昭襄王造桥，长二百八十步，使二宫以桥相连，这座桥就是秦汉时期的中渭桥，属于长安渭河三桥中最早的一座交通桥。由内蒙古和林格尔东汉墓壁画中的渭桥图像和四川汉代画像砖上的汉代桥梁图形及咸阳王道村秦汉桥梁遗址来分析，中渭桥当是一座大型的木结构长桥，桥柱为木质，一排四根为一组，梁柱结合，梁枋上再铺设桥面板和栏杆，桥两端建亭阁，这样就构成了一座完整、宏伟的桥梁。长桥飞架，将南北两处主要宫殿区连接起来，犹如鹊桥方便了织女牛郎一样。"渭水贯都以像天汉；横桥南渡，以法牵牛"（《三辅黄图》语），就是极典型的比喻。（同上）

曲英杰：秦孝公徙都咸阳。《史记·秦本纪》载："（孝公）十二年，作为咸阳，筑冀阙，秦徙都之。"《秦始皇本纪》后附《秦纪》载："其十三年，始都咸阳。"《商君列传》载，孝公十年"以鞅为大良造。将兵围魏安邑，降之。居三年，作为筑冀阙宫庭于咸阳。秦自雍徙都之"。当以孝公十三年（前349）为是。《秦本纪》于孝公十二年后接记十四年之事，"十二年"或有可能为"十三年"之抄误。其当自栎阳徙都之。《世本》即载："孝公自栎阳徙咸阳。"后至秦二世三年（前207）秦亡，咸阳为秦都，凡历七世，八君，一百四十三年。（《先秦都城复原研究·咸阳》）

又：秦都咸阳位于今陕西咸阳市东，因其在九嵕山之南，渭水之北，山水俱为阳，故名咸阳。其具体方位所在，史载不一。近些年来，今咸阳市东长陵车站、窑店一带曾陆续发现有战国秦汉时期的遗迹遗物。今长陵车站附近的长兴村，滩毛村和店上村等渭河北岸的断崖上有2米厚的秦代灰层堆积，发现有许多陶窑、制骨作坊、水井和地下排水道遗址，出土的陶器上印有"咸阳""咸里""咸亭"等戳印。在长陵车站北面、南面和西南面发现有铜器或铜器与铁器共存的三个窖藏，其北沙坑、南沙坑窖藏中出土有秦始皇二十六年诏版，西南沙坑窖藏中出土有秦二世元年诏版。在聂家沟发现有制砖瓦、冶铜、铸铁作坊遗址。在胡家沟及其西北发现有制砖瓦作坊遗址。在牛羊村至姬家道北塬发现有夯土墙基址，根据考古发掘资料，刘庆柱推测秦都咸阳的位置，东自柏家嘴，西至毛王沟；北由高干渠，南到西安市草滩农场附近。其东西长12里，南北长15里。聂家沟到刘家沟一带的夯土建筑群为都城的主要宫殿咸阳宫所在。王学理则认为秦都咸阳仅有宫城，而不曾形成真正的外廓城。聂家沟至刘家沟一带的夯土建筑群当为秦宫城之"冀阙宫廷"所在。（同上）

张家英："作"和"为"是两个含义广泛的实词；"作"和"为"同义组合之后，这样的特色仍然没有改变。

《商君列传》：（孝公）于是以鞅为大良造。……居三年，作为筑冀阙宫庭于咸阳，秦自雍徙都之（2232）。

上引《秦本纪》之"作为咸阳，筑冀阙"与此《商君列传》之"作为筑冀阙宫廷于咸阳"是同义的。"作"与"为"可以分别具有"筑"义，"作为"同义合成之后亦可以共同具有"筑"义。"作为筑"可以说三词同义，亦可以说是"作为"与"筑"的二词同义。它们是修建或建造一类的意思。这种三音节同义复用的现象，与《李将军列传》"就善水草屯舍止"（2869）、《滑稽列传》"民人以给足富"（3213）相似。（《〈史记〉十二本纪疑诂·秦本纪》）

⑪【汇注】

张守节：刘伯庄云："冀犹记事，阙即象魏也。"（《史记正义·秦本纪》）

吕祖谦：秦东迁后，始建国，逼于戎狄，未备朝市之制。故献公为市，而商鞅筑冀阙也。（《大事记解题》卷二）

又：《索隐》曰："冀阙即魏阙也。冀，记也，记列教令于此门阙。（《大事记解题》卷三）

胡三省：《索隐》曰：冀阙，即魏阙也。《尔雅》：观谓之阙。郭璞曰：宫门双阙也。《释名》：阙在门两旁中间，阙然为道也。《三辅黄图》曰：人臣至此必思其所阙少。（《资治通鉴》卷二"显王十九年"注）

程馀庆：冀，记也，记列教令于北门阙，即象魏也。（《历代名家评注史记集说·秦本纪》）

陈 直：《正义》：刘伯庄云：冀犹记事，阙即象魏也。考证：冀读为魏……阙巍然而高，故谓之巍阙。（《史记新证·秦本记》）

又：直按：冀谓冀州也。《淮南子·泰族训》云："周之衰也，戎伐凡伯于楚邱以归，故得道则以百里之地，令于诸侯；失道则以天下之大，畏于冀州。"《盐铁论·论功篇》云："凡伯囚执而使不通。"又云："先帝为万世度，恐有冀州之累。"屈子《九歌·云中君》云："焱远举兮云中，览冀州兮有余。"据此举冀州之名，即可以代表九州，此为先秦两汉人之习俗语。又秦代阙与门二字，皆包含有四至之义。《秦始皇本纪》三十五年，"于是立石东海上朐界中，以为秦东门"。《隶释》卷二《汉东海庙碑》碑阴云："阙者秦始皇所立，名之秦东门阙。"足证冀阙犹言冀门，谓以冀为门户也，是时秦未有冀州，特托名以自雄，与普通宫阙之名称不同。（同上）

林剑鸣："冀阙"是什么？它只是宫廷外的门楼而已。据《史记·商君列传》《索隐》云："冀阙即魏阙也。冀，记也。出列教令，当记于此门庭。"《史记·秦本纪》

《正义》引刘伯庄云："冀犹记事，阙即象魏也。"这两条解释根本没有说清"冀阙"是什么，只说它可作为布告栏。以致后人往往把它们当做城墙，实际它是立在宫门外的二台，上作楼观，上圆下方，两观双植，谓之象魏。(《朱雀楼札记·咸阳城址今何在》，《秦文化论丛》第二辑)

⑫【汇校】

王叔岷："秦徙都之。"按《白帖》《御览》一六四引此并无"秦"字。(《史记斠证·秦本纪》)

【汇注】

司马光：秦商鞅筑冀阙、宫庭于咸阳，徙都之，令民父子兄弟同室内息者为禁。(《资治通鉴》卷二《周纪二·显王十九年》)

王学理等：秦孝公徙都咸阳，故址在今咸阳市东20里窑店镇一带。建都时间143年（前356—前207）。(《秦物质文化史》第三章《都邑》)

⑬【汇注】

张守节：万二千五百家为乡。聚，犹村落之类也。(《史记正义·秦本纪》)

胡三省：《周礼》，六乡，乡万二千五百家。又百家之内曰乡。五鄙为县，县二千五百家，此六遂之县也。四甸为县，此州里之县也。……《汉书音义》所谓"大曰乡，小曰聚"，亦秦制也。《广雅》曰："聚，聚居也，音慈谕翻。"(《资治通鉴》卷二"显王十九年"注)

方苞：万二千五百家，乃《周官》六乡六遂之乡。此并诸小乡聚而为县，则非万二千五百家之乡明矣。(《史记注补正·秦本纪》)

陈直：《淮南子·说林训》云："橘柚有乡，萑苇有聚。"《盐铁论·论诽篇》云："檀柘而有乡，萑苇而有聚。"乡聚连称，为先秦两汉人之习俗语。(《史记新证·秦本纪》)

陈蒲清：乡聚：乡邑和村落。(引自王利器主编《史记注译·秦本纪》)

⑭【汇注】

胡三省：周制：天子地方千里，分为百县，县有四郡。《左传》赵鞅所谓"上大夫受县，下大夫受郡"者也。秦并天下，置三十六郡，以监天下之县，自是始统于郡矣。《释名》曰：县，悬也。悬于郡也。(《资治通鉴》卷二"显王十九年"注)

王圻：《周礼》四甸为县。《史记·秦本纪》曰："孝公十二年，并诸小乡聚为县"，则名县之始自秦孝公也。(《稗史汇编·地理门·郡邑·县》)

⑮【汇注】

裴骃：《汉书·百官表》曰："县令、长皆秦官。万户以上为令，秩千石至六百石；减万户为长，秩五百石至三百石。皆有丞尉。"(《史记集解·秦本纪》)

胡三省：令，命也，告也，律也，法也，长也；使为一县之长，以行诰命法律也。（《资治通鉴》卷二"显王十九年"注）

⑯【汇校】

梁玉绳：按："四"字疑误，《年表》及《商君传》并作"三十一"。（《史记志疑·秦本纪》）

俞樾：《秦本纪》孝公十二年并诸小乡聚为大县，县一令，四十一县。《六国表》孝公十二年，初取小邑为三十一县，其数不同。按《商君传》集小都乡邑聚为县，置令丞凡三十一县。疑本纪"四"字误也。古三四字多积画，往往致误。（《湖楼笔谈》卷三）

【编者按】"四十一县"、《六国表》作三十一县。又《六国表》十二年云："初取小邑为三十一县令。"三十一县凡两见。

【汇注】

吕祖谦：此废都邑为郡县之始也。（《大事记解题》卷三）

凌稚隆：按孝公时已变封建矣。（《史记评林·秦本纪》）

⑰【汇注】

司马贞：《风俗通》曰："南北曰阡，东西曰陌。河东以东西为阡，南北为陌。"（《史记索隐·秦本纪》）

胡三省：刘伯庄曰：开田界道，使不相干。（《资治通鉴》卷二"显王十九年"注）

陈蒲清：开阡陌：废除阡陌，辟为田地。范文澜《中国通史简编》："阡是田间南北车路，陌是东西车路。"（引自王利器主编《史记注译·秦本纪》）

王叔岷：按：卷子本《玉篇·阜部》《文选》潘安仁《藉田赋注》《一切经音义》五六并引《史记》云："秦孝公坏井田，开阡佰。"（《文选注》又引《风俗通》云云，与《索隐》同）《御览》一九五亦引《史记》云："商鞅相秦孝公，坏井田，开阡陌。"此文"为田"二字，是否原作"坏井田"，未敢遽断。（《初学记》九引《帝王世纪》亦作"坏井田"）《商君列传》作"为田开阡陌封疆"。《通鉴·周纪二》作"废井田，开阡陌"。废与坏同义。《汉书·食货志》上亦云："秦孝公用商君，坏井田，开阡陌。"（师古注："南北曰仟，东西曰佰。"本《风俗通》）"仟佰"与"阡陌"同。（《史记斠证·秦本记》）

张家英：《商君列传》中说：商君"为田开阡陌封疆，而赋税平"。《正义》："南北曰阡，东西曰陌。按：谓驿塍也。……封，聚土也，疆，界也，谓界上封记也。"（2232）《范雎蔡泽列传》中载蔡泽与应侯曰："商君为秦孝公明法令……决裂阡陌，以静生民之业而一其俗。"（2422）这两条材料有助于我们对"开阡陌"的理解。

首先是"开阡陌"的含义。按照传统的说法,"开"是垦辟开掘,创置建立之义,而非朱熹所谓"破坏划削之意"。"阡陌"是田间的界道,古籍中又可写作"千佰""千伯"或"仟伯"。《汉书·成帝纪》颜师古注:"阡陌,田间道也。南北曰阡,东西曰陌。"南宋吴仁杰《两汉刊误补遗》把"阡陌"解释为"千亩之畔"与"百亩之畔",朱熹认为"陌"指百亩之间和百夫之间的道,"阡"指千亩之间和千夫之间的道,可能是"阡陌"一语的古义。"阡陌"一语,开始出现于战国及其以后的古籍如《墨子·杂守》《晏子春秋·内篇谏上》中。到了汉代,"阡陌"经常以"田地之界"的意义使用"。《汉书·食货志》:"众庶街巷有马,阡陌之间成群。""富者田连阡陌,贫者亡立锥之地",此语常为人们所引用。《汉书·游侠传》:"初,武帝时,京兆尹曹氏葬茂陵,民谓其道为京兆阡。(原)涉慕之,乃买地开道,立表,署曰南阳阡;人不肯从,谓之原氏阡。"《史记·陈涉世家》之末,褚先生引贾谊《过秦论》,谓陈涉"蹑足行伍之间,俯仰仟佰之中"(1964),这个"阡陌"写作"仟佰",它已由地界之义转而作为田亩的代称了。从上引《汉书·游侠传》的"买地开道"与前引《史记》的"决裂阡陌"与"开阡陌封疆"中,可以肯定"开"有垦辟与开创一类的含义。

其次是"开阡陌"的意义或作用。"开阡陌"是开辟田间通道,实际上是重新划分田地之界。《汉书·地理志下》:"孝公用商君,制辕田,开仟伯。"此"辕田",古代亦作"爰田",是一种田亩换耕的制度。师古注引张晏曰:"周制三年一易,以同美恶。商鞅始割列(裂)田地,开立阡陌,令民各有常制。"这即是说,把原有的田地,按照新的办法,一百亩一块、一千亩一块地重新划分,建立地界标志,分给秦国民众固定耕种,这就是蔡泽所说的"决裂阡陌,以静生民之业而一其俗"的意义。把土地分给民众耕种,当然不可能是无偿的,也不可能是土地私有。但是,它开始固定了土地的耕种使用权,为土地私有制的形成,创造了一个不可缺少的条件。《秦始皇本纪》三十一年(251)《集解》引徐广曰:"使黔首自实田也。"大约到这时(前216),秦国才从法律上承认土地的私人占有权;它距商鞅"开阡陌"时的孝公十二年(前350),已经经历了一百年以上的时间了。(《〈史记〉十二本纪疑诂·秦本纪》)

【汇评】

吕祖谦:"秦坏井田开阡陌"。《解题》曰:阡陌,田间之道也。南北曰阡,东西曰陌,商君变法,至是十年矣,始能坏井田,开阡陌。蔡泽称商君之功,亦曰"决裂阡陌"。"决裂"云者,唐、虞、三代井田之制,规画坚明,封表深固,非大用力以决裂之,不能遽扫灭其迹也。毁之之难如此,则成之岂一朝一夕之积哉?商君必欲变井田为阡陌者,其意果安在欤?井田之制,六人为步,步百为亩,亩百为夫。一夫之地,环之以遂(一亩之间,广尺深尺曰亩,百亩之间,广二尺,深二尺曰遂。皆小沟也)。遂上有径。九夫为井,一井之地,环之以沟(广四尺,深四尺),沟上有畛。自沟而为洫，自洫而为浍，自浍而为川，经纬错综，若置棋局。虽有强者，百亩之外，不容兼并也。虽有弱者，百亩之内，不至侵夺也。强弱愚智，各得其所。天生民而立之君，凡以为此。商鞅不知代天理物之意，徒欲鼓舞奸猾，以利吾国。故除沟洫之限，立卖买之法，工于耕战金多赀厚者，虽兼十夫、百夫、千夫之地，曾莫之禁。彼愚弱之民，不能趋事赴功，以利吾国，虽殍死中野，于我何加损哉？其设心如是，特盗贼之长雄耳，非可与论君道也。班固有言曰：秦孝公用商君，坏井田，开阡陌，急耕战之赏，倾邻国而雄诸侯，然王制遂灭，僭差亡度，庶人之富者累钜万，而贫者食糟糠。有国强者兼州域，而弱者丧社稷，盖得之矣。（《大事记解题》卷三）

又："春弛虞衡之禁"。《解题》曰：古者，虞衡皆有厉禁，其详见于《周官》，所以公天施而育庶物也。至商鞅始撤之。按《前汉·食货志》董仲舒曰："秦用商鞅之法，改帝王之制，除井田，民得卖买。富者田连阡陌，贫者亡立锥之地。又颛川泽之利，管山林之饶，荒淫越制，逾侈以相高。邑有人君之尊，里有公侯之富。"然则弛虞衡之禁，与除井田，盖同时也。（同上）

程馀庆：开，决裂也。孝公时已变封建井田矣，此世界一大机局关目。（《历代名家评注史记集说·秦本纪》）

吴国伦：按阡陌，田间之道，即《周礼》遂上之径。沟上之畛，洫上之涂，浍上之道也。盖陌之为言百也，遂、洫纵而经涂亦纵，则遂间百亩，洫间百夫而径涂为陌阡之为言千也。沟浍横而畛道亦横。则沟间千亩，浍间千夫，而畛道为阡，此其水陆占地颇多，先王非虚弃之，所以正疆界，止侵争，时蓄泄，备水旱，计永久也。商鞅开之，不亦深可怪哉！（引自《史记评林·秦本纪》）

卜　德：（开阡陌）此举似乎意味着他废除了旧的固定的占地制度（井田制）……而代之以单位面积可以不同的更为灵活的制度。用西方的农业术语来表达，可以说商鞅废除了分封土地的田埂和畦头地。（［英］崔瑞德、鲁惟一《剑桥中国秦汉史》第一章《秦国和秦帝国》，中国社会科学出版社1992年版）

⑱【汇注】

陈蒲清：东地渡洛：东部边境已越过陕西省洛水。（引自王利器主编《史记注译·秦本纪》）

⑲【汇注】

裴　骃：徐广曰："制贡赋之法也。"（《史记集解·秦本纪》）

司马贞：谯周云："初为军赋也。"（《史记索隐·秦本纪》）

吕祖谦："周显王二十一年，秦初为赋"。（《大事记解题》卷三）

胡三省：井田既废，则周什一之法不复用，盖计亩而为赋税之法。（《资治通鉴》卷二"显王二十一年"注）

程馀庆：井田但借民力助耕公田，不复税民之私田。至此废之，但税其私田，每亩科粮几多也。（《历代名家评注史记集说·秦本纪》）

张习孔：秦初为赋，按户按人口征收军赋。（《中国历史大事编年·战国》）

又：前346年，乙亥，周显王二十三年，赵肃侯四年，齐威王十一年，卫成侯十六年，秦孝公十六年，商鞅刑太子师傅。太子驷犯法，卫鞅以为"法之不行，自上犯之"，但"太子，君嗣也，不可施刑"，故刑（劓刑，割鼻）其傅公子虔，黥（面上刺花）其师公孙贾，于是"法大用，秦人治"（《史记·商君列传》。称太子犯法两次，杨宽《战国史》考证："太子犯法当在秦孝公十六年，只有一次。"今从之）。（同上）

张永禄：秦孝公十四年，（公元前348年）商鞅在秦国颁布的一项赋税制度。《史记·商君列传》："民有二男以上不分异者，倍其赋。"这是中国历史上最早的人头税。后来，这种人头税不但继续使用，而且还不断增加。《汉书·食货志》：秦朝的"田租口赋，盐铁之利，二十倍于古"，说明口赋的数量是很沉重的。（《汉代长安词典》二《社会经济·初为赋》）

陈蒲清：初为赋：开始制定赋税新法，承认土地私有，按面积征收赋税。（引自王利器主编《史记注译·秦本纪》）

张家英：《广雅·释诂》有："贡、赋，税也。"据《尚书·禹贡》蔡沈《集传》："贡，夏后氏田赋之总名。"徐广与谯周用"贡赋"与"军赋"来释"初为赋"，不甚贴切。

《春秋·宣公十五年》：鲁国"初税亩"，即实行按亩征税的制度。据杜预注，是实行十取其二的办法。《春秋·成公元年》：鲁国"作丘甲"，即实行按田亩征收军赋的办法。据《史记·六国年表》，到简公七年（前408），秦国才实行"初租禾"（前408）。这比鲁宣公十五年（前594）已经晚了一百八十多年了。

孝公十二年"为田开阡陌"之后，"十四年，初为赋"，即开始按户征收人口税，古代叫户赋或口赋。《汉书·食货志上》载董仲舒说：秦"用商鞅之法……田租、口赋，盐铁之利，二十倍于古"。这虽不免有些夸张，但秦国征收的赋税，是很繁重的。"初为赋"三个字说得平平淡淡，既可以包含很多内容，也可以掩盖很多内容的。（《〈史记〉十二本纪疑诂·秦本纪》）

【汇评】

刘体仁：夫一国之大典，祖宗之定制，举之先王，行之已久，虽有圣哲，不敢轻议。以三代之仁君，治三代之天下，大经大法之所在，固不能加乎往昔。而所以相其时宜，适其世道，以使当代之民安之，必断然以为一朝之制度。至今日求之于残编断简存什一于千百，观大略所在，犹可想见其当然而追。按其时事，岂易言哉？秦孝公举数百年封建井田成法，一旦而改为郡县阡陌，在当时之人观之，所谓裂冠毁冕拔本塞源者非与？然而封建井田之变而为郡县阡陌也，犹之乎沧海之变为桑田也，令行之后，足以惊人耳目，而震荡其心思，固也。及夫郡县阡陌之后，而又欲返之井田、封建也，是犹欲移江河而行之山也，虽有令焉，有必不可行者，何也？民利便之也，盖民之趋于利便也，如水之走下也，彼始未尝利便焉，故安于迂拙而不辞，今吾日示之以机事，而导之以机心，而欲使复结绳之治，其可乎？秦孝公之法较之周公之制，行之为尤远，非孝公之贤乎周公，世风之趋势使然也，至今日天下大势之所趋将终于此耶？抑等而下之耶？弗可知也已！（《辟园史学四种·十七史说》）

⑳【汇校】

王叔岷：按：《文选·上书秦始皇注》引"致伯"作"致胙"，《商君列传》亦云："天子致胙于孝公。"惟"天子致胙"，乃孝公二年事，详上文及《六国年表》。此文及《商君列传》所云，为孝公十九年事。《六国年表》孝公十九年，仍作"天子致伯"（《初学记》九引《帝王世纪》作"天子命为伯"）。孝公十九年，当周显王二十六年。《周本纪》载显王"二十六年，周致伯于秦孝公"。《六国年表》显王二十六年，亦云"致伯秦"。则此文"致伯"不当作"致胙"；而《商君列传》之"致胙"，必"致伯"之误矣。（《史记斠证·秦本纪》）

【汇注】

张守节：伯，音霸，又如字。孝公十九年，天子始封爵为霸，即太史儋云"合（七）十七岁而霸王出"之年，故天子致伯。桓谭《新论》云："夫上古称三皇、五帝，而次有三王、五伯，此天下君之冠首也。故言三皇以道理，而五帝用德化；三王由仁义，五伯以权智。其说之曰，无制令刑罚谓之皇；有制令而刑罚谓之帝；赏善诛恶，诸侯朝事谓之王；兴兵约盟，以信义矫世谓之伯。"（《史记正义·秦本纪》）

胡三省：伯者，周二伯、九伯之任。（《资治通鉴》卷二"显王二十六年"注）

㉑【汇校】

张文虎："二十年"。中统无此三字。（《校刊史记集解索隐正义札记·秦本纪》）

【汇注】

吕祖谦：以去年天子致伯而贺也。（《大事记解题》卷三）

牛运震："十九年，天子致伯。二十年，诸侯毕贺"。二语排列，不类记叙中语，且已载孝公令中，可不必复见。（《读史纠谬》卷一《史记·秦本纪》）

㉒【汇校】

裴　骃：徐广曰："开封东北有逢泽。"（《史记集解·秦本纪》）

吕祖谦：《战国策》载：魏惠王伐邯郸，因退为逢泽之遇，天下皆从。按：魏克邯郸，即为齐、楚所袭，天下未尝皆从也。今从《史记》。（《大事记解题》卷三）

【汇注】

张守节：《括地志》云："逢泽亦名逢池，在汴州浚仪县东南十四里。"（《史记正义·秦本纪》）

程馀庆：（逢泽），在开封府东南二十四里。（《历代名家评注史记集说·秦本纪》）

王 恢：逢泽：《括地志》："逢泽亦名逢池，在汴州浚仪县（开封）东北十四里。"《汉志》："河南郡开封（今县南五十里），逢池在东北。或曰宋之逢泽也。"《左》哀十四年注："《地理志》言逢泽在开封东北，远，疑非。"谭其骧《汉志选释》："据《左》哀十四年记载，宋之逢泽，在宋都商丘近旁，不可能远在数百里外汉开封境内。此逢泽当即战国之逢陂，一称逢泽。至春秋时宋之逢泽，当即《睢水注》睢阳城南的逢洪陂。"（《史记本纪地理图考·秦本纪·孝公变法图强》）

徐文靖：《笺》按：秦孝公名渠梁，秦献公子也。《地理志》：开封县有逢池，在西北，即逢泽也。《秦世家》孝公二十年，诸侯毕贺，秦孝公使公子少官率师会诸于逢泽，朝天子。《秦策》：魏拔邯郸，因退为逢泽之遇，皆是地也。《后汉·西羌传》：秦孝公雄强，威服羌戎。孝公使太子驷率戎狄九十二国朝周显王，正一时事。（《竹书纪年统笺》卷十《显王二十三年，秦孝公会诸侯于逢泽》）

㉓【汇注】

顾炎武：显王三十五年丁亥之岁，六国以次称王，苏秦为从长。自此之后事乃可得而纪。自《左传》之终以至此，凡一百三十三年，史文阙轶，考古者为之茫昧。如春秋时，犹尊礼重信，而七国则绝不言礼与信矣。春秋时犹宗周王，而七国则绝不言王矣。（《日知录·周末风俗》）

又：《史记·秦本纪》：孝公使公子少官，率师会诸侯于逢泽，以朝王，盖显王时。（同上）

【汇评】

吴见思：一结。秦九盛。自缪公卒不复能东征至此又盛。（《史记论文·秦本纪》）

程馀庆：秦至是盖益强矣。致伯于秦，周之取客也。率师会诸侯，秦之协制也。比而书之，周、秦之情见矣。（《历代名家评注史记集说·秦本纪》）

二十一年①，齐败魏马陵②。

①【汇注】

张习孔：前341年，庚辰，周显王二十八年，魏惠王二十九年，齐威王十六年，秦孝公二十一年……九月，秦卫鞅攻魏西鄙。（《中国历史大事编年·战国》）

又：十月，魏攻卫鞅，魏师败绩。（同上）

② 【汇注】

张守节：虞喜《志林》云："濮州甄城县东北六十余里有马陵，涧谷深峻，可以置伏。"按：庞涓败即此也。（《史记正义·秦本纪》）

胡三省：司马彪《志》：魏郡元城县。《注》云：《左传》成七年，会马陵；杜预《注》：在县东南，庞涓死处。（《资治通鉴》卷二"显王二十八年"注）

马非百：二十一年，马生人。魏伐赵。赵与韩亲，共击魏。赵不利，韩求救于齐。齐宣王用孙子计，救赵击魏。魏遂大兴师，使庞涓将而令太子申为上将军，与齐人战，败于马陵。齐虏魏太子申，杀将军庞涓。（《秦集史·国君纪事》十四《孝公》）

陈蒲清：事详见《孙子吴起列传》。马陵，在今河南省范县西面。（引自王利器主编《史记注译·秦本纪》）

【汇评】

吴见思：齐事插序。（《史记论文·秦本纪》）

二十二年①，卫鞅击魏。虏魏公子卬②。封鞅为列侯③，号商君④。

① 【汇注】

张习孔：前340年，辛巳，周显王二十九年，魏惠王三十年，秦孝公二十二年……卫鞅诱执魏公子卬。卫鞅劝孝公伐魏：逼魏东徙，然后"据河山之固，东向以制诸侯"，成帝王之业。孝公从之。乃使卫鞅率兵攻魏，魏使公子卬将兵御之。两军遇，鞅致卬书曰："吾始与公子欢，今俱为两国将，不忍相攻，欲与公子面相见盟，乐饮而罢兵，以安秦魏之民。"卬以为然，乃与会。盟而饮，鞅伏甲士袭卬，虏之，遂大破魏师。魏王恐，乃献部分河西地与秦和。（《中国历史大事编年·战国》）

又：秦封卫鞅于邬。卫鞅既破魏师，因功被封于邬，改名曰商（今陕西商县东南商洛镇。从《水经·漳水注》引《古本纪年》。《史记·商君列传》作封于於、商十五邑）。故称卫鞅为商君或商鞅。（同上）

② 【汇注】

司马光：卫鞅言于秦孝公曰："秦之与魏，譬若人有腹心之疾，非魏并秦，秦即并魏。何者？魏居岭阨之西，都安邑，与秦界河，而独擅山东之利，利则西侵秦，病则东收地。今以君之贤圣，国赖以盛；而魏往年大破于齐，诸侯畔之，可因此时伐魏。魏不支秦，必东徙，然后秦据河、山之固，东乡以制诸侯，此帝王之业也。"公从之。

使卫鞅将兵伐魏。魏使公子卬将而御之。军既相距，卫鞅遗公子卬书曰："吾始与公子驩；今俱为两国将，不忍相攻，可与公子面相见盟，乐饮而罢兵，以安秦、魏之民。"公子卬以为然，乃相与会；盟已，饮，而卫鞅伏甲士，袭虏公子卬，因攻魏师，大破之。魏惠王恐，使使献河西之地于秦以和。因去安邑，徙都大梁。（《资治通鉴》卷二《周纪二·显王二十九年》）

吕祖谦："周显王二十九年，秦公孙鞅袭虏魏将公子卬。魏献河西之地于秦以和"。《解题》曰：秦图河西之地久矣，至是，因马陵之败，始用师而得之也。按《魏世家》：秦、赵、齐共伐我。秦将商君诈我将军公子卬，而袭夺其军，破之。（《大事记解题》卷三）

③【汇注】

吕祖谦：赏虏公子卬，取河西地之功也。《楚世家》书秦封卫鞅于商，南侵楚。盖商与楚接境，鞅之封邑，南侵楚地耳。《正义》曰：商洛县在商州东八十九里，本周之商国，於林在邓州内乡县东七里，於邑也。（《大事记解题》卷三）

④【汇校】

张文虎：按《商君列传·正义》作"商洛县在商州东八十九里。"（《校刊史记集解索隐正义札记·秦本纪》）

【汇注】

张守节：商州商洛县在州东八十九里，鞅所封也。契所封地。（《史记正义·秦本纪》）

胡三省：《班志》：弘农郡商县，商君邑。裴骃曰：商於之地在今顺阳郡南乡、丹水二县，有商城在於中，故谓之商於。《史记正义》曰：丹水及商皆属弘农，今言顺阳，是魏、晋始分置顺阳郡，商及丹水皆属之也。《水经注》丹水迳南乡、丹水二县之间，历於中之北，所谓商於者也。杜佑曰：今邓州内乡县东七里有於村，盖秦所谓商州。商洛县，古商邑，卨所封也；汉为商县。於如字。（《资治通鉴》卷二"显王二十九年"注）

程馀庆：故商城在商州东九十里。（《历代名家评注史记集说·秦本纪》）

【汇评】

郭嵩焘：按商鞅建远交近攻之策以强秦，其后卒能兼并六国，由用商鞅之策也。此为六国所以兴衰之故，史公削而不书，岂当时尚未有见及此者耶？（《史记札记·秦本纪》）

二十四年，与晋战雁门①，虏其将魏错②。

① 【汇校】

司马贞：《纪年》云与魏战岸门，此云"雁门"，恐声误也。又下云"败韩岸门"，盖一地也。寻秦与韩、魏战，不当远至雁门也。（《史记索隐·秦本纪》）

梁玉绳：按《表》在二十三年。又雁门乃"岸门"之误，小司马已辨之。（《史记志疑·秦本纪》）

张文虎："雁门"，《正义》"二十八里"，《韩世家·正义》作"十八里"。（《校刊史记集解索隐正义札记·秦本纪》）

王恢：雁门：《竹书》《年表》并作岸门，此作雁门，声同字误。《汉书·功臣表》武帝元朔二年封张次公为岸头侯，注云皮氏。《魏世家》哀王五年，《索隐》引刘昭注："皮氏县有岸头亭。"魏罢吴起，起至岸门，回望西河而泣。必在河东。韩之岸门，当如《括地志》说在长社，《索隐》误为一地。（《史记本纪地理图考·秦本纪·孝公变法图强》）

② 【汇评】

牛运震：纪秦入战国，战伐并兼诸事，多从简约，其详则别见于六国、世家及秦将相诸列传，盖提纲挈要，正本纪体也。（《史记评注·秦本纪》）

孝公卒①，子惠文君立②。是岁，诛卫鞅③。鞅之初为秦施法④，法不行，太子犯禁。鞅曰："法之不行，自于贵戚。君必欲行法⑤，先于太子。太子不可黥，黥其傅师⑥。"于是法大用，秦人治⑦。及孝公卒，太子立，宗室多怨鞅，鞅亡，因以为反，而卒车裂以徇秦国⑧。

① 【汇注】

司马迁：（赵肃侯）十二年，秦孝公卒，商君死。十五年，起寿陵（张守节《正义》徐广曰："在常山"）。（《史记·赵世家》）

【汇评】

郭沫若：使商鞅成了功的秦孝公，我们也不好忘记，他确实是一位法家所理想的君主。他能够在二十余年间让商君一人负责，放手做去，不加以干涉，真是难能可贵的。古时候的政治家要想成功，最难得的是这种君臣的际遇。（《十批判书》）

王学理等：由于秦孝公时期进行了一系列的社会改革，进一步增强了秦国的社会国威，在取得东进的胜利之后，将国都由栎阳迁至咸阳，为秦国的发展奠定了坚实的基础，改革收到了明显的效果，"秦民大悦，道不拾遗，山无盗贼，家给人足，民勇于公战，怯于私斗，乡邑大治"。（《秦物质文化史》第二章第二节《手工业门类》）

② 【汇校】

司马贞：名驷。（《史记索隐·秦本纪》）

梁玉绳：按：《越绝书》谓孝公立二十三年，与《史》言二十四年异，疑误也。至《秦纪·索隐》引《本纪》云"十二年"，乃下文"十三年都咸阳"注错入于"孝公享国二十四年"句下耳。《索隐》云惠文名驷，本《后书·西羌传》《吕览·首时》《去宥篇》注，必别有据，《史》失书。（《史记志疑·秦本纪》）

【汇注】

吕祖谦：《本纪》书"惠文君立"，是时未称王也。《战国策》止称惠王，盖略举其谥。如卫公叔文子，本谥贞惠文子，而后人但称文也。（《大事记解题》卷三）

梁玉绳：秦惠王始见《秦》《燕策》，孝公子始见《秦纪》《秦记》。名驷。亦曰惠文君，亦曰惠文王，亦曰文王，亦追称为帝。生十九年而立，更十四年为元年。立二十七年。葬公陵，在咸阳县西北十四里。（《汉书人表考》卷六《秦惠王》）

③ 【汇注】

司马光：秦孝公薨，子惠文王立。公子虔之徒告商君欲反，发吏捕之。商君亡之魏；魏人不受，复内之秦。商君乃与其徒之商於，发兵北击郑。秦人攻商君，杀之，车裂以徇，尽灭其家。（《资治通鉴》卷二《周纪二·显王三十一年》）

【汇评】

吴见思：先提纲，下倒序，又是一法。（《史记论文·秦本纪》）

④ 【汇注】

张守节：为，于伪反。（《史记正义·秦本纪》）

⑤ 【汇注】

王叔岷：按：必犹若也。《项羽本纪》："必欲烹而翁，则幸分我一杯羹。"《御览》一八四引《楚汉春秋》必作若，与此同例。《孝武本纪》："陛下必欲致之，则贵其使者，令有亲属。"《燕世家》："王必欲致士，先以隗始。"《李牧传》（附见《廉颇蔺相如列传》）："牧曰：必用臣，臣如前乃敢奉令。"诸必字亦并与若同义。（《史记斠证·秦本纪》）

⑥ 【汇校】

王叔岷：考证：可下黥字，枫、三本作黜。"傅、师"作"师、傅"。按：《商君列传》作"太子君嗣也，不可施刑。刑其傅公子虔，黥其师公孙贾"。此文"不可黥"，疑本作"不可刑"，涉下黥字而误也。枫、三本并作"不可黜"。黜非刑也，盖又黥之误耳。《商君列传》言"刑其傅"，"黥其师"，与此合言"黥其傅、师"者异，

刑未必即黥也；惟先言傅，后言师，则与此合。《枫》《三本》作"师、傅"，盖误倒矣。（《史记斠证·秦本纪》）

【汇注】

陈蒲清：黥：墨刑，以刀刻面涂墨。（引自王利器主编《史记注译·秦本纪》）

⑦【汇校】

王叔岷：按：人本作民，此唐人避太宗讳改之也。《商君列传》作"明日秦人皆趋令"。《御览》六四八引人作民，与此同例。又《商君列传》"秦民大说""秦民初言令不便者"，字并作民，亦其证。（《史记斠证·秦本纪》）

⑧【汇校】

张文虎："而卒"，吴云宋板无二字。（《校刊史记集解索隐正义札记·秦本纪》）

王叔岷：考证："古钞本'反'下无'而卒'二字。吴春熙曰：宋板亦无。"按："鞅亡"二字，疑本在"因以为反"下，今本误倒。盖宗室以鞅为反，鞅乃逃亡也。《商君列传》作"公子虔之徒告商君欲反，发吏捕商君，商君亡"。是其证。重刊北宋监本、黄善夫本'反'下并有"而卒"二字。又按：《集解》引"徐广曰"，重刊北宋监本、黄善夫本并作"《汉书》曰"。殿本作"骃案《汉书》曰"。"其爵名，一为公士"以下，并《汉书·百官公卿表》上之文。（《史记斠证·秦本纪》）

【汇注】

裴　骃：《汉书》曰："商君为法于秦，战斩一首赐爵一级，欲为官者五十石。其爵名，一为公士，二上造，三簪袅，四不更，五大夫，六官大夫，七公大夫，八公乘，九五大夫，十左庶长，十一右庶长，十二左更，十三中更，十四右更，十五少上造，十六大上造，十七驷车庶长，十八大庶长，十九关内侯，二十彻侯。"（《史记集解·秦本纪》）

吕祖谦：按：《战国策》《史记》，惠王莅政有顷，商君告归，公子虔之徒，告商君欲反。发吏捕商君，商君亡。至关下欲舍客舍，客舍人不知其是商君也，曰："商君之法，舍人无验者坐之。"商君喟然叹曰："嗟乎！为法之敝，一至此哉？"惠王车裂之，秦人不怜。（《大事记解题》卷三）

胡三省：车裂，古之辗刑。辗，户串翻。（《资治通鉴》卷二"显王三十一年"注）

凌稚隆：按《秦策》云：孝公已死，惠王代，后莅政有顷，商君告归。人说惠王曰："大臣太重者国危，左右太亲者身危。今秦妇人、婴儿皆言商君之法，莫言大王之法，是商君反为主，而大王反为臣矣。且夫商君，固大王之仇雠也，愿大王图之。"商君归还，惠王车裂之而秦人不怜。（《史记评林·秦本纪》）

【汇评】

吕祖谦："秦车裂公孙鞅，灭其族"。《解题》曰：太史公曰：商君，其天资刻薄人也。迹其欲于孝公以帝王术，挟持浮说，非其质矣。且所因由嬖臣，及得用，刑公子虔，欺魏将卬，不师赵良之言，亦足发明商君之少恩矣。余尝读商君《开塞》《耕战》书，与其人行事相类，卒受恶名于秦，有以也夫！（《大事记解题》卷三）

徐孚远：以其亡也，因坐之以反罪，明商君无二心于秦也。（《史记测议·秦本纪》）

陆威仪：商鞅变法摧毁了周朝形成的城市与乡村的社会和制度障碍，他把整个农村分成了矩形的方格，全国人口以军事单位划分，国家管理以军事地区划分，由此，他把全国人口的个人财产与军工或者农耕联系在一起，这种对军事和秩序的认同，以及发动整个社会致力于军事征服，是战国时代的显著特征，也是中国历史上第一个帝国建立的基础。商鞅变法彻底终结了周朝的礼制社会，也终结了半独立城邦中的血缘家族，这些家族依靠手中的武装和宗教崇拜力量，从所控制的农村抽取生存物资。（陆威仪著，王兴亮译《早期中华帝国：秦与汉》）

【编者按】关于商鞅变法及其最终结局，可参看《商君列传》。时至今日，对于商鞅的功过是非应有一个公允评价。司马迁对商鞅的态度，在《商君列传》中既有肯定亦有批评，甚至还有偏颇之处。

惠文君元年，楚、韩、赵、蜀人来朝①。二年，天子贺②。三年③，王冠④。四年，天子致文武胙⑤。齐、魏为王⑥。

① 【汇注】

吕祖谦："周显王三十二年楚、韩、赵、蜀朝秦"。《解题》曰：以惠王新立而朝之也。（《大事记解题》卷三）

② 【汇注】

吕祖谦："周显王三十三年，天子使人贺秦"。《解题》曰：贺亦聘也。（《大事记解题》卷三）

又："秦初行钱"。《解题》曰：秦前此未以钱为币也。（同上）

又："秦兴师求九鼎"。《解题》曰：按《战国策》，秦兴师临周，而求九鼎。周君使颜率说齐王曰："秦为无道，欲兴兵临周而求九鼎，周之君臣内自计，与秦不若归之大国。齐王大说。发师五万人，使陈臣思将以救周，而秦兵罢。齐将求九鼎，以颜率

解之而止。(同上)

③【汇注】

张习孔：前335年，丙戌，周显王三十四年，秦惠文王三年……秦惠文王举行冠礼。(《中国历史大事编年·战国》)

又：秦伐韩，取宜阳(今河南宜阳西)。(同上)

又：义渠败秦师于洛水。(同上)

④【汇校】

梁玉绳：按：惠文称王在十三年，此与《表》俱于前三年书"王冠"，虽是追书，然于《史》例不合。又《大事记》曰："《秦纪》惠文王、昭襄王皆生十九年而立，若二十而冠，则当在元年，而《本纪》皆书于三年，两书必有一误也。"(《史记志疑·秦本纪》)

王　晖：《史记·秦本纪》《秦始皇本纪》附节和《六国年表》皆言秦惠文王在位享国年数为27年；《秦始皇本纪》附节及《索隐》都说秦惠文王"生十九年而立"。按照这些说法，秦惠文王的年寿是很容易算出来的，即位时的年龄加上享国年数为45岁，而《秦本纪》谓秦惠文王三年"王冠"，推算则为21岁。然而这个年数年寿的记载和推测是不正确的，因为秦惠文王即位时的年龄决不止19岁，加冠时也决不在21岁。(《秦惠文王行年问题与先秦冠礼年龄的演变》，《秦文化论丛》第二辑)

又：秦惠文王加冠时按30岁推算，也才能合理地安排秦惠文王在做太子时触犯商鞅新法的年龄。按照《秦本纪》《六国年表》《商君列传》的记述，太子驷触法是在秦孝公四年，孝公在位24年，至秦惠文王三年行加冠礼时，共有22年，若以秦惠文王加冠时30岁计，那么触法时的年龄也仅有8岁。这是战国以来诸侯君王卿大夫嫡子入学的最低年限。而且秦惠文王行加冠礼也只能按30岁去计算，否则他做太子时入学而有师傅，触法都会成为不可思议的事了。……秦惠文王行加冠礼时的年龄确定了，他的年寿也就可以重新确定了。依《史记·六国年表》和《秦本纪》等，秦惠文王在位27年，以惠文王之年行加冠礼时30岁来看，则可知他的年寿是55岁。他大约出生于秦献公二十年，即公元前365年。(同上)

【汇注】

张守节：冠音馆。《礼记》云年二十行冠礼也。(《史记正义·秦本纪》)

吕祖谦："周显王三十四年，秦君冠"。《解题》曰：是时未称王也。冠礼之尚存者也，即汉所谓加元服也。(《大事记解题》)卷三)

⑤【汇校】

钱大昕："惠文君四年，齐魏为王，十三年四月，魏君为王，韩亦为王"。按：《六国表》惠文四年，即魏襄王元年，齐宣王九年也。《表》与《世家》俱书"齐魏会徐州，诸侯相王"。至十三年，魏君为王，则《魏世家》无之，《表》亦但书于秦，不书于魏，此可疑也。《韩世家》宣惠王十一年，君号为王，《表》则在十年，当惠文王后二年较《世家》先一岁，然与此纪十三年之文，总不合，此又可疑也。（《三史拾遗·秦本纪》）

【汇注】

司马迁：（楚）威王六年，周显王致文、武胙于秦惠王。（《史记·楚世家》）

司马迁：秦取我曲沃、平周。（《史记·魏世家》）

章　衡："显王"丁亥三十五年，（秦惠文王）四年，致文武胙于秦。（《编年通载》卷二《周》）

陈蒲清：致文武胙：送来祭祀文王武王的祭肉，这是一种特别的优礼。（引自王利器主编《史记注译·秦本纪》）

⑥**【汇校】**

梁玉绳：按：《田完世家》威王二十六年自称为王，当秦孝公九年，已先二十年为王矣。而此书于惠文四年，岂因魏而误连言之欤？宜衍"齐"字。（《史记志疑·秦本纪》）

崔　适：按：各本作"齐、魏为王"，误也。《年表》是年为周显王三十五年，魏襄王元年，与诸侯相王，《魏世家》同，皆于此合。《田敬仲完世家》：威王二十六年称王，与《年表》同，当周显王十六年，前此十九年矣！何待此年？此衍"齐"字而脱"君"字也，今正。（《史记探源》卷三《十二本纪》）

【汇注】

司马贞：齐威王、魏惠王。（《史记索隐·秦本纪》）

张　照：齐威二十六年，自称为王以令天下，于秦为孝公九年，此因魏连言之耳。（《钦定史记·秦本纪·考证》）

陈　直：直按：1948年，户县出土有秦右庶长歜封邑陶券。文两面刻，正面六行，背面三行，连重文共119字。文云："四年周天子使卿大夫辰来致文武之酢……"此券叙周天子致文武胙事，与本文正合。当即惠文君时制作。（《史记新证·秦本纪》）

【汇评】

吴见思：齐魏事插序，下即称齐王魏王矣。（《史记论文·秦本纪》）

　　五年①，阴晋人犀首为大良造②。六年③，魏纳阴晋，阴晋更名宁秦④。七年⑤，公子卬与魏战⑥，虏其将龙贾⑦，斩首八万⑧。八年⑨，魏纳河西地。九年⑩，渡河，取汾阴、皮氏⑪。与魏王会应⑫。围焦⑬，降之⑭。十年⑮，张仪相秦。魏纳上郡十五县⑯。十一年，县义渠⑰。归魏焦、曲沃⑱。义渠君为臣。更名少梁曰夏阳⑲。十二年，初腊⑳。十三年四月戊午㉑，魏君为王㉒，韩亦为王㉓。使张仪伐取陕㉔，出其人与魏㉕。

① 【汇注】
　　章　衡：戊子三十六年，（秦惠文王）五年，苏秦激怒张仪，使入于秦，秦王以为客卿。（《编年通载》卷二《周》）

② 【汇注】
　　裴　骃：犀首，官名。姓公孙，名衍。（《史记集解·秦本纪》）
　　司马贞：（犀首），官名，若虎牙之类。姓公孙，名衍，魏人也。《史记索隐·秦本纪》）
　　张守节：犀音西。《地理志》云华阴县，故阴晋，秦惠王五年，更名宁秦，高祖八年更名华阴。（《史记正义·秦本纪》）
　　胡三省：犀首，魏官名。公孙衍为此官，因号犀首，犹虎牙将军之称。（《资治通鉴》卷二"显王三十六年"注）
　　王　恢：阴晋：《汉志》："京兆尹华阴，胡阴晋，秦惠文王五年更名宁秦，高帝八年（前199）更名华阴。"《纪要》（五四）："故城今陕西华阴县东南五里。后赵迁今治。"《清统志》（二四四）云："隋大业五年移今治。"华阴在潼关未筑之前，首当崤函之冲，左控河洛，右制蓝武，最隘秦之东出。自魏纳于秦，秦喜以宁，而三晋旦夕不安矣。（《史记本纪地理图考·秦本纪·惠王之开拓》）
　　吴国泰：犀首二字，不类官名，疑是人名，姓犀名首耳。证以魏将师武，《战国策》作"犀武"，则师可作"犀"，犀首或即师武之后人欤？（《史记解诂》，《文史》第四十二辑）

③ 【汇注】
　　章　衡：乙丑三十七年，（秦惠文王）六年，魏纳阴晋于我，更名秦。（《编年通载》卷二《周》）
　　梁玉绳：附按：《汉地理志》谓在五年，疑非。（《史记志疑·秦本纪》）。

④ 【汇校】
　　张文虎："阴晋"，二字中统、游本不重。（《校刊史记集解索隐正义札记·秦本纪》）

【汇注】

裴　骃：徐广曰："今之华阴也。"（《史记集解·秦本纪》）

吕祖谦："魏以阴晋与秦。"《解题》曰：魏纳阴晋以和，秦更名曰宁秦。盖阴晋乃华阴函谷关之所在（《左传》桃林之塞，即此地），故喜得之也。（《大事记解题》卷三）

胡三省：《班志》，华阴，故阴晋，秦惠文王五年更名宁秦，汉高帝改曰华阴县，属京兆，以其地在华山之阴也。宋白曰：华阴分秦、晋之境：边晋之西，则曰阴晋；边秦之东，则曰宁秦。（《资治通鉴》卷二"显王三十七年"注）

程馀庆：故城在同州府华阴县东南五里。阴晋乃华阴、函谷关之所在，故喜得之也。（《历代名家评注史记集说·秦本纪》）

⑤【汇注】

章　衡：庚寅三十八年，（秦惠文王）七年，公子卬与魏战，虏其将龙贾，斩首八万。（《编年通载》卷二《周》）

吕祖谦："周显王三十八年，义渠内乱"。《解题》曰：义渠，西戎之属于秦者也。不乘其乱而灭其国，乃谓出师讨定之，犹有大国之义焉。（《大事记解题》卷三）

张习孔：前331年，庚寅，周显王三十八年，秦惠文王七年，义渠内乱，秦派庶长操将兵定之。（《中国历史大事编年·战国》）

⑥【汇注】

陈　直：《考证》秦无公子卬，当为公孙衍之讹，《苏秦传》作犀首。直按：上文五年阴晋人犀首为大良造。《苏秦传》《战国策》《史记》传皆作犀首，不称为公孙衍。只有《楚世家》以公孙衍、樗里疾并称，景春以公孙衍与张仪并称。犀首之官，任者不止公孙衍一人，而犀首之名，几为公孙衍之代表。本文之公子卬，当为秦代之公子，不能定为公孙衍之误字也。（《史记新证·秦本纪》）

⑦【汇注】

司马光：秦使犀首伐魏，大败其师四万余人，禽将龙贾，取雕阴。（《资治通鉴》卷二《周纪二·显王三十六年》）

胡三省：龙姓出于龙伯氏，或云出于御龙氏。（《资治通鉴》卷二"显王三十六年"注）

⑧【汇校】

梁玉绳：按：此即所谓雕阴之战也。惠文七年为魏襄四年（襄当作"惠"，下同），《表》又书于魏襄二年，当惠文五年，皆误，宜依《魏世家》在襄五年，当惠文八年为是。至斩首之数，亦宜依《世家》作"四万五千"，盖秦尚首功，《纪》仍秦史之虚语耳。余因考之，秦自献公二十一年与晋战斩首六万，孝公八年与魏战斩首七千，惠文八年与魏战斩首四万五千，后七年与韩、赵战斩首八万，十一年败韩岸门斩首万，十三年击楚丹阳斩首八万……计共一百六十六万八千人，而《史》所缺略不书者尚不知凡几。从古杀人之多，未有如无道秦者也。（《史记志疑·秦本纪》）

⑨【汇注】

　　章　衡：辛卯三十九年，（秦惠文君）八年，魏纳河西地于我。（《编年通载》卷二《周》）

　　张习孔：前330年，辛卯，周显王三十九年，秦惠文王八年……秦继续攻魏，进围焦（今河南三门峡西）与曲沃（今三门峡西南），魏割河西地与秦。（《中国历史大事编年·战国》）

⑩【汇注】

　　张习孔：前329年，壬辰，周显王四十年，秦惠文王九年，……张仪入秦。张仪魏人。初，事鬼谷先生（姓名不闻，以其所隐地自号），学纵横之术；后游说诸侯。（《中国历史大事编年·战国》）

　　又：公孙衍自秦赴魏，魏以为将。（同上）

　　又：秦伐魏，取汾阴（今山西万荣西南）、皮氏（今山西河津）、焦与曲沃等地。（同上）

　　又：秦与魏会于应（今河南宝丰南）。（同上）

⑪【汇注】

　　裴　骃：《地理志》二县属河东。（《史记集解·秦本纪》）

　　张守节：渡河东取之。《括地志》云：“汾阴故城俗名殷汤城，在蒲州汾阴县北也。皮氏在绛州龙门县西一里八十步，即古皮氏城也。”（《史记正义·秦本纪》）

　　胡三省：《班志》，汾阴县属河东郡。皮氏县，故耿国，晋献公以封赵夙者也，亦属河东郡。《括地志》：汾阴故城，在蒲州汾阴县北九里，皮氏故城，在绛州龙门县西百八十步。（《资治通鉴》卷二"显王四十年"注）

　　程馀庆：汾阴故城，在蒲州府荣河县北八里。皮氏，今绛州河津县。（《历代名家评注史记集说·秦本纪》）

　　王　恢：汾阴：汉置县，高帝侯周勃，武帝得宝鼎于此，改元元鼎。唐开元改名宝鼎。宋更名荣河。故城今治北九里，北去汾水三里。《汾水注》："汾水南有长阜，背汾带河，《汉书》谓之汾阴脽也。"（《史记本纪地理图考·秦本纪·惠王之开拓》）

　　又：皮氏：秦置县。因河滨龙门山，后魏改名龙门，并置龙门郡（《县志》误太史公晋人）。《清统志》（一五五）："宋宣和二年更名河津县。旧城圮于汾水，元皇庆初移于县西北一里姑射山麓，即今治。皮氏故城在城西二里许杨村，二城相对，遗址犹在。"（同上）

陈蒲清：汾阴：邑名。在今山西省万荣县西。皮氏：邑名。在今山西省河津县西。（引自王利器主编《史记注译·秦本纪》）

⑫【汇注】

张守节：应，乙陵反。《括地志》云："故应城因应山为名，古之应国，在汝州鲁山县东三十里。《左传》云'邘、晋、应、韩，武之穆也'。"（《史记正义·秦本纪》）

⑬【汇校】

梁玉绳：按：秦兼降曲沃，故后三年归魏焦、曲沃也，此与《六国表》内《秦表》及《魏世家》俱失书"曲沃"二字。（《史记志疑·秦本纪》）

【汇注】

张守节：《括地志》云："焦城在陕州城内东北百步，因焦水为名。周同姓所封，《左传》云虞、虢、焦、滑、霍、阳、韩、魏皆姬姓也。"杜预云八国皆为晋所灭。按：武王克商，封神农之后于焦，而后封姬姓也。（《史记正义·秦本纪》）

司马光：秦伐魏，围焦、曲沃。（《资治通鉴》卷二《周纪二·显王三十九年》）

胡三省：《班志》，弘农郡陕县有焦城，《左传》所谓"晋与秦焦、瑕"者也。……宋白曰：焦，古焦国。《括地志》：焦城在陕城东北百步，因焦水为名；周同姓所封。（《资治通鉴》卷二"显王三十九年"注）

⑭【汇注】

吕祖谦："周显王四十年，取汾阴、皮氏、拔焦"。《解题》曰：汾阴城在蒲州汾阴北，皮氏在绛州龙门县西，焦去年所围者也。按：魏《年表》《世家》，后年书秦归我焦、曲沃，则曲沃，亦尝拔矣。（《大事记解题》卷三）

⑮【汇注】

司马迁：（赵肃侯二十二年），赵疵与秦战，败，秦杀疵河西，取我蔺、离石。（《史记·赵世家》）

章衡：癸巳四十一年，（秦惠文王）十年，张仪说魏王尽入上郡十五县于秦。以张仪为相。（《编年通载》卷二《周》）

⑯【汇注】

张守节：今鄜、绥等州也。魏前纳阴晋，次纳同、丹二州，今纳上郡，而尽河西滨洛之地矣。（《史记正义·秦本纪》）

吕祖谦："周显王四十一年……魏纳上郡"。《解题》曰：张仪既取蒲阳，而复归之，故魏以上郡为谢也。《魏世家》书尽入上郡于秦，岂上郡所统不止十五县，前此有为秦析取者与春秋之时，郡属于县。赵简子誓众，所谓上大夫受县，下大夫受郡是也。战国之时，县属于郡，此所谓上郡十五县是也。方孝公商鞅，并小乡为大县，县一令，尚未有郡及守称。及魏纳上郡之后，十余年，《秦纪》始皇置汉中郡。或者山东诸侯先变古制，而秦效之欤？《史记正义》曰：魏前纳阴晋，次纳同、丹二州，今纳上郡，而尽河西滨洛之地矣。《括地志》云：上郡故城在绥州上县东南五十里。按丹、鄜、延、绥等州北至胜州。固阳，并上郡地。（《大事记解题》卷三）

【汇评】

程馀庆：秦取天下，大约先却戎，北收河东西之地，据上党以东临诸侯，此善于自广者也。若先争三川二周之地，则拙矣。（《历代名家评注史记集说·秦本纪》）

⑰【汇校】

梁玉绳：按："县义渠"三字乃羡文，是年义渠为臣，非为县也。其后十年五国伐秦，义渠袭秦于李帛之下，见《犀首传》。其后四年，秦伐义渠取二十五城，至秦武王元年复伐义渠，见《本纪》及《年表》。又《范雎传》秦昭王曰"义渠之事，寡人旦暮自请太后。今义渠之事已，寡人乃得受命"。《匈奴传》曰"昭王时义渠戎王与宣太后乱，有二子。太后诈杀戎王于甘泉，遂起兵伐残义渠"。盖是时始县之。《大事记》谓赧王四十四年秦灭义渠，当是已。而于此年云"虽以为县，犹令其君主之"，则非也。若如此所书，惠文前十一年已灭为县，则必更置令长丞尉，惟命是听，安得后此有如许事乎？（《史记志疑·秦本纪》）

张文虎："县义渠"，《志疑》云羡文，是年义渠为臣，非为县也。（《校刊史记集解索隐正义札记·秦本纪》）

【汇注】

张守节：《地理志》云北地郡义渠道，秦县也。《括地志》云："宁、原、庆三州，秦北地郡，战国及春秋时为义渠戎国之地，周先公刘、不窋居之，古西戎也。"（《史记正义·秦本纪》）

吕祖谦："周显王四十二年，秦县义渠"。《解题》曰：义渠后复见，盖虽以为县，犹令其君主之，故其后复国也。（《大事记解题》卷三）

杭世骏：臣世骏按：此时义渠不得为县，《犀首传》云："其后五国伐秦，阴以文绣千纯妇人百人造义渠君。义渠君起兵袭秦，大败秦李伯之下。"若义渠已为县，必更置令长，何至十年之后，反为所败。《年表》云"义渠君为臣"，似可据。（引自《钦定史记·秦本纪·考证》）

⑱【汇注】

张守节：《括地志》云："曲沃在陕州（陕）县西南三十二里，因曲沃水为名。"按：焦、曲沃二城相近，本魏地，适属秦，今还魏，故言归也。（《史记正义·秦本纪》）

胡三省：《括地志》：焦在陕城东百步。曲沃在陕西南三十二里，因曲沃水为名，郦道元曰：案《春秋》文公十三年，晋侯使詹嘉处瑕，守桃林之塞以备秦，时以曲沃

之官守之，故曲沃之名遂为积古之传。(《资治通鉴》卷二"显王三十九年"注)

梁玉绳：按：前二年秦攻取汾阴、皮氏、焦、曲沃四邑，今归魏焦、曲沃，则是秦只取汾阴、皮氏两县也。但此《纪》昭王十七年书"秦以垣为蒲坂、皮氏"（"为"当作"易"），《年表》《魏世家》《樗里甘茂传》并言昭王初年秦攻皮氏，未拔去。《竹书》"隐王八年，秦公孙爰伐皮氏，翟章救皮氏。九年，城皮氏"。余因疑秦归魏焦、曲沃之时，并皮氏亦归之，《纪》《表》《世家》俱脱不书耳。不然，皮氏已为秦取久矣，尚何烦用师乎？(《史记志疑·秦本纪》)

程馀庆：故焦城在陕州南二里。(《历代名家评注史记集说·秦本纪》)

⑲【汇注】

程晓杰：夏阳在何处？在韩城地区有三种说法：一说在今芝川镇一带（即少梁城），一说在高门原堡安村一带，一说今夏阳府一带。近年来，我们查阅有关资料，对照有关事实，初步得出较实际的答案：夏阳城有向西、向北迁徙的过程，惠文君十一年秦占少梁后将其名称改为夏阳，当时城未迁，是原来的少梁城所在地——今芝川镇一带。汉初夏阳城向西迁至高门原堡安村一带（其原因待考）。西汉末年夏阳城又向北迁至濝水南岸，即今之夏阳府一带。(《司马迁研究·释"更名少梁曰夏阳"》)

又：查《史记》，关于少梁更名夏阳的记载有三处：《秦本纪》中有"更名少梁曰夏阳"，《太史公自序》中有"而少梁更名曰夏阳"。《张仪列传》中有"惠王乃以张仪为相，更名少梁曰夏阳"。三条文字都说明夏阳是由少梁更名而来的，当时并无迁城之举。再看《韩城市志》对少梁、夏阳的记载：少梁"位于韩城市区以南9公里处……旧城址在韩城市城南10公里处，包括有东、西少梁、芝川等十余个自然村"。夏阳"秦汉时，故城遗址在今韩城市城南二十里"，也从地理位置上说明了少梁、夏阳故城是一处，秦代的夏阳城就是原少梁城所在地，只是更名而已。(同上)

⑳【汇注】

张守节：腊，卢盍反，十二月腊日也。秦惠文王始效中国为之，故云初腊。猎禽兽以岁终祭先祖，因立此日也。《风俗通》云："《礼传》云'夏曰嘉平，殷曰清祀，周曰蜡，汉改曰腊'。《礼》曰'天子大蜡八，伊耆氏始为蜡'。蜡者，索也。岁十二月合聚万物而索飨之。"(《史记正义·秦本纪》)

吕祖谦："周显王四十三年，秦初腊"。《解题》曰：腊者，蜡之别名也。《风俗通》云：按《礼传》，夏曰嘉平，殷曰清祀，周曰大蜡，秦、汉曰腊。春秋时，宫之奇已称虞不腊矣，则非始于秦也。特秦前此未尝为腊，惠王始讲之耳。如始皇更名腊曰嘉平，亦复用夏之旧名也。蔡邕《独断》云：腊者，岁终大祭，纵吏民宴饮。《后汉志》亦曰：季冬之月，劳农大享腊与《礼记》蜡祭之义略同。秦《年表》书初腊会龙门，意者劳农宴饮于此欤？龙门山属同州韩城县。(《大事记解题》卷三)

张永禄：腊，古代十二月的岁终大祭。《风俗通·祀典》："谨按《礼传》'夏曰嘉平，殷曰清祀，周曰大蜡，汉改为腊'。腊者，猎也，言田猎取兽以祭祀先祖也。或曰腊者，接也，新故交接，故大祭以报功也。"《玉烛宝典》："腊者祭先祖，蜡者报百神，同时异祭也。"《礼记》："天子大蜡八，伊耆氏始为蜡。蜡也者，索也。岁十二月，合聚万物而索飨之也。"《初学记》："八蜡者，一先啬、二司啬、三农、四邮表畷、五猫虎、六防、七水庸、八昆虫。"秦人自惠文君十二年（前326年）"初腊"，始皇三十一年（前216）更名腊为"腊平"。汉代则以冬至后第三个戌日为腊日。《说文》："腊，冬至后三戌，腊祭百神。"（《汉代长安词典》十一《岁时风俗·腊》）

㉑【汇注】

司马迁：（楚怀王）四年，秦惠王初称王。（《史记·楚世家》）

章　衡：丙申四十四年，四月戊午，（秦惠文王）始称王。（《编年通载》卷二《周》）

汪　越：秦惠文王十三年四月戊午，魏君为王。按《周本纪》及《齐世家》俱载秦惠王称王在十三年。……谓是年秦初称王为是。（《读史记十表》卷三《存疑》）

王关成：一般认为杜虎符制作于秦惠文君称王前的13年之间，即公元前338至公元前325年间。……杜虎符是立虎形状，造型生动，典重有力，寓动于静，虎的形象给人以迈步行走的动态感。现存的半个虎符上刻有40字的错金铭文："兵甲之符，右在君，左在杜。凡兴士被甲，用兵五十人以上，必会君符，乃敢行之，燔燧之事虽毋会符，行殴。"铭文从虎颈背部向腹部组成上下竖行排列，共九行，行三字至六字不等，字大多采用小篆，偶用古文。字迹谨严遒劲，但字迹的大小及行款布局显得不够齐整美观，给人以美中不足之感。（《漫说秦汉虎符》，《秦陵秦俑研究动态》1995年第一期）

㉒【汇校】

吕祖谦："周显王四十四年夏四月戊午，秦初为王"。《解题》曰：按《张仪传》，仪相秦四岁，立惠王为王，盖张仪之请也。《秦纪》书"四月戊午，魏君称王"，按《周纪》《齐楚世家》，是岁皆书秦惠王称王，盖《秦纪》本书"君称王"，如《韩世家》十一年"君号为王"之比，今本衍一"魏"字耳。惠王之未称王也，天子犹致文、武胙，自称王之后，迄于周亡，史不复书，盖既称王则不复事周矣。（《大事记解题》卷四）

梁玉绳：按：魏惠称王在惠文四年，此《纪》已书之，而是年《纪》与《秦表》复书"魏君为王"何欤？《周纪·正义》引《秦纪》云"惠王十三年与韩、魏、赵并称王"，所引与此异，且《秦纪》无其文，当必有误。盖是年秦惠称王，故书月书日以别之。"魏"字乃"秦"字之误，《燕世家》书"燕君为王"是其例也。若《表》中

"魏"字乃羡文，《表》例但书君为王也，不然魏君为王奚以入于《秦表》乎？至韩宣惠为王在秦惠更元之二年，误书于是年耳。（《史记志疑·秦本纪》）

程馀庆："魏"字衍文。按：《周纪》《齐楚世家》，是岁皆书秦惠王为王也。（《历代名家评注史记集说·秦本纪》）

崔　适：按：监本误作"魏君为王"。汲古阁本、《年表》无"魏"字，是也。谓惠文君称王尔，故上文皆称君，下文皆称王。《周本纪》："显王四十四年，秦惠王称王。"《正义》："《秦本纪》云：'惠王十三年，与韩、魏、赵并称王。'"《楚世家》："威（怀）王四年，秦惠王称王。"《田敬仲完世家》："宣王十八年，秦惠王称王。"《张仪传》："秦惠王十年为相，相秦四岁，立惠王为王。"皆即惠王十三年也。此"魏"字与下文"韩亦称王"句皆衍，今正。韩称王，《世家》谓在宣王十一年，《年表》在十年，即周显王四十六年，后此二年也。（《史记探源》卷三《十二本纪》）

【汇注】

张习孔：前325年，丙申，周显王四十四年，赵武灵王雍元年，秦惠文王十三年，魏惠王后元十年……四月，秦继齐、魏之后，始称王。（《中国历史大事编年·战国》）

㉓【汇注】

张守节：魏襄王、韩宣惠王也。（《史记正义·秦本纪》）

杭世骏：臣世骏按：惠文君四年，齐魏为王。《索隐》曰："齐威王、魏惠王。"《魏世家》云："惠卒，子襄王立。襄王元年，与诸侯会徐州相王也。追尊父惠王为王。"与此互异。岂惠王始尝称王，后又降号，如称帝归帝之说耶？否则《秦纪》但应有十三年之书，不应有四年之书矣。《魏世家》于惠王时亦不著称王事。（引自《钦定史记·秦本纪·考证》）

王叔岷："十三年四月戊午，魏君为王。韩亦为王"。按："魏君为王"，梁氏谓"魏字乃秦字之误"。疑是。《六国年表》之例，但书"君为王"。而《秦表》惠文十三年四月戊午仍书"魏君为王"者，魏字疑后人据已误之此文补入。景祐本《秦表》魏字在"君为王"君字右旁，颇似补入者。又据《周本纪·正义》引《秦本纪》云："惠王十三年，与韩、魏、赵并称王。"窃疑此文本作"十三年四月戊午，秦君为王，韩、魏、赵亦为王"。（是年为赵武灵王元年）此史公所特书者也。魏惠称王，虽在秦惠四年，此则总前文言之。据《表》，韩宣惠为王，在秦惠更元之二年。以此文证之，或本当列在秦惠十三年也。（《史记斠证·秦本纪》）

【汇评】

吴见思：魏韩事插序。魏前已为王矣，因韩而重序也。（《史记论文·秦本纪》）

㉔【汇校】

梁玉绳：按：《表》及《仪传》事在惠文后元年，此误书于十三年也。（《史记志

疑·秦本纪》)

【汇注】

陈蒲清：陕：地名，属魏。在今河南省陕县境内。(引自王利器主编《史记注译·秦本纪》)

㉕【汇校】

程馀庆：按《张仪传》，此事当在明年。(《历代名家评注史记集说·秦本纪》)

十四年，更为元年①。二年②，张仪与齐、楚大臣会啮桑③。三年，韩、魏太子来朝。张仪相魏④。五年，王游至北河⑤。七年⑥，乐池相秦⑦。韩、赵、魏、燕、齐帅匈奴共攻秦⑧。秦使庶长疾与战修鱼⑨，虏其将申差⑩，败赵公子渴、韩太子奂⑪，斩首八万二千⑫。八年⑬，张仪复相秦。九年⑭，司马错伐蜀⑮，灭之⑯。伐取赵中都、西阳⑰。十年，韩太子苍来质⑱。伐取韩石章⑲。伐败赵将泥⑳。伐取义渠二十五城㉑。十一年㉒，樗里疾攻魏焦㉓，降之。败韩岸门㉔，斩首万㉕，其将犀首走㉖。公子通封于蜀㉗。燕君让其臣子之㉘。十二年㉙，王与梁王会临晋㉚。庶长疾攻赵㉛，虏赵将庄㉜。张仪相楚㉝。十三年㉞，庶长章击楚于丹阳㉟，虏其将屈匄，斩首八万；又攻楚汉中，取地六百里，置汉中郡㊱。楚围雍氏㊲，秦使庶长疾助韩而东攻齐㊳，到满助魏攻燕㊴。十四年㊵，伐楚，取召陵㊶。丹、犁臣㊷，蜀相壮杀蜀侯来降㊸。

①【汇注】

吕祖谦："周显王四十五年，秦惠王后元年"。《解题》曰：《本纪》书"更为元年"，盖如《竹书纪年》魏惠王复改元也。(《大事记解题》卷四)

王维桢：后世改元，仿此。(引自《史记评林·秦本纪》)

王　圻：《史记·秦本纪》曰："秦惠文王十四年更为元年。"又《六国表》云："初更元年"也。检历代人君，即位为元年，中间无改元之制。至秦惠王乃始有之。汉兴，多因秦故，故文帝因之，亦有后元之改，迄今以为常。故改元之始，由秦惠王也。章衡《编年通载》曰："魏惠王五十年更为元年。"又曰："以襄王初改元称一年。"《太史公书》误分为二王之年数。后十年秦始更元年也。（《稗史汇编》卷七十三《杂述·改元》）

  陈　直：直按：秦惠王始创改元之纪年，西汉文景之中元后元，盖仿于此。（《史记新证·秦本纪》）

  陈蒲清：元年：指后元元年（前324年）。（引自王利器主编《史记注译·秦本纪》）

  【编者按】改元后之叙事，称呼由"惠文王"改为"王"、"惠王"，亦见秦国之雄心。

② 【汇注】

  张习孔：前323年，戊戌，周显王四十六年，秦惠文王更元二年……"五国相王"。魏将公孙衍行"合纵"之策，因使魏、韩、赵、燕、中山"五国相王"以抗秦。赵、燕、中山始称王。（《中国历史大事编年·战国》）

③ 【汇校】

  梁玉绳：按：此与《表》及《仪传》皆缺书魏，《楚世家》云："张仪与楚、齐、魏相盟。"是也，齐、魏二《世家》但言诸侯执政而已。（《史记志疑·秦本纪》）

  程馀庆：故城在徐州府沛县西南。（《历代名家评注史记集说·秦本纪》）

  王　恢：啮桑：《魏世家》，徐广云："在梁与彭城之间。"《纪要》（二九）："徐州沛县西南有啮桑亭。"《河渠书》云："啮桑浮分淮泗满。"《纪要》说是。（《史记本纪地理图考·秦本纪·惠王之开拓》）

④ 【汇注】

  吕祖谦："周显王四十七年，秦张仪免相相魏"。《解题》曰：按《公孙衍传》，魏王相张仪，犀首弗利，令人谓韩公叔曰："张仪已合秦、魏矣，其言曰：魏攻南阳，秦攻三川。魏王所以贵张子者，欲得韩地也。且韩之南阳已举矣，子何不少委焉以为衍功，则秦、魏之交可错矣，然则魏必图秦而弃仪，收韩而相衍。"公叔以为便，因委之犀首以为功，果相魏。然则魏王不听张仪之说者，公孙衍闻之也。《衍传》又称，衍相魏，张仪去，则不然。以《仪传》考之，仪惭无以归报，留魏四岁，而魏王卒，复说其嗣君久之，始去魏，复相秦耳。（《大事记解题》卷四）

⑤ 【汇校】

  张文虎："北河"。中统、游本倒。（《校刊史记集解索隐正义札记·秦本纪》）

【汇注】

  裴　骃：徐广曰："戎地，在河上。"（《史记集解·秦本纪》）

张守节：按：王游观北河，至灵、夏州之黄河也。（《史记正义·秦本纪》）

吕祖谦："秦惠王游北河"。《解题》曰："巡北边也。"徐广曰：戎地，在河上。秦始皇使蒙恬斥逐匈奴，拓地至北河。方惠王时，固未尽属秦也。（《大事记解题》卷四《本注》）

又：《正义》曰："王游观北河，至灵、夏州之黄河也。"《音义》曰：河千里一曲，此在龙门河上，盖在夏州北。（同上）

禾　子："北河"有二义：黄河自宁夏北流过碛口折而东流，西东流向一段对南北流向一段而言，彼为"西河"，此为"北河"，是为广义。广义北河之西段古代歧分为二派，一为经流，约当今乌加河，一为支流，约当今黄河，经流对支流而言，彼为"南河"，此为"北河"，是为狭义。（《北河》上，《中华文史论丛》第六辑）

又：《史记·秦本纪》惠文王后五年"王游至北河"，昭襄王二十年王"又之上郡北河"，皆系广义。其时秦地未属今乌加河，惠文、昭襄所至，当为上郡北界今托克托附近一带黄河。今托克托一带战国以来有"榆中"之称，赵武灵王西略胡地至此，见《赵世家》。是则《始皇纪》三十六年"迁北河榆中三万家"，《卫将军列传》"按榆谿旧塞，绝梓岭，梁北河"，所谓"北河"，正当与惠文、昭襄所至"北河"同，亦属广义，所指具体地区则为北河之东段。《水经·河水注》系卫青梁北河事于对"南河"而言之"北河"即狭义北河下，非也。（同上）

陈蒲清：北河：指今内蒙古河套地区黄河以北的支流乌加河，当时为黄河主流。（引自王利器主编《史记注译·秦本纪》）

王叔岷：《集解》："徐广曰：戎地在河上。"按：《文选》袁阳源《效古诗注》、邹阳《上书吴王注》引徐注"在"并作"之"，之犹在也（拙著《古书虚字新义》有说）。（《史记斠证·秦本纪》）

⑥【汇注】

张习孔：前318年，癸卯，周慎靓王三年，魏襄王嗣元年，宋君偃十一年，秦惠文王更元七年……五国攻秦。公孙衍发动魏、赵、韩、燕、楚五国伐秦，推楚怀王为纵约长，秦迎战于函谷关（今河南灵宝北），五国之师皆败走。（《中国历史大事编年·战国》）

又：义渠攻秦。初，义渠君朝魏，公孙衍谓义渠君曰："中国无事（即关东六国不攻秦），秦得烧掇焚杅（焚烧侵掠）君之国；有事（即关东六国共伐秦），秦将轻使重币事君之国。"是岁，五国攻秦，会陈轸谓秦王曰："义渠者蛮夷之贤也，不如赂之以抚其志。"王曰："善。"乃以"文绣千匹，好女百人"赂之，义渠君召群臣而谋曰："此公孙衍所谓邪！"乃起兵袭秦，大败秦人于李伯（一作帛）之下。（同上）

⑦【汇注】

　　张守节：乐，音岳。池，徒何反。裴氏音池也。(《史记正义·秦本纪》)

　　梁玉绳：按：后此五年赵武灵王使乐池送燕公子职为燕王，则池是赵人，与乐毅为一族，何缘为相于秦乎？疑。(《史记志疑·秦本纪》)

　　张文虎："乐池，《正义》音池"。疑作"沱"。(《校刊史记集解索隐正义札记·秦本纪》)

⑧【汇校】

　　梁玉绳：按：此事诸处所载互有不同，余详校之，攻秦者实燕、楚、赵、魏、韩、齐六国，而匈奴不与焉。考《楚世家》云"六国攻秦，楚怀王为从长"。楚为从长，所书自当不谬，《大事记》据之是也。此纪不及，《楚年表》及《燕世家》不及，《齐》《赵世家》但言与韩、魏击秦，《魏世家》及《犀首传》俱言五国攻秦，《乐毅传》不及，《燕》《楚》《韩》《齐世家》并略之，皆错失不足凭。而贾生《过秦论》又称"九国之师"(《索隐》曰"六国之外，更有宋、卫、中山")。岂攻秦一役，宋、卫、中山共以兵从，如匈奴之属六欤？是时义渠亦伐秦，若并数之则为十一国矣(司马光《资治通鉴》依《年表》作"五国"，非。而高诱《国策》注以齐、宋、韩、魏、赵为五国，尤非)。(《史记志疑·秦本纪》)

【汇注】

　　司马迁：(楚怀王)十一年，苏秦约从山东六国共攻秦，楚怀王为从长。至函谷关，秦出兵击六国，六国兵皆引而归，齐独后。十二年，齐湣王伐败赵、魏军，秦亦伐败韩，与齐争长。(《史记·楚世家》)

　　杭世骏：臣世骏按：《战国策补注》曰：按《秦纪》书韩、赵、魏、燕、齐帅匈奴伐秦。《年表》"韩、魏、赵、楚、燕五国伐秦，不胜"。《楚世家》书"苏秦约从六国共攻秦，楚怀王为纵长，至函谷关。秦击之，六国皆引归。齐独后"。互有不同。《通鉴》据《年表》，《大事记》据《楚世家》。按：《楚世家》特详者，以从长、故当以为正。《年表》，诸国皆书"不胜"齐独后而不败，故略不书。与《纪》不书楚者，岂以《世家》文已明与修鱼之战，虏韩申差，《年表》在次年，而《纪》与此连书之，则《纪》诚有误也。高诱注"五国作齐、宋、韩、魏、赵"尤误。(引自《钦定史记·秦本纪·考证》)

⑨【汇校】

　　张文虎："秦使庶长"。宋本无"秦"字。(《校刊史记集解索隐正义札记·秦本纪》)

【汇注】

　　张守节：修鱼，韩邑也。《年表》云秦败我修鱼，得韩将军申差。(《史记正义·

秦本纪》）

程馀庆：修鱼，韩邑，今怀庆府原武县西北武修亭是。按战修鱼，虏申差，《年表》在明年，此连书之，误矣。（《历代名家评注史记集说·秦本纪》）

王　恢：修鱼：《左》成十年，晋郑盟于修泽，杜注："荥阳卷县东有修武亭，亦名修鱼。"《清统志》（二○三）："修武亭在原武县东，春秋郑地，战国韩邑。"按："七年，韩、赵、魏、齐帅匈奴共攻秦"，此事《世家》《年表》所载互有不同，《志疑》曾详校之。（《史记本纪地理图考·秦本纪·惠王之开拓》）

⑩【汇注】

司马迁：（韩宣惠王）十六年，秦败我修鱼，虏得韩将鲠、申差于浊泽。（《史记·韩世家》）

⑪【汇校】

梁玉绳：秦之战败韩、赵在次年（秦惠八年），不与攻秦同岁，《年表》、各《世家》可证，此《纪》并入七年误。盖六国虽同出师，不相应领，故惟韩、赵战秦。韩、赵既败，四国遂引归不战。而齐乘赵、魏之弊，复败之于观泽，齐真叵测哉！赵公子渴、韩太子奂乃是主帅，申差特韩之一将耳，以后文韩太子仓推之，知奂已死矣。意彼时渴、奂均败没，申差其生获者也。然《韩世家》谓秦虏鲠、申差，则生获不止一将，乃何以此《纪》既失书鲠，而又混称虏其将申差，几莫辨为赵将为韩将。《六国表》及《张仪传》皆不书主帅，亦不书鲠，而但言申差，《韩世家》书二将而反失书主帅，未免乖驳。（《史记志疑·秦本纪》）

⑫【汇注】

梁玉绳：至斩首之数，《表》及《赵世家》《张仪传》皆云八万，此《纪》增多二千，因《纪》仍秦史之旧，而秦尚首功，虚加其级耳。（《史记志疑·秦本纪》）

⑬【汇注】

司马迁：（秦惠文王后元八年，即赵武灵王九年，赵）与韩、魏共击秦，秦败我，斩首八万级。（《史记·赵世家》）

吕祖谦：张仪留魏六年，而襄王始听其说。则秦之服魏，其用力亦劳矣。（《大事记解题》卷四）

⑭【汇注】

张习孔：前316年，乙巳，周慎靓王五年，秦惠文王更元九年……秦灭巴蜀。巴、蜀二国居今四川：蜀国都成都，为"戎狄之长"；巴国都巴（今四川重庆嘉陵江北岸），犹今四川东部地区。是岁，巴蜀相攻，俱告急于秦，秦王欲伐蜀，以道险难至，韩又来攻，犹豫未决。张仪主"攻韩"，"下兵三川（河、洛、伊三水），以临二周之郊，据九鼎，按图籍，挟天子以令诸侯"，以建王业。司马错主"伐蜀"，因"得其地足以广国，取其财足以富民"；且可"利尽西海"，从蜀道通楚，"得蜀则得楚，楚亡由天下并矣！"故不如伐蜀。惠文王从之，使张仪、司马错、都尉墨等人带兵经牛石道（又称金牛道，自今陕西勉县西南行，越七盘岭，入四川境，经朝天驿趋剑门关）伐蜀。十月取之。贬蜀王为侯，令陈庄相蜀，以张若为蜀国守；又以"戎伯尚强"乃移秦民万家以实之。是时，又灭巴国，虏巴王，封为"君长"；置巴郡，郡治江州（今四川重庆北）。巴、蜀乃定，秦益富强。（《中国历史大事编年·战国》）

又：秦攻赵，取中都（今山西平遥西南）、西阳（一作中阳，今山西中阳）、安邑（今山西夏县西北）。（同上）

⑮【汇注】

程馀庆：蜀，西南夷，旧有君长。故昌意娶蜀山氏女。周衰，蜀先称王，曰蚕丛，次柏灌，次鱼凫。至杜宇，号曰望帝。禅位于其相开明，号丛帝。子卢帝，生保子帝，凡王蜀十二世，而秦灭之。（《历代名家评注史记集说·秦本纪》）

陈蒲清：司马错，秦国将军。事详见《战国策·秦策一》。（引自王利器主编《史记注译·秦本纪》）

⑯【汇注】

司马贞：蜀西南夷旧有君长，故昌意娶蜀山氏女也。其后有杜宇，自立为王，号曰望帝。《蜀王本纪》曰："张仪伐蜀，蜀王开战不胜，为仪所灭也。"（《史记索隐·秦本纪》）

王叔岷：按：《索隐》："其后有杜宇，自立为王，号曰望帝。"亦本《蜀王本纪》（见《御览》八八八）。《艺文类聚》九四引《蜀王本纪》云："秦惠王欲伐蜀，乃刻五石牛，置金其后。蜀人见之，以为牛能大便金。牛下有养卒，以为此天牛也，能便金。蜀王以为然，即发卒千人，使五丁力士拖牛成道，致三枚于成都。秦道得通，石牛力也。后遣丞相张仪等，随石牛道伐蜀。"（又见《书钞》一一六、《白帖》九六、《御览》三百五、八八八、九百）《水经·沔水注》引来敏《本蜀论》亦云："秦惠王欲伐蜀，而不知道。作五石牛，以金置尾下，言能屎金。蜀王负力，令五丁引之成道。秦使张仪、司马错寻路灭蜀。"（《刘子·贪爱篇》亦载此事）其事妄诞，姑录之以存异闻。（《史记斠证·秦本纪》）

⑰【汇校】

梁玉绳：按：此与《表》同误，惟《赵世家》作"西都中阳"是也。考《汉志》地属西河郡，若中都属太原，西阳属山阳，名异地殊，未可相混。《正义》谓中都即西都，西都即中阳，谬甚。（《史记志疑·秦本纪》）

张文虎："中都、西阳"。《志疑》云此与《表》同误，《赵世家》作"西都、中阳"，是。《汉志》地属西河郡，若中都属太原，西都属山阳，未可相混，《正义》谬。

（《校刊史记集解索隐正义札记·秦本纪》）

郭嵩焘："伐取赵中都、西阳"。按：《赵世家》作"西都、中阳"，属西河郡，秦所取赵地当属此；若中都属太原，西阳属山阳，未可相混。（《史记札记·秦本纪》）

王　恢：中都、西阳：应从《赵世家》作"西都、中阳"，旧说不知是正，《志疑》知其谬，而未指出"中、西"二字之错误。《年表》同误；《赵表》并衍"安邑"二字。《汉志》西河郡有西都县，钱坫云："在今孝义县北。"《后汉》省。《集解》《正义》误以为太原郡中都说之。太原中都，因文帝为代王，自晋阳徙都之，其名后起，故城在今平遥县西北十二里（参《汾水注》）。《汉志》西河郡又有中阳县。秦取之，后昭襄王与赵惠文会于此。《说文》："冯水出西河中阳北沙，南入河。"《文水注》："文水自太原兹氏来，东迳中阳县故城东，又东南合胜水入汾。胜水出狐岐山东，合阳泉水，又东迳中阳故城南入汶水。"《清统志》（一四四）："中阳故城在宁乡县西。战国赵邑，汉置县，后汉废。曹魏改置于兹氏（汾阳）县界，在今孝义县西北。"……按：《水经》云："河水过中阳县西。"注曰："中阳故城在东，东翼汾水，不滨于河也。"而不知西河郡前汉治富昌，后汉治离石，所领诸县，皆夹黄河两岸，从无东附汾水者。汉末寇乱，故乡荒芜，曹魏时始移郡东出，县亦随之。《元和志》云："曹魏移中阳其于兹氏界，是已。郦注所云，是反以魏所移之城，为两汉故县，误。"董岭诚云："《水经》所称河水过中阳西者，西汉之中阳也。《文水注》所称文水迳中阳故城者，曹魏之中阳，在今孝义县北。注于彼下，仅引晋代地理，初不以为二汉之中阳，此误证以驳经。"（《史记本纪地理图考·秦本纪·惠王之开拓》）

【汇注】

裴　骃：《地理志》太原有中都县。（《史记集解·秦本纪》）

张守节：《括地志》云："中都故县在汾州平遥县西十二里，即西都也。西阳即中阳也，在汾州隰城县东十里。《地理志》云西都、中阳属西河郡。"此云"伐取赵中都西阳"。《赵世家》云"秦即取我西都及中阳"。《年表》云："秦惠文王后元九年，取赵中都、西阳、安邑。赵武灵王十年，秦取中都安阳。"《本纪》《世家》《年表》其县名异，年岁实同，所伐惟一处，故具录之，以示后学。（《史记正义·秦本纪》）

吕祖谦："秦伐赵，取中都、西阳"。《解题》曰：《史记正义》曰：中都在汾州平遥县西，即西都也。西阳，即中阳也，在汾州、隰城县南。（《大事记解题》卷四）

程馀庆：中都故城，在汾州府平遥县西北十一里。西阳，今孝义县西北故中阳城是。（《历代名家评注史记集说·秦本纪》）

⑱【汇校】

张　照：《韩世家》在宣惠十九年，据《年表》是年为秦惠后十一年。（《钦定史记·秦本纪·考证》）

梁玉绳：按：《韩世家》太子之质在破岸门后，当在十一年。（《史记志疑·秦本纪》）

【汇注】

司马迁：（韩宣惠王）十九年，（秦）大破我岸门。太子仓质于秦以和。（《史记·韩世家》）

⑲【汇注】

张守节：韩地名也。（《史记正义·秦本纪》）

王　恢：石章：《正义》："韩地名"，不详的所。《韩世家》及《年表》皆无伐取石章之文。韩太子仓为质于秦，《世家》在明年败于岸门以和。（《史记本纪地理图考·秦本纪·惠王之开拓》）

⑳【汇校】

裴　骃：徐广曰："将，一作'庄'。"（《史记集解·秦本纪》）

【汇注】

张守节：赵将名也。（《史记正义·秦本纪》）

梁玉绳：按：徐广曰"'将'一作'庄'"，则是姓庄名泥也。而《表》作"将军英"，姓乎名乎，不可详矣。（《史记志疑·秦本纪》）

张文虎："将泥，《集解》'将'一作'庄'。按：《六国表》赵武灵王十一秦败我将军英，此注"将一作庄"，疑"泥一作英"之误。或后人误忆十三年虏赵庄而妄改。（《校刊史记集解索隐正义札记·秦本纪》）

陈　直：《六国年表》作赵庄是也，莊字汉代或写作庄，与尼字相似，后人又变作泥。（《史记新证·秦本纪》

㉑【汇注】

吕祖谦："周赧王元年，秦侵义渠，取二十五城"。《解题》曰：报李帛之役也。（《大事记解题》卷四）

【编者按】吕祖谦《大事记解题》卷四曰："周慎靓王三年，即秦惠文王更元七年，义渠袭秦，大败秦人于李帛。"时过四年，秦乃给于反击，取其二十五城，以示惩罚。

张　照：《六国年表》在十一年。（《钦定史记·秦本纪·考证》）

梁玉绳：按：《表》在十一年，此在十年，未知孰是。（《史记志疑·秦本纪》）

㉒【汇注】

司马光：魏人叛秦。秦人伐魏，取曲沃而归其人。（《资治通鉴》卷三《周纪三·赧王元年》）

张习孔：前314年，丁未，周赧王延元年，鲁平公叔元年，秦惠文王更元十一年，

……秦攻义渠，蚕食其徒泾（在河西郡）等二十五城，广拓西北地。（《中国历史大事编年·战国》）

又：秦抚蜀。秦封蜀王之子公子通为蜀侯（从《史记·秦本纪》。《六国年表》系于下年，作公子繇通；《索隐》作秦之公子；杨宽《战国史》第八章称公子通乃蜀王之子非秦王子弟，今从之）。（同上）

又：秦攻魏。秦使樗里疾（秦孝公子，惠文王异母弟，名疾。为人多智，秦人称为"智囊"）攻魏，取曲沃（今河南三门峡西南），而归其民；又降焦（今三门峡西）。（同上）

㉓【汇注】

吕祖谦："秦樗里疾伐魏，取焦及曲沃，又大破韩师及魏公孙衍于岸门，韩太子仓入质于秦以和"。《解题》曰：张仪归，相秦三岁，而魏复背秦为从，故秦伐魏。初，韩既败于浊泽，公仲谓韩王曰："不如因张仪为和于秦，与之伐楚。"韩王将使公仲西讲于秦，楚王闻之，大恐，召陈轸告之。轸曰："王警四境之内，起师言救韩，命战车满道路。发信臣、多其车、重其币，使信王之救己也。韩听我，绝和于秦，秦必大怒，是因秦韩之兵而免楚国之患也。"楚王乃兴师，言救韩、发信臣，谓韩王曰："不谷国虽小，已悉发之矣。"韩王大说，止公仲之行。公仲曰："不可。以实告我者，秦也；以虚名救我者，楚也。王恃楚之虚名，而轻绝强秦之敌，必为天下笑。"韩王弗听，遂绝和于秦。秦怒，兴师与韩师战于岸门，楚救不至。韩师大败。魏《年表》又书秦人走犀首岸门，意者其救韩欤？按《后汉·地理志》，颍川郡颍阴有岸门，徐广曰："岸门即岸亭。"（《大事记解题》卷四）

张文虎："樗里疾"。《六国表》《樗甘》《穰侯《传》并作"樗"，惟此纪独作"樿"，各本皆同，《字类》亦引之，姑仍其旧。（《校刊史记集解索隐正义札记·秦本纪》）

陈蒲清：樗里疾：秦将名。事详《樗里子甘茂列传》。（引自王利器主编《史记注译·秦本纪》）

㉔【汇注】

胡三省：《续汉志》，颍川郡颍阴县有岸亭。《注》引徐广云：岸亭，即岸门。《括地志》：岸门在今许州长社县东北二十八里，今名长武亭。（《资治通鉴》卷三"赧王元年"注）

程馀庆：今绛州河津县南有岸头亭是。（《历代名家评注史记集说·秦本纪》）

王　恢：岸门：《韩世家》，宣惠王十九年，"大破我岸门。太子仓质于秦以和。"徐广曰："颍阴有岸亭。"《溴水注》："溴水又迳东西武亭间，两城相对，疑是古之岸门，史迁所谓走犀首于岸门者也。"《括地志》："岸门在许州长社县西北十八里，今名西武亭矣。"《纪》云"樗里疾攻魏焦，降之。败韩岸门，斩首万，其将犀首走。"《志疑》曰："'其将犀首走'五字，当在'降之'句下，盖犀首魏官，即公孙衍，与韩无关。"按：《魏世家》："秦使樗里子伐取我曲沃，走犀首岸门。"是"岸门"二字衍，《年表》因而挂误。（《史记本纪地理图考·秦本纪·惠王之开拓》）

陈蒲清：岸门：在今河南许昌市北，非指河东岸门。犀首：当时是魏将（因与张仪不和而离秦至魏），事附《张仪列传》。《魏世家》作"走犀首岸门"，此处在败韩之下，句倒。（引自王利器主编《史记注译·秦本纪》）

㉕【汇校】
张文虎："斩首万"，宋本下有"级"字。（《校刊史记集解索隐正义札记·秦本纪》）

㉖【汇校】
梁玉绳：附按："其将犀首走"五字当在"降之"句下，盖错简耳。犀首魏官，即公孙衍，与韩无涉，故《魏表》及《魏世家》云"走犀首岸门"。（《史记志疑·秦本纪》）

俞　樾：夫犀首，即公孙衍，魏人也。而以为韩将，是《本纪》之误也。（《湖楼笔谈》卷三）

【汇注】
陈子龙：犀首：秦官也，韩亦有之耶？（《史记测议·秦本纪》）

㉗【汇校】
蒋家骅：《史记·秦本纪》载："惠王十一年（前314），公子通封于蜀。"《史记·六国年表》又载："惠王十二年（前313），公子繇通封蜀。"《史记·索隐》又载："繇，音由，秦之公子。"《本纪》与《年表》虽在封侯年代上记载自相抵牾，在人名上有"通"与"繇通"之别，然秦公子封蜀则是一致的。《索隐》特别强调秦之公子，却不知其所本。《华阳国志·蜀志》载："周赧王元年（前314），秦惠王封子通国为蜀侯，以陈庄为相。"这在蜀侯世系上，比起《史记》的记载更具体明确，蜀侯不仅是秦之公子，而且是秦惠王的公子了。公子之名为"通国"，与《史记》所载则略有出入，然也不妨碍秦公子封蜀为侯的一致意见。孙楷《秦会要·世系》载："公子通，惠王子，后十一年（前314），封于蜀，以陈庄为相。""公子恽，亦惠王子，蜀相陈庄反，杀通，又封恽为侯。"《华阳国志》关于蜀侯史事的资料来源，多半采自《史记》的记载。而《秦会要》的编写资料又多半采录《史记》和《华阳国志》。蜀侯恽的世系不见于《史记》和《华阳国志》，而《秦会要》则确有所据地断定公子恽亦惠王子，不知其所本。司马迁编写《史记》，关于秦国史事，大都以《秦记》为蓝本，而《秦记》今已成为佚书。（《中国历史文献研究集刊》第二集《秦蜀侯非秦人考辨》）

又：《战国策·秦策》的记载，与《史记·秦本纪》《史记·六国年表》《史记·索隐》《华阳国志·蜀志》《秦会要·世系》的记载，却出入很大。《战国策·秦策》载："秦起兵伐蜀，十月取之，遂定蜀。蜀主更号为侯，而使陈庄相蜀。"《史记·张仪列传》与此却有大同小异的记载："秦起兵伐蜀，十月，取之，遂定蜀。贬蜀王，更号为侯，而使陈庄相蜀。"虽然《秦策》记载"蜀王更号为侯"，《张仪列传》记载："贬蜀王更号为侯。"在主动更号与被动更号语态上有所不同，而其内容含义则是一致的，即蜀侯乃蜀王之后，并非秦人。《史记》记载蜀侯史事，有此为秦人，彼又为蜀人，此为侯，彼又为令的自相抵牾。因此，遂造成后来史籍记载蜀侯史事混乱不清。追溯其根源也就在这里。高诱《战国策·注》载："陈庄，秦臣也。"从这条注释看来，蜀侯与陈庄在民族成分上是不相同的。设使蜀侯亦为秦人，则高诱何必加上注释来特指陈庄为秦臣？其所以特指陈庄为秦人，也就是特指蜀侯为蜀人了。不注释蜀侯，而蜀侯身份自明。《资治通鉴》的编纂者，关于蜀侯史事，亦只援用"贬蜀王，更号为侯，而使陈庄为相"这一记载。而《史记》及《华阳国志》所记载的蜀侯为秦公子的史事，则削而不取。据此，可以断言《资治通鉴》的编纂者亦不认为蜀侯是秦之公子。《资治通鉴》的编纂者舍彼取此，自然是有所根据的。蒙文通先生说："根据秦汉的制度来看和闽越的事例来看，可见蜀侯之封，决不是秦的子孙，而必然是蜀的子孙。"我们亦认为《史记·秦本纪》及《华阳国志·蜀志》所记载的蜀侯为秦之公子的史事，没有反映历史事实，并有作进一步辨明的必要。（同上）

又：秦国兼并天下的最大敌国是楚国，从军事形势看来，以蜀制楚最为有利。《华阳国志·蜀志》载司马错论伐蜀之利说："得蜀则得楚，得楚则天下并矣！"蜀国的物质力量，对秦国兼并天下的重要性，于此可以见其大概。同时，蜀国沃野千里，号称陆海，潜在的经济实力很雄厚，而秦国若要很好地利用这一潜力，就必须妥善地安抚原蜀王下面那批人员。依靠他们来治理蜀国。设使秦国在治理蜀国的体制上推行郡县制，实行直接统治，在当时中原移民甚少，设郡县的条件还不成熟，则势必招来蜀人的强烈反抗。同时，权衡当时的国际形势，秦国前面有六国合纵的严重威胁，亟须以全力防御，若一旦大后方的蜀国发生动乱，要从关中运兵弹压，则有腹背受敌的危险。并且，秦蜀之间，途程辽远，山河险峻，运兵入蜀弹压，亦不是件容易的事。因此，秦国采用封侯置相的体制，利用前蜀王的子孙治理蜀国，这是个妥善安稳的措施，若说蜀侯是秦国公子，则难于置信。（同上）

又：从秦国分封功臣子弟的传统政策看来，蜀侯为秦国公子，也有不少可疑之点。因为，秦国各王朝分封子弟，都毫不例外地封在关中一带，后来秦国的地盘扩张了，关东已有秦国的领地，因此，分封在关东一带的也有了。然而，分封在少数民族地区的则除了以讹传讹的蜀侯外，就没有其他的实例。《史记·樗里子列传》载："秦封樗里子，号为严君。"樗里子为秦惠王异母弟，因其被封于严道（即今四川荣经县一带），所以得了"严君"的爵位称号。樗里子是以严道为食邑，并不是严道的临民封君，如果，以此来说明秦之子孙有分封为蜀侯的可能，那是不足引以为据的。（同上）

【汇注】

裴　骃：徐广曰："是岁王赧元年。"（《史记集解·秦本纪》）

司马贞：《华阳国志》曰："赧王元年，秦惠王封子通为蜀侯，以陈庄为相。"徐广所云，亦据《国志》而言之。（《史记索隐·秦本纪》）

吕祖谦："秦封公子通于蜀"。《解题》曰：按《华阳国志》赧王元年，秦惠王封子通国为蜀侯，以陈庄为相。则公子通代故蜀王为侯也。（《大事记解题》卷四）

张　照：《六国年表》在十二年，作公子繇通。（《钦定史记·秦本纪·考证》）

梁玉绳：附按：《表》作"繇通"非，公子繇乃别一人，见《张仪传》。《华阳国志》作"通国"。（《史记志疑·秦本纪》）

李玉宣等修，衷兴鉴等纂：赧王元年，秦封子通国为蜀侯，以陈壮为相。六年，陈壮反，杀蜀侯通国。秦遣甘茂、张仪、司马错复伐蜀，诛陈壮，封子恽为蜀侯。十四年，蜀侯恽祭山川，献馈于秦孝文王，恽后母害其宠，加毒以进王，王将尝之，后母曰："馈从二千里来，当试之。"王与近臣，近臣即毙。王大怒，赐恽剑，使自裁。恽惧自杀。秦诛其郎中令婴等二十七人。蜀人葬恽郭外。十五年，王封恽子绾为蜀侯。十七年，闻恽冤死，使丧入葬之郭内。三十年，疑绾反，复诛之。但置蜀守。（《同治重修成都县志》卷十六《纪事志·封建》）

㉘【汇校】

梁玉绳：按：事在后九年，此误书于后十一年。（《史记志疑·秦本纪》）

【汇注】

张　照：《六国年表》此事在后九年。（《钦定史记·秦本纪·考证》）

陈蒲清：让：禅让。事详《燕召公世家》。（引自王利器主编《史记注译·秦本纪》）

【汇评】

吴见思：燕事插叙。（《史记论文·秦本纪》）

㉙【汇注】

章　衡：戊申二年，（秦惠文王）十二年，秦患齐楚从亲，使张仪说楚王，令绝齐，许赂以地六百里，楚王许之。（《编年通载》卷三《周》）

【汇注】

张习孔：前313年，戊申，周赧王二年，秦惠文王更元十二年……秦庶长樗里疾攻赵，虏其将赵庄，拔取蔺（今山西离石西）。（《中国历史大事编年·战国》）

又：秦王会魏王于临晋（今陕西大荔东南），魏依秦意立公子政为太子。（同上）

又：齐助楚攻秦，取曲沃。（同上）

又：张仪诳楚。秦王欲伐齐，患齐、楚之纵亲，乃使张仪至楚，说楚王曰："大王诚能闭关绝约于齐，臣请献商於之地六百里。"楚王悦而许之。群臣皆贺，惟陈轸独吊。王怒曰："寡人不兴师而得六百地，何吊也？"对曰："夫秦之所以重楚，以其有齐也，今绝齐则楚孤，两国之兵必俱至。为王计者，不若阴合而阳绝于齐，使人随张仪，苟与吾地，绝齐未晚也。"王曰："愿子闭口勿复言，以待寡人之得地！"乃以相印授张仪，厚赐之。楚遂绝齐，使人随张仪至秦。仪佯堕车，不朝三月。楚王闻之曰："仪以寡人绝齐未甚耶？"乃使勇士宋遗至齐，北骂齐王。齐王大怒，折节而事秦，齐、秦之交合。仪乃朝，见楚使者曰："子何不受地？从某至某，广袤六里。"使者还报，楚王大怒，欲发兵而攻秦。陈轸曰："攻之不如赂之一名都，与之并兵攻齐，是吾亡地于秦，而取偿于齐也。"王不听，使屈匄率师伐秦，秦亦发兵使庶长章击之。（同上）

【编者按】《史记·魏世家》称：（魏襄王）"五年，秦败我龙贾军四万五千于雕阴，围我焦、曲沃。予秦河西地。"按，此与上文秦惠文君八年"魏纳河西地"不一致。

㉚【汇注】

吕祖谦："秦惠王会魏襄王于临晋，立魏公子政为太子"。《解题》曰：按《张仪传》，秦取曲沃之明年，魏复事秦，盖既和而为会也，制人之父子而立其所厚，秦之无道甚矣。襄王之子昭王，史失其名，意者即政欤？（《大事记解题》卷四）

程馀庆：《年表》，立魏公子政为太子。临晋故城，在同州府朝邑县西南二里。（《历代名家评注史记集说·秦本纪》）

陈蒲清：临晋：地名。在今陕西省大荔县。（引自王利器主编《史记注译·秦本纪》）

【汇评】

牛运震："王冠，王游至北河"，"王与梁王会临晋"。按：《秦纪》自惠文王以后俱书"王"以纪事，如称"上"，称"帝"者，此俨然本纪体也。（《史记评注·秦本纪》）

㉛【汇注】

吕祖谦："秦庶长樗里疾伐赵，虏赵将庄豹，拔蔺"。《解题》曰：庄豹《世家》作赵庄。苏代曰：龙贾之战（显王三十六年）、岸门之战（赧王元年）、封陵之战（赧王十一年）、高商之战（史不书）、赵庄之战，秦之所杀三晋之民数百万，此所谓赵庄之战也（《史记正义》云：蔺属西河郡）。（《大事记解题》卷四）

㉜【汇注】

司马迁：（赵武灵王）十三年，秦拔我蔺，虏将军赵庄。（《史记·赵世家》）

张　照：《赵世家》及《樗里子传》，作虏赵将军庄豹。（《钦定史记·秦本纪·考证》）

梁玉绳：按：《表》及《赵世家》作"赵庄"（《正义》谓一作"芘"，非），则庄其名也。而《樗里传》又作"庄豹"，则庄其姓也。疑莫能定。（《史记志疑·秦本纪》）

程馀庆：虏赵庄，拔蔺。（《历代名家评注史记集说·秦本纪》）

㉝【汇注】

程馀庆：说楚绝齐亲秦。（《历代名家评注史记集说·秦本纪》）

【汇评】

王维桢：书张仪相魏、相楚，秦之谲计尽露矣，魏、楚何事乃为所愚哉！（引自《史记评林·秦本纪》）

㉞【汇注】

司马迁：（楚怀王）十七年春，与秦战丹阳，秦大败我军，斩甲士八万，虏我大将屈匄、裨将逢侯丑等七十余人，遂取汉中之郡。楚怀王大怒，乃悉国兵复袭秦，战于蓝田，大败楚军。韩、魏闻楚之困，乃南袭楚，至于邓。楚闻，乃引兵归。（《史记·楚世家》）

吕祖谦："周赧王三年，秦魏章、樗里疾、甘茂大破楚师于丹阳，虏其将屈匄及裨将逢侯丑等七十余人，斩首八万，取汉中地六百里，置汉中郡"。《解题》曰：《本纪》《年表》皆书庶长章败楚屈匄，《樗里疾传》云助魏章攻楚，败楚屈匄，取汉中地。《甘茂传》云：因张仪，樗里子而求见惠王，王使将而佐魏章略定汉中地。是疾与茂为魏章之副也。丹阳，按《后汉志》南郡枝江有丹阳聚。《张仪传》又云："秦、齐共攻楚，杀屈匄，斩首八万，取丹阳、汉中之地。"盖齐怨楚而助秦耳。李斯上书曰："惠王用张仪之计，南取汉中，包九夷，制鄢郢。"（《大事记解题》卷四）

又："楚怀王悉兵袭秦，秦大败之于蓝田，韩、魏袭楚，至邓"。《解题》曰：《史记正义》云："蓝田在雍州东南，从蓝田关入蓝田县。"故邓城在襄州安养县北。（《大事记解题》卷四）

章　衡：己酉三年，（秦惠文王）十三年，楚师于丹阳，斩首八万，取汉中郡。楚复来袭，又败之于蓝田。（《编年通载》卷三《周》）

张习孔：前312年，己酉，周赧王三年，秦惠文王更元十三年，楚怀王十七年，……秦大败楚师。秦使魏章、樗里疾、甘茂攻楚，韩助秦，大破楚师于丹阳（今河南西丹水以北地区），虏其将屈匄及裨将逢侯丑等七十余人，斩首八万，取汉中地六百里，置汉中郡（初，楚置；秦再建，郡治南郑，今陕西汉中）。楚怀王悉发国内兵复袭秦，秦败之于蓝田（今湖北钟祥西北）。韩、魏乘楚之困再袭楚，至邓（今湖北襄樊

北)。楚乃引兵归，割两城与秦和。(《中国历史大事编年·战国》)

又：楚攻韩。楚柱国景翠围韩雍氏(今河南禹县东北)，秦助韩攻楚，围景翠(一作"围景座")。(同上)

又：秦、魏攻齐至濮水，虏其将声子(或作赘子)，逐齐将匡章。(同上)

又：魏与秦攻燕。(同上)

㉟【汇注】

胡三省：《索隐》曰：此丹阳在汉中。刘昭曰：南郡枝江县有丹阳聚，即秦破楚处。李塈《舆地纪胜》曰：丹阳在今归州秭归县东八里屈沱楚王城是也。余按楚遣屈匄伐秦，秦发兵逆击之，枝江之丹阳则距郢逼近，秭归之丹阳则不当秦、楚之路。《索隐》因下文遂取汉中，即谓丹阳在汉中，皆非也。此丹阳谓丹水之阳。班《志》：丹水出上洛冢岭山，东至析入钧水，其水盖在弘农丹水、析两县之间，武关之外也。秦、楚交战当在此水之阳。楚师既败，秦师乘胜取上庸路西入以收汉中，其势易矣。(《资治通鉴》卷三"赧王三年"注)

程馀庆：丹水之阳。章，渭章。(《历代名家评注史记集说·秦本纪》)

王　恢：丹阳，《丹水注》：丹水自商县东南流注，历少习出武关，又东南经三户故城南，又经丹水县故城西南，又南经南乡县故城东北，又东经南乡县北，丹水流经两县之间，历于中之北，所谓商於者也。张仪诳楚许商於之地六百里，谓此。又南合均水，谓之析口。丹析之间，是为丹阳。《屈原传》谓"大破楚师于丹析"也。《汉高纪》，王陵起兵丹水以应高祖。丹水故城在今淅川县西。(《史记本纪地理图考·秦本纪·惠王之开拓》)

陈　直：直按：《金石索·石索一》四十一页，《诅楚文》略云："有秦嗣王，敢用吉玉宣璧，使其宗祝邵鼛，布憝告于不显大神巫咸，及大沈久湫，以底楚王熊相之多辠。"又云："使介老将之，以自救也。"《集古录》跋尾引王伯顺云：《诅楚文》凡三，曰久湫、曰巫咸、曰亚驼，其词则一，惟告于神者随号而异。此石当刻于惠文王十三年左右，介老为将，亦足以补史之阙文。(《史记新证·秦本纪》)

陈蒲清：丹阳：丹水北岸。丹水在陕西南部。不可误解为湖北省的丹阳。(引自王利器主编《史记注译·秦本纪》)

㊱【汇注】

司马光：(赧王二年，楚怀王使屈匄帅师伐秦。秦亦发兵使庶长章击之)。春，秦师及楚战于丹阳，楚师大败；斩甲士八万，虏屈匄及列侯、执珪七十余人，遂取汉中郡。(《资治通鉴》卷三《周纪三·赧王三年》)

程馀庆：故城汉中府东北三里。(《历代名家评注史记集说·秦本纪》)

㊲【汇注】

吕祖谦：“楚景翠围韩雍氏。韩宣惠王薨，子仓立，是为襄王。秦庶长樗里疾帅师救韩，败楚、齐、宋，围魏煑棗。秦樗里疾与魏伐齐，虏其将声子于濮，遂伐燕”。《解题》曰：雍氏在赧王时，楚尝两间围焉。按《后汉志》在颍川阳翟。徐广曰：《秦本纪》惠王后十三年书楚围雍氏，纪年于此。亦说楚景翠围雍氏，韩宣王卒。（《大事记解题》卷四）

又：“秦惠王、魏襄王会于蒲坂”。《解题》曰：按《水经注》《竹书纪年》，魏襄王七年（秦惠王后元十三年），秦王来见于蒲坂关。今河中府河东县。（同上）

又：“秦伐楚，取召陵”。《解题》曰：《史记正义》云：召陵故城在豫州偃城县东四十五里。（同上）

梁玉绳：按：雍氏之役，莫定何年，《六国表》不书也，《楚世家》不书也，惟周、秦二纪及齐、韩二世家《甘茂传》书之，然时既各殊，事颇不合，《秦纪》书于惠文王后十三年，与《齐世家》书于湣王十二年同，是周赧王三年。《韩世家》书于襄王十二年，是赧王十五年。皆误也。而注《国策》、注《史记》者，不复详考，遂谓楚两度围韩雍氏，以赧王三年为前所围，取秦与韩败楚，丹阳事当之。以赧王十五年为后所围，取秦败楚新城事当之。夫丹阳之与雍氏，相去远矣，《策》及传称秦宣太后，考赧王三年为惠文后十三年，惠文未薨，昭王未立，安得有宣太后耶？新城之与雍氏亦甚远矣，《策》及世家称甘茂，考茂之惧谗出奔在秦昭元年，而赧王十五年为昭王七年，茂久去秦相位，尚何收玺之言哉？盖注者之误，由于《策》《记》错乱，因生此异端耳。其实围雍止有一役，楚未尝再举，《策》《纪》未免交混。而其事非丹阳、新城也，其时非赧王三年、十五年也，《周纪》《茂传》固可据也。《周纪》书于赧王八年以后，次年即秦昭元年，故《茂传》云昭王新立，太后楚人，不肯救韩，茂为言于王，乃下师殽以救之。而救韩之师《传》叙于茂伐魏蒲坂之先，蒲坂未拔，茂亡奔齐，皆昭王元年事也。然则围雍一役，其在赧王九年，秦昭元年，韩襄六年，楚怀二十三年乎？（《史记志疑·秦本纪》）

程馀庆：此一围雍氏也，在周赧王三年。（《历代名家评注史记集说·秦本纪》）

陈蒲清：雍氏：韩地。在今河南禹县东北。楚败于丹阳，怨韩助秦，进行报复。（引自王利器主编《史记注译·秦本纪》）

㊳【汇注】

程馀庆：（庶长疾助韩），败楚将屈匄。（《历代名家评注史记集说·秦本纪》）

又：与魏攻齐，虏其将赘子。（同上）

㊴【汇校】

梁玉绳：按：《表》及《魏世家》乃助魏攻齐耳，是时无韩伐齐事。《正义》“满”

或作"蒲",非。(《史记志疑·秦本纪》)

【汇注】

张守节:满,或作"蒲"。秦将姓名也。(《史记正义·秦本纪》)

【汇评】

杨　慎:此散纵之深计。(引自《史记评林·秦本纪》)

程馀庆:燕与齐邻,秦、魏既胜齐,乘燕之无君而攻之也。此散从之深计。(《历代名家评注史记集说·秦本纪》)

⑩【汇注】

章　衡:庚戌四年,(秦惠文王)十四年,伐楚,取召陵。惠文王薨,子武王立。丹、犁臣蜀相杀蜀侯来降。(《编年通载》卷三《周》)

㊶【汇注】

梁玉绳:按:其时秦、楚复亲,不相攻伐,此役无考,当属误文。(《史记志疑·秦本纪》)

程馀庆:故城在许州郾城县东四十五里。(《历代名家评注史记集说·秦本纪》)

王　恢:召陵:即齐桓伐楚盟于之召陵。汉召陵县属汝南郡,故城今郾城县东三十五里。(《史记本纪地理图考·秦本纪·惠王之开拓》)

㊷【汇注】

张守节:二戎号也,臣伏于蜀。蜀相杀蜀侯,并丹、犁二国降秦。在蜀西南姚府管内,本西南夷,战国时蜀、滇国,唐初置犁州、丹州也。(《史记正义·秦本纪》)

方　苞:言二国臣属于秦也,与下"蜀相壮杀蜀侯来降,韩、魏、齐、楚、赵皆宾从"文正相类。《正义》:"丹犁臣蜀"句,则下文"相壮"不知何国之相,且二国臣蜀亦无为载于秦纪。蜀相壮杀蜀侯来降,据九年伐蜀灭之十一年公子通封于蜀,则秦所立也。此年蜀相壮杀蜀侯来降,则故蜀侯也。《史记》多一事而异书,非自相牴牾,乃传闻异辞,莫由得其实故,并存而不废。(《归方评点史记合笔·秦本纪》)

王　恢:丹、犁:方苞《评点》曰:"《正义》'丹犁臣蜀'则下文'相壮',不知何国之相。且二国臣蜀,亦无为载于秦史。"言丹犁臣属于秦也。《正义》既误"丹、犁臣蜀",遂以为"丹犁在蜀西南姚府管内,本西南夷,战国时蜀、滇国,唐初置犁州、丹州也"。而明年武王伐丹犁。或曰虢郐间有小国曰丹。岂以旃然水名耶?盖丹犁相近,犁或西伯戡黎之黎之遗裔,居太行山间?丹水出高平至沁阳入沁,丹或居丹水流域之部落?抑犁居于丹淅者?其时秦正急图关东,何事僻远西南之小国!(《史记本纪地理图考·秦本纪惠王之开拓》)

㊸【汇校】

裴　骃:(壮),徐广曰:"一作'状'。"(《史记集解·秦本纪》)

司马光：巴、蜀相攻击，俱告急于秦。……司马错请伐蜀。……十月取之。贬蜀王，更号为侯；而使陈庄相蜀。（《资治通鉴》卷三《周纪三·慎靓王五年》）

吕祖谦："蜀相壮杀蜀侯降秦。秦以王子煇为蜀侯"。《解题》曰：壮即陈庄也。所杀者公子通也。意者通叛秦，故庄杀之，以降。与壮明年为甘茂所诛。《茂传》书蜀侯煇相壮。则通既死，煇即代之也。《华阳国志》曰："秦封王子煇为蜀侯。"（《大事记解题》卷四）

梁玉绳：按：《华阳志》陈壮反，杀蜀侯通国，秦遣甘茂、张仪、司马错伐蜀，诛壮。是壮未尝来降，二说以志为实。庄、壮二字古通用……惟徐广谓"一作'状'"，乃讹本也。（《史记志疑·秦本纪》）

程馀庆：蜀侯，公子通也。壮即陈庄也。（《历代名家评注史记集说·秦本纪》）

陈蒲清：壮：陈壮。司马错伐蜀后，将蜀王降为蜀侯，秦派陈壮为蜀相。武王元年被诛。（引自王利器主编《史记注译·秦本纪》）

【汇评】

蒋家骅：蜀国在蜀王统治时期，社会矛盾就异常尖锐复杂，到了秦灭蜀后，原有的社会矛盾不惟没有缓和，而且加上了秦人与蜀人之间的民族矛盾，废除奴隶占有制与建立新兴地主封建制的矛盾。虽然秦王朝亦采取了一系列的措施，如封侯置相，移民入蜀，以期借此安定政局，缓和重重矛盾，然而，终不能解决根本问题，在短短的十余年间，就有过两次最大的奴隶主叛乱。一次是前311年，因蜀相陈庄杀蜀侯而引起的秦王朝出兵镇压。另一次是前301年，蜀侯煇的叛乱，再次引起了秦王朝出兵镇压。《史记》与《华阳国志》对于这两次叛乱都有记载。我们就这两次的叛乱性质进行分析，亦足以弄清楚蜀侯为蜀人，并非秦人。《史记·秦本纪》载："蜀相壮杀蜀侯来降。""武王元年诛蜀相壮"。虽不明言蜀侯被杀的原因，然从蜀相壮来降的文意看来，其叛乱的过程亦大致清楚，即蜀相先则追随以蜀侯为首的叛乱，后来又背叛蜀侯，反戈一击，杀了蜀侯，意图将功赎罪，则向秦王请降。（《中国历史文献研究集刊》第二集《秦蜀侯非秦人考辨》）

惠王卒①，子武王立②。韩、魏、齐、楚、越皆宾从③。

① 【汇注】

梁玉绳：秦惠王始见《秦·燕策》，孝公子，始见《秦纪》《秦记》，名驷，亦曰惠文君，亦曰惠文王，亦曰文王，亦追称为帝，生十九年而立，更十四年为元年，立

二十七年，葬公陵，在咸阳县西北十四里。(《汉书人表考》卷六《秦惠王》)

② 【汇注】

　　司马贞：名荡。(《史记索隐·秦本纪》)

　　梁玉绳：按：武王之谥此与《表》同，而《秦记》及《正义》引《括地志》《法言·渊骞篇》作"悼武"，《索隐》引《世本》及高诱《吕氏春秋·序》作"武烈"，《越绝书》又作"元武"，未知孰是，疑"悼武"为定也。《索隐》云名荡。(《史记志疑·秦本纪》)

③ 【汇校】

　　裴　骃：(越)徐广曰："一作'赵'。"(《史记集解·秦本纪》)

　　梁玉绳：附按："越"字误，徐广谓一作"赵"，是也。《竹书》载越世次最详，然七国时越不与攻伐盟会之事，故知越宾从秦为误。(《史记志疑·秦本纪》)

【汇注】

　　陈蒲清：宾从：归服。(引自王利器主编《史记注译·秦本纪》)

　　　　武王元年①，与魏惠王会临晋②。诛蜀相壮③。张仪、魏章皆东出之魏④。伐义渠、丹、犁⑤。二年⑥，初置丞相⑦，樗里疾、甘茂为左右丞相⑧。张仪死于魏⑨。三年⑩，与韩襄王会临晋外⑪。南公揭卒⑫，樗里疾相韩⑬。武王谓甘茂曰："寡人欲容车通三川⑭，窥周室⑮，死不恨矣。"其秋，使甘茂、庶长封伐宜阳⑯。四年⑰，拔宜阳⑱，斩首六万。涉河，城武遂⑲。魏太子来朝。武王有力好戏⑳，力士任鄙、乌获、孟说皆至大官㉑。王与孟说举鼎㉒，绝膑㉓。八月，武王死㉔，族孟说㉕。武王取魏女为后㉖，无子。立异母弟，是为昭襄王㉗。昭襄母楚人㉘，姓芈氏，号宣太后㉙。武王死时㉚，昭襄王为质于燕，燕人送归，得立㉛。

① 【汇注】

　　张习孔：前310年，辛亥，周赧王五年，秦武王荡元年……秦伐蜀及丹、犁。秦武王使庶长甘茂、张仪、司马错伐蜀，杀蜀相陈庄(《华阳国志》)；伐丹、犁，定蜀

乱。(《中国历史大事编年·战国》)

又：张仪诡说秦王而相魏。武王即位，张仪惧诛，乃谓王曰："为王计者，东方有变，然后王可以多割得地。今闻齐王甚憎仪，仪之所在，齐必伐之。故仪愿乞其不肖之身往魏，齐必伐魏。齐魏交兵而不能相去，王可乘其间伐韩，入三川，挟天子，按图籍，此王业也。"秦王以为然，乃使仪入魏，魏以为相。齐果伐魏，魏王恐，仪曰："王勿患也，请令齐罢兵。"仪乃使其舍人冯喜至楚，借楚人为使至齐，楚使者曰："甚矣！王之托仪于秦也。"王曰："何故？"对曰："张仪之去秦也，固与秦王谋矣，欲使齐、魏相攻，而令秦取三川也。今王果伐魏，是王内疲国而外伐与国而托仪于秦王也。"齐王闻之，乃解兵还。张仪相魏一年卒。(同上)

又：秦伐义渠。(同上)

又：秦王会魏王于临晋(今陕西大荔东南)。(同上)

② 【汇校】

裴　骃：(魏惠王)，徐广曰："《表》云哀王。"(《史记集解·秦本纪》)

梁玉绳：按："惠王"乃"襄王"之误，《年表》所谓哀王也。(《史记志疑·秦本纪》)

程馀庆：按魏惠王卒已十一年，《表》云哀王，实襄王也。(《历代名家评注史记集说·秦本纪》)

【汇注】

胡三省：班《志》，临晋县属冯翊，故大荔也，秦取之，更名临晋。应劭曰：临晋水，故名。臣瓒曰：晋水在河之东，此县在河之西，不得临晋水。旧说，秦筑高垒以临晋国，故曰临晋。章怀太子贤曰：临晋故城，在今同州朝邑县西南。余按《唐书·地理志》，蒲州有临晋县。宋白曰：汉临晋县在今临晋县东南十八里，故解城是也。后魏改为北解县。周省。隋分猗氏县，置桑泉县。唐天宝十二载，改临晋县。天宝之改县，必有所据，则应劭临晋水之说，未可厚非。秦之临晋在河西，臣瓒、章怀之说皆是也。(《资治通鉴》卷三"赧王五年"注)

③ 【汇注】

徐孚远：按《华阳国志》，陈壮反，杀蜀侯通，秦遣甘茂、张仪、司马错伐蜀诛壮，则非因壮自来降而诛之也。(《史记测议·秦本纪》)

吕祖谦："秦蜀相壮反秦，使甘茂定蜀，诛壮"。《解题》曰：按《甘茂传》：蜀侯煇相壮反秦，使甘茂定蜀。《秦本纪》云："诛蜀相壮。"煇虽侯蜀，壮实掌其柄，故壮反而煇不诛也。(《大事记解题》卷四)

④ 【汇注】

吕祖谦："秦出张仪、魏章于魏"。《解题》曰：秦武王元年，群臣日夜恶张仪未已，而齐让又至。张仪惧诛，请之魏。秦王乃具革车三十乘入魏。按《战国策》，秦惠王死，公孙衍欲穷张仪。李雠谓公孙衍曰："不如召甘茂于魏，召公孙显于韩，起樗里子于国。三人者，皆张仪之仇也。"然则仪之函，其公孙衍之力与？魏章亦魏人，惠王时数将兵，盖仪之党也。(《大事记解题》卷四)

程馀庆：魏章，亦魏人，仪之党也。(《历代名家评注史记集说·秦本纪》)

⑤【汇注】

吕祖谦：丹、犁，西戎之别也。(《大事记解题》卷四)

⑥【汇注】

高　敏：四川省博物馆与青川县文化馆的同志，于1979年1月，在川、甘、陕三省交界处的青川县双坟梁发现了一百座战国墓。经过他们从1979年2月到1980年7月先后对其中七十二座古墓的发掘和整理，在第五十号墓中发现了墨书木牍二件。其中第十六号木牍残损较少，字迹清晰，计一百二十一字，释文为："二年十一月己酉朔日，王命丞相茂、内史匽，□□更修为《田律》：田广一步，袤八则为畛。亩二畛，一陌道。百亩为顷，一阡道，道广三步。封，高四尺，大称其高。埒，高尺，下厚二尺。以秋八月，修封埒，正彊畔，及发阡陌之大草。九月，大除道及除浍。十月为桥，修陂堤，利津□。鲜草，虽非除道之时，而有陷败不可行，相为之□□。"此简之系年，据考为秦武王二年。这一木牍所记，主要涉及秦的《田律》内容，把它与云梦秦简的有关秦律简文结合起来研究，是了解秦的土地制度、阡陌划分和封埒形制等的最好资料。(《秦简、汉简与秦汉史研究》第二章《秦简的内容及其同秦史研究的关系》)

⑦【汇校】

王叔岷：按：《御览》二百四引"初"作"始"。(《史记斠证·秦本纪》)

【汇注】

裴　骃：应劭曰："丞者，承也。相，助也。"(《史记集解·秦本纪》)

张习孔：前309年，壬子，周赧王六年，秦武王二年……秦初置丞相，以樗里疾为右丞相，甘茂(下蔡人，经张仪、樗里疾而入秦)为左丞相。(《中国历史大事编年》)

⑧【汇注】

吕祖谦："周赧王六年，秦初置丞相，以樗里疾为右丞相，甘茂为左丞相"。《解题》曰：丞相之名始于此。疾、茂并相，虽出于公孙衍之力，然当世辨士，不过此数人，迭盛迭衰，亦理势之常也。衍特随时上下，仆其已颠，迎其将至，以为己利耳。(《大事记解题》卷四)

胡三省：应劭曰：丞者，承也；相者，助也。荀悦曰：秦本次国，命卿二人，故置左右丞相，无三公官。樗里疾，秦惠王之弟也。高诱曰：疾居渭南之阴乡，其里有

大樗树，故号樗里子。(《资治通鉴》卷三"赧王六年"注)

任　隆：秦武王立左右丞相各一人；秦统一后，亦分设左右丞相。《汉书·百官公卿表》云："相国，丞相皆秦官，金印紫绶，掌丞天子，助理万机。"《史记·秦本纪》："武王二年（前309年），初置丞相，以甘茂为左丞相，以樗里子为右丞相。"尔后，又有屈盖、向寿、金受、芈戎、徐洗为左丞相；魏冉、薛文、楼缓、寿烛、杜仓、范雎、蔡泽、吕不韦为右丞相。秦始皇时代，昌平君、王绾、李斯为左丞相；吕不韦、隗状、冯去疾为右丞相，《史记·秦始皇本纪》载，始皇三十七年"始皇出游，左丞相斯从，右丞相去疾守"。秦二世时，冯去疾为右丞相，李斯为左丞相。李斯死后，二世拜赵高为中丞相，事无大小，辄取决于高。"中"当为宫中宦者之称，宦者亦叫"中人"，因赵高为宦官，故在丞相之上冠以"中"字，实为一官而异名。(《秦封泥官印考》，《秦陵秦俑研究动态》1997年3期)

【编者按】"右丞相印"与"左丞相印"封泥，系1994年在陕西西安市秦章台遗址附近出土。"右丞相印"见《秦陵秦俑研究动态》1997年第1期；"左丞相印"见该刊1997年第3期。

⑨【汇评】

吕祖谦：按：《魏世家》，张仪归于魏，魏相田需死，楚相昭鱼谓苏代曰："田需死，吾恐张仪、犀首、薛公有一人相魏者也。"苏代北见梁王，告之曰："张仪相，必右秦而左魏；犀首相，必右韩而左魏；薛公相，必右齐而左魏。莫若太子自相。"梁王从之。十年，张仪死。仪本传称相魏一岁卒，非也。颍滨苏氏曰：战国之为从横者，皆倾危反覆之士也。然而污贱无耻，莫如张仪，而其成功，莫如仪之多。仪之未信于楚也，乱而之晋，谓怀王曰："王无求于晋国乎？"王曰："黄金珠玑犀象，楚产也。吾何求于晋？"仪曰："王独不好色耳。周、郑之女，粉白墨黑，立于衢间，不知而见者以为神也。王独不好色耳！"王说，资之珠玉而遣之。南后郑袖闻而忧之，奉之以金帛。仪将行，谓王曰："天下关闭不通，未知见日也。愿王觞臣，中饮。"仪谓王召所便习，王召郑袖，仪见之，跪请罪曰："仪行天下，未尝见人如此其美也。而仪言得美人，是欺王也。"王与后大喜。而仪言得行。仪之所以求用者，其术至此！此所以言必信而功多也，可不悲乎！(《大事记解题》卷四)

⑩【汇注】

班　固：《史记》曰：秦武王三年，渭水赤者三日，昭王三十四年，渭水又赤三日。刘向以为近火沴水也。秦连相坐之法，弃灰于道者黥。罔密而刑虐。加以武伐横出，残贼邻国，至于变乱五行，气色谬乱。天戒若曰："勿为刻急，将致败亡。"秦遂不改，至始皇灭六国，二世而亡。(《汉书·五行志》卷下)

又：秦居渭阳而渭水数赤，瑞异应德之效也。京房《易·传》曰：君湎于酒，淫于色，贤人潜，国家危，厥异流水赤也。（同上）

郦道元：《史记·秦本纪》云：秦武王三年，渭水赤三日，秦昭王三十四年，渭水又大赤三日，《洪范·五行传》云：赤者，火色也，水尽赤，以火沴水也。渭水，秦大川也，阴阳乱，秦用严刑败乱之象。后项羽入秦，封司马欣为塞王，都栎阳，董翳为翟王，都高奴，章邯为雍王，都废丘，居槐里，为三秦，汉祖北定三秦，引水灌城，遂灭章邯。（《水经注》卷十九《渭水下》）

张习孔：前308年，癸丑，周赧王七年，秦武王三年，魏襄王十一年，韩襄王四年，秦攻韩宜阳。初，秦王欲"车通三川，窥周室"，使甘茂约魏以伐韩，而令向寿辅行。茂至魏，乃使向寿还，谓秦王曰："魏听臣矣，然愿王勿伐。"王迎茂于息壤（秦邑），问其故，对曰："宜阳大县，其实郡也，今倍数险，行千里，攻之难。臣闻鲁人有与曾参同姓名者杀人，人告其母，母织自若也。及三人告之，则其母投杼下机，逾墙而走。臣之贤不若曾参，王之信臣不若其母，疑臣者非特三人，臣恐大王之投杼也。今臣羁旅之臣也，樗里子、公孙奭挟韩而议之，王必听之，故臣愿王之勿伐也。"王曰："寡人勿听也，请予子盟。"乃盟于息壤。秋，秦王使甘茂、庶长封率师攻宜阳（今河南宜阳西）。（《中国历史大事编年·战国》）

又：魏王会秦王于应（今河南宝丰南）。（同上）

又：秦王会韩王于临晋城外。（同上）

又：秦王封子辉为蜀侯。（同上）

⑪【汇注】

张守节：外谓临晋城外。"外"字一作"水"。（《史记正义·秦本纪》）

⑫【汇校】

王叔岷：按："南公揭卒"四字，重刊北宋《监本》、黄善夫本、《殿本》并在下文"与韩襄王会临晋外"下，此误错。《刘子·九流篇》："阴阳者，子韦、邹衍、桑丘、南公之类也。"所称南公，即著《南公》三十一篇者也。是否南公揭，则未敢遽断矣。（《史记斠证·秦本纪》）

【汇注】

梁玉绳：附按：南公揭不知何人，《项羽纪》称南公，《汉·艺文志·阴阳家》有《南公》三十一篇，注云"六国时"，盖当时有道之士，揭岂其人欤？（《史记志疑·秦本纪》）

马非百：按：《史记·秦本纪》："武王三年，南公揭卒。"南公揭为何许人？注家皆无释，又不见于他处。而史公于其卒，竟大书而特书之，必系一有重要关系之人可知。颇疑《南公》三十一篇，即此南公揭所作。据《项羽本纪》范增云："楚南公曰：

'楚虽三户，亡秦必楚。'"《集解》徐广曰："楚人也，善言阴阳。"《正义》："虞喜《志林》云：南公者，道士，识废兴之数，知亡秦者必于楚。《汉书·艺文志》云：'《南公》三十一篇，六国时人，在阴阳家流。'"或南公虽楚人，而死于秦；或不死于秦，而以其辨阴阳、识兴废之数，知秦必亡于三户，故史公特为著之于《本纪》。与周太史儋同例，未可断也。盖犹后世之预言家。(《秦集史·艺文志·南子》)

⑬【汇注】

吕祖谦："周赧王七年，秦樗里疾免相，相韩"。《解题》曰：疾相韩，未几，复归秦。按《甘茂传》，秦武王使甘茂伐宜阳。茂曰："臣羁旅之臣也。樗里子、公孙奭二人者，挟韩而议之，王必听之。是时，疾已归秦矣。"(《大事记解题》卷四)

梁玉绳：按：疾无相韩事，时疾以右丞相出使于周，见本传。疑"相韩"二字是"使周"之误。(《史记志疑·秦本纪》)

程馀庆：疾，樗里子也。封于严郡严道县，故号严君。(《历代名家评注史记集说·秦本纪》)

⑭【汇注】

王叔岷：按："欲容"复语，义并同"若"，《文选》李斯《上书秦始皇·注》引此无"容"字，《国策·秦策》二同。"欲容"同义，故可略其一。"欲容车通三川"犹言"若车通三川"也（裴学海《古书虚字集释》一引此文，释"欲"为"若"，未释"容"字）。《秦策》二、本书《甘茂传》"窥"上并有"以"字，"恨"并作"朽"。(《史记斠证·秦本纪》)

泷川资言：安井衡曰：车通三川者，欲容车之广，通三川之路也不必须广。愚按：三川，伊水、洛水、河水。(《史记会注考证》卷五《秦本纪》)

施之勉：按：《秦策》无容字。王引之曰，"庸"，词之用也。吴昌莹曰："庸"字亦作"容"。《秦记》寡人欲容车通三川，谓欲用车也。高诱《秦策》下兵三川注：三川，宜阳也。又，《齐策》王以其间代韩如三川注：三川，宜阳邑也。据《甘茂传》，甘茂拔宜阳，武王竟至周而卒于周。则三川，即宜阳也。(《史记会注考证订补·秦本纪》)

陈蒲清：容车：有威仪之貌的游车。三川：这里指周王都洛阳。（引自王利器主编《史记注译·秦本纪》)

张家英：《樗里子甘茂列传》中亦引用秦武王此语（2311），三家亦未作注。《战国策·秦策二》亦引及之，惟只说"车通三川"，而无"容"字。

《释名·释车》："容车，妇人所载小车也。其盖施帷，所以隐蔽其形容也。"《周礼·巾车》亦谓：王后所乘之五路，重翟、厌翟、安车三者皆有容盖。由于这种"容车"只为女子所乘，用在武王身上自不合适。《考证》所引之安井衡语，也没有把

"容车"解释得清楚。

《后汉书·祭遵传》:"至葬,车驾复临,赠以将军、侯印绶,朱轮容车,介士军陈送葬,谥曰成侯。"李贤注:"容车,容饰之车,象生时也。"这样,"容车"是丧葬时运载死者衣冠与画像的车。上引秦武王语不过是说:他死了之后,如能乘上容车,通过三川,窥望周的王都,就死无遗憾了。(《〈史记〉十二本纪疑诂·秦本纪》)

⑮【汇注】

鲍　彪:窥,小视也。周室、洛邑。盖欲取之,不正言耳。言三川知其志,不止镐京也。(引自《史记评林·秦本纪》)

⑯【汇注】

张守节:(宜阳),在河南府福昌县东十四里,故韩城是也。此韩之大郡,伐取之,三川路乃通也。(《史记正义·秦本纪》

陈蒲清:宜阳:韩的重要城市,通洛阳的要道。故址在今河南省宜阳县。(引自王利器主编《史记注译·秦本纪》)

⑰【汇注】

张习孔:前307年,甲寅,周赧王八年,秦武王四年,韩襄王五年……秦拔韩宜阳。甘茂攻宜阳,五月而不下,秦王悉起兵佐茂,斩首六万;又涉河取武遂(今山西垣曲东南),筑城。韩相公仲侈入秦请和。(《中国历史大事编年·战国》)

⑱【汇注】

吕祖谦:"秦拔宜阳,斩首六万。又取武遂,城之。韩使公仲侈入谢于秦以请平"。《解题》曰:宜阳在秦属三川郡,在汉属弘农郡,在今河南府福昌县。县城东、南、北三面峭绝天险。黾池、二崤,皆在境内。盖控扼之地也。秦武王谓甘茂曰:"寡人欲容车通三川以窥周室,而寡人死不朽矣。"甘茂曰:"请之魏,约以伐韩,而令向寿辅行。"甘茂至魏,谓向寿曰:"子归,言之于王:'魏听臣矣,然愿王勿伐。'事成,尽以为子功(向寿,武王所亲幸也,故茂以谗之)。"向寿归,以告王,王迎甘茂于息壤,问其故。对曰:"宜阳,大县也。上党、南阳,积之久矣,名曰县,其实郡也。始张仪西并巴、蜀之地,北开西池之外,南取上庸,天下不以多张子,而以贤先王。今臣羁旅之臣也,樗里子、公孙奭二人者挟韩而议之,王必听之,王与之盟。"甘茂攻宜阳,三鼓而卒不下。甘茂曰:"我羁旅而得相秦者,我以宜阳饵王。今攻宜阳而不拔,公孙衍、樗里疾挫我于内,而公仲以韩穷我于外,明日鼓之而不可下,因以宜阳之郭为墓。"于是出私金以益公赏。明日鼓之,宜阳拔。(《大事记解题》卷四)

⑲【汇注】

裴　骃:徐广曰:"韩邑也。"(《史记集解·秦本纪》)

张守节:按:此邑本属韩,近平阳。《韩世家》云:"贞子居平阳,九世至哀侯,

徙郑。"《楚世家》云："而韩犹服事秦者，以先王墓在平阳。"而秦之武遂去之七十里，故知近平阳。(《史记正义·秦本纪》)

王　恢：武遂：一说近平阳（山西临汾），一说近宜阳。说近平阳者：《正义》："按：此邑本属韩，近平阳。《韩世家》云：'贞子居平阳，九世至哀侯，徙郑。'《楚世家》云'而韩犹服事秦者，以先王墓在平阳，而秦之武遂去之七十里。'故知近平阳。'"《通鉴》（三）胡注从其说。《纪要》（四一）："孔颖达曰：城东去平阳七十里。"《清统志》（一三八）："平阳故城在今临汾西南，武遂又在临汾西南。"张琦《国策·释地》说在平阳西。(《史记本纪地理图考·秦本纪·惠王之开拓》)

又：《正义》既说在平阳，而又说在宜阳，《韩世家》："襄王六年（前306），秦复与我武遂。九年（前303），秦复取我武遂。十六年，（前296），秦与河外及武遂。釐王六年（前290），与秦武遂地二百里。"《正义》曰："此武遂及上武遂皆宜阳近地。"（同上）

又：诸说以平阳为有据。试推言之，秦既拔宜阳，韩已半为其控制；而上党半韩国也，乃涉河以扰之。自取南阳（前263），绝太行，韩以上党与赵，不复为国矣。（同上）

陈蒲清：武遂：韩邑。近平阳，在今山西垣曲县东南。（引自王利器主编《史记注译·秦本纪》）

⑳【汇注】

皇甫谧：秦武王好多力之人，齐孟贲之徒并归焉。孟贲生拔牛角，是谓之勇士也。（《帝王世纪辑存·秦第六》）

吴国泰：《晋语》："闻牛谈有力，请与之戏。"注："戏，角力也。"好戏者，谓好斗力也。"戏，三军之偏也。一曰兵也"。皆非其义。（《史记解诂》，《文史》第四十二辑）

张家英："戏"，《国语·晋语》："少室周为赵简子之右，闻牛谈有力，请与之戏。"韦昭注："戏，角力也。"《李将军列传》说："广为人长，猿臂，其善射亦天性也……与人居则画地为军陈，射阔狭以饮。专以射为戏，竟死。"（2872）《白起王翦列传》："王翦使人问：'军中戏乎？'对曰：'方投石超距。'于是王翦曰：'士卒可用矣。'"（2341）李广与人"射阔狭以饮"，王翦军中士卒"投石超距"，都是一种"戏"的行为，即一种"角力"的表现。秦武王由于自己力气大，喜欢与人角力，即同力士们较量。下文说："王与孟说举鼎，绝膑。八月，武王死。族孟说。"武王因"有力好戏"，"举鼎绝膑"而死，孟说因能与武王戏而至大官，又因与武王戏而至族诛，都是令人哭笑不得的。（《〈史记〉十二本纪疑诂·秦本纪》）

㉑【汇注】

　　梁玉绳：任鄙始见《史·秦本纪》《樗里子传》，秦力士。(《汉书人表考》卷四《任鄙》)

　　梁玉绳：乌获始见《孟子》《秦·燕策》《荀子·富国》，秦武王力士，于洛阳举周鼎，两目出血，举千钧之重，行年八十而求扶持。按《文子·自然篇》："《老子》曰：用众人之力者，乌获不足恃。"是古有乌获，后人慕之以为号也。(《汉书人表考》卷五《乌获》)

　　又：孟说惟见《史·秦纪》《赵世家》，秦力士，武王与举鼎，绝脰死，族孟说。按，孟说或疑即孟贲，未知是否？(《汉书人表考》卷六《孟说》)

　　梁玉绳：按：乌获已见《文子·自然篇》，此何以称焉。岂古力士有两乌获，如善射之名羿欤？孟说未知即孟贲否（后书《盖勋传》有护羌校尉夏育，《王商传》有中常侍孟贲，亦类此）。(《史记志疑·秦本纪》)

　　王叔岷：按：《孟子·告子下》篇《疏》引《帝王世纪》云："秦武王好多力之士，乌获之徒并皆归焉。"《公孙丑上》篇《疏》引《帝王世纪》云："秦武王好多力之人，齐孟贲之徒并归焉。孟贲生拔牛角。"是孟说盖即孟贲矣。(《史记斠证·秦本纪》)

㉒【汇注】

　　司马迁：(赵武灵王)十八年，秦武王与孟说举龙文赤鼎，绝膑而死。赵王使代相赵固迎公子稷于燕，送归，立为秦王，是为昭王。(《史记·赵世家》)

　　胡三省：按《史记·甘茂传》云：武王至周而卒于周。盖举鼎者，举九鼎也。《世家》以为龙文赤鼎。(《资治通鉴》卷三"赧王八年"注)

㉓【汇校】

　　裴　骃：(膑)，徐广曰："一作'脉'。"(《史记集解·秦本纪》)

【汇注】

　　皇甫谧：秦武，六国时秦武王也，而王壮多力，好有力之人。时齐人孟贲及任鄙，乌获之徒，皆往归焉。秦王与之举鼎，两月出，绝膑而死。孟贲能生拔牛角。(《帝王世纪辑存·秦第六》)

　　张守节：膑音频忍反。绝，断也。膑，胫骨也。(《史记正义·秦本纪》)

　　王叔岷：按：《赵世家》云："秦武王与孟说举龙文赤鼎，绝膑而死。"《御览》三八六引此文举下亦有"龙文赤"三字，盖据《赵世家》增。《论衡·书虚篇》《效力篇》膑并作脉，与徐注所称一本合；《通鉴·周纪》三作脈，脈、脉正、俗字。胡三省注："《史记·甘茂传》云'武王至周而卒于周'，盖举鼎者，举九鼎也。《世家》以为'龙文赤鼎'。"又据《孟子·告子》篇《疏》引《帝王世纪》云："秦王于洛阳举周

鼎，乌获两目血出。"则与王举鼎者，非仅孟说而已。(《史记斠证·秦本纪》)

陆唐老：秦武王好以力戏，力士任鄙、乌获、孟说皆至大官。八月，王与孟说举鼎，绝脉而薨。(《陆状元通鉴》卷二十二 (《周纪·周赧王上》))

梁玉绳：秦武王始见《秦》《齐策》。惠王子，始见《史·秦纪》，名荡，亦曰悼武王，亦曰武烈王，亦称为帝，生十九年而立。有力好戏，举鼎绝膑而死。在位四年，葬永陵，在扶风安陵县西北毕陌。钱宫詹曰：秦孝公、惠王、昭襄王皆在第六，武王好勇轻生，又其下者，岂当赵居四等？此转写之误，非孟坚意也。秦武、任鄙、乌获，皆宜与孟说同等。(《汉书人表考》卷四《秦武王》)

张文虎："举鼎，绝膑"。《御览》三百八十六引作"举龙文赤鼎，绝膑而死"，又五百四十八又七百五十六引同，惟无"赤"字，疑今本有脱文。(《校刊史记集解索隐正义札记·秦本纪》)

陈蒲清：绝膑：折断腿骨。一作"绝脉"。(引自王利器主编《史记注译·秦本纪》)

㉔【汇注】

裴　骃：《皇览》曰："秦武王冢在扶风安陵县西北，毕陌中大冢是也。人以为周文王冢，非也。周文王冢在杜中。"(《史记集解·秦本纪》)

张守节：《括地志》云："秦悼武王陵在雍州咸阳县西北十五里也。"(《史记正义·秦本纪》)

章　衡：甲寅八年，(秦武王)四年，武王好力，扛龙文赤鼎，绝脉而薨。无子，秦人逆其异母弟稷于燕而立之。(《编年通载》卷三《周》)

梁玉绳：按：史公于武王独变卒称死，岂以绝膑故欤？徐广膑作"脉"，似较胜。但《甘茂传》言武王至周而卒于周，与此《纪》及《赵世家》异，何也？武王在位四年，《索隐》于《秦记》引《世本》作"三年"，非。(《史记志疑·秦本纪》)

王叔岷：按：《文选》班孟坚《东都赋注》、《御览》八六引此死并作卒；《通鉴·周纪》作薨。作死，盖此文之旧。《赵世家》《论衡·书虚》《效力》二篇亦并作死。惟据《秦始皇本纪》："庄襄王死，政代立为秦王。"(《本纪》称"庄襄王卒")则史公非于武王独变卒称死矣。《甘茂传》言"武王至周而卒于周"。参证此《纪》及《赵世家》，则举鼎盖在周，亦无不合。《帝王世纪》云："秦王于洛阳举周鼎。"是其验矣。又按《御览》五九亦引《史记》云："秦武王三年，渭水赤三日。昭王三十四年，渭水大赤三日。"(又见六二，大作又，《五行志》同)《秦记》云："悼武王立三年，渭水赤三日。"虽与上一条合，而《水经注》明引此为《秦本纪》之文，今本无之，张氏疑为佚文，盖是。(《史记斠证·秦本纪》)

陈　直：直按：《集解》之说，本于《皇览》是也。现俗称之周文王陵为秦惠文

君冢,周武王陵为秦武王冢,两冢形式与秦庄襄王冢相同,确皆为秦制。(《史记新证·秦本纪》)

王学理等:毕陌陵地,位于咸阳市东北周陵中学内,为两座堆有大型封土的陵墓,传统说法以为它们是周文王、周武王的陵墓,但据文献及有关考古资料,学术界普遍认为所谓之周陵实际上是秦惠文王与秦武王的陵墓。惠文王陵史称"公陵",武王陵称"永陵",皆有高大之封土堆。现存封土虽远非原貌,但仍高11.6米,周围地面也留有战国时期的建筑物。毕陌陵地北距秦咸阳城西北数公里。是作为国都早期建设中所规划的王陵区。(《秦物质文化史》第七章《陵墓》)

【汇评】

王　充:秦武王与孟说举鼎不任,绝脉而死。举鼎用力,力由筋脉,筋脉不堪,绝伤而死,道理宜也。(《论衡·书虚篇》)

刘咸炘:梁曰:"变卒称死,岂以绝膑故与。"又曰:《始皇本纪》庄襄王死。变言死,何以贬也?当书曰"卒"。按史公此书,不似《春秋》,名称参差甚多,固由未及修整,亦本不以此为褒贬,故《周纪》诸王书"崩",康王、昭王书"卒",厉王书"死",后人斤斤致辨,皆非也。尚镕谓孝公书生,以朝天子,武王书死,以窥周室。妄矣。(《太史公书知意·秦本纪》)

㉕【汇注】

司马光:秦武王好以力戏,力士任鄙、乌获、孟说皆至大官。八月,王与孟说举鼎,绝脉而薨;族孟说。(《资治通鉴》卷三《周纪三·赧王八年》)

㉖【汇注】

陆友仁:秦羽阳宫在凤翔宝鸡县界,岁久不知其处。宋元祐六年正月,直县门之东百步,居民权氏浚地,得古筒瓦五,独一尚完,面径四寸四分,瓦面隐起四字,曰"羽阳千载",篆字随势为之,不取方正。始知即羽阳旧址也。其地北负高原,南临渭水,前对群峰,形势雄壮,真胜地也。按《西汉·地理志》陈仓下注云"羽阳宫,秦武王起也"。(《研北杂志》卷下)

㉗【汇校】

王叔岷:按:《通鉴·周纪》作"异母弟稷"。稷字盖据《赵世家》及此《索隐》增。黄善夫本、《殿本索隐》稷下并有"武王弟"三字。(《史记斠证·秦本纪》)

王　晖:《史记》记述秦昭襄王即位时的年龄为19岁,但这一记述不在《六国年表》与《秦本纪》中,也是附记在《秦始皇本纪》末节。(《秦惠文王行年问题与先秦冠礼年龄的演变》,《秦文化论丛》第二辑)

【汇注】

司马迁:秦武王卒,无子,立其弟为昭王。昭王母故号为芈八子,及昭王即位,芈八子号为宣太后。宣太后非武王母。武王母号曰惠文后，先武王死。宣太后二弟：其异父长弟曰穰侯，姓魏氏，名冉；同父弟曰芈戎，为华阳君。而昭王同母弟曰高陵君、泾阳君。而魏冉最贤，自惠王、武王时任职用事。武王卒，诸弟争立，惟魏冉力为能立昭王。昭王即位，以冉为将军，卫咸阳。诛季君之乱，而逐武王后出之魏，昭王诸兄弟不善者皆灭之，威振秦国。昭王少，宣太后自治，任魏冉为政。（《史记·穰侯列传》）

司马贞：名则，一名稷。（《史记索隐·秦本纪》）

司马光：武王无子，异母弟稷为质于燕，国人逆而立之，是为昭襄王。（《资治通鉴》卷三《周纪三·赧王八年》）

胡三省：昭襄王，名稷，惠文王庶子也。西周既亡，天子莫适为王。《通鉴》以秦卒并天下，因以昭襄王系年。《谥法》：昭德有劳曰昭，辟地有德曰襄。（《资治通鉴》卷六"昭襄王五十二年"注）

梁玉绳：按：《赵世家》昭襄名稷，《纪》《表》皆失书。《甘茂传·索隐》引《世本》名侧（此《纪·索隐》讹"则"），盖音相近，若齐稷门之为侧门矣。（《史记志疑·秦本纪》）

梁玉绳：昭襄王始见《秦纪》《秦记》，武王弟始见《秦纪》《甘茂传》。名稷，又作侧。亦曰昭王。母楚芈氏，号宣太后。生十九年而立。立五十六年。葬芷阳。（《汉书人表考》卷六《秦昭襄王》）

朱孔阳：昭襄王名则，一名稷，惠文王子悼武王之弟也。母宣太后五十一年，周赧王入秦献地，司马公《通鉴》遂以秦昭襄王五十二年丙午继周，是年周民东亡，秦取其宝器，迁西周公子榺狐之聚（在汝州之外古梁城），五十六年秋薨，葬辉阳，《索隐》曰葬芷阳。（《历代陵寝备考》卷九《秦》）

㉘【汇校】

王叔岷：按：重刊北宋《监本》昭襄下有王字，《文选》班叔皮《北征赋注》、范蔚宗《后汉书·皇后纪论注》引并同。（《史记斠证·秦本纪》）

㉙【汇注】

司马光：昭襄王母芈八子，楚女也，实宣太后。（《资治通鉴》卷三《周纪三·赧王八年》）

吕祖谦：秦惠王正后是为惠文后，实生武王。徐广以为楚女。今宣太后亦楚同姓，其惠文后之妾媵与？按《穰侯传》：昭王少，宣太后自治事。后世妇人预政始于此。（《大事记解题》卷四）

㉚【汇注】

皇甫谧：（悼武王）葬毕，今安陵西毕陌。（《帝王世纪辑存·秦第六》）

㉛【汇注】

吕祖谦:"八月,秦武王举鼎,绝脉而薨。无子,异母弟稷立,实昭王"。《解题》曰:按《甘茂传》:武王竟至周,而卒于周。盖践通三川以窥周室之言也。昭王之立,《本纪》云:"昭襄王为质于燕,燕人送归,得立。"《赵世家》云:赵王使代相赵固迎公子稷于燕,燕送归,立为秦王。《穰侯传》云:"武王卒,诸弟争立。惟魏冉力为能立昭王。"然则赵、燕为之外主,魏冉为之内主也。(《大事记解题》卷四)

【汇评】

吴见思:补序明净。(《史记论文·秦本纪》)

    昭襄王元年①,严君疾为相②。甘茂出之魏③。二年④,彗星见⑤。庶长壮与大臣、诸侯、公子为逆,皆诛,及惠文后皆不得良死⑥,悼武王后出归魏⑦。三年⑧,王冠⑨。与楚王会黄棘⑩,与楚上庸⑪。四年⑫,取蒲阪⑬。彗星见。五年⑭,魏王来朝应亭⑮,复与魏蒲阪⑯。六年⑰,蜀侯煇反⑱,司马错定蜀⑲。庶长奂伐楚⑳,斩首二万㉑。泾阳君质于齐㉒。日食,昼晦。七年㉓,拔新城㉔。樗里子卒㉕。八年㉖,使将军芈戎攻楚,取新市㉗。齐使章子,魏使公孙喜,韩使暴鸢,共攻楚方城㉘,取唐昧㉙。赵破中山㉚,其君亡,竟死齐㉛。魏公子劲、韩公子长为诸侯㉜。九年㉝,孟尝君薛文来相秦㉞。奂攻楚,取八城㉟,杀其将景快㊱。十年㊲,楚怀王入朝秦,秦留之㊳。薛文以金受免㊴。楼缓为丞相㊵。十一年㊶,齐、韩、魏、赵、宋、中山五国共攻秦㊷,至盐氏而还㊸。秦与韩、魏河北及封陵以和㊹。彗星见。楚怀王走之赵,赵不受㊺,还之秦,即死㊻,归葬㊼。十二年㊽,楼缓免,穰侯魏冉为相㊾。予楚粟五万石㊿。

①【编者按】

"昭襄王",湖北睡虎地秦墓秦简《大事记》作"昭王"。《史记·六国年表》及韩、赵、楚诸《世家》亦作"昭王"。秦嘉谟辑补本《世本·秦世家》昭襄王作"昭王",名侧。

【汇注】

　　章　衡：乙卯九年，（秦昭襄王）元年，秦昭襄王稷母宣太后弟魏冉，自惠王时任职用事，力能立王，王以冉为将军，卫咸阳。（《编年通载》卷三《周》）

　　王　圻：诚剑，秦昭王稷元年丙午，铸一剑，长三尺。名曰"诚"。（《稗史汇编》卷一百三十八《器用门·历代剑名》）

　　张习孔：前306年，乙卯，周赧王九年，秦昭王稷元年，韩襄王六年……秦昭王使向寿（宣太后外族，昭王与寿"少与之同衣，长与之同车"）平宜阳，以武遂复归韩。（《中国历史大事编年·战国》）

② 【汇注】

　　张守节：盖封蜀郡严道县，因号严君。疾，名也。（《史记正义·秦本纪》）

　　徐孚远：樗里子名疾，此严君疾或即樗里子，前作庶长者也。（《史记测议·秦本纪》）

③ 【汇校】

　　梁玉绳：按：《传》茂奔齐复至楚而终于魏，此言茂出之魏，恐是"齐"之误。《大事记》曰："时方伐魏，自魏而奔齐也。"（《史记志疑·秦本纪》）

　　【汇注】

　　吕祖谦：本传、《战国策》皆言甘茂亡秦之齐，盖时方伐魏，自魏而奔齐也。（《大事记解题》卷四）

④ 【汇注】

　　章　衡：丙辰十年，（秦昭襄王）二年，彗星见。秦庶长壮与大臣诸公子谋作乱，魏冉诛之。王年少，太后临朝，冉任政，封为穰侯。（《编年通载》卷三《周》）

　　马非百："二年（前305）攻皮氏"。皮氏，魏邑。故城在今山西省河津县。此事《魏世家》列在魏哀王十三年，即秦武王四年。《六国表·魏表》则列在魏哀王十三年，即秦昭王元年。《樗里疾传》："昭王元年，樗里子击皮氏。皮氏未降，又去。"亦昭王元年，与《魏表》同。又《甘茂传》："秦使向寿守宜阳，而使樗里子甘茂伐魏皮氏。"据此，则攻皮氏者乃樗里疾与甘茂二人。而其时间则当开始于昭王元年，至二年才告结束。此列在二年，盖指战事结束而言。（《中国历史文献研究集刊》第二集《云梦秦简大事记集传》）

　　张习孔：前305年，丙辰，周赧王十年，赵武灵王二十一年，秦昭王二年……秦魏冉平"季君之乱"。初，秦武王死，无子，诸弟争立。大臣及惠文后（即武王母）、武王后拥立公子壮（武王弟）即位，称"季君"（《六国年表》作"桑君为乱"）。而芈八子（芈，楚姓，八子，妃嫔称号，惠文王妃，后称宣太后）及其异父长弟魏冉则迎立公子稷（宣太后子）。内乱三年。是岁，将军魏冉尽诛公子壮、惠文后、昭王异母兄弟及大臣，逐武王后（魏女）回魏，"季君之乱"平。昭王年少，宣太后及魏冉遂专国政，威震秦国。（《中国历史大事编年·战国》）

又：秦楚亲善。秦昭王初立，厚赂于楚。楚乃背齐而善秦。秦迎妇于楚，秦楚"合婚而欢"。（同上）

马　雍：按《编年记》于秦昭王二年下记"攻皮氏"，此役不见于《史记》的《秦本纪》和《六国年表》秦栏而见于《魏世家》《六国年表》魏栏和《樗里子甘茂列传》，《魏世家》载于哀王十二年；《六国年表》魏栏载于哀王十三年，与秦昭王元年相值；《樗里子甘茂列传》亦作昭王元年。此役又见于《竹书纪年》，据《水经·汾水注》所引，《纪年》载此役于魏哀王十二年。（《西域史地文物丛考·读〈云梦秦简编年纪〉书后》二）

又：就秦国的纪年言，这次战役或记在昭王元年，或记在昭王二年，这个矛盾是容易解决的。按《樗里子甘茂列传》，秦国这次出兵，原来的目的是伐蒲，蒲在今河南省东北部。后蒲守请胡衍行说于樗里子，秦军遂解蒲之围而去，还击皮氏，皮氏在今山西省西南部。皮氏未降，秦军又归。由此可见，此役以伐蒲始，经历了一段时间才攻皮氏，而攻皮氏的时间并不长久。樗里子出兵伐蒲当在昭王元年，等到回师攻皮氏时候已到该年十月以后，秦历以十月为岁首，所以按秦国纪年，攻皮氏已经属昭王二年了。这次战役跨了两个年度，所以《樗里子甘茂列传》记在昭王元年者，乃就其初出兵而言；《编年记》记于昭王二年者，乃就其攻皮氏而言。记年虽异，都是正确的。（同上）

⑤【汇注】

张守节：彗，似岁反，又先到反。（《史记正义·秦本纪》）

⑥【汇注】

裴　骃：（惠文后），徐广曰："迎妇于楚者。"（《史记集解·秦本纪》）

陈蒲清：及：牵连到。惠文后：惠文王的王后。良死：正常寿命。（引自王利器主编《史记注译·秦本纪》）

⑦【汇注】

吕祖谦："秦庶长壮及大臣，诸公子作乱，魏冉诛之，遂弑惠文后，出悼武后于魏"。《解题》曰：惠文后，昭王之嫡母也。悼武王后，昭王尝所事君母也。自昭王、宣太后之立，魏冉独擅国事，二后及大臣、诸公子皆失职，不平，故相与为变。事既不克，昭王之位始定。而宣太后、魏冉之权始固矣。（《大事记解题》卷四）

陈允锡：惠文即惠王，悼武即武王。（《史纬》卷一《秦》）

陈蒲清：悼武王后：武王的王后。武王死不久，故加"悼"字。（引自王利器主编

《史记注译·秦本纪》）

⑧【汇注】

　　陈允锡：三国攻秦，入函谷。秦王谓楼缓曰："三国之兵深矣，寡人欲割河东而讲。"对曰："割河东，大费也。免于国患，大利也。此父兄之任也，王何不召公子他而问焉？"王召公子他而问之，对曰："讲亦悔，不讲亦悔。"王曰："何也？"对曰："王割河东而讲，三国虽去，王必曰：'惜矣，三国且去，吾特以三城从之！'此讲之悔也。王不讲，三国入函谷，咸阳必危。王又曰：'惜矣，吾爱三城而不讲！'此又不讲之悔也。"王曰："钧吾悔也，宁亡三城而悔，无危咸阳而悔也。寡人决讲矣。"使公子他以三城讲于三国，三国之兵乃退。(《史纬》卷一《秦》)

　　张习孔：前304年，丁巳，周赧王十一年，秦昭王三年，楚怀王二十五年……秦王与楚王盟于黄棘（今河南南阳南），秦归楚上庸（今湖北竹山西）。(《中国历史大事编年·战国》)

　　又：秦初置上郡，郡治肤施（今陕西榆林东南）。(同上)

⑨【汇注】

　　吕祖谦："周赧王十一年，秦昭王冠"。《解题》曰：按《秦记》，惠文王、昭襄王皆生十九年而立，若二十而冠，则当在元年，而《本纪》皆书于三年，两书必有一误也。(《大事记解题》卷四)

　　王　晖：《秦本纪》谓昭襄王三年时"王冠"，也不一定是21岁。谓昭襄即位时19岁是否是史迁据秦始皇加冠时21岁的年龄而进行的类推，目前尚无资料，只能存疑。(《秦惠文王行年问题与先秦冠礼年龄的演变》，《秦文化论丛》第二辑)

⑩【汇注】

　　张守节：棘，纪力反。盖在房、襄二州也。(《史记正义·秦本纪》)

　　程馀庆：故城在南阳府新野县东北。(《历代名家评注史记集说·秦本纪》)

　　陈蒲清：黄棘：又名棘阳。在今河南省南阳市南。(引自王利器主编《史记注译·秦本纪》)

⑪【汇注】

　　裴　骃：《地理志》，汉中有上庸县。(《史记集解·秦本纪》)

　　张守节：《括地志》云："上庸，今房州竹山县及金州是也。"(《史记正义·秦本纪》)

　　吕祖谦：上庸，本庸国地，属汉中（今为房州竹山县），楚庄王始灭之。屈匄之败，为秦所出（甘茂数张仪之功曰"南取上庸"，盖上庸汉中之要地也），至是，怀王入，与秦昭王盟约于黄棘，故秦复归之也。(《大事记解题》卷四)

　　程馀庆：故城在郧阳府竹山县东四十里。(《历代名家评注史记集说·秦本纪》)

⑫【汇注】

马非百："四年（前303）攻封陵"。《六国表·魏表》：哀王十六年（秦昭王四年）"秦拔我蒲坂、晋阳、封陵"。《魏世家》同，惟晋阳误作阳晋，《正义》已言之。《秦本纪》仅言"取蒲坂"。《正义》云："封陵在古蒲坂县西南河曲之中。"按：即今之风陵渡。蒲坂，今山西永济县东南。晋阳，今山西省永济县虞乡镇西。（《中国历史文献研究集刊》第二集《云梦秦简大事记集传》）

⑬【汇校】

高　敏：（湖北睡虎地秦墓秦简）《大事记》载秦昭王"四年攻封陵"；《史记·秦本纪》同年条作"取蒲阪"，无"攻封陵"事；而《六国年表·魏表》作魏襄王十六年（即秦昭王四年）"秦拔我蒲阪、晋阳、封陵"，《魏世家》除"晋阳"作"阳晋"外，余悉同，《史记索隐》则谓"《纪年》作晋阳、封谷"。由此可见，《魏表》及《魏世家》和《纪年》所载，均与《大事记》部分相同，可证不误，只是"封谷"当作"封陵"而已；《秦本纪》则漏载"攻封陵"事。（《云梦秦简初探·秦简〈大事记〉与〈史记〉》）

【汇注】

张守节：《括地志》云："蒲阪故城在蒲州河东县南二里，即尧舜所都也。"（《史记正义·秦本纪》）

吕祖谦："周赧王十二年，秦取魏蒲阪、阳晋、封陵。"《解题》曰："阳晋"《本纪》《年表》作"晋阳"。晋阳，赵地也，今从《世家》。（《大事记解题》卷四）

又：《史记正义》云：蒲坂，河东县也。阳晋在曹州乘氏县西北。杜预曰："曹、魏，下邑也。封陵，在蒲州。"（《大事记解题》卷四《本注》）

梁玉绳：按：《年表》《魏世家》是年秦拔魏蒲坂、晋阳、封陵，此缺。（《史记志疑·秦本纪》）

陈　直：直按：西安西南乡战国秦时墓中出有"蒲阪"方足币一枚，知蒲坂货币，当时已在秦流通。（《史记新证·秦本纪》）

⑭【汇注】

马非百："五年（前302）归蒲反"，蒲反即蒲坂，见《秦本纪》及《六国表》。亦作蒲阪，见《魏世家》。《秦本纪》："（昭王）五年，魏王来朝应亭，复与魏蒲阪。"《六国表·魏表》及《魏世家》皆作"与秦会临晋"。但年代皆同。临晋，魏邑，今陕西省大荔县治。《方舆纪要》："应亭即临晋。"（《中国历史文献研究集刊》第二集《云梦秦简大事记集传》）

⑮【汇校】

裴　骃：徐广曰："《魏世家》云会临晋。"（《史记集解·秦本纪》）

梁玉绳：按："应亭"乃"临晋"之误，《年表》《魏世家》可证。(《史记志疑·秦本纪》)

　　程馀庆：《魏世家》云：会临晋。(《历代名家评注史记集说·秦本纪》)

⑯ **【汇注】**

　　吕祖谦："周赧王十三年，魏襄王、韩太子婴朝秦，秦昭王会之于临晋，以蒲坂归魏"。《解题》曰：临晋，秦地，臣瓒曰：在河之西。旧说曰：秦筑高垒以临晋国，故曰临晋。(《大事记解题》卷四)

　　陈蒲清：蒲阪：在今山西省永济县西（相传为虞舜都城）。(引自王利器主编《史记注译·秦本纪》)

　　【编者按】"复与魏蒲阪"，湖北睡虎地秦墓秦简《大事记》作"（昭襄王）五年归蒲阪"，二者全同。

⑰ **【汇注】**

　　章　衡：庚申十四年，（秦昭襄王）六年，庶长奂伐楚，斩首二万，取重丘。(《编年通载》卷三《周》)

　　马非百："六年（前302）攻新城"。《秦本纪》："（昭王）六年，庶长奂伐楚，斩首二万。"《六国表·秦表》："（昭王）六年，伐楚。"两处皆未言伐楚何地。据《秦本纪》下文有"七年拔新城"之文，则此处"攻新城"，与《纪》《表》所言"伐楚"，当即一事。新城，今河南襄城县。又案是年，据《六国表》，除《秦表》有"伐楚"之文外，《韩、魏表》都说"与秦击楚"。《楚表》则说："秦、韩、魏、齐败我将军唐眜于重丘。"《韩世家》说："与秦伐楚，杀楚将唐眜。"《齐世家》也说："与秦击败楚于重丘。"《乐毅传》亦说："南败楚相唐眜于重丘。"而且《韩世家》列在韩襄王十一年，《魏世家》列在魏哀王十八年，《楚世家》列在楚怀王二十八年，《齐世家》列在齐湣王二十二年（据《齐表》当在二十三年）均相当于秦昭王六年，与年表全相合。惟《秦本纪》则云："齐使章子、魏使公孙喜、韩使暴鸢共攻楚方城，取唐眜。"且列之于昭王八年。年代与此不同。这事《吕氏春秋》也有记载，但仅言齐与韩、魏而无秦。又唐眜作唐蔑，疑当时联军似分两路进攻。大概秦军以庶长奂为主将攻新城为一路，齐、韩、魏则以章子为主将攻方城为一路。进攻结果，方城一路打到重丘，取得了很大胜利。方城，即楚长城。《汉书·地理志》："叶县南有长城，号曰方城。"盛弘之云："叶东界有故城，始犨县（今河南省鲁山县），东至瀙水，达比阳（今河南省鲁山县）界。南北蝉联数百里，号为方城。"重丘，《荀子·议兵篇》作垂沙，《史记·礼书》作垂涉。胡三省《通鉴》注云："即是此丘。"在今河南省泌阳境内。因为这一战，打败了楚国的主力军，又杀了大将唐眜，所以这次战争在当时就很有名。故《吕氏春秋·处方篇》《荀子·议兵篇》《韩诗外传（三）》《淮南子·兵略篇》《史记·礼书》《乐毅传》及《水经·比水注》多称之。《六国表·齐表》称"与秦击楚,使公子将,有功"。"公子"当是"章子之误。"(《中国历史文献研究集刊》第二集《云梦秦简大事记集传》)

⑱【汇注】

司马贞:恽音晖。《华阳国志》曰:"秦封王子恽为蜀侯。蜀侯祭,归胙于王,后母疾之,加毒以进,王大怒,使司马错赐恽剑。"此恽不同也。(《史记索隐·秦本纪》)

梁玉绳:按:《华阳国志》赧王十四年蜀侯恽祭山川,献馈于秦。恽后母害其宠,加毒以进。王大怒,遣司马错赐恽剑自杀。据此则《纪》《表》言反者,乃仍秦史诬词,而非其实也。"恽"此作"煇"字形相近,未知孰是。(《史记志疑·秦本纪》)

⑲【汇注】

吕祖谦:"周赧王十四年,秦蜀郡守恽反,司马错定蜀,诛之"。《解题》曰:《本纪》云:"蜀侯恽反。"《年表》云:"司马错往诛蜀守恽。"盖恽始为侯而终为守也。(《大事记解题》卷四)

程馀庆:《华阳国志》:秦封公子恽为蜀侯,蜀侯祭,归胙于王。后母疾之,加毒以进。王大怒,使司马错赐恽剑。与此不同。(《历代名家评注史记集说·秦本纪》)

【汇评】

蒋家骅:这次叛乱为司马错所平定,可毋庸置疑。其诛杀蜀侯官员二十七人,由此可见,蜀侯的统治机器已彻底摧毁,其统治特权,可以断言,亦就此取消了。对秦国来说,这次叛乱倒是坏事变成了好事,因为,从此废除了蜀侯蜀相临民治事的体制,建立了蜀郡蜀守直接统治的体制,扫除了进一步开发蜀郡的阻力。(《中国历史文献研究集刊》第二辑《秦蜀侯非秦人考辨》)

⑳【汇注】

司马光:秦庶长奂会韩、魏、齐兵伐楚,败其师于重丘,杀其将唐昧;遂取重丘。(《资治通鉴》卷三《周纪三·赧王十四年》)

㉑【汇注】

程馀庆:楚太子杀秦大夫而亡,故伐之。(《历代名家评注史记集说·秦本纪》)

㉒【汇校】

吕祖谦:"秦泾阳君为质于齐"。《解题》曰:《年表》载于明年。(《大事记解题》卷四)

梁玉绳:按:《年表》《田完世家》在七年,此误书于六年。(《史记志疑·秦本纪》)

【汇注】

司马贞:(泾阳君),名市。(《史记索隐·秦本纪》)

㉓【汇注】
　　章　衡：辛酉十五年，（秦昭襄王）七年，樗里疾卒，魏冉为相。华阳君伐楚，斩首三万。（《编年通载》卷三《周》）

　　马非百："七年（前300）新城陷"。《秦本纪》："（昭王）七年，拔新城。"《楚世家》："（怀王）二十九年，秦复伐楚，大破楚，楚军死二万，杀我将军景缺。"《六国表·秦表》："（昭王）七年，击楚，斩首三万。"《楚表》："（怀王）二十九年，秦取我襄城，杀景缺。"襄城，据《史记·正义》，当作"新城"，皆与此处"新城陷"者不同。当是七年拔新城之后，又为楚人所攻陷，故下文又言"新城归"，归就是收复的意思。惟《秦本纪》列"复攻楚取八城，杀其将景缺"于昭王九年，似有误。（《中国历史文献研究集刊》第二集《云梦秦简大事记集传》）

　　张习孔：前300年，辛酉，周赧王十五年，齐湣王地元年，秦昭王七年……秦相樗里疾卒，魏冉为相。（《中国历史大事编年·战国》）

　　又：秦攻楚。秦华阳君（即芈戎，宣太后同父弟，初封华阳，号华阳君）伐楚，大破楚师，斩首三万，杀其将景缺，取襄城（今河南襄城）。楚王恐，使太子为质于齐以请和。（同上）

　　又：秦使泾阳君（即公子巿，秦昭王同母弟，初封泾阳——今陕西泾阳西北，号泾阳君）质于齐。（同上）

　　又：秦昭王封蜀侯煇之子绾为蜀侯。（同上）

㉔【汇校】
　　泷川资言："年"下当有"楚"字。（《史记会注考证》卷五《秦本纪》）
　　施之勉："拔"下当有"楚"字。（《史记会注考证订补·秦本纪》）
　　【编者按】
　　1975年12月在湖北云梦县睡虎地发掘出的秦墓竹简《编年纪》对昭王时攻拔楚国新城记载较详。文曰："六年，攻新城；七年，新城陷；八年新城归。"正可补《秦本纪》的缺略。

昭王元年	五十四年
二年攻皮氏	五十五年
三年	五十六年后九月昭死正月速产
四年攻封陵	孝文王元年立即死
五年归蒲反	庄王元年
六年攻新城	庄王二年
七年新城陷	庄王三年庄王死
八年新城归	今元年喜傅

九年攻析	二年
十年	三年卷军八月喜揄史
十一年	□□□军十一月喜□安陆史
十二年	五年

(《云梦睡虎地秦墓》图版五〇释文)

【汇注】

张守节：《楚世家》云："怀王二十九年，秦复伐楚，大破楚军，楚军死二万，杀我将军景缺。"《年表》云："秦败我襄城，杀景缺。"《括地志》云："许州襄城县即古新城县也。"按《世家》《年表》，则"新"字误作"襄"字。（《史记正义·秦本纪》）

程馀庆：故城在河南府南七十五里。（《历代名家评注史记集说·秦本纪》）

高　敏：（湖北睡虎地秦墓秦简）《编年记》载秦昭王六年"攻新城"，《史记·秦本纪》《六国年表》及《韩世家》等，均不载是年秦"攻新城"事，而《秦本纪》昭王七年条，却有"拔新城"的记载，且与《编年记》的昭王"七年新城陷"完全一致。若无昭王六年之"攻新城"，何能有昭王七年之"拔新城"？因此，《编年记》所载，是关于新城战役的全过程，是对《史记》只记攻拔、不载始攻的很好补充。（《云梦秦简初探·秦简〈大事记〉与〈史记〉》）

又：（湖北睡虎秦墓秦简）据《编年记》可证《史记·正义》以"新城"作"襄城"之误。《史记·秦本纪》载昭襄王七年"拔新城"，张守节《正义》曰："《楚世家》云：'怀王廿九年，秦复伐楚，大破楚军，楚军死二万，杀我将军景缺。'《年表》云：'秦败我襄城，杀景缺。'《括地志》云：许州襄城县古新城县也。按《世家》《年表》，则'新'字误，作'襄'字。"按照张守节的意思，是说秦昭王七年曾败楚军于襄城，而《括地志》又认为襄城即古新城，因此，《秦本纪》的昭王七年"拔新城"，应作"拔襄城"。实则张守节的这一解释是错误的。原因在于：首先，据《史记·白起列传》云：昭王十三年，"白起为左更，将而击韩之新城"，可见新城属韩，与楚之襄城非一地；其次，《括地志》云"洛州伊阙县本是汉新城县"，其地"在洛州南七十里"，可见伊阙所在地也叫新城县；其三，秦昭王七年，既可败楚于襄城，又可拔韩之新城，可能是两次战役，不可混为一谈；其四，今《编年记》连载昭王六年"攻新城"、七年"新城陷"、八年"新城归"，三处均作"新城"而不作"襄城"，确证《秦本纪》昭王七年的"拔新城"，决非"拔襄城"之误，张守节误。（同上）

【编者按】《睡虎地秦墓竹简·编年纪》载秦昭王"六年，拔新城"。李学勤注曰："新城，楚地，今河南襄城。《史记·秦本纪》记昭王六年伐楚，'七年，拔新城'。《正义》引《括地志》认为新城即襄城。"

㉕【汇注】

司马光：秦樗里疾卒，以赵人楼缓为丞相。（《资治通鉴》卷三《周纪三·赧王十五年》）

吕祖谦："周赧王十五年，秦樗里疾卒。以楼缓为相。赵使仇液之秦，请以魏冉为相。秦免缓而相冉"。《解题》曰：冉内挟太后之重，外结邻国之交，此所以代缓为相也。《冉传》云：赵人楼缓来相秦，赵不利，乃使仇液之秦，请以魏冉为秦相。然则赵亦恶缓识其国之虚实欤？（《大事记解题》卷四）

㉖【汇注】

司马迁：（楚怀王）二十八年，秦乃与齐、韩、魏共攻楚，杀楚将唐昧，取我重丘而去。（《史记·楚世家》）

司马迁：（赵武灵王二十七年），主父欲令子主治国，而身胡服将士大夫西北略胡地，而欲从云中、九原直南袭秦，于是诈自为使者入秦。秦昭王不知，已而怪其状甚伟，非人臣之度，使人逐之，而主父驰已脱关矣。审问之，乃主父也。秦人大惊。主父所以入秦者，欲自略地形，因观秦王之为人也。（《史记·赵世家》）

章衡：壬戌十六年，（秦昭襄王）八年，使芈戎攻楚，取八城。楚怀不用昭睢言而会秦王。至咸阳，朝章台如蕃臣，怀王大怒，因留之。（《编年通载》卷三《周》）

㉗【汇注】

裴骃：《晋地记》曰："江夏有新市县。"（《史记集解·秦本纪》）

吕祖谦：《史记正义》曰：江夏有新市县。（《大事记解题》卷四）

梁玉绳：附按：《年表》《楚世家》云"取八城"，而此言"新市"，盖新市为八城之大者，举其重言之，犹《世家》所谓"取析十五城也"（实取十六城）。（《史记志疑·秦本纪》）

程馀庆：故城在安陆府京山县东北。（《历代名家评注史记集说·秦本纪》）

㉘【汇注】

司马贞：（暴鸢），韩将姓名。（《史记索隐·秦本纪》）

梁玉绳：按：事在秦昭六年，《表》及诸《世家》可证，此误书于八年也。又此以为方城，而《表》及楚与田完二《世家》《乐毅传》并作"重丘"。元胡三省《通鉴》注辨之。……据胡所说，但辨重丘而不及方城，今河南南阳裕州，楚方城地，内乡县东亦有方城也。余又考《荀子·议兵篇》云"兵殆于垂沙，唐蔑死"。唐杨倞注"垂沙未详所在"，《汉志》沛国有垂乡，岂垂沙乎？胡注亦未及。（《史记志疑·秦本纪》）

刘咸炘：归曰："《秦本纪》方城一篇文字，当时有所本也。"方曰："《秦纪》多夸语其世系，事迹独详于列国，盖秦史之旧。"又曰："不载《国策》一语，遂觉峻洁，由国史具存也。"吴曰："篇中叙春秋、战国事，多与他篇相出入，皆史公所自为，决非秦史之语。惟篇首不见他书，史公所采者博，不得谓全本史文也。"按：《秦记》具存，见《六国表》，与他篇出入，正是本秦史之证。但固非全本耳。中间字句颇冗散，且事宜直叙者，偏多迂回斡补，盖秦史本编年，史公联之，有未及改窜者也。（《太史公书知意·秦本纪》）

  王 恢：方城：《左》僖四年，楚屈完对齐桓公曰："楚国方城以为城。"《汉志》南阳郡叶县，误解"南有长城，号曰方城"。乃倒转其文义——变"山"为"城"，更"方"为"长"。《左传》杜注正其是曰："方城山在叶县南……言其险固，以当城池。"后于山之西麓为城，因名方城也。（《史记本纪地理图考·秦本纪·略楚地过半》）

  又：按《楚世家》取八城，此云方城，他或传闻。（同上）

  陈蒲清：方城：山名。在今河南省方城县东北。（引自王利器主编《史记注译·秦本纪》）

㉙【汇校】

  张 照：《楚世家》二十八年，秦乃与齐、韩、魏共攻楚，杀楚将唐昧，取我重丘而去。《年表》及各《世家》俱同。是年于秦昭为六年。（《钦定史记·秦本纪·考证》）

  程馀庆：事在楚怀王二十八年，乃秦昭王六年也。此作八年，误。（《历代名家评注史记集说·秦本纪》）

  王叔岷：按：重刊北宋监本、黄善夫本、殿本"眛"并作"眜"。"眜"当作"眛"，梁玉绳云："眛、蔑古通，字从目、从末，各本讹眛。"是也。考证本改为眛（从未），非也。《屈原列传》："杀其将唐眛。"考证本亦改为眛；《楚世家》："杀楚将唐眛。"《考证》云："眛当作眛。"而《礼书》："唐眛死焉。"《考证》引《荀子》（《议兵篇》）杨注："眛与蔑同。"不复改字；《韩世家》："败楚将唐眛。"《考证》又无说。不知何所适从邪？又按《商君书·弱民篇》亦作唐蔑。《汉书人表》作唐蔑。蔑、蔑正、俗字。（《史记斠证·秦本纪》）

【汇注】

  陈蒲清：唐眛：楚将名。取：取胜。《楚世家》：怀王二十八年，"秦乃与齐、韩、魏共攻楚，杀楚将唐眛"。按：楚怀王二十八年相当秦昭襄王六年而非八年。见《六国年表》。（引自王利器主编《史记注译·秦本纪》）

㉚【汇注】

  陈蒲清：中山：国名。在今河北省定县、唐县一带。（引自王利器主编《史记注译·秦本纪》）

㉛【汇校】
　　梁玉绳：按：事在秦昭六年，当赵武灵王廿五年，此误书于昭王八年也。言死齐亦非。说见《表》。(《史记志疑·秦本纪》)
　　张　照：《赵世家》及《年表》，攻中山，在秦昭六年。灭中山，在秦昭十二年。《田完世家》亦同。此叙入八年内。(《钦定史记·秦本纪·考证》)

㉜【汇注】
　　司马贞：别封之邑，比之诸侯，犹商君、赵长安君然。(《史记索隐·秦本纪》)
　【汇评】
　　吴见思：齐、魏、韩、赵等事插序。(《史记论文·秦本纪》)

㉝【汇注】
　　司马迁：(楚怀王)二十九年，秦复攻楚，大破楚，楚军死者二万，杀我将军景缺。怀王恐，乃使太子为质于齐以求平。(《史记·楚世家》)
　　章　衡：癸亥十七年，(秦昭襄王)九年，楼缓为相，伐楚，斩首五万，取析十五城。(《编年通载》卷三《周》)
　　马非百："九年（前298）攻析"。《楚世家》："顷襄王横元年（秦昭王九年），秦要怀王不可得地，楚立王以应秦。秦昭王怒，发兵出武关攻楚，大败楚军。斩首五万，取析十五城而去。"《六国表·楚表》："顷襄王元年，秦取我十六城。"世家言"十五城"，表言"十六城"者，《集解》徐广曰："既取析，又并取十五城也。"《方舆纪要》："析，楚邑。秦置中阳县，属南阳郡。汉置析县，属弘农郡。"即今河南省内乡县。(《中国历史文献研究集刊》第二集《云梦秦简大事记集传》)

㉞【汇校】
　　梁玉绳：按：相薛文在八年。(《史记志疑·秦本纪》)
　【汇注】
　　司马光：秦(昭襄王)闻孟尝君之贤，使泾阳君为质于齐以请。孟尝君来入秦，秦王以为丞相。(《资治通鉴》卷三《周纪三·赧王十六年》)
　　吕祖谦："秦以田文为相"。《解题》曰：昭王闻孟尝君贤，乃先使泾阳君为质于齐，以求见孟尝君。孟尝君将入秦，苏代止之。齐湣王十五年，复卒使孟尝君入秦，昭王即以为相。(《大事记解题》卷四)
　　牛运震："孟尝君薛文来相秦"。按孟尝君田文，薛，其封地，不得为薛文。(《读史纠谬》卷一《史记·秦本纪》)
　　张　照：《年表》及《田完世家》，薛文相秦，在秦昭王八年。(《钦定史记·秦本纪·考证》)

㉟【汇注】

　　高　敏：(湖北睡虎地秦墓秦简)《编年记》载昭王"九年攻析"；《史记·秦本纪》只说是年"奂攻楚，取八城"；《六国年表·楚表》谓是年"秦取我十六城"，均不言"攻析"事。独《楚世家》载是年秦攻楚，"取析十五城而去"，与《编年记》同。这既说明《楚世家》所载不误，又证明《秦本记》及《楚表》所载"八城"或"十六城"，均应包括"析城"在内。(《云梦秦简初探·秦简〈大事记〉与〈史记〉》)

㊱【汇校】

　　程馀庆：按：《年表》，昭王七年，取楚襄城，杀景缺。八年，取楚八城，楚王来，因留之。与《楚世家》合。此作九年，误。(《历代名家评注史记集说·秦本纪》)

【汇注】

　　张　照：《楚世家》怀王二十九年，秦复攻楚，大破楚军，楚军死二万，杀我将军景缺。怀王恐，乃使太子为质齐以求平。三十年，秦复伐楚，取八城。据《年表》，为秦昭七、八两年事也。各记不同。(《钦定史记·秦本纪·考证》)

　　梁玉绳："奂攻楚，取八城，杀其将景快"。按：秦昭八年取楚八城，九年取楚十六城，此书于九年，不知误以八年事为九年欤？抑误以十六城为八城欤？前二年秦杀楚将景缺此又杀景快，二景必弟兄也。(《史记志疑·秦本纪》)

　　张文虎："景快"。《六国表》《楚世家》并作"景缺"，上文"拔新城"《正义》引同，今本惟此文作"景快"，各本皆同，或传写误。然杀景缺在昭襄七年，而此在九年，疑是错简，抑别有"景快"耶？今仍其旧。(《校刊史记集解索隐正义札记·秦本纪》)

㊲【汇校】

　　张　照：《楚世家》《年表》，皆在秦昭八年。(《钦定史记·秦本纪·考证》)

　　梁玉绳：案：怀王入秦在八年。(《史记志疑·秦本纪》)

【汇注】

　　章　衡：甲子十八年，(秦昭襄王)十年，楚怀王亡归，秦遮楚道，乃之赵。赵不敢内，欲走魏，秦追及之，以归。(《编年通载》卷三《周》)

㊳【汇校】

　　程馀庆：按：此当在昭王八年。(《历代名家评注史记集说·秦本纪》)

【汇注】

　　吕祖谦："秦昭王诱楚怀王会武关，至则执之，楚大臣共立公子横为王，是为顷襄王"。《解题》曰：怀王将入秦，昭睢、屈平皆谏曰："秦虎狼之国，不可信。"怀王稚子子兰劝王行。王入武关，秦伏兵绝其后，因留怀王。按《水经注》，丹水自商县东南流注，历少习，出武关，秦之南关也，通南阳郡。(《大事记解题》卷四)

㊴【汇校】

　　梁玉绳：按：《正义》以金受为秦丞相姓名，谓秦相金受故免薛文也。而方氏《补正》曰："薛文相秦，中间无金受相秦事。金受名别无所见，恐传写之误。盖薛文以受金免耳。"余考《孟尝传》，秦昭王以为相，人或说昭王曰："孟尝君相秦，必先齐而后秦，秦其危矣。"于是昭王乃止，囚孟尝君。疑金受即说昭王之人，未知是否？又文之免相在九年，此亦误在十年也。（《史记志疑·秦本纪》）

【汇注】

　　张守节：金受，秦丞相姓名。免，夺其丞相。（《史记正义·秦本纪》）

　　方　苞：九年，薛文来相秦，十年，免。中间无金受相秦事，金受名别无所见，恐传写之误。盖薛文以受金免，而楼缓代相耳。（《史记注补正·秦本纪》）

　　张文虎："金受"。疑倒，《正义》云"秦丞相"，未知所据。（《校刊史记集解索隐正义札记·秦本纪》）

　　郭嵩焘："薛文以金受免"。按：《孟尝君列传》：齐湣王二十五年孟尝君入秦，昭王以孟尝君为秦相。人或说秦昭王，昭王乃止；囚孟尝君，谋欲杀之。《正义》或即据说秦昭王者为金受，而谓为"秦丞相姓名"，则尤舛也。孟尝君既相秦矣，其代为丞相者楼缓也，安得有名金受于时为丞相耶？疑此二字当有误，《正义》说非。（《史记札记·秦本纪》）

㊵【汇注】

　　吕祖谦："周赧王十七年，秦以楼缓代田文为丞相。囚文，欲杀之。文亡归齐，齐以文为相"。《解题》曰：《本纪》在明年，临川王氏安石曰："世皆称孟尝君能得士，士以故归之。而卒赖其力，以脱于虎狼之秦。嗟乎，孟尝君特鸡鸣狗盗之雄耳，岂足以言得士，不然，擅齐之强，得一士焉，宜可以南面而制秦，尚何取鸡鸣狗盗之力哉？夫鸡鸣狗盗之出其门，此士之所以不至也。"（《大事记解题》卷四）

㊶【汇注】

　　章　衡：乙丑十九年，（秦昭襄王）十一年，楚怀王发病，死于秦。楚人怜之。诸侯由是不直秦。（《编年通载》卷三《周》）

㊷【汇注】

　　张守节：盖中山此时属赵，故云五国也。（《史记正义·秦本纪》）

　　陈蒲清：中山：当为衍文。有"中山"则不合五国之数。（引自王利器主编《史记注译·秦本纪》）

㊸【汇校】

　　裴　骃：徐广曰："盐，一作'监'。"（《史记集解·秦本纪》）

　　张　照：以诸世家证《年表》，为秦昭之九年。（《钦定史记·秦本纪·考证》）

【汇注】

张守节：《括地志》云："盐故城一名司盐城，在蒲州安邑县。"按：掌盐池之官，因称氏。（《史记正义·秦本纪》）

胡三省：《括地志》：盐氏故城，一名司盐城，在蒲州安邑县，掌盐池之官，因称盐氏。徐广曰："盐"，一作"监"。（《资治通鉴》卷四"赧王十九年"注）

王　恢：盐氏，《正义》："《括地志》：'盐氏故城一名司盐城，在蒲州安邑县。'按：掌盐池官，因称氏。"《涑水注》："涑水过安邑县西，西南迳监盐县故城，城南有盐池。"赵一清曰："故城在今安邑西南十五里，即运城。"（《史记本纪地理图考·秦本纪·昭王之业绩》）

㊹【汇校】

程馀庆：按此事当在昭王九年。（《历代名家评注史记集说·秦本纪》）

【汇注】

张守节：《年表》云："秦与魏封陵，与韩武遂以和。"按：河外陕、虢、曲沃等地。封陵在古蒲阪县西南河曲之中。武遂，近平阳地也。（《史记正义·秦本纪》）

司马光：秦取魏蒲阪、晋阳、封陵；又取韩武遂。（《资治通鉴》卷三《周纪三·赧王十二年》）

吕祖谦："齐、韩、魏伐秦，败秦军于函谷关。河、渭绝一日，秦使公子池割河东三城，以讲于三国，三国之兵乃退"。《解题》曰：按《史记》《战国策》，孟尝君怨秦，与韩、魏攻秦。三国攻秦，入函谷。秦昭王谓丞相楼缓曰："三国之兵深矣，寡人欲割河东而讲。"对曰："割河东，大费也。免于国患，大利也。此父兄之任也。王何不召公子池而问焉？"王召公子池而问焉，对曰："讲亦悔，不讲亦悔。"王曰："何也？"对曰："王割河东而讲，三国虽去，王必曰：'惜矣，三国且去，吾特以三城从之。'此讲之悔也；王不讲，三国入函谷，咸阳必危。王又曰：'惜矣，吾爱三城而不讲！'此不讲之悔也。"王曰："钧吾悔也。宁亡三城而悔，无危咸阳而悔也。寡人决讲矣！"卒使公子池以三城讲于三国。（《大事记解题》卷四）

又：初，孟尝君欲借兵食于西周。苏代为西周谓孟尝君曰："君以齐为韩、魏攻楚。九年，取宛、叶以北，以强韩、魏。今复攻秦以益之，韩、魏南无楚忧，西无秦患，则齐危矣。韩、魏必轻齐，畏秦，臣为君危之。君不如令敝邑阴合于秦，而君无攻，又无借兵食。君临函谷关而无攻，令敝邑以君之情谓秦王曰：'薛公必不破秦以强韩、魏。其攻秦也，欲王之令楚王割东国以与齐，而秦出楚王以为和。君令敝邑以此告秦，秦得无破而以东国自免也。'秦必欲之，楚王得出必德齐，齐得东国益强，而薛世世无患矣。"孟尝君从其计。会公子池来讲解，遂罢兵。三国之兵既退，秦不果出楚怀王。颍滨苏氏曰：战国以诈力相侵伐二百余年，兵出未尝有名。秦昭王欺楚怀王而因之，要之割地。诸侯孰视，无敢以一言问秦者。惟田文免相于秦，几不得脱，归而怨之，仍借楚为名，与韩、魏伐秦，兵至函谷，秦人震恐，割地以予韩、魏。仅乃得免。自山东难秦，未有如此其壮者也。夫兵直为壮，曲为老，有名之兵，谁能御之？使田文能奋其威，则是役也齐可以伯。惜其听苏代之计，临函谷而无攻，以求楚东国，而出师之名索然以尽。东国既不可得，而怀王卒死于秦。由此观之，秦唯不遇桓文，是以横行而莫之制耳，世岂有大义而屈于不义者哉！（同上）

胡三省：《水经注》：函谷关直北隔河有崇阜，巍然独秀，世谓之风陵。郦道元所谓函谷，则潼关也。《史记正义》曰：封陵在蒲州。《唐志》：河中府河东县南有风陵关。（《资治通鉴》卷三"赧王十二年"注）

又：（赧王）十二年，秦取魏封陵，又取韩武遂，今皆归之以和。（《资治通鉴》卷四"赧王十九年"注）

梁玉绳："十一年，齐、韩、魏、赵、宋、中山五国共攻秦，至盐氏而还。秦与韩、魏河北及封陵以和"。按：《纪》有五误，伐秦止韩、魏、齐，《策》所云"三国攻秦"者，《六国表》《孟尝传》同，乃此增赵、宋、中山为五国，一也。攻秦临函谷关，《策》所云"入函谷"者，《韩》《魏》《田完世家》《孟尝传》同，乃此谓至盐氏，二也。秦和三国，以武遂与韩，封陵与魏，齐城与齐，《策》所云"秦以三城讲于三国"者，乃此及《表》皆不言齐，《田完世家》亦不言与我齐城，反载与韩河外，又不及魏，三也。武遂、封陵在河外，故三国《世家》俱称河外，《策》作"河东"，此作"河北"，盖自秦言之曰东，自三国言之曰北，而统言之曰河外，乃此以为"河北及封陵"，四也（当改"河北"为"武遂"）。是役在秦昭九年，乃此书于十一年，五也。又伐秦讲和本一时事，而《表》与各《世家》分伐秦在秦昭九年，讲和在十一年，尤误，《大事记》纠之矣。（《史记志疑·秦本纪》）

王 恢：河北：韩、魏《世家》并作"河外"，《年表》则并无"河外"二字。诚如《志疑》所云："河北当改为武遂"，以为既言"与韩魏"，不应偏举魏也。（《史记本纪地理图考·秦本纪·昭王之业绩》）

又：封陵：《正义》："在古蒲坂县西南，河曲之中。"《河水注》："潼关直北，隔河有层阜，巍然独秀，孤峙河阳，世谓之风陵，戴延之所谓风陵堆也。"《纪要》（四）："风陵堆在永济县南五十五里。杜佑曰：'与潼关相近。'"此所谓风陵，即堆南五里之风陵渡。（同上）

㊺【汇校】

梁玉绳：按：怀王亡赵在秦昭十年，非十一年也。（《史记志疑·秦本纪》）

【汇注】

司马迁：楚怀王亡逃归，秦觉之，遮楚道，怀王恐，乃从间道走赵以求归。赵主父在代,其子惠王初立,行王事,恐,不敢入楚王。楚王欲走魏,秦追至,遂与秦使复之秦。怀王遂发病。顷襄王三年,怀王卒于秦,秦归其丧于楚。楚人皆怜之,如悲亲戚。诸侯由是不直秦。秦楚绝。(《史记·楚世家》)

㊻【汇评】

吕祖谦:"周赧十九年,楚怀王薨于秦"。《解题》曰:是后八十六年,楚戍卒陈胜称大楚,首难于蕲,郡县豪杰皆应之,遂以灭秦。范增说项梁立怀王孙心也,其言曰:自怀王入秦不反,楚人怜之至今。故楚南公曰:"楚虽三户,亡秦必楚。"终之,降子婴灞上,覆秦社稷者,实义帝所遣之沛公也。天明威自我民明威,其不可诬盖如此。怀王庸主耳,使没于楚,民岂以其存亡系心哉?及秦遇之无道,则举国如悲亲戚,积怨深怒,传百年而不衰,又以见天理人心至公,而初无定在也。(《大事记解题》卷五)

㊼【汇注】

司马光:(赧王十六年)秦人伐楚,取八城。秦王遗楚王书曰:"……而今秦、楚不欢,则无以令诸侯。寡人愿与君王会武关,面相约,结盟而去,寡人之愿也!"楚王患之,欲往恐见欺,欲不往恐秦益怒。昭睢曰:"毋行而发兵自守耳!秦,虎狼也,有并诸侯之心,不可信也!"怀王之子兰劝王行,王乃入秦。秦王令一将军诈为王,伏兵武关,楚王至则闭关劫之,与俱西,至咸阳,朝章台,如藩臣礼,要以割巫、黔中郡。楚王欲盟,秦王欲先得地。楚王怒曰:"秦诈我,而又强要我以地!"因不复许。秦人留之。

(赧王十八年)楚怀王亡归。秦人觉之,遮楚道。怀王从间道走赵。赵主父在代,赵人不敢受。怀王将走魏,秦人追及之,以归。

(赧王十九年),楚怀王发病,薨于楚,秦人归其丧。楚人皆怜之,如悲亲戚。诸侯由是不直秦。(《资治通鉴》卷三、卷四)

㊽【汇注】

张习孔:前295年,丙寅,周赧王二十年,韩僖王咎元年,鲁文公贾元年,魏昭王遫元年,秦昭王十二年……秦楼缓免相,复以穰侯魏冉代之。秦予楚粟五万石。(《中国历史大事编年·战国》)

又:秦尉错伐魏,取襄城(今河南襄城)。(同上)

㊾【汇注】

张守节:《括地志》云:"穰,邓州所理县,即古穰侯国。"(《史记正义·秦本纪》)

㊿【汇注】

吕祖谦:"周赧王二十年,秦予楚粟"。《解题》曰:楚饥而归之粟也。是时秦、

楚已通矣。(《大事记解题》卷五)

【汇评】

吕祖谦：楚之视秦，盖不共戴天之仇，绝之，正也。明年，已受秦粟，又三年，而迎归于秦，可胜诛哉！(《大事记解题》卷五)

十三年①，向寿伐韩，取武始②。左更白起攻新城③。五大夫礼出亡奔魏④。任鄙为汉中守⑤。十四年⑥，左更白起攻韩、魏于伊阙⑦，斩首二十四万，虏公孙喜⑧，拔五城。十五年⑨，大良造白起攻魏，取垣⑩，复予之⑪。攻楚，取宛⑫。十六年⑬，左更错取轵及邓⑭。冉免⑮。封公子市宛，公子悝邓，魏冉陶⑯，为诸侯。十七年⑰，城阳君入朝，及东周君来朝⑱。秦以垣为蒲阪、皮氏⑲。王之宜阳。十八年⑳。错攻垣、河雍，决桥取之㉑。十九年㉒，王为西帝㉓，齐为东帝，皆复去之㉔。吕礼来自归。齐破宋，宋王在魏，死温㉕。任鄙卒㉖。二十年㉗，王之汉中，又之上郡、北河。二十一年㉘，错攻魏河内㉙。魏献安邑㉚，秦出其人㉛，募徙河东赐爵，赦罪人迁之㉜。泾阳君封宛㉝。二十二年㉞，蒙武伐齐㉟。河东为九县㊱。与楚王会宛。与赵王会中阳㊲。二十三年㊳，尉斯离与三晋、燕伐齐，破之济西㊴。王与魏王会宜阳，与韩王会新城㊵。二十四年㊶，与楚王会鄢㊷，又会穰㊸。秦取魏安城㊹，至大梁㊺，燕、赵救之㊻，秦军去㊼。魏冉免相㊽。二十五年㊾，拔赵二城㊿。与韩王会新城㉛，与魏王会新明邑㉜。二十六年㉝，赦罪人迁之穰㉞。侯冉复相。二十七年㉟，错攻楚㊱。赦罪人迁之南阳㊲。白起攻赵，取代光狼城㊳。又使司马错发陇西㊴，因蜀攻楚黔中㊵，拔之。二十八年㊶，大良造白起攻楚，取鄢、邓㊷，赦罪人迁之。二十九年㊸，大良造白起攻楚，取郢为南郡㊹，楚王走㊺。周君来。王与楚王会襄陵⑥⑥。白起为武安君⑥⑦。三十年⑥⑧，蜀守若伐楚⑥⑨，取巫郡，及江南⑦⑩为黔中郡⑦⑪。

① 【汇注】

马非百："十三年（前294）攻伊阙（阙）"。《秦本纪》："（昭王）十三年，左更白起攻新城。"《白起传》："昭王十三年，白起为左庶长，将而击韩之新城。"案此新城与上"六年攻新城"之新城不是一地。上新城是楚地，此新城是韩地。《正义》："《括地志》云'今洛州伊阙'。"与此正合。伊阙，今河南省洛阳市南，即龙门。新城，《汉书·地理志》河南郡有新成县，王先谦补注以为即《秦纪·白起传》"攻韩新城"之新城，故城今洛阳县南。（《中国历史文献研究集刊》第二集《云梦秦简大事记集传》）

② 【汇注】

裴　骃：《地理志》魏郡有武始县。（《史记集解·秦本纪》）

张守节：《括地志》云："武始故城在洛州武始县西南十里。"（《史记正义·秦本纪》）

王　恢：武始：《集解》《正义》以《汉志》魏郡武始县说之；武始故城在邯郸西南五十里，韩何有此地在赵魏之间？秦何越南阳而远取此孤城？详同时白起攻新城，新城今伊川，两地相去当不远。（《史记本纪地理图考·秦本纪·败韩伊阙》）

韩兆琦：武始，韩县名，在今河北邯郸市西南。（《史记笺证·秦本纪》）

③ 【汇校】

梁玉绳：按：此是昭王十三年，考《起传》十三年为左庶长，明年迁左更也。左庶长为第十爵，左更第十二。（《史记志疑·秦本纪》）

王叔岷：按："左更"盖本作"左庶长"，涉下文"左更白起"而误耳。《正义》引《白起传》"将兵"，今本"兵"作"而"。（《史记斠证·秦本纪》）

【汇注】

张守节：《白起传》云："白起为左庶长，将而击韩之新城。"《括地志》云："洛州伊阙县本是汉新城县，隋文帝改为伊阙，在洛州南七十里。"（《史记正义·秦本纪》）

吕祖谦："秦左庶长白起，击韩新城"。《解题》曰：《秦纪》作左更白起。（《大事记解题》卷五）

又：《史记正义》云：新城在洛州伊阙县。（《大事记解题》卷五《本注》）

张　照：《白起传》，昭王十三年，起为左庶长，将而击韩之新城。其明年，乃为左更。（《钦定史记·秦本纪·考证》）

高　敏：（湖北云梦睡虎地秦墓秦简）《编年记》载昭王八年"新城归"；而《史记·秦本纪》《六国年表》及《韩世家》均无是年"归新城"事。但是，《史记·白起列传》却载昭王十三年，白起"将而击韩之新城"；如果昭王八年无"归新城"事，何以昭王十三年又攻新城呢？因此，从《白起列传》推论，昭王十三年前应有"归新城"之事。今证以《编年记》所载，则知昭王八年确曾归还韩之新城，《史记》实漏载此事。（《云梦秦简初探·秦简〈大事记〉与〈史记〉》）

　　又：《编年记》载昭王十三年"攻伊阙""十四年伊阙"；据《编年记》载昭王"六年攻新城""七年新城陷"的体例，此处《编年记》"十四年伊阙"后应脱一"陷"字，即"十四年伊阙陷"。查《史记》各卷，均不载昭王"十三年攻伊阙"事，只说是年"向寿伐韩取武始，左更白起攻新城"（《史记·秦本纪》），《白起列传》也载是年白起"击韩之新城"，据《括地志》，谓洛州南七十里有新城县，"伊阙在洛州南十九里"，可见伊阙正在新城县境内，因此，"攻新城"即"攻伊阙"。至于昭王十四年伊阙陷，却在《史记》中有明确反映，如《秦本纪》谓是年"白起攻韩、魏于伊阙"；《六国年表》中《秦表》《韩表》《魏表》及《韩世家》均谓是年秦攻伊阙获胜，这既证《编年记》的昭王"十四年伊阙"后确漏一"陷"字；又说明《编年记》的这两条是对《史记》的很好印证和补充。（同上）

　　陈　直：《考证》：据传是年白起未为左更。直按：《秦本纪》十四年又纪左更白起，攻韩魏于伊阙，斩首二十四万。白起在十三年疑已官左更，此本纪与本传之异同，不能决定为孰是。（《史记新证·秦本纪》）

④【汇校】

　　梁玉绳：按：《穰侯传》言吕礼奔齐，《孟尝传》有礼相齐事，此误也。《大事记》亦以奔魏为非。（《史记志疑·秦本纪》）

　　吕祖谦："吕礼奔齐"。《解题》曰：按《穰侯传》，魏冉相秦，欲诛吕礼，礼出奔齐（《本纪》云礼出奔魏，非也）。然则礼未尝得罪于昭王，特避穰侯之祸耳。后六年，《秦纪》复书"吕礼来归"，则其权宠能与穰侯相轩轾可知矣。（《大事记解题》卷五）

　　程馀庆：魏，当作齐。（《历代名家评注史记集说·秦本纪》）

【汇注】

　　张　照：礼姓吕，见《穰侯传》，彼云出奔齐。（《钦定史记·秦本纪·考证》）

　　陈蒲清：五大夫：秦爵名，第九级。礼：人名，即吕礼。（引自王利器主编《史记注译·秦本纪》）

⑤【汇注】

　　裴　骃：《汉书·百官表》曰："郡守，秦官。"（《史记集解·秦本纪》）

程馀庆：(守)，郡守，以备楚也。(《历代名家评注史记集说·秦本纪》)

⑥【汇注】

司马迁：(韩)安釐王三年，使公孙喜率周魏攻秦。秦败我二十四万，虏喜伊阙。(《史记·韩世家》)

章　衡：戊辰二十二年，(秦昭襄王)十四年，穰侯荐白起为将，大破韩、魏之师于伊阙，斩首二十四万级，诸侯大恐。(《编年通载》卷三《周》)

马非百："十四年(前293)，攻伊阙(阏)"。《秦本纪》："(昭王)十四年，左更白起攻韩、魏于伊阙，斩首二十四万，虏公孙喜，拔五城。"《魏、韩、楚世家》《六国表·秦、魏、韩表》及《穰侯、白起传》皆同。《韩世家》参加攻秦者还有周。据此，则"伊阙"之战前后共进行了两年。(《中国历史文献研究集刊》第二集《云梦秦简大事记集传》)

⑦【汇注】

张守节：《括地志》云："伊阙在洛州南十九里。《注水经》云：'昔大禹疏龙门以通水，两山相对，望之若阙，伊水历其间，故谓之伊阙。'"按：今洛南犹谓之龙门也。(《史记正义·秦本纪》)

吕祖谦："周赧王二十二年，白起败韩魏犀武公孙喜伊阙干河"。《解题》曰：按《穰侯传》，昭王十四年，魏冉举白起，使代向寿，将而攻韩、魏，败之伊阙。起既代寿，每战必克，遂成秦并吞六国之势。冉之是举，可谓有大功于秦矣。起之谢疾不肯伐赵也，昭王使应侯责之曰："韩、魏相率兴兵甚众，君所将之卒，不能半之，而与战之于伊阙，大破二国之军，流血漂橹，斩首二十四万，韩、魏以故至今称东藩。此君之功，天下莫不闻。今赵卒之死于长平者，已十七八，君尝以寡击众，取胜如神，况以强击弱，以众击寡乎？"起曰："伊阙之战，韩孤，顾魏，不欲先用其众，魏恃韩之锐，欲推以为锋，二军争便之，力不同。是以臣得设疑兵以待韩阵，专军并锐触魏之不意。魏军既败，韩军自溃。乘胜逐北。以是之故，能立功。"论伊阙之胜，莫详于此。(《大事记解题》卷五)

又：《史记正义》：干河源出绛州绛县东南殽山，南流注河。是水冬干夏流，故曰干河。《水经注》又云："《左传》赵鞅使汝宽守阙塞。"即伊阙也。(《大事记解题》卷五《本注》)

【汇评】

马　雍：回顾昭王即位以前……当时秦国的势力范围，东面刚刚达到黄河沿岸和宜阳一线，南面刚刚夺取了蜀和汉中，从地理条件来说，仅初步取得有利于进攻的位置。但军事上获得成功却是在昭王时期。昭王十四年，伊阙之战，是对韩国最沉重的打击，从此韩国无险可守，几乎成为秦国的附庸。(《西域史地文物丛考·读云梦秦简

〈编年记〉书后》）

⑧【汇注】

梁玉绳：按：上文言魏使公孙喜攻楚，则喜是魏将也，故《穰侯传》称"虏魏将公孙喜"，乃此《纪》及《白起传》不言喜为何国之将，而《六国表》书虏喜于《韩表》中，《韩世家》谓"使公孙喜攻秦，秦虏喜"，似喜又为韩将矣。盖伊阙之役，韩为主兵，而实使魏之公孙喜将之，故所书不同，未定是误耳。但《周、魏策》云"战于伊阙，杀犀武"，《周本纪》曾及之，而《史》叙战伊阙事，各处皆不及杀魏将犀武，岂以武非主帅欤？又此及《起传》言"拔五城"，未知所拔者魏城乎？韩城乎？殊欠分明。（《史记志疑·秦本纪》）

⑨【汇注】

马非百："十五年（前292）攻魏"。《秦本纪》："（昭王）十五年，大良造白起攻魏，取垣，复予之。"垣，魏邑，故城在今山西省垣曲县西北二十里。（《中国历史文献研究集刊》第二集《云梦秦简大事记集传》）

⑩【汇注】

张守节：垣音袁。前秦取蒲阪，复以蒲阪与魏，魏以为垣。今又取魏垣，复与之，后秦以为蒲阪、皮氏。（《史记正义·秦本纪》）

王　恢：垣：《汉志》河东郡垣县，故城在今垣曲县西二十里。魏武侯城之。垣在太行山西麓，县东王屋山其狀如垣，故又名王垣、东垣，汉称武垣，宋改今名。（《史记本纪地理图考·秦本纪·昭王之业绩》）

⑪【汇校】

梁玉绳：按：下文十七年书"秦以垣易蒲阪、皮氏"，十八年书"攻垣取之"，则起未尝以垣予魏也，当衍"复予之"三字，《白起传》但言"拔垣"可据。（《史记志疑·秦本纪》）

高　敏：《史记·秦本纪》载昭襄王"十五年，大良造白起攻魏，取垣，复予之"，张守节《正义》曰："前云取蒲阪，复以蒲阪与魏，魏以为垣，今又征取魏垣，复予之，后秦以为蒲阪、皮氏。"按照张氏的解释，显然是说当秦昭王五年"复与魏蒲阪"以后，魏国便把蒲阪改名为"垣"了；所以，自昭王五年以后，"垣"与"蒲阪"便是一个地方了。今证以《编年记》，此说实误。《编年记》载昭王"十七年攻垣、轵"，"十八年攻蒲阪"。在这里，"垣"与"蒲阪"之名同时存在，且"攻蒲阪"还在"攻垣"之后，这就确证"垣"与"蒲阪"到昭王十七、八年仍是两地，并未以蒲阪为垣，则张守节所谓昭王五年秦以蒲阪予魏之后，"魏以为垣"的说法，是毫无根据的臆测。（《云梦秦简初探·秦简〈大事记〉与〈史记〉》）

又：据《史记·秦本纪》云：昭王十五年"攻魏取垣"后，"复予之"，即把

"垣"归还了魏国；自此年后到昭王十七年前，《秦本纪》并无再次"攻魏取垣"事；但是，到了昭王十七年，突然冒出了"秦以垣为蒲阪、皮氏"一事，殊不可解。司马贞《索隐》认为"为"字当是"易"字之误，实则"垣"既已于昭王十五年予魏，又何以易之？今查《史记·白起列传》，昭王十六年"起与客卿错攻垣城拔之"，可见在"秦以垣为蒲阪、皮氏"之前，秦国确已把昭王十五年归还给了魏国的"垣"再次攻取了，因此，才有可能把魏之垣城改为秦之蒲阪、皮氏。今《编年记》载昭王"十七年攻垣、枳"，这就确证"秦以垣为蒲阪、皮氏"一事，是在昭王"十七年攻垣、枳"以后不久发生的。由于《史记·秦本纪》漏载昭王十七年再度"攻魏取垣"事，才造成了上述不可解释的矛盾现象。因此，根据《编年记》所载昭王"十七年攻垣、枳"一事，一则可以订正《史记·白起列传》的昭王十六年"攻垣城拔之"，应作昭王十七年；二则说明司马贞的解释确不足信；三则证明《史记·秦本纪》漏载昭王十七年再度攻魏取垣事。（同上）

【汇注】

方　苞：《正义》，魏以蒲坂为垣，非也。果尔，则十七年不当书"秦复以垣易蒲坂、皮氏矣"。（《史记注补正·秦本纪》）

⑫【汇校】

高　敏：据湖北睡虎地秦墓秦简，《史记·秦本纪》昭襄王十五年"攻楚取宛"，应为昭王十六年攻韩取宛之误。《编年记》载昭王"十五年攻魏"，"十六年攻宛"，是秦之攻魏与攻宛分别为昭王十五年与十六年，而非一年事，但是，《史记·秦本纪》却把二事合于一年，谓昭王十五年，"大良造白起攻魏取垣，复予之；攻楚，取宛"。然而，查《白起列传》，则只说是年"白起为大良造，攻魏，拔之，取城小大六十一"，却无同年白起"攻楚取宛"事。又据《六国年表·韩表》，谓韩釐王五年（即秦昭王十六年）"秦拔我宛"，《韩世家》同此；张守节《正义》曰："宛，邓州县也，时属韩也。"由此可见，秦昭王十六年确曾攻韩取宛，《编年记》所载昭王十六年"攻宛"，与此正合；且此次战役是攻韩而非攻楚。因此，《秦本纪》的昭王十五年"攻楚取宛"之说，在年代与国别上都是错误的，应作昭王十六年攻韩取宛。（《云梦秦简初探·秦简〈大事记〉与〈史记〉》）

⑬【汇注】

司马迁：（韩釐王）五年，秦拔我宛。（《史记·韩世家》）

章　衡：庚午（周赧王）二十四年，（秦昭襄王）十六年，攻韩取宛。（《编年通载》卷三《周》）

马非百："十六年（前291）攻宛"。《韩世家》："（厘王）五年（秦昭王十六年）秦拔我宛。"《六国表·韩表》同。《正义》："宛，邓州县，时属韩。"《秦本纪》《穰侯传》皆作"攻楚取宛",又系于昭王十五年者,王先谦《汉书补注》以为"楚地,秦昭王攻楚取之。又入韩,秦拔之以封公子市"。故城即今河南省南阳市。(《中国历史文献研究集刊》第二集《云梦秦简大事记集传》)

张习孔:前291年,庚午,周赧王二十四年,秦昭王十六年……秦伐魏。秦左更司马错攻魏取轵(今河南济源东南),与白起再拔垣城(今山西垣曲东南)。(《中国历史大事编年·战国》)

又:秦伐韩,秦司马错攻韩取邓(今河南孟县西);又使白起攻韩取宛(今河南南阳。原属楚,前301年"垂沙之役"之后为韩所夺取。邓、宛为当时冶铁中心)。(同上)

又:魏冉复相秦。秦相寿烛免,魏冉复为相,封于穰(今河南邓县),号穰侯。又改封昭王同母弟公子市(一作池)于宛,改封昭王同母弟公子悝于邓(初封高陵,今陕西高陵。号高陵君)。是时,宣太后专权,故皆封于富庶之地。(同上)

⑭【汇注】

裴　骃:《地理志》河内有轵县,南阳有邓县。(《史记集解·秦本纪》)

张守节:《括地志》云:"故轵城在怀州济源县东南十三里,故邓城在怀州河阳县西三十一里,并六国时魏邑也。"按:二城相连,故云及也。(《史记正义·秦本纪》)

王　恢:轵:今济源县南十三里轵城镇。春秋名原,战国时改称轵。县北有轵关,为通上党孔道,太行八陉第一陉也。三家分晋属韩。苏秦曰:"秦下轵道则南阳动,劫韩包围则赵自销铄。"(《国策·赵策二》)《纪年》,梁惠成王十三年(前358),韩使许息致地,以轵道易鹿(鹿鸣城,即白马津。在今滑县西)。盖韩自河内通鹿,魏自河东通邺,中又有卫,地恒交错,时相侵夺,致地修好,巫沙之盟,因归厘(厘城在荥阳东四十里)于韩。(《史记本纪地理图考·秦本纪·昭王之业绩》)

又:《正义》:"《括地志》:'故邓城在怀州河阳县西二十一里,并轵,六国时魏邑。'按:二城相连,故云及也。"《清统志》(二○三),故城今孟县西南三十里。(同上)

⑮【汇校】

梁玉绳:按:穰侯魏冉凡三相三免,《纪》《表》皆不尽书,而《纪》与《传》所书之年亦多舛戾不合。余综考之,冉初为相在昭王十二年,至十五年免,此书冉免于十六年,误也。再相在十六年,至二十一年免,此《纪》下文于廿四年书"魏冉免相"者,误也。三相在二十六年,至四十二年免相出就封邑,《传》所谓"免二岁复相秦"者,乃免四岁之误也。《传》称"复相四岁拔郢",故知其误。若免二岁复相,则当云"六岁拔郢"矣。(《史记志疑·秦本纪》)

郭嵩焘:按后二十四年魏冉免相,此处"冉免"二字疑衍。(《史记札记·秦本

纪》）

张　照：《六国年表》及《穰侯传》，冉谢病免相，在昭十五年，此入十六年内。（《钦定史记·秦本纪·考证》）

陈蒲清：冉免：魏冉在后二十四年免相。此二字疑衍。（引自王利器主编《史记注译·秦本纪》）

⑯【汇注】

司马贞：悝号高陵君，初封于彭，昭襄王弟也。（《史记索隐·秦本纪》）

吕祖谦："周赧王二十四年封魏冉、公子市、公子悝"。《解题》曰：冉、市、悝之封，皆取于邻国，非秦地也。公子悝以《本纪》考之，乃叶阳君，然则公子市必泾阳君也。非昭王之亲母弟，岂得与穰侯同封乎？市之宛，去年所取；悝之邓，今年所取。冉之穰与陶史，虽不载何年得之，盖亦近岁取之耳。穰今邓州穰县，陶乃汉之定陶，今之曹州济阴。（《大事记解题》卷五）

张　照：《穰侯传》：昭王同母弟曰高陵君、泾阳君。《索隐》曰：高陵名显，泾阳名悝，两注（与本篇《索隐》）自相牴牾）。（《钦定史记·秦本纪·考证》）

梁玉绳：附按：市者泾阳君也，悝者高陵君也。《索隐》于此处不误，而于《苏秦》《穰侯传》谓泾阳为悝，误矣。又云"高陵名显"，则是误以秦末齐王田市之使者高陵君显为秦公子也（显见《项羽纪》）。张冠李戴，可哂之甚。（《史记志疑·秦本纪》）

程馀庆：悝号高陵君，初封于彭，昭襄王弟也。（《历代名家评注史记集说·秦本纪》）

⑰【汇注】

司马迁：（韩釐王）六年，与秦武遂地二百里。（《史记·韩世家》）

章　衡：辛未二十五年，（秦昭襄王）十七年，魏入河东地四百里，韩入武遂地二百里于我。东周君来朝。（《编年通载》卷三《周》）

马非百："十七年（前290）攻垣、枳"。《秦本纪》："（昭王）十八年，错攻垣、河雍，决河取之。"又云："（昭王）十六年，左更错取轵及邓。"《六国表·秦表》："（昭王）十八年，客卿错击魏，至轵，取城大小六十一。"《魏表》："（昭王）七年（秦昭王十八年）秦击我，取城大小六十一。"《魏世家》同。《白起传》则列"攻垣城"于"取城大小六十一"之后，皆与此列"攻垣、枳"于十七年者不同。又案：垣已于昭王十五年攻取后，复以予魏，今又攻取之。枳即轵，故城在今河南省济源县南。邓故城在今河南省孟县西。（《中国历史文献研究集刊》第二集《云梦秦简大事记集传》）

⑱【汇注】

张守节：《括地志》云："濮州雷泽县本汉郕阳县，古郕伯姬姓之国，周武王封弟季载于郕，其后迁城之阳也。"（《史记正义·秦本纪》）

梁玉绳：附按：成阳君是韩人，《魏策》有之，《史》《汉》中成与城多通用，注家皆略，故著之。（《史记志疑·秦本纪》）

【汇评】

吕祖谦："周赧王二十五年，东周君朝秦"。《解题》曰：两周之君，自别为国，各事大国以自固，非王赧所能制也。（《大事记解题》卷五）

⑲【汇校】

司马贞："为"当为"易"，盖字讹也。（《史记索隐·秦本纪》）

梁玉绳：附按：《索隐》云"'为'当为'易'，盖字讹也"。而《水经注》四引薛瓒曰："《秦世家》以垣为蒲反。"作如字读，非，称《秦本纪》为《秦世家》亦刱。师古注《汉地理志》亦不取瓒说。（《史记志疑·秦本纪》）

【汇注】

张守节：蒲阪，今河东县也。皮氏故城在绛州龙门县西一里八十步。（《史记正义·秦本纪》）

方　苞：十五年攻魏取垣，《索隐》谓垣即蒲坂也。复谓以垣易蒲坂、皮氏，其说自相矛盾，盖垣亦魏邑。秦既取之，复以易魏之蒲坂、皮氏也。前书取垣复予之，而此书以垣易者，疆场之邑，一彼一此，攻夺无常，不可悉书，书以垣易，则复取垣于魏可知矣。犹前书取魏皮氏，而此书以垣易蒲坂、皮氏，则皮氏复为魏取，可知矣。（《史记注补正·秦本纪》）

⑳【汇注】

章　衡：壬申二十六年，（秦昭襄王）十八年，客卿错伐魏，至轵，取城大小六十一。（《编年通载》卷三《周》）

马非百："十八年（前289）攻蒲反"。《秦本纪》："（昭王）十七年，秦以垣为蒲坂、皮氏。"《索隐》："'为'当为'易'，盖字讹也。"案蒲坂原属魏邑，昭王四年，取之。五年，复以与魏，今又攻之者，当是秦以垣易蒲坂皮氏，魏不同意的缘故。（《中国历史文献研究集刊》第二集《云梦秦简大事记集传》）

㉑【汇校】

高　敏：秦昭王十七年已再度攻魏取垣并改名为秦之蒲阪、皮氏，则魏已无垣城甚明。但是，《史记·秦本纪》却又载昭王十八年"（司马）错攻垣、河雍，决桥取之"，何以魏国又有了垣城呢？为了解释这个矛盾，张守节《史记·正义》说："盖蒲阪、皮氏又归魏，魏复以为垣，今重攻取之也。"然而，遍查《史记·秦本纪》《六国年表》及《魏世家》等篇,均不载秦又以蒲阪、皮氏归魏一事,可见张守节的解释只是想当然耳。今据《编年记》云:昭王"十八年攻蒲阪",然则《秦本纪》的昭王十八年"攻垣",应为"攻蒲阪"之误。如果把《史记·秦本纪》的昭王十八年"攻垣"改为"攻蒲阪",则不仅不会发生上述矛盾,而且同昭王五年"复与魏蒲阪"后并无"攻蒲阪"之事的情况正相吻合。因此,从《秦本纪》及《编年记》所载攻战城邑的前后情况来推断,也说明昭王十八年"攻垣"应为"攻蒲阪"之误。(《云梦秦简初探·秦简〈大事记〉与〈史记〉》)

【汇注】
裴　骃：徐广曰："《汲冢纪年》云魏哀王二十四年,改宜阳曰河雍,改向曰高平。向在轵之西。"(《史记集解·秦本纪》)

张守节：盖蒲阪、皮氏又归魏,魏复以为垣,今重攻取之也。(《史记正义·秦本纪》)

程馀庆：河雍故城,在济源县西南十五里。(《历代名家评注史记集说·秦本纪》)

王　恢：河雍：故城今河南济源东南三十八里皮城。甲骨文曰雍。《纪年》,慎靓王六年(前315),郑使韩辰归晋阳及向。更名阳为河雍,向为高平。徐《统笺》:"《晋语》,襄王赐文公南阳阳樊之田,杜注:野王西南有阳城。又《十三州志》,轵县南山西曲有故向城。徐广曰：《纪年》云：魏哀王二十四年(前295,魏襄元年),改宜阳曰河雍,改向曰高平。今据《纪年》,但云城阳、向,乌知为宜阳也。况阳、向并在河内,其必非宜阳明矣。至以襄王为哀王,承史迁误。"徐说是。宜阳,韩邑也,秦已取之,韩魏安得而改名。此攻魏垣,非攻韩也。《河水注》,向在轵县西南,皆在河北岸,"决河桥取之",河桥即孟津。晋杜预造河桥于富平津是其处。(《史记本纪地理图考·秦本纪·昭王之业绩》)

韩兆琦：谭其骧《中国历史地图集》与杨宽《战国史》皆以为"河雍"在今孟县西,与《集解》说异。(《史记笺证·秦本纪》)

㉒【汇注】
张习孔：前288年,癸酉,周赧王二十七年,魏昭王八年,秦昭王十九年……十月,秦齐称帝。秦昭王自称西帝于宜阳(今河南宜阳西),遣魏冉立齐王为东帝,欲约共伐赵。时有苏秦者自燕适齐,齐王曰:"秦使魏冉致帝,子以为何如?"对曰:"愿王受之而勿称也。夫称帝,天下独尊秦而轻齐;齐释帝则天下爱齐而憎秦,故臣愿王不如释帝以收天下之望,发兵以伐桀宋。宋举,则楚、赵、梁、卫皆惧矣!"齐王从之。(《中国历史大事编年·战国》)

又：十二月,齐、秦复称王。齐去帝号,背约摈秦。吕礼自齐入秦,秦亦去帝号复称王。(同上)

又：秦伐赵，取梗阳（今山西清徐。从《史记·赵世家》《六国年表》作桂阳，今河南长垣西北）（同上）

㉓【汇注】

张文虎："王为西帝"，按：《表》书"十月为帝"，疑先秦改十月为岁首当始此。（《校刊史记集解索隐正义札记·秦本纪》）

㉔【汇注】

司马迁：（魏昭王）八年，秦昭王为西帝，齐湣王为东帝，月余，皆复称王归帝。（《史记·魏世家》）

司马光：（赧王二十七年），冬，十月，秦王称西帝，遣使立齐王为东帝，欲约与共伐赵。苏代自燕来，齐王曰："秦使魏冉致帝，子以为何如？"对曰："愿王受之而勿称也。秦称之，天下安之，王乃称之，无后也。秦称之，天下恶之，王因勿称，以收天下，此大资也。且伐赵孰与伐桀宋利？今王不如释帝以收天下之望，发兵以伐桀宋，宋举则楚、赵、梁、卫皆惧矣。是我以名尊秦而令天下憎之，所谓以卑为尊也。"齐王从之，称帝二日而复归之。十二月，吕礼自齐入秦。秦王亦去帝，复称王。（《资治通鉴》卷四《周纪四》）

王叔岷：按：《穰侯列传》作"秦称西帝，齐称东帝"。为犹称也。《初学记》九引《帝王世纪》："秦……至昭襄王自称西帝。"《御览》八五引《帝王世纪》："赧王二十七年冬十月……齐湣王称东帝。"亦并作称。《魏世家》："秦昭王为西帝，齐湣王为东帝。"两为字亦并与称同义（此义前人未发）。"皆复去之"上，当补"月余"二字，文意乃明。《魏世家》作"月余皆复称王归帝"。《穰侯列传》作"月余吕礼来，而齐、秦各复归帝为王"。（一作"称王，"一作"为王，"亦可证为、称同义）并其证。（《史记斠证·秦本纪》）

陈蒲清：皆复去之：事见《田敬仲完世家》。（引自王利器主编《史记注译·秦本纪》）

【汇评】

程馀庆：以帝为戏，可笑！（《历代名家评注史记集说·秦本纪》）

【编者按】秦称西帝，齐称东帝，时间虽然不长，但影响颇大。由此可看出战国时代纵横消长的局面，亦可见大国欲称霸天下之野心。秦国自孝公后，势力日益强大，遂有王号之称，此时王号亦不能满足其欲望，"帝"之号虽昙花一现，但其最终还是实现了，即秦始皇帝。

㉕【汇注】

张 照：《田完世家》，齐湣王三十八年，伐宋。宋王出亡，死于温。《魏世家》，魏昭十年，齐灭宋，宋王死我温。《年表》亦同。是年在秦为昭之二十一年，此入于十

九年内。(《钦定史记·秦本纪·考证》)

梁玉绳：按：事在秦昭二十一年，此误书于十九年也。(《史记志疑·秦本纪》)

陈蒲清：温：魏地。在今河南省温县西南。(引自王利器主编《史记注译·秦本纪》)

【汇评】

吴见思：齐事插序。(《史记论文·秦本纪》)

㉖【汇注】

吕祖谦："任鄙为汉中守"。《解题》曰：以备楚也。按《白起传》，穰侯相秦，举任鄙为汉中守。鄙、乌获、孟说以力事秦武王，至大官。孟说之徒，必尝中废，至是穰侯复举之也。秦人谚曰："力则任鄙，智则樗里。"《秦本纪》及《年表》后六年，皆书"任鄙卒"。盖鄙之守边，秦之所倚也。(《大事记解题》卷五)

【汇评】

程馀庆：本纪及年表，皆书"任鄙卒"。盖鄙之守边，秦之所倚也。(《历代名家评注史记集说·秦本纪》)

㉗【汇注】

裴　骃：徐广曰："秦地有父马生驹。"(《史记集解·秦本纪》)

马非百："廿年（前287）攻安邑"。《秦本纪》："错攻魏河内，魏献安邑。秦出其人，募徙河东。赐爵，赦罪人迁之。"《六国表·秦表》："魏纳安邑及河内。"两处皆列在秦昭王二十一年。此独列在二十年者，此言"攻"，纪、表言"纳"，言"献"。先一年攻，次年纳、献，并不矛盾。又案魏安邑，即今山西省夏县及运城县地。又河内辖地甚广，自秦连年攻拔垣、轵等六十一城及新垣、曲阳（《魏世家》及《六国表·魏表》《正义·括地志》云"曲阳故城在怀州济源县西十里。新垣近曲阳"）。后，河内之西半部已大体为秦所有。至是则魏尽以西河内入之于秦。至共（今河南省辉县）、汲（今河南省汲县）等地，亦曰河内，则仍为魏有。后信陵君云："秦临河内，河内、共、汲必危。"上河内，即秦河内；下河内，则指共、汲等地，乃魏河内。梁玉绳不明此理，妄疑魏此时无入河内之事（见《史记志疑》），未免失考。(《中国历史文献研究集刊》第二集《云梦秦简大事记集传》)

【汇评】

牛运震：昭襄王二十年，徐广云"有父马生驹"；二十一年，"有牡马生牛而死"。按：此俱可编入正文，亦《春秋》记灾异之意也。(《读史纠谬》卷一《史记·秦本纪》)

㉘【汇注】

裴　骃：徐广曰："有牡马生牛而死。"(《史记集解·秦本纪》)

章　衡：乙亥二十九年，（秦昭襄王）二十一年，魏纳安邑及河内。（《编年通载》卷三《周》）

张文虎："二十一年，《集解》徐广曰'有牡马生牛而死'。"吴云宋板"牛"作"羊"。按：《汉书·五行志》引《史记》秦孝公二十一年有马生人，昭王二十年牡马生子而死。上条今见《六国表》，而下条纪、表皆无，疑《史》有逸文。牡马即父马，子即驹，子字与牛羊字形近致讹。疑此文本作"有牡马生子而死"，则《史记》正文与《汉志》合，当在上二十年下。其"秦地有父马生驹"，乃《集解》所引徐广语，后人不察，误以正文入注，校者又移入二十一年，岐之中又有岐矣。（《校刊史记集解索隐正义札记·秦本纪》）

马非百："廿一年（前286）攻夏山"。《韩世家》："（釐王）十年（秦昭王二十一年），秦败我师于夏山。"《六国表·韩家》同。《方舆纪要》河南府偃师县河阳仓条下云："夏台在县西。相传夏桀囚汤于此。《史记》韩釐王十年，秦败我师于夏山，或曰：即夏台也。司马贞曰：夏台亦曰钧台，夏狱名。台在巩县西南，与永安故城相近。"又巩县永安城条下云："永安城在县西南四十里。"（《中国历史文献研究集刊》第二集《云梦秦简大事记集传》）

㉙【汇注】

吕祖谦："秦将司马错攻魏河内，魏献安邑"。《解题》曰：《史记正义》曰"河内即怀州也"。在河南之北，西河之东，东河之西，秦前后取三晋地，多出其人。非特三晋之民不乐为秦，秦亦欲自置其腹心以守新边也。平民应募者，既赐之爵，又徙罪人以实之。赦云者，既迁，则与平民齿也。《战国策》：或谓韩王曰："秦王欲出事于梁，而欲攻绛、安邑，韩计将安出矣。秦之欲并天下而王之也，不与古同事之，虽如子之事父，犹将亡之也。行虽如伯夷，犹将亡之也。行虽如桀、纣，犹将亡之也。虽善事之，无益也。"其论秦最得其情。（《大事记解题》卷五）

陈蒲清：河内：治所怀，在今河南省武陟县西南。（引自王利器主编《史记注译·秦本纪》）

㉚【汇注】

陈蒲清：安邑：魏旧都。地在今山西省夏县（非今之安邑）。（引自王利器主编《史记注译·秦本纪》）

㉛【汇注】

陈蒲清：出其人：赶走安邑的魏人。然后招募秦国人迁到安邑居住，并赐给爵位；再就是把犯人赦免，让他们迁居安邑。（引自王利器主编《史记注译·秦本纪》）

㉝【汇校】

梁玉绳：按：泾阳、高陵二公子已于十六年同封，此误重出。（《史记志疑·秦本

纪》）

　　程馀庆：泾阳君，即市也。重出。（《历代名家评注史记集说·秦本纪》）

【汇注】

　　张　照：十六年，已封公子市宛矣，此复封泾阳君，疑有一误。（《钦定史记·秦本纪·考证》）

　　王　恢：宛：今河南南阳县治。《括地志》："南阳故城在宛大城南隅，其西南二面皆故宛城。"宛，周之申国，楚文王（前688）灭以为宛，百里奚（前272）亡秦走宛；白起取楚宛；明年以封泾阳君。而《韩世家》，是年"秦拔我宛"。秦刚取之楚，何又拔之韩？韩之宛，《年表》作宛城；疑新郑之宛陵也。（《史记本纪地理图考·秦本纪·略楚地过半》）

㉞【汇注】

　　章　衡：丙子三十年，（秦昭襄王）二十二年，蒙武伐齐，取列城九。（《编年通载》卷三《周》）

㉟【汇注】

　　梁玉绳：按：《蒙恬传》蒙武乃蒙骜之子，骜事昭王至始皇四世，则此时击齐者必是骜而非武也。（《史记志疑·秦本纪》）

㊱【汇校】

　　凌稚隆：按《古史》，"河东"上有"取"字。（《史记评林·秦本纪》）

　　梁玉绳："河东"上疑有脱字，《古史》作"取河东"。（《史记志疑·秦本纪》）

【汇注】

　　张　照：徐孚远曰：古《史》河东上有"取"字。（《钦定史记·秦本纪·考证》）

　　张文虎："伐齐，河东"，《志疑》云"河东"上疑有脱字，古史作"取河东"。（《校刊史记集解索隐正义札记·秦本纪》）

　　程馀庆：今平阳府，战国魏河东地。（《历代名家评注史记集说·秦本纪》）

㊲【汇注】

　　裴　骃：《地理志》，西河有中阳县。（《史记集解·秦本纪》）

　　吕祖谦：《史记正义》曰：《括地志》云在汾州隰城县南。（《大事记解题》卷五）

　　程馀庆：（中阳），即西阳。（《历代名家评注史记集说·秦本纪》）

　　陈蒲清：中阳：在今山西省中阳县。（引自王利器主编《史记注译·秦本纪》）

㊳【汇注】

　　章　衡：丁丑三十一年，（秦昭襄王）二十三年，尉斯离代齐。与魏王、韩王会。（《编年通载》卷三《周》）

㊴【汇注】

　　司马贞：尉，秦官。斯离，其姓名。（《史记索隐·秦本纪》）

　　张守节：尉，都尉，斯离，名也。（《史记正义·秦本纪》）

　　吕祖谦："周赧王三十一年，乐毅破齐济西、临菑、昌国。"《解题》曰：按《赵世家》，是岁，书燕昭王来见，盖乐毅劝昭王约赵、楚、魏伐齐，又令赵啗秦以伐齐之利。伐齐之举，其重在赵，故昭王身约之也。又按《战国策》，燕举兵使乐毅将而击齐。齐使向子将而应之。齐军破，向子以一舆乘亡。达子收余卒，复振，与燕战，求所以偿者。湣王不肯与，军破，王奔莒。……济西，谓济州已西，临淄，青州临淄县，古营丘之地，城临淄水，故曰临淄。昌国，在淄川县东北。延平陈氏曰：乐毅之下齐也，止侵略，宽赋敛，除暴令，修旧政，求逸民显而礼之，祀威公、管仲于郊，表贤者之闾，封王蠋之墓，凡可以悦其民者无不为也。此孟子所以教齐宣王者。齐王不能用之于燕，而乐毅能用之于齐。（《大事记解题》卷五）

　　又：《乐毅传》称：毅于是并获赵、楚、韩、魏、燕之兵以伐齐，破之济西。《田敬仲世家》亦称燕、秦、楚、三晋各出锐师败我济西。《通鉴》脱"楚"字。（同上）

　　又：《吕氏春秋》曰：齐使子将，以迎天下之兵于济上。齐王欲战，使人赴，触子耻而訾之曰："不战必划若类，掘若垄。"触子苦之，欲齐军之败于是。以天下兵战，战合击，令而却之。卒北。天下兵乘之。触子因以一乘去，莫知其所，不闻其声。达子又率其余卒以军于秦周，无以赏，使人请金于齐王。齐王怒曰："若残竖子之类，恶能给若金？"与燕人战，大败。达子死，齐王走莒。燕人逐北，入国，相与争金于齐王，甚多。此贪于小利以失大利者也。触子，《战国策》所谓向子也。秦周，齐城门也。美唐，金藏所在也。（同上）

　　梁玉绳：按：伐齐之役，实秦、楚、燕、赵、韩、魏六国也，燕、齐、楚三《世家》可证。比《纪》与《赵》、《魏世家》失书，《楚》、《韩世家》止言"与秦攻齐"，《孟尝君传》失书韩、楚，《乐毅传》失书秦，《年表》六国皆有击齐及取齐某地之文，元未尝误，然或称"与韩、魏、燕、赵"，或称"与秦"，或称"与秦、三晋"，或称"五国"，参错不一，《自序传》亦言"连五国兵"，盖并属脱误耳。《荀子·王制篇》"闵王毁于五国"，注云"《史记》齐闵王四十年，乐毅以燕、赵、楚、魏、秦破齐"，非也，当依《王霸篇》注"燕、秦、楚、三晋伐齐"为是。《吕览·权勋篇》"五国攻齐"，注谓"燕、秦、韩、魏、赵"，亦非。（《史记志疑·秦本纪》）

㊵【汇注】

　　司马迁：（韩釐王）十二年，与秦昭王会西周而佐秦攻齐。（《史记·韩世家》）

　　吕祖谦："秦、韩会新城。"《解题》曰：韩《年表》《世家》书与秦昭王会两周间，所谓新城，盖两周间地名也。（《大事记解题》卷五）

又：《史记正义》云：《括地志》云：许州襄城县即古新城县也。"(《大事记解题》卷五《本注》)

㊶【汇注】

章　衡：戊寅三十二年，（秦昭襄王）二十四年，取魏安城，至大梁。燕、赵救之，乃还。（《编年通载》卷三《周》）

马非百："廿四年（前283）攻林"。《秦本纪》："（昭王）二十四年，秦取魏安城，至大梁。燕、赵救之，秦军去。"《魏世家》："（魏昭王）十三年（即秦昭王二十四年）秦拔我安城，兵到大梁去。"《六国表·魏表》同。此言"攻林"，林者，疑即《魏世家》范痤《上信陵君书》中"从林乡军以至于今"之林。《索隐》刘氏云："林，地名。盖春秋郑地之棐林，在大梁之西北。"《方舆纪要》："在今河南省新郑县东二十五里。"安城，《方舆纪要》："《括地志》：'原武有安城。'"案故城在今原阳县南。大梁，今河南省开封市。（《中国历史文献研究集刊》第二集《云梦秦简大事记集传》）

㊷【汇注】

张守节：鄢，于建反，又音偃。《括地志》云："故偃城在襄州安养县北三里，古郾子之国也。"（《史记正义·秦本纪》）

程馀庆：故城在襄阳府宜城县西南九里。（《历代名家评注史记集说·秦本纪》）

王　恢：鄢：此会不知为陈留郡之莎（河南柘城北廿九里），抑颍川郡之莎陵（河南莎陵西北十五里）？郑伯克段之鄢（荥阳县治）？与楚会鄢，秋又会穰，疑鄢或即鄢郢之鄢，故城在湖北自忠县十五里。（《史记本纪地理图考·秦本纪·其他》）

又：鄢：《汉志》："南郡宜城，故鄢，惠帝三年更名。"《清统志》（三四七），故城今自忠县南十五里。（《史记本纪地理图考·秦本纪·略楚地过半》）

陈蒲清：鄢：楚之别都，即鄢郢。在今湖北省宜城县南。（引自王利器主编《史记注译·秦本纪》）

㊸【汇注】

王　恢：穰：《括地志》：即今河南邓县外城东南隅。……苏秦说韩："韩北有巩、成皋之固，西有宜阳、商阪之塞，东有宛、穰、洧水、南有陉山。"（《苏传》）是宛、穰在韩之东，近洧水。昭王十五年，白起攻楚取宛，而《韩世家》云："秦拔我宛。"疑宛为郑州之宛陵（《年表》作宛城），穰则不知所在。说者从未深考，因之并误韩亦有南阳郡，南郡也。（《史记本纪地理图考·秦本纪·其他》）

㊹【汇注】

裴　骃：《地理志》，汝南有安城县。（《史记集解·秦本纪》）

张守节：《括地志》云：安城在豫州汝阳县东南十七里。（《史记正义·秦本纪》）

胡三省：班《志》，安成县属汝南郡。司马彪《志》作"安城"。时魏地南至汝南，秦自武关出兵攻拔之。《括地志》：安城在豫州汝阳县东南十七里。一曰：在豫州吴房县东南。(《资治通鉴》卷四"赧王三十二年"注)

陈蒲清：安城：在今河南省原阳县西南。(引自王利器主编《史记注译·秦本纪》)

㊺【汇校】

王　恢：大梁：故城今开封市西北隅。春秋时郑地，战国属魏。魏惠王自安邑徙都之。秦属三川郡，汉置浚仪县为陈留郡治。后仍为郡或为国。东魏置梁州及陈留、开封二郡，后周改为汴州。朱梁建都，升为开封府，历代因之，民国废府为县。(《史记本纪地理图考·秦本纪·昭王之业绩》)

【汇评】

马　雍：昭王二十四年，林之战，是对魏国最严重的威胁，从此秦军连续不断地兵临大梁城下。(《西域史地文物丛考·读云梦秦简〈编年记〉书后》)

㊻【汇校】

梁玉绳：按：各处皆不言燕、赵救魏。考是年为燕昭二十九年，赵惠文王十六年。燕昭新破齐湣，方围莒、即墨未下，何暇出兵救魏。而赵时为秦之细，自守不足，又何敢出一旅为魏抗秦？此之不实，了然可知。(《史记志疑·秦本纪》)

㊼【汇注】

高　敏：湖北睡虎地秦墓秦简中《编年记》载昭王廿四年"攻林"；而《史记·秦本纪》只说是年"秦取魏安城，至大梁，燕、赵救之，秦军去"，不载"攻林"事；《六国年表·魏表》及《魏世家》均谓是年"秦拔我安城，兵到大梁去"(或"兵至大梁而还")，也没有讲到"攻林"。《战国策·魏策》谓魏国确在林这个地方驻扎了军队，秦曾七次攻打其地。那么昭王廿四年"攻林"，即为其中之一次。据《括地志》云："故安城在郑州原武县东南二十里"，则"攻林"在"拔安城"之后，是以知秦国此次用兵是从原武县向东南攻魏之大梁，首先攻下了安城，接着又进攻魏国驻有重兵的林，可能在这里受到了狙击，又因为燕、赵援救魏国，所以秦军攻林不克而还，这就是"兵至大梁而还"的具体情况，是对《史记》的很好补充。(《云梦秦简初探·秦简〈大事记〉与〈史记〉》)

㊽【汇校】

梁玉绳：案：此在二十一年，《传》所谓"六岁而免"也。非二十四年免。(《史记志疑·秦本纪》)

㊾【汇注】

马非百："廿五年（前282）攻兹氏"。《秦本纪》："（昭王）二十五年，拔赵二城。"《六国表·赵表》："（赵惠文王）十七年，秦拔我两城。"《赵世家》同。此言"攻兹氏"，不识与两城有关否？兹氏，赵邑。秦置兹氏县，见《水经·原公水注》。

汉因之，属太原郡。故城，今山西省汾阳县治。（《中国历史文献研究集刊》第二集《云梦秦简大事记集传》）

⑩【汇注】

吕祖谦："周赧王三十三年，秦伐赵，拔两城"。《解题》曰：《赵世家》，前年书秦与赵数击齐，齐人患之。苏厉因遗赵王书，赵乃辍，谢秦，不击齐。今年，又书，乐毅将赵师攻魏伯阳，而秦怨赵不与己击齐，伐赵，拔我两城。是时，齐地皆入于燕，独有莒、即墨仅存耳。苏厉之书皆不及之，恐非此时耳。况乐毅方为燕经略全齐，岂得为赵将攻魏哉？《年表》所书秦伐赵，拔两城，必有所因。《世家》所载，未可据也。（《大事记解题》卷五）

高　敏：（湖北睡虎地秦墓秦简）《编年记》载昭王"廿五年攻兹氏"；《史记·夏侯婴列传》曾以"击项籍，追至陈，卒定楚"功，"益食兹氏"。按汉之兹氏在今山西汾阳，属赵地。《史记·秦本纪》谓是年"拔赵二城"，《赵世家》作是年秦"伐赵攻我两城"，《六国年表·赵表》亦同。可见兹氏属于此年秦"攻赵二城"中之一城，既可印证《史记》所载是年秦曾攻赵，亦可补兹氏之缺。（《云梦秦简初探·秦简〈大事记〉与〈史记〉》）

(51)【汇注】

司马迁：（韩釐王）十四年，与秦会两周间。（《史记·韩世家》）

(52)【汇注】

凌稚隆：按新明邑，不详其邑，或新所取者，故赦罪人，迁之。（《史记评林·秦本纪》）

梁玉绳：按：此《纪》前二年书"与魏会宜阳，韩会新城"而《年表》及《魏、韩世家》并作"会西周"，今二十五年《纪》书"与韩会新城"，而《韩表》《韩世家》言"会两周间"，夫曰西周曰两周间，即指河南之宜阳、新城也。而新明邑独无考，《年表》《世家》俱不及。（《史记志疑·秦本纪》）

王　恢：新明邑：不可考。《魏世家》《年表》皆未载。（《史记本纪地理图考·秦本纪·其他》）

(53)【汇注】

马非百："廿六年（前281）攻离石"。《战国策·西周策》：苏厉谓周君云："秦破韩、魏，杀犀武。攻赵，取蔺、离石、祁者皆白起。"《史记·周本纪》同。但无"祁"字。案秦取赵蔺，不止一次。赵成王二十四年（秦孝公十一年，前351）秦取赵蔺。赵肃侯二十二年（秦惠王十年，前328）又取赵蔺、离石。见《赵世家》。赵武灵王十三年（秦惠王后十二年，前313）秦拔赵蔺。见《六国表·赵表》。都非白起所及。苏厉既言白起所取，而《周本纪》又列苏厉言于周赧王三十四年，当秦昭王二十六年，与此正合。可见此次所取者，除离石外，还有蔺和祁。当时赵王对此，实甚懊丧。观公孙龙与赵王讨论偃兵问题时，公孙龙就有"今蔺、离石入秦，而王缟素布总"（高诱注："缟素布总，丧国之服。"）的话（见《吕氏春秋·审应篇》），可以为证。蔺，今山西省离石县西。离石，今山西省离石县。祁，今山西省祁县。（《中国历史文献研究集刊》第二集《云梦秦简大事记集传》）

㊵【汇注】

梁玉绳：按：但言迁罪人，不知迁于何地？《评林》谓迁于新明邑，亦臆说无据。盖明年"赦罪人迁之南阳"，《史》误重也。《古史》无此五字。（《史记志疑·秦本纪》）

㊶【汇注】

程馀庆：新明邑，不详其邑名。盖新取者。故赦罪人迁之。（《历代名家评注史记集说·秦本纪》）

㊷【汇注】

章　衡：癸酉二十七年，（秦昭襄王）十九年，十月，王为西帝。十二月，复为王。（《编年通载》卷三《周》）

又：辛巳三十五年，（秦昭襄王）二十七年，白起击败赵兵，斩首二万，取代光狼城。司马错拔楚黔中地。（同上）

马非百："廿七年（前280）攻邓"。此邓与昭王十六年错攻轵及邓之邓不是一处。后者是魏地，解已见十七年条。此邓乃楚地，即今河南省邓县。《秦本纪》："（昭王）廿七年，错攻楚。"《楚世家》："（顷襄王）十九年（即秦昭王廿七年）秦伐楚。楚军败。割上庸及汉北地予秦。"《六国表·楚表》同。《正义》："谓割房、金、均三州及汉水之北与秦。"案唐房州，今湖北省房县。金州，今陕西省安康县。均州，今湖北省均县。汉水之北，也包括邓县在内。《纪》《表》《世家》皆不言攻楚何地，此言攻邓，足补史书之缺。（《中国历史文献研究集刊》第二集（《云梦秦简集传》）

㊸【汇注】

张守节：南阳及上迁之穰，皆今邓州也。（《史记正义·秦本纪》）

吕祖谦：以备楚也。《史记正义》曰：南阳，今邓州。（《大事记解题》卷五）

程馀庆：今怀庆府修武县，以备楚也。（《历代名家评注史记集说·秦本纪》）

㊹【汇校】

李　笠："白起攻赵，取代光狼城"。按：《白起传·正义》"二十里"作"二十五里。"《札记》引柯、凌本无"二十里"三字，疑此或是后人妄增，当以《白起传》为正。（《广史记订补》卷二《秦本纪》）

王　恢：《纪》云"白起取代光狼城"，《白传》无"代"字。代与光狼夐远，光

狼又不属代。其时秦军亦无深入代地之理。疑系衍文。(《史记本纪地理图考·秦本纪·败赵长平》)

韩兆琦：《六国表》《赵世家》《白起传》皆言此年白起"取光狼城"，而不言取"代"，而光狼城又不属代郡，故疑此句之"代"字为衍文。(《史记笺证·秦本纪》)

【汇注】

张守节：《括地志》云："光狼故城在今泽州高平县西二十里。"(《史记正义·秦本纪》)

吕祖谦：《史记正义》曰：在泽州高平县西二十五里。(《大事记解题》卷五)

胡三省：《索隐》曰：《地志》不载光狼城，盖属赵国。《史记正义》曰：光狼故城，在泽州高平县西二十里。康曰：本中山地，赵武灵王取之，其地在代。余考史以代光狼城联而书之，康以为其地在代可也。又云本中山地；中山与代旧为两国，代在山之阴，中山在山之阳；既云在代，不当又云本中山地。如康意，抑以为光狼本代地，赵襄子灭代而中山侵有光狼地；武灵王既灭中山，始有光狼之地。白起自上郡、九原、云中下兵，始能败赵军，取光狼。史既不先序其兵行之路，后又无考，光狼城之所，阙疑可也。(《资治通鉴》卷四"赧王三十五年"注)

王　恢：光狼城：《括地志》："故城在高平县西二十里。"《清统志》(一四五)："今山西高平县西三十里强营村。"与长平相望。(《史记本纪地理图考·秦本纪·败赵长城》)

⑤⑨【汇注】

吕祖谦：陇西，今秦阶熙河、凉沙等州之地。(《大事记解题》卷五)

胡三省：扶风、汧县之西有大陇山，名陇坻，上者七日方越。自陇以西，本冀戎、豲戎、氐、羌之地，秦累世攘拓，以其地置陇西郡。(《资治通鉴》卷四"赧王三十五年"注)

⑥⑩【汇注】

张守节：(黔中)，今黔府也。(《史记正义·秦本纪》)

吕祖谦：黔中，今黔辰、施沅等州之地。(《大事记解题》卷五)

胡三省：按秦兵时因蜀出巴郡轵县路以攻拔楚之黔中。(《资治通鉴》卷四"赧王三十五年"注)

程馀庆：黔中故城，在辰州府西二十里。后世每从益州取荆者，盖始此也。(《历代名家评注史记集说·秦本纪》)

⑥①【汇注】

章　衡：壬午三十六年，(秦昭襄王)二十八年，白起攻楚，拔西陵。(《编年通载》卷三《周》)

马非百："廿八年（前27年）攻鄢"。《秦本纪》："（昭王）廿八年，大良造白起攻楚，取鄢、邓，赦罪人迁之。"《六国表·楚表》："（顷襄王）二十年，秦拔鄢、西陵。"《白起传》："后七年（此年代不可靠）白起拔楚鄢、邓五城。"《楚世家》："（顷襄王）二十年，秦将白起拔我西陵。"除《楚世家》不言鄢外，余皆与此同。惟简文列攻邓于二十七年，攻鄢于二十八年，《本纪》及《白起传》则皆列之于二十八年。盖并二年事为一年事，与下文攻怀、攻邢丘书法一例。鄢，今湖北省宜城县南。邓，河南省邓县，解已见上条。西陵有三，一为汉西陵，在今湖北省黄冈县西北。一为孙吴西陵，在湖北省蕲水县西南。一为白起所攻西陵，《荆州记》云："自夷陵县沂江二十里入峡口，名西陵者也。"即今湖北省宜昌市。见王先谦《汉书补注·江夏郡·西陵》条。当白起攻鄢时，曾有引水灌城之事。

《水经注·沔水》云："夷水又东，注于沔。昔白起攻楚，引西山长谷水，即是水也。旧堰去城百里许。水从城西灌城东，入注为渊。今熨斗陂是也。水溃城东北角。百姓随水流死于城东北者数十万。城东皆臭，因名其陂为臭池。后人因其渠以结陂田……灌田三千顷。"

又《方舆纪要》云："长渠在宜城县西四十里。亦曰罗川，又曰鄢水，亦曰白起渠，即蛮水也。秦昭王二十八年，使白起攻楚，去鄢百里立碣，壅是水为渠以灌鄢。鄢入秦而起所为渠不废，今长渠是也。"

这两段文字，足补史书之所未及。这一战最为重要。鄢是楚的别都，离首都郢很近。楚国的主力军一定驻守在这里，作为抵抗秦军保卫京城的最后一道防线。攻破后，竟有随水流而死者达数十万人之多。证明在当时这个别都不是一个普通城市。所以当时的人提到此事者就有不少人。《荀子·议兵篇》说："楚人汝颍以为险，江汉以为池，限之以邓林，缘之以方城，然而秦师至而鄢郢举，若振槁然。"《史记·平原君传》载毛遂说楚王也说："白起率数十万之众，一战而举鄢郢，再战而烧夷陵。"《战国策·秦策》载蔡泽也说："白起一战举鄢郢，再战烧夷陵。"便是明证。这主力军被击破后，楚军就再也没有能力在大别山以南作战了。（《中国历史文献研究集刊》第二集《云梦秦简大事记集传》）

㊅【汇校】

梁玉绳：按：此二十八年楚为秦所取者鄢、邓、西陵三城，《纪》失书西陵，《表》失书邓，《楚世家》失书鄢、邓。而《白起传》言"拔鄢、邓五城"，乃拔鄢、邓、西陵三城之误。考《汉志》邓属南阳，与昭王十六年取魏邓别，魏之邓城在河内，地近轵也。（《史记志疑·秦本纪》）

高　敏：（湖北睡虎地秦墓秦简）《编年记》载昭王"廿七年攻邓""廿八年攻鄢"；而《史记·秦本纪》却作昭王二十八年"大良造白起攻楚取鄢、邓"；《六国年表·楚表》作楚顷襄王二十年（即秦昭王二十八年）"秦拔我鄢、西陵"；《白起列传》作昭王二十八年"白起攻楚，拔鄢、邓五城"。三者均与《编年记》所载有相同部分，也有不同部分；则《编年记》此条，既可印证《史记》关于昭王二十八年"取鄢"事，又可订正其二十八年"取邓"，应作二十七年。（《云梦秦简初探·秦简〈大事记〉与〈史记〉》）

又：（湖北睡虎地秦墓秦简）《编年记》可以订正《史记》关于伐楚攻邓的年代。《史记·秦本纪》《六国年表》《楚世家》及《白起列传》，把伐楚攻邓、攻鄢均系于昭王二十八年，似乎没有问题。但是，《编年记》却载昭王二十七年"攻邓"，二十八年"攻鄢"，可见秦伐楚取鄢、邓等五城的这次大战役，实开始于昭王二十七年。《史记》漏载始攻，故推迟了一年。（同上）

王叔岷：按：《通鉴·周纪》四作"秦白起伐楚，取鄢、邓、西陵"。可证成梁说。《国策·秦策》四载楚顷襄王二十年（即秦昭王二十八年），白起所拔楚城，亦有西陵。（《史记斠证·秦本纪》）

【汇注】

张守节：鄢、邓二城并在襄州。（《史记正义·秦本纪》）

吕祖谦："周赧王三十六年，白起伐楚，取鄢、邓、西陵"。《解题》曰：鄢，楚之别都也。在今襄州之宜城县。南丰曾氏巩曰：荆及康狼，楚之西山也。水出二山之间，东南而流。春秋之世曰鄢水。左丘明《传》：鲁桓公十有三年，楚屈瑕伐罗，及鄢，乱次以济是也。秦昭王二十八年，使白起将，攻楚，去鄢百里，立堨，壅是水为渠以灌鄢，遂拔之。秦既得鄢以为县，汉惠帝三年，改曰宜城。西陵属江夏郡，在西汉为郡治，有云梦宫，今之安州云梦县也。（《大事记解题》卷五）

胡三省：《史记正义》：鄢、邓二州并在襄州。《括地志》：故鄢城在襄州安养北三里，古鄢子之国。又按《水经注》，鄢城当在宜城南，有鄢水。《左传》楚屈瑕伐罗及鄢，乱次而济，即其地。（《资治通鉴》卷四"赧王三十六年"注）

王　恢：邓：《汉志》："南阳郡邓，故国。"《水经》："淯水南过邓县东，南入于沔。"《郦注》："故邓侯吾离之国，楚文王灭之（前678），秦以为县。淯水（白河）右合浊水（今吕堰镇之水），水上承白水于朝阳县东（豫鄂界上近黄渠铺），南流经邓县故城南。"习凿齿《襄阳记》曰："楚王至邓之浊水，去襄阳二十里，即此水也。浊水又东经邓塞北，即邓城东南小山，孙文台破黄祖于其下。浊水东流注于淯。淯水又南经邓塞东，又经鄾城东，古鄾子国也，盖邓之南鄙也。"（鄾见《左》桓九年）《寰宇记》，故城在襄阳北二十三里。（《史记本纪地理图考·秦本纪·略楚地过半》）

㊿【汇注】

司马迁：（赵惠文王）十七年，乐毅将赵师攻魏伯阳。而秦怨赵不与己击齐，伐

赵，拔我两城。(《史记·赵世家》)

章　衡：癸未三十七年，(秦昭襄王)二十九年，白起伐楚，拔郢，置南郡。(《编年通载》卷三《周》)

马非百："廿九年(前278)攻安陆"。《秦本纪》："(昭王)二十九年，大良造白起攻楚，取郢为南郡。楚王走，白起为武安君。"《楚世家》："(顷襄王)二十一年，秦将白起遂拔我郢，烧先王墓夷陵，楚襄王兵散，遂不复战，东北保于陈城。"《六国表·秦表》："(昭王)二十九年，白起击楚，拔郢，更东至竟陵以为南郡。"《楚表》："(顷襄王)二十一年，秦拔我郢，烧夷陵，王亡走陈。"《魏世家》："(魏昭王)十八年，秦拔郢，楚王徙陈。"《白起传》："其明年(指拔鄢、邓之后一年)攻楚，拔郢，烧夷陵，遂东至竟陵。楚王亡走徙陈。秦以郢为南郡。白起迁为武安君。"总上述各种记载，提到白起所攻取的地方，只有郢、夷陵、竟陵三处而无安陆。郢，楚首都，今湖北省江陵县。夷陵，今湖北省宜昌市东。竟陵，王先谦《汉书补注》云："《一统志》：今天门县西北，钟祥、京山、天门并汉竟陵地。潜江半入竟陵境。"安陆，王先谦云："《一统志》：故城今安陆县北，安陆、云梦、应城、孝感并汉安地。汉川、黄陂，半入安陆境。"陈，今河南省淮阳县。习凿齿《襄阳记》云："秦兼天下，自汉以南为南郡。"据此，则安陆乃南郡一大县。白起击楚时，安陆自亦在被攻取之列。(《中国历史文献研究集刊》第二集《云梦秦简大事记集传》)

高　敏：湖北睡虎地秦墓秦简中《编年记》载昭王廿九年"攻安陆"。而《史记》既无楚国有安陆之记载，又无秦国设置安陆县的记载。今《编年记》明言昭王廿九年"攻安陆"，则确证安陆之名早在昭王廿九年之前便有了，属于楚国重镇；昭王廿九年设置南郡之后，安陆之名仍用未改，故《编年记》连载始皇四年十一月"喜为安陆□史""六年四月为安陆令史"及始皇二十八年"今(指始皇)过安陆"。这是对秦、楚历史地理学的一个重要补充。(《云梦秦简初探·秦简〈大事记〉与〈史记〉》)

㉔【汇注】

吕祖谦：《史记正义》云：《括地志》云郢城在荆州江陵县东北，楚平王筑都之地也。夷陵峡州夷陵县是也。在荆州西。应劭云：夷山在其北，竟陵在郢州长寿县南，今复州亦是其地。武安在潞州武安县西南。(《大事记解题》卷五《本注》)

程馀庆：故城在荆州府东北三里。(《历代名家评注史记集说·秦本纪》)

王　恢：郢：今湖北江陵北五公里纪南城，楚文王自丹阳迁都此，成为楚国历史上长达四百余年之久的政治、经济、文化中心。(《史记本纪地理图考·秦本纪·略楚地过半》)

又：楚都既失，襄王亡走东北之陈城(河南淮阳)，秦昭王五十四年，迫再东徙钜阳(安徽阜阳西北四十里。《纪要》二一云，后讹为细阳)，始皇六年，再东徙寿春，

仍名曰郢。（同上）

又：南郡：《汉志》："南郡，秦置，领县十八，治江陵，故楚都郢。"（同上）

高　敏：（湖北睡虎地秦墓秦简）《编年记》载昭王"廿九年攻安陆"；《史记·秦本纪》同年条作"大良造白起攻楚取郢为南郡"；《六国年表·秦表》作是年"白起击楚拔郢，更东至竟陵"；《白起列传》亦作是年"攻楚拔郢，烧夷陵，遂东至竟陵"；此外，《春申君列传》《魏世家》《楚世家》及《六国年表·楚表》，均与上述记载大致相同，即均不载是年秦攻楚安陆事。据《编年记》，则既可印证是年秦"攻楚取郢为南郡"确是事实，又可证明攻取楚国的安陆，也是这次战役的一个组成部分，足以补《史记》所失记。（《云梦秦简初探·秦简〈大事记〉与〈史记〉》）

⑥⑤【汇注】

吕祖谦："白起攻楚，取郢。楚顷襄王徙都陈"。《解题》曰：按《战国策》，应侯谓武安君曰："楚地方五千里，持戟百万，君前率数万之众，入楚拔鄢、郢，焚其庙，东至竟陵，楚人震恐。东徙而不敢西向。"武安君曰："是时楚王恃其国大不恤其政，而群臣相妒以功，谄谀用事，良臣斥疏，百姓心离，城池不修。既无良臣，又无守备，故起所以得引兵深入，多倍城邑，发梁焚舟，以专民心。掠于郊野，以足军食。当此之时，秦中士卒以军中为家，将帅为父母，不约而亲，不谋而信，一心同功，死不旋踵。楚人自战其地，咸顾其家，各有散心，莫有斗志，是以能有功也。楚所以败，秦所以胜，略见于此矣。又按《穰侯传》，复相秦四岁，而使白起拔楚之郢。白起者，穰侯之所任举也，相善，于是穰侯之富，富于王室。庄辛告楚襄王，亦谓驰骋乎云梦之中，而不以天下国家为事，不知夫穰侯方受命乎秦王，填黾塞之内，而投己乎黾塞之外。然则战胜者虽白起，主谋者实穰侯也。（《大事记解题》卷五）

【汇评】

马　雍：昭王二十九年，郢之战，一举摧毁了楚国的根据地，逼迫楚王东迁，从此楚国一蹶不振，不再成为可以与秦国对抗的力量。（《西域史地文物丛考·读云梦秦简〈编年记〉书后》）

⑥⑥【汇校】

梁玉绳：按：是年秦攻楚取郢，烧其先王墓夷陵，楚襄王兵散遁保于陈，安得楚与秦为好会乎？必非二十九年事也。（《史记志疑·秦本纪》）

【汇注】

裴　骃：《地理志》，河东有襄陵县。（《史记集解·秦本纪》）

张守节：《括地志》云："襄陵在晋州临汾县东南三十五里。"阚骃《十三州志》云襄陵，晋大夫瑕邑也。（《史记正义·秦本纪》）

王　恢：襄陵：今河南睢县西一里。《魏世家》，魏文三十五年（前390），齐取我襄陵；惠十九年（前353），诸侯围我襄陵；《楚世家》，怀王六年（前322），攻魏，破之于襄陵，得八邑（孟子所谓"南辱于楚"也）；又移兵而攻齐；《田齐世家》，威王二十六年（前344），救赵，南攻魏襄陵。此与楚会，亦当在此。旧注河东襄陵，盖误；谓在南平阳（邹县）亦误。(《史记本纪地理图考·秦本纪·其他》)

又：襄陵：在春秋宋承匡城东，宋襄公所葬，故名。战国属魏。秦始皇时，以承匡地卑湿，徙县于襄陵，更名襄邑（《淮水注》）。(同上)

⑥⑦【汇注】

张守节：言能抚养军士，战必克，得百姓安集，故号武安。故城在潞（洺）州武安县西南五十里。七国时赵邑，即赵奢救阏与处也。(《史记正义·秦本纪》)

崔　适：按：此名号侯之滥觞也。名号侯之名，始自《魏志·武帝纪》，裴注以为今之虚封。今按：无封邑，但有名号而已。七国时或有封邑而别为名号，如赵以尉文封廉颇为信平君，封乐毅于观津号望诸君，秦相吕不韦封为文信侯，食河南洛阳十万户，此如汉世之列侯，而别为名号者也。或有名号而无封邑，如秦相蔡泽为纲成君，赵赐赵奢为马服君，汉初封刘敬为奉春君，叔孙通为稷嗣君，则位下于列侯，《始皇本纪》谓之伦侯，汉曰关内侯，即名号侯之类也。赵有两武安君，始苏秦，终李牧，而秦亦以是名封白起，亦但有名号耳。《正义》"故号武安"以上是也，"故城"以下，又以为封邑，一名而两释之，乖矣。秦攻韩阏与，军武安西，大为赵奢所破，在秦昭王三十七年，则前此秦安得有武安以封白起耶？(《史记探源》卷三《十二本纪》)

⑥⑧【汇注】

司马迁：（赵惠文王）十八年，秦拔我石城（张守节：《括地志》云"石城在相州林虑县西南九十里"。疑相州石城是）。(《史记·赵世家》)

章　衡：甲申三十八年，（秦昭襄王）三十年，白起定巫、黔中，置黔中郡。封起为武安君。(《编年通载》卷三《周》)

马非百："卅年（前277）攻□山"。《秦本纪》："（昭王）三十年，蜀守若伐取巫郡及江南为黔中郡。"《楚世家》："（顷襄王）二十二年，秦复拔我巫、黔中郡。"《白起传》："武安君因取楚，定巫、黔中郡。"《水经·江水注》云："江水又东经巫县故城南。县故楚之巫郡。秦省郡立县，以隶南郡。城缘山为墉，周十二里百一十步，东西北三面皆傍深谷，南临大江。……郭仲产云：《地理志》：巫山在县西南。而今县东有巫山，将郡县居治无恒故也。"又《盐铁论·险固篇》大夫云："楚自巫山起方城，属巫、黔中，设扞关以拒秦。"疑此处"攻□山"，当即"攻巫山"之缺。攻巫山，即指张若伐取巫郡及江南为黔中郡事而言，和上条"攻安陆"即指白起攻楚取鄢为南郡事而言，书法是一样的。巫，今四川省巫山县东。黔中，今湖南省沅陵县西。从此以后，楚国西自巫郡、黔中，东至竟陵，北至武关以南及汉水以南以北，遂尽入于秦之

版图了。(《中国历史文献研究集刊》第二集《云梦秦简大事记集传》)

㉙【汇校】

　　王叔岷：按：重刊北宋监本、黄善夫本、殿本并无"楚"字，"伐"字连下读。(《史记斠证·秦本纪》)

【汇注】

　　陈蒲清：若：人名。《华阳志》作"张若"。(引自王利器主编《史记注译·秦本纪》)

㉚【汇注】

　　张守节：《华阳国志》，张若为蜀中郡守。《括地志》云："巫郡，在夔州东百里。"(《史记正义·秦本纪》)

　　程馀庆：巫郡故城在夔州府巫山县东北。《华阳国志》，张若为蜀郡守。(《历代名家评注史记集说·秦本纪》)

　　王　恢：巫郡：《纪要》(八一)施州，战国楚巫郡地；又(六九)云："巫山县，楚之巫郡也。"按楚之巫郡，约当今四川黔江以东，长江以南，及江北之巫溪、巫山，湖江清江上流地区。秦析入南郡、黔中、巴郡。(《史记本纪地理图考·秦本纪·略楚地过半》)

　　陈蒲清：江南：即楚黔中郡。治所在今湖南省常德市。《括地志》以为在湖南省沅陵县西。《白起王翦列传》《春申君列传》说攻巫郡和江南郡的主将是白起。(引自王利器主编《史记注译·秦本纪》)

㉛【汇校】

　　梁玉绳：按：《史诠》谓"若伐楚，今本缺'楚'字"，是也。但《白起》及《春申君传》言起取之，非蜀守张若，岂代巫之役起与若共之欤？《华阳志》是张若也。(《史记志疑·秦本纪》)

【汇注】

　　张守节：《括地志》云："黔中故城在辰州沅陵县西二十里。江南，今黔府亦其地也。"(《史记正义·秦本纪》)

　　吕祖谦："周赧三十八年，巫、黔中"。《解题》曰：《史记正义》云：《括地志》云：巫郡在夔州东，黔中故城在辰州沅陵县东，今黔府亦其地。(《大事记解题》卷五)

　　王　恢：黔中郡：司马错取黔中，后三年——三十年(前277)"蜀守若伐楚，取巫郡，及江南为黔中郡"。《白起传》言起"定巫，黔中郡"。是错初取，若复取，起再定也。……黔中之地，其初不过长江以南湖北恩施，四川涪陵及湘、黔交界之一隅。后渐拓展，约凭长江(四川江北有长寿)，南及广西融江(龙胜、三江、宜北、思恩、南丹),东抵长沙(《元和志》云:潭州为楚黔中南境。《湘州记》:始皇分黔中以南长沙乡为长沙郡),西及贵州中部(黔西、黔阳、黔水、黔山、黔安寨,皆当因以为名);湖南之沅陵为其治所(今治西二十里)。贵州继擅黔称。(《史记本纪地理图考·秦本纪·略楚地过半》)

三十一年,白起伐魏,取两城。楚人反我江南①。三十二年②,相穰侯攻魏③,至大梁,破暴鸢④,斩首四万,鸢走,魏入三县请和⑤。三十三年⑥,客卿胡阳攻魏卷、蔡阳、长社⑦,取之⑧。击芒卯华阳⑨,破之,斩首十五万。魏入南阳以和⑩。三十四年⑪,秦与魏、韩上庸地为一郡⑫,南阳免臣迁居之⑬。三十五年⑭,佐韩、魏、楚伐燕⑮。初置南阳郡⑯。三十六年⑰,客卿竈攻齐,取刚、寿⑱,予穰侯⑲。三十八年⑳,中更胡阳攻赵阏与㉑,不能取㉒。四十年,悼太子死魏㉓,归葬芷阳㉔。

① 【汇注】

司马光:楚王收东地兵,得十余万,复西取江南十五邑。(《资治通鉴》卷四《周纪四·赧王三十九年》)

张文虎:"反我江南",毛本"反"作"伐"。(《校刊史记集解索隐正义札记·秦本纪》)

王 恢:江南:指今四川、湖北接壤(地区)之长江以南。明年(前276)"楚人反江南",《楚世家》云:"襄王乃收东地兵,得十余万,复西取秦所拔我江旁十五邑以为郡,距秦。"《正义》谓黔中郡反归。按之"江旁",宜有南郡县邑。(《史记本纪地理图考·秦本纪·略楚地过半》)

张习孔:前276年,乙酉,周赧王三十九年,魏安僖王圉元年,赵惠文王二十三年,秦昭王三十一年,楚顷襄王二十三年……十二月,楚王收东地兵十余万,收复黔中十五邑,重新建郡以拒秦。(《中国历史大事编年·战国》)

【汇评】

王 恢:楚自吴起去魏来相(前386),捐不急之官,废公族以养战士,于是南平百越,北却三晋,西伐秦(《吴传》及《吕氏春秋》)。起虽死而楚政一新,越四十年(前334),威王灭越,盛极一时。自怀王见欺于张仪,丧师于丹析(前312),遂一蹶不振。秦师入郢，江汉间尽入于秦，虽春申游说，移秦祸于韩魏，复江旁十五邑以拒秦，然上游已失，强弩之末不入鲁缟矣。（《史记本纪地理图考·秦本纪·略楚地过半》）

② 【汇注】

马非百："（秦昭王）卅二年（前275）攻启封"。《韩世家》："（韩釐王）二十一年，使暴鸢（《正义》：音捐，韩将姓名）救魏，为秦所败，鸢走开封。"《六国表·韩表》同。案《汉书·景纪》注引荀悦曰："讳启之字曰开。"疑开封在汉以前本名启封，汉人讳景帝名启，故改为开。此役《秦本纪》《魏世家》《六国表·魏表》及《穰侯传》亦有记载，内容略有不同。《秦本纪》云："（昭王）三十二年，相穰侯伐魏，至大梁破暴鸢，斩首四万。鸢走，魏入三县请和。"《魏世家》云："（安釐王）二年，秦拔我三城，军大梁下。韩来救，予秦温（今河南省温县西南）以和。"《魏表》同《世家》。《穰侯传》云："昭王三十二年，穰侯为相国，将兵攻魏，走芒卯，入北宅（《正义》：《竹书》云宅阳一名北宅。《括地志》云：宅阳故城在郑州荥阳县西南十七里），遂围大梁。梁大夫须贾说……乃解梁围。明年，魏背秦，与齐从亲。秦使穰侯伐魏，斩首四万，走魏将暴鸢（案鸢本韩将，因兼统韩、魏联军，故又称魏将），得魏三县，穰侯益封。"或言"军大梁下"，或言"至大梁"，皆不言"开封"。因开封为魏小邑，与大梁相去不远。秦围大梁，暴鸢走开封，故追攻之。（《中国历史文献研究集刊》第二集《云梦秦简大事记集传》）

③ 【汇注】

陈蒲清：相穰侯：魏冉二十六年复为丞相。（引自王利器主编《史记注译·秦本纪》）

④ 【汇注】

陈蒲清：暴鸢：韩将名。参见《六国年表》。（引自王利器主编《史记注译·秦本纪》）

⑤ 【汇校】

梁玉绳："三十二年……魏入南阳以和"按：此所书战最误，即《年表》《世家》《列传》亦误。考秦昭三十二年，当魏安釐二年，韩釐二十一年，秦攻魏，拔两城，军大梁下。韩使暴鸢救魏，为秦所败，鸢走开封，魏予秦温以和。是秦昭三十二年之战也。而此云魏入三县，《穰侯传》云割八县，并误。盖二县秦拔之，一县魏予之，共止三县耳。明年魏背秦与齐从亲，秦使穰侯复伐魏，拔四城，斩首四万。是秦昭王三十三年之战也。而此以斩首四万并入大梁之役，书于三十二年，误矣。秦昭王十四年赵、魏攻韩华阳，韩告急于秦，穰侯又与白起、客卿胡阳攻赵、魏以救韩，走魏将芒卯，斩十三万人，败赵将贾偃，沉其卒二万人于河，取魏卷、蔡阳、长社，取赵观津，魏予秦南阳以和，秦且与赵观津，益赵以兵伐齐。是秦昭王三十四年之战也，而此在三十三年，误一。止言客卿胡阳，反遗却主帅穰侯、大将白起，较之《年表》《赵世家》《白起》及《春申传》但举白起更觉失伦，误二。斩魏卒十三万，沉赵卒二万，乃合赵与魏作十五万人，与《六国表》《魏世家》俱非，《穰侯传》云十万亦非，误三。赵、魏同破，何以单说魏而不及赵，《表》亦单说魏，又云"得三晋将"，《魏世家》云"秦破我及韩、赵"，《穰侯传》云"攻赵、韩、魏"，《白起传》云"得三晋将"，《春申传》云"攻韩、魏"，述一事而各异如此，误四。至暴鸢，《国策》暴作"罴"，其字讹也。《韩世家》鸢作"蔵"，其字同也。芒卯，《西周策》及《韩子·说林》《显学》《淮南·氾论》作"孟卯"，音之转也。而《韩子·外储说左》作"昭卯"，《吕览·应言》作"孟邜"，皆误。又此《纪》"胡伤"两见，当是传写之讹，依《穰侯传》作"阳"为是。《赵策》作"胡易"，即古"阳"字。（《史记志疑·秦本纪》）

【汇注】

司马光：秦相国穰侯伐魏。韩暴鸢救魏，穰侯大破之，斩首四万。暴鸢走开封。魏纳八城以和。穰侯复伐魏，走芒卯，入北宅。魏人割温以和。（《资治通鉴》卷四《周纪四·赧王四十年》）

瞿方梅：魏《表》云秦拔我两城，军大梁下，韩来救，与秦温以和。三县即两城、温也。（《史记三家注补正·秦本纪》）

高　敏：（湖北睡虎地秦墓秦简）《大事记》载昭王三十二年"攻启封"，也可补《史记》之缺。查《史记·秦本纪》昭王三十二年秦"相穰侯攻魏，至大梁，破暴鸢，斩首四万，鸢走，魏入三县请和"；《魏世家》作魏安釐王二年（即秦昭王三十二年）秦"又拔我二城，军大梁下，韩来救，予秦温以和"；《六国年表·魏表》除"三城"作"二城"外，余悉同。这就是说，《史记》无大梁城名启封的记载。《史记·韩世家》及《六国年表·韩表》均载韩釐王二十一年（即秦昭王三十二年）"使暴鸢救魏，为秦所败，鸢走开封"，与《史记》上述记载是一回事，则这里的"开封"就是大梁城，也就是《大事记》所说的"启封"。可见开封本来名为启封。《史记》因避景帝名讳而改为开封。这是《史记》所缺载的。（《云梦秦简初探·秦简〈大事记〉与〈史记〉》）

⑥【汇校】

王叔岷：按：梁氏所谓"赵、魏攻韩华阳，韩告急于秦"。本《韩世家》；"穰侯又与白起、客卿胡阳攻赵、魏以救韩"。本《穰侯列传》；"走魏将芒卯，斩十三万人；败赵将贾偃，沉其卒二万人于河"。本《白起列传》；"取魏卷、蔡阳、长社；取赵观津"。本《穰侯列传》；"魏予秦南阳以和"。本《魏世家》及《六国年表》；"秦且与赵观津，益赵以兵伐齐"。本《穰侯列传》。梁氏合年表，世家、列传，以证"三十年，"为"三十四年"之误；"斩首十五万，"为"斩首十三万"之误。考《白起列传》云："昭王三十四年，白起攻魏拔华阳，走芒卯，而虏三晋将，斩首十三万。与赵将贾偃战，沉其卒二万人于河中。"《考证》："沈家本曰：此言'十三万'，又言'二万'，《纪》《表》统言之耳。《穰侯传》则夺五字。"而《水经·洧水注》引"昭王三十四年"，作"三十三年"。正与此《纪》合；又引"斩首十三万"，作"十五万。"亦与此《纪》及《六国表》《魏世家》并合。则"斩首十五万"，乃专就魏卒言之，非合沉赵卒二万言之也。今本《白起传》作"十三万"，盖涉上文两三字而误。梁说未审（沈家本说亦同）。（《史记斠证·秦本纪》）

【汇校】

高　敏：（湖北睡虎地秦墓秦简）《编年记》可以订正《史记·秦本纪》关于击魏华阳军的年代。《史记·秦本纪》载昭襄王三十三年"击芒卯华阳，破之，斩首十五万，魏入南阳以和"；但《史记·六国年表·秦表》作昭王三十四年"白起击魏华阳军，芒卯走，得三晋将，斩首十五万"；《魏表》及《魏世家》，也都系此事于魏安釐王四年，即秦昭王三十四年；《白起列传》也明言"昭王三十四年，白起攻魏，拔华阳，走芒卯"；可见在击魏华阳军的问题上，《史记·秦本纪》同《年表》《列传》及《魏世家》矛盾，未审孰是，今《编年记》亦作昭王三十四年"攻华阳"，足证《史记·秦本纪》误而《年表》《魏世家》及《白起列传》不误。（《云梦秦简初探·秦简〈大事记〉与〈史记〉》）

【汇注】

章　衡：丁亥四十一年，（秦昭襄王）三十三年，魏复叛，穰侯伐之。（《编年通载》卷三《周》）

马非百："卅三年（前274）攻蔡、中阳"。《秦本纪》："（昭王）三十三年，客卿胡伤攻魏卷、蔡阳、长社，取之。"《魏世家》及《六国表·魏表》均作"秦拔我四城，斩首四万"。卷，今河南省原阳县西北七里。蔡阳，即此处之蔡，今河南省上蔡县西南十里。与《汉志》南阳郡蔡阳之在湖北枣阳县西南者不是一地。长社，今河南省长葛县西一里。共只三城。所谓"四城"，当合此处"中阳"言之。中阳有四，一为燕中阳。齐田单拔燕中阳，见《赵世家》及《六国表·燕表》。《正义》以为燕无中阳。当作中山，故城一名中人亭，在定州唐县东北四十一里。一为赵中阳，《史记·秦本纪》昭王二十二年与赵王会中阳。《集解》引《地理志》："西河有中阳县"，汉置县，故城在今山西省孝义县西北。一为秦中阳，即由析县改置者，已见上九年攻析条。此处中阳，则为魏地。《竹书纪年》：梁惠成王十七年（秦孝公八年），郑朝中阳。据《水经》卷二十二《渠水》注，上言"中牟县故魏任城玉台下池中有汉时铁锥，长六尺……而今不知所在"。下言"或言在中阳城。池台未知焉"。案《清一统志》：中牟在今河南省中牟县东六里。中阳必与中牟相距不远，而与卷及蔡阳、长社亦极相近。惟今地未详。(《中国历史文献研究集刊》第二集《云梦秦简大事记集传》)

⑦【汇校】

张文虎："胡伤"。《志疑》云《穰侯传》作"阳"，《赵策》作"易"，即古阳字。(《校刊史记集解索隐正义札记·秦本纪》)

【编者按】《睡虎地秦墓竹简·编年纪》载秦昭王"卅三年，攻蔡、中阳"。李学勤注曰："蔡，当即上蔡，魏地，今河南上蔡西南。中阳，魏地，今河南中牟西。《史记·六国年表》和《魏世家》载此年秦拔魏四城。《秦本纪》说秦"客卿胡伤攻魏卷、蔡阳、长社"，只有三城，疑《秦本纪》"蔡阳"系"蔡、中阳"之误。

【汇注】

裴　骃：《地理志》，河南有卷县。(《史记集解·秦本纪》)

又：《地理志》，颍川有长社县。(同上)

张守节：卷音丘袁反。《括地志》云："故卷城在郑州原武县西北七里，即衡雍也。"(《史记正义·秦本纪》)

又：《括地志》云："蔡阳，今豫州上蔡水之阳，古城在豫州北七十里。长社故城在许州长社县西一里，皆魏邑也。"(同上)

程馀庆：故卷城在怀庆府原武县西北七里，蔡阳故城在汝宁府北七十里，长社故城在许州长葛县西一里。(《历代名家评注史记集说·秦本纪》)

王　恢：卷：《河水注》："河水自荥阳来，东北迳卷县北，下入河内武德。"据《清统志》(二〇三) 故城在河南原武县西北七里圈厢城。(《史记本纪地理图考·秦本纪·昭王之业绩》)

又：蔡阳：《括地志》："上蔡水之阳，古城在豫州北七十里。"唐豫州治今汝南，是蔡阳当在今上蔡县南境。(同上)

又：长社：《溱水注》："溱水自河南密县来，经长社城西北。"《括地志》："故城今长葛县西一里。"按三十二年至南阳以和，《志疑》："案：此所书战最误；即《年表》《世家》《列传》亦误。"(同上)

陈　直：直按：胡伤为人名，非姓名连称。《建元以来王子侯者年表》有封斯侯刘胡伤。《小校经阁金文》卷十五、五十一页，有周仲镜，末纪吴胡伤里，皆可证胡伤为先秦两汉人之习俗语。(《史记新证·秦本纪》)

陈蒲清：胡阳：原作"胡伤"，误，依《穰侯列传》改。卷：卷城。故址在今河南省原阳县。蔡阳：在今河南省上蔡县东南。长社：在今河南省长葛县西。(《史记注译·秦本纪》)

⑧【汇注】

高　敏：（湖北睡虎地秦墓秦简）《编年记》载昭王"卅三年攻蔡、中阳"。《史记·秦本纪》载此事作昭王"三十三年，客卿胡伤攻魏卷、蔡阳、长社，取之"；《魏世家》作是年"秦拔我四城，斩首四万"，《六国年表·魏表》全同。但是，《史记·穰侯列传》谓昭王三十四年"取魏卷、蔡阳、长社"，既与《纪》《表》《世家》不合，又同《编年记》不符，可见《史记·穰侯列传》系年有误。再说《魏世家》及魏表所说"四城"，在《秦本纪》及《穰侯列传》中只见卷、蔡阳与长社三城，今《编年记》作昭王三十三年"攻蔡、中阳"，则知"四城"之中有"中阳"一城，《史记》漏载。又《水经·渠水注》中讲到"中阳城"，说明"中阳"确系地名；《竹书纪年》载"梁惠成王十七年郑朝中阳"，说明"中阳"确是魏地。因此，昭王三十三年攻魏取四城，除《史记》已载卷、蔡阳及长社外，还有中阳。则《编年记》此条既可正《穰侯列传》系年之误，又可补中阳之缺，还可证明"蔡"即"蔡阳"而非两地。（《云梦秦简初探·秦简〈大事记〉与〈史记〉》）

⑨【汇注】

裴　骃：司马彪曰："华阳，亭名，在密县。"（《史记集解·秦本纪》）

司马贞：芒卯，魏将。谯周云孟卯也。（《史记索隐·秦本纪》）

张守节：《括地志》云："故华城在郑州管城县南三十里。《国语》云史伯对郑桓公，虢、郐十邑，华其一也。华阳即此城也。"按：是时韩、赵聚兵于华阳攻秦，即此矣。（《史记正义·秦本纪》）

胡三省：司马彪曰：华阳，山名，在河南密县。《括地志》：在郑州管城县南四十里。《水经注》：黄水出新郑县太山黄泉，东南流迳华城西。史伯谓郑桓公曰："华，君之土也。"韦昭曰：华，国名也。（《资治通鉴》卷四"赧王四十二年"注）

程馀庆：华阳，亭名，在禹州新郑县东南三十里，时聚兵华阳攻韩，秦魏冉、白起救之。（《历代名家评注史记集说·秦本纪》）

陈　直：《索隐》：芒卯魏将，谯周云：孟卯也。直按：《周金文存》卷六，九十一页，有立事剑云："王立事岁衡衡命孟卯右军师司马仓尉导执剂。"盖即芒卯之物，谯周作孟卯是也。（《史记新证·秦本纪》）

⑩【汇注】

裴　骃：徐广曰："河内修武，古曰南阳，秦始皇更名河内，属魏地。荆州之南阳郡，本属韩地。"（《史记集解·秦本纪》）

张守节：《括地志》云："怀获嘉县即古之南阳。杜预云在晋州山南河北，故曰南阳。秦破芒卯军，斩首十五万，魏入南阳以和。"（《史记正义·秦本纪》）

司马光：赵人、魏人伐韩华阳。韩人告急于秦，秦王弗救。韩相国谓陈筮曰："事急矣，愿公虽病，为一宿之行！"陈筮如秦，见穰侯。穰侯曰："事急乎？故使公来。"陈筮曰："未急也。"穰侯怒曰："何也?"陈筮曰："彼韩急则将变而他从；以未急，故复来耳。"穰侯曰："请发兵矣。"乃与武安君及客卿胡阳救韩，八日而至，败魏军于华阳之下，走芒卯，虏三将，斩首十三万。……魏段干子请割南阳予秦以和。（《资治通鉴》卷四《周纪四·赧王四十二年》）

胡三省：南阳实修武。班《志》，修武县属河内郡。应劭曰：晋始启南阳，今南阳城是也。其地在晋山南、河北，故曰南阳。刘原父曰：修武即晋之宁邑，武王伐纣名之。《韩诗外传》：武王伐纣，勒兵于宁，故曰修武。有古南阳城。（《资治通鉴》卷四"赧王四十二年"注）

程馀庆：魏南阳故城，在怀庆府修武县北。（《历代名家评注史记集说·秦本纪》）

陈蒲清：南阳：即魏国修武（故址在今河南省获嘉县），非韩国的南阳（韩之南阳早已被秦吞并）。（引自王利器主编《史记注译·秦本纪》）

⑪【汇注】

马非百："卅四年（前273）攻华阳"。攻华阳事，各书记载不尽一致。第一，从参战国说，《秦本纪》只有魏国，《韩世家》说是赵、魏攻韩华阳而秦救之。《魏世家》《穰侯传》皆言秦攻韩、赵、魏，《赵世家》言赵与魏共击秦，而无韩，《春申君传》则只有韩、魏而无赵。《秦表》只言击魏而无韩、赵。第二，从时间说，《六国表·秦表》《韩世家》《白起传》《魏世家》皆列在秦昭王三十四年，与此相合。而《秦本纪》《赵世家》《穰侯传》则皆列在昭三十三年，比此处提前了一年。第三，从主将说，《秦本纪》说是客卿胡伤，《六国表·秦表》《白起传》《赵世家》《春申君传》说是白起。《韩世家》只说穰侯。《穰侯传》则说是穰侯与白起、胡伤三人。《魏世家》未说秦将姓名。第四，从斩首人数说，《秦本纪》《秦表》及《魏世家》皆言"斩首十五万"，《穰侯传》言"斩首十万"，《白起传》言"斩首十三万"，又"沉晋卒二万人于河中"。《赵、韩世家》未言斩首人数。第五，从对方主将说，《秦本纪》《秦表》《穰侯传》《白起传》及《魏世家》《春申君传》都说是魏将芒卯，《赵世家》无主将名。但《白起传》有赵将贾偃。第六，从战果说，《秦本纪》《穰侯传》说破芒卯，《秦表》《白起列传》说芒卯走，得三晋将，《赵世家》说得一晋将，独《春申君传》说擒魏将芒卯。又《秦本纪》《魏表》《魏世家》皆说魏入南阳（《正义》引《括地志》：怀州获嘉即古南阳）以和，《穰侯传》独言取魏之卷、蔡阳、长社、赵氏观津（赵乐毅封邑，今河北省武邑县有观津镇即此）。似是将三十三年事误合为一。但以华阳为这次战争的主要阵地，则各书及此处完全一致。《史记·韩世家·正义》：司马彪云："华阳，山名，在密县。"郑州管城县南四十里。按即今河南省密县东南三十里。（《中国历史文献研究集刊》第二集《云梦秦简研究集传》）

又:"卅七年(前270)耤寇刚"。《齐世家》:"(襄王)十四年(秦昭王三十七年)秦击我刚、寿。"《六国表·齐表》同。《秦本纪》:"(昭王)三十六年,客卿灶攻齐,取刚、寿,予穰侯。"《穰侯传》:"(昭王三十六年)相国穰侯言客卿灶,欲伐齐,取刚、寿,以广其陶邑。"《范雎传》:"(昭王三十六年)穰侯为秦将,且欲越韩、魏而伐齐刚、寿,欲以广其陶封。"《正义》:"《括地志》云:故刚城在兖州龚丘县界。寿,郓州之县。"此言"耤寇刚",当与伐刚、寿有关。耤寇刚者,可能做两种解释:一种,藉或是灶之别名,或为灶之副将。寇即攻取的意思。又一种,据《史记·范雎传》穰侯越韩、魏而攻齐刚、寿,范雎讥之为"借贼兵而赍盗粮",此本古兵书中语,《李斯传》作"藉寇兵而资盗粮"。作者对其他战役,或曰攻,或曰某军,独对于这次战役大书特书曰"耤寇刚",说明他对"越人之国而攻"的战役,是持反对的态度的。又此役所记年代与《史记·齐世家》及《齐表》相合。惟《秦本纪》《穰侯传》《范雎传》皆作昭王三十六年,较此提早了一年。(同上)

⑫【汇注】

陈蒲清:上庸:原为楚地。在今湖北省竹山县。(引自王利器主编《史记注译·秦本纪》)

⑬【汇注】

吕祖谦:"周赧王四十二年,秦魏冉、白起救韩,败魏、赵华阳"。《解题》曰:华阳,亭名,在密阳。秦属河南郡。蔡阳今蔡州上蔡水之阳。长社属颍川郡,观津属津河郡。南阳即河内修武,非邓州之南阳。晋始启南阳,即此地也。免臣,盖秦之臣,以罪免者,迁以守新边。秦不信敌国之民,故徙其国人使错居之也。秦华阳之役,盖救韩而击赵、魏,《年表》《列传》或云得三晋将,或攻赵、韩、魏,皆记之者误耳。(《大事记解题》卷五)

程馀庆:免臣,秦之臣以罪免者,迁以守新边也。(《历代名家评注史记集说·秦本纪》)

陈蒲清:免臣:指已降服的南阳臣民。韩魏服于秦,秦以楚地上庸为一郡,迁南阳免臣居之。这段话疑有脱误。(引自王利器主编《史记注译·秦本纪》)

⑭【汇注】

司马迁:(韩釐王)二十三年,赵、魏攻我华阳。韩告急于秦,秦不救。韩相国谓陈筮曰:"事急,愿公虽病,为一宿之行。"陈筮见穰侯。穰侯曰:"事急乎?故使公来。"陈筮曰:"未急也。"穰侯怒曰:"是可以为公之主使乎?夫冠盖相望,告敝邑甚急,公来言未急,何也?"陈筮曰:"彼韩急则将变而佗从,以未急,故复来耳。"穰侯曰:"公无见王,请今发兵救韩。"八日而至,败赵、魏于华阳之下。(《史记·韩世家》)

⑮【汇校】

　　梁玉绳：案：秦无佐伐燕之事，而伐燕是齐、韩、魏，非韩、魏、楚，此与《燕世家》同误，说在六国表中。(《史记志疑·秦本纪》)

【汇注】

　　吕祖谦："韩魏与秦楚伐燕"。《解题》曰：按《燕世家》燕惠王七年卒，韩、魏、秦、楚兵伐燕。盖乘燕之丧也。《楚世家》书使三万人助三晋伐燕。《秦本纪》亦书佐韩、魏、楚伐燕。然则是役也，韩、魏为兵主，秦、楚助之而已。(《大事记解题》卷五)

⑯【汇注】

　　张守节：今邓州也。前已属秦，秦置南阳郡，在汉水之北。《释名》云："在中国之南而居阳地，故以为名焉。"张衡《南都赋》云："陪京之南，居汉之阳。"(《史记正义·秦本纪》)

　　胡三省：凡山南、水北皆谓之南阳。晋南阳在修武，以在太行之南，大河之北也。秦置南阳郡，以在南山之南，汉水之北也。(《资治通鉴》卷五"赧王四十三年"注)

⑰【汇校】

　　梁玉绳：案：《年表》及《田完世家》皆云三十七年，此与《穰侯传》并误在前一年。(《史记志疑·秦本纪》)

【汇注】

　　张习孔：前271年，庚寅，周赧王四十四年，燕武成王元年，赵惠文王二十八年，齐襄王十三年，秦昭王三十六年，秦筑长城。秦灭义渠后，置北地郡（郡治义渠，今甘肃庆阳西南），至此，"秦有上郡、陇西、北地，筑长城以拒胡"(《史记·匈奴列传》)。按秦昭王时之长城，西起今甘肃岷县之西南，北经皋兰，东越陇山，入今陕西之富县境，北行经延安、绥德，东达黄河西岸而止。(《中国历史大事编年·战国》)

　　又：前270年，辛卯，周赧王四十五年，秦昭王三十七年，赵惠文王二十九年……秦围赵阏与。秦派中更（秦爵十三级）胡阳伐赵，越过韩之上党，进围赵之险要——阏与（今山西和顺）城，阏与之役开始。(同上)

　　又：秦取齐刚寿。秦客卿灶言于魏冉："攻齐之事成，陶为万乘，长小国，率以朝，天下必听，五伯之事也。"冉从之，使灶攻齐，取其刚（今山东宁阳东北）、寿（今山东东平西南），冉封地陶邑（今山东定陶北）因以扩大。(同上)

⑱【汇校】

　　高　敏：（湖北睡虎地秦墓秦简）《史记·秦本纪》及《穰侯列传》，均载秦攻齐取寿刚在昭王三十六年，唯《六国年表·齐表》作齐襄王十四年（即秦昭王三十七年）秦"击我寿刚"，与上矛盾，今《大事记》亦作昭王三十八年"□□刚"，显然是

"攻寿刚",证明《齐表》正确。(《云梦秦简初探·秦简〈大事记〉与〈史记〉》)

【汇注】

张守节：《括地志》云："故刚城在兖州龚丘县界。寿，郓州之县。"(《史记正义·秦本纪》)

吕祖谦：《解题》曰：《秦本纪》书"客卿灶攻齐，取刚、寿、予穰侯"。按：范睢今年说昭王之辞曰："穰侯越韩、魏而攻齐刚、寿，非计也。少出师则不足以伤齐，多出师则害于秦。"齐《年表》书秦、楚击我刚、寿，是今岁攻而未能下也。(《大事记解题》卷五)

胡三省：余据《唐志》：郓州寿张县，武德初置寿州。(《资治通鉴》卷五"赧王四十五年"注)

程馀庆：故刚城在兖州府宁阳县东北二十五里，故寿城在寿张县东南五十里。(《历代名家评注史记集说·秦本纪》)

王　恢：刚、寿：《汉志》："秦山郡刚，故阐。"《汶水注》："《禹贡》汶水自蛇丘来，西南过刚县北。"《括地志》："故刚城在龚丘（宁阳）县界。寿，郓州之县。"《清统志》(一六六)："刚故城在宁阳县东三十五里。"按：今郓城县，本汉寿良县。(《史记本纪地理图考·秦本纪·其他》)

陈蒲清：刚：《括地志》云："在兖州龚丘县界。"故址在今山东省宁阳县北。寿：即张县。故址在今山东省东平县西南。(引自王利器主编《史记注译·秦本纪》)

⑲**【汇注】**

司马光：穰侯言客卿竈于秦王，使伐齐，取刚、寿以广其陶邑。(《资治通鉴》卷五《周纪五·赧王四十五年》)

⑳**【汇注】**

马非百："卅八年（前269）阏与"。这是指有名的秦赵阏与战争而言。惟关于阏与战争，历来说者多不一致。从战争起因说：一说是因为赵背秦约，不肯以应犂、牛狐之地和秦所攻取的蔺、离石、祁相交换，故秦怒而伐之。见《战国策·赵策》。又一说则说是秦、韩相攻而围阏与，赵使赵奢救之。见《史记·赵世家》及《赵奢传》。《六国表·赵表》仅书秦拔我阏与，赵奢将击秦，大败之。《秦本纪》亦只书中更胡伤攻赵阏与不能拔。而皆不叙其事之所由起。从阏与所属国说，《赵表》既言"秦拔我阏与"，又言"秦击我阏与城"，《秦本纪》也说"中更胡伤攻赵阏与"。《赵奢传》："秦将大喜曰：夫去国三十里而军不行，乃增垒，阏与非赵地也。"《魏世家》信陵君谏魏王云："越山逾河，绝韩上党而攻赵，是复阏与之事，秦必不为也。"都说阏与是赵地。但《赵世家·正义》说："又仪州和顺县城亦云韩阏与邑。"王先谦《汉书补注·上党军沽县》条下引《元和志》："即韩阏与邑。"又《赵奢传》秦伐韩，军于阏与。王召廉颇、乐乘"问可救否",两人皆答以"道远险狭难救"。如果是赵地,则不是"可救否"与"难救"的问题。据此,也证明阏与是韩地而非赵地。从阏与所在地说:《赵世家·正义》说:"《括地志》云:'阏与,聚落,今名乌苏城,在潞州铜鞮县西北二十里。又仪州和顺县城,亦云韩阏与邑。二所未详。又有阏与山在洺州武安县西五十里,盖是也。'"这是说阏与就是阏与山,其地则在洺州武安县西五十里。即今河北省武安县。《赵奢传·正义》却又说:"按《括地志》云,言拒秦军在阏与山。疑其太近。既去邯郸三十里而军,又云趋之二日一夜,至阏与五十里而军垒城。据今洺州去潞州三百里间而隔相州,恐潞州阏与聚城是所拒据处。"这是说阏与乃阏与聚,其地则在潞州铜鞮县,即今山西省沁县西南。《方舆纪要》沁州阏与城条下云:"州西北二十里,战国时赵奢大破秦军,解阏与之围。其地在河南武安县。秦始皇十一年王翦攻阏与及橑阳。又汉二年,韩信破代,擒代相夏说于阏与,即此处也。"这是把阏与山和阏与城分为两处,而谓前者在武安,后者则在沁县西北。又王先谦《汉书补注·上党郡沾县》条下云:"《元和志》:即韩阏与邑。故城今平定州南八十里。"又涅氏条下云:"此涅县,非涅氏也。《续志》有阏与聚,刘注:赵奢破秦兵阏与。据此,沾、涅皆阏与地。《一统志》:'涅故城今武乡县西五十里。'"这是说阏与又在今山西平定县和武乡县境。从战争发生年代说:各书皆列在秦昭王三十七年,惟《秦本纪》书"中更胡伤攻赵阏与不能取"于昭王三十六年,《六国表·赵表》于赵奢大破秦军之后,也在赵惠文王三十年(即秦昭王三十八年)大书"秦击我阏与,不拔",与此相合。根据以上各种记载分析归纳,约可得结论如后:

①阏与战争,是秦军越山逾河,绝韩上党以攻赵所引起,因要经过上党,当然和韩有矛盾,但主要目的,还是攻赵。

②阏与是赵地不是韩地。

③从赵奢"去国三十里而军,又趋之二日一夜至阏与五十里而军"和廉颇、乐乘言"道远险狭难救",合而观之,则阏与所在地必不是武安而当在武安以西,今山西省晋中地区范围内。

④至于年代,大概进行了两次。赵奢大败秦军在昭王三十七年。中更胡伤攻赵不能取当是反攻,则在三十八年,此所记当属第二次,但结果仍然没有取得胜利。故上引信陵君谏魏王云:"越山逾河,绝韩上党而攻强赵,是复阏与之事,秦必不为也。"(《魏世家》)可见阏与战争,在秦人心目中,确实是一次很惨痛的教训。(《中国历史文献研究集刊》第二集《云梦秦简大事记集传》)

又:"卅九年(前268)攻怀"。《魏世家》:"(安釐王)九年(秦昭王卅九年),秦拔我怀。"《六国表·魏表》同。《范睢传》作"卒听范睢谋,使五大夫绾伐魏拔怀"。怀,《方舆纪要》:"在今河南省武陟县西南十一里。"(同上)

㉑【汇校】

　　胡三省："胡伤",意谓即上卷客卿之"胡阳"。(《资治通鉴》卷五"赧王四十六年"注)

【汇注】

　　裴　骃：(阏与)孟康曰："音焉与,邑名,在上党涅县西。"(《史记集解·秦本纪》)

　　张守节：阏,于达反。与音预。阏与聚城一名乌苏城,在潞州铜鞮县西北二十里,赵奢破秦军处。又仪州和顺县即古阏与城,亦云赵奢破秦军处。然仪州与潞州相近,二所未详。又阏与山在洺州武安县西南五十里,赵奢拒秦军于阏与,即山北也。按：阏与山在武安故城西南,又近武安故城,盖仪州是所封故地。(《史记正义·秦本纪》)

　　司马光：秦伐赵,围阏与。赵王召廉颇、乐乘而问之曰："可救否？"皆曰："道远险狭,难救。"问赵奢,赵奢对曰："道远险狭,譬犹两鼠斗于穴中,将勇者胜。"王乃令赵奢将兵救之。……赵奢纵兵击秦师,秦师大败,解阏与而还。赵王封奢为马服君,与廉、蔺同位。(《资治通鉴》卷五《周纪五·赧王四十五年》)

　　胡三省：司马彪《志》：上党郡涅县有阏与聚。《水经注》：上党沾县有梁榆城,即阏与故城。卢谌《征艰赋》曰：访梁榆之虚郭,乃阏与之旧平。《史记正义》曰：阏与在潞州铜鞮县西北二十里。又仪州和顺县亦有阏与城。仪、潞相近,二所未详。又阏与山在潞州武安县西南五十里,赵奢拒秦军于阏与,即山北也。《河东图》：辽州和顺县,晋大夫梁余子养邑；秦伐阏与,赵奢救之。是此辽州即唐之仪州。(《资治通鉴》卷五"赧王四十五年"注)

　　程馀庆：阏音焉。阏与故城在山西沁州西北三十里,按赵奢破秦军阏与,在三十七年,此盖秦再攻阏与也。(《历代名家评注史记集说·秦本纪》)

　　王　恢：阏于：当今山西沁县东北,武乡县之西南,正韩赵之分野,沿浊漳出河北之捷径。……其地分属韩、赵(一地两属,所在多有),故《六国表》赵曰："拔我",韩曰"击我",赵故不待韩请而救之也。及韩以上党与赵,王齕乃攻赵阏与与橑阳。橑阳,《十三州志》在上党(壶关)西北百八十里；亦足证阏于之在武乡西南。(《史记本纪地理图考·秦本纪·败赵长平》)

　　又：武安在今武乡,属赵。《廉颇传》"秦军阏与",又曰："秦军军武安西,秦军鼓噪勒兵,武安屋瓦尽振。"其词虽夸,要当近于阏与。(同上)

㉒【汇校】

　　司马迁：秦韩相攻,而围阏与。赵使赵奢将,击秦,大破秦军阏与下,赐号为马服君。(《史记·赵世家》)

　　高　敏：《史记·赵世家》《六国年表·韩表》及《廉颇列传》均谓与秦军战于阏

与,时在秦昭王三十七年,唯《史记·秦本纪》作昭王"三十八年,中更胡伤攻赵阏与,不能取",与表、传矛盾,今《编年记》有昭王"三十八年阏与",可证《秦本纪》不误,而表、传、世家关于与秦战于阏与的年代有误。(《云梦秦简初探·秦简〈大事记〉与〈史记〉》)

㉓【汇注】

司马光:秦悼太子质于魏而卒。(《资治通鉴》卷五《周纪五·赧王四十八年》)

㉔【汇注】

裴　骃:(芷阳),徐广曰:"今霸陵。"(《史记集解·秦本纪》)

张守节:《括地志》云:"芷阳在雍州蓝田县西六里。《三秦记》云(白)鹿原东有霸川之西阪,故芷阳也。"(《史记正义·秦本纪》)

程馀庆:故城在西安府东南三十里。(《历代名家评注史记集说·秦本纪》)

王　恢:芷阳:《汉志》:"京兆尹霸陵,故芷阳,文帝更名。"……芷阳,县境跨灞水两岸;西岸白鹿原(以浐水与少陵、杜陵及长安分界),东岸为骊山(界蓝田与临潼),南抵南山,北凭渭水。汉文九年起陵芷阳,以地处灞上,更名灞陵。陵在西岸,城在东岸。(《史记本纪地理图考·秦本纪·其他》)

　　四十一年夏①,攻魏,取邢丘、怀②。四十二年③,安国君为太子④。十月⑤,宣太后薨⑥,葬芷阳郦山⑦。九月,穰侯出之陶⑧。四十三年⑨,武安君白起攻韩,拔九城⑩,斩首五万。四十四年⑪,攻韩南(郡)阳,取之⑫。四十五年⑬,五大夫贲攻韩⑭,取十城⑮。叶阳君悝出之国⑯,未至而死。四十七年,秦攻韩上党⑰,上党降赵,秦因攻赵,赵发兵击秦,相距。秦使武安君白起击,大破赵于长平⑱,四十余万尽杀之⑲。四十八年十月⑳,韩献垣雍㉑。秦军分为三军㉒。武安君归。王龁将伐赵武安、皮牢㉓,拔之㉔。司马梗北定太原㉕,尽有韩上党。正月,兵罢,复守上党㉖。其十月,五大夫陵攻赵邯郸㉗。四十九年正月,益发卒佐陵。陵战不善㉘,免,王龁代将㉙。其十月㉚,将军张唐攻魏,为蔡尉捐弗守㉛,还斩之。五十年十月㉜,武安君白起有罪,为士伍㉝,迁阴密㉞。张唐攻郑㉟,拔之。十二月，益发卒军汾城旁㊱。武安君白起有罪，死㊲。龁攻邯郸，不拔，去㊳，还奔汾军二月余。攻晋军，斩首六千，晋楚流死河二万人㊴。攻汾城，即从唐拔宁新中㊵，宁新中更名安阳㊶。初作河桥㊷。

① 【汇注】
　　章　衡：乙未四十九年，（秦昭襄王）四十一年，范雎益亲用事，乃言太后、穰侯将不利于国，王乃废太后，逐穰侯，出之陶，以雎为丞相，封应侯。（《编年通载》卷三《周》）
　　马非百："四十一年（前266）攻邢丘"。《秦本纪》："（昭王）四十一年，夏攻魏，取邢丘、怀。"案：怀已于昭王卅九年入秦。此又言"取怀"者，《史记·考证》云："此两年事并入一年。"简文分列，与《魏世家》《六国表·魏国》及《范雎传》同。邢丘，《范雎传》亦作邢丘。《魏世家》作"郪丘"。《六国表·魏表》作"廪丘"。《集解》：徐广曰："郪丘一作廪丘，又作邢丘。"据此处所记，则作"邢丘"为是。邢丘，今河南省温县东有平皋故城，即此。又案邢丘和怀隔河南对成皋。成皋以东为荥阳，以西为巩县。这三地在当时最为重要。因为北边渡河可由邢丘以达上党，由邢丘和怀北行，至太行山上的少曲，尤为绾毂南北的冲要。范雎说秦昭王说："举兵而攻荥阳，则成皋之路不通。北斩太行之道，则上党之兵不下。一举而攻荥阳，则其国断而为三。"（《范雎传》）上年的攻怀，本年的攻邢丘，和卅二年的攻少曲，卅四年的攻太行，卅五年的攻野王，便是范雎对此计划的具体实践。（《中国历史文献研究集刊》第二集《云梦秦简大事记集传》）

② 【汇校】
　　吕祖谦：《解题》曰：（邢丘），《年表》作廪丘，《世家》作郪丘。（《大事记解题》）卷五）
　　梁玉绳：按：《六国表》《魏世家》秦取魏怀在昭三十九年，魏安釐九年，在取邢丘二年前，故《范雎传》云"使五大夫绾伐魏，拔怀。后二岁，拔邢丘"也，此误并在四十一年内。而"邢丘"当依《魏世家》作"郪丘"，此与《范雎传》作"邢丘"同误，《表》作"廪丘"尤误。廪丘乃齐地，时属于赵。郪丘为汝南郡新郪县，春秋时属齐，六国时属魏，《汉志》应劭注云"秦伐魏取郪丘"，可为确据矣。若邢丘之地，久入于秦，不待是时始取，故魏襄王时苏秦说魏，历数魏地不及邢丘而《魏世家》安釐王十一年信陵君谓魏王曰"秦固有怀茅邢丘也"，则非是时始取可知（是时即安釐王十一年）。《国策》吴注谓廪丘即邢丘，谬甚。裴骃引《韩诗外传》谓"武王伐纣至其地，更名邢丘曰怀"，诞不足信。（《史记志疑·秦本纪》）

高　敏：（湖北睡虎地秦墓秦简）《编年记》昭王四十一年"攻邢丘"；《史记·秦本纪》载昭王"四十一年攻魏邢丘、怀"；《史记·范睢列传》则谓拔怀"后二岁拔邢丘"，按《编年记》拔怀在昭王三十九年，则攻魏邢丘确在四十一年，可见几者所载相同。（《云梦秦简初探·秦简〈大事记〉与〈史记〉》）

又：（湖北睡虎地秦墓秦简）《编年记》载昭王卅九年"攻怀"，四十一年"攻邢丘"；而《史记·秦本纪》却把二者合于一年，作昭王四十一年"攻魏取邢丘、怀"，其"攻怀"事较《编年记》推迟了两年。但《史记·六国年表·魏表》及《魏世家》，均作魏安釐王九年（即秦昭王三十九年）"秦拔我怀"，《范睢列传·集解》引徐广语，谓秦使五大夫绾伐魏拔怀在昭王三十九年，与《编年记》正合。因此，《史记·秦本纪》把攻魏取怀事系于昭王四十一年，是错误地推迟了两年。（同上）

又：秦昭王四十一年"攻魏取邢丘"事，《编年记》与《史记·秦本纪》均作"邢丘"，而《魏世家》作"拔我郪丘"，《六国年表·魏表》则作"秦拔我廪丘"；《史记·集解》引徐广语曰："或作邢丘"。今《编年记》作"邢丘"，又出土秦律的治狱案例中两次提到战"邢丘"，可见徐广的解释不误，而《年表》及《魏世家》的"郪丘"及"廪丘"都错误了。（同上）

【编者按】《睡虎地秦墓竹简·编年纪》昭王四十一年"攻邢丘"。李学勤注曰：邢丘，魏地，今河南温县东，此年秦取邢丘，与《史记·秦本纪》相合。梁玉绳《史记志疑》卷四主张《秦本纪》邢丘"当依《魏世家》作郪丘，此与《范睢传》作邢丘，同误"，则是错误的。

【汇注】
裴　骃：徐广曰："邢丘在平皋。"骃按：《韩诗外传》武王伐纣，到于邢丘，勒兵于宁，更名邢丘曰怀，宁曰修武。（《史记集解·秦本纪》）

张守节：《括地志》云："平皋故城本邢丘邑，汉置平皋县，在怀州武德县东南二十里。故怀城，周之怀邑，在怀州武陟县西十一里。"（《史记正义·秦本纪》）

胡三省：班《志》，怀县属河内郡。《括地志》曰：怀县在怀州武陟县西十一里。（《资治通鉴》卷五"赧王四十七年"注）

张　照：《魏世家》，安王九年，秦拔我怀。是年为秦昭之三十九年。十一年，拔我邢丘，即秦四十一年也。此两年事并入一年。（《钦定史记·秦本纪·考证》）

程馀庆：邢丘故城在怀庆府东南七十里，故怀城在武陟县西南十一里。（《历代名家评注史记集说·秦本纪》）

王　恢：邢丘：河南温县东二十里平皋故城。春秋晋邑（见《左》宣六年），战国属魏。《韩诗外传》（三）："武王伐纣，更邢丘曰怀。"《禹贡》"覃怀氏绩"，汉置怀县于武陟西南。（《史记本纪地理图考·秦本纪·昭王之业绩》）

又：怀：周取苏忿生邑以与郑，见《左》隐十一年。晋启南阳，遂属晋。《左》宣六年，赤狄伐晋，围怀及邢丘。战国分属魏。傅宽从击项羽待高祖于此，见《宽传》。《水经》，沁水"又东过怀县之北"。《河水注》："河水自洛口又东，左迳平皋县南，又东迳怀县南，济水故道之所入，成皋分河。"邢丘近怀，明非一地，《韩诗外传》误。（同上）

陈　直：直按：《双剑誃吉金图录》下，第三十二页，有相邦冉戟云："廿一年相邦冉之造雍工师叶（正面），雍坏德（背面）。"坏德即怀德。此戟为魏冉当秦昭王二十一年复相时所铸，怀县已入秦国版图，本文谓昭王四十一年，始攻魏取怀，与戟文互异。（《史记新证·秦本纪》）

【编者按】《通鉴》取魏之邢丘与怀，非一年事。赧王四十七年，司马光谓"秦用范雎之谋，使五大夫绾伐魏，拔怀"。而"秦拔魏邢丘"，则至赧王四十九年矣。

③【汇注】

马非百："四十二年（前265）攻少曲"。《范雎传》："范雎相秦二年，秦昭王之四十二年，东伐韩少曲、高平，拔之。"《方舆纪要》："《括地志》：'高平故城在河阳县西北四十里。少曲当与高平相近。苏代曰：我起乎少曲，一日而断太行，是也。刘伯庄曰：少曲在太行西南。'"案河阳即今河南省孟县。（《中国历史文献研究专刊》第二集（《云梦秦简大事记集传》）

④【汇注】

吕祖谦：按《史记索隐》，安国君名柱。（《大事记解题》卷五）

⑤【汇校】

梁玉绳：按：十月乃"七月"之误，下文书"九月"可见。《大事记》及《尚书疏证》六反据此以为秦未并天下已改用十月为岁首，恐未然。（《史记志疑·秦本纪》）

赵生群："十月"，高山本作"七月"。（点校本二十四史修订本《史记》）

⑥【汇注】

裴　骃：（宣太后），徐广曰："芊氏。"（《史记集解·秦本纪》）

⑦【汇注】

张守节：郦，力知反，在雍州新丰县南十四里也。（《史记正义·秦本纪》）

陈蒲清：骊山：秦属芷阳。在今陕西省临潼县东南。（引自王利器主编《史记注译·秦本纪》）

⑧【汇注】

吕祖谦："秦免魏冉相国，夺宣太后权"。《解题》曰：《范雎传》书"废太后，逐穰侯、高陵、华阳、泾阳君于关外"。按《本纪》，明年"宣太后葬芷阳郦山。九月，穰侯出之陶"。是宣太后之没，书薨、书葬，初未尝废。魏公子无忌谏魏王亲秦之辞，止曰："太后母也，而以忧死。"亦未尝言废也。穰侯虽免相，犹以太后之故，未就国，及太后既葬之后，始出之陶耳。《范睢传》所载，特辩士增饰之辞，欲夸范睢之事而不知，甚昭王之恶也。邵氏《皇极经世书》曰：罢穰侯相国及宣太权，以客卿范睢为相，封应侯，盖得其实矣。(《大事记解题》卷五)

郭嵩焘："四十二年……，穰侯出之陶"，按昭襄王四十二年先叙十月，后叙九月，距昭襄王十九年僭称帝凡三十四年。(《史记札记·秦本纪》)

王　恢：陶：《清统志》(一八一)，定陶故城在今治西北四里(凤珠山前)，明洪武四年徙今治。(《史记本纪地理图考·秦本纪·其他》)

又：周武王弟封于曹，以陶为都邑。《春秋》哀公八年(前487)宋灭曹，遂为宋邑。昭王二十一年，齐与魏、楚灭宋，齐分得陶。昭王怒，乃联魏、韩、赵、楚、燕攻齐，秦夺以"益"穰侯魏冉。(同上)

【汇评】

司马光：穰侯援立昭王，除其灾害；荐白起为将，南取鄢、郢，东属地于齐，使天下诸侯稽首而事秦，秦益强大者，穰侯之功也。(《资治通鉴》卷五《周纪五·赧王五十年》)

王　恢：陶：范蠡以为"陶，天下之中，诸侯四通，货物所交易也"。(《货殖传》)遂居之治产至巨万，称陶朱公。子贡尝鬻财于曹、陶之间。盖陶居临菑、洛阳、卫、梁、宋、鲁、赵、楚之间，国际交通之衢，所谓当午道者也。四面平原千里，鸿沟四达，物产辐凑，战国时代一大经济都会也。秦更据以为应扬四面，虎视八方之军事基地也。(《史记本纪地理图考·秦本纪·其他》)

⑨【汇注】

司马迁：(韩桓惠王)九年，秦拔我陉，城汾旁。(《史记·韩世家》)

⑩【汇校】

梁玉绳：按：《韩世家》云"秦拔我陉，城汾旁"，《范睢传》云"秦攻韩汾、陉，拔之，因城河上广武"，则知秦所拔只陉城耳，陉在汾阳，遂城汾旁一带至广武。其曰"河上"者，即"广武"涧，《水经注》所谓"夹城之间有绝涧断山"是也。《六国表》云"秦拔我城汾旁"，"我"下缺"陉"字。《白起传》云"攻韩陉城，拔五城"，"五城"二字误，当云"拔之"。此《纪》云"九城"尤误，当云"拔陉城"。(《史记志疑·秦本纪》)

张　照：《白起传》，昭王四十三年卒。白起攻韩陉城，拔五城。《韩世家》，惠王九年，秦拔我陉，城汾旁。(《钦定史记·秦本纪·考证》)

⑪【汇注】

司马迁：(韩桓惠王)十年，秦击我于太行，我上党郡守以上党郡降赵。(《史

记·韩世家》）

章　衡：戊戌五十二年，（秦昭襄王）四十四年，攻韩，拔南郡。（《编年通载》卷三《周》）

马非百："四十四年（前263）攻太行。□攻"。《韩世家》："（桓惠王）九年（秦昭王四十三年）秦拔我陉城汾旁。十年（秦昭王四十四年）秦击我于太行。"《六国表·韩表》同。《正义》："秦拔陉城于汾水之旁。陉故城在绛州曲沃县西北二十里汾水之旁。"又云："太行山在怀州河内县北二十五里。"《白起传》："（昭王）四十三年，白起攻韩陉城，拔五城，斩首五万。四十四年，白起攻南阳太行道，绝之。"《集解》："此南阳，河内修武是也。"《正义》："案南阳属韩。秦攻之，则韩太行羊肠道绝矣。"按太行，即太行山。起自河南省济源县，北入山西省境，东北走，经晋城、平顺、潞城、昔阳等县，再入河南省境经辉县入河北省境，经武安、井陉等县，至获鹿为止。若断若续，随地异名，主峰在晋城县南。羊肠道，王先谦《汉书·地理志补注》"壶关有羊肠阪"条云："羊肠阪有三，此及凤台、阳曲。战国时之羊肠，凤台近之。《纪要》：'阪长三里，盘曲如羊肠。'"案清凤台即今山西省晋城县。据《范雎传》：雎说秦昭王云："北守太行之道，则上党之师不下。"又同书蔡泽说雎云："今君相秦，计不下席，谋不出廊庙，坐制诸侯，利施三川，以实宜阳。决羊肠之险，塞太行之道，又斩范中行之涂，六国不得合从。栈道千里，通于蜀汉，使天下皆畏秦。"知"攻太行"也是范雎所主持。缺字未详。（《中国历史文献研究集刊》第二集《云梦秦简大事记集传》）

⑫【汇校】

梁玉绳：按：《年表》及《白起传》作"南阳"，甚是。独此称"南郡"，谬耳。南郡乃楚地，秦昭廿九年攻楚取郢为南郡，韩安得有之。盖南阳是总统之名，韩、魏分有其地。魏之南阳是河内、修武等处，已于秦昭三十四年尽入于秦。韩之南阳是荆州宛、穰等处，其地大半为秦所取，故秦于前十年置南阳郡矣。此后所攻者皆韩之南阳，不过取而附益之，至始皇十六年而韩南阳之地全纳于秦。《韩表》及《世家》不书取南阳，但云"秦击我太行"，盖互见之，《白起传》所谓"攻南阳太行道，绝之"也。（《史记志疑·秦本纪》）

郭嵩焘："四十四年，攻韩南郡，取之"。《考异》云："南郡非韩地。"《志疑》云："《年表》及《白起传》作'南阳'，是。"（《史记札记·秦本纪》）

王　恢：南郡：《汉志》："南郡，秦置，领县十八，治江陵，故楚都郢。"王补引全祖望云：韩亦有南郡，《秦纪》昭襄四十四年攻韩南郡，取之，是也。盖与楚接境，后殆并入。"钱大昕《潜研堂集》（十二）又以秦汉之南阳郡曲为之说。按四十四年攻韩南郡，"郡"乃"阳"之讹。《年表》《白起传》可证。全、钱、王三氏，似不知河

内之南阳，韩魏共之也。(《史记本纪地理图考·秦本纪·略楚地过半》)

司马光：秦武安君伐韩，取南阳。(《资治通鉴》卷五《周纪五·赧王五十二年》)

【汇注】

吕祖谦："周赧王五十二年，秦白起攻韩，取南阳，绝太行道"。《解题》曰："南阳，河内修武也。昭王三十四年，尝取之魏矣。今岁又书取之韩，或者中间尝属韩也。"范雎尝献谋于昭王曰："北断太行之道，则上党之师不下。"斯役也，其上党之渐欤？(《大事记解题》卷五)

又：《史记正义》云：太行在怀州河内县北。(《大事记解题》卷五《本注》)

胡三省：韩之南阳，即河内野王之地。(《资治通鉴》卷五"赧王五十二年"注)

钱大昕："昭王四十四年，攻韩南郡，取之"。"南郡"，《六国表》作"南阳"。考江陵之南郡，楚地，非韩地，当以"南阳"为是。但昭王十六年，拔韩宛城，又魏冉封穰侯，皆南阳郡地，是南阳属秦已久。至昭王三十九年置南阳郡，何以四十四年攻韩，又取南阳？盖战国时大郡，或领十数城，非一时所能尽拔。秦虽置南阳，尚未全有其地，至是始悉取之。如上党亦韩郡，桓惠王十年，郡守冯亭以郡降赵，十四年为秦所拔矣。而二十六年又云"秦拔我上党"，亦其类也。(《三史拾遗·秦本纪》)

陈蒲清：南阳：地区名。相当今河南省西南部一带。因地处中原的南方，位于伏牛山、汉水之阳，故名。(引自王利器主编《史记注译·秦本纪》)

⑬【汇注】

马非百："卅五年（前262）攻大野王。十二月甲午，鸡鸣时，喜产"。《白起传》："（秦昭王）四十五年，伐韩之野王，野王降秦。上党道绝。"《索隐》："《地理志》：'野王县，属河内，在太行东南。'"《汉书·地理志》："野王，太行山在西北。"王先谦《补注》："《禹贡·山水泽地篇》：'太行山在野王县西北'，与志合。《纪要》：'今怀庆府城北二十里。'"又云："野王，《一统志》：'故城今河内县治。'"案即今河南省沁阳县。韩无大野王。疑当作"攻太行、野王"，写者脱一"行"字。上党道绝，韩国被截为二段，上党郡就成为孤岛。魏国的信陵君竟想乘人之危，从中捞一把。他向魏王提出"通韩上党于共（今河南省辉县）、甯（今河南省修武县东），使道安成（今河南省原阳县南），出入赋之"，"使魏得韩以为县"的卡住韩国脖子的恶毒阴谋。(《魏世家》) 魏王是否采纳了他的意见，史无明文。但当时一国分为两半，彼此无法交通。对韩国来说，确实是一个致命的打击。(《中国历史文献研究集刊》第二集《云梦秦简大事记集传》)

又按：喜，人名。产，即《史记·高纪》"已而有身，遂产高祖"之产。犹言诞生。这是说喜是这一年十二月甲午日鸡鸣时诞生的。

又："卅六年（前261）攻□亭"。案"□亭"当是"冯亭"之缺。冯亭，韩上党守。当秦攻野王时，上党与韩都新郑之交通已绝。韩王大恐，使阳成君入谢于秦，请效上党之地以为和。令韩阳告上党守靳䵣，使其效地于秦。靳䵣不奉命。韩王以已诺于秦王，未便中变。因使冯亭代靳䵣。冯亭不仅不肯遵办，反而以上党郡及所属城市十七降赵。而赵孝成王也不自量力，居然派平原君前往受地，并以万户都三封冯亭，千户都三封县令，皆世世为侯。诸吏都加爵三级，民能相安者，都赐之六金。秦以全力攻韩，已将到口的一块肥肉，忽被冯亭把它作为升官发财的礼物轻轻地送给赵国去了。正如平阳君赵豹所说："秦服其劳而赵受其利，虽强大不能得之于小弱，小弱顾能得之于强大乎？"（《赵世家》及《战国策·赵策》）这实在使秦国难堪。因此要激起秦王派兵攻击冯亭，自是意料中事，而且历史上用人名作为战役名称者，也并不希罕。苏厉说燕王，就曾以"赵庄（《史记·樗里子传》作庄豹，《秦本纪》作庄。此据《赵表》《赵世家》及《苏秦传》）之战"（赵肃侯二十二年，秦惠王十年）、"龙贾之战"（魏襄王五年，秦惠王八年）和"岸门（今河南省许昌市西北）之战"（韩宣惠王十九年，秦惠王后十一年）、"封陵（今山西省风陵渡）之战"（魏哀王十六年，秦昭王四年）及"高商之战"（《集解》：此战事不见）并称。那么，这里把"攻上党"称"攻冯亭"就不是什么创举了。（《中国历史文献研究集刊》第二集《云梦秦简大事记集传》）

⑭【汇注】

张守节：（贲），音奔。五大夫，官。疑贲，名也。（《史记正义·秦本纪》）

王叔岷：按五大夫，秦之第九爵。见《汉书·百官公卿表》。（《史记斠证·秦本纪》）

⑮【汇校】

高　敏：（湖北睡虎地秦墓秦简）《编年记》载昭王四十五年"攻大野王"；《史记·秦本纪》及《六国年表》都只说是年秦攻韩，"取十城"；《韩世家》连失十城事也未载；唯独《白起列传》谓昭王"四十五年，伐韩之野王，野王降秦"，与《编年记》略同。故知《白起列传》不误，而《秦本纪》及《年表》《韩世家》等均漏载攻野王即取十城中之一。（《云梦秦简初探·秦简〈大事记〉与〈史记〉》）

【汇注】

吕祖谦："周赧王五十一年，秦城广武"。《解题》曰：按《范雎传》昭王四十二年，秦攻韩汾、陉，拔之，因城河上广武。（《大事记解题》卷五）

又：《史记正义》云：陉城在绛州曲沃县西北汾水之旁也。广武在郑州荥阳县西。（《大事记解题》卷五《本注》）

⑯【汇校】

裴　骃：（叶阳），一云华阳。（《史记集解·秦本纪》）

梁玉绳：按：一本"叶阳"下有"君"字。而叶阳，《集解》谓一云"华阳"，盖华阳君是也。华形近叶，故传写致讹。《范雎传》"华阳"，徐广曰"一作'叶'"。《赵策》谅毅对秦王有母弟叶阳之语，并误。（非母弟也，尤误）华阳君乃昭王舅芈戎（又号新城君），悝乃昭王母弟高陵君，此《纪》有脱误，不然，将以芈戎为公子悝矣。考穰侯、华阳、高陵、泾阳，时称为四贵，皆于昭王四十二年同出就国。《纪》既脱缺，复误书于四十五年耳，当移在上文"穰侯出之陶"句下，而补之曰"华阳君、高陵君、泾阳君出之国。高陵君悝，未至而死"。（《史记志疑·秦本纪》）

王叔岷：按叶阳君，重刊北宋监本、殿本并同。《汉书人表》亦作叶阳君。《穰侯列传》作华阳君。梁氏以叶为华之误，是也。（《史记斠证·秦本纪》）

【汇注】

张守节：叶，书涉反。（《史记正义·秦本纪》）

陈蒲清：悝（kuī）：昭王母弟，封高陵君。叶（旧读 shè）阳君：疑为"高陵君"之误。或以为"华阳君"之误。华阳君乃昭王之舅芈戎。（引自王利器主编《史记注译·秦本纪》）

⑰【汇校】

梁玉绳：案：事在四十五年，《赵世家》《白起传》可证。此因说长平事而并书于四十七年，非也。（《史记志疑·秦本纪》）

【汇注】

马非百："四十七年（前260）攻长平。十一月，敢产"。《秦本纪》："（昭王）四十七年，秦攻韩上党，上党降赵。秦因攻赵。赵发兵相距。秦使武安君白起击，大破赵于长平，四十余万尽杀之。"长平，赵地，今山西省高平县北。此事，《六国表·秦表》《六国表·赵表》《韩世家》《赵世家》《白起传》《廉颇传》《赵奢传》及《范雎传》都有记载。战争的发生，当然是由于上党守冯亭以上党降赵，而赵又派廉颇将军军长平以拒秦所引起（《赵世家》）。秦军主将则为左庶长王龁。中间，应侯范雎用反间计，使赵王撤换了廉颇，而使赵奢子赵括代将。同时，秦军方面也暗中进行了改组，以白起为上将军，王龁则降为副将。战争结果，赵军大败，除全军士卒四十余万人皆被坑杀（《白起传》《范雎传》《赵奢传》）外，赵括和随军的上党守冯亭也都在战场中被秦军打死了（《汉书·冯奉世传》）。（《中国历史文献研究集刊》第二集《云梦秦简大事记集传》）

又：敢当是喜的弟弟。喜生于昭王四十五年，敢生于四十七年，敢比喜小两岁。（同上）

陈蒲清：上党：今山西长治市。秦攻上党在昭王四十五年，此因长平事而追述。（引自王利器主编《史记注译·秦本纪》）

⑱【汇注】

泷川资言：长平：河南陈州西华县。(《史记会注考证》卷五《秦本纪》)

施之勉：按：《一统志》，长平故城，在山西泽州府高平县西，战国赵邑。……又，长平故城，在河南陈州府西华县东北十八里，本魏地。《战国策》魏芒卯曰：秦王欲魏长平。《史记》秦始皇六年，蒙骜攻魏拔长平。《考证》以魏长平当赵长平，谬甚。(《史记会注考证订补·秦本纪》)

王　恢：长平：《郡国志》泫氏县有长平亭。《沁水注》："《上党记》曰：长平城在郡之南，秦垒在城西，二军共食流水涧，相去五里。秦坑赵众，收集头颅筑台垒中，因山为台，崔嵬桀起，今仍号之曰白起台。城之左右沿山亘隰，南北五十许里，东西二十余里，悉秦赵故垒，遗壁犹存焉。"《清统志》(一四五)："故城今高平县西北二十里王报村，犹见旧县。"又赵壁垒云："赵西壁在高平县北六里，即廉颇坚壁以待秦，王龁夺之者。秦壁一名秦垒，今名秦长垒(按高平县西今有秦城村)。又赵壁今名赵东壁，一名赵东长壁，在高平县北五里，即赵括筑处。"此役合两军兵数当逾百万，相持将一年，战事之惨烈，为中国有史以来所未有。赵自武灵王略中山，攘地北至燕、代，西至云中、九原，赵人习武善战，阏於之战，挫秦自孝公以来九十年战无不克之锋；恰十年，而有长平之惨败。向使魏不附秦弱韩，秦岂得并力于赵；赵如坚任廉颇持久策，不临阵易将，何至为秦所乘。赵自此精壮尽丧，一蹶不振，秦遂稳建统一大业矣。(《史记本纪地理图考·秦本纪·败赵长平》)

⑲【汇注】

司马迁：秦拔赵上党，杀马服子卒四十余万于长平。(《史记·韩世家》)

司马光：赵师大败，卒四十万人皆降。武安君曰："秦已拔上党，上党民不乐为秦而归赵。赵卒反覆，非尽杀之，恐为乱。"乃挟诈而尽坑杀之，遗其小者二百四十人归，前后斩首虏四十五万人，赵人大震。(《资治通鉴》卷五《周纪五·赧王五十五年》)

梁玉绳：按：秦尚首功，斩一首赐爵一级，岂容混书，此"余"字当作"五"。(《史记志疑·秦本纪》)

王叔岷：按：《御览》引长平下有注云："长平，在高平县西北，有长平故城。"《白起列传》"赵军长平"下《正义》亦云："长平故城，在泽州高平县西二十一里也。""四十余万"，《赵世家》《韩世家》并同，梁说拘泥。《六国年表》作"四十五万"。《白起列传》作"四十万"，又云："前后斩首虏四十五万人。"(《考证》引胡三省云：此言秦兵自挫廉颇至大挫赵括，前后所斩首虏之数耳)《廉颇蔺相如列传》亦云："赵前后所亡四十五万。"则"四十五万"，非专计长平之役所阬杀之数矣。"尽杀之"，《白起列传》杀上有阬字(《水经·沁水注》引阬作坑)，与此古钞、南本合。

阬、坑，正俗字。(《史记斠证·秦本纪》)

【汇评】

马　雍：昭王四十七年，长平之战，打垮了秦国最后的一个强敌赵国。(《西域史地文物丛考·读云梦秦简〈编年记〉书后》)

卜　德：以掌握的技术手段来说，真要把一支40万人的军队斩尽杀绝，实际上是不可能的，即使考虑到这只军队在向也许是更强大的军队投降以前已经被围困和饥饿所削弱这一已知事实，情况依然如此。……对这个问题的部分答案可能在于"万"字的意义上。这个整数经常见于军事记载中，它也许只是象征性的，所以只应该理解为"大部队"。(《剑桥中国秦汉史》第一章《秦国和秦帝国》)

⑳【汇校】

梁玉绳：按："十月"二字衍，《白起传》亦误出也。下文于是年书正月，时秦尚未以十月为岁首，不应先书十月。(《史记志疑·秦本纪》)

【汇注】

张文虎："四十八年十月"。按：上四十二年先书十月，后书九月，此年先书十月，后书正月，《大事记》《古文尚书疏证》谓秦先世已尝改十月为岁首，是也。自此年以后，复用夏正，故下文书"其十月"云云，遂不以为岁首。而四十九年先书正月，后书其十月，文甚明白。《志疑》乃以四十二年之十月为七月之误，四十八年之十月为衍，考之未审矣。(《校刊史记集解索隐正义札记·秦本纪》)

【汇校】

王叔岷：按：此先书"十月"，既与下文是年书"正月"抵牾；又与下文是年书"其十月"重复，故梁氏以为衍文。惟《白起传》亦有"十月"二字，则似非衍文。窃疑"十月"盖本作"十月"，即"七月"也。汉隶七字皆作十，说已见前。下文"正月，兵罢。""正月"二字，盖涉下文"四十九年正月"而衍。(《史记斠证·秦本纪》)

【汇注】

马非百："四十八年（前259）攻武安"。《秦本纪》："（昭王）四十八年，十月，秦军分为三军，武安君归。王龁将伐赵武安、皮牢，拔之。司马梗北定太原，尽有韩上党。正月，兵罢。复守上党。"《白起传》："昭王四十八年，十月，秦军复定上党郡。秦分军为二：王龁攻皮牢，拔之。司马梗定太原。"《本纪》作三军者，白起自为一军，王龁、司马梗各为一军。传不计白起，故只言二军。此言攻武安，与《本纪》合。一九五九年中华书局出版《廿四史》标点本删去"武安"二字是错误的。武安，赵地，今河北省武安县西南。皮牢，今山西省翼城县东北。太原，今山西省太原县治。(《中国历史文献研究集刊》第二集《云梦秦简大事记集传》)

㉑【汇注】

裴　骃：司马彪曰："河南卷县有垣雍城。"（《史记集解·秦本纪》）

程餘庆：故城在怀庆府原武县西北五里。（《历代名家评注史记集说·秦本纪》）

陈蒲清：垣雍：即衡雍，在今河南原阳县。（引自王利器主编《史记注译·秦本纪》）

㉒【汇注】

陈蒲清：分为三军：《白起王翦列传》作为军为二，王龁一军攻皮牢，司马梗一军定太原。"三"为"二"之误。（引自王利器主编《史记注译·秦本纪》）

㉓【汇注】

张守节：《括地志》云："浍水县在绛州翼城县东南二十五里。"按：皮牢当在浍之侧。（《史记正义·赵世家》）

胡三省：《史记正义》曰：皮牢故城在绛州龙门县西一里。余谓秦兵已至上党，不应复回攻绛州之皮牢。宋白曰：蒲州龙门县，秦为皮氏县，今县西一里八十步古皮氏城是也。恐不可以皮氏为皮牢。（《资治通鉴》卷五"赧王五十六年"注）

张文虎："伐赵武安"，毛本下有"君攻"二字。案：《六国表》《赵世家》不载此事，《白起传》但云王龁攻皮牢，拔之；盖"武安"二字涉上而衍，后人又增"君攻"字。（《校刊史记集解索隐正义札记·秦本纪》）

王　恢：皮牢：《赵世家·正义》："在翼城东浍水之侧。"当入上党之道。《白起传》又说在"龙门县西"，汾水下流向无赵地，可必其误。（《史记本纪地理图考·秦本纪·败赵长平》）

㉔【汇校】

梁玉绳：按：《白起传》言龁拔皮牢，不言武安，是也，盖前二十年秦封白起为武安君，则其地久已属秦，何待此时始拔乎？二字宜衍。《秦策》有"武安"语，《史》仍其误耳。（《史记志疑·秦本纪》）

高　敏：（湖北睡虎地秦墓秦简）《编年记》载昭王四十八年"攻武安"；《史记·秦本纪》同年条作"伐赵武安、皮牢，拔之"，与《编年记》部分相同，可证《秦本纪》不误。然而，《六国年表》及《赵世家》均不载此事，显系漏载。至于《史记·白起列传》，则谓昭王四十八年"王龁攻皮牢拔之"，也漏"武安"；而中华书局1959年版《史记》标点本，却据《白起传》去订正《史记·秦本纪》，把《秦本纪》中的"武安"二字删去，今证以《编年记》，说明标点本此条，恰恰是以《白起列传》之缺漏去订正《秦本纪》的正确记载，误人不浅！（《云梦秦简初探·秦简〈大事记〉与〈史记〉》）

㉕【汇注】

　　胡三省：太原，即汉太原郡地，在上党西北。（《资治通鉴》卷五"赧王五十六年"注）

㉖【汇注】

　　郭嵩焘：按昭襄王四十二年先叙十月，后叙九月，此四十八年先叙十月，后叙正月，秦改朔在昭襄王之世也。（《史记札记·秦本纪》）

㉗【汇注】

　　王　恢：邯郸郡：《汉志》："赵国邯郸，赵敬侯自中牟徙此。"邯郸始见《左》定十年，战国属赵，赵为争河北形胜，敬侯元年（前386），自中牟徙都之。魏拔（前353）而复归之（前351）。始皇十九年（前228）灭赵，置邯郸郡。汉为赵国，邯郸郡治。《清统图志》（三三）："邯郸故城在今县西南十里，俗呼赵王城，秦汉时赵俱治此，雉堞犹存。中有一台，疑即殿廷之所。《舆城记》：赵王城西南二十里至台城冈，汉以前，邯郸城大数十里，今县城及故城，皆邯郸也。堙废处，所存者止此耳。"（《史记本纪地理图考·秦本纪·败赵长平》）

㉘【汇注】

　　司马光：正月，王陵攻邯郸，少利，益发卒佐陵；陵亡五校。（《资治通鉴》卷五《周纪五·赧王五十七年》）

㉙【汇注】

　　司马光：王龁久围邯郸不拔，诸侯来救，战数不利。……诸侯攻王龁，龁数却。……魏公子无忌大破秦师于邯郸下，王龁解邯郸围走。（《资治通鉴》卷五《周纪五·赧王五十七——五十八年》）

㉚【汇注】

　　郭嵩焘："其十月……还斩之"。按四十八年、四十九年两著"其十月"之文，似皆追叙已往之词。（《史记札记·秦本纪》）

㉛【汇注】

　　张守节：为，于伪反。蔡，姓；尉，名。（《史记正义·秦本纪》）

　　陈蒲清：蔡尉：人名，大概是张唐部将。捐：捐弃，丢失。（引自王利器主编《史记注译·秦本纪》）

㉜【汇注】

　　郭嵩焘：按昭襄王五十年起十月，而后以次及十二月、二月。（《史记札记·秦本纪》）

　　马非百："五十年（前257）攻邯单"。邯单，即邯郸，赵国首都。在今河北省邯郸市西南。邯郸战争是长平战后的一次最大的战争，差不多山东六国都参加进去了。

开始于昭王四十八年，到五十年，始告结束。《史记·秦本纪》《赵、楚、魏、田齐世家》《白起、赵奢、平原君、信陵君、春申君、范睢、鲁仲连传》《六国表·秦、韩、赵、魏、楚表》及《战国策·秦策》都有记载。兹总合摘要分段叙述于左：

一、战前范睢对邯郸所采取的政治攻势——赵自阏与战争战胜秦军后，俨然以国际领袖自居。各国游士都集中于赵首都邯郸从事于合从的活动。一时邯郸竟成了"天下之士合从相聚于赵而欲攻秦"的国际政治活动中心。这当然会引起"远交近攻"政治外交路线的制定并执行者范睢的注意，要想办法来对付了。他的对付方法，就是采用政治攻势，用金钱去解散他们。

二、白起乘胜灭赵计划的受阻——长平战胜后，赵人丧胆。白起本欲乘胜灭赵，因遣卫先生回秦，请求增加兵粮（《汉书·邹阳传》苏林注）。四十八年十月，遂再定上党郡。白起分秦军为三军，自统一军，留上党待命。不料范睢中了苏代离间之计，请秦王允许韩、赵割地以和。于是韩割垣雍（今河南省原武县西北）、赵割六城以和。正月，皆罢兵。起闻之，由是与应侯有隙。（《白起传》）

三、秦发兵攻邯郸之不利与白起之死——这年九月，秦复发兵使五大夫王陵攻赵邯郸。四十九年正月，陵攻邯郸少利。秦益发兵佐陵。兵亡五校。秦王欲使白起代陵将，起称疾不行。又使范睢去请他，他仍坚持不肯去。（《秦策》）秦王乃使王龁代陵将。龁围邯郸八九月，不能下。秦军士卒死伤甚众。各国的救兵又陆续开来，秦军益陷于不利的形势之中。秦王又亲往白起家，必欲使他代将，起还是不肯奉命。（《秦策》）于是秦王大怒，免起为士伍，迁之于阴密（今甘肃省灵台县西五十里），最后终于被迫自杀。（《白起传》）与白起同死的，有卫先生（《邹阳传》苏林注）及司马错的孙子司马蕲（《史记》自序）。

四、各国救兵的陆续开来：

甲、魏国——在邯郸告急时，魏王就已经派将军晋鄙将十万众前往救赵。但因得到秦王的通告说："吾攻赵，旦暮且下。而诸侯敢救者，已拔赵，必移兵先击之。"甚惧，使人止晋鄙，留军于邺（今河北省临漳县），名为救赵，实持两端以观望。一面还秘密派客将军新垣衍从间道进入邯郸，劝赵王尊秦为帝，以为解围之条件。得鲁仲连面斥其非，才算不敢再提了。（《鲁仲连传》）后来，信陵君因被他的姐夫平原君催得急了，从侯嬴计，盗得虎符，私与力士朱亥驰往邺地，夺得晋鄙军，进兵邯郸。这是国际友军的第一路。（《信陵君传》《白起传》）

乙、楚国——楚军是平原君亲自去搬来的。经过他的食客毛遂的游说，楚王终于答应与赵合从，并立即派春申君将兵北上救赵。（《楚世家》作"遣将军景阳"。此从《楚表》《春申君传》《平原君传》及《白起传》）这是国际友军的第二路。

丙、齐国——齐本是范睢远交近攻路线中的远交对象。但他和赵国似乎也有合从的关系。故《田齐世家》王建六年（秦昭王四十八年），就有"秦攻赵，齐、楚救之"的记载。及邯郸战争发生，这种关系，仍在继续维持。鲁仲连对新垣衍说："吾将使梁及燕助之，齐、楚则固助之矣。"（《鲁仲连传》）可见齐国至少在精神上也是赵国的一支国际友军了。

丁、韩国——秦、赵间的几次战争，都是因韩而起。邯郸被围，赵且因此亡国。韩当然不能逍遥事外。《六国表·魏表》有"韩、魏、楚救赵新中（今河南省安阳市）"之文，《韩表》也有"救赵新中"的话。则韩也是站在赵国一边的。

戊、燕国——据白起说："赵自长平以来，结亲燕、魏，连好齐、楚。"（《战国策·秦策》）则燕对于邯郸战争，虽没有直接派兵的记载，但至少也是保持中立，则是无疑的。

五、战争的过程——这时秦军以王龁为主将，郑安平为副将，共力围攻邯郸。另以将军张唐担任游击。张唐先攻下魏地，令蔡尉守之。魏军反攻，蔡尉弃城去。张唐回师斩之。五十年十月，张唐又攻赵郑（赵邑，今河北省任丘县北。原误作郑，依梁玉绳校改），拔之。十二月，秦又增兵军汾城（今山西省汾城县）旁，以为邯郸围军的声援。龁攻邯郸不拔，去。还奔汾军。（《秦本纪》）郑安平为各国联军所围，不得出，以兵二万人降赵。赵封之为武阳君。后卒死于赵。（《赵世家》《范雎传》）王龁在汾城休整了两个月，又反攻晋军及楚军，斩晋军首六千，晋楚军流死汾河中者亦达二万人。龁遂乘胜与游击魏地之张唐军会合，攻拔魏国的宁（今河南省修武县东）及新中（今河南省安阳市西北）二地，并将新中改名为安阳。（《秦本纪》）

六、战争的结果——总上所述，邯郸战争虽未能把邯郸攻下，但最后结果，秦军似仍居于胜利的地位。秦取宁邑后，各国诸侯都来贺。赵王也派人去贺，但三次都被拒绝接待。最后使辩士谅毅前往，秦王提出条件，要赵王把战犯赵豹和平原君处以死刑。经谅毅力争，才双方同意订立了"勿使从政"的协议，就是说赵王答应了把赵豹和平原君永远排除于政权之外。这竟和后世的战胜国要求战败国惩办祸首，可说是如出一辙。（《战国策·赵策》）（《中国历史文献研究集刊》第二集《云梦秦简大事记集传》）

㉝【汇注】

裴　骃：如淳曰："尝有爵而以罪夺爵，皆称士伍。"（《史记集解·秦本纪》）

胡三省：如淳曰：律：有罪失官爵，称士伍。师古曰：谓夺其爵，令为士伍；言使从士卒之伍也。（《资治通鉴》卷五"赧王五十八年"注）

陈蒲清：为士伍：夺其官爵，降为士兵。古时军队编制，五人为伍，称士伍。（引自王利器主编《史记注译·秦本纪》）

㉞【汇注】

张守节：《括地志》云："阴密故城在泾州鹑觚县西，即古密须国也。"（《史记正义·秦本纪》）

胡三省：班《志》，阴密县属安定郡，古密国，《诗》所谓"密人不恭"者也。《括地志》：阴密故城，在泾州鹑觚县西，古密须氏之国。（《资治通鉴》卷五"赧王五十八年"注）

钱　穆：今甘肃灵台县西五十里。《诗·大雅》"密人不恭，侵阮阻共"，又《周语》"恭王游于泾上，密康公从"。旧说皆以为在此，恐误。（《史记地名考》卷八《秦地略》）

㉟【汇校】

梁玉绳：附按：此以所拔之郑为旧郑欤？则即咸林之地，东迁时已属秦也。以为新郑欤？则韩徙都于其地，不闻是时韩失国都也。疑是"郑"字之讹，赵地也。（《史记志疑·秦本纪》）

㊱【汇注】

张守节：《括地志》云："临汾故城在绛州正平县东北二十五里，即古临汾城也。"按：汾城即此城是也。（《史记正义·秦本纪》）

王　恢：汾城：汾城盖上党、太原之门户，赵死守勿去。年前司马梗欲北定太原，而兵罢复守上党。《纪》云"益发率军汾城旁"，王龁"还奔汾军"，盖秦军结集于汾城，以图上党、太原。庄襄王三年，王龁卒取上党、置太原郡。（《史记本纪地理图考·秦本纪·败赵长平》）

㊲【汇注】

司马光：王乃使人遣武安君，不得留咸阳中。武安君出咸阳西门十里，至杜邮。王与应侯群臣谋曰："白起之迁，意尚怏怏有余言。"王乃使使者赐之剑，武安君遂自杀。秦人怜之，乡邑皆祭祀焉。（《资治通鉴》卷五《周纪五·赧王五十八年》）

㊳【汇注】

司马迁：（赵孝成王八年），平原君如楚请救。还，楚来救，及魏公子无忌亦来救，秦围邯郸乃解。（《史记·赵世家》）

㊴【汇校】

裴　骃：徐广曰："'楚'，一作'走'。"（《史记集解·秦本纪》）

张守节：附案：此时无楚军，"走"字是也。（《史记正义·秦本纪》）

梁玉绳：按徐广云"'楚'一作'走'"。《正义》云"此时无楚军，'走'字是也"。因有斯注，《古史》遂从之作"晋军走"，而不知其谬耳。改"楚"作"走"，则"流死"之文不可接。谓"时无楚军"尤为呓语，盖即楚救邯郸之兵，始缘秦伐赵邯郸而救赵，继缘秦伐魏宁新中而救魏，《楚世家》称"救赵至新中"可证矣。"死"字当读为"尸"，古字通用，《吕览·离谓篇》"郑富人有溺者人得其死"，《汉书·酷吏传》"安得求子死"，《鲁世家》"以其尸与之"，《索隐》曰"尸亦作'死'字"，言赵、楚军败，流尸于河有二万人。此河必是汾河。宁新中是魏邑，非赵邑。秦不能拔邯郸，移兵攻魏，楚与赵复救魏，秦拔魏宁新中而去，故此"晋"字指赵。（《史记志疑·秦本纪》）

【汇注】

陈蒲清：晋：指魏。楚：楚军因救赵、魏而与秦军战斗。死，通"尸"。（引自王利器主编《史记注译·秦本纪》）

吴国泰：楚字不误。死者，尸之省文。《鲁世家》："不如杀以其尸与之。"《索隐》："本亦作'死'字也。"可证。（《史记解诂》，载《文史》第四十二辑）

张家英："死"，《左传·哀公十六年》："白公奔山而缢，其徒微之。生拘石乞而问白公之死焉。对曰：'余知其死所，而长者使余勿言。'"此二"死"字即"尸体"之"尸"。《吕氏春秋·离谓》："洧水甚大，郑之富人有溺者。人得其死者。"毕沅校注："'死'与'尸'同。《史记·秦本纪》：'晋、楚流死河二万人。'《汉书·酷吏传》：'安所求子死？桓东少年场。'此书《期贤》篇'扶伤舆死'亦是。《意林》作'有人得富者尸'。"《汉书·景十三王传》："望卿前烹煮，即取他死人与都死并付其母。母曰：'都是，望卿非也。'数号哭求死，昭信令奴杀之。"师古曰："死者，尸也。"《汉书·酷吏传·尹赏传》："长安中歌之曰：'安所求子死？桓东少年场。'"师古曰："死谓尸也。"而其上文，亦记尹赏残酷地将人处死，"便舆出，瘗寺门桓东，楬著其姓名；百日后，乃令死者家各自发取其尸"。可以为证。本书《鲁周公世家》中有："不如杀，以其尸与之。"《索隐》云："本亦作'死'字也。"（1531）梁玉绳《史记志疑》卷四亦以为："'死'字当读为'尸'，古字通用。"（《〈史记〉十二本纪疑诂·秦本纪》）

㊵【汇校】

裴　骃：（宁），徐广曰："一作'曼'。此赵邑也。"（《史记集解·秦本纪》）

【汇注】

张守节：唐，今晋州平阳，尧都也。《括地志》云："宁新中，七国时魏邑，秦昭襄王拔魏宁新中，更名安阳城，即今相州外城是也。"（《史记正义·秦本纪》）

程馀庆：唐，即张唐；宁新中，故城在彰德府西北，赵地。（《历代名家评注史记集说·秦本纪》）

王　恢：宁，新中：《括地志》："宁新中七国时魏邑。秦昭襄王拔魏宁新中，更名安阳城，今相州外城是也。"《清统志》（一九七）："《彰德府志》：安阳凡四：秦城在今府东南四十三里；晋置县，在今府西南；隋开皇十年复徙于洹水南；大业初，移郡郭内，即今治。"按宁与新中为两地，秦、魏、韩、楚《年表》及《楚世家》并作"新中"；而误为赵。《赵策》四，秦取魏宁邑。《魏世家》无忌说魏王"通韩上党于共、宁，使道安城"，《郡国志》，河内郡朝歌，南有宁乡。汉高封魏遫为宁侯（《功臣表》）。本殷之宁邑，《韩诗外传》（三）："武王伐纣勒兵于宁，更名修武。"即今修武县治。秦既得南阳，益北拔宁及新中。新中，在今安阳东南四十三里。下"宁新中更名安阳"，"宁"字蒙上文衍，《括地志》失察，误为一地也。（《史记本纪地理图考·秦本纪·昭王之业绩》）

陈蒲清：唐：指张唐。宁新中：在今河南省安阳市。（引自王利器主编《史记注译·秦本纪》）

㊶【汇校】

泷川资言：南化本"更"字在"宁"字上。（《史记会注考证》卷五《秦本纪》）

【汇注】

裴　骃：徐广曰："魏郡有安阳县。"（《史记集解·秦本纪》）

张守节：今相州外城古安阳城。（《史记正义·秦本纪》）

㊷【汇注】

张守节：此桥在同州临晋县东，渡河至蒲州，今蒲津桥也。（《史记正义·秦本纪》）

王　恢：河桥：《清统志》（二四四）："在朝邑县东，旧大庆关前。《县志》：唐开元中作蒲津桥，施铁牛两岸各四，以维浮梁。自宋以来，皆经修治，明万历中河徙，桥遂不复，今以舟楫济，名铁牛渡。"宋临川吴曾《能改斋漫录》（十三）："河中府浮桥。河有中潬洲，其上有舜庙及井。唐明皇始为浮桥。铸铁为牛，有铁席，席下为铁柱，埋之地中，以系桥縆。张燕公为之赞，自是桥未尝坏。庆历以前，河水数西溢，朝邑民苦之，屡请塞堤，蒋希鲁知河中府，始塞之。自是每岁修缮西堤。及刘元瑜知河中府，河水大涨，不得泄，桥遂坏，铁牛皆拔，流数十步，沉河中。中潬亦坏。自是不能复修。英宋时，有真定僧怀昺，请于水浅时以縆系牛于水底，上以大木为桔槔状，系巨舰于其后，俟水涨，以土石压之，稍稍出水，引置于岸，每岁止取一牛，至治平四年（1067）闰三月，新桥乃成。然中潬亦不能立也。"（《史记本纪地理图考·秦本纪·其他》）

张永禄：旧址在陕西大荔县与山西永济县之间的黄河上，因黄河东岸的蒲坂（今永济县蒲州）得名。春秋战国时期为秦、晋、魏战守必争之地。秦昭襄王五十年（前257）初作河桥于蒲津；其后西魏、隋、唐皆在此连舟为浮梁，仍号"河桥"。唐始称蒲津桥。《唐六典》："天下河桥有三，此其一。"1990年初，于山西永济县蒲州城西的黄河滩上发现并挖出唐开元时蒲津浮桥东门的"固地锚",系有四头铁牛、四个铁人、四座铁山,四路三排,铁棍相连,状如方阵,共重约数万公斤。用浮桥取代河桥是桥梁建筑的重大改革,北宋时犹时坏时复,后因黄河迁徙,桥遂废。(《汉代长安词典》一《地理环境·蒲津桥》)

五十一年①,将军摎攻韩②,取阳城、负黍③,斩首四万。攻赵,取二十余县,首虏九万④。西周君背秦⑤,与诸侯约从,将天下锐兵出伊阙攻秦,令秦毋得通阳城。于是秦使将军摎攻西周⑥。西周君走来自归,顿首受罪,尽献其邑三十六城⑦,口三万。秦王受献⑧,归其君于周。五十二年⑨,周民东亡⑩,其器九鼎入秦⑪。周初亡⑫。

① 【汇注】

江 贽:(周赧王)五十九年,秦伐韩,取阳城、负黍,斩首四万。伐赵,取二十余县,斩首九万。赧王恐,倍秦,与诸侯约从,欲伐秦,秦使将军摎攻西周,赧王入秦,顿首受罪。尽献其邑三十六,口三万。秦受其献,而归赧王于周。是岁,赧王崩。先是东西周分治,赧王徙都西周,盖以微弱,不能主盟会,武公依焉。(《少微通鉴节要》卷二《周纪·赧王下》)

马非百:"五十一年(前256)攻阳城"。《秦本纪》:"(昭王)五十一年,将军摎攻韩,取阳城、负黍,斩首四万。"《韩世家》同。《六国表·韩表》作"秦击我阳城",无"负黍"二字。阳城,韩邑,故城在今河南省登封县南。负黍亦韩邑,故城在今河南省登封县西南。(《中国历史文献研究集刊》第二集《云梦秦简大事记集传》)

② 【汇校】

王叔岷:按:《通鉴·周纪》五注引《正义》云:"摎,纪虬翻。"今本无之。惟《周本纪》"秦昭王怒,使将军摎攻西周"下,有《正义》云:"摎,音纪虬翻。"(翻犹反也)未知《通鉴·注》是否移引彼文。(《史记斠证·秦本纪》)

【汇注】

陈 直:直按:《双剑誃吉金图录》下第三十一页,有四年相邦戟文云:"四年,相邦樛斿之造。"戟文之相邦樛斿,疑即本文之将军摎,下脱"斿"字。四年官相邦,或为始皇之四年也。樛、摎二字通假,《史记·南越传》"邯郸樛氏女",《汉书》则作摎氏也。(《史记新证·秦本纪》)

③【汇注】

张守节：(负黍)，今河南府也。负黍亭在阳城县西南三十五里，本周邑，亦时属韩也。(《史记正义·秦本纪》)

程馀庆：今汝州东北有负黍亭。(《历代名家评注史记集说·秦本纪》)

④【汇校】

梁玉绳："攻赵，取二十余县，首虏九万"。按：此事非实，说在《赵世家》。(《史记志疑·秦本纪》)

又：《赵世家》："赵将乐乘、庆舍攻秦信梁军，破之。"按：是岁为赵孝成十年，秦昭五十一年，《秦纪》言"将军摎攻赵取二十余县，首虏九万"，疑即此事。信梁乃摎号也。此言破，《秦纪》言"取县虏首"者，秦讳言败，虚功非实，史公于《本纪》依秦史书之而未改正耳。(《史记志疑·赵世家》)

王叔岷：按：《通鉴·周纪》五"首"上有"斩"字，是也。(《史记斠证·秦本纪》)

⑤【汇注】

张守节：(西周君)，武公。(《史记正义·秦本纪》)

陈蒲清：西周君：西周武公。事详《周本纪》。(引自王利器主编《史记注译·秦本纪》)

⑥【汇校】

王叔岷：按：《通鉴》"秦"下有"王"字。《周本纪》《论衡·儒增篇》并作秦昭王。(《史记斠证·秦本纪》)

⑦【汇校】

王叔岷：按：《周本纪》《论衡·儒增篇》《通鉴》并无"城"字。(《史记斠证·秦本纪》)

⑧【汇评】

王应麟：秦昭五十一年灭周。是岁，汉高祖生于丰沛。天道之倚伏可畏哉！(引自《史记评林·秦本纪》)

⑨【汇注】

章衡：丙午五十二年，取九鼎宝器入秦。应侯免，以蔡泽相。(《编年通载》卷三《周》)

马非百："(五十二)年(前255)王稽张禄死"。《范雎传》："后二岁(郑安平降赵之后二年)，王稽为河东守，与诸侯通，坐法诛。"《集解》："徐广曰：五十二年。"《六国表·秦表》"(昭王)五十二年取西周"条下《集解》"徐广曰：丙午，王稽弃市"。与此合。案：张禄乃范雎逃亡时所改姓名。他任秦相后，曾先后保举了两个人：

一是以郑安平代白起为将军进攻邯郸，一是以王稽为河东守。结果，两人都犯了罪。在郑安平降赵时，秦昭王没有办范雎的罪，并不准别人提及郑安平事以慰其心，算是保护过了关。两年以后，王稽又以"与诸侯通"（里通外国）处了死刑（弃市）。范雎感到不安，推荐蔡泽，自请免相。以上皆见《史记·范雎列传》及《六国表》《集解》。各书皆未言范雎免相后，死于何时？因何而死？此处特以"王稽张禄死"并列。虽年代数字，原已残缺，但据上引《史记》及《集解》，均言王稽死于昭王五十二年。证明编者所补"五十二"三字，是正确的。这样，这寥寥五个字，至少说明了三件事：第一，范雎确实是死了；第二，范雎之死，也是在昭王五十二年；第三，范雎之死，与王稽之死有连带关系。按照秦法"任人而所任不善者以其罪罪之"（《范雎传》）的规定，王稽既是"弃市"而死，则范雎也必不得善终，殆无可疑。但他究竟是怎样死的呢？这里也和《史记》一样，都没有一语提及。据《战国策·秦策三》，有下列一段记载，足以帮助我们解决这个问题。策文说："秦攻邯郸，十七月不下。王稽为河东守，不礼于军吏。秦人庄谓王稽曰：'君何不赐军吏乎？'王稽曰：'吾与王也，不用人言。'庄曰：'不然。父之于子也，令有必行者，有必不行者。曰去贵妻，卖爱妾，此令必行者也。因曰毋敢思也，此令必不行者也。守闾妪曰：某夕某孺子内某士，贵妻已去，爱妾已卖，而心不有欲教之者，人心固有。今君虽幸于王，不过父子之亲，军吏虽贱，不卑于守闾妪。且君擅主轻下之日久矣。闻三人成虎，十夫揉椎；众口所移，无翼而飞。故曰：不如赐军吏而礼之。'王稽不听。军吏穷，果恶王稽杜挚以反。秦王大怒而欲兼诛雎。雎曰：'臣，东鄙之贱人也。开罪于楚魏，遁逃来奔。臣无诸侯之援，亲习之故，王举臣于羁旅之中，使职事。天下皆闻臣之身与王之举也。今愚惑与罪人同心，而明诛之，是王过举显于天下而为诸侯所议也，臣愿请药赐死，而恩以相礼葬臣。王必不失臣之罪而无过举之名。'王曰：'有之。'遂弗杀而善遇之。"

据此，可见王稽犯法后，秦昭王是打算"兼诛范雎"的，只是由于采纳了范雎的请求，没有进行"明诛"，而是暗中用"请药赐死"而表面则"以相礼葬之"的办法。所谓"有之"，就是说"这话说得有理"，也就是对范雎的意见表示同意的意思。所谓"遂弗杀而善遇之"，就是说不进行"明诛"，而采用"请药赐死"而"恩以相礼葬之"的办法的意思，得此既可说明秦人执法之严，又足补史书之缺。（《中国历史文献研究集刊》第二集《云梦秦简大事记集传》）

张习孔：前255年，丙午，秦昭王五十二年……范雎免相。秦法："任人而所任不善者，各以其罪罪之。"先前，范雎荐郑安平为将，安平降赵；又荐王稽为河东守，今王稽又"与诸侯通"而被诛。秦王大怒，范雎恐，惧诛，乃谢病请归相印，荐蔡泽于王。秦王以蔡泽为相国，数月免相，号纲成君。同年范雎卒。（《中国历史大事编年·战国》）

⑩【汇注】

胡三省：义不为秦民也。（《资治通鉴》卷六"昭襄王五十二年"注）

郭嵩焘：按是时周赧王入秦，西周遂亡，而东周犹存；西周之民悉归成周而自保，故谓之"周民东亡"也。（《史记札记·秦本纪》）

⑪【汇注】

张守节：器谓宝器也。禹贡金九牧，铸鼎于荆山下，各象九州之物，故言九鼎。历殷至周赧王十九年，秦昭王取九鼎，其一飞入泗水，余八入于秦中。（《史记正义·秦本纪》）

杨　慎：昭襄之世，既书"九鼎入秦"矣；始皇二十八年，曷又书"使千人没泗求周鼎不获"乎？吁！此太史公深意也。秦有并吞天下之心，非得鼎无以自解于天下。九鼎入秦之说，虚言以欺天下也。秦史朦书以欺后世也。太史公从其文而不改，又于《始皇纪》言"鼎没泗水"，以见其妄。鼎果在秦，曷为人入水以求之乎？又于辛垣平传言"九鼎沦于泗"。其事益白矣。（《丹铅续录》一"九鼎入秦"条）

程馀庆：始皇二十八年，使千人没泗水，求周鼎。不获。此云九鼎入秦者，盖秦人夸张之辞而史因之耶？（《历代名家评注史记集说·秦本纪》）

王叔岷：按：《周本纪》《论衡》《通鉴·秦纪一》，"器"并作"宝器"。杨氏所称辛垣平云云，见《封神书》。（《史记斠证·秦本纪》）

【汇评】

宋　无：鼎，三代宝也。秦有取天下继正统之心。鼎不入秦，秦之耻也。鼎之入秦，秦之托言也。（引自《史记评林·秦本纪》）

杨　慎：始皇二十八年，使千人没泗水求周鼎，不获。此云九鼎入秦，何也？（引自《史记评林·秦本纪》）

陈　霆：夏后氏之方盛也，以其九州土田之制，贡赋之则，铸之于鼎，若曰为后世之法程。夏亡而鼎入于商，商亡而鼎归于周，三代相传，号称神器，迨周之季世，七雄僭王，私计得鼎者可以有天下，若后世得国玺然者，于是争起染指之谋，而周之君臣，日夜惴惴，谓夫鼎存而祸随也。遂阴计毁之，其称沦入于泗者，计一时诡辞，后世乃传信之耳。（引自《史记评林·秦本纪》）

⑫【汇注】

章　衡：乙巳五十九年，（秦昭襄王）五十一年，使将军樛攻西周，西周君自归于秦，尽献其邑三十六，口三万，周遂亡。（《编年通载》卷三《周》）

张习孔：前256年，乙巳，周赧王五十九年，秦昭王五十一年……秦灭西周。秦攻韩，西周君恐，遂背秦，与诸侯合纵，率天下锐师出伊阙（今河南洛阳西南龙门）攻秦，令秦不得出阳城。秦王怒，使摎攻西周，取河南（西周君都此，今洛阳西）。西周君入秦，尽献其邑三十六，口三万。秦迁西周君于𢠸（dàn 但）狐（今河南临汝西北）。西周遂亡（从《史记·周本纪》，《六国年表》系于下年）。（《中国历史大事编年·战国》）

又：周赧王延卒。赧王在位时，名为天子，实依西周以存身。相传曾因逃债避居宫内台上，周人名曰逃债台。秦灭西周，赧王卒，周民东亡，秦取九鼎宝器。至此，东周君尚存，则不再称王，史家遂以秦王纪年。（同上）

陈蒲清：初亡：基本上灭亡了。还有东周君存在，不算完全灭亡。后七岁灭东周。（引自王利器主编《史记注译·秦本纪》）

【汇评】

吕祖谦：曹同《六代论》曰：三代之君与天下共其民，故天下同其忧。秦王独制其民，故倾危而莫救，先王知独治之不能久也，故与人共治之。知独守之不能固也，故与人共守之。兼亲疏而两用，参同异而并进，是以轻重足以相镇，亲疏足以相卫，并兼路塞，逆节不生，及其衰也，苞茅不贡，齐师伐楚；宋不城周，晋戮其宰，荆楚负固方城，虽心希九鼎，而畏迫宗姬，奸情散于胸怀，逆谋消于唇吻。斯岂非信重亲戚，任用贤能，枝叶硕茂，本根赖之与？暨乎战国，诸姬微矣，至于王赧，降为庶人，海内无主三十余年。秦据形势之地，征伐关东，蚕食九国，至于始皇，乃定天位，旷日若彼，用力若此，岂非深根固蒂不拔之道乎？吕不韦《春秋》作于始皇八年。其《听言》篇曰：今周室既灭，而天子已绝，莫大于无天子。无天子则强者胜弱，众者暴寡，以兵相残，不得休息。今之世当之矣。然则始皇二十六年以前，秦固未尝敢称天子，盖海内无主之时也。（《大事记解题》卷六）

又：自赧王入秦而周统已绝。东周虽未亡，特邾、莒附庸之类耳，所以存之而未论也。（同上）

程馀庆：按秦称霸之后，连书曰"天子使召公过贺穆公以金鼓"，曰"天子贺以黼黻"，曰"天子致胙"，曰"天子致伯"，曰"天子贺"，曰"天子致文、武胙"，曰"东周君来朝"，曰"周君来"，曰"西周君走来归"，而结书曰"周初亡"，皆篇中关键。（《历代名家评注史记集说·秦本纪》）

　　五十三年①，天下来宾②。魏后，秦使摎伐魏，取吴城③。韩王入朝④，魏委国听令。五十四年⑤，王郊见上帝于雍⑥。五十六年秋⑦，昭襄王卒⑧，子孝文王立⑨。尊唐八子为唐太后⑩，而合其葬于先王⑪。韩王衰绖入吊祠⑫，诸侯皆使其将相来吊祠，视丧事。

① 【汇注】

　　章　衡：丁未五十三年，韩王入朝，魏举国听令。(《编年通载》卷三《周》)

　　马非百："(五十三)年(前254)吏谁从军"。谁即《汉书·贾谊传》"陈利兵而谁何"之谁。颜师古注云："问之为谁也。"又《五行志》有"王褒故公车大谁卒"语。颜师古注云："大谁者，主问非常之人云姓名是谁也。'大谁'本以'谁何'称，因用名官。有大谁长。今此卒者，长所领士卒也。"此处"谁"字当作动词讲。"吏谁从军"者，犹言调查适合兵役之人的姓名，举行登记，以便征发。就是举行大规模的兵役年龄调查登记的意思。(《中国历史文献研究集刊》第二集《云梦秦简大事记集传》)

② 【汇注】

　　吕祖谦："秦昭王五十三年，楚、齐、韩、燕、赵，皆来宾"。《解题》曰：按《秦纪》"天下来宾"。魏后，秦使摎伐魏，取吴城。韩王入朝，魏委国听令，盖周亡而诸侯皆服于秦也。(《大事记解题》卷六)

③ 【汇注】

　　裴　骃：(吴城)，徐广曰："在大阳。"(《史记集解·秦本纪》)

　　张守节：《括地志》云："虞城故城在陕州河北县东北五十里虞山之上，亦名吴山，周武王封弟虞仲于周之北故夏墟吴城，即此城也。"(《史记正义·秦本纪》)

　　胡三省：《后汉志》，河东郡大阳县有吴山，山上有虞城。杜预曰：虞，国也。《帝王世纪》曰：舜妃嫔于虞，虞城是也；亦谓吴城，秦昭王伐魏取吴城是也。(《资治通鉴》卷六"昭襄王五十三年"注)

　　程馀庆：解州平陆县东北四十五里故虞城是，即虞仲所封。(《历代名家评注史记集说·秦本纪》)

　　王　恢：吴城：《正义》引《括地志》说在河北县东北五十里虞山上，沿《集解》引徐广说在大阳也。时南阳已尽失，魏何能独于平陆而保有此孤城？其误必矣。"吴"既通"虞"，河南虞城县，故城在今县西南三里，其北，山东之定陶、郓、宁阳，并近秦之穰侯封地。又《魏书·地形志》汲郡南修武(今获嘉)有吴城。近是，又按，史称"天下来宾；魏后，秦使摎伐魏，取吴城，韩王入朝，魏委国听令"。下"魏"字如非衍文，当在"取吴城"下。论其时势，秦虽环魏威胁，尚不如韩弱也。(《史记本纪地理图考·秦本纪·昭王之业绩》)

④ 【汇评】

　　程馀庆：六国韩最先朝秦，而秦亦最先灭之。然则自卑以媚敌者，果不足以自免矣。(《历代名家评注史记集说·秦本纪》)

⑤【汇注】

　　章　衡：戊申五十四年，郊见上帝于雍。(《编年通载》卷三《周》)

　　又：己酉五十五年，安国君华阳夫人无子，吕不韦说华阳夫人，令立夏姬子楚为嗣以自托，夫人从之。(同上)

⑥【汇注】

　　胡三省：班《志》，雍县属扶风。秦惠公都之，有五畤，故于此郊见上帝，欲行天子礼也。应劭曰：四方积高曰雍。(《资治通鉴》卷六"昭襄王五十四年"注)

　　陈蒲清：郊：在国都南郊祭天。(引自王利器主编《史记注译·秦本纪》)

⑦【汇注】

　　章　衡：庚戌五十六年，秋，昭王薨，子孝文王立，立子楚为太子。吕不韦娶美姬，有娠以献楚，生子政。(《编年通载》卷三《周》)

　　马非百："五十六年（前251）后九月昭死。正月邀产"。后九月，即秦历闰九月。见《汉书·高纪》秦二年后九月注。昭，指秦昭襄王。昭襄王生十九年而立，享国五十六年。见《史记·秦本纪》《秦始皇本纪附秦纪》及《魏世家》。邀当是喜的二弟。云梦县城关西南角大坟头一号西汉墓中发现阴刻一"邀"字的白玉方印。可能一号墓就是这个邀的葬地。大坟头和喜墓所在地睡虎地都在云梦城关西边，两墓相距仅四百米。喜死于秦始皇三十年，年四十六岁。邀是时才三十六岁。他的死当在西汉初，与《简报》推断正合（见《文物》一九七三年第九期《湖北云梦西汉墓发掘简报》）。(《中国历史文献研究集刊》第二集《云梦秦简大事记集传》)

⑧【汇注】

　　王士俊：秦昭王墓在固始县城西二十里曲河之上，有秦王岭，在此铸剑。(《河南通志·卷四十九陵墓·光州》)

　　张习孔：前251年，庚戌，秦昭王五十六年……秋，秦昭王稷卒，子柱立，是为孝文王。王以华阳夫人为王后，子楚为太子。赵奉子楚夫人及其子政归秦。韩王及各国将相入秦吊祭。(《中国历史大事编年·战国》)

　　又：李冰兴建水利。李冰，秦昭王时人（从《风俗通义》《华阳国志·蜀志》作秦孝文王时人），约前256年至前251年任蜀郡守。任内，他征发民工在今四川灌县西北岷江中游修建综合性防洪灌溉工程都江堰，使川西平原无水旱之患，二千二百多年来水利效益卓著。他还主持凿平青衣江的溷崖（今四川夹江县境），"以杀沫水，通正水道"；治导什邡等县的洛水和邛崃等县的汶井江；又穿广都（今四川双流县境）盐井诸陂等工程。(同上)

⑨【汇注】

　　司马贞：(孝文王)，名柱，五十三而立，立一年卒，葬寿陵。子庄襄王。(《史记

索隐·秦本纪》）

梁玉绳：孝文王始见《秦策》，昭襄王子始见《史·秦纪》。母唐八子。名柱，又名式。初封安国君。生五十三而立，享国一年。葬寿陵。（《汉书人表考》卷五《秦孝文王》）

又：《始皇纪》后《秦纪》言：除丧，十年即位，三日辛丑卒也。（同上）

梁玉绳："五十六年秋，昭襄王卒，子孝文王立。孝文王元年，赦罪人，修先王功臣，褒厚亲戚，弛苑囿。孝文王除丧，十月己亥即位，三日辛丑卒，子庄襄王立"。附按：孝文之立，书之重，言之复，读《史》者或疑为羡文错简，宜衍去"赦罪人"十五字，谓赦罪人等事皆庄襄元年事，增出于孝文元年之下。而"孝文王除丧，十月己亥"二语，当互易之移于"孝文王元年"之上，盖既葬而除丧，其时不独三年之丧久废，即期年亦不行耳。兹说未知然否？但余考古者天子崩，太子即位，其别有四：始死则正嗣子之位，《尚书·顾命》"逆子钊于南门之外，延入翼室"是也。既殡则正继体之位，《顾命》"王麻冕黼裳入即位"是也。逾年正改元之位，《春秋》书"公即位"是也。三年正践阼之位，舜格于文祖及成王免丧，将即政，朝于庙是也。则此所谓"子孝文王立"者，正嗣子之位也。昭襄卒于庚戌秋，丧葬之事，皆毕斯数月中，《纪》不言既殡正继体之礼，秦省之而不行也。所谓"孝文王元年"者，正改元之位也。所谓"孝文王除丧十月己亥即位"者，正践阼之位也。是年岁在辛亥，三年之丧废，故孝文期年便除，而因以知昭王之卒必在秋九月。窃意史公缘孝文即位三日便卒，恐后世疑莫能明，特备载当日行事，至今秩然可见，不得以为羡文错简矣。乃阎氏摘"十月己亥"一句，谓孝文已逾二年，以《史》称享国一年为误。庄襄以先君崩年改元，失礼莫大。其辨甚新，殊不知尔时秦尚未以十月为岁首也。（《史记志疑·秦本纪》）

朱孔阳：孝文王名柱，昭襄王太子，庚戌十月即位，三日而薨，葬寿陵，《正义》曰：孝文王陵在雍州万年县东北二十五里。（《历代陵寝备考》卷九《秦》）

⑩【汇注】

裴　骃：徐广曰："八子者，妾媵之号，姓唐。"（《史记集解·秦本纪》）

张守节：孝文王之母也。先死，故尊之。晋灼云："除皇后，自昭仪以下，秩至百石，凡十四等。"《汉书·外戚传》云"八子视千石，比中更"。（《史记正义·秦本纪》）

胡三省：七子、八子，秦宫中女官名。（《资治通鉴》卷六"昭襄王五十六年"注）

陈　直：《正义》：引晋灼注《汉书·外戚传》：八子视千石比中更。《考证》：中井积德曰：不得援汉制解秦官，晋灼非。直按：汉官皆本秦制，宫妃名号，当亦承秦

制,晋灼之注,本无可厚非,中井屡言不能援汉制解秦官,是拘墟之见也。(《史记新证·秦本纪》)

【编者按】宋人魏了翁在《古今考》卷六中将秦后宫分为太皇太后、皇太后、皇后、夫人、美人、良人、八子、七子、长使、少使等十级。孝文王生母原为八子,属第七级,改为太后,连升五级。

陈蒲清：唐八子：孝文王的生母。八子是妃嫔的一种等级。孝文王追赠其母为太后,与昭襄王合葬。(引自王利器主编《史记注译·秦本纪》)

⑪【汇注】

张守节：以其母唐太后与昭王合葬。(《史记正义·秦本纪》)

吕祖谦：秦昭王五十六年,追尊唐八子为唐太后,与昭王合葬。《解题》曰：唐八子,孝文王之母也。芈八子,以昭王之母遂僭尊称。既失礼矣,唐八子又加以合葬,则又甚焉。《礼》,庶子为君,为其母无服,不敢贰尊者也。自鲁成风以来,是礼废矣。于秦乎何诛！(《大事记解题》卷六)

王学理等：芷阳陵地,位于临潼县韩峪骊山西麓,史称东陵。陵内有昭襄王与唐太后"芷陵",孝文王与华阳太后"寿陵",庄襄王与帝太后"阳陵"。此外,还有昭襄王母宣太后及悼太子冢。目前已探出了4座分陵园,亚字形、中字形及甲字形大墓10座,以及陪葬墓、从葬坑及建筑遗址多处。芷阳陵地与雍城墓地相同,不见地面陵垣建筑,也是用兆沟将陵地环绕、分划。只是芷阳陵地的兆沟多数是利用自然地理条件形成的沟壑来划每座陵园的兆域,使用人工挖掘的兆沟设施只是其中的少数。(《秦物质文物史》第七章《陵墓》)

又：芷阳陵地西距秦都咸阳三四十公里。秦昭王时,国力强盛,穷兵黩武,称雄诸侯,都城咸阳也随之向渭河南岸扩展,形成了《三辅黄图》所说的"渭水灌都,以像天汉,横桥南渡,以法牵牛"的规模,并还将继续向东、向南发展。因此,自此后陵区规划在东部骊山山麓是十分理想的选择。(同上)

⑫【汇注】

胡三省：贤曰：丧服斩衰裳,上曰衰,一曰裳。麻在首要皆曰绖,首绖象缁布冠,要绖象大带。绖之言实,衰之言摧,明中实摧痛也。衰,七雷翻。(《资治通鉴》卷六"昭襄王五十六年"注)

　　孝文王元年①,赦罪人,修先王功臣,褒厚亲戚,弛苑囿②。孝文王除丧,十月己亥即位③,三日辛丑卒④,子庄襄王立⑤。

① 【汇注】

　　章　衡：辛亥，秦孝文王元年，十月己亥，王即位，三日薨，子庄襄王立，尊华阳夫人为华阳太后，夏姬为夏太后。(《编年通载》卷三《周》)

　　胡三省：《索隐》曰：名柱。《谥法》：五宗安之曰孝；慈惠爱民曰文。(《资治通鉴》"孝文王元年"注)

　　梁玉绳：孝文王始见《秦策》，昭襄王子，始见《史·秦纪》，母唐八子，名柱，又名式，初封安国君，生五十三而立，享国一年，葬寿陵。(《汉书人表考》卷五《秦孝文王》)

　　郭嵩焘：按孝文王十月己亥即位，此改元之始亦先十月。(《史记札记·秦本纪》)

　　马非百："孝文王元年（前250）立即死"。《秦本纪》："孝文王元年，孝文王除丧。十月己亥，即位三日，辛丑卒。"又《秦纪》："孝文王生五十三年而立。享国一年。"(《中国历史文献研究集刊》第二集《云梦秦简大事记集传》)

　　泷川资言：庄襄王元年，亦大赦罪人。沈家本曰：孝文庄襄之赦，即为后世改元肆赦之权舆矣，大赦之名，亦始见于此。愚按：此即位行赦之始。(《史记会注考证》卷五《秦本纪》)

　　施之勉：按《战国策·魏策》，安陵君曰：吾成君先后，受诏襄王，以守此地也。手受大府之限。宪上之篇曰，子弑父，臣弑君，有常不赦。国虽大赦，降城亡子，不得与焉。董说云：按此是李悝以前魏国相仍之法。《赵世家》，惠文王三年（秦昭王之十一年），主父灭中山，迁其王于肤施，还归，行赏，大赦置酒，酺五日，是国有大赦，非始于秦，而大赦之名，亦非始见于此矣。(《史记会注考证订补·秦本纪》)

② 【汇校】

　　王叔岷：按：重刊北宋监本、黄善夫本、殿本"弛"并作"弛"，俗。(《史记斠证·秦本纪》)

【汇注】

　　张家英："修"，下文有："庄襄王元年，大赦罪人，修先王功臣，施德厚骨肉而布惠于民。"（219）《惠景间侯者年表》："及孝惠讫孝景间五十载，追修高祖时遗功臣，及从代来，吴楚之劳，诸侯子弟若肺腑，外国归义，封者九十有余。"（977）《万石张叔列传》："天子修吴楚时功，乃封不疑为塞侯。"（2771）这些"修"字，义并相同。《孙子·火攻》："夫战胜攻取而不修其功者，凶。"杜牧注："修者，举也。"这是"推举"之意，亦可以释为"论列"，总之是通过较庄重的形式予以褒奖，或予以封赠，而不是如某些注本所说的"重用"或"信任"的意思。(《〈史记〉十二本纪疑诂·秦本纪》)

③【汇注】

陈蒲清：十月：秦以十月（建亥）为岁首。己亥：即当年十月初一日的干支纪日。（引自王利器主编《史记注译·秦本纪》）

④【汇注】

程馀庆：葬寿陵。（《历代名家评注史记集说·秦本纪》）

陈　直：直按：梁玉绳谓孝文王之立，书之重，言之复，读史者疑为羡文错简，其实非也。秦昭王以五十六年秋卒，是岁为庚戌，孝文王次年十月除丧之后，正式即位，在位仅三日即卒，盖古代帝王在卒之年，嗣王继立，不更年号，孝文王亦同此例。特孝文仅在位三日，时期之短，无逾此者，其事实突出，后世史家故疑叙事有误文。（《史记新证·秦本纪》）

陈蒲清：辛丑：十月初三的干支。孝文王于昭襄王五十六年秋即位，第二年改元后只三天便去世了。（引自王利器主编《史记注译·秦本纪》）

【汇评】

陆唐老：致堂曰：自吕不韦之策用，身传异人，其志曷尝一日不欲其子之王秦也。昭襄即世，吕政八岁矣，孝文立三日而薨，何其遽也！庄襄王虽政之父，亦安得久而不死？三年而薨，则政年十有三，可以王矣。故夫孝文、庄襄享国之日浅，不可不察也。不韦能以其子为秦王之子，岂不能疾去二君，以其子为秦国之王哉？第其计谋诡秘，人莫得知，故史书亦莫得而载之耳。要之，孝文、庄襄，盖死于弑也！（《陆状元通鉴》卷二十四《秦纪·庄襄王》）

⑤【汇注】

司马贞：名子楚。三十二而立，立三年卒，葬阳陵。纪作"四年"。（《史记索隐·秦本纪》）

司马光：冬，十月，己亥，王即位，三日薨。子楚立，是为庄襄王。尊华阳夫人为华阳太后，夏姬为夏太后。（《资治通鉴》卷六《秦纪一·孝文王元年》）

江　贽："秦庄襄王"，名楚，孝文王子。初质于赵，因不韦策，归以为嗣。其先柏翳，佐舜有功，赐姓嬴，后有非子封秦，秦仲始大。自孝公用商鞅，以利而致富强。废井田，开阡陌，庄襄灭周，三年而亡。（《少微通鉴节要》卷二《列国纪·秦庄襄王》）

梁玉绳：庄襄王始见秦策，孝文王子，始见《史·秦纪》，又作庄王，又作襄王。初名曰异人，华阳后自子之，乃变其名曰楚，亦曰子楚。真母夏姬尊为夏太后。生三十二年而立，三年五月丙午，薨，葬芷阳之霸城。始皇陵在其北，故谓为见子陵。（《汉书人表考》卷五《秦庄襄王》）

朱孔阳：庄襄王名子楚，孝文王子，初名异人，为质于赵，因吕不韦策，归以为嗣。元年灭东周，迁其君于阳人聚。三年甲寅五月薨，葬芷阳，一作芷阳。《地理志》云京兆霸陵县故芷阳在长安东。《正义》曰：庄襄王陵在雍州新丰县西南三十五里，始皇在北，故俗亦谓之见子陵。（《历代陵寝备考》卷九《秦》）

王叔岷：按：《秦记》："庄襄王生三十二年而立。"又云："庄襄王享国三年，葬芷阳。"即《索隐》所本。《索隐》"葬阳陵"当从《秦纪》作"葬芷阳"。《吕不韦列传》："始皇十九年，太后薨，谥为帝太后，与庄襄王合葬芷阳。"亦其证。《水经·渭水》下注引皇甫谧云："秦庄王葬于芷阳之丽山。"（丽与骊、郦并同）芷与茝同。黄善夫本、殿本《索隐》"立三年卒"，三并作四；《纪》作四年，并作"子始皇帝"。《六国年表》书庄襄王亦止于三年，与《秦记》合。则不当作"立四年卒"。本《纪》下文"四月，日食。四年……五月丙午，庄襄王卒"。"四年"乃"三年"之误，梁氏《志疑》有说。（《史记斠证·秦本纪》）

陈蒲清：庄襄王：名子楚，始皇父。（引自王利器主编《史记注译·秦本纪》）

　　庄襄王元年①，大赦罪人，修先王功臣，施德厚骨肉而布惠于民②。东周君与诸侯谋秦，秦使相国吕不韦诛之③，尽入其国④。秦不绝其祀，以阳人地赐周君⑤，奉其祭祀。使蒙骜伐韩，韩献成皋、巩⑥。秦界至大梁，初置三川郡⑦。二年⑧，使蒙骜攻赵，定太原⑨。三年⑩，蒙骜攻魏高都、汲⑪，拔之。攻赵榆次、新城、狼孟⑫，取三十七城⑬。四月日食。王龁攻上党⑭。初置太原郡⑮。魏将无忌率五国兵击秦⑯，秦却于河外⑰。蒙骜败⑱，解而去。五月丙午，庄襄王卒⑲，子政立⑳，是为秦始皇帝㉑。

① 【汇注】

　　章　衡：壬子，秦庄襄王（楚）元年，吕不韦为相国，封文信侯。东周君与诸侯谋秦，使吕不韦诛之。（《编年通载》卷三《周》）

　　胡三省：（庄襄王），本名异人，改名楚，孝文王之中子也。《谥法》：胜敌志强曰庄。（《资治通鉴》卷六"庄襄王元年"注）

　　高　敏：（湖北睡虎地秦墓秦简）《编年记》载孝文王之后为庄王，而《史记·秦本纪》及诸《世家》均作庄襄王，无称庄王者，故《编年记》关于庄王的称谓可补其缺。（《云梦秦简初探·秦简〈大事记〉与〈史记〉》）

② 【汇注】

　　吕祖谦：按《本纪》，庄襄王元年，大赦罪人，修先王功臣，施德厚骨肉而布惠于民。孝文王、庄襄王元年，皆有赦。秦、汉以来，初即位，肆赦，盖始于此。至于修功臣，厚亲戚，布德惠，则自古人君初政之所常行，虽秦之暴不能废也。（《大事记解题》卷六）

③ 【汇校】

　　王叔岷：按：《御览》引此重"秦"字，《秦记》同。《通鉴》"秦使"作"王使"。（《史记斠证·秦本纪》）

【汇评】

　　林之奇：周失之弱，秦失之强，然秦之亡也在其方强之时，周之亡也在其衰弱之后，其不同何哉？老子曰：柔弱生之徒，刚强死之徒。是以齿刚强故相摩，舌柔弱故不敝。此自然之理也哉。（《拙斋文集》卷十三《秦伐东周》）

④ 【汇评】

　　王应麟：秦庄襄王元年，灭东周。四年，始皇立，而柏翳之秦亦灭。二世元年，废卫君，是岁诸侯之起者五国，三年而秦亡。然则灭人之国者，乃所以自灭也。（引自《史记评林·秦本纪》）

⑤ 【汇校】

　　王叔岷：按：《御览》引"地"上有"之"字。（《史记斠证·秦本纪》）

【汇注】

　　裴　骃：《地理志》，河南梁县有阳人聚。（《史记集解·秦本纪》）

　　吕祖谦："迁东周君于阳人"。《解题》曰：按《本纪》，东周君与诸侯谋秦，秦使相国吕不韦诛之，尽入其国。秦不绝其祀，以阳人地赐周君，奉其祭祀。（《大事记解题》卷六）

　　又：《史记正义》云：《括地志》云：阳人在汝州梁县西。（《大事记解题》卷六《本注》）

　　程馀庆：阳人，聚名，在汝州西。（《历代名家评注史记集说·秦本纪》）

【汇评】

　　陈允锡：《周纪》云，灭东周，不载阳地，盖微乎微者也。（《史纬》卷一《秦》）

⑥ 【汇校】

　　梁玉绳：按：《表》及《韩世家》皆言"秦拔取韩成皋、荥阳"，此云韩献之，非也。又"巩"亦"荥阳"之误，巩为东周所居，韩安得有之。《水经注》二十三卷引《史记》"秦庄襄王元年蒙骜取成皋、荥阳，初置三川郡"。郦公所引乃《六国表》，《史》岂因是年秦灭东周兼得巩地而混言之耶？（《史记志疑·秦本纪》）

王叔岷：按：《通鉴》亦作"蒙骜伐韩，取成皋、荥阳"。此云韩献之，盖本之《秦记》与？（《史记斠证·秦本纪》）

【汇注】

张守节：《括地志》云："洛州汜水县古之（东）虢国，亦郑之制邑，又名虎牢，汉之成皋。"巩，恭勇反，今洛州巩县。尔时秦灭东周，韩亦得其地，又献于秦。（《史记正义·秦本纪》）

张　照：《韩世家》，秦拔我成皋、荥阳。不曰"献"。《年表》亦同。（《钦定史记·秦本纪·考证》）

王　恢：成皋：居中国之中，扼河山之西面，震撼关洛，东临河淮平原，为兵家所必争。《国策·韩策》一："三晋已破智氏，将分其地，段规谓韩王曰：'分地必取成皋。'韩王曰：'成皋，石溜之地也，无所用之。'段规曰：'不然。臣闻一里之厚，而动千里之权者，地利也；万人之众，而破之军者，不意也。王用臣言，则韩必取郑矣。'王曰：'善。'果取成皋。至韩之取郑也，果从成皋始。"张仪胁楚曰："秦下甲据宜阳，则韩之上地（上党）不通；下河东取成皋，韩必入臣。"盖成皋锁中夏之区，韩自献于秦，十九年而遂亡。（《史记本纪地理图考·秦本纪·庄襄置三川郡》）

又：成皋：《汉志》："河南郡成皋，故虎牢，或曰制。"制，郑邑，《左》隐元年："制，岩邑也，虢叔死焉。"虢国荥阳，制其西边之险邑。虎牢，晋地，《左》襄二年，诸侯城虎牢以偪郑，郑人乃成。又《左》襄十三年："诸侯之师城虎牢而戍之，晋师城梧及制。"是制与虎牢明非一地。故《汉志》"或"之。《左》隐元杜《注》以制为荥阳。《左》襄二谓："虎牢，旧郑邑，今属晋。"《左》襄十传云："书曰：'戍郑虎牢'，非郑地也，言将归焉。"《杜注》言将归焉。《杜注》言将归者为虎牢。孔子书，其义"晋戍虎牢以偪郑"。传言虎牢非郑地也，言将归者梧及制也。杜既误制为荥阳，兹又误虎牢为郑邑。《河水注》又以制即虎牢，后世多沿其误。按清乾隆《续河南通志》："东虢城在汜水县东十里，即今上街镇。虢叔封于此。虎牢在汜水县西二里。"所谓东虢城者，即制也。与虎牢相去十二里。而虎牢即成皋，秦以为关，汉因置县。（同上）

又：巩：今巩县西南三十里洛水西岸，与成皋中分洛水——西则巩，东则成皋，后魏并焉。随迁今治。（同上）

⑦【汇注】

裴　骃：韦昭曰："有河、洛、伊，故曰三川。"骃按：《地理志》汉高祖更名河南郡。（《史记集解·秦本纪》）

吕祖谦："拔成皋、荥阳，初置三川郡"。《解题》曰：按《本纪》《年表》《世家》，使蒙骜伐韩，拔成皋、荥阳，秦界至大梁。初置三川郡。所谓三川者，河、洛、伊也。三川为郡，则据天下之枢，混一之势成矣。自惠王以来，祷祠而救者也。……

秦既灭东西周，又取韩成皋、荥阳，合而为三川郡，此郡之境，即东都王畿之旧也。在今为卫、怀、孟、开封、郑、河南、汝、陕、虢、拱之地。荥阳、成皋自春秋以来，常为天下重城。由秦而上，晋、楚于此而争霸；由秦而下，楚汉于此而分雌雄。天下既定，七国、淮南、衡山之变，犹睥睨此地而决成败焉。东都以后言形势其及之者鲜矣。人事既改，则地之轻重亦有时而移也。（《大事记解题》卷六）

  王　恢：三川郡：《汉志》："河南郡，故秦三川郡，高帝更名。领县二十二。"《王补》："《秦庄襄王纪》《始皇纪》，并书置三川郡。"盖规模至始皇乃定。韦昭注：有河、洛、伊，故曰三川。全祖望云："宋白谓秦三川郡治洛阳，后徙荥阳。予谓秦庄襄王元年，取韩荥阳，已置三川郡矣，不治荥阳而安治乎？其后或徙洛阳耳。先谦按：李由为三川守，守荥阳，此秦末郡治荥阳之明证，未尝徙洛阳也。《秦纪》《始皇纪》两书置三川郡，前则洛阳未入秦，后虽得洛阳，亦无徙治之文，诸说皆非。""诸说皆非"，是也。庄襄元年明言"尽入其国"，并迁周君阳人。《始皇纪》明言其"已"并置。乃不审《本纪》之文，徒为无谓之说。……承平守洛阳，东方有事守荥阳，必然之势。诸家未思及此耳。（《史记本纪地理图考·秦本纪·庄襄置三川、太原郡》）

⑧【汇注】

  章　衡：二年，蒙骜攻赵，定太原，取三十七城，置太原郡。（《编年通载》卷三《周》）

⑨【汇校】

  梁玉绳：按："使蒙骜"八字乃羡文，《年表》及《赵世家》《蒙恬传》皆无其事。盖所谓"攻赵"者，因是年有蒙骜攻赵取三十七城之事也。所谓"定太原"者，因明年有置太原郡之事也。二事下文皆书之，则此为错出无疑。况前十二年为昭王四十八年，得韩上党地已北定太原矣，此时何烦再定乎？（《史记志疑·秦本纪》）

  王叔岷：按：《通鉴》庄襄王二年，亦无此事，可佐证梁说。（《史记斠证·秦本纪》）

  杨　宽：梁说非是。秦昭王四十八年大破赵于长平后，使"司马梗北定太原，尽有韩上党"；但五十年魏楚合纵救赵邯郸之围，大破秦军，并大破秦军于河东之后，形势大变。赵孝成王十年，当秦昭王五十一年，《赵世家》称"赵将乐乘、庆舍攻秦信梁军，破之"，因而秦所"定太原"又为赵恢复。是年秦重整旗鼓，"使蒙骜攻赵，定太原"。下文云"攻赵榆次、新城、狼孟、取三十七城"，即是蒙骜"定太原"之军事行动。（《战国史》）

【汇注】

  司马光：蒙骜伐赵，取榆次、狼孟等三十七城。（《资治通鉴》卷六《秦纪一·庄襄王二年》）

⑩【汇校】

梁玉绳：按："三年"二字亦羡文，所书之事，《表》在二年是已。（《史记志疑·秦本纪》）

王叔岷：按：梁氏谓"三年"二字为羡文，是也。惟《六国年表》二年但书"蒙骜击赵榆次、新城、狼孟，得三十七城"。未书"蒙骜攻魏高都、汲，拔之"之事。《蒙恬列传》："二年，蒙骜攻赵，取三十七城。"亦未言"蒙骜攻魏高都、汲，拔之"之事。《通鉴》于二年书"蒙骜伐赵，取榆次、狼孟等三十七城"。于三年书"蒙骜帅师伐魏，取高都、汲，魏师数败"。下接："魏王使人请信陵君于赵"及"信陵君率五国之师败蒙骜"事。证以《魏公子列传》（即《信陵君列传》）："秦闻公子在赵，日夜出兵东伐魏。"下接"魏王使人请公子"及"公子率五国之兵破秦军，走蒙骜"事，亦相符合。此文"三年"二字为衍文，"攻赵榆次"上当据《六国年表》《蒙恬列传》及《通鉴》补蒙骜二字。"蒙骜攻魏高都、汲拔之"本为三年之事，此九字盖本在下文"魏将无忌率五国兵击秦"（《正义》：信陵君也）上，文意既相含接，又有《通鉴》可证。今本误错于此耳。（《史记斠证·秦本纪》）

【汇注】

章衡：三年，五月丙午，王薨，子政立，年十三。国事皆决于吕不韦，号称仲父。以李斯为舍人。晋阳反，蒙骜击定之。（《编年通载》卷三《周》）

马非百："庄王三年（前247）庄王死"。《秦本纪》："庄襄王三年，五月丙午，庄襄王卒。"又《秦纪》："庄襄王生三十二年而立，享国三年。"（《中国历史文献研究集刊》第二集《云梦秦简大事记集传》）

张习孔：前247年，甲寅，秦庄襄王三年……秦将蒙骜击赵，取榆次（今山西榆次）、狼孟（今山西阳曲）、新城（今山西朔县西南）等三十七城（从《史记·秦本纪》，《六国年表》系于上年）。（《中国历史大事编年·战国》）

⑪【汇校】

裴骃：（汲），徐广曰："一作'波'。波县亦在河内。"（《史记集解·秦本纪》）

梁玉绳："汲"字当依徐广作"波"，盖秦拔魏汲在始皇七年也。波与汲皆属河内。（《史记志疑·秦本纪》）

俞樾：庄襄王三年，蒙骜攻魏高都、汲，拔之。徐广曰：汲，一作波。波县亦在河内，按《年表》魏景湣王三年"秦拔我汲"，距庄襄王三年已十年矣。则蒙骜所拔者波也，非汲也。（《湖楼笔谈》卷三）

【汇注】

张守节：汲，音急。《括地志》云："高都故城今泽州是。汲故城在卫州所理汲县西南二十五里。孟康云汉波县，今郲城是也。"《括地志》云："故郲城在怀州河内县

西三十二里。《左传》云苏忿生十二邑，郗其一也。"（《史记正义·秦本纪》）

江　贽：蒙骜帅师伐魏，魏师数败，魏王患之，乃使人请信陵君于赵，信陵君畏得罪，不肯还。毛公、薛公见信陵君曰："公子所重于诸侯者，徒以有魏也。今魏急而公子不恤，一旦秦人克大梁，夷先王之宗庙，公子何面目立天下乎？"语未毕，信陵君色变，趣驾还魏。魏王持信陵君而泣，以为上将军。信陵君使人求援于诸侯，诸侯闻信陵君复为魏将，皆遣兵救魏。信陵君率五国之师，败蒙骜于河外。（《少微通鉴节要》卷二《列国纪·秦庄襄王》）

胡三省：班《志》，高都县属上党郡，汲县属河内郡。《括地志》：高都县，今泽州也。汲故城在卫州所理汲县之西南二十五里。"（《资治通鉴》卷六"庄襄王三年"注）

程馀庆：高都故城在泽州府东三十里。故汲城在河南府汲县西南。（《评注史记集说·秦本纪》）

王　恢：高都：《汉志》上党郡高都县，《清统志》（一四五），故城在山西晋城县东北三十里丹水北高都村。（《史记本纪地理图考·秦本纪·庄襄置三川、太原郡》）

又：汲：徐广云："一本作波。"《志疑》："汲字当依徐广作波。盖秦拔魏汲在始皇七年也。波与汲皆属河内。"《清统志》（二〇三）波故城在今济源东南二十里。汲（二〇〇）故城在今县西南二十五里。（同上）

⑫【汇注】

张守节：《括地志》云："榆次，并州县，即古榆次地也。新城一名小平城，在朔州善阳县西南四十七里。狼孟故城在并州阳曲县东北二十六里。"（《史记正义·秦本纪》）

胡三省：班《志》，榆次、狼孟二县并属太原郡。榆次，即《左传》徐水、梗阳之地。《括地志》：狼孟故城，在并州阳曲县东北二十六里。（《资治通鉴》卷六"庄襄王二年"注）

程馀庆：榆次在太原府榆次县西北，新城故城在朔平府朔州西南四十七里。狼孟故城在太原府北七十里。（《历代名家评注史记集说·秦本纪》）

王　恢：榆次：《汉志》太原郡榆次县，《王补》："春秋晋地，但名榆，属魏邑，见《左》昭八年传。战国属赵。《清统志》（一三六）故城在今县西北。"按《左传》"晋魏榆"，服虔曰"魏，晋邑；榆，州里名"也。（《史记本纪地理图考·秦本纪·庄襄置三川、太原郡》）

又：新城：《纪要》（四四）"李克用生于神武川之新城。但杜佑云：北齐置朔州，在后魏故都大同西南百里之新城，即新平城（晋人谓之小平城），后移于马邑，即今朔州治。"是新城原在大同西南百里漯水之阳——黄瓜堆。拓跋猗卢筑。《正义》说未是。

又虽取三十七城，初置太原郡，与榆次、狼孟何相去甚远？故《史地考》（十一）"疑非，当近晋阳"。（同上）

又：狼孟：取而复叛，始皇十五年复取之。《汾水注》："洛阳水自孟来，西迳狼孟故城南，左右夹涧幽深，南面大壑，俗云狼孟涧。旧断涧为城，有南北门，门阙尚在。洛阴水下入阳曲。"《清统志》（一三六）："通典，故城今名黄头寨。《阳曲县志》：在县东北六十里。"（同上）

⑬【汇注】

张守节：按：取三十七城，并、代、朔三州之地矣。（《史记正义·秦本纪》）

⑭【汇校】

梁玉绳：按：庄襄王无"四年"，此乃"三年"之误。然前此昭王四十八年尽有韩上党地，北定太原，是时何烦再攻？疑前所定者惟降赵之城市邑十七，今所攻者并其余城而攻拔之，故《韩世家》云"秦悉拔我上党"也。《纪》《表》但言攻上党，击上党，拔上党，似乎复出，而不知是悉拔之，《纪》《表》似欠明。《正义》谓"上党又反，故攻之"，乃臆测之词，非事实矣。（《史记志疑·秦本纪》）

张文虎："四年"。《志疑》云庄襄无四年，乃三年之误。按：王龁攻上党，《六国表》书在三年，不误。此"四年"二字，涉上四月而衍，观下文五月即接上文四月，其证也。三年上已书，何必复出。（《校刊史记集解索隐正义札记·秦本纪》）

崔适：案：各本中有"四年"二字，衍也，今删。"王龁"以下，上承"三年四月"为文，庄襄王无四年也。请列四证以明之：《年表》庄襄王元年，当魏安釐王二十八年，秦虽脱"二年""三年"之文，然无忌败秦军在安釐王三十年，则当庄襄王三年也，证一也。《魏世家》安釐王二十六年，秦昭王卒，三十年，无忌归魏，率五国兵攻秦，中更秦孝文王一年，则无忌攻秦在庄襄三年也，证二也。《楚世家》考烈王十二年，秦昭王卒，十六年，秦庄襄王卒，亦以庄襄王卒为昭王卒四年，中更孝文一年，则庄襄王卒于三年也，证三也。《吕不韦传》庄襄王即位三年薨，证四也。（《史记探源》卷三《十二本纪》）

王叔岷：按：《通鉴》"四年"正作"三年"，梁说是也。三之作四，涉上文"四月"而误。张氏谓"四年"二字涉上"四月"而衍，未审。上文"四月，日食"乃"二年"之事，见《六国年表》。下文"五月"乃"三年"之"五月"，不能与上文"四年"相接。《始皇本纪》《六国年表》王龁并作王齮（《吕不韦列传》同），《集解》引徐广云："一作龁。"齮、龁古通，《鲁世家》："申丰、汝贾许齐臣高龁、子将粟五千庾。"《左》昭二十六年《传》高龁作高齮，与此同例。（《史记斠证·秦本纪》）

【汇注】

张守节：上党又反秦，故攻之。（《史记正义·秦本纪》）

⑮【汇注】

张守节：上党以北皆太原地，即上三十七城也。（《史记正义·秦本纪》）

王　恢：太原郡：赵简子开拓赵城以北地，既沿用安邑之晋阳以名之，其后三家分晋，复并河东古太原之名而北移。《本纪》庄襄三年（前247），蒙骜攻赵榆次、新城、狼孟，取三十七城，因以为太原郡。（《史记本纪地理图考·秦本纪·败赵长平》）

张习孔：（前247年），秦初置太原郡。秦使王龁伐韩，夺取全部上党地，设置太原郡。（《中国历史大事编年·战国》）

【汇评】

程馀庆：上党，天下之脊也。秦得上党，而并天下之势成矣。（《历代名家评注史记集说·秦本纪》）

⑯【汇注】

张守节：（无忌），信陵君也。率燕、赵、韩、楚、魏之兵击秦也。（《史记正义·秦本纪》）

⑰【汇注】

张守节：蒙骜被五国兵败，遂解而却至于河外。河外，陕、华二州也。（《史记正义·秦本纪》）

王　恢：河外：《魏公子传》："公子率五国之兵破秦军于河外，走蒙骜。遂乘胜逐秦军至函谷关，抑秦兵，秦兵不敢出。"则所谓河外者，大约今陕县境。（《史记本纪地理图考·秦本纪·庄襄置三川、太原郡》）

⑱【汇评】

程馀庆：至此时而犹能大败秦军，信陵之功大矣。卒以谗废，惜哉！（《历代名家评注史记集说·秦本纪》）

⑲【汇校】

钱　穆：《秦始皇本纪》"庄襄王享国三年"，《年表》亦同。《秦本纪》庄襄王得四年。余考《秦纪》庄襄王承孝文王后。孝文王除丧，十月己亥即位，三日辛丑卒，子庄襄王立。秦以十月为岁首，孝文王盖以去年即位，以今年岁首除丧称元，前后三日而卒。庄襄王处此变例，虽非弑君自立之比，而即以是年称元，不复以先王三日之位，而虚一年之号，亦自在情理之中。《秦本纪》据当时变礼实况计之，故为四年。《始皇纪》及《年表》依常例，仍定孝文王在位一年，则庄襄王自只三年也。（《先秦诸子系年·自序》）

【汇注】

程馀庆：葬阳陵。嬴秦自此遂绝。（《历代名家评注史记集说·秦本纪》）

周晓陆：《汉志》：阳陵，故弋阳，景帝更名。《史记·秦本纪》子庄襄王立。《索隐》：葬阳陵。《史记·高祖功臣侯年表》：阳陵侯傅宽。《索隐》曰：属冯翊，《楚汉春秋》作"阴陵"。齐召南曰："按此阳陵别是一地，必非左冯翊之阳陵。以《地理志》证之，阳陵，故弋阳，景帝更名，是汉初不名阳陵也。"《两京新记》载，秦阳陵约属内史，今约在陕西省西安市东韩森寨至浐河以西之间。此地在秦设禁苑。（阳陵禁丞泥封）秦阳陵虎符："甲兵之符，右在皇帝，左在阳陵。"（《西安出土秦封泥补读·阳陵禁丞》，《考古与文物》，1998年第2期）

西安市文物管理委员会：秦庄襄王墓位于西安东郊韩森寨以西，今西安动物园的东门外。当地农民多称它为"韩森冢"。冢高22米，原占地60多亩，现仅约30余亩。秦庄襄王是战国时期秦孝文王的儿子，原名异人，后改号子楚。子楚曾在赵国充当人质，在大商人吕不韦的帮助下，回到秦国，并继承了王位。他在位仅四年就死去了。埋葬在秦陧川之东北原，即今韩森寨，谥号庄襄。秦庄襄王一生事迹不多，但他却生了一个赫赫有名的儿子，这就是灭掉六国、统一天下的秦始皇。所以清代诗人康乃心以"赢得佳儿毕六王"的诗句来称颂他。（《西安文物与古迹·秦庄襄王墓》）

阳陵禁丞泥封

【汇评】

王　恢：庄襄享国虽短——三年，席祖父余烈，灭东周，取韩成皋，置三川郡，完成先人遗志（曾祖武王"欲通三川，窥周室，死不恨矣"）。继取赵榆次三十七城，置太原郡。复定上党。拔魏高都：三晋实已不国。（《史记本纪地理图考·秦本纪·庄襄置三川、太原郡》）

⑳【汇校】

泷川资言：南化本"午"下有"朔"字。（《史记会注考证》卷五《秦本纪》）

【汇注】

司马光：五月，丙午，王薨。太子政立，生十三年矣，国事皆决于文信侯，号称仲父。（《资治通鉴》卷六《秦纪一·庄襄王三年》）

江　贽：五月，秦王薨，立三年。其子政立，封相国吕不韦为文信侯，号称仲父。时政生十三年矣。（《少微通鉴节要》卷二《列国纪·秦庄襄王》）

梁玉绳：附按：始皇以正月生，遂以正名之。惟其名正，是以改正月为端月。《始皇纪集解》曰"徐广云一作正"。宋忠云"以正月旦生，故名正"。《正义》曰"正音政，周正建子之正也"。则知《史记》古本是"正"字，不知何时尽改作"政"。凡《本纪》《世家》《列传》中所称始皇之名，竟无一作"正"，可怪已。惟高诱《吕氏春秋序》作"正"字，孔仲达《毛诗·序》作"秦正"，《公羊》哀十四年《疏》云"始皇名正"，《谷梁·序疏》云"秦正起而书记亡"，庶几不误。然其误自《世本》

来，《索隐》引《世本》作"政"，盖二字元属通用，秦时讳"正"，或并避"政"字，故《吕览·察微篇》引《左传》宣二年羊斟语改"子为政我为政"作"制"字，后遂用相沿以"政"为名，流俗传写，便改《史记》之"正"为"政"耳（《容斋三笔》谓"始皇名正，自避其嫌，以正月为一月"，殊谬，秦未尝以正月为一月也）。宋张世南《游宦纪闻》云"秦改正月为征音，至今从之，此何理耶？"《示儿编》云"始皇名政，避讳读正月为征月，传至于今，当如本字读，始有分别"。陆德明，唐大儒也，自秦至唐亦远矣，当作《释文》时，何不单出一音以正舛误，岂容诏后学以疑贰哉（《释文》正月音政，又音征也）。前贤有辨正月之不当读"征"者，从未有辨始皇之名"正"不名"政"者，然古"正"自有"征"音，非沿秦讳。《释文》不误，观《诗·猗嗟》《云汉》《节南山》诸章可见。（《史记志疑·秦本纪》）

　　吴汝纶：徐广云"政"一作"正"，宋衷云以正月旦生名正。高诱《吕览》序作"正"。《诗疏序》《谷梁疏序》《公羊疏》皆作"正"。（《桐城吴先生点勘史记读本》卷五《秦本纪》）

　　王叔岷：按：《公羊》哀十三年《传》徐彦《疏》引政作正，下文"秦王政立二十六年"，《尚书·序》孔《疏》引政亦作正，并存古本之旧。《始皇本纪》："名为政。"《一切经音义》八六引政作正，与徐广所称一本及《正义本》合；惟徐氏既云"一作正"。是所据本仍作政矣。《吕不韦列传》："太子政立为王。"《文选》司马子长《报任少卿书注》引政亦作正。又按《御览》一六四引《秦纪》云："始皇十三年，伐赵取云中，因以为郡。"今本此《纪》无此文，《始皇本纪》《六国年表》及《赵世家》亦并无之。疑是《始皇本纪》佚文。（《史记斠证·秦本纪》）

【汇评】

　　胡　寅：自吕不韦之策用，身传异人，其志曷尝一日不欲其子之王秦也。昭襄即世，吕政八岁矣。孝文立三日而薨，何其遽也！庄襄王虽政之父，亦仅立三年而薨，时政年十有三。不韦能以其子为秦王之子，岂不能疾去二君以其子为秦国之王哉？要之，孝文、庄襄盖死于弑也。第其计谋诡密，人莫得而知矣。（引自《纲鉴合编》卷四《秦纪·评》）

㉑【汇注】

　　江　贽："始皇帝"名政，实始吕氏。初，秦昭襄时，庄襄以庶孽质赵，不得意。阳翟大贾吕不韦见之，视为奇货，以五百金与之结宾客，五百金入秦，为求立太子。不韦因纳邯郸美姬，知其有娠，献之庄襄以为夫人。以昭襄四十八年正月旦生政于邯郸，庄襄立夫人为王后，不韦为丞相。始皇既立，恃嬴秦之富强，灭六国，遂并天下，专以刑威立国，焚书坑儒，暴虐不道，二世而亡。（《少微通鉴节要》卷二《后秦纪·始皇帝》）

又：始皇帝即王位，二十五年，并天下，即帝位，凡十二年，寿五十。（同上）

又：是时，天下冠带之国七，而三国边于戎狄。秦灭义渠，始于陇西、北地、上郡，筑长城以拒胡。赵武灵王北破林胡、楼烦，筑长城，自代并阴山下至高阙为塞，其后燕破东胡，却千余里，亦筑长城，以拒胡。及战国之末，而匈奴始大。（同上）

章　衡：乙卯，元年，秦始皇帝，政姓赵氏。（《编年通载》卷三《周》）

又：丁巳，三年，蒙骜伐韩，取十三城。（同上）

吕祖谦："五月丙午，王薨。子政立，是为秦始皇帝。国事皆委于吕不韦，号称仲父"。《解题》曰：按《本纪》，当是之时，秦地已并巴、蜀，汉中，越宛有郢，置南郡矣。北收上郡以东，有河东、太原、上党郡。东至荥阳，灭二周，置三川郡。吕不韦为相，招致宾客游士，欲以并天下，李斯为舍人，蒙骜、王骑、麃公等为将军，王年少，初即位，委国事大臣。（《大事记解题》卷六）

崔　适："子政立，是为秦始皇帝"。案：各本此下终言二世、子婴事，当是后人附记误入正文。不然，全书自此篇外，复有前纪之末附载后纪之年者乎？灼然伪矣，今正。（《史记探源》卷三《十二本纪》）

秦王政立二十六年①，初并天下为三十六郡②，号为始皇帝③。始皇帝五十一年而崩④，子胡亥立，是为二世皇帝⑤。三年，诸侯并起叛秦，赵高杀二世⑥，立子婴。子婴立月余，诸侯诛之⑦，遂灭秦⑧。其语在《始皇本纪》中⑨。

①【汇注】

陈蒲清：立二十六年：即位的第二十六年（前221年）。（引自王利器主编《史记注译·秦本纪》）

②【汇注】

牛运震：篇终纪周亡，六国灭，了了。（《史记评注·秦本纪》）

梁玉绳：按：《史》言始皇伐灭诸侯，并一天下以为郡县，其实不尽然，盖仍秦人夸诩之词耳。考卫至二世元年始绝，楚苗裔有滇王，越诸族子或为王或为君，至闽君摇及无诸佐汉平秦，是诸侯未尽灭，天下未尽并也。郡县之名见于《逸周书·作雒解》，屡称于《左传》，《管子·乘马》数篇亦有，则非至秦时始设也（昭廿九年《左传》蔡墨言"刘累迁鲁县"，夏时恐未有县之名）。（《史记志疑·秦本纪》）

又：三十六郡亦不全为始皇所置，据《匈奴传》魏置河西、上郡，燕置上谷、渔阳、右北平、辽西、辽东郡，赵置云中、雁门、代郡。又《世家》韩有上党守冯亭，则上党郡是韩置。《汉地理志》概称秦置者，汉承秦制，故不言魏、韩、燕、赵。而巴、蜀、汉中、上郡置于惠文王，河东、南阳、黔中、上党、南郡置于昭襄王，三川、太原置于庄襄王，俱见《本纪》，不得全属始皇初置也。但三十六郡之目，《史》不详载，秦变封建为郡县乃一大事，岂可缺略不书，此史公疏处。考始皇置闽中、南海、桂林、象郡皆在后，不在三十六郡内，则所谓三十六郡者，据《汉志》一曰河东，二曰太原，三曰上党，四曰三川，五曰东郡，六曰颍川，七曰南阳，八曰南郡，九曰九江，十曰泗水，十一曰钜鹿，十二曰齐郡，十三曰琅邪，十四曰会稽，十五曰汉中，十六曰蜀郡，十七曰巴郡，十八曰陇西，十九曰北地，二十曰上郡，二十一曰九原，二十二曰云中，二十三曰雁门，二十四曰代郡，二十五曰上谷，二十六曰渔阳，二十七曰右北平，二十八曰辽西，二十九曰辽东，三十曰邯郸，三十一曰砀郡，三十二曰薛郡，三十三曰长沙，尚缺三郡，以《续郡国志》校之，则秦有鄣郡黔中郡。夫《前志》无黔中，诚为脱漏，足以补郡数之缺，而鄣非秦郡，刘敞辨之甚悉（见《汉地志》丹阳郡下），是尚缺二郡也。因有以郯郡充其数者，本于应劭（劭曰东海，秦郯郡），而郯非秦郡刘攽又辨之（见《高纪》六年），更有以楚郡充其数者，本于《楚世家》，而秦无楚郡，《集解》已纠其误，胡三省《通鉴》注曾辨之，乌得妄称为秦郡哉。然则所缺之郡何在？曰：内史自当在三十六之内，《始皇纪集解》明言郡凡三十五，与内史为三十六，盖准《诸侯王表》例也（《史汉诸侯王表》与京师内史凡十五郡，以汉准秦，则内史在内矣。《汉志》云"本秦京师为内史，分天下为三十六郡"，别而言之，非也）。《晋书·地理志》以及王应麟《通鉴地理通释》、胡氏《通鉴》注，并仍裴说，固可以为据矣（惟以鄣为秦郡，乃袭《续志》之误）。其所缺一郡，余以《水经注》补之，《水经》卷十三广阳蓟县《注》云"秦始皇灭燕以为广阳郡，汉高帝封卢绾为燕国"，于是三十六郡之数始备，而自孟坚以来均失去广阳一郡，真不可解（"秦武公十年伐邽、冀戎，初县之"，此《史》言立县之始）。（同上）

【汇评】

何景明：夫德齐者以势胜，势并者以德胜。秦于六国非能施德也，然秦以一隅之僻，据河华之要，开殽函之塞，东向而制天下。天下之侯王，视其分裂，而听其宰制，卒无术以卫之者，德齐而彼之势行也。（引自《史记评林·秦本纪》）

③【汇注】

司马贞：十三而立，立三十七年崩，葬郦山。（《史记索隐·秦本纪》）

王叔岷：按：《秦记》："始皇享国三十七年，葬骊山。"又云："始皇生十三年而立。"即《索隐》所本。又案黄善夫本、殿本《索隐》并在上文"是为秦始皇帝"下，

郦山并作郦邑，下更有"子二世皇帝"五字。（《史记斠证·秦本纪》）

【汇评】

王世贞：秦之取天下而不以道者，其罪不在始皇，而在庄襄以前之主；所以失天下者，其罪不在始皇之取，而在守也。夫秦自孝公用商鞅为功级之赏以诱战士，而使之强，七国之民自始祖而至于耳孙，其首世世入秦庭，而封于泾、渭之间，男不得耕，女不得织，士不得拱手而奉先王之业。盖至始皇，而天下之所谓共主若赧王者，顿首于冀阙之下，而周不祀矣。其时六国之边秦者四，而其半已为秦有矣。秦虽大出兵以下之，而非有血战封观之实如长平、伊阙者也。秦之势不得不并六国，六国不得不并而为秦。且秦至是，非与周代也，与六国为代者也。夫六国者，非僭夷之楚，即篡晋之赵、魏、韩，而篡姜之田氏也。秦何以不得灭之？藉令秦称皇帝，置侯，置守令，而轻徭薄税，以与天下相安于无事，夫谁曰不可？善乎贾生之言曰："仁义不施，而攻守之势异也。"昔人有云汤武逆取而顺守之，而儒者皆以为非。愚以为未可非也。夫桀、纣者谁之后欤？禹与汤之后也，商、周固世世而臣事之矣；桀、纣二主虽恶，然不能出于五服之外，而使商、周之民尽被其毒也。即不忍而诛其君，吊其民，立其近裔之贤，如若微、箕者而匡辅之，不亦可乎？是时，夏、殷完国也，非若赧王之如发而不可挽者也。商、周，大邦也，非若晋、宋之伏危而不可退者也。圣人与其政之仁而亮其心之无所冀，而姑为之，称曰顺天应人。然犹不没其实，而时见之夫子之不纯予汤、武也，乃其所以不纯贬秦、晋也。近世有竖儒丘氏者不得其说，而轻于持论，绌其统而削之。呜呼！是身为僭也。（《读书后》卷五《读秦本纪》二）

【汇评】

吴见思：一结。秦十盛。（《史记论文·秦本纪》）

④**【汇校】**

梁玉绳：按：《史》例但书在位之年，而其生年从略，独始皇略其在位年数，反以生年书之，未知史公何意？又始皇年十三而立，以逾年改元计之，在位三十七年，当是五十（《始皇纪》徐广注云"年五十"），安得五十一年乎？（《史记志疑·秦本纪》）

张文虎："五十一年"。《志疑》云："始皇十三而立，逾年改元，在位三十七年，年五十，安得五十一。"案：疑本作"年五十"，衍"一"字，又误倒耳。（《校刊史记集解索隐正义札记·秦本纪》）

又：案：钱大昕曰"五"当作"立"，始皇为帝十一年耳。（同上）

王叔岷：按：《始皇本纪》："始皇崩于沙丘平台。"《御览》八六引平台下更有"时年五十，在位三十七年"十字。《初学记》九引《帝王世纪》称始皇"三十七年崩于沙丘平台，年五十"。并可证此文"五十"下衍"一"字。（《史记斠证·秦本纪》）

泷川资言：古钞本"帝"下有"立"字，南化本无"始皇帝"三字。中井积德

曰：始皇十三而立，在位三十七年而死，年正五十矣，"一"字盖衍。（《史记会注考证》卷五《秦本纪》）

施之勉：按《初学记》九，《帝王世纪》曰：始皇帝，三十七年崩于沙丘平台，年五十。（《史记会注考证订补·秦本纪》）

【汇注】

杭世骏：臣世骏按始皇十三年而立，立三十七年而崩，当得四十九年。（引自《钦定史记·秦本纪·注》）

陈蒲清：五十一年：即五十一岁，非在位年数。始皇，十三岁即位，在位三十七年（前246—前210年）。（引自王利器主编《史记注译·秦本纪》）

⑤【汇注】

司马贞：十二年立。纪云二十一。立三年，葬宜春。秦自襄公至二世，凡六百一十七岁。此实本纪而注别举之，以非本文耳。（《史记索隐·秦本纪》）

张文虎："《索隐》秦自襄公至二世，凡六百一十七岁"。案：秦襄元年甲子，至二世三年甲午，凡五百七十一年，此"六"当作"五"，"一""七"二字当互易。单本作"二十七"，更误矣。（《校刊史记集解索隐正义札记·秦本纪》）

王叔岷：按：《秦记》："二世皇帝享国三年，葬宜春。……二世生十二年而立。"又云："右秦襄公至二世六百一十岁。""而立"下《集解》引徐广曰"《本纪》云：二十一"。即此《索隐》所本。《索隐》所称之注，即指徐注；所云"六百一十七岁"。衍七字。惟作"六百一十岁"，亦非，当从梁说作"五百七十一岁"。（《史记斠证·秦本纪》）

⑥【汇注】

邓之诚：二世皇帝，名胡亥，始皇少子，嗣立，为赵高所弑，在位凡三年。（《中华二千年史》卷一《秦汉三国·秦世系》）

【编者按】秦二世墓区今已新扩建为"秦二世陵遗址公园"，占地面积约70亩，位于曲江池遗址公园南岸。园区分为展示馆区和遗址区两大区域。展示馆区包括游客服务中心、秦殇展览馆、曲江新区出土文物精品展馆；遗址区包括山门、大殿、秦二世皇帝胡亥陵墓等。是集遗址保护、文化展陈、园林建设为一体的秦文化遗址公园。

⑦【汇注】

梁玉绳：按：《广宏明集》引陶公《年纪》云"殇帝子婴四十六日"。秦本无谥，又谁为子婴作谥，岂汉追称之耶？观高帝不杀子婴，只以属吏，而复予秦始皇守冢二十家，则怜婴而加以帝号，义或然欤？（《越绝书·外传记地》言婴立六月，妄也）（《史记志疑·秦本纪》）

王叔岷：按：《始皇本纪》云："子婴为秦王四十六日。"与此合。《李斯列传》

云："子婴立三月。"恐非。（《史记斠证·秦本纪》）

⑧【汇注】

方　回：庄襄王立三年薨，子政立，是为始皇。立二十六年，并天下，称始皇帝。三十七年崩于沙丘。其生壬寅，其死辛卯，其年五十。子胡亥立。元年壬辰七月，陈涉起，九月，刘邦、项梁起，三年甲午，二世为赵高所弒，子婴立四十六日，自非子至子婴三十四世而秦亡。汉王不杀子婴以属吏，项羽至而杀之，嬴姓遂无后云。（《续古今考》卷五《子婴降枳道旁》）

陈蒲清：《史记索隐》："秦自襄公至二世，凡六百一十七岁。"《秦始皇本纪》："襄公至二世，六百一十岁。"按：襄公即位于公元前777年，被周平王封为诸侯在前770年，子婴被杀在前207年，前后不满六百年。（引自王利器主编《史记注译·秦本纪》）

【汇评】

牛运震："遂灭秦"，结法老极。（《史记评注·秦本纪》）

吴见思：秦之自微而盛，凡作十结，至始皇并天下，号皇帝，已极盛矣，而偏作一小段，以极败兴数语结之，盛极而衰亡也，忽焉使英雄之心灰冷。（《史记论文·秦本纪》）

⑨【汇评】

吴见思：另作一段，小结。（《史记论文·秦本纪》）

　　太史公曰①：秦之先为嬴姓。其后分封，以国为姓②，有徐氏、郯氏、莒氏、终黎氏、运奄氏、菟裘氏、将梁氏、黄氏、江氏、修鱼氏、白冥氏、蜚廉氏、秦氏③。然秦以其先造父封赵城，为赵氏④。

①【汇评】

牛运震：赞语正秦姓氏，与《夏》《殷》本纪赞同一体格。（《史记评注·秦本纪》）

②【汇评】

梁玉绳：按：史公混姓氏为一，故凡氏皆谓之姓，而夏、殷、秦三《纪》之论并误云"以国为姓"，其实氏也。然其所载诸氏，亦不尽以国，如殷之目夷，秦之飞廉，是以名为氏者，终黎（同钟离）、菟裘以邑为氏者，国云乎哉？（《史记志疑·秦本纪》）

③【汇注】

裴　骃：(终黎氏)，徐广曰："《世本》作'钟离'。"应劭曰："《氏姓谱》云有姓终黎者是。"(《史记索隐·秦本纪》)

梁玉绳："郯氏、莒氏"。按：《左传》昭十七年郯子称少昊为祖，杜注云"少昊金天氏，己姓之祖"。又文七年《传》穆伯娶于莒曰载己生文伯，其娣声己生惠叔，《世本》云"莒，己姓"(《郑语》莒，曹姓，异)，则郯、莒皆己姓，而史公以为是嬴姓未知何据？(《史记志疑·秦本纪》)

④【汇校】

梁玉绳：案：此《纪》前云"非子蒙赵城姓赵氏"，《始皇纪》云"姓赵氏"，此论又云秦为赵氏。夫后人追溯所出，秦、赵可以互称，若专言其姓氏，岂容混冒妄载。《通志》曰"凡诸侯无氏，以国爵为氏"。秦自非子得邑则以秦邑为氏，及襄公得国则以秦国为氏，相传至于始皇。若赵氏者自造父获封赵城为赵氏，其后微弱而邑于晋，则以赵邑为氏，及三分晋国则以赵国为氏，岂有秦国之君而以赵国为氏乎？(《史记志疑·秦本纪》)

【汇注】

陈蒲清：赵氏：秦以嬴为姓，以赵为氏。当时，姓氏有别，氏为姓的分支。汉以后姓氏混一。(引自王利器主编《史记注译·秦本纪》)

韩兆琦：按：史公此语不合情理。造父被封于赵城，其子孙可以姓"赵"。然西垂一支，自非子已被周天子赐姓"嬴"；经累世后，可以说"与赵同宗"，怎么能说姓"赵"呢？而《始皇本纪》竟又说："庄襄王为秦质子于赵，生始皇。及生，名为政，姓赵氏。"此又欲以生地为姓，结果又回了大宗。(《史记笺证·秦本纪》)

【篇评】

皇甫谧：秦，嬴姓也。昔伯翳为舜主畜，多，故赐姓嬴氏。孝襄公始修霸业，坏井田，开阡陌，天子命为伯。至昭襄王，自称西帝，攻周，废赧王，取九鼎。至庄襄王，灭东、西周。庄襄王崩，政立为始皇帝，并天下，置三十六郡。自以水德，故以十月为正，色尚黑。使蒙恬筑长城，焚《诗》《书》百家之言，坑儒士四百六十人。三十七年，崩于沙丘平台，年五十。(《帝王世纪辑存·秦第六》)

司马贞：柏翳佐舜，卓旃是旌。蜚廉事纣，石椁斯营。造父善驭，封之赵城。非子息马，厥号秦嬴。礼乐射御，西垂有声。襄公救周，始命列国。金祠白帝，龙祚水德。祥应陈宝，妖除丰特。里奚致霸，卫鞅任刻。厥后吞并，卒成凶慝。(《史记索隐·秦本纪·述赞》)

苏　辙：三代圣人，以道御天下，动容貌，出词气，逡巡庙堂之上，而诸侯承德，四夷向风，何其盛哉！至其后世稍衰，桓、文迭兴而维持之，要之以盟会，齐之以征伐，既已卑矣，然春秋之后，吴越放恣，继之以田常三晋之乱，天下遂为战国。君臣之间，非诈不言，非力不用，相与为盗跖之行，犹恐不胜。虽桓文之事且不试矣，而况于文武成康之旧欤？秦起于西垂，与戎翟杂居，本以强兵富国为上。其先襄公最贤，诗人称之。然其所以为国者亦犹是耳。《诗》曰：蒹葭苍苍，白露为霜，所谓伊人，在水一方。夫蒹葭之方盛也苍苍，其强劲而不适于用，至于白露凝戾为霜然后坚成，可施予人。今夫襄公以耕战自力，而不知以礼义终成之，岂不苍然盛哉！然而君子以为未成，故其后世狃于为利而不知义。至于商君厉之以法，风俗日恶，鄙诈猛暴，甚于六国，卒以此胜天下。秦之君臣，以为非是无足以服人矣。当是时，诸侯大者连地数千里，带甲数十万，虽使齐桓、晋文假仁义，挟天子以令之，其势将不能行，惟得至诚之君子，自修而不争，如商、周之先君，庶几可以服之。孟子游于齐、梁，以此干其君，皆不能信。以为诈谋奇计之所不能下，长戟劲弩之所不能克，区区之仁义，何足以致此！然魏文侯，当时之弱国也；君王后，齐之一妇人也。魏文侯行仁义，礼下贤者，用卜子夏、田子方、段干木，而秦人不敢加兵。君王后用齐四十余年，事秦谨，与诸侯信，而齐亦未尝用兵，而况于力行仁义，中心惨怛，终身不懈，而有不能胜者哉？夫衣冠佩玉，可以化强暴；深居简出，可以却猛兽；定心寡欲，可以怀鬼神。孟子曰：仁不可为众。诚因秦之地，用秦之民，按兵自守，修德以来天下，彼将襁负其子而至，而谁与共守？惜乎其明不足以知之，竭力以胜敌。敌胜之后，二世而亡，其数有以取之矣。（引自《史记评林·秦本纪》）

方　回：太史公《秦本纪》书"初"者凡十六。秦自襄公将兵救周幽王犬戎之难，虽不能救幽王，见其死，而以兵送平王，东迁雒邑，平王封襄公为诸侯，赐以岐西之地，秦始国。太史公书"始国"，"始"字奇，亦初也。（《续古今考》卷十八《附论秦本纪书初者十七》）

张应泰：盖三代之长，微独其祖德懋，亦其后人之笃祜，而亢宗者代不称乏也。伯翳，说者谓即伯益，益之德，视禹、契、弃不甚悬，而后嗣多弗类。史称伯翳有子二，逮于费昌窜戎狄，而其后中潏生蜚廉，廉生恶来，父子济凶，以助纣虐，菹朝涉胫，刳孕妇胎，醢九侯，脯鄂侯，而又杀人以饲虎，作为熨斗铜柱以炮烙人，见死者相与为快乐，诸如此类，罪通于天矣。然皆是二人逢之也。洎夫造父驰八骏，佐穆满之淫，前愆未盖，而独非子为因圉，养马蕃息，始以功封。然其立本固已单矣。天固以其而帝者章伯翳，而又以其残而促者瘅蜚廉，宁锱铢爽哉！抑窃有疑：蜚廉，恶来，武王所诛也，诛其党纣者也。然首山之夫，尚有后来。彼其如线。凶人之世，成一秦以殄周，又先成一赵以阙晋。周之东也，惟晋焉依。阙晋，即殄周之渐也。夫厌商，则藉乎于周；既厌周，复藉乎于纣所子遗之臣仆，运若循环然。畴测其倪微乎？危乎？嗟嗟！斯亦古今兴亡得失之林也。(《史疑·秦论》)

归有光：《秦本纪》方成一篇文字，秦以前本纪，旧史皆亡，故多凑合。秦虽暴乱，而史职不废，太史公当时有所本也。又《史记》好奇，《汉书》冠冕雄浑，自《晋书》以下其气轻，无足观矣。又《史记》五帝三代本纪零碎，《秦纪》便好，盖秦原有史，故文字佳。《赵世家》文字周详，亦赵有史，其他想无全书故也。(《归震川评点本史记》卷五)

冯梦龙：东周虽亡，六国尚在，秦未帝也。然势不得不帝矣。南宫氏以庄襄王嬴氏为前秦，始皇嬴氏为后秦，暧昧之事，未敢擅分，姑仍旧。(《纲鉴统一》卷五《秦纪》)

又：按秦自伯翳佐禹平水土，佐舜驯鸟兽，帝尧赐姓嬴，至周孝王十三年，十九世孙非子，以畜马有功，封于秦，为附庸。六世至襄公，将兵救周，送平王东迁，封为伯，使逐犬戎，尽有故周岐、丰之地，后始富强，又百七年，而昭襄王灭周。又五年，传孝文王。又一年，传庄襄王，在位三年，而传始皇。兼六国，并天下，二十六年而称帝。(同上)

胡　广：秦，嬴姓，伯爵，出自颛帝裔孙女脩，子大业生大费，与禹平水土，佐舜调驯鸟兽，赐姓嬴，是为柏翳。柏翳十九世非子，为周孝王主马汧渭间，马大蕃息，孝王分为附庸，而邑之秦，使续氏嬴，号曰秦嬴。天水陇西县秦亭是也。其后文公四十四年，鲁隐公立，至悼公十年，西狩获麟，后九世，孝公用商鞅，以耕战霸秦，其子惠文君自号为王，至始皇并天下，自立为皇帝，至二世而亡。(《春秋大全·诸国兴废说·秦》)

凌稚隆：按秦称霸之后，连书曰"天子使召公过贺缪公以金鼓"，曰"天子贺以黼黻"，曰"天子致胙"，曰"天子致伯"，曰"天子贺"，曰"天子致文武胙"，曰"东周君来朝"，曰"西周走来归"。而结书曰"周初亡"，皆篇中关键也。(《史记评林·秦本纪》)

徐孚远：《秦纪》多夸诞语，其世系事迹独详于列国，而于它书无所征，盖秦史之旧也。(《史记测议·秦本纪》)

宋存标：秦之天下，不取之周而取之六国，并不取之六国，而取之分晋之三家，篡齐之田氏，而借夷之楚也。秦何负于周哉？予谓周之天下，则实秦与之；穆王西狩，乐而忘归，徐偃王作乱，造父御王，一日千里以救乱，其存周者一也。厉王无道，西戎反王室，宣王以秦仲为大夫，诛西戎，其存周者二也。世父为大父报仇，将击戎，其存周者三也。平王时，周避犬戎难，襄公以兵送平王曰：戎无道，侵夺我岐，秦能攻逐戎，即有其地。是秦自取之戎，非取之周也。且捐岐以东悉献之周，其存周者四也。叔带之乱，秦缪公助晋文公入襄王，其存周者五也。秦何负于周哉？缪公之霸，天子贺以金鼓；孝公之强，天子赐以黼黻，非不问而取之，犹贤于"请隧""问鼎"矣。周至赧王，所存仅空名，六国之不取周，畏秦耳。秦不取，六国亦必取之。周之亡与不亡无异也。嗟乎，太白之悬，武王之待独夫，何如者！而九鼎入秦，秦犹归其君于周，彼帝令处父不与殷乱，坛霍为报者，何人哉？秦之代周，亦以绳先志也。（《秋士史疑》卷一《秦本纪》）

何　焯：钝吟云，近秦而与秦为难者无如晋，与秦同大而足以难秦者莫如楚，故插叙晋、楚事为多。按庄襄之世，秦已尽取周地，固继周而王矣；然六国未亡，则犹存封建之遗制也。至始皇并吞而尽有之，分天下为三十六郡，于是三代规模一变。此《始皇本纪》所以离而为二也。（《义门读书记·史记》上卷）

方　苞：不载《国策》一语，体制遂觉峻洁，由国史具存有事迹可纪也。（《归方评点史记合笔》）

又：《秦纪》多夸语，其世系事迹独详于列国而于他书无征，盖秦史之旧也。（同上）

吴见思：本纪是提纲之体法不得详序，详序便累坠矣。其中必插列国事相照映者，正与周纪诸世家扭成一片也。然近秦而与秦为难者，无如晋；与秦同大而足以难秦者无如楚，故插晋、楚之事为多。（《史记论文·秦本纪》）

又：篇首序世系分支派处极其明晰逐节逐段所宜细看。（同上）

龙体刚：嬴秦祖伯翳，实蜚廉、恶来之遗孽也。自非子畜马邑秦，至襄公尽有岐、丰之地，"车邻""驷骥"之风，性使然耳。尝读毛诗，而知葭苍露白，景色凄凄，与"蒹葭""驺虞"之深仁厚泽；"麟趾""螽斯"，春生秋杀，较卜周秦之气象，相悬绝矣。乃文公甫设三族之刑，三父即废出立武，试以三族，且葬以人殉，忍矣哉！然武之从死，止六十六人，而穆公遂殉以一百七十七人，三良莫赎，惨刻之施，千古所未有也。孝公发愤为强，卫鞅即为之变法厉政，徂诈严酷，赏以车裂，犹有余辜。然天不以奇货予不韦，而嬴秦之虐，未必复炎于武穆伯翳之宗，何致遽斩于吕政？今观不韦之阴谋于先，斯、高之助虐于后，周与六国之灭，灭于不韦与斯、高也。不韦、斯、高，蜚廉、恶来之幻身耶？廉、来覆商纣之基，而不韦、斯、高又共夷廉、来之族。天之巧于报复，其何可测！（《半窗史略·卷九·秦》）

牛运震：叙缪公一代事迹，变《左》《国》古奥处为质近之调，设词则透快入情，写事则神致奕奕生动，不可谓非太史公用意之文也。（《史记评注·秦本纪》）

刘绍攽：国无强弱，待人而兴，秦虽地险，民众，非人何以雄诸侯哉？顾秦无人，由余、蹇叔、百里奚、卫鞅、仪、睢数十辈，皆自诸侯来。诸侯不以自资而资秦，秦藉诸侯之资，即以蚕食诸侯，世皆以罪秦之暴，余独咎诸侯之昏。何也？知人则哲，

秦实有焉。彼诸侯者，何以国哉？（《九畹古文》卷十《书秦本纪后》）

刘咸炘：冯班曰：近秦而与秦为难者无如晋，与秦同大而足以难秦者，莫如楚。故插叙晋、楚事为多。按此纪兼叙霸者大略，故出齐桓之立及晋文、楚庄、楚灵、晋悼之霸，并管仲、隰朋之死亦书之。（《太史公书知意·秦本纪》）

吴汝纶：此篇为秦有天下作势，通篇趋重末段。有以善御主与分封，见无他功德，襄公得周地，缪公与晋争强，孝公以后与六国争强，皆所以力争天下之渐也。

归太仆谓秦原有史，故《秦纪》文字佳，方侍郎亦谓此篇本秦史之旧。汝纶谓篇中叙春秋战国事，多与他篇相出入，皆史公所自为，决非秦史之语，惟篇首记秦初起事，不见他书，史公所采者博，不得谓全本史文也。（《桐城吴先生点勘史记读本》卷五《秦本纪》）

李景星：本纪之中有断代为纪、以人为纪二例。《五帝纪》数代合为一纪，三代纪一代自为一纪，总之皆断代为纪例也。自三代以下，皆以人为纪例也。秦为古今之界，故太史公作纪兼用二例：《秦本纪》断代为纪也，《秦始皇本纪》以人为纪也。因秦之事迹繁多，不便列于一纪，故于《秦始皇本纪》之上，先列《秦本纪》焉。纪中叙秦之盛，凡分十层：自首至"遂为诸侯"为第一层，是秦之初盛；自"其玄孙曰中潏"至"以和西戎"为第二层，是秦之再盛；自"秦嬴生秦侯"至"为西垂大夫"为第三层，是秦之三盛；自"庄公居其故西犬丘"至"祠上帝西畤"为第四层，是秦之四盛；自"十二年"至"献之周"为第五层，是秦之五盛；自"十九年"至"后子孙饮马于河"为第六层，是秦之六盛；自"梁伯、芮伯来朝"至"是时秦地东至河"为第七层，是秦之七盛；自"十八年"至"贺缪公以金鼓"为第八层，是秦之八盛；自"三十九年缪公卒"至"朝天子"为第九层，是秦之九盛；自"二十一年齐败魏马陵"至"号为始皇帝"为第十层，是秦之十盛。以下数句，号作一小结。文势如阶级，然一步高一步；如捆缚，然一层紧一层。其特别出色处，则又在开首之叙世系分明也；中间叙缪公之霸，曲折顿挫，采用《左》《国》而能脱《左》《国》之间架也；后路叙孝公之强，并列山东诸国，形势为春秋变为战国一大关键，且为秦人蚕食并吞伏根，用笔如张强弩，一丝不懈也，赞语正秦姓氏，与《夏》《殷本纪》赞同一体格。（《史记评议·秦本纪》总评）

韩兆琦：本篇记述秦国历史，追叙久远，历五帝、三代及春秋、战国等历史阶段，特别展示了春秋、战国时期秦国在西戎迅速崛起，由微而盛，到执中国政治牛耳，再到始皇帝初灭六国，实现大一统的历史进程。叙述中作者注意从纷繁的史事中抓住影响历史进程的几个关键阶段来写：伯翳受舜赐姓嬴氏、襄公"始国"、文公始大、穆公始霸、孝公变法、昭襄王"业帝"，直至始皇帝"初并天下"，逐渐演进的层次异常清晰。（《史记题评·秦本纪》）

又：司马迁非常注意"原始察终"的历史观察法则，善于把握历史发展的总趋势。文载秦襄公送周平王东迁于洛邑，平王封襄公为诸侯，襄公于是始国。但襄公却"用骊驹、黄牛、羝羊各三，祠上帝西畤"。祠上帝、为西畤皆天子礼，因此作者在《六国年表序》中慨叹说："太史公读《秦记》，至犬戎败幽王，周东徙洛邑，秦襄公始封为诸侯，作西畤，用事上帝，僭端见矣！礼曰：'天子祭天地，诸祭其域内名山大川。'今秦杂戎翟之俗，先暴戾，后仁义，位在藩臣而胪于郊祀，君子惧焉。"这就是所"渐"，就是要在事情未发生之前就能看出兆头，看出世事的沧桑巨变皆由此渐端，也即所谓"始"。"原始"方能"察终"，这是作者"通古今之变"的基础，也是其治史的基本原则。文中凡有此类，作者均特别注意，文公十年初为鄜畤，用三牢；十三年，初有史以纪事，民多化者；二十年，法初有三族之罪；武公二十年卒，初以人从死，从死者六十六人；简公六年，令吏初带剑。凡此种种，作者均特别标出，以明其所由来，明其渐也。……《秦本纪》在艺术上有两点值得注意：其一，本文在《史记》中是首先使用互见法的一篇，如写商鞅变法，由于史事繁多，乃用互见法曰"其事在商君语中"。篇末亦云"其语在《始皇本纪》中"。其二，本文更多地注重刻划人物形象，尤以秦穆公着笔最多。与《夏本纪》记禹，《殷本纪》记汤、纣，《周本纪》记武王不同的是，作者并未将秦穆公做脸谱化的处理，把他写成性格单一的道德化身，或罪恶渊薮，而是写出了他的复杂性格：礼贤下士，宽容仁德，勇于改过而又固执己见，死后用活人为殉，以至作者借君言，说他"死而弃民"。这种方法也开了《史记》中刻画人物的一个良好渐端，是作者学习《左传》而做的进一步发挥。本篇记载进入战国后，叙述攻战杀伐的戎事明显增多，以突出秦之尚首功，重点已不在刻划人物，因而风格也变得简洁、流畅。（同上）

伍仕谦：《始皇本纪》之世系与《秦本纪》之世系，有很大的差异：

（一）《史记》记襄公以下列君年数，《始皇本纪》为五百七十二年，《秦本纪》为五百七十七年。

（二）悼公年数：《始皇本纪》十五年，《秦本纪》十四年。

灵公年数：《始皇本纪》十年，《秦本纪》十三年。

简公年数：《始皇本纪》十五年，《秦本纪》十六年。

献公年数：《始皇本纪》二十三年，《秦本纪》二十四年。

庄襄王：《始皇本纪》三年，《秦本纪》四年。

孝文王：《始皇本纪》一年，《秦本纪》称即位三日卒，不纪年。

为什么同一部史书，记载如此不同？梁玉绳《史记志疑》谓："此记是秦史官所录，史公采以作史记者，何以误端叠见，盖篆隶递变，简素屡更，传写乖讹，非秦记之旧矣。"梁氏之说，殊难使人信服。篆隶递变，数目字不会有差异。《史记索隐》以为"史公据秦纪为说，与正史小有不同，今取异说重列于始皇本纪之后"。此说近是。盖史公根据两种不同的记载，两说俱并存之，以供参考。如《秦本纪》之宁公，年表及《汉书·古今人表》与之相同，而《始皇本纪》则作宪公。前年宝鸡太公庙出土之秦公钟，铭文正作宪公，故《秦本纪》误而《始皇本纪》是。又如灵公、简公、献公、庄襄王在位年数，《年表》与《始皇本纪》同，故《始皇本纪》的可靠性大些。（《读秦本纪札记》，《四川大学学报》1981年第2期）

杨燕起、阎崇东：本篇之记述秦的发展史，与《殷本纪》《周本纪》性质全然相同。所述自伯翳之受舜赐姓嬴氏，至始皇帝之初并天下的兴国进程，突出了襄公之"始国"，穆公之称霸，孝公之变法，昭襄王之"业帝"等几个重要阶段，尤以叙穆公之称霸用笔最多，以其用由余之谋伐戎王，益国十二，开地千里，遂霸西戎，而取得了与东方诸侯齐桓、晋文相等的地位，显示了秦国在中国历史发展中的重要影响和作用。在本纪叙事中兼述人物，本篇之写穆公，乃与《夏本纪》之记禹，《殷本纪》之记汤、纣，《周本纪》之记武王，具有同样的效果。可见《史记》的本纪并不局限于单纯的编年记事，而是包含着对帝王将相中英雄人物性格、行为的描绘、刻画，其体裁的运用是灵活的，内容是广阔的。

本篇与殷、周二纪截然不同的是，没有关于德治兴衰的记述与评议，这正表示了立国基础的不同及时势的各异，也表现了司马迁在分析中认识上的转变。秦穆公与由余对话中关于"中国以诗书礼乐法度为政，然尚时乱"的议论，说明了礼治在一定条件下的局限性，从而必须以力治来取代的特点，正是时势总体变化上的关键，也是司马迁之所以要把秦始皇以前的秦国发展史独立成一篇本纪的根本原因所在。以此亦足以辨析《史记》所设本纪体裁的基本立意，与后来确定的所谓"天子曰本纪"是不完全相同的。

本篇在孝公以后，自惠文君起，其记载内容多为攻伐拔取杀虏及其成就、进展，然于复杂纷争的世事，叙述却简洁、清晰、明快，这同样可见司马迁之有大势在胸而表现为视野开阔，文笔流畅的完美风格。（《史记精华导读·史记研读指导》）

藤田胜久：《秦本纪》是组合几种不同资料排列而成的，其来源很复杂，若从这些构成材料筛选秦国特有的资料，可分为以下五种：1. 古传说（秦先祖—秦嬴以前）；2. 世系资料（秦侯以后—《秦本纪》结尾）；3. 不连续的纪年资料（襄公、文公—缪公—厉共公—出子）；4. 几乎每年出现的纪年资料（献公、孝公时代）；5. 每年连续的纪年资料（惠文君、武王、昭襄王—庄襄王）。……还利用了古传说、《春秋》《国语》等的资料。（《〈史记〉战国史料研究》）

研究综述

历代有关《史记·秦本纪》的研究，成果颇丰。尤其是20世纪以来，随着考古资料的不断出现，《秦本纪》研究又有许多新的进展。这里就一些主要成就进行概要介绍。

一、秦起源研究

关于秦的起源研究，取得了较大成绩。尤其是近百年来，学者皆能据其所见之材料，推理阐发，形成自己的观点。雍际春《近百年来秦人族源问题研究综述》① 对近百年来秦人起源问题进行了一个总结。文章以时间为序，对秦人族源问题的研究分为两个阶段，即"传统的东来说与西来说"阶段和"新的东来说与西来说"阶段，最后对这一问题进行评说，提出了一些新的看法。我们参考此文，对秦起源问题做一简要梳理。概而言之，秦的起源有如下几种说法：

（一）东夷起源说

关于秦的起源问题，主张起源于东方夷族的传统学者有很多，以傅斯年、卫聚贤、黄文弼、陈秀云、徐旭生、马非百等为代表。这批学者主要运用文献资料和民俗学资料来研究，意在揭示秦人的来历及早期的历史真貌。

秦起源于东方夷族，雍际春认为其作为一种学术观点被明确提出是在20世纪三四十年代。最早提出这一观点的学者就是傅斯年。傅斯年曰："伯翳（按即伯益）为秦赵之祖，嬴姓之所宗。秦赵以西方之国，而用东方之姓，盖商代西向拓土，嬴姓东夷在商人旗帜下入于西戎。《秦本纪》说此事本甚明白。少皞在月令系统中为西方之帝者，当由于秦赵先祖移其传说于西土，久而成土著，后世作系统论者，遂忘其非本土所生。"② 傅斯年指出，秦的祖先伯翳乃嬴姓之祖，嬴姓本在东夷，而因为辅佐殷商而入于西戎，后人遂误认为秦起源于西戎。

卫聚贤《赵秦楚民族的起源》认为："赵在山西赵城，秦在甘肃天水，楚在湖北宜昌，三者相距甚远，但实系一个民族，原在山东、河北之间，其南下的为楚，初居河南卫辉附近，再至许昌，再至南漳。其西去的至山西太原，由太原南下至赵城的为赵。

---

① 雍际春：《近百年来秦人族源问题研究综述》，《社会科学战线》2011年第9期，第109—117页。
② 傅斯年：《民族与古代中国史》，河北教育出版社2002年版，第44页。

由太原西去经渭汧而至甘肃天水的为秦。三者均夏民族熊氏族之分化。"① 卫聚贤指出赵、秦、楚原为一个民族，最初居于山东、河北之间，后来迁移分化成三支。

徐旭生在论述"东夷集团"时指出："这一集团中重要的姓，有太皞的风，少皞的嬴，皋陶的偃。……费建国很早，秦、赵祖先的蜚廉的'蜚'，当与'费'同字异形。国灭于周初，地在今山东费县境内。"② 徐旭生认为秦人先祖少皞、蜚廉均属东夷集团，居于今山东一带。另有黄文弼《嬴秦为东方民族考》③、陈秀云《秦族考》④ 等文章皆主张秦人起源于东方夷族。

此后的一批学者在前人的基础上，借助考古、文字、民俗、宗教、民族、历史地理等多学科的理论与方法，对这一问题进行了综合性的论证，成果斐然。主要学者如顾颉刚、林剑鸣、邹衡、赵化成等。

顾颉刚先生通过甲骨文、金文资料系统，结合传世文献对"秦本东夷"等问题进行了深入考察。他指出："殷祖契是由他母亲简狄吞了玄鸟卵而生的，秦祖大业也是由他的母亲女修吞了玄鸟的卵而生的。他们为什么会有这样雷同的神话？那就是因为殷秦两族都出于鸟夷，鸟是他们的图腾，他们全族人民的生命都是从鸟图腾里来的，只是第一位祖先的代表性特别强，所以把鸟生的神话集中在它的身上而已。"⑤ 此外，在《从古籍中探索我国的西部民族——羌族》也指出："秦的始封，是周孝王封非子为附庸而邑之秦，地在今甘肃天水县的秦亭。秦本夷族，在周公东征后西迁，只因那边是戎族的大本营，不容许这新封的君主占有特殊的势力，所以秦仲一族既被灭于先，秦仲自身又被杀于后，直到他的儿子庄公世里，得到了宣王的援助才站得住。"⑥ 顾颉刚认为秦先祖本为夷族，西迁的时间是周公东征之后。对于这一观点，赵化成提出了异议。他以秦墓的考古发现和有关秦的文献记载相结合，经过研究，指出"秦人至迟在商代末年已经活动于甘肃东部，也就是说已经在西方了"⑦，这是对顾颉刚先生观点的修正。

林剑鸣在考察了秦人早期的传说、信仰、经济、政治和活动区域之后，也指出："秦人的祖先与殷人的祖先，最早可能同属一个氏族部落或部落联盟，既然殷人早期活动于我国东方已成不疑之论，那么秦人的祖先最早也应生活在我国东海之滨，大约在

---

① 卫聚贤：《古史研究》（第三集），上海文艺出版社1990年版，第49页。
② 徐旭生：《中国古史的传说时代》，文物出版社1985年版，第54页。
③ 黄文弼：《嬴秦为东方民族考》，《史学杂志》1945年创刊号。
④ 陈秀云：《秦族考》，《文理学报》1946年第1卷第1期。
⑤ 顾颉刚：《鸟夷族的图腾崇拜及其氏族集团的兴亡》，载《史前研究》，三秦出版社2000年版，第151页。
⑥ 顾颉刚：《从古籍中探索我国的西部民族——羌族》，《社会科学战线》1980年第1期，第127页。
⑦ 赵化成：《寻找秦文化渊源的新线索》，《文博》1987年第1期，第6页。

今山东境内，这也是可以肯定的。"①

邹衡从考古材料的考察出发，在《论先周文化》② 一文中用对 "亚卿罐的族徽" 的深入剖析为东来说提供了新的证据；祝中熹在《早期秦史》中对羲和的神话传说和阳鸟的图腾崇拜习俗进行了分析，为秦人东来说提出了新的观点。③

日本学者御手洗胜在《颛顼与乾荒、昌意、清阳、夷鼓、黄帝——关于嬴姓族的祖神系谱》④ 一文中从神话学角度对嬴姓的祖先神允格进行了考察，认为允格即伯益，"颛顼、乾荒、昌意，清阳、夷鼓、黄帝等著名的神与叫做允格（伯夷）的沇水之神在起源上实是一神，是为嬴姓的祖先神"。除此而外，还有郭沫若⑤、范文澜⑥等学者也持此种观点，就不一一赘述了。

此外，陈槃《春秋大事表列国爵姓及存灭表撰异》（三订本）据《春秋公羊传》与《史记·商君列传》而指出 "秦本东方民族，历史上此等民族有 '东夷' 之目，此秦之所以为 '夷' 也"。⑦《春秋公羊传》昭公五年载："秦伯卒，何以不名？秦者，夷也，匿嫡子之名也。"⑧《史记·商君列传》云："商君曰：'始秦戎、翟之教，父子无别，同室而居。'"⑨ 陈槃依据以上两则材料，也提出秦起源于东方东夷集团。这可算作对以上观点的补充。

（二）西戎起源说

"西来说" 的学者认为秦人源于西方戎族，早期以王国维、蒙文通、周谷城等为代表。

王国维认为："秦之祖先，起于戎狄，当殷之末，有中潏者，已居西垂，大骆、非子以后，始有世系可纪，事迹亦较有据。其历世所居之地，曰西垂、曰犬邱、曰秦、曰汧渭之会、曰平阳、曰雍、曰泾阳、曰栎阳、曰咸阳，此九地中，惟西垂一地，名义不定。……大骆之地，远在陇西，非子邑秦，已稍近中国。庄公复得大骆故地，则又西徙，逮襄公伐戎之岐，文公始踰陇而居汧渭之会，其未踰陇以前，殆与诸戎无异。"⑩ 蒙文通在《秦为戎狄考》对《秦本纪》、班固《律历志》《左传正义》《古竹书

---

① 林剑鸣：《秦史稿》，上海人民出版社1981年版，第19页。
② 邹衡：《夏商周考古学论文集》，科学出版社2001年版，第299—301页。
③ 祝中熹：《早期秦史》，敦煌文艺出版社2004年版，第13—40页。
④ 御手洗胜：《颛顼与乾荒、昌意、清阳、夷鼓、黄帝——关于嬴姓族的祖神系谱》，王孝廉翻译：《中国的神话与传说》，台湾联经出版事业公司1977年版，第239—272页。
⑤ 郭沫若：《中国史稿》，人民出版社1987年版，第79—80页。
⑥ 范文澜：《中国通史简编》，河北教育出版社2000年版，第13—14页。
⑦ 陈槃：《春秋大事表列国爵姓及存灭表撰异》（三订本），上海古籍出版社1988年版，第140页。
⑧ ［清］阮元校刻：《十三经注疏·春秋公羊传》，中华书局1980年版，第2318页。
⑨ ［汉］司马迁：《史记·商君列传》（卷六十八），中华书局1959年版，第2234页。
⑩ 王国维：《观堂集林·秦都邑考》，中华书局1959年版，第529—531页。

纪年》《周书》《山海经》等文献记载分析后指出："秦之为戎，固自不疑。……秦即犬戎之一支。"①

丁山在《句芒、高禖、防风、飞廉考——风神篇》中云："《秦本纪》所传襄公以前之人物，若大费、大廉、费昌、孟戏、仲衍、蜚廉、造父等，非天空之神御，即速御之风神；其反映之史实，则秦襄公未攻戎救周列为诸侯时，固一游牧为生之西戎民族也。"②

周谷城在讨论《秦与晋的关系》时分析了《史记》的记载，认为："一则最初的秦人，完全是一种过畜牧生活的人，二则周之分土使为附庸，完全是为着和缓西戎诸部落。大概当时之秦也只是在西戎诸部落中的一个强有力之部落；故周可利用他，以缓和诸西戎。"③ 可以看出，周先生也持西戎说的观点。

此后西来说的学者主要有熊铁基、俞伟超、叶小燕、刘庆柱、刘玉涛等。熊铁基在对秦的文献史料分析之后明确指出"秦人本来是西方戎族的一支"，理由有三：一是"商、周时代，秦的祖先都是活动在西方"；二是"秦人自己讲自己祖先的活动，可靠的都是讲在西方的活动"；三是"春秋到战国初年，华夏族的诸侯国（包括华化较早的），一直把秦国当戎狄看待"。④

俞伟超认为："西戎是指起源于陕西西部至甘、青地区的一些祖源相同的畜牧和游牧部落的统称"，又"在古书中常常提到的'西戎'这一名称，是一个总称，下面又分成若干种戎。著名的例如犬戎、骊戎、陆浑戎、緜诸戎、翟戎、邽冀之戎、义渠戎、大荔戎等等。他们的活动地区，主要也是在陕西、甘肃、宁夏，特别是在甘肃一带，有的戎当然已在青海东部"。在对大量秦墓考古资料仔细分析后，俞伟超指出："1974年，湖北当阳季家湖的楚国城址中所出一件战国铜钟铭文，把秦人称为'秦戎'。秦人（至少其主体）是西戎的一支，应当没有问题。"⑤ 另有叶小燕《秦墓初探》⑥、刘庆柱《试论秦之渊源》⑦ 等文章，也都从秦墓考古、秦人信仰等方面做了研究，得出了相同的结论。

除以上学者之外，岑仲勉先生在综论王国维、蒙文通、顾颉刚等人的观点之后亦指出："秦族如果本住东方，应有东方的地名可记，今看'史记'的文非常空洞，我们

---

① 蒙文通：《古族甄微》（《蒙文通全集》第二卷），巴蜀书社1993年版，第73—74页。
② 丁山：《古代神话与民族》，商务印书馆2005年版，第317页。
③ 周谷城：《中国通史》（《国学丛书》第三编），上海书店1939年版，第174页。
④ 熊铁基：《秦人早期历史的两个问题》，《社会科学战线》1980年第2期，第155—156页。
⑤ 俞伟超：《先秦两汉考古学论集》，文物出版社1985年版，第181、182、187页。
⑥ 叶小燕：《秦墓初探》，《考古》1982年第1期，第65—73页。
⑦ 刘庆柱：《试论秦之渊源》，《人文杂志》1982年增刊。

哪能作出这样的推论？佐殷即使是实，不见得必要在东方吧。"①

（三）新的观点

除以上两种针锋相对的说法外，学界对于秦的起源问题还有了一些新的说法，如北来说、二源说、整合说等等。

持北来说观点的学者以翦伯赞、吕振羽和吴泽等为代表。翦伯赞在对《秦本纪》《国语·鲁语》和《管子·小匡篇》的记载进行研究之后，指出："秦为夏族之一支。夏族居住鄂尔多斯，故秦族始祖，亦当流浪于此。"② 吕振羽则认为："（夏族）一部分又继续折回西北，又和其原来留在西北陕甘蒙古等地的'夏'族或其近亲族回合，仍在今日的陕西和甘肃蒙疆等地方游徙，他们后来，大概又因为人口的繁殖，部落的分化或龃龉又分为留在原地或更向西北和向东南发展的诸部落，留在原地或向西北者就形成后代之所谓诸戎和匈奴等，向东南者便发展成为后来的周族，留在关中一带者便有形成更后来的秦国。"③

黄留珠先生综合"东来说"与"西来说"，主张"二源说"，他指出："就前者而言，它敏锐地捕捉到了秦文化与西戎文化融合的历史事实；就后者而论，它成功地揭开了中潏以前秦人活动于东方的秘密。二者对于深化秦文化的研究，均有重要意义。而这一点，恰恰也正是二说相统一相结合的基础之所在。……如果用一句话来概括这一思路，那就是'源于东而兴于西'。"④

整合说的学者有孙新周、朱学渊和叶舒宪等。孙新周依据岩画、鹿石资料和语言学等理论，从新的视角揭示出了"秦人源于东夷，兴于西戎，盛于中原"。⑤ 朱学渊在《秦始皇是说蒙古语的女真人》中将语言学理论与秦人早期史料相结合，通过对比指出秦人是月氏的同类，具有通古斯民族的血缘，属于鸟夷部落，嬴姓是"安姓"或"金姓"，秦部落的语言像是蒙古语⑥。另有，叶舒宪新著《熊图腾：中华祖先神话探源》⑦中用专篇《秦人崇拜熊吗——中原通古斯人假说与秦文化源流》，也认为秦人是具有通古斯血缘和熊图腾与鸟图腾合一的东夷族。以上三说，带有明显的跨学科整合的特点，其结论新颖而又不失严肃，为秦人起源问题的研究提供了新的视域。

总之，对于秦的起源问题的研究，始终没有停止过。到目前为止，我们可以借用黄留珠的一段话来做一概括，即"在秦文化渊源问题上，不能仅有单向思维，而应作

---

① 岑仲勉：《西周社会制度问题》，上海人民出版社 1957 年版，第 119 页。
② 翦伯赞：《秦汉史》，北京大学出版社 1984 年版，第 1 页。
③ 吕振羽：《中国原始社会史》，光华书店 1949 年版，第 196 页。
④ 黄留珠：《秦文化二源说》，《西北大学学报》1995 年第 3 期。
⑤ 孙新周：《岩画·鹿石·嬴秦民族寻根》，《天水师范学院学报》2007 年第 4 期。
⑥ 朱学渊：《秦始皇是说蒙古话的女真人》，华东师范大学出版社 2008 年版，第 59—66 页。
⑦ 叶舒宪：《熊图腾：中华祖先神话探源》，上海锦绣文章出版社 2007 年版，第 165—200 页。

全方位的、多角度的考察。这里，既要看到秦文化的始发之源，又要看到它的复兴之源，还要看到复兴之源的再次起源特性，三者缺一不可"。①黄先生这段话是用来概括秦文化渊源研究的，而将其用于秦人起源研究也同样适用。我们对于秦人起源问题，不应该偏执一端，而应综合起来考虑，也许"起于东而兴于西"的思维方式更能启发我们思考，也只有朝着这个方向努力，我们才可能真正客观地揭示秦人起源问题的答案。

二、对《秦本纪》体例的探讨

司马迁以本纪、世家、表、书和列传五种体例建构了《史记》，每一种体例的内容都渗透着自己的史学观念。然而历来对于秦该不该入"本纪"就有两种不同的态度。一派认为，秦不该列入"本纪"，而另一派则相反。现将各家对于《秦本纪》体例问题的观点作一简单梳理。

司马迁将秦列入"本纪"有自己的理由。在《史记·太史公自序》中说："维秦之先，伯翳佐禹；穆公思义，悼豪之旅；以人为殉，诗歌《黄鸟》；昭襄业帝。作《秦本纪》第五。"司马迁认为秦从祖先伯翳发展至昭襄王，奠定了秦的帝业，故而作《秦本纪》。在司马迁看来，秦始皇以前的秦先祖虽未称帝，但其功业相当于帝王，因此为其作《本纪》。此后，司马贞《史记索隐·序》、张守节《史记正义·序》等都曾对《史记》五种体例进行过阐发和评点。司马贞认为："秦虽嬴政之祖，本西戎附庸之君，岂以诸侯之邦而与五帝三王同称本纪？斯必不可，可降为秦世家。"认为秦不能进入本纪。刘知幾《史通》卷二《本纪》对"秦"列入本纪有一段论述："然迁之以天子为本纪，诸侯为世家，斯诚谠矣。但区域既定，而疆理不分，遂令后之学者罕详其义。按姬自后稷至于西伯，嬴自伯翳至于庄襄，爵乃诸侯，而名隶本纪。若以西伯、庄襄以上，别作周秦世家，持殷纣以对武王，拔秦始以承周赧，使帝王传授，昭然有别，岂不善乎？"②刘知幾认为司马迁应以周西伯、秦庄襄以上别作周、秦世家，而周、秦本纪则以周武王、秦始皇始，这样便可使"帝王传授，昭然有别"，对司马迁将秦列入本纪提出了自己的看法。明代王维桢《历代史事论海》卷八《史记秦本纪项羽本纪当降作世家论》中也明确提出，《秦本纪》应降作世家。持此观点的还有清代黄淳耀等人。

认为秦应进入本纪的学者也有不少，代表性的如清代牛运震在《史记评注》卷一中云：

按：《索隐》云："秦本西戎，附庸之君，不宜与五帝三王统称本纪，可降为《秦世家》。"刘知幾《史通》亦云："姬自后稷至于西伯，嬴自伯翳至于庄王，爵乃诸侯

---

① 黄留珠：《秦文化二源说》，《西北大学学报》1995年第3期，第34页。
② ［唐］刘知幾撰，赵吕甫校注：《史通新校注·本纪》，重庆出版社1980年版，第86页。

而名隶本纪,应自西伯、庄王以上,别作周、秦世家。"二说似皆尽理,然《史记》之编次条理考之,则有不得不纪秦者。盖秦伯王之业,章于缪、孝,成于昭、襄,此始皇因之所以并吞混一而称帝号也。故太史公于《秦本纪》末详载秦取蜀及南阳郡,又北定太原、上党,又初置三川、太原等郡,而于《始皇本纪》开端复作提絜云:"秦地已并巴、蜀、汉中,越宛有郢,置南郡矣;北收上郡以东,有河东、太原、上党郡;东至荥阳,灭二周,置三川郡。"此正与《秦纪》末联合照应,针线相接,以为始皇并一天下之原本也。如欲降《秦本纪》为世家,则史家无世家在前、本纪在后之理,势必次《始皇本纪》于《周本纪》之后,而列《秦世家》于十二诸侯之中,将始皇开疆辟土席卷囊括之业,正不知从何处托基,其毋乃前后失序而本末不属乎!如拘诸侯不得为本纪之例,则始皇称帝后已尊庄襄为太上皇,而惠文以来帝者之形已成,若泛泛列之诸侯世家中,亦恐非其伦等也。至《史通》以姬、嬴并论,乃谓后稷以下,西伯以上,亦应降为世家,尤事理之必不可通者,周不可降,何独降秦耶!此其持论非不有见,惜徒为局外闲观而未察乎太史公编次之苦心也。读太史公《秦本纪小序》曰"昭襄业帝",则纪秦之旨太史公已自发之,后世读《史记》者,特未之深思耳。①

牛运震从秦国历史发展、《史记》创作主旨等入手,肯定司马迁将秦国历史列入本纪,这种看法较为深刻。清人江标《沅湘通艺录》卷二《太史公本纪取式吕览辨》中晏世澍亦云:"《史记》以天子为本纪,诸侯为世家,疑为不类。夫迁之取例诚如此,然姬自后稷至于西伯,嬴自伯翳至于庄襄,诸侯也,而亦以本纪名之,项羽名曰西楚,号止霸王,霸王者,即当时诸侯,而亦称本纪,自乱其例,曾为后儒所讥。夫自例诚无可辞,而取式何必太拘,迁亦法其以月纪事之义而已矣,何必以《吕览》非专述帝王之事而疑之哉?况自例有未尽合,正其过式之一征也。舍人岂虚语哉!"②指出其以"事之系于天下"的安排原则,而不拘泥于"以天子为本纪"条条框框。

何焯《义门读书记》:"钝吟云,近秦而与秦为难者无如晋,与秦同大而足以难秦者莫如楚,故插叙晋楚事为多。按庄襄之世,秦已尽取周地,固继周而王矣;然六国未亡,则犹存封建之遗制也。至始皇并吞而尽有之,分天下为三十六郡,于是三代规模一变。此《始皇本纪》所以离而为二也。"齐树楷《史记意》认为:"秦自为纪,不与始皇本纪合。以秦诸侯也,列国时代也,始皇统一时代之君也。其世不同自不能合为一。周则始终为诸侯之世,篇幅虽大,毋庸分矣。"何焯、齐树楷是从秦国社会特征方面肯定《秦本纪》的体例。

刘咸炘对此问题也进行了分析,《太史公书知意·秦本纪》认为太史公不得已而并

---

① [清]牛运震撰,崔凡芝校释:《空山堂史记评注校释》卷一《秦本纪》,中华书局2012年版,第36页。
② [清]江标:《沅湘通艺录》,岳麓书社2011年版,第55页。

庄襄以前事通叙。他说:"《索隐》及《史通·本纪篇》谓庄襄以上,当为世家。梁氏曰:'三王事简,不别其代,秦则分列二纪,与三王殊例,当并始皇作一篇,倘因事繁,则当依《索隐》《史通》之说,拔始皇以承周报。《水经注》引薛瓒称为秦世家,《史通》之所本矣。'此说是也。归有光谓本如《周纪》,以简帙多始皇自为纪,说似是而非,苟止为简帙多,则分上下可也,不宜别立。王拯又非归说,谓史公纪秦汉间事,非专为汉纪。此说尤谬,盖谓秦亦当详,而不知非王、伯不得为纪也。何焯《读书纪》曰:'庄襄之世,秦已尽取周地,固继周而王矣。然六国未亡,犹存封建之制,至始皇并吞而尽有之,三代规模一变。此秦本纪所以离为二。'此说亦曲。秦未并六国则伯亦未成,何云继王乎?然此说实有见。庄襄虽未统一,而周固已灭,始皇统一又在后,编年不可有空。若如刘、梁之说,则周灭以后,始皇并六国以前将何所寄?如刘、梁说将截自庄襄之灭周为始邪?将截至始皇之灭齐为始邪?无论何从皆无首,不便叙事。史公殆亦因此难,不得已而并庄襄以前通叙之耳。章实斋《匡谬》篇谓十二本纪隐法《春秋》十二公,故《秦纪》分割庄襄以前别为一卷。而终汉武之世,为作《今上本纪》,明欲分占篇幅,欲副十二之数。乃拘迹之谬,此说亦凿,非史公本意。"刘咸炘对唐代司马贞以来的观点进行了梳理和辨析,并提出自己的观点,认为司马迁写《秦本纪》兼顾事势。他说:"黄淳耀《史记论略》曰:'子长为秦及始皇项籍三本纪以继五帝三王之后。此即正统之说也。欧阳子有言:"居天下之正,合天下于一,斯正统矣。"子长岂不知秦、项为天下之公恶也哉,以为政固尝继周而有天下矣,籍固尝专天下之约矣。吾从其继周而有天下与夫专天下之约者而为之本纪,非进秦、项于三代也。虽然秦自始皇以前,固西戎之国耳,籍虽专天下之约,未尝一天下而称帝也。为有天下之始皇立纪则可,为西戎之国与未一天下之项籍立纪则不可,故秦与始皇宜合而为一,籍宜降而为传。'按:黄氏谓从其有天下与专天下之约,是也,谓即正统之说则非。古史之纪,仅取事势所归,以为一时之纲领,初无正统之辨。后世举正统二字则于事势之外加一义理评衡,而又须兼顾事势,遂使中多矛盾纠纷。黄氏徒知从其专天下之约而不知羽称伯王。伯固亦可立纪。"刘咸炘的总结较为全面。

吕思勉在《史通评·内篇·本纪第四》中从《史记》之"本纪"本于《帝系》的角度,对司马迁将秦列入"本纪"做了论述。他指出:"《史记》于周自西伯,秦自庄襄以上,亦称本纪,盖沿古之《帝系》。《帝系》所以记王者先世,未必于其未王时别之为世家也。《帝系》与《春秋》异物,说已见前;本纪出《帝系》,不出《春秋》,自不能皆编年矣。正统、僭伪之别,亦后世始有,项籍虽仅号霸王,然秦已灭,汉未立,义帝又废,斯时号令天下之权,固在于籍;即名号亦以霸王为最尊(古代有天下者,在当时本不称帝),编之本纪,宜也;此亦犹崇重名号之世,天子虽已失位,犹不没其纪之名尔。"① 吕思勉从正反两方面做了论述，认为周、秦、项籍列入本纪都是应该的，就如同周、秦之末，天子虽已失位，然犹编之于本纪一样。

朱希祖《中国史学通论》从"本纪"之涵义上做讨论，认为："本纪者，述其宗祖曰本，奉其正朔曰纪。周自后稷至于西伯，秦自伯翳至于庄襄，爵虽诸侯，而实为天子之宗祖，必欲置之世家，是欲臣其宗祖昧其本原也。自赧王亡至秦始皇称帝，中间无统者三十四年，而灭周者秦，故列秦为本纪。自秦子婴亡至汉高祖称帝，中间无统者四年，而杀子婴封诸王者项羽，故列项羽为本纪。必欲称项羽为僭盗，则刘邦何尝非僭盗乎？必欲以称王为非天子，则夏商周何尝称帝乎？"② 这段论述更为明了，对于司马迁将周、秦、项籍等列入本纪的求名责实做法予以肯定。

除以上学者的观点外，日本学者藤田胜久从考察《秦本纪》史料的角度，深入分析了秦之所以列入"本纪"的原因。藤田胜久从两个方面做了探究：首先，是技术层面原因及司马迁对秦的历史评价。藤田指出"从《史记》卷四《周本纪》的范围看，战国末年周国被秦国灭亡后，直到《秦始皇本纪》的秦王政元年为止，出现了历史的遗漏。为此需要补充这段历史的本纪，而从历史进程来看，这非秦莫属。另外，《周本纪》中几乎没有战国时代的资料，而多见于和'秦记'有关的《秦本纪》中。因此，从《史记》的结构来看，有战国时代纪年资料的秦史成为本纪绝不奇怪"。藤田认为，司马迁以秦入"本纪"是有补充"遗漏"的考虑的。其次，藤田认为除了补充遗漏外，更重要的原因是司马迁认为"秦国作为承周之国，具有值得为其制作本纪的地位"。③ 正如《秦本纪》所云："秦之先为嬴姓。其后分封，以国为姓，有徐氏、郯氏、莒氏、终黎氏、运奄氏、菟裘氏、将梁氏、黄氏、江氏、修鱼氏、白冥氏、蜚廉氏、秦氏。然秦以其先造父封赵城，为赵氏。"④ 又《太史公自序》云："维秦之先，伯翳佐禹。穆公思义，悼豪之旅。以人为殉，诗歌《黄鸟》。昭襄业帝。作《秦本纪》第五。"⑤ 这两段话对秦先祖的功绩给予了高度的评价，并认为秦缪公、秦昭襄王时代是秦史的转变期。正是由于秦先祖奠定了基业，成就了其承周的地位，也决定了历史发展的方向，故而司马迁将其列入本纪。

总而言之，秦被司马迁列入"本纪"之中，历来有两种看法，然持赞同态度的学者始终占据主流。理由是秦入"本纪"符合司马迁创作《史记》五体的理性原则，表面上看似乎违反了"诸侯列于世家"的条规，实乃符合"事之系于天下"而入于"本

---

① 吕思勉：《史学四种》，上海人民出版社1981年版，第104页。
② 朱希祖：《中国史学通论》，上海古籍出版社2013年版，第73—74页。
③ [日]藤田胜久著；曹峰、[日]广濑薰雄译：《〈史记〉战国史料研究》，上海古籍出版社2008年版，第257页。
④ [汉]司马迁：《史记·秦本纪》，中华书局1963年版，第221页。
⑤ [汉]司马迁：《史记·太史公自序》，中华书局1963年版，第3302页。

纪"的创作理念。

三、《秦本纪》资料来源问题

关于《秦本纪》的史料来源问题,最主要的是秦国史官留下的《秦记》。《史记·六国年表》云:"太史公读《秦记》,至犬戎败幽王,周东徙洛邑,秦襄公始封为诸侯,作西畤用事上帝,僭端见矣。""秦既得意,烧天下诗书,诸侯史记尤甚,为其有所刺讥也。诗书所以复见者,多藏人家,而史记独藏周室,以故灭。惜哉,惜哉!独有《秦记》,又不载日月,其文略不具。然战国之权变亦有可颇采者,何必上古"。"余于是因《秦记》,踵《春秋》之后,起周元王,表六国时事,讫二世,凡二百七十年,著诸所闻兴坏之端。后有君子,以览观焉"。由此可以看出,司马迁对于秦国历史的编纂,《秦记》是首要的参考资料。清人孙德谦云:"抑迁于《六国表》则曰'余读《秦纪》',于《卫康叔世家·赞》则又曰'余读《世家》言',可知本纪、世家,皆迁网罗旧闻而各有所本。余既以列传秦人为多,略于他国,谓其必凭藉《秦纪》。"① 又在该书卷上《存旧》中云:"本纪、世家,其间多有称'我'者,如《秦本纪》桓公三年'晋败我一将',昭襄王三十一年'楚人反我江南',《吴世家》'吴伐楚,楚败我师',诸如此类,或以为史公删之未尽者,不知既用旧文,当留存之,有不必刊削者也。盖周时列国诸侯各有国史,一国之史言'我',所以别于人,故谓之'我'者,为其国史之旧可见矣。"这也正说明《秦本纪》之资料是采自秦国的国史《秦记》。

班固在《汉书·司马迁传》中对《史记》的资料来源进行了考察,指出"司马迁据《左氏》《国语》,采《世本》《战国策》,述《楚汉春秋》,接其后事,讫于天汉。其言秦汉,详矣。至于采经摭传,分散数家之事,甚多疏略,或有抵牾。亦其涉猎者广博,贯穿经传,驰骋古今,上下数千载间,斯以勤矣。"②这是对《史记》资料来源的总体概括。无疑,这些也是《秦本纪》的重要参考,尤其是《左传》《国语》《战国策》。

郑樵《通志·总序》云:"凡著书者,虽采前人之书,必自成一家之言。……今迁书全用旧文,间以俚语,良由采摭未备,笔削不遑,故曰:'予不敢堕先人之言,乃述故事,整齐其传,非所谓作也。'刘知幾亦讥其'多聚旧记,时插杂言'。所可为迁恨者,雅不足也。"王若虚《滹南遗老集》卷一一《史记辨惑》亦批评司马迁曰:"迁采摭异闻小说,习陋传疑,无所不有。"这些评论,指出《史记》资料的不足之处在于全用旧文、杂有俚语、采纳异闻等。实际上,《秦本纪》开篇所记秦的先祖事情确有传说色彩,如同《五帝本纪》、夏、商、周本纪一样,不足为奇,因为秦国从文公时期才开始有自己的历史记载。

---

① [清]孙德谦:《太史公书义法·序》,台湾中华书局1969年版,第1页。
② [汉]班固:《汉书·司马迁传》(卷六二),中华书局1964年版,第2737页。

吴汝纶《桐城吴先生点勘史记读本》卷五《秦本纪》认为,《秦本纪》所采者博。他说:"归太仆谓秦原有史,做《秦纪》文字佳,方侍郎亦谓此篇本秦史之旧。汝纶谓篇中叙春秋战国事,多与他篇相出入,皆史公所自为,决非秦史之语,惟篇首记秦初起事,不见他书,史公所采者博,不得谓全本史文也。"认为《秦本纪》资料来源广泛,不只局限于《秦记》。吕思勉也指出:"今就迁书而剖析之,其所据者盖有五:《春秋》,一也;《尚书》,其较后者曰《语》,二也;此古左右史之所记。《帝系》《世本》,三也,此古小史所职。经子之类,四也。身所闻见,五也。迁所据之书,虽不可知,某种类固犹可推见也。"① 指出《史记》的资料来源除了古史之书外,还有经书子书以及司马迁自身见闻。

日本学者藤田胜久从探寻《秦本纪》与"秦记"的关系出发,认为《秦本纪》的资料来源很复杂,是对多种资料的筛选、排列、组合而成的,具体而言对"秦记"史料的运用可分为五种:"1. 古传说(秦先祖—秦嬴以前);2. 世系资料(秦侯以后—《秦本纪》结尾);3. 不连续的纪年资料(襄公、文公—缪公—厉共公—出子);4. 几乎每年出现的纪年资料(献公、孝公时代);5. 每年连续的纪年资料(惠文君、武王、昭襄王—庄襄王)。"② 除此而外,还利用了"《左传》或《春秋》《国语》的资料、传说资料、官方资料。这些资料跟世系、纪年资料一样是《秦本纪》的主要构成部分"。③ 这种分析颇为细致。另一日本学者吉本道雅《史记原始(一)——西周期、东迁期》也认为《史记》的构成材料以世系资料和纪年资料、纪事资料等为基础,其来源很复杂。④

关于《史记·秦本纪》资料来源问题的研究,还有泷川资言《史记会注考证·史记总论·史记资材》列举了《史记》引以为据的书名,金德建《司马迁所见书考》,张大可《论史记取材》(收入《史记研究》)等也都对此进行了探讨。

四、其他

《秦本纪》的研究,除以上几个重点问题外,还有其他方面的成绩,如唐代"三家注"以来,历代对《秦本纪》的注释、考证、评点等,非常丰富。尤其是明清以来,大量的《史记》注本,对文字的校勘注释,对历史史实、人名官爵、山川地理的考证等,取得了丰硕成果,梁玉绳《史记志疑》、郭嵩焘《史记札记》、张文虎《校刊史记

---

① 吕思勉:《秦汉史》(下册),上海古籍出版社1983年版,第774—775页。
② [日]藤田胜久著;曹峰、[日]广濑薰雄译:《〈史记〉战国史料研究》,上海古籍出版社2008年版,第248页。
③ [日]藤田胜久著;曹峰、[日]广濑薰雄译:《〈史记〉战国史料研究》,上海古籍出版社2008年版,第255页。
④ [日]藤田胜久著;曹峰、[日]广濑薰雄译:《〈史记〉战国史料研究》,上海古籍出版社2008年版,第5—6页。

集解索隐正义札记》以及台湾学者王叔岷《史记斠证》、日本学者泷川资言《史记会注考证》、水泽利忠《史记会注考证校补》的考证尤为突出。1959 年中华书局点校整理本《史记》的出现，可以说是集中了历代校勘的成果而又有新的发展。应该肯定的是，近代以来，出土文献日益丰富，陕西临潼秦陵考古、陕西凤翔雍城遗址、陕西凤翔秦公一号大墓、湖北睡虎地秦简、甘肃天水地区的考古发现，等等，都为《秦本纪》的研究提供了重要资料。马非百《秦集史》、林剑鸣《秦史稿》、高敏《云梦秦简初探》、陈直《史记新证》、李学勤《东周与秦代文明》、［日］江村治树《战国新出土文字资料概述》、［日］藤田胜久《史记战国史料研究》、王学理等《秦物质文化史》、王子今《史记的文化发掘》、徐卫民《秦都城研究》等，结合考古资料与历史文献，对照《史记》的《十二诸侯年表》《六国年表》以及相关的世家、列传等，对《秦本纪》进行全面的考释辨析。特别值得提出的是，以赵生群为代表的团队，在全面总结、吸收前人成果基础上，重新修订中华书局点校本《史记》，《秦本纪》中的校勘记达 59 条。可以说，对于出土文物及文献的利用，使秦史研究有了更为广阔的历史背景和环境，因此也推动了《秦本纪》的研究。另外，《秦本纪》虽说以编年的形式记载历史，但其章法结构自有其特点，所以，许多评点家如归有光《归震川评点本史记》、凌稚隆《史记评林》、牛运震《史记评注》、吴见思《史记论文》、李景星《史记评议》、程馀庆《历代名家评注史记集说》等对《秦本纪》章法结构进行评点，揭示其叙事、写人的独特之处，也颇有价值。近年来，韩兆琦《史记笺证》、张大可《史记新注》等对《史记》以及《秦本纪》的注释及评论在前人基础上又有新的发展。

段永升　张新科
2017 年 10 月于陕西师范大学

引用文献及资料
（按姓氏笔画及朝代先后排序）

书　籍

二画

丁山. 中国古代宗教与神话考［M］. 上海：上海书店出版社，2011.

三画

［战国］尸佼著，钟肇鹏编. 尸子校理［M］. 北京：中华书局，2010.

马非百. 秦集史［M］. 北京：中华书局，1982.

马雍. 西域史地文物丛考［M］. 北京：文物出版社，1990.

四画

［汉］孔鲋. 孔丛子［M］. 北京：中华书局，1985.

［汉］王充著，张宗祥校注，郑绍昌标点. 论衡校注［M］. 上海：上海古籍出版社，2010.

［晋］王嘉著，王根林等校点. 拾遗记（外三种）［M］. 上海：上海古籍出版社，2012.

［宋］邓名世著，王力平点校. 古今姓氏书辩证［M］. 南昌：江西人民出版社，2006.

［金］王若虚著，霍松林等点校. 滹南遗老集［M］. 北京：人民文学出版社，1983.

［明］王世贞. 读书后［M］. 台北：台湾商务印书馆，1983.

［明］王圻. 稗史汇编［M］. 北京：北京出版社，1993.

［明］王圻、王思义. 三才图会［M］. 上海：上海古籍出版社，1988.

［明］王在晋著，《四库全书存目丛书》编纂委员会编. 历代山陵考［M］. 济南：齐鲁书社，1997.

［明］仇俊卿. 通史它石［M］. 北京：中华书局，1985.

［清］王筠. 史记校［M］. 北京：书目文献出版社，1996.

［清］王先谦. 汉书补注［M］. 上海：上海古籍出版社，2012.

［清］方苞. 史记注补正［M］. 北京：中华书局，1991.

［清］王士俊编. 河南通志［M］. 台北：台湾商务印书馆，1983.

［清］王昶. 湖海文传［M］. 上海：上海古籍出版社，2013.

［清］王念孙. 读书杂志［M］. 上海：上海古籍出版社，2014.

［清］牛运震著，李念孔等点校. 读史纠谬［M］. 济南：齐鲁书社，1989.

［清］牛运震. 史记评注［M］. 西安：三秦出版社，2001.

［清］王国维. 观堂集林［M］. 北京：中华书局，2004.

王利器. 史记注译［M］. 西安：三秦出版社，1988.

王叔岷. 史记斠证［M］. 北京：中华书局，2007.

王学理. 秦物质文化史［M］. 西安：三秦出版社，1994.

邓之诚. 中华二千年史［M］. 北京：东方出版社，2013.

王子今. 史记的文化发掘［M］. 武汉：湖北人民出版社，1997.

王恢. 史记本纪地理图考［M］. 台北：国立编译馆，1990.

《历史研究》编辑部编. 史记与司马迁论集［M］. 西安：陕西人民出版社，1982.

中国历史文献研究会编. 中国历史文献研究集刊［M］. 长沙：岳麓书社，1983.

五画

［汉］司马迁著，［南朝宋］裴骃集解，［唐］司马贞索隐，［唐］张守节正义. 史记［M］. 北京：中华书局，1959.

［汉］司马迁著，［南朝宋］裴骃集解，［唐］司马贞索隐，［唐］张守节正义. 史记［M］. 北京：中华书局，2014.

［宋］司马光编著，［元］胡三省音注. 资治通鉴［M］. 上海：上海古籍出版社，1987.

［宋］叶适. 习学记言序目［M］. 北京：中华书局，1977.

［明］冯梦龙. 纲鉴统一［M］. 上海：上海古籍出版社，1993.

［明］归有光. 归震川评点本史记［M］. 北京：国家图书馆出版社，2014.

［清］龙体刚著，《四库全书存目丛书》编纂委员会编. 半窗史略［M］. 济南：齐鲁书社，1996.

田惟均修，白岫云等编次. 陕西省重修岐山县志［M］. 台北：成文出版社，1976.

六画

［战国］吕不韦著，陆玖注. 吕氏春秋［M］. 北京：中华书局，2011.

［战国］列御寇著，叶蓓卿译注. 列子［M］. 北京：中华书局，2011.

［汉］刘向著，向宗鲁注释. 说苑校证［M］. 北京：中华书局，1987.

［汉］刘向集录. 战国策［M］. 上海：上海古籍出版社，1985.

［唐］刘知幾著，［清］浦起龙释. 史通通释［M］. 上海：上海古籍出版社，1978.

［宋］江贽著，中国国家图书馆编. 少微通鉴节要［M］. 北京：国家图书馆出版社，2013.

［宋］吕祖谦. 大事记解题［M］. 北京：中华书局，1991.

［宋］吕祖谦著，黄灵庚、吴战垒编. 东莱先生左氏博议［M］. 杭州：浙江古籍出版社，2008.

［明］刘绩著，商务印书馆《四库全书》工作委员会编. 霏雪录［M］. 北京：商务印书馆，2005.

［清］孙琮. 山晓阁史记选［M］. 清康熙三年刻本.

［清］华庆远著，《四库全书存目丛书》编纂委员会编. 论世八编［M］. 济南：齐鲁书社，1997.

［清］孙之騄著，《四库全书存目丛书》编纂委员会编. 考订竹书［M］. 济南：齐鲁书社，1996.

［清］刘绍攽. 九畹古文［M］. 西安：三秦出版社，2008.

［清］孙德谦著，黄曙辉整理. 古书读法略例［M］. 桂林：广西师范大学出版社，2006.

［清］朱孔阳. 历代陵寝备考［M］. 扬州：广陵古籍刻印社，1990.

［清］孙星衍. 尚书今古文注疏［M］. 北京：中华书局，2016.

［清］吕世熊、朱忻编.（同治）徐州府志［M］. 南京：凤凰出版社，1996.

［清］刘文淇著，《续修四库全书》编纂委员会编. 春秋左氏传旧注疏证［M］. 上海：上海古籍出版社，2002.

［清］刘体仁. 辟园史学四种［M］. 上海：中新书局，1977.

［清］刘咸炘著，黄曙辉编校. 太史公书知意［M］. 桂林：广西师范大学出版社，2007.

齐树楷. 史记意［M］. 民国排印本.

吕思勉. 论学集林［M］. 上海：上海教育出版社，1987.

朱希祖. 中国史学通论［M］. 上海：上海古籍出版社，2013.
江灏、钱宗武译注. 今古文尚书全译［M］. 贵阳：贵州人民出版社，2009.
西安市文物管理委员会编. 西安文物与古迹［M］. 北京：文物出版社，1983
曲英杰. 先秦都城复原研究［M］. 哈尔滨：黑龙江人民出版社，1991.
刘坦. 史记纪年考［M］. 北京：商务印书馆，2017.

七画

［汉］何休注，［唐］徐彦疏. 春秋公羊传注疏［M］. 中华书局，1978.
［汉］应劭著，王利器注. 风俗通义校注［M］. 北京：中华书局，2010.
［晋］杜预注，［唐］孔颖达疏. 春秋左传正义［M］. 中华书局，1978.
［宋］苏轼著，［清］王文诰辑注，孔凡礼点校. 苏轼诗集［M］. 北京：中华书局，1982.
［宋］陆唐老. 陆状元通鉴［M］. 济南：齐鲁书社，1996.
［元］李廉. 春秋诸传会通［M］. 长春：吉林出版集团，2005．
［明］陈允锡辑，《四库全书存目丛书》编纂委员会编. 史纬［M］. 济南：齐鲁书社，1996.
［明］张应泰著. 史疑［M］. 北京：中华书局，1991.
［明］邵宝著，［清］纪昀、永瑢等编，学史［M］. 台北：台湾商务印书馆，2008.
［明］邹泉著，商务印书馆《四库全书》工作委员会编. 尚论编［M］. 北京：商务印书馆，2005.
［明］杨一奇著，中国国家图书馆编. 史谈补［M］. 北京：国家图书馆出版社，2013.
［明］杨慎. 丹铅续录［M］. 北京：中华书局，1985.
［明］李维祯编. 山西通志［M］. 北京：中国书店出版社，1992.
［明］宋存标著，《四库全书存目丛书》编纂委员会编. 秋士史疑［M］. 济南：齐鲁书社，1996.
［明］张志淳著，［清］纪昀、永瑢等编. 南园漫录［M］. 台北：台湾商务印书馆，2008.
［明］张墉辑，《四库全书存目丛书》编纂委员会编. 廿一史识余［M］. 齐鲁书社，1997.
［明］陈士元. 湖海楼丛书［M］. 台北：艺文印书馆，1966.
［清］吴见思著，陆永品点校. 史记论文［M］. 上海：上海古籍出版社，2008.

［清］李笠著，李继芬整理. 史记订补［M］. 天津：天津古籍出版社，2009.

［清］李学孔著，《四库全书存目丛书》编纂委员会编. 皇王史订［M］. 济南：齐鲁书社，1997.

［清］张潮、杨复古编. 昭代丛书［M］. 上海：上海古籍出版社，1990.

［清］陈廷敬. 午亭文编［M］. 郑州：中州古籍出版社，2011.

［清］汪之昌. 青学斋集［M］. 北京：中国书店出版社，2009.

［清］何焯. 义门读书记［M］. 北京：中华书局，1987.

［清］劳孝舆. 春秋诗话［M］. 北京：中华书局，1985.

［清］张习孔. 中国历史大事编［M］. 北京：北京出版社，1987.

［清］张庚. 通鉴纲目释地纠谬［M］. 清光绪十二年刻本.

［清］张文虎. 校刊史记集解正义札记［M］. 北京：中华书局，2012.

［清］吴汝纶. 桐城吴先生点勘史记读本［M］. 清光绪三十年刻本.

［清］李景星著，韩兆琦等点校. 史记评议［M］. 长沙：岳麓书社，1986.

［清］吴曾祺，涵芬楼古今文钞［M］. 北京：商务印书馆，1910.

［清］江标. 沅湘通艺录［M］. 长沙：岳麓书社，2011.

陈直. 史记新证［M］. 北京：中华书局，2006.

吴国泰. 史记解诂［M］. 成都：巴蜀书社，2006.

李衡眉. 先秦史论集［M］. 济南：齐鲁书社，2003.

李人鉴. 太史公书校读记［M］. 兰州：甘肃人民出版社，1998.

杨燕起、闫崇东. 史记精华导读［M］. 北京：中国旅游出版社，1993.

张永禄. 汉代长安词典［M］. 西安：陕西人民出版社，1993.

张家英. 《史记》十二本纪疑诂［M］. 哈尔滨：黑龙江教育出版社，1997.

张大可. 史记全本新注［M］. 西安：三秦出版社，1990.

杨宽. 战国史［M］. 上海：上海人民出版社，2016.

辛德勇. 史记新本校勘［M］. 桂林：广西师范大学出版社，2017.

［美］陆威仪著，王兴亮译. 早期中华帝国：秦与汉［M］. 北京：中信出版社，2016.

八画

［南朝宋］范晔. 后汉书［M］. 北京：中华书局，1965.

［唐］欧阳询等编，汪绍楹校. 艺文类聚［M］. 上海：上海古籍出版社，1999.

［宋］林之奇. 拙斋文集［M］. 台北：台湾商务印书馆，1983.

［明］郑贤著，《四库全书存目丛书》编纂委员会编. 古今人物论［M］. 济南：齐

鲁书社，1996.

［明］范光宙著，《四库全书存目丛书》编纂委员会编．史评［M］．济南：齐鲁书社，1996.

［清］知新子．历代史事论海［M］．清光绪二十八年石印本．

林剑鸣．秦史稿［M］．上海：上海人民出版社，1981.

［日］泷川资言考证，水泽利忠校补．史记会注考证附校补［M］．上海：上海古籍出版社，1986.

九画

［战国］荀况著，［唐］杨倞校，耿芸标注．荀子［M］．上海：上海古籍出版社，2014.

［汉］赵晔著，张觉编．吴越春秋译注［M］．上海：上海三联书店，2013.

［晋］皇甫谧．帝王世纪辑存［M］．北京：中华书局，1985.

［晋］皇甫谧著，［清］任渭长注，［清］沙英绘，刘晓艺撰文．高士传［M］．上海：上海古籍出版社，2014.

［北魏］郦道元著，陈桥驿校证．水经注校证［M］．北京：中华书局，2013.

［唐］柳宗元著，尹占华、韩文奇校注．柳河东集校注［M］．北京：中华书局，2013.

［宋］赵与时著，傅成点校．宾退录［M］．上海：上海古籍出版社，2012

［明］胡广著，商务印书馆《四库全书》工作委员会编．春秋大全［M］．北京：商务印书馆，2005.

［明］赵南星著，《四库全书存目丛书》编纂委员会编．增定二十一史韵［M］．济南：齐鲁书社，1997.

［清］赵本植．新修庆阳府志［M］．北京：中华书局，2013.

［清］赵翼．陔余丛考［M］．北京：中华书局，1963.

［清］俞正燮．癸巳类稿［M］．沈阳：辽宁教育出版社，2001.

［清］俞樾．茶香室丛钞［M］．北京：中华书局，1995.

［清］俞樾．茶香室续钞［M］．北京：中华书局，2006.

［清］俞樾撰，商务印书馆《四库全书》工作委员会编．湖楼笔谈［M］．北京：商务印书馆，2005.

施之勉．史记会注考证订补［M］．台北：华冈出版有限公司，1976.

十画

［汉］班固著，［唐］颜师古注．汉书［M］．北京：中华书局，1962.

［晋］郭璞著，张耘点校. 穆天子传［M］. 长沙：岳麓书社，2006.

［明］郭之奇著，《四库全书存目丛书》编纂委员会编. 稽古篇［M］. 济南：齐鲁书社，1996.

［明］袁黄辑、王世贞编. 纲鉴合编［M］. 上海：上海商务印书馆，1904.

［明］徐孚远、陈子龙辑. 史记测议［M］. 北京：国家图书馆出版社，2014.

［明］凌稚隆辑校，［明］李光缙增补，于亦时整理. 史记评林［M］. 天津：天津古籍出版社，1998.

［明］徐象梅著，《四库全书存目丛书》编纂委员会编. 琅环史唾［M］. 济南：齐鲁书社，1997.

［明］顾炎武著，黄汝成集释、栾保群、吕宗力点校. 日知录集释［M］. 上海：上海古籍出版社，2014.

［清］钱大昕著，田汉云点校. 三史拾遗［M］. 南京：凤凰出版社，2016.

［清］钱大昕著. 廿二史考异［M］. 上海：上海古籍出版社，2004.

［清］衷兴鉴等纂，［清］李玉宣等修.（同治）重修成都县志［M］. 成都：巴蜀书社，1992.

［清］夏燮著，王德毅等编. 校汉书八表［M］. 台北：新文丰出版公司，1989.

［清］郭嵩焘. 史记札记［M］. 台北：世界书局，2010.

钱穆. 先秦诸子系年［M］. 北京：商务印书馆，2005.

钱穆. 史记地名考［M］. 北京：九州出版社，2011.

徐卫民. 秦都城研究［M］. 西安：陕西人民教育出版社，1999.

高敏. 云梦秦简初探［M］. 郑州：河南人民出版社，1979.

十一画

［宋］龚颐正著，商务印书馆《四库全书》工作委员会编. 芥隐笔记［M］. 北京：商务印书馆，2005.

［宋］章衡. 编年通载［M］. 上海：上海书店出版社，1985.

［明］黄淳耀. 陶庵全集［M］. 台湾：台湾商务印书馆，1983.

［清］崔述著，顾颉刚编订. 崔东壁遗书［M］. 上海：上海古籍出版社，1983.

［清］梁玉绳. 汉书人表考［M］. 北京：中华书局，1985.

［清］梁玉绳. 史记志疑［M］. 北京：中华书局，2006.

［清］崔适著，张烈点校. 史记探源［M］. 北京：中华书局，1986.

梁勇. 中国历史读本·史记［M］. 长春：吉林人民出版，1996.

［英］崔瑞德、鲁惟一编，杨品泉等译. 剑桥中国秦汉史［M］. 北京：中国社会

科学出版社，1992.

十二画

［战国］韩非著，［清］王先慎注. 韩非子集解［M］. 北京：中华书局，2013.
［汉］韩婴. 韩诗外传［M］. 北京：中国书店出版社，2015.
［宋］程大昌著，刘尚荣校证. 考古编［M］. 北京：中华书局，2008.
［宋］释文莹著，朱刚批注. 玉壶清话［M］. 南京：凤凰出版社，2009.
［明］童轩著，商务印书馆《四库全书》工作委员会编. 清风亭稿［M］. 北京：商务印书馆，2005.
［明］焦竑著，李剑雄点校. 焦氏笔乘［M］. 北京：中华书局，2008.
［清］程馀庆著，高益荣、赵光勇、张新科编. 历代名家评注史记集说［M］. 西安：三秦出版社，2011.
韩兆琦. 史记笺证［M］. 南昌：江西人民出版社，2004.
韩兆琦. 史记题评［M］. 西安：陕西人民教育出版社，2000.
童书业. 春秋左传研究［M］. 北京：中华书局，2006.
傅斯年. 民族与古代中国史［M］. 石家庄：河北教育出版社，2002.

十四画

［晋］谯周，［清］章宗源辑. 古史考［M］. 北京：中国书店，1990.
［明］熊尚文. 兰曹读史日记［M］. 济南：齐鲁书社，1997.
［清］蔡云校补. 汉书人表考校补［M］. 扬州：广陵古籍刻印社，1982.

十六画

［明］穆文熙著，《四库全书存目丛书》编纂委员会编. 四史鸿裁［M］. 济南：齐鲁书社，1996.

十七画

［宋］魏了翁著，［元］方回续. 古今考［M］. 北京：中华书局，1991.

十八画

瞿方梅. 史记三家注补正［M］. 台北：广文书局，1973.
［日］藤田胜久著，曹峰等译. 史记战国史料研究［M］. 上海：上海古籍出版社，2008.

期　刊

马非百. 百里奚与孟明视为一人辨 [J]. 历史研究, 1980 (3).

王重九.《史记》公案发微 [J]. 三秦文史, 1990 (3).

由更新、史党社. 从考古材料看周秦礼制之关系 [J]. 秦文化论丛（第四辑）, 1997.

田静、史党社.《山海经》与秦人早期的历史探索 [J]. 秦陵秦俑研究动态, 1998 (1).

史党社. 以狗御蛊解 [J]. 秦陵秦俑研究动态, 1996 (3).

刘宝才. 关于女修吞玄鸟卵生大业的讨论 [J]. 秦文化论丛（第二辑）, 1993.

伍士谦. 读《秦本纪》札记 [J]. 四川大学学报, 1981 (2).

吴忠匡.《史记》中华书局点校本订误 [J]. 文史（第七辑）, 1979.

李零.《史记》中所见秦早期都邑葬地 [J]. 文史（第二十辑）, 1983.

周晓陆. 西安出土秦封泥补读 [J]. 考古与文物, 1998 (2).

呼林贵. 踏察春秋战国时秦晋武城遗址 [J]. 陕西师范大学学报, 1985 (3).

郭盼生. 城南韦社, 去天尺五 [J]. 陕西史志, 1995 (1).

顾颉刚. 从古籍中探索我国的西部民族——羌族 [J]. 社会科学战线, 1980 (1).

黄留珠. 秦文化二源说 [J]. 西北大学学报, 1995 (3).

韩伟. 雍城垣的调查和钻探 [J]. 考古与文物, 1988 (5)—1988 (6).

彭曦. 秦长城、秦都城与秦文化 [J]. 秦陵秦俑研究动态, 1995 (2).

雒江生. 秦国名考 [J]. 文史（第三十八辑）, 1994.